Entwicklungspädagogische Theorien, Konzepte und Methoden 2

Karl-Heinz Braun

Entwicklungs-pädagogische Theorien, Konzepte und Methoden 2

Jugendliche und Jugend

 Springer VS

Karl-Heinz Braun
Hochschule Magdeburg-Stendal
Magdeburg, Deutschland

ISBN 978-3-658-20288-0   ISBN 978-3-658-20289-7   (eBook)
https://doi.org/10.1007/978-3-658-20289-7

Die Deutsche Nationalbibliothek verzeichnet diese Publikation in der Deutschen National-
bibliografie; detaillierte bibliografische Daten sind im Internet über http://dnb.d-nb.de abrufbar.

Springer VS ist ein Imprint der eingetragenen Gesellschaft Springer Fachmedien Wiesbaden GmbH
und ist ein Teil von Springer Nature.
Die Anschrift der Gesellschaft ist: Abraham-Lincoln-Str. 46, 65189 Wiesbaden, Germany

Gert Gekeler (1940–2019)
in freundschaftlicher und
dankbarer Erinnerung

Vorwort: Die strukturelle Krise der sozialen und politischen Demokratie als nachhaltige Herausforderung für die Entwicklungspädagogik

Dieser 2. Band unterschiedet sich nicht nur im Umfang, sondern auch und besonders im Inhalt von dem 1. Band der „Entwicklungspädagogischen Theorien, Konzepte und Methoden" (vgl. Braun 2018; im Weiteren zitiert als EP1). Dies hängt wesentlich damit zusammen, dass sich die seit ca. 20 Jahren abzeichnenden sozialen und politischen Desintegrationsprozesse nicht nur verschärft haben, sondern dass sie in Gestalt rechtspopulistischer (bis neofaschistischer) Bewegungen und Organisationen eine für die politische Demokratie gefährliche Dimension angenommen haben. Das gilt zwar für ganz Mittel- und Nordeuropa (sowie die USA) und nur teilweise für Südeuropa, es gilt insbesondere aber für Deutschland (und Österreich). Das ist zwar erschreckend, aber nicht wirklich überraschend (vgl. die Bilanz der diesbezüglichen Forschungen aus über zwei Jahrzehnten in Heitmeyer 2018). Mit Blick auf die Analysen der politischen und ökonomischen Eliten fasst Gerald Braunberger das Kernthema des vorletzten Weltwirtschaftsgipfels in Davos unter der (selbstkritischen?) Überschrift „Die Selbstgerechten" in der Frankfurter Allgemeinen vom 27.1.2018 (S. 21) prägnant so zusammen: „Die Wirtschaftselite in Davos hat zu lange auf Gewinne und Wachstum gesetzt. Dass die Globalisierung auch Verlierer hervorbringt, ist seit vielen Jahren klar – wurde aber ignoriert. Jetzt, da die Betroffenen eine Stimme bekommen haben, werden die Mächtigen wach. Haben sie eine Idee, was zu tun ist?" Das ist bisher eher zweifelhaft. Aber es ist nicht zu übersehen, dass durch die Erfolge dieser Bewegungen und Parteien die soziale Frage wieder ein Zentralthema auf der politischen Agenda und in der politisch interessierten Öffentlichkeit geworden ist (vgl. Koppitsch 2019). Das berührt die Frage nach den Entwicklungsmöglichkeiten der nachwachsenden Generation in ganz zentraler Weise. Und damit bekommen die Befunde der seit 2000 durchgeführten PISA-Untersuchungen nochmals eine verstärkte sozialpolitische Bedeutung: Sie haben nämlich schon seit längerem deutlich gemacht, wie sehr die Bildungs- und Lebenschancen der Kinder und Jugendlichen von den immer mehr zunehmenden sozialen Ungleichheiten in unserer Gesellschaft bestimmt werden.

Dabei haben wir in Deutschland eines der sozial selektivsten Schulsysteme unter allen untersuchten OECD-Staaten, ohne dass bisher nachhaltige Maßnahmen zum Abbau dieser gravierenden Bildungsungleichheiten unternommen worden wären (OECD 2018, Kap. A u. B; sowie ausführlich Kap. 2 in diesem Buch). In den aktuellen Debatten ist aber auch deutlich geworden, dass der pauschale Hinweis auf diese sozialen und bildungsbezogenen Ungleichheiten gerade dann unzureichend ist, wenn auch die Pädagogik dazu beitragen will, diese Existenzkrise der sozialen und politischen Demokratie zu bewältigen. Dann bedarf es sehr differenzierter Analysen der multidimensionalen Strukturen, durch die Ungleichheiten entstehen, wie sie zum Ausdruck kommen und wie sie interpersonal, intergenerativ und institutionell tradiert und z. T. verschärft werden. Hier haben die verschiedensten Sozialstrukturtheorien und deren Rezeption in der Sozialisationsforschung bereits wichtige Beiträge geleistet. Sie sind in neuester Zeit erweitert und vertieft worden durch die Weiterentwicklung der verschiedenen Milieutheorien. Diese sind aber in der empirischen Bildungsforschung bisher nur begrenzt aufgenommen worden. Das ist – neben dem sozial- und bildungspolitischen – der wissenschaftsimmanente Grund, warum in dem ungewöhnlich langen 1. Kapitel die Traditionen der Milieuforschung und deren Bezüge zu den verschiedensten Theoriekonzepten der Pädagogik ausführlich rekonstruiert werden. Solche wissenschafts-*historischen* Vergegenwärtigungen sind aber kein Selbstzweck, sondern dienen als Ausgangspunkt für weitere theoretische, konzeptionelle und methodische Entwürfe. Auf diese kumulativ angelegten Rückbezüge kann nur um den Preis der politischen und wissenschaftlichen Verantwortungsflucht verzichtet werden. Allerdings fordern sie den Leser*innen eine erhebliche Anstrengungs- und Lernbereitschaft ab. Es mag ein kleiner Trost sein, dass das auch für den Autor gilt.

Der Problemaufriss des 1. Kapitels und die dort entwickelte Perspektive der **milieugerechten** und **habitssensiblen Pädagogik** wird dann im 2. Kapitel in Bezug auf die verschiedenen Institutionsstrukturen und Interaktionsmuster der schulischen Bildungs- und Erziehungsprozesse weiter entfaltet. Das 3. Kapitel nimmt das ebenfalls im ersten Kapitel begründete Konzept der **pädagogischen Kapitalbildung** und die darin enthaltenen Widerspruchsrelationen von **Bildung und Herrschaft** auf und verknüpft es mit den verschiedenen Argumentationssträngen der Identitätsforschung. Einige der Zwischenbefunde werden dann anhand exemplarischer Aufgabenstellungen der Sozialen Arbeit und Erziehung erprobt. Die dabei impliziert schon aufgeworfene Frage, was emanzipatorische Sinnlichkeit sein kann und wie sie pädagogisch ermöglicht, angeregt und gefördert werden kann, ist Thema des 4. Kapitels. Das abschließende 5. Kapitel kehrt quasi zur Ausgangsfrage zurück und untersucht, wodurch **Gerechtigkeit** und **Solidarität** im aktuellen Epochenkontext eingeschränkt und z. T. schlicht verhindert werden und wie eine pädagogische Verantwortungsethik darauf angemessen reagieren kann und sollte.

Auch dieses Buch wurde in Seminaren an den Hochschulen Magdeburg-Stendal und Fulda sowie der Fachhochschule Kärnten ausführlich bzw. in Teilen diskutiert. Für diese sehr anregenden Debatten sei allen Beteiligten gedankt. Zu danken habe ich auch Stefanie Laux für die großmütige Betreuung sowie Heike Lang (Marburg/Lahn) und Giesela Rusteberg (Schönebeck/Elbe) für die z. T. mühsamen Korrekturarbeiten.

Magdeburg, im Oktober 2019 *Karl-Heinz Braun*

Literatur

Braun, Karl-Heinz. 2018. *Entwicklungspädagogische Theorien, Konzepte und Methoden 1. Kinder und Kindheit.* Wiesbaden: Springer VS.

Heitmeyer, Wilhelm. 2018. *Autoritäre Versuchungen.* Berlin: Suhrkamp.

Koppetsch, Cornelia. 2019. *Die Gesellschaft des Zorns. Rechtspopulismus im globalen Zeitalter.* Bielefeld: transcript.

OECD. 2018. *Bildung auf einen Blick 2018.* Bielefeld: Bertelsmann.

Inhalt

Entwicklungspädagogische Milieuforschung von den Anfängen bis zur Gegenwart

Gesellschaftswissenschaftlich begründete Theoriekonzepte, Methodologien und exemplarische empirische Befunde

Zusammenfassung

Im Vorwort wurde auf die sozial- und bildungspolitischen Krisenprozesse und deren entwicklungspädagogische Bedeutung hingewiesen, die eine pädagogische bzw. pädagogisch relevante Analyse sozialer Ungleichheiten erforderlich machen. Für die umfassende Darstellung der verschiedenen Milieutheorien gibt es aber auch einen wissenschaftimmanenten Grund: Die unterschiedlichsten Forschungen zur Sozialstruktur haben immer mehr deutlich gemacht, dass die klassischen Schichtkonzepte und Klassenmodelle diese Bildungsungleichheiten und deren fortgesetzte Reproduktion nur sehr unzureichend erklären können. Aus diesem Grunde wird in diesem Kapitel ein Ansatz relativ ausführlich vorgestellt, weil er aufgrund seiner multiperspektivischen Herangehensweise Einsichten in die vieldimensionalen Relationen zwischen gesellschaftlichen Herrschaftsverhältnissen und pädagogisch angeregten Bildungs- und Erziehungsprozessen ermöglicht (Kap. 1.1). In der immer auch auf das Alltagsleben der Menschen in einer pluralistischen Klassengesellschaft bezogenen Theorie der sozialen Milieus werden einerseits die *vertikalen* sozialen Ungleichheiten (besonders Einkommen/Besitz, Bildung, sozialer Einfluss) – im polaren Spannungsverhältnis von *arm* und *reich* untersucht sowie die *horizontalen* sozialen Ungleichheiten der Auseinandersetzung mit den gesellschaftlichen Normen – im Spannungsverhältnis von *Autoritätshörigkeit* und *Autonomie*. Die entwicklungspädagogisch ausgerichtete Milieuforschung integriert diese Aspekte zu jeweils typischen Zusammenhängen und Übereinstimmungen in der alltäglichen Lebensführung und Biografie der Kinder und Jugendlichen, ihrer Eltern und Pädagog*innen, fasst also Übereinstimmungen in den Beziehungen zwischen objektiver sozialer Lage und zwischenmenschlich geteilten Mentalitäten, Erfahrungen, Einsichten usw. zu Gruppenmerkmalen zusammen. Oder anders ausgedrückt: Sie verallgemeinert die empirischen Ergebnisse zu

© Springer Fachmedien Wiesbaden GmbH, ein Teil von Springer Nature 2020
K.-H. Braun, *Entwicklungspädagogische Theorien, Konzepte und Methoden 2*,
https://doi.org/10.1007/978-3-658-20289-7_1

typischen, gruppenbestimmenden Beziehungen zwischen äußeren Ressourcen und inneren Dispositionen.

Innerhalb der Milieuforschung gibt es – wenig überraschend – eine ganze Reihe von recht unterschiedlichen Theoriekonzepten und mit ihnen verbundene Forschungsmethoden (vgl. Hradil 1992; Isenböck 2014). Damit die Leser*innen sich hier selbst ein Urteil bilden können bezüglich der erziehungswissenschaftlichen Erklärungskraft und der damit – wenn auch nicht linear -verbundenen pädagogischen Handlungsperspektiven, werden die verschiedenen Ansätze in exemplarischen theoriegeschichtlichen Darstellungen präsentiert. Auf diese Weise können auch wechselseitige Bezüge zwischen den früheren (Kap. 1.2) und aktuellen Ansätzen (Kap. 1.3 – 1.5) ausgemacht und Erkenntnisfortschritte aufgezeigt werden. Ausgewählt wurden dafür Theorien, die gesellschaftswissenschaftlich begründet sind und die zugleich explizite pädagogische Bezüge aufweisen (nämlich Durkheim [Kap. 1.21], Geiger [Kap. 1.2.3] und Bourdieu [Kap. 1.3]) oder diese (wie bei Max Weber [Kap. 1.2.2]) ohne größere Schwierigkeiten hergestellt werden können. Die in der theoriegeschichtlichen Rekonstruktion gewonnen Umrisse einer pädagogischen bzw. pädagogisch relevanten Milieutheorie werden dann in Kap. 1.4 und 1.5 exemplarisch erprobt anhand ausgewählter aktueller empirischer Befunde. Die Gesamtargumentation dieses Kapitels mündet in die Forschungs- und Handlungsperspektive einer habitussensiblen und milieugerechten Pädagogik als eine angemessene Antwort auf die erwähnten sozial- und bildungspolitischen Herausforderungen.

Bevor auf die Milieutheorien eingegangen wird ist eine weitere theoriegeschichtliche Vorbemerkung notwendig: Die Untertitel dieser kritisch-konstruktiven Entwicklungspädagogik lauten „Kinder und Kindheit" bzw. „Jugendliche und Jugend". Damit wird auf das besondere Spannungsverhältnis aufmerksam gemacht zwischen den personalen und kollektiven Entwicklungs- und Bildungsprozessen und den infrastrukturellen Bedingungen des Aufwachsens heute und in der absehbaren Zukunft. Mit Blick auf die erziehungswissenschaftlichen und bildungs- bzw. sozialpolitischen Debatten der letzten zwei bis drei Jahrzehnte ist festzustellen, dass es zu einer immer deutlicheren Vereinseitigung dieser pädagogisch konstitutiven Widerspruchskonstellation gekommen ist mit einer immer stärkeren Verabsolutierung der individuellen und kollektiven Entwicklungs- und Bildungsvorläufe. Aus diesem Grunde hat der aktuelle, der 15. Kinder- und Jugendbericht der Bundesregierung aus dem Jahre 2017 (im Weiteren zitiert als 15. KJB 2017) programmatisch einen argumentativen und politischen Kurswechsel gefordert (ich zitiere wegen der

Bedeutung dieser Intervention etwas ausführlicher – und alle Fetthervorhebungen stammen von mir; K.-H. B.):

„Auffällig an den … Bildern von Jugend in unterschiedlichen Zusammenhängen ist der vollzogene Perspektivwechsel von einer Betrachtung von **Jugend als gesellschaftlich verankerter Statuspassage** und sozialhistorisch gelagertem Generationszusammenhang hin zum Handeln und zur **sozialen Integration Jugendlicher als einzelne Individuen.** Dies zeigt sich nicht nur im historischen Vergleich der Jugendberichte … (…) Auch im Bereich der politischen Regulierung von Jugend werden definierte **jugendpolitische Gestaltungsperspektiven** durch eine **Vielzahl von Einzelentscheidungen** abgelöst, die in ihren Auswirkungen auf die Gestaltung des Jugendalters weitgehend unreflektiert bleiben. Im Kontext ökonomischer und pädagogischer Zusammenhänge werden Jugendliche vor allem als Gestaltende ihrer eigenen ‚Karriere‘ und damit verbunden als Subjekte in der Verantwortung für ihre soziale Teilhabe und Selbständigkeit konstruiert. Qualifikation und ökonomischer Erfolg erscheinen darin als die zentralen weichenstellenden individuellen Leistungen in einem intensivierten Wettbewerb um Zertifikate und den Umgang mit Unsicherheit. Die Frage nach der Jugend wird damit in verschiedenen Diskussionszusammenhängen durch eine verstärkte Fokussierung auf Jugendliche und ihre individuelle Entwicklung verdeckt. Zentraler Ausgangspunkt medialer, wissenschaftlicher, pädagogischer und auch politischer Konstruktionen von Jugend bleibt zwar einerseits die Frage, wie die gesellschaftliche Integration von jungen Menschen strukturiert wird, andererseits wird diese Frage aber direkt an die Jugendlichen weitergereicht und der Druck zur Selbstoptimierung, dem junge Menschen ausgesetzt sind, dadurch gesteigert. Es wird **nicht um die Jugend als Integrationsmodus von Gesellschaft** gerungen, sondern zunehmend um Herausforderungen, die Jugendliche jeweils individuell zu meistern haben und mit denen sie sich jeweils individuell in der Gegenwartsgesellschaft platzieren müssen. So werden **Erwartungen an die Jugendlichen, losgelöst von den sozialen und institutionellen Erfahrungen der Jugendlichen,** diskutiert und nicht im institutionellen Gefüge des Jugendalters oder gar in einer Auseinandersetzung mit der generationalen Lage Jugendlicher betrachtet." (ebd., S. 83f)

Oder anders ausgedrückt (ebd., S. 84):

„Seit dem ersten Jugendbericht (im Jahre 1965; K.-H. B.), aber auch in neueren Jugendstudien, sind sich alle Diagnosen in einem Punkt einig: „DIE Jugend gibt es nicht" bzw. „EINE Jugend existiert nicht" … Gemeint war (und ist) mit dieser Formel, dass Jugend als ein einheitliches Gebilde bzw. als ‚einheitliche Lebenslage‘ nicht existiere. Diese Einsicht ist auf den ersten Blick einleuchtend. Das Alltagsleben Jugendlicher ist nicht ohne weiteres zu vereinheitlichen. Lebensbedingungen von Jugendlichen in der einen Region haben wenig mit denen in anderen Regionen gemeinsam, einige Gruppen junger Menschen genießen weitreichendere Teilhaberechte als andere. Zu unterschiedlich sind die sozialen, ökonomischen und politischen Konstellationen, die Jugendliche und junge Erwachsene vorfinden und mit denen sie sich zurechtfinden (müssen). Multiple Erwartungen werden an sie herangetragen und je nach Milieu, Geschlecht, Herkunft und sozialem Status variieren diese Anforderungen erheblich.

Gleichwohl erscheint die ablehnende Formel von ‚der Jugend' auf den zweiten Blick fragwürdig. Zwar existieren **große Unterschiede** in den **sozialen Spielräumen** und im **Alltagsleben** Jugendlicher, damit ist jedoch die **Jugend als soziale Figur einer eigenständigen Lebensphase** bzw. **sozialwissenschaftlich als Lebensalter** noch nicht beschrieben. Es ist nicht im Blick, wie die Jugend als Integrationsmodus unserer Gesellschaft gestaltet wird, über den die jungen Menschen in ein Verhältnis zur Gesellschaft gesetzt werden und sich setzen. Im Unterschied zu dem verkürzten Integrationsbegriff in den öffentlichen Diskussionen um Inklusion oder Migration geht es hierbei nicht um die Assimilation von Einzelnen in die soziale Ordnung. Jugend als Integrationsmodus meint vielmehr, dass moderne Gesellschaften über die generationale Ordnung der Lebensalter das Verhältnis von Individuen und Gruppen zur gesellschaftlichen Entwicklung arrangieren. **Jugend ist eine Struktur,** über die das **soziale Zusammenleben** und die **soziale Ordnung** gestaltet wird und über die **funktionalen Zusammenhänge** hergestellt sowie soziale Erwartungen formuliert werden."

Von dieser Grundeinsicht gehen die hier präsentierten entwicklungspädagogischen Argumentationsfiguren auch aus. Allerdings führt dieser 2. Band im Unterschied zum 1. – als Beitrag zu der im 15. KJB formulierten Aufgabenstellung – noch eine weitere zentrale Argumentationslinie ein, nämlich die **Milieuforschung.** Sie ist diesbezüglich als ein Theoriekonzept zu verstehen, dass zwischen der **individuellen Einmaligkeit** der Kinder und Jugendlichen und den **Strukturzusammenhängen** der Lebensphase „Kindheit" bzw. „Jugend" vermittelt. Sie fragt insbesondere danach, wie sich die **strukturellen** (also nicht zufälligen) **gesellschaftlichen Ungleichheiten** in den Alltagspraktiken der Heranwachsenden niederschlagen und welchen Anteil die **pädagogischen Einrichtungen** aller Arten an der einfachen oder sogar erweiterten Reproduktion dieser Ungleichheiten bei der Verteilung von Bildungs- und Lebenschancen haben und wie eine **milieugerechte** und **habitussensible Pädagogik** auszurichten wäre, die darum ringt, bildungsbezogene Chancengerechtigkeit zu fördern.

1.1 Das Rahmenkonzept: Entwicklungspädagogik in den Widerspruchsrelationen von Bildung und Herrschaft (Heydorn)

Bevor die *historische* Rekonstruktion der pädagogisch relevanten gesellschaftswissenschaftlich begründeten Milieuforschung in *systematischer* Absicht erfolgt, soll knapp der Interpretationsrahmen vorgestellt werden. Dieser schließt an den EP1 in dreifacher Weise an:

1. Das ursprüngliche Konzept der **Entwicklungsaufgaben** bei Havighurst und seine sozialökologische Weiterentwicklung durch Bronfenbrenner wurde durch Rezeption der neueren, sozialwissenschaftlich fundierten Bildungs- und Erziehungstheorien, speziell das von Klafki, transformiert in das Konzept der **Bildungsaufgaben.** Sie beinhalten

   a. die unabschließbaren **Perspektiven von Bildung**, verstanden als Fähigkeit und Bereitschaft
      • zur Selbstbestimmung und Selbsterfahrung, zum immer reflektierten Umgang mit den eigenen Lebenserfahrungen und -entwürfen;
      • zur *Mitbestimmung* und Mitgestaltung der unmittelbaren und sich schrittweise erweiternden sozialen und ökologischen Umwelt;
      • zur *Solidarität* mit den „Mühseligen und Beladenen" in der Absicht, die Bedingungen von Ungleichheit und Herrschaft schrittweise abzubauen und zu überwinden;
      • und zur *Verantwortungsübernahme* für die Gestaltung einer ökologisch verantwortungsvolleren, ökonomisch und sozial gerechteren, politisch demokratischeren und im interpersonellen Umgang immer menschlicheren Gesellschaft.
      • Dabei impliziert das *Recht* auf Selbst- und Mitbestimmung die symmetrische *Pflicht* zur Solidarität und Verantwortungsübernahme, denn diese Rechte können nur bei gleichzeitiger Anerkennung der Pflichten begründet, „gerechtfertigt", insbesondere aber verwirklicht werden.
      Es dürfte deutlich sein, dass es sich bei diesem Bildungskonzept und damit auch dem der Bildungsaufgaben somit um einen *doppelseitig aufschließenden* Ansatz handelt: Er hat das Subjekt in seinem *Gesellschafts- und Gemeinschaftsbezug* und seinem *Selbstbezug* gleichzeitig im Blick. Es ist daher in der Lage, die empirisch rekonstruierbaren politischen und ökonomischen Bedingungen und die intersubjektiv vermittelten Sinnbildungsprozesse gleichermaßen zu rekonstruieren, also den o. g. *inneren* Zusammenhang dieser Fragestellungen zu vermitteln.

   b. Daraus resultieren auch die Ansprüche von **Allgemeinbildung**, verstanden
      • als *Bildung für alle* (bildungssoziologische Dimension),
      • *Bildung im Medium des Allgemeinen* (bildungsdidaktische Dimension) und als
      • *Bildung aller Fähigkeiten und Fertigkeiten* (bildungspsychologische Dimension).

   c. Diese Bildungsperspektiven *verwirklichen* sich in konkret-historischen **Erziehungsprozessen** – und zugleich überschreiten die Bildungskonzepte diese in normativer Absicht. Daraus resultiert ein Spannungsverhältnis zwischen den bildungsbestimmten offenen *Erwartungshorizonten* und den faktisch bestimmten und relativ geschlossenen *erzieherischen Erfahrungsräumen* – und dies auf Ebenen:

I   In der *unmittelbaren Interaktion* zwischen Personen mit sachlich ungleichen Kompetenzen in der entwicklungsfördernden Absicht, den weniger Kompetenten (in klassischer Formulierung: den Educandi) durch bewusste Unterstützung, Absicherung und Herausforderung für sie selber bedeutsame Lernprozesse zu ermöglichen und nahezulegen und damit diese asymmetrische Beziehung „auf höherem Entwicklungsniveau" aufzuheben.

II Diese pädagogischen Interaktionsformen werden gerade in der Moderne *institutionalisiert* und damit die pädagogischen Tätigkeiten *professionalisiert*, womit die Angebote selber gewährleistet und deren Qualität gesichert werden soll.

III Die pädagogischen Wechselbeziehungen zwischen den Interaktions- und Institutionalisierungsformen werden logisch bestimmt von der Dominanz der pädagogischen Begegnungsweisen (klassisch formuliert: dem „pädagogischen Bezug") gegenüber den Organisationsstrukturen: Letztere sind also stets aus der Perspektive der ersteren dicht zu beschreiben, differenziert zu analysieren, kritisch zu bewerten und praktisch-innovativ zu verändern.

2. Nun wurde in EP1 bereits an vielen Stellen und in ausführlichen Argumentationssträngen deutlich gemacht, dass der *erzieherischen* Verwirklichung der *Bildungsperspektiven* die weitreichenden *gesellschaftlichen Ungleichheiten* und deren institutionelle und interaktive Manifestationen entgegenstehen. Dies hatte Joachim Heydorn (bes. 1979) mit der Formel „**Widerspruch von Bildung und Herrschaft**" einprägsam auf den Begriff gebracht (vgl. dazu ausführlich den Wissensbaustein 1, S. 7–10). Dieser Widerspruch prägt mit unterschiedlichen Gewichtungen und in unterschiedlichen Ausprägungsformen alle erzieherischen Interaktionsmuster und Institutionsstrukturen. Oder anders formuliert: Die Faktizität der Erziehungsprozesse wird durch die verschiedenartigen Widerspruchsrelationen von Bildung und Herrschaft bestimmt. Und diese lassen auch die Bildungskonzepte selber nicht unberührt. Sie haben zu dem (in EP1, Kap. 1.3 schon dargestellten) *Verfall des Bildungsgedankens* geführt (Zurücknahme der emanzipatorischen Ansprüche und Impulse, Entindividualisierung der Lernprozesse und enge Verknüpfung von Bildung und Macht durch die Spaltung in „niedere" und „höhere" Bildung). Die pädagogischen Mündigkeits- und Selbstverwirklichungsansprüche müssen also gegen diese Verfallstendenzen

theoretisch, konzeptionell, methodisch und faktisch-empirisch immer wieder zur Geltung gebracht werden.

3. Hinsichtlich der theoretisch und empirisch differenzierten Analyse der herrschaftsverursachten Ungleichheitsverhältnisse hatte es in Weiterführung der sozialökologischen Analysen seit den späten 1960er Jahren erhebliche Anstrengungen gegeben. Hier ist insbesondere zu erinnern an die **schichtenspezifische Sozialisationsforschung**, die sich häufig verstand als innere Ausdifferenzierung der meist eher polarisierend argumentierenden Klassentheorien. Damit kamen die *vertikalen* Herrschaftsstrukturen und deren Folgen für die verschiedenen pädagogischen Interaktionsformen und deren Institutionalisierungsformen in den Blick (vgl. die damaligen „Klassiker" Bernstein [1977, bes. 1. u. 6. – 8. Kap.] und Gottschalch et al. [1971, Kap. 8–12]. Die fortgeführten sozialökologischen Ansätze hatten diese eher makrotheoretische Betrachtungsweise durch mikrotheoretische vertieft und ergänzt – und zugleich auf wichtige Ungenauigkeiten verwiesen: dass es nämlich *innerhalb* der jeweiligen objektiven Schicht- bzw. Klassenzugehörigkeiten ganz erhebliche *horizontale* Unterschiede gibt, die pädagogisch sehr relevant sind. Diese (selbst-)kritischen Befunde waren ein wichtiger Anstoß für die neuere **Milieuforschung**, zur Wiederbelebung der älteren Milieutheorien und zur Herausarbeitung neuer Theorien und Konzepte ab Anfang der 1990er Jahre (vgl. Hradil 1987, Kap. 4; Berger/Vester 1998). Diese wurden aber von den Erziehungswissenschaften – trotz entsprechender Hinweise und Aufforderungen (z. B. von Lüders 1997) – bisher nur punktuell bzw. begrenzt aufgenommen (vgl. die Hinweise bei Choi 2012, S. 933 ff.). Zur theoretischen und empirischen Fundierung der Entwicklungspädagogik sind sie aber unverzichtbar, weshalb die entsprechenden Konzepte in diesem Kapitel ausführlich dargestellt werden und deren pädagogische, speziell bildungs- und erziehungssoziologische Relevanz begründet wird (eine gute Übersicht über die Traditionen und gegenwärtigen Strömungen der Bildungs- bzw. Erziehungssoziologie bietet Bauer et al. 2012, Teil I u. II).

Wissensbaustein 1:
Heinz-Joachim Heydorn über den Widerspruch von Bildung und Herrschaft

Heinz-Joachim Heydorn (1916-1974) war einer der profiliertesten Erziehungswissenschaftler*innen in der frühen und mittleren Bildungsgeschichte der ehemaligen BRD. Anders als das Konzept von Klafki, welches den Rahmen der hier vorgelegten Entwicklungspädagogik bestimmt und das sich stets um eine entwicklungsoffene Balance von kritischer Analyse und konstruktiven Umgestaltungsentwürfen bemüht, stellte Heydorn in seiner außerordentlich anspruchsvollen Kritischen Pädagogik, die gleichermaßen historisch wie auch systematisch ausgerichtet war, die Kritik an der herrschaftlichen Eingebundenheit aller Bildungs- und Erziehungsprozesse ins Zentrum (sie wird deshalb häufig auch als „Negative Pädagogik" bezeichnet). Dabei waren seine theoretischen Arbeiten von einem sehr direkten politischen Engagement getragen, was auch seine Biographie deutlich macht: Er war bereits 1933 Mitglied der Bekennenden (Evangelischen) Kirche, beteiligte sich neben seinem Studium von 1934 bis 1939 an der illegalen, antifaschistischen Arbeit, desertierte 1944 aus der (faschistischen) Wehrmacht, war 1946/47 Vorsitzender des Sozialistischen Deutschen Studentenbundes (SDS) sowie 1946–1953 für die SPD Mitglied der Hamburger Bürgerschaft, aus der er 1961 wegen „Linksabweichung" ausgeschlossen wurde. Sein wissenschaftlicher Weg führte ihn nach der Promotion (1949) zunächst als Dozent nach Kiel (1950–1952) und dann 1952 zunächst als Schulpädagoge und schließlich ab 1961 als Professor für das Erziehungs- und Bildungswesen nach Frankfurt/M., einem der Zentren der kapitalismuskritischen Studentenbewegung, der er mit wohlwollender Skepsis verbunden war. Er hatte die Herausforderung jeder sich der Kritischen Theorie (der „Frankfurter Schule") verpflichteten Erziehungswissenschaft auf die prägnante Formel des „Widerspruchs von Bildung und Herrschaft" gebracht. Das bildet auch für die kritisch-konstruktive Erziehungswissenschaft so etwas wie einen „Stachel", eine Mahnung, jeden Reformschritt und jedes Reformprojekt auf seine mögliche offene und/oder verdeckte Indienstnahme für entgegengesetzte politische und kulturelle Zwecke zu prüfen – ganz im Sinne eines radikalen bildungspolitischen Reformismus (wie das Habermas einmal mit Blick auf den Bildungsreformer Ludwig von Friedeburg [1924–2010] formuliert hatte). Seine nachfolgend in sieben Thesen dokumentierte Position bildet gerade für diesen zweiten Band so etwas wie einen kritischen Orientierungs- und Bewertungsrahmen, der allerdings auch insofern über Heydorn hinausgeht, als er die bei ihm dominierende pädagogische Ideologiekritik weiterführt und verlängert hin zu einer empirisch fundierten Erziehungs- und Gesellschaftskritik.

1. „Das dialektische Verhältnis von Bildung und Herrschaft, der unaufgehobene Widerspruch, wird erst mit der fortschreitenden Geschichte zu seiner vollen Vergegenwärtigung gebracht; erst mit ihr gewinnt das Handeln einen universellen Charakter. Erst mit der entwickelten Instrumentalisierung der Bildung, ihrem konsequenten Einbezug in das System der gesellschaftlichen Macht, ihrer institutionellen Reife, vermag sie auch ihren emanzipatorischen Auftrag wahrhaftig zu erkennen und die in ihm enthaltende Konsequenz zu

ziehen; erst nachdem sie, mit wachsender Entlassung der Produktivkräfte, zum notwendigen Bestandteil aller Herrschaft geworden ist, vermag sie sich in Wahrheit gegen die Herrschaft zu richten. (…) Vernunft zielt auf Schmerzbefreiung, auf die Verwandlung der Ängste in Gestalt gestaltendes Glück; Herrschaft ist unbeendeter Schmerz, Raub eines Glücks, das in uns ist, keines Fremden bedarf und sich ausbreiten will." (Heydorn 1979, S. 9)

2. „Mit dem Begriff der **Bildung** wird die Antithese zum **Erziehungsprozess** entworfen; sie bleibt zunächst unvermittelt. Erziehung ist verhängt; … Bildung dagegen begreift sich als entbundene Selbsttätigkeit, als schon vollzogene Emanzipation. (…) Die **empirische** Bedingung, unter der Bildung erst möglich wird, ist präzise festzulegen. Erst nachdem sich Bedürfnisse entwickelt haben, die die geordnete Vermittlung eines rational bestimmbaren Wissens notwendig machen, sind die Voraussetzungen für eine erste Selbstverständigung gegeben." (ebd., S. 10)

3. „Die Gesellschaft sucht den Menschen für bestimmte, klar definierbare Zwecke zu begaben, die sich aus ihrem Interesse, einer gegebenen Machtlage, dem Entwicklungsstand der Produktivkräfte ergeben. Sie begabt ihn nicht als Menschen, sondern immer nur partiell, sie bedarf seiner als Bruchstück. (…) Weil dem Bedürfnis nach säkularem Wissen, nach rationaler Dienstleistung nicht mehr durch einfache Tradierungsprozesse entsprochen werden kann, müssen neue Voraussetzungen entwickelt werden, die der **Unmittelbarkeit des Lebens entzogen** sind. Die **spezifische Dienstleistung** gewinnt einen eigenen Charakter, sie wird im Ansatz **institutionalisiert**, dem direkten Verkehr entzogen; die Gesellschaft vollzieht den Akt der relativen Freistellung einiger ihrer Glieder, um ihrem Interesse überzeugender dienen zu können. Sie erkennt das Recht des Rückzugs aus dem unmittelbaren Lebensvorgang als Gebot ihres Vorteils." (ebd., S. 12)

4. „Das Verhältnis der Abhängigkeit …, mit dem Bildung erst möglich wird, der **zweckgebundene rationale Verkehr**, die neue, notwendig gewordene Form der Dienstleistung, bewirken einen **emanzipatorischen Vorgang** von folgenreicher Konsequenz. Nur über diese ihre erste Verdingung vermag sich die Bildung zu fassen; sie macht Bildung überhaupt erst möglich. Indem die Bildung ihrer selbst habhaft wird, gewinnt sie ihre eigene Qualität, ihre Bestimmung als geschichtliche Kraft eigenen Antriebs; sie kehrt das gesellschaftliche Verhältnis um. Als Instrument gedacht, mittels dessen die Gesellschaft ihren Interessen wirksamer dienen kann, sich zu verewigen glaubt, gewinnt sie über diese ihre Determination ihre Freiheit. Die Selbstbestimmung gewinnt sich über die Unterwerfung.

5. . Die Dialektik dauert an; die Instrumentalisierung dauert und der Versuch, das Instrument gegen die Hersteller zu richten." (ebd., S. 12 f)

6. „**Bildung** intendiert die **umfassende empirische Verwirklichung des Menschen als Gattung**, deren Möglichkeit sie im Gegenüber erfährt. Der konkrete Mensch ist schon die ganze Zukunft seines Geschlechts." Der Begriff der Bildung „führt vom Menschen zur Menschheit, vom empirischen Gegenüber zur Gattung, nicht umgekehrt, vom Begriff zu seinem Reflex. Bildung geht vom Menschen aus und kommt beim Menschen an. Damit gewinnt das wirkliche Individuum einen einzigartigen Wert, weil es die Menschheit in sich aufbewahrt. Mit der Zerstörung des einzelnen Menschen wird die gesamte Menschheit unaufhörlich zerstört." (ebd., S. 25)

7. „Selbstverfügung des Menschen ist Erfüllung des humanistischen Traums und dialektisch-rationales Korrelat der Entwicklung. Selbstbestimmung ruht somit nicht auf Spontaneität, sondern auf der **Vermittlung von Mündigkeit und Bedingung**; sie ist keine Utopie, kein Gedächtnis des verlorenen Menschen an sich selbst, sondern der erste Schritt von der Utopie zur Wirklichkeit. Der Schritt will durchdacht, abgesichert, strenger Bewusstseinsbildung unterworfen sein." (ebd., S. 322) Das meint auch: „Veränderung will in uns selbst über umwälzende Praxis durchlaufen sein. Es ist der Charakter der pädagogischen Utopie, dass sie keine abstrakte Welt entwirft, sondern inhaltlich veränderte Welt durch gegenseitige Hilfe schon jetzt beginnen lässt." (ebd., S. 331)

8. „**Bildungsfragen sind Machtfragen**; die Frage der Bildung ist die Frage nach der Liquidation der Macht. Sie baut auf das Handeln des Menschen, das niemand für ihn übernimmt. Um dieses Handeln zu entlassen, muss der Widerspruch aufgedeckt werden, mit dem sich Bildung als Herrschaftsverfassung gegen sich selber wendet; die Zeit dieser Verfassung läuft ab. (…) Sie muss ihre Theorie offen halten, offen für Unvorhersehbares, offen, da sich die Basis permanent verändert, über die sich das Bewusstsein verständigen muss." (ebd., S. 337; alle Hervorhebungen von mir; K.-H. B.)

(Literaturnachweise und -empfehlungen am Ende von Kap. 1.2)

1.2 Ursprünge und frühe Traditionslinien der entwicklungspädagogischen Milieuforschung

Zusammenfassung

In diesem Unterkapitel wird zunächst (Kap. 1.2.1) der Ursprung der gesellschaftswissenschaftlichen Milieuforschung dargestellt, die Durkheim um den Begriff der sozialen Morphologie als Beziehungsgefüge zwischen inneren und äußeren Milieus gruppierte und in einen Zusammenhang stellte, mit den vielschichtigen Formen der Arbeitsteilung in einer modernen Gesellschaft, die die Pädagogik bei aller Anerkennung ihrer relationalen Autonomie zu beachten und in den verschiedenen Stufen des vergleichenden pädagogischen Denkens zu untersuchen habe, um so einen angemessenen Beitrag zur sozialen Integration der Heranwachsenden durch Förderung ihrer personalen Autonomie leisten zu können. – Weitgehend unabhängig von Durkheim entwickelte Max Weber (Kap. 1.2.2) seine sinnbezogene, zweck- und wertrationale verstehende Soziologie, die deutliche Bezüge zu den Kulturwissenschaften aufweist und den klassenverursachten und herrschaftssichernden Machtbeziehungen und deren Folgen für die alltägliche Lebensführung sowie die Vergesellschaftungs- und Vergemeinschaftsmodi besondere Aufmerksamkeit schenkte. – An Weber anschließend und mit expliziten Bezügen zur relational eingebundenen Pädagogik und ihren inneren disziplinären Differenzierungen untersuchte Geiger (Kap. 1.2.3) die verschiedenen bildenden Mächte von der alltäglich vorhandenen Mitwelt bis zur institutionalisierten und professionalisierten Erziehung im Kontext sich immer mehr pluralisierender und multiperspektivisch zu untersuchenden Klassenstrukturen.

Die neuere pädagogische bzw. pädagogisch relevante Milieuforschung hat selbstverständlich nicht bei null angefangen, sondern hat je nach Ansatz sich auf spezifische Traditionslinien bezogen und diese sowohl kritisch wie auch konstruktiv weitergeführt.

1.2.1 Soziale Morphologie, Arbeitsteilung und Erziehung (Durkheim)

Ein erstes gesellschaftswissenschaftliches Verständnis der sozialen Milieus entwickelte Emilé Durkheim (1858–1917), der diesbezüglich auch von der *sozialen Morphologie* der Gesellschaft sprach. Er gilt als Begründer der Soziologie in Frankreich und international als Klassiker der Disziplin und lehrte von 1887 bis 1902 in Bordeaux Soziologie und von 1902 bis zu seinem frühen Tod als erster in Frankreich Erziehungswissenschaften (1902–1913) bzw. Pädagogik und Soziologie (1913–1917) an der Sorbonne in Paris, was ihn für die entwicklungspädagogische Milieuforschung besonders interessant macht. Sein Theoriekonzept und dessen methodische Grundlagen können – als Interpretation und Ergänzung der Zitatmontage in Wissensbaustein 2 (S. 12–14) in fünf Argumentationsfiguren zusammengefasst werden:

Wissensbaustein 2:
Emilé Durkheims Konzept der „sozialen Morphologie" als
Geburtsurkunde der sozialwissenschaftlichen Milieuforschung (1895)

Sein Verständnis von sozialer Morphologie bzw. sozialen Milieus entwickelte Durkheim an prominenter Stelle, nämlich in den 1895 erstmals veröffentlichten „Regeln der soziologischen Methode". Diese Passage kann auch als Geburtsurkunde der sozialwissenschaftlichen und pädagogischen Milieuforschung angesehen werden. Nach dem frühen Tod von Durkheim ist der Ansatz dann konzeptionell als soziale Morphologie von seinem Schüler (und Neffen) Marcel Mauss (1872–1950) weitergeführt worden (vgl. Mauss 1978, Kap. I u. V), der u. a. exemplarisch die soziale Morphologie der damals so genannten. „Eskimogemeinschaften", also der Inuits, vergleichend untersuchte und aus dieser Untersuchung auch methodische Schlussfolgerungen gezogen hatte. Sein anderer Schüler, Maurice Halbwachs (1877–1945), der im KZ Buchenwald ermordet worden ist, nahm ihn ebenfalls auf (vgl. die Texte zur religiösen, politischen, ökonomischen Morphologie und zur Großstadt in Halbwachs 2002) und führte ihn dann besonders als Analyse der unterschiedlichen Formen des kollektiven Gedächtnisses (speziell in den Familien, in religiösen Gruppen und den gesellschaftlichen Klassen) weiter (vgl. Halbwachs 1985, bes. Kap. 5–7). Es ist erstaunlich, dass dieses Konzept bzw. dieser Begriff in der neueren Durkheim-Rezeption keinerlei Rolle spielt, wohl aber in der aktuellen Debatte um die sozialphilosophische Grundlegung der Architekturtheorie (vgl. Schroer 2009) bzw. zur Formenanalyse architektonischer Sinnstrukturen von pädagogischen Institutionen (vgl. Böhme/Flasche 2018). Lediglich René König (1906–1992), der sich um die Durkheim-Rezeption in der frühen BRD nichtzuletzt durch Übersetzungen verdient gemacht hatte, verwendete diese Konzeptualisierung der Milieutheorie noch explizit (vgl. König 1967).

Da die Tatbestände der sozialen Morphologie dieselbe Natur besitzen wie die physiologischen Phänomene, müssen sie nach der gleichen … Regel erklärt werden. (…)

Wenn wirklich entscheidende Bedingungen der sozialen Phänomene … in der Tatsache der Assoziation selber besteht, müssen die Phänomene mit den Formen dieser Assoziation, d. h. mit der Art und Weise, wie die grundlegenden Bestandteile der Gesellschaft gruppiert sind, variieren. Da andererseits die bestimmte Einheit, welche die in den Bau einer Gesellschaft eintretenden Elemente aller Art durch ihre Vereinigung bilden, ebenso das **innere Milieu** der Gesellschaft darstellt, wie die Gesamtheit der anatomischen Elemente in der Art ihrer Verteilung im Raume das innere Milieu des Organismus, wird man sagen können: *Der erste Ursprung eines jeden sozialen Vorgangs von einiger Bedeutung muss in der Konstitution des inneren Milieus gesucht werden.*
Es ist sogar möglich, dies noch weiter zu präzisieren: Die Elemente, aus denen sich dieses Milieu zusammensetzt, gehören zwei Gattungen an. Es sind **Personen** und **Dinge.** Unter den Dingen sind außer den der Gesellschaft einverleibten materiellen Objekten die Produkte früherer sozialer Tätigkeit zu verstehen, das gesatzte Recht, die geltende Moral, literarische und künstlerische Monumente usw. Doch ist es klar, dass der Anstoß, der die sozialen Umbildungen auslöst, weder von der einen noch von der anderen Seite ausgehen kann; denn sie bergen beide keine bewegende Kraft in sich. Natürlich muss man bei den Erklärungen, die man unternimmt, mit ihnen rechnen. Sie lasten mit einem gewissen Gewicht auf der sozialen Entwicklung, deren Geschwindigkeit und selbst deren Richtung mit ihnen variieren. Doch besitzen sie nichts, was erforderlich ist, um die Entwicklung in Gang zu setzen. Sie sind die Materie, an welcher die lebendigen Kräfte der Gesellschaft angreifen, doch entwickeln sie selber keine lebendige Kraft. Als aktiver Faktor bleibt also nur das eigentlich **menschliche Milieu** übrig.
Das Hauptbestreben des Soziologen muss also dahin gerichtet sein, die verschiedenen Eigentümlichkeiten dieses Milieus, die auf den Ablauf der sozialen Phänomene einzuwirken vermögen, zu entdecken. Bisher haben wir zwei Reihen von Entwicklungen aufgefunden, die dieser Bedingung in hervorragender Weise entsprechen; es ist die Zahl der sozialen Einheiten, der, wie wir auch sagten, das Volumen der Gesellschaft und der Konzentrationsgrad der Masse, oder, wie wir es nannten, die dynamische Dichte. Unter dem letzten Ausdruck muss nicht nur das rein **materielle Zusammenrücken** des Aggregats verstanden werden, das keine Wirkung haben kann, wenn die Individuen oder vielmehr die Gruppen von Individuen durch moralische Leerräume voneinander getrennt bleiben, sondern vielmehr das **moralische Zusammenrücken**, das durch ersteres nur unterstützt wird und dessen Begleiterscheinung es im Allgemeinen ist. Die dynamische Dichte kann ebenso wie das Volumen durch die Zahl der Individuen definiert werden, die nicht nur in **kommerziellen**, sondern auch in moralischen Beziehungen zueinander stehen; das heißt, die nicht nur Leistungen austauschen oder miteinander konkurrieren, sondern ein **gemeinschaftliches** Leben führen. (…) Das soziale Leben kann also nur durch die Zahl derjenigen beeinflusst werden, die wirklich daran teilnehmen. Aus diesem Grunde wird die dynamische Dichte eines Volkes am besten durch den Grad der Verschmelzung der sozialen Segmente ausgedrückt." (Durkheim 1984a, S. 194–196; Vgl. auch ders., 1983, S. 153ff)

Von diesem **inneren sozialen Milieu** ist das **äußere** zu unterscheiden, „d. h. jenes Milieu, das aus der umgebenden Gesellschaft besteht", welches „irgendwelche Wirkung haben kann ...;" dabei „kann sich sein Einfluss nur durch Vermittlung des inneren sozialen Milieus geltend machen." (ders., 1984a, S. 198; alle Fettdruck-Hervorhebungen sind von mir, K.-H. B.).

1. Durkheim ging von der damals gar nicht selbstverständlichen Grundeinsicht aus, dass die Erziehung eine objektive, also verifizierbare, realisierte und beobachtbare soziale Tatsache sei und er fasste darunter die interaktiven Beziehungen zwischen den Erwachsenen und den Jugendlichen und die „Übertragung" von Wissen und Können an die jüngere Generation und die mögliche bzw. wünschenswerte Institutionalisierung dieser Beziehungen. (Knapper Hinweis: Weder die französische noch die englische bzw. angloamerikanische [Wissenschafts-] Sprache kennt die Unterscheidung zwischen Bildung und Erziehung, sondern spricht bei allen pädagogischen Prozessen von Erziehung. Das erfordert bei der deutschsprachigen Interpretation eine genaue Beachtung, welcher Aspekt jeweils gemeint ist, denn der Sache nach wird eine vergleichbare Unterscheidung vorgenommen.) Diese **Gesellschaftlichkeit aller pädagogischen Prozesse** und **Institutionen** bedarf zunächst einmal einer *soziologischen* Erklärung, die insbesondere die *Ziele* des pädagogischen Handelns betreffen, welche von den jeweiligen Gesellschaftsstrukturen abhängen. (Durkheim entnahm wichtige pädagogische Überlegungen der Bildungs- und Erziehungstheorie von Johann Friedrich Herbart [1776–1841]; während bei diesem noch die [Praktische] Philosophie die „Königdisziplin" war, ist es nunmehr die Soziologie.) Diese einfache oder auch erweiterte **Reproduktionsfunktion der Erziehung** wird also bestimmt von dem Volumen (z. B. dörfliche oder klein- bzw. großstädtische Strukturen) und der Dichte (z. B. lockere Besiedlung im ländlichen Raum vs. Großsiedlung am Stadtrand) der jeweiligen Gesellschaft, von ihrer Dynamik des beruflichen und sozialen Lebens (z. B. in Handel und Industrie bzw. in Vereinen und Parteien), von den Sitten und Gebräuchen (z. B. Umgangsformen in Familie und Schule) und deren symbolischen Ausdrucksformen (z. B. im Religionsunterricht), von den moralischen Regeln (z. B. Respekt vor Menschen aus anderen sozialen Milieus oder Kulturkreisen), dem gesatzten Recht (z. B. Verbot der Kinderarbeit und Schulpflicht) usw. Alle diese Relationen bilden die soziale Morphologie – oder wie es Durkheim später nannte: die sozialen Milieus – und diese sind die Voraussetzung, aber auch das Resultat des pädagogischen Handelns und zugleich entsteht so ein eigenes, nämlich *pädagogisches* Milieu. Von der Prämisse ausgehend, dass man *Soziales nur durch Soziales* erklären darf,

lehnte er als Ausgangspunkt der erziehungswissenschaftlichen Reflexion eine
Ausrichtung an *Bildungsidealen* (wie z. b. die schrittweise Vervollkommnung
der einzelnen Menschen wie der Menschheit durch eine harmonische Entwicklung) ab und stellte die *empirisch beobachtbare Erziehungswirklichkeit* in den
Vordergrund (vgl. Durkheim 1984b, 1. Kap.; ders., 2012, S. 69f). Gleichwohl
hielt er es für sinnvoll, ja notwendig, die *gegebene* pädagogische Wirklichkeit zu
überschreiten und entsprechende Erziehungsreformen an einer *rationalen Idee,*
also einem *begründeten* und entwicklungsoffenen *Ideal* auszurichten, also in
unserem Vokabular an Bildungsperspektiven (vgl. Durkheim, z. B. 1984b, S. 55
u. 149f; 1992, S. 78; 2012, S. 75f).

2. Zugleich sah er die bestehende Gesellschaft nicht als eine statische Morphologie,
   sondern selber historisch. Auch in seinen dezidiert pädagogischen Analysen
   rekonstruierte er jeweils die normative und faktische **Geschichtlichkeit des
   Erziehungshandelns – und -denkens.** Dieses ist wie die Gesellschaft insgesamt
   bestimmt von einer fortwährenden Komplexitäts-*Steigerung*, die sich wesentlich
   in drei Stufen der sozialen und pädagogischen Milieuentwicklung vollzogen
   haben soll (vgl. Durkheim 1992, 1. Buch. 6. Kap.):
   a. Die elementarste Form sind die *familialen* Milieus, die für die „primitiven"
      Stammesgesellschaften charakteristisch sind und auf Familien- und Verwandt-
      schaftsbeziehungen beruhen, die u. a. differenziert werden nach Geschlecht,
      Alter, Abstammungslinie und Verwandtschaftsgrad. In ihnen entwickelt
      sich als Grundlage des sozialen Zusammenhalts und damit als Hauptziel
      der in die Alltagsprozesse integrierten, also dort „mitlaufenden" Erziehung
      die *mechanische* Solidarität, beruhend auf dem Prinzip der Ähnlichkeit der
      Lebensweisen (vgl. ebd., 1. Buch. 2. Kap.; und zur aktuellen Ausprägung der
      familiären Erziehungsmilieus Kap. 1.4.2 dieses Buches).
   b. Die *beruflichen* Milieus bilden sich als Notwendigkeit der Arbeitsteilung in
      den antiken Stadtgesellschaften heraus und traten als soziales Band, welches
      auf der Basis der Kooperationsbeziehungen von der *organischen* Solidarität
      geprägt wurde, neben die Familienbeziehungen und dominierten immer
      mehr die mechanischen Solidaritätsformen. Auf diese Weise wurde das Be-
      rufsleben zum bestimmenden Element der alltäglichen Lebensführung und
      sollte – so die Hoffnung von Durkheim – den sozialdarwinistischen „Kampf
      ums Überleben" überwinden (vgl. ebd., 2. Buch, 3. Kap.) Zugleich entstand
      erstmals eine, wenn auch noch recht begrenzte relationale Autonomie des
      Pädagogischen: Erziehen wurde also ein spezieller Beruf.
   c. Die Durchsetzung der gesellschaftlichen Moderne in Gestalt der kapita-
      listischen Industriegesellschaft, wie sie Durkheim selber erlebt hat, führte
      zu einer nochmals erheblich steigende Komplexität der gesellschaftlichen

Verhältnisse und der Herausbildung von *territorialen* Milieus, also politischen und ökonomischen Sozialstrukturen, die sich immer mehr von
der unmittelbaren kommunalen Ebene ablösten und in übergreifenden
nationalstaatlichen Verfahren und Institutionen verankert wurden oder
sogar – das hatte Durkheim schon vorausgesehen bzw. für wünschenswert
gehalten – zur Implementierung von transnationalen ökonomischen und politischen Strukturen führen. Diese Zentralisierungsprozesse erfordern somit
höherstufige Modi der organischen Solidarität, die in Erziehungszielen wie
„Vaterlandsliebe", „Patriotismus" oder auch Menschlichkeit, Menschenwürde
und Menschenrechte zum Ausdruck kamen (vgl. Durkheim 1984b, S. 126ff).
Sie sind zugleich verbunden mit der erweiterten beruflichen Spezialisierung
und erhöhten Qualifikationsanforderungen, die im 19. Jh. schrittweise zu
einer Institutionalisierung der Erziehung für alle in Gestalt eines staatlichen
Schulwesens und im 20. Jh. in Deutschland und Österreich zu einer umfassenden Kinder- und Jugendhilfe führten. Aus alledem resultierte eine auch
heute noch bedeutsame komplexe und z. T. unübersichtliche pädagogische
Arbeitsteilung sowie eine vielschichtige Überlagerung von familiären, beruflichen, pädagogischen, kulturellen und politischen Milieus. Diese rasante
soziale und pädagogische Komplexitätssteigerung hat auch die Relationen
zwischen *gesellschaftlichen Anforderungen* und *individuellen Lernprozessen*
unbestimmter und damit interpretationsbedürftig gemacht und diese personalen und kollektiven Entwicklungsspielräume förderten entschieden die
Individualisierung der menschlichen Praxisformen (vgl. Durkheim 1992,
2. Buch, 3. Kap.).

d. Zu dieser Systematik gelangte Durkheim (1984a, 6. Kap.) durch die Methode des Vergleichs. Dabei sind einerseits zu nennen die historischen,
also *diachronen* Vergleiche, die die Ursprünge und verschiedenartigen
Entwicklungspfade der Menschheitsgeschichte (einschließlich ihrer Erziehungspraktiken) in den Blick nehmen. Hier integrierte Durkheim wie auch
seine unmittelbaren Schüler (bes. Mauss 1978a, Erster und Dritter Teil) in
die soziologische Argumentationsweise auch ethnologische und z. T. biologische Forschungsbefunde (und er kann deshalb auch als ein Vorläufer der
Sozialökologie bzw. *sozialökologischen Sozialisationsforschung* angesehen
werden; vgl. EP1, Kap. 1.2). Zum anderen gibt es *synchrone* Vergleiche, speziell
bezogen auf die Vielfalt der Milieus bzw. die unterschiedlichen pädagogischen Handlungs- und Institutionalisierungsformen (z. B. Spiel, Unterricht,
Hilfe/Beratung bzw. Kindergarten, Schule und Kinder- und Jugendarbeit) in
einer bestimmten Epoche. Aus beiden Vergleichsverfahren resultiert dann

die jeweilige **Typenbildung** bezogen sowohl auf die soziale Morphologie wie auch die Erziehungswirklichkeit und deren Relationen zueinander.
3. Im Zentrum von Durkheims pädagogischen Reflexionen stand die Frage, wie in einer modernen kapitalistischen Industriegesellschaft *intersubjektiv gültige Regeln des Zusammenlebens* begründet und verwirklicht werden können. Als Lösung lehnte er die *utilitaristische* Antwort (die auch in aktuellen neoliberalen Diskursen Verwendung findet) ab, nach der das Nutzenkalkül der Privatindividuen und deren atomistisches Glücksstreben aus sich heraus einen gesellschaftlichen Zusammenhalt konstituieren (vgl. Durkheim 1992, 2. Buch, 1. u. 2.Kap.; 2012, S. 70). Demgegenüber betonte er den *moralisch* begründeten Zusammenhalt. Darunter verstand er allenfalls beiläufig moralisch begründete, also *normative Geltungsansprüche* (z. B. Schutz der personalen Integrität) als vielmehr die *faktisch* geltenden, empirisch untersuchbaren Beziehungsmodi, also *Moralpraktiken* der jeweiligen (Erziehungs-)Milieus (auch verstanden als deren soziomoralischen Qualitäten). Dabei unterschied er zwei Ebenen:
a. Gerade die berufliche Arbeitsteilung führte zu einer Vielzahl an beruflichen Milieus und damit auch einer jeweils milieuspezifischen **Berufsmoral**, die nach dem Prinzip der Ähnlichkeit strukturiert waren und auch heute noch sind (z. B. Handwerker vs. Industriearbeiter vs. Banker und Manager). Dabei beruhten diese Milieus stets auf dem Spannungsfeld zwischen *Kohäsion* (also dem inneren Zusammenhalt) und der *Distinktion* (der Abgrenzung von anderen Personen und Gruppen). Aus sich heraus konnten und können die einzelnen beruflichen Milieus keinen gesamtgesellschaftlichen Zusammenhalt konstituieren, dazu bedarf es eben übergreifend verbindender Gemeinsamkeiten der Erfahrungen, Einsichten, Erwartungen, Lebenspraktiken und Regeln, die das Fundament der **staatsbürgerlichen Moral** bilden (vgl. Durkheim 1999, 1.-9. Vorl.). Ein zentrales Vermittlungsmedium zwischen beruflicher und staatsbürgerlicher Moral ist der **öffentliche Korporatismus**, also der Zusammenschluss der verschiedenen beruflichen Milieus zu immer größeren Einheiten (z. B. in Gestalt von Gewerkschaften) und der damit verbundene Abbau der verschiedenen Konkurrenzverhältnisse. Das Allgemeininteresse an gerechter Freiheit („Der *einzelne* Mensch kann nur frei sein, wenn *alle* Menschen frei sind.") erfordert einen intensiven staatlichen Interventionismus gegen die marktverursachte Spaltung in „Sieger" und „Verlierer" (vgl. bes. die 5. Vorl. in ebd.). Hier klingen Grundsätze der staatlich gesicherten Sozialpartnerschaft an (vgl. Durkheims 1992, Vorwort zur 2. Aufl.).
b. Diese auf Interessenausgleich beruhende Harmonie in den sozialen Beziehungen innerhalb und zwischen den Milieus wurde und wird immer dann gefährdet, wenn die wechselseitigen *Abgrenzungen* der Milieus in *Ausgren-*

zungen und – daraus folgend – die *Eigenständigkeiten* in *Vereinnahmungen* umschlagen. Diese stellen eine Bewegungsform des Widerspruchs von Bildung und Herrschaft dar und aufgrund dessen kommt es zu dem was Durkheim als **Anomie**, als soziale Regelaussetzung bezeichnet hat und dabei drei Formen unterschied (vgl., Durkheim 1992, 3. Buch):

I   Die *anomische* Arbeitsteilung bestand bzw. besteht darin, dass es – insbesondere als Folge eines raschen technologischen und sozialen Wandels (wie wir ihn heute auch erleben) – keine hinreichenden Gemeinsamkeiten mehr gibt, die den neuen Anforderungen angemessen sind und deshalb die traditionellen Gewohnheiten usw. dysfunktional geworden sind (woraus sich jeweils sehr unterschiedliche bis gegensätzliche Milieudynamiken ergeben – z. b. zwischen traditionellen [„rückständigen"] und modernisierten Milieus). Hier steht nach Durkheim die *Soziologie* vor der Herausforderung, die Erziehungs-*Ziele* neu zu bestimmen und dafür soll die *Psychologie* die passenden neuen Erziehungs-*Mittel* „erfinden" (vgl. Durkheim, z. b. 1984b, S. 50ff).

II   Die *erzwungene* Arbeitsteilung beruhte und beruht auf strukturellen und z. b. extremen sozialen Ungleichheiten. Insofern ist die Milieulandschaft einer Region (wie z. b. Ostdeutschland) oder einer Gesamtgesellschaft (wie der BRD) nicht nur von *horizontalen*, sondern auch und besonders von *vertikalen* Differenzierungen, also Ungleichheiten bestimmt (vgl. zur aktuellen Milieulandschaft der BRD Kap. 1.4/1.5. dieses Buches). Diese spitzen sich für Durkheim als Gegensatz von Arbeit und Kapital zu und finden ihren prägnanten Ausdruck in Klassenkämpfen (vgl. Durkheim 1992, S. 443ff). – Obwohl Durkheim diesen Sachverhalt deutlich sah, hat er die konkreten sozialen und politischen Akteure nicht näher untersucht und damit auch nicht das Verhältnis von *staatsbürgerlicher* und *politischer* Erziehung.

III Als *weitere* Anomietendenz ist zu erwähnen die mangelnde innerorganisatorische Abstimmung, also der unzureichende Arbeits-*Verbund* (z. b. zwischen Arbeitsvorbereitung, Produktion und Fertigungskontrolle).

4. Das moralisch vertretbare, also das **öffentliche soziale Sein der Individuen,** (und damit ihre Bildung) steht generell im Zentrum der Erziehung. Sie gewinnt ihre besondere Relevanz als *Sozial*-Erziehung durch die aufgezeigten Anomietendenzen, die Ausdruck und Element einer sozialen Krise sind – damals wie heute. Die Moralerziehung (als Erbin der praktischen Philosophie in der Epoche der alles übergreifenden soziologischen Gesellschaftsanalyse) beinhaltet drei Aufgabenkomplexe (vgl. Durkheim 1984b, 1.Teil):

a. Zunächst einmal gilt es, den **Geist der Disziplin** zu fördern. Durkheim war der Auffassung, dass die menschlichen Triebe ihrem Wesen nach asozial sind (sie bestimmen das *persönliche* Sein; vgl. ebd., S. 47) und dass dies im pädagogisch angeleiteten individuellen Vergesellschaftungsprozess überwunden werden müsse, damit die Menschen ihre humanen Entwicklungspotenziale tatsächlich verwirklichen können. – Dieser Punkt enthält allerdings eine Ungenauigkeit: Näher betrachtet sprach Durkheim nur den *sinnlich-vitalen* Bedürfnisse ihre grundlegende Sozialität ab und befürwortete von daher die *emotional-motivationale* Anstrengungsbereitschaft zum Erreichen eines nicht nur höheren, sondern auch befriedigenderen Vergesellschaftungsniveaus (vgl. Durkheim 2012, S. 78; und ausführlicher Kap. 4.1.1 in diesem Buch).

b. Die Moralerziehung soll stets auch den **Anschluss an die soziale Gruppe** fördern, also das alltagsverankerte und durchaus auch konflikthafte Zusammenleben mit anderen Menschen, den unmittelbaren Kontakt mit ihnen, der es dann auch ermöglicht sowohl innerhalb des jeweiligen eigenen Milieus als auch in Auseinandersetzung mit Vertreter*innen anderer Milieus das Anderssein der anderen Menschen zu erleben und zu erfahren und im Vergleich mit ihnen das eigenes Selbstverständnis zu entwickeln. Das geschieht ganz spontan außerhalb der Erziehungsinstitutionen, in der Familie, in der Nachbarschaft, in Vereinigungen, in der Kommune usw., es soll aber auch gezielt gefördert werden besonders in der Schule, in der Bildung von Klassengemeinschaften und durch schuldemokratische Strukturen (vgl. Durkheim 1984b, 15. u. 16. Vorl.). Oder grundsätzlicher ausgedrückt: Ähnlich wie in der Phylogenese gibt es in der Ontogenese eine Komplexitätssteigerung hinsichtlich der Herausbildung bzw. Aneignung immer mehr verallgemeinerter moralischer Regeln. Das ist zum einen ein **intellektueller Aufklärungsprozess**, weil die Heranwachsenden sich immer komplexere Zusammenhänge erschließen sollen und dazu benötigen sie strukturierende, welterschließende Kategorien, die zwischen den unmittelbaren Erlebnissen und den verallgemeinerten Deutungsmustern einen lebendigen, dynamischen, offenen Zusammenhang herstellen; ganz entschieden verwehrte sich Durkheim (ebd., S .285; 2012, S. 79f) gegen eine Simplifizierung der gesellschaftlichen Beziehungen und Verhältnisse. Seine Moraltheorie war aber keineswegs kognitivistisch (wie etwa die von Piaget und Kohlberg; vgl. weiter unten Kap. 5.1.1/5.1.4), denn er betonte zugleich die Bedeutung der lebenspraktischen, insbesondere **emotional-motivationalen Verankerung** im Alltag der Menschen, also in ihrer *unmittelbaren* Sozialwelt. Und er machte zugleich deutlich, dass die starke, weil einseitige Zentralsierung, wie sie gerade für Frankreich seit dem Absolutismus prägend ist, dem entschieden entgegensteht, dass sie also die

staatsbürgerliche oder im weiteren Sinne politische Moralentwicklung einschränkt. Übergreifende, *gesamtgesellschaftlich vermittelte* Orientierungen
wie (Verfassungs-)Patriotismus oder auch Menschenrechte bedürfen also
eines Rückhalts in den jeweiligen familiären, pädagogischen, kommunalen
und regionalen Milieus und damit einer Vermittlung zwischen *Pluralität*
und *Einheitlichkeit* (vgl. Durkheim 1984b, S. 129ff u. 269ff; 1992, S. 55ff).

c. Im Einklang mit Kant verteidigte und schützte Durkheim die **Autonomie
der Kinder und Jugendlichen,** sowie aller Menschen als Voraussetzung einer
tatsächlich nachhaltigen Moralerziehung, die eben nicht auf Zwang aufbauen
kann und darf, sondern die basiert auf einer freiwilligen Zustimmung der
Individuen zu den übergreifenden Grundsätzen, den **kollektiven Regeln**
der Lebensführung. – Diesbezüglich gab es bei Durkheim im Gang seiner
Forschungsarbeiten bedeutsame Fortschritte bei der Bestimmung der Relationen zwischen Individuum, und Gesellschaft: Während er zunächst von
einer klaren Dichotomie ausging (vgl. 1984a, S. 92ff), hat er diese zunächst
deutlich relativiert (vgl. ders., 1984b, 5. Vorl., bes. S. 121f) und fand schließlich
in seinem Spätwerk zu einem sozialpsychologischen bzw. soziokulturellen
Problemverständnis. In diesem Sinne unterschied er in seiner Selbstmord-Stu-
die zwischen egoistischem (wegen zu starker Individualisierung), altruisti-
schem (wegen zu starker Integration) und anomischem (wegen fehlender
Reglementierung) Selbstmord (vgl. Durkheim 1983, 2. Buch). – Vor einer
Fehldeutung sei nachdrücklich gewarnt: Durkheim (z. B. 1992, S. 376ff; 2012,
S. 81ff) verstand Moralerziehung nicht als Ersatz für sozialstaatlichen und
bildungspolitischen Interventionismus, sondern sah in ihm eine notwendige
entgegenkommende, „freundliche" Voraussetzung, damit sie „wirksam",
„fruchtbar" werden kann.

5. An Durkheims Ansatz ist auch heute noch anregend seine **methodische Systematik** der Pädagogik bzw. Erziehungswissenschaft. Diese sollte nicht nur
Analysen zu den *funktionalen Wirkungszusammenhängen* und den *kausalen
Entstehungsursachen* sowie eine *Bewertung* bestimmter aktueller und absehbarer zukünftiger Problemlagen (Anomien) der Milieus und deren Bedeutung
für das pädagogische Handeln enthalten, sondern auch konkrete *Reformoptionen* – z. B. für das Schulsystem (vgl. Durkheim 1972, Kap. 4). Mit Blick auf
die pädagogische Theorie bzw. Erziehungswissenschaft sind seine (logischen)
Stufen der pädagogischen Reflexionen von besonderem Interesse (vgl. ebd.,
Kap. 2; 1984b, S. 57ff):

a. Grundlage aller pädagogischen Reflexionen ist die in die Milieus eingelagerte
bzw. auf sie jeweils bezogene und selber ein pädagogisches Milieu konstituierende **Erziehungspraxis**, damit das faktisch vollzogene erzieherische Handeln

(samt seinen Prämissen) und das darin eingelagerte implizite, routinierte bzw. unbewusste pädagogische Wissen. Die Gesamtheit dieser Praktiken bildet ein relational-autonomes epochaltypisches und milieuspezifisches Feld von sozialen Tatsachen. Dies war auch schon zu Zeiten Durkheims u. a. davon bestimmt, dass deren *Pluralität* die *Polarisierungs*-Tendenzen sowohl reproduzierte wie auch verdeckte (eine auch heute noch relevante Widerspruchskonstellation von Bildung und Herrschaft).

b. Darauf bauen die bewusst gewonnenen Regeln auf, die sich dann zu einer **Erziehungskunst** verdichten (auch dieser Begriff geht auf Herbart zurück und ist nicht zu verwechseln mit der Begriffsverwendung in der Waldorfpädagogik von Rudolf Steiner [1861–1925]). In deren Zentrum stehen die häufig präreflexiven praktischen Fähigkeiten und Bereitschaften des entwicklungsfördernden Umgangs der Erwachsenen mit den ihnen anvertrauten Kindern und Jugendlichen. Sie bilden ein „System" von Handlungsweisen, deren Ziele resultieren aus der Aneignung der pädagogischen Traditionen (z. B. die Verschränkung von Theorie und Praxis in Gestalt des „pädagogischen Takts" im Sinne von Herbart) oder aktuellen persönlichen bzw. gemeinsamen Erfahrungen (z. B. Umgang mit „schwierigen", „verhaltensoriginellen" Jugendlichen).

c. Diese Erziehungskunst wird auf der nächsten Stufe selber reflexiv eingeholt. Es werden die Routinen und (unbewussten) Handlungsmodi in Frage gestellt und analytisch durchdrungen. Das Resultat davon ist dann die **Pädagogik** als *praktische Theorie der Erziehung*. Sie bezieht sich auf die objektiven sozialen Tatsachen der Erziehung, die stets eine gewisse Homogenität aufweisen (z. B. in der Drogenarbeit, in der Heimerziehung, in der beruflichen Bildung), umfasst somit sowohl die Praxiserlebnisse und -erfahrungen als auch die darauf aufbauenden und reflexiv eingeholten speziellen und allgemeinen Zusammenhänge und Regeln. Sie soll das praktische Handeln anleiten, bildet somit ein rational begründetes und öffentlich erörterbares Handlungsprogramm (z. B. zur Inklusion).

d. Bevor zur eigentlichen Erziehungswissenschaft übergegangen werden kann, ist – ganz im Sinne von Heydorn (vgl. Kap. 1.1) – eine **Ideologiekritik** des vorhandenen öffentlichen (auch staatlichen), halböffentlichen und privaten Erziehungsdenkens erforderlich (z. B. von metaphysischen, religiösen oder auch biologisch gemeinten pädagogischen Begründungsmustern), welche auch die jeweiligen sozialhistorischen Ursprünge und Funktionszusammenhänge beachtet (vgl. dazu mit Blick auf Frankreich bes. Durkheim 1938, bes. Kap. V – XI, wo der Konflikt zwischen kirchlichem Traditionalismus und wissenschaftlicher Aufklärung eine zentrale Rolle spielte).

e. Die **Erziehungswissenschaft** selber stellte für Durkheim einerseits eine völlig
    neue Stufe des von praktischen Anforderungen und Schlussfolgerungen ent-
    lasteten Denkens dar, indem es die Ursachen und Wirkungen pädagogischer
    Handlungsweisen und Institutionalisierungsformen beschreibt und analy-
    siert. Andererseits sollen die wissenschaftlichen Ergebnisse wieder in einem
    (dialektischen) Denkprozess an das Alltagshandeln, an die Erziehungskunst,
    an die Praxistheorie und die Ideologiekritik rückvermittelt werden. Insofern
    verfährt sie analytisch-systematisch und verbindet (in dialektischer Weise) den
    vertikalen analytischen (meist statistisch-empirischen) Zugang zur objektiven
    Wirklichkeit mit der *horizontalen* textkritisch-hermeneutischen Tradierung
    der pädagogisch relevanten Deutungsmuster und Sinnentwürfe. Gerade in
    historischen Umbruch- und Krisenzeiten, wie sie Durkheim erlebte und
    deren Zeitzeugen wir heute sind, hat das entwicklungspädagogische Denken
    die Aufgabe der *kritischen Rekonstruktion* der aktuellen Konstellationen
    (einschließlich der historischen Gewordenheit von Bildung und Herrschaft)
    wie auch der *konstruktiven Reorganisation* der Erziehung mit Blick auf eine
    mögliche und wünschenswerte, also „ideale" Zukunft, also mit Blick auf die
    tatsächliche Verwirklichung von Bildung.
6. So beeindruckend dieser frühe bzw. erste Entwurf einer pädagogischen bzw.
    pädagogisch relevanten gesellschaftswissenschaftlichen Milieutheorie auch ist,
    so enthält er dennoch – was ja wenig verwunderlich ist – einige Aspekte, die
    es heutzutage notwendig machen, **über Durkheim hinauszugehen**. Hier seien
    nur folgende erwähnt:
    a. „Soziale Morphologie bzw. „Soziale Milieus" sind **Komplexbegriffe**, die
        ein außerordentlich vielfältiges und widersprüchliches Gefüge von sozialen
        Relationen in synthetischer Absicht zusammenfassen (darauf verweist auch
        Luhmann 1992, S. 37). Ihre Verständlichkeit und z. T. auch ihre Popularität
        beruht u. a. darauf, dass sie anschlussfähig sind an das Alltagsverständnis
        von gesellschaftlichen Zusammenhängen, weshalb sie in der Bildungssprache
        (als einem Vermittlungsglied zwischen Alltagssprache und wissenschaftlicher
        Fachsprache) präsent sind. Im Gang theoriegeleiteter empirischer Untersu-
        chungen müssen diese Synthesen dann immer wieder zurückgenommen
        werden und die **speziellen Eigenlogiken** der ökologischen, ökonomischen,
        sozialen, kulturellen und politischen, und bezogen auf Bildung und Erziehung
        der pädagogischen Prozesse zur Geltung gebracht werden, um dann zu einer
        nochmals ausdifferenzierten Synthese zu gelangen, die die Kennzeichnung
        der (pädagogischen) Milieus nochmals empirisch gehaltvoller und erfah-
        rungsgesättigter machen (das geschieht in den folgenden Kap. 1.3 – 1.5).

b. Luhmann (ebd., S. 35f) hat auch darauf hingewiesen, dass Durkheim mit seinen Begriffsbildungen teilweise die gesellschaftlichen Beziehungen und Verhältnisse entdifferenziert hat. Das gilt insbesondere für sein Verständnis von Arbeit bzw. Arbeitsteilung, wo ihn einerseits deren technische und soziale Zergliederung relativ wenig interessierte und das er andererseits weit über die ökonomische Sphäre hinaus ausdehnte und z. B. sogar von einer sexuellen Arbeitsteilung sprach (vgl. Durkheim 1992, S. 102f u. 106f). Luhmanns Einwand kann sogar noch verschärft werden: Vergleicht man seine Analysen zu den Konflikten in den Ehebeziehungen und in der Geschäftswelt (Durkheim 1984b, S. 95f) bzw. zwischen den sozialen Milieus und den (damaligen europäischen imperialistischen) Nationalstaaten (vgl. ebd., S. 124ff), dann gibt es eine erstaunliche Kontinuität. Er verzichtete weitestgehend darauf, die qualitativen Unterschiede zwischen der *systemischen* (ökonomischen und staatlich-politischen) und *alltäglichen* Reproduktion der Gesellschaft herauszuarbeiten und damit unterschätzte er auch die Bedeutung der **gesellschaftlichen Systemstrukturen,** die doch als Medien der *verallgemeinerten Lebensvorsorge* gerade die Aufgabe haben, die Menschen vom alltäglichen Existenzkampf, von der alltäglichen Not zu befreien und zu entlasten, damit personale Autonomie und eigenständige pädagogische Aktivitäten überhaupt erst möglich werden. Erst die systemische Verankerung gerechter Gesellschaftsverhältnisse schafft die Voraussetzung für die angestrebte egalitäre Vielfalt des guten Lebens und damit von Bildung in den verschiedenen Milieus. In diese Richtung weist Luhmanns (2010, Kap. 6 u. 7) Unterscheidung in die *vertikale* Ausdifferenzierung des politischen Systems im Sinne von Herrschaft(ssicherung) und seiner *horizontalen* im Sinne der funktionalen Ausdifferenzierung. – Aus dieser Perspektive enthält der in der Durkheim-Rezeption heftig umstrittene Begriff des „Kollektivbewusstseins" eine produktive Pointe: Dessen weitgehende Ablösung von der individuellen oder auch gemeinschaftlichen Lebenspraxis kann eben auch als Hinweis auf die Eigenständigkeit der Systemstrukturen gedeutet werden. Diesbezüglich und mit Blick auf den von ihm geforderten starken Staatsinterventionismus kann man – etwas salopp – sagen: „Durkheim hat die Glocken zwar läuten hören, aber nicht gewusst, wo sie eigentlich hängen." Insofern hat Luhmann in jedem Fall mit der Feststellung recht, dass eine „Theorie interpersonal-verdichteter Sozialbeziehungen … noch kein ausreichendes Grundlagenkonzept für die Soziologie schlechthin" ist. (wir werden diesem Problem bei Bourdieu wieder begegnen; vgl. Kap. 1.3.3/1.3.4).

c. Gewiss ist Durkheim auch weiterhin zuzustimmen, dass das (entwicklungs-) pädagogische Denken die sozialen Tatsachen objektiv zur Kenntnis zu nehmen

und zu verarbeiten hat. Allerdings greift seine Reduktion auf die **Realitäts-
beobachtung** zu kurz; und er selber hat im Fortgang seines Werkes immer
schon Hinweise gegeben, dass auch das **Sinnverstehen** in die soziologischen
Verfahrensweisen einzubeziehen ist, denn um soziale *Regeln* zu verstehen,
muss man deren *Sinn* begreifen, erst dann kann der autoritative Zwang (im
Unterschied zum rein faktischen Zwang) zur motivational-lebensweltlichen
Geltung kommen, der zugleich an die normative Erwartung von Gerechtigkeit
und Chancengleichheit geknüpft ist (vgl. Durkheim 1999, 13./14. Vorlesung;
vgl. auch die differenzierte Rekonstruktion von Durkheims Annäherung an
die soziologische Sinnanalyse in Münch 1988, Kap. 8). Allerdings hatte erst
Max Weber der gesellschaftlichen Sinnkonstitution in seiner Soziologie einen
systematischen Stellenwert gegeben, der auch für eine pädagogische Hand-
lungstheorie von zentraler Bedeutung ist. Darauf soll nun eingegangen werden.

1.2.2 Verstehen des sinnhaften sozialen und pädagogischen Handelns in epochalen Herrschaftszusammenhängen (M. Weber)

Obwohl der Franzose Durkheim und der Deutsche Max Weber (1864–1920)
ihre Arbeiten wechselseitig nie zur Kenntnis genommen haben, kann man aus
einer theoriegeschichtlichen Perspektive die Arbeiten von Max Weber als eine
Erweiterung und Vertiefung des (pädagogischen) Milieuansatzes von Durkheim
deuten. – Weber trat 1888 dem „Verein für Sozialpolitik" bei, war Professor für
Handels- und deutsches Recht (1893), für Nationalökonomie (1894–1903), ab 1904
Mitredakteur des „Archivs für Sozialwissenschaft und Sozialpolitik" und ab 1908
schriftführender Herausgeber des „Grundrisses der Sozialökonomik" sowie 1909
Mitbegründer der „Deutschen Gesellschaft für Soziologie" (er trat 1912 wieder
aus) und ab 1918 Professor für Nationalökonomie. Schon diese Lebensdaten zeigen ein erstaunliches, immer auch von (sozial-)politischen Interessen getragenes
wissenschaftliches Arbeitsspektrum, welches nicht zuletzt um die sozialen und
kulturellen Strukturen des (damals) modernen Kapitalismus kreiste. Obwohl sich
Weber nie explizit mit Fragen von Bildung und Erziehung beschäftigt hat, ist sein
Ansatz für die pädagogische Milieutheorie außerordentlich anregend. Das soll nun
an sechs Aspekten deutlich gemacht werden (vgl. dazu die übergreifende kompakte
Darstellung in Weber 1922, S. 1–30; ders. 1988b).

1. Weber stellte das Sinnhafte des sozialen Handelns ins Zentrum seiner Soziologie, darin sah er dessen besondere *humane* Qualität. Diese zeigt sich sowohl

in spezifischen objektiven Manifestationen (z. B. Maschinen, Gebäuden, Büchern, Bildern) als **objektiver Sinn**, als *äußerliches* Tun oder Unterlassen, als auch in dem auf *andere* Menschen vorrangig positiv-solidarisch oder primär negativ-konkurrenzhaft bezogenen Handeln, als **subjektiver Sinn**, als *inneres* Tun oder Unterlassen. Sein „methodologischer Individualismus", dass also vom *einzelnen* Individuum auszugehen sei (vgl. ebd., S. 9), implizierte bei ihm nie eine Vereinzelung und Privatisierung. Vielmehr ging er stets von der auch pädagogisch bedeutsamen Einsicht aus, dass menschliches Handeln als bewusstes, also nicht nur reaktives Handeln stets diesen Doppelbezug hat, also zweiseitig aufschließend ist, nämlich gegenüber der objektiven und der intersubjektiv geteilten Welt. Oder abstrakt theoretisch ausgedrückt: Dass es einen Unterschied und einen Zusammenhang gibt zwischen funktionalen objektiven *Ursachen* und kognitiven und emotionalen subjektiven *Gründen* des sozialen Handelns.

2. Diese Selbstentfaltung der Menschen durch ihre Weltaneignung begründete für ihn die besondere **Rationalität** ihres Handelns (auch Durkheim forderte rationales staatliches und pädagogisches Handeln), wobei er aus einer dezidiert *kulturwissenschaftlichen* Perspektive zwei Hauptformen unterschied (vgl. Weber 1988a):

   a. Die von ihm vorrangig in seinem Werk behandelte *Zweckrationalität*, die besonders in den Erziehungsprozessen wirksam wird, bestand für ihn darin, dass bei einem vorgegebenen Zweck (z. B. angemessene Ausstattung der Kinder- und Jugendhilfe) unter (bekannten) vorgegebenen Bedingungen (z. B. einer relativ restriktiven Sozialpolitik) der Mitteleinsatz optimal erfolgt (z. B. die Verwendung der zur Verfügung stehenden Finanzen) und dadurch erwünschte Wirkungen erzeugt (z. B. Erhalt der schulbezogenen Sozialarbeit) und negative Nebenfolgen (z. B. Einsparungen bei den Jugendzentren) vermieden werden.

   b. Die *Wertrationalität* hinterfragt nun diese zweckrationalen Ziel-Mittel-Relationen hinsichtlich ihrer übergreifenden, „letzten" Zwecke und Werte, also normativen, verallgemeinerbaren Grundlagen und bemüht sich diese wie immer gearteten handlungsrelevanten „Kollektivvorstellungen" (was z. B. Chancengerechtigkeit bedeutet) in rationalen Diskursen zu begründen und entsprechende Entscheidungen und Handlungsweisen zu legitimieren (z. B. durch Übergang von einem impliziten pädagogischen Ethos – etwa „Ich will allen Kindern und Jugendlichen helfen, glückliche Menschen zu werden" – zu einer expliziten pädagogischen Ethik auf der Grundlage einer kasuistisch-rationalen Verallgemeinerung und Veralltäglichung des pädagogischen Handelns z. B. in Gestalt einer milieugerechten Pädagogik). – Leider hat Weber diesen Aspekt der Wertrationalität relativ wenig entfaltet. Allerdings gibt es hier eine wichtige pädagogische Anschlussstelle, nämlich die *Bildungsperspektiven* der Allgemeinbildung (Bildung für alle, im Medium des Allgemeinen und aller Fähigkeiten, Fertigkeiten usw.). Inwieweit diese in daran ausgerichteten Erziehungsprozessen tatsächlich verwirklicht werden können, hängt ab sowohl von den Kräfteverhältnissen innerhalb wie auch zwischen den pädagogischen Milieus (Handlungsfeldern und Institutionen) wie auch von den externen in der Bildungs- und Sozialpolitik.

3. Die Intersubjektivität der sozialen Handlungsmuster zeigte sich für Weber in unterschiedlichen, gruppen- und milieuspezifischen **Beziehungsmustern**, die stets auch bestimmte Entwicklungsmöglichkeiten, also *Chancen* eröffnen bzw. verschließen. Insofern unterscheiden bzw. widersprechen sich die damit verbundenen und als legitim betrachteten sozialen **(und pädagogischen) Ordnungen** (vgl. Weber 1922, S. 19–29):

   a. Da ist zunächst das tradierte *Brauchtum* zu erwähnen, welches die als selbstverständlich hingenommene und durch tatsächliche Übung angeeigneten Verhaltensweisen umfasst (z. B. schulinterne Ess- und Kleidungskonventionen oder auch eingewöhntes prestigeförderndes Verhalten gegenüber der Schulleitung „weil das hier so üblich ist"). Es stellt einen Grenzfall des sinnhaften Handelns dar, weil es weitgehend reaktiv, „gedankenlos", „bequem", also präreflexiv ist.

   b. An eine bestimmte *Sitte* halten sich die Menschen nicht aufgrund äußerlicher Anforderung, sondern aufgrund einer *inneren* Überzeugung (dass „man" z. B. Gruppenleiter*innen in einem Verband mit einem gewissen Respekt begegnet und dass „man" nicht über andere Menschen hinter deren Rücken herzieht). Diese Sitten sind (z. B. als „Standessitten") intersubjektiv verbindlich, d. h. wer sich nicht an sie hält, der gilt als „unangepasst" und wird u. U. sozial boykottiert und sie können dann teilweise in rechtliche Bestimmungen übergehen (z. B. Bestrafung wegen körperlicher und psychischer Gewalt).

   c. Unter milieutheoretischen Aspekten von besonderer Bedeutung ist die Vielfalt der *Interessenlagen*, also der relativen Übereinstimmungen bzw. Unterschiede bis Gegensätze in den objektiven Lebenslagen und den subjektiven Lebensansprüchen (z. B. die regelhaften, chancentypischen Gemeinsamkeiten von Pädagog*innen an angemessenen Tarifverträgen und soziopolitischen Zusatzleistungen bzw. Garantien wie Urlaub[sgeld] und Kündigungsschutz und die typischen Gegensätze zwischen diesen Ansprüchen und den Interessen der staatlichen Institutionen an Kostenreduktion bzw. der Wohlfahrtsverbände an Gewinn- und Profitmaximierung). – Diese komplexen objektiven und subjektiven Interessenkonstellationen hatte Weber (1988c, Kap. IV u. V; 1988d, S. 1–255) besonders in Bezug auf die ländliche Arbeitsverfassung und die Lage der ostelbischen Landarbeiter sowie das damalige Industrieproletariat mit einem sehr anspruchsvollen Forschungsdesign empirisch untersucht (und war insofern weit über Durkheim hinausgegangen).

d. Wenn sich diese Interessenunterschiede bis -gegensätze (z. B. zwischen den verschiedenen Gruppen der Pädagog*innen und den Vertreter*innen des Staates bzw. der Wohlfahrtsverbände – somit auch als Widersprüche von Bildung und Herrschaft) zuspitzen, dann kommt es zum *Kampf*, also zu dem praktisch-sozialen, ggf. auch politischen Versuch, die eigenen Absichten und Interessen ganz oder teilweise gegen den Willen anderer Gruppen durchzusetzen. Diese Kämpfe sind *friedlich*, wenn sie auf physische Kampfmittel verzichten; sie haben die Form einer *geregelten Konkurrenz*, wenn sie sich an eine Ordnung halten (z. B. an das Streikrecht); und sie haben den Charakter der *sozialen Auslese*, wenn sie zu einem (latenten) Existenzkampf führen (z. B. um Bildungschancen). Dabei führt ein ständiger Konkurrenzkampf zur sozialen Auslese, weil die jeweils „Stärkeren" gewinnen und die „Schwächeren" verlieren (z. B. alternative Sozialprojekte im Konflikt mit traditionellen, die von den einflussreichen Wohlfahrtsverbänden gestützt werden). Insofern geht es den typischen Sozial- und Bildungskämpfen immer auch um eine Verschiebung der Chancenstrukturen – und im günstigen Fall die Verwirklichung der sozialen und pädagogischen Gerechtigkeit.

4. Die angedeuteten Regelmäßigkeiten der sozialen und pädagogischen Handlungs und Beziehungsmuster werden von der jeweiligen **Sozialstruktur** bestimmt, die für Weber eine Klassenstruktur war. Diese reduzierte er (ähnlich wie Durkheim) allerdings nicht – wie schon deutlich geworden sein dürfte – auf die ökonomischen Strukturen, sondern analysierte die vielfältigen verallgemeinerbaren, aber nicht eindeutigen Relationen zwischen objektiven Bedingungen und subjektiven Einstellungen und Ansprüchen. Deshalb kann er auch als Begründer der *Sozial*-Ökonomie gelten. Die **Klassen** (vgl. Weber 1922, S. 177–180) unterschied er – über Durkheim gerade auch empirisch hinausgehend – generell nach der Art der Güterversorgung, der äußeren Lebensstellung und dem inneren Lebensschicksal; und dementsprechend die **ökonomischen** Klassen in Besitzklassen (Besitzunterschiede sind entscheidend) und den Erwerbsklassen (Chancen der Marktverwertung von Gütern oder Leistungen); und mit Blick auf die *soziale Ordnung* die **sozialen** Klassen (sie können individuell und intergenerativ gewechselt werden). Diese ökonomischen Klassen sind auch in der modernen, der bürgerlichen Gesellschaft vertikal, also ständisch abgestuft hinsichtlich der Muster der alltäglichen Lebensführung, der tragenden Sinnentwürfe und der sozialen und kulturellen Eingebundenheit. Diese Differenzierung geschah

und geschieht in dreifacher Weise, d. h. Weber ging von einer damals aktuellen *Dreiteilung des sozialen Raumes* aus:

a. In die *positiv privilegierten Klassen*, wozu bei den Besitzklassen u. a. der Besitz an Menschen (Lohn-„Sklaven"), Boden, Produktionsanlagen und Verkehrsmitteln gehört und bei den Erwerbsklassen Unternehmer aller Arten (u. a. Händler, Reeder, gewerbliche und landwirtschaftliche Unternehmer, Bankiers);

b. in die *Mittelklassen*, wozu u. a. die selbständigen Handwerker und Bauern, die öffentlichen und privaten Beamten, Personengruppen, die über einen begrenzten Besitz verfügen oder mit Erziehungsqualitäten ausgestattet sind;

c. und die *negativ privilegierten Klassen*, wozu die gelernten, angelernten und ungelernten Arbeiter, die Deklassierten, die Verschuldeten und die Armen gehören.

Die Gliederung der sozialen Klassen und damit auch der pädagogischen Berufe ist einerseits von den *vertikalen* Strukturunterschieden bestimmt (z. B. zwischen verbeamteten Lehrer*innen und angestellten Sozialarbeiter*innen); andererseits aber auch von den *horizontalen*, nämlich den inneren soziokulturellen Differenzierungen der jeweiligen ökonomischen Klassenzugehörigkeit nach Art und Ausmaß der Lebensführungsart, der erzieherischen Vorstellungen und Praktiken und dem Abstammungs- und/oder Berufsprestige (der sozialen „Ehre" – z. B. von Tagesmüttern und Hochschullehrer*innen). Dabei handelt es sich hier um ein übergreifendes, aber pädagogisch relevantes *historisch-dynamisches* Gesellschaftsmodell, welches die jeweilige *Epochenstruktur* auf den Begriff brachte (vgl. dazu die umfassenden sozialwirtschafts-*geschichtlichen* Untersuchungen in Weber 1988c, Kap. I–III u. VI).

5. Webers dreidimensionale soziologische Zeitdiagnose (vertikale, horizontale und historisch-genetische Entwicklungsachse) war immer auch sozialkritisch, weil sie die strukturell-ökonomischen und soziokulturellen Ungleichheiten und Abhängigkeiten stets im Blick hatte. Während er den Machtbegriff als zu diffus ablehnte (vgl. Weber 1922, S. 38), galt seine besondere Aufmerksamkeit den **Herrschaftsverhältnissen** (vgl. ebd., S. 122–176 und 603–612), also der gesellschaftlich erzeugten Möglichkeit, *anderen* den *eigenen* Willen gegen deren Interessenlage und Willensbekundung aufzuzwingen, also reaktiven und ggf. sogar vorauseilenden Gehorsam zu erwarten (z. B. von den Eltern als pädagogischen „Laien" gegenüber Entscheidungen der professionellen Pädagog*innen, die das legitime Bildungs- und Erziehungsmonopol für sich beanspruchen). Gerade seine ausdifferenzierten religionssoziologischen Analysen der wirtschaftsbezogenen Handlungsweisen, speziell des Protestantismus, aber auch des antiken Judentums und der anderen Weltreligionen (vgl. deren umfassende Dokumenta-

tion in Weber 1988e) haben für die Bildungssoziologie einen paradigmatischen Charakter, weil sie die Möglichkeit enthalten zu einer differenzierten Analyse der Entstehung und arbeitsteiligen Funktionsweisen der pädagogischen Milieus als dynamische Widerspruchsrelationen von Bildung und Herrschaft (wodurch Durkheims Analysen erheblich erweitert werden). Sie waren auch der Anlass und Grund, seine Herrschaftssoziologie hier in ihrer bildungssoziologischen Relevanz darzustellen. Dazu drei Hinweise:

a. Die asymmetrischen *ökonomischen* Bedingungen haben immer auch pädagogische Voraussetzungen und Folgen. Das gilt zum einen für die Adressat*innen der pädagogischen Handlungen (ob Eltern der Jugendlichen zu den positiv oder negativ Privilegierten gehören) wie auch der pädagogisch Handelnden selber, wo es als Folge der hierarchisierten pädagogischen Arbeitsteilung beträchtliche Unterschiede gibt innerhalb den Institutionen (z. B. zwischen Lehrer*innen und Schulsozialarbeiter*innen in einer Schule) oder zwischen den Institutionen (z. B. Universität und Kinderkrippe). Diesbezüglich haben die pädagogischen Einrichtungen eine **Vergesellschaftungsfunktion,** weil das soziale Handeln diesbezüglich an zweck- und/oder wertrationalen Begründungsmustern ausgerichtet ist, welche entweder auf Interessen-*Ausgleich* oder auf Interessen-*Verbindung* ausgerichtet ist (z. B. Kompensation bzw. Erhalt sozialökonomischer Ungleichheiten) und dabei abstrahiert wird von den subjektiven Einstellungen und Erwartungen (dann stehen z. B. die gesellschaftlichen Funktionen der Schule im ausschließlichen Zentrum und die Lehrer*innen und Schüler*innen werden als austauschbare Größen behandelt; vgl. Kap. 2.1.1 dieses Buches).

b. Die *soziokulturellen* und mental verankerten Handlungsmuster entwickeln sich im Spannungsverhältnis von Offenheit und Geschlossenheit sowohl der außer- wie der innerpädagogischen Verhältnisse (z. B. zwischen den bildungsbürgerlichen und den proletarischen Milieus bzw. zwischen den Milieus der Volks- bzw. Grundschule und des Gymnasiums, zwischen den pädagogischen Selbstversorgungsansprüchen der Familien und der „angebotenen", häufig aufgedrängten Sozialpädagogischen Familienhilfe). Die mit (dominierender) Geschlossenheit stets verbundenen Ab- und Ausgrenzungen, damit auch Vereinnahmungen, zeigen sich aber auch in den Mikroprozessen (z. B. zwischen einzelnen schulischen Jahrgangsstufen sowie den unterschiedlichen Schulformen [Fachgymnasium, Fachoberschule, Duale Ausbildung, Benachteiligten-Ausbildung und Berufsvorbereitungsjahr] in einem Berufsschulzentrum oder verschiedenen Jugendzentren). Hier zielt pädagogisches Handeln auf **Vergemeinschaftung,** also die einzelfallspezifische oder „massenhafte" oder „idealtypisch" gewollte emotionale Einbindung, den gefühlsbestimm-

ten Zusammenhalt innerhalb und/oder zwischen den pädagogischen und/
oder sozialen Milieus; sie ist insofern auf die subjektiven Handlungsmuster
und sozialen Intentionen bezogen. – Zwischen subjekt-*abgewandter* Vergesellschaftung und subjekt-*bezogener* Vergemeinschaftung – dieses Konzept
hatte Weber (ebd., S. 29f) von Tönnies (1920, 1. Buch) übernommen – gibt
es selbstverständlich vielfältige Überlappungen und damit auch zwischen
Solidarität und Konkurrenz/Auslese, zwischen traditionell eingewöhnter,
emotionaler, wert- bzw. zweckrationaler Offenheit und Geschlossenheit –
unter dezidiert pädagogischem Aspekt stellt es sich auch dar als Spannungsverhältnis zwischen *Nähe* und *Distanz* (dazu Kap. 3.3.2).

   c. Das ökonomische und das soziokulturelle Handeln ist in dieser oder jener
      Weise stets auf das politische Handeln bezogen bzw. in dieses sogar integ-
      riert. Insofern verweist auch das pädagogische Handeln immer schon auf die
      Bildungs- und Sozialpolitik und die dabei intendierten echten Reformen oder
      sog. „Reformen" (die Abbau bedeuten) der pädagogisch-politischen Hand-
      lungsbedingungen. Auf diese **Politisierung** des pädagogischen Handelns,
      also Veränderungen des Staatshandelns und der Staatsstrukturen (z. B. der
      Schulstrukturen), einschließlich ihrer Rechtsformen und Legitimations-
      muster zielen Aktions- und Organisationsformen wie „geheime" Debatten
      und Verhandlungen, Streiks bzw. Initiativen, Verbände, Parteien usw. (vgl.
      Weber 1922, Dritter Teil).

6. Methodisch folgt aus der objektiven und subjektiven Sinnhaftigkeit des sozialen
   und pädagogischen Handelns die Forschungsperspektive der Sinnadäquanz,
   also der Herausarbeitung *typischer* Handlungsverläufe und der Chancen ihrer
   Verwirklichung (z. B. der Etappen der Gruppenbildung in einer Clique) und
   damit die erfahrungsfundierte Rekonstruktionsweise des **Verstehens** (Weber
   nannte seinen Ansatz deshalb auch *verstehende* Soziologie und schloss damit an
   die bis in die Gegenwart pädagogisch bedeutsamen Traditionen der *Hermeneutik*
   an). Damit ist dreierlei gemeint (vgl. Weber 1988a):

   a. Es kann zunächst unterschieden werden zwischen dem *aktuellen* Verstehen
      einer bestimmten (pädagogischen) Handlung oder Äußerung (z. B. der „hand-
      greiflichen" Unterstützung bzw. verbalen Ermutigung eines Jugendlichen
      in einem riskanten erlebnispädagogischen Projekt) und dem *erklärenden,
      motivationsmäßigen* Verstehen (warum man in der Situation so gehandelt
      bzw. gesprochen hat). Von daher bestand hier für Weber kein prinzipieller
      Gegensatz zwischen Verstehen und Erklären, denn das Verstehen will hier
      den erfahrbaren Handlungsablauf als einen Sinnzusammenhang deuten und
      in seinen Wirkungen ursächlich erklären.

   b. Diese Deutung von Erfahrungstatsachen konnte für Weber zielen

I auf den jeweiligen faktischen *Einzelfall* (z. B. eine Sequenz im Unterricht oder in einem Zeltlager),

II im Rahmen einer soziologischen „Massenbetrachtung" auf den *häufigen*, durchschnittlichen und damit wahrscheinlichen Fall (z. B. von Aggressivität als Folge bestimmter Heimstrukturen) oder auch

III auf den *reinen* Fall im Sinne von zweck- und besonders wertrational wünschenswertem Fall (z. B. prozessuale Abstimmung zwischen den Lernbedürfnissen der Schüler*innen, den Lehransprüchen der Lehrer*innen und den institutionalisierten Anforderungen der Schule).

IV In allen drei Fällen wird eine *kausale* Erklärung dadurch angestrebt, dass sowohl die äußeren Bedingungen und Verläufe (objektive Sinndimensionen) wie die inneren Motive (subjektive Sinnhaftigkeit) in deren immanenten Relationen als *typische* Handlungsweisen rekonstruiert werden (z. B. im pädagogischen Umgang mit „verhaltensoriginellen" Jugendlichen).

c. Diese Deutungen zielen nach Weber auch auf *Evidenz,* aber diese ist für alle Beteiligten nicht offensichtlich, denn es gibt

I verhüllte, vorgeschobene, verdrängte Motive (z. B. bei Lernunlust), die den Beteiligten nicht unmittelbar präsent sind;

II äußerlich gleiche Vorgänge (z. B. Schulabsentismus), die aber aus sehr unterschiedlichen Handlungsmotiven resultieren können (z. B. schlechtem Unterricht, gravierenden persönlichen Problemen, dem entgegenstehende familiäre Gewohnheiten); und nicht zuletzt

III gegensätzliche Motivlagen (man möchte z. B. als Jugendarbeiter*in ein Feriencamp durchführen, fürchtet sich aber vor bestimmten Jugendlichen aus einem „sozialen Brennpunkt" bzw. aus „Multiproblemfamilien").

7. Nun lassen sich bei allen Verdiensten auch einige erziehungswissenschaftlich relevante **Einwände** bezüglich Webers Milieukonzept formulieren; auf drei soll kurz hingewiesen werden:

c. Gerade weil Weber die soziokulturellen (und damit implizit auch die pädagogischen) Bedingungen und Verlaufsformen des Handelns zur Basis seiner Soziologie gemacht hatte, kann man ihn als einen Vorläufer des *symbolischen Interaktionismus* ansehen. Er teilte allerdings mit Durkheim das Problem, dass auch er eine weitgehende Kontinuität der Beziehungsmodi von denen in der Ehe bzw. Familie bis hin zum Staat konstruierte und damit die Eigenständigkeit und den Eigensinn der systemischen Strukturen von Markt und Staat weitgehend ausblendete.

d. Er betonte zwar das Verstehen, aber er übersah, dass sich dieses Verfahren nur im Kontext der *Teilnahme* an den zu untersuchenden Prozessen und eben nicht nur durch deren Beobachtung realisieren lässt. Diese Teilhabe stellt aber andersgeartete Anforderungen an die *Objektivität* der sozial- und erziehungswissenschaftlichen Erkenntnisse, weil nun die Forscher*innen als Akteur*innen das pädagogische Feld verändern und so gewollt *Erkenntnis-fortschritte* mit *Praxisinnovationen* verknüpfen.

e. Obwohl Weber durchaus die Bedeutung von Emotionen hervorgehoben hat, so sehr neigte er dazu, diese dann für *„irrational* zu halten, wenn sie seinen zweck- und/oder wertrationalen Prämissen widersprachen (vgl. z. B. Weber 1922, S. 5, 7, 14, 18), sie nach seiner Auffassung also nur emotional nacherlebt, aber nicht verstehend rational gedeutet werden können. Demgegenüber ist zu betonen, dass aus der Perspektive der handelnden Subjekte, wenn sie sich also als die Quelle und Urheber ihrer eigenen Handlungen verstehen, sie stets „rational" bzw. „vernünftig" handeln, selbst wenn sie kompromisshaft-widersprüchlich agieren oder ggf. sogar ihren erkennbaren bzw. erkannten Interessen widersprechen: auch das erscheint ihnen offensichtlich sinnvoll und nicht sinnlos-irrational. Wenn also den Beobachter*innen bestimmte Handlungsmodi irrational erscheinen, dann kann das aus der teilnehmenden und verstehenden Analyse nicht ausgeklammert bzw. ausgegrenzt werden (das hatte auch Weber, ebd., S. 14 klar erkannt), sondern ist eben auch in seiner spezifischen Rationalität erklärend zu verstehen und ebenfalls zu objektivieren (vgl. dazu ausführlicher Kap. 4.1.2).

1.2.3 Die relationale Autonomie und die klassenstrukturelle Eingebundenheit des pädagogischen Sehens, Denkens und Handelns (Th. Geiger)

Man kann die soziologischen Arbeiten von Theodor Geiger (1891–1952) biografisch und besonders thematisch als eine – wenn auch meist nur implizite – Fortsetzung der soziologischen Forschungen von Max Weber, aber auch von Emilé Durkheim betrachten, wobei er in seinen Lehr- und Forschungstätigkeiten als Mitarbeiter bzw. Professor für Soziologie an der Technischen Hochschule Braunschweig und nach der erzwungenen Emigration nach Dänemark 1938–1940 und ab 1945 bis zu seinem Tod an der Universität Arrhus, den Veränderungen in den Klassenstrukturen während der Zwischenkriegszeit besondere Aufmerksamkeit geschenkt hatte (vgl. Geiger 1932; 2006). Er hatte aber in einem programmatischen Aufsatz aus dem Jahre 1930 (vgl. Geiger 2012) sich auch explizit zu Bildungs- und Erziehungsfragen geäußert und dabei aus *soziologischer* Sicht das von der *„Geisteswissenschaftlichen* Pädagogik" verfochtene Prinzip der relativen Autonomie des Pädagogischen begründet (er bezog sich dabei stark auf die Arbeiten von Theodor Litt [1880–1962], zentral dafür sind aber besonders die von Erich Weniger [1894–19619; vgl. 1990). Theoriegeschichtlich und -systematisch sind für die pädagogische Milieuforschung hier drei Aspekte von besonderem Interesse:

1. Geiger ging von einer Vielfalt der gesellschaftlichen Handlungsfelder aus, in denen der **Pädagogik** eine **relationale Autonomie** ihrer reflexiv stets einzuholenden und zu korrigierenden, also dynamischen, nicht statisch festgelegten Ziele, Inhalte, Methoden und Institutionalisierungsformen gegenüber der Philosophie, der Psychologie, aber auch der Soziologie anzuerkennen sei (vgl. Geiger 2012, Kap. 4 u. 5); diese Autonomie ist nicht „relativ", wie die damals dominierende Geisteswissenschaftliche Pädagogik annahm, sondern „relational", also stets auf andere Wissens- und Gesellschaftsbereiche bezogen. Sie hat ihren Kern in der Bildungsfähigkeit der *Individuen,* die durch Erziehung überhaupt erst zu *Menschen* im Vollsinn des Begriffs werden. Als **bildende „Mächte"** sah er dabei an:
   a. Die *gesellschaftlich geformte Sachumwelt* (Bauten, Kunstwerke, technische Vorrichtungen usw.) sowie die domestizierte Natur.
   b. Die *menschliche Mitwelt,* also die Menschen, mit denen ich als Individuum in Gruppen und Milieus alltäglich zusammenlebe und die mich ungewollt erziehen (die „heimlichen Erzieher").
   c. Das *öffentliche Urteil* einzelner oder Gruppen oder der Gesamtheit (z. B. eines Dorfes oder einer Stadt), die das je individuelle Verhalten (z. B. bei einem ethnisch motivierten Konflikt in einer Jugendgruppe) bewerten, bejahen, kritisieren, unterstützen usw.
   d. Erst dann folgt auf dieser Stufenleiter die *bewusste* und *planmäßige,* also *eigensinnige Erziehung,* die sich nicht darauf beschränkt einzelne Handlungen zu bestärken (z. B. Anstrengungsbereitschaft), sondern auf den ganzen Menschen und die Verwirklichung seiner Entwicklungsmöglichkeiten zielt, also seine eher passiven Entfaltungsfähigkeiten und seinen mehr aktiven Gestaltungsdrang, sein Vergesellschaftungsbedürfnis und seine Eigentätigkeit aufeinander bezieht. Diesen Sachverhalt hatte Geiger dann weiter ausdifferenziert:
   I   Sie beinhaltet stets auch den Übergang von der „laienmäßig" ausgeübten Erziehung (wofür paradigmatisch die Familienerziehung steht) zum professionellen pädagogischen Denken und Handeln, also zur *Verberuflichung* und damit zur funktionalen innerpädagogischen Arbeitsteilung. Insofern ist sie dann auch nicht eine bloße Kunstlehre.
   II Die *Institutionalisierung* („Veranstaltlichung"), speziell die Verstaatlichung des Erziehungshandelns verleiht der Förderung der nachwachsen-

den Generation einen hohen Grad an Zuverlässigkeit (die entsprechenden Angebote z. B. der Kinder- und Jugendhilfe werden garantiert) und Verbindlichkeit (z. B. in Form der Schulpflicht).

III Diese verstaatlichte Erziehung nimmt einerseits die außerinstitutionellen Erziehungsvorstellungen und -praktiken auf (z. B. aus den Jugendgruppen) und überschreitet zugleich deren Milieuabhängigkeit und die damit verbundenen Unterschiede bis Gegensätze (z. B. zwischen den bildungsbürgerlichen und den Arbeitermilieus und ihren eher vergangenheitsbezogen-traditionellen oder zukunftsorientiert-innovativen Denkweisen). Sie ist also zielgerichtet an übergreifenden Perspektiven (z. B. Bildung für alle), an einem obersten Sinn (z. B. Menschlichkeit), an allgemein anerkannten letzten Wertideen (z. B. Menschenrechte) gebunden und will oder sollte zumindest diese praktisch zur Geltung bringen – auch gegenüber dem politischen und weltanschaulichen Pluralismus der verschiedensten sozialen Bewegungen (z. B. der Kirchen, der Jugend, der unterschiedlichsten Verbände). Auf diese Weise kann und sollte – so die Erwartung von Geiger – die relationale autonome Pädagogik zur Bewahrerin des Allgemeinen werden und zur Überwindung der Gruppenegoismen beitragen. Oder anders formuliert: Die Pädagogik darf sich nicht zum Büttel der gesellschaftlichen und politischen Mächte, also von Herrschaftsinteressen, machen (lassen), sondern muss ihnen gegenüber ihre relationale sozialkritische und emanzipatorische Verantwortung wahrnehmen, indem sie die Bildungsinteressen der Kinder und Jugendlichen theoretisch und praktisch zur Geltung bringt. Es ist die Aufgabe der Erziehungswissenschaften, besonders die professionellen pädagogischen Praktiker*innen dabei durch empirisch fundierte, also erfahrungsgesättigte Theorien und Konzepte zu unterstützen.

2. Geiger war nun weniger als Bildungssoziologie, sondern als Klassen- bzw. Schichttheoretiker bekannt geworden und gilt heute deshalb auch als einer der Klassiker der Soziologie. Diesbezüglich hatte er – zumindest implizit – an Weber angeschlossen und ist in einigen Aspekten auch über ihn hinausgegangen. Hinsichtlich der **relationalen Eingebundenheit der pädagogischen Handlungsfelder** in die **gesellschaftlichen Klassenstrukturen** und damit hinsichtlich der Weiterentwicklung des Widerspruchs von Bildung und Herrschaft – sind vier Argumentationsfiguren von Interesse:

   a. Ausgangspunkt waren für ihn – zunächst klassisch marxistisch – die strukturellen sozialen Ungleichheiten in der Gesellschaft (vgl. Geiger 1932, Kap. I; 2006 [zuerst 1948], Kap. I – III u. V). Diese bezogen sich zunächst auf die Handlungsmöglichkeiten und -weisen der wirtschaftenden Menschen, die sich u. a. differenzieren lassen nach Art der Wirtschaftstätigkeit, Größe oder Art des Anteils am Produktionsmittelfond, Rang der wirtschaftlichen Stellung sowie Höhe und Art des Einkommens. Daraus resultiert die *objektive Klassenstruktur*, weil sie das Verhältnis der Menschen zu den Produktionsmitteln und deren Stellung in den Produktionsverhältnissen zum Ausdruck brachte und bringt. Nun geht die *Sozial*-Ökonomie über eine rein ökonomische Betrachtung hinaus und analysiert zugleich, wie die Menschen als einzelne, als Kleingruppen und als Großkollektive Wirtschaftsinteressen und Handlungsoptionen, also *Mentalitäten* (Habitusformen und psychische Grundhaltungen) herausbilden. Diese *intersubjektiven* Schichtstrukturen zeigen sich u. a. in ihrer Lebenshaltung, den Konsumgewohnheiten, den Erziehungseinstellungen, der Freizeitgestaltung, den sozialen Gesellungsbedürfnissen und den politischen und kulturellen Gestaltungsinteressen.

b. Aus den Relationen zwischen den sozialen Lagen und den Mentalitäten/Habitusformationen resultieren die sozialen Milieus. Diese Zusammenhänge waren allerdings für Geiger weder deckungsgleich, also eindeutig (hier argumentierte er strikt anti-deterministisch und wider die Annahme einer sozialen Uniformität – z. B. des Proletariats) noch beliebig (diesbezüglich argumentierte er gegen kulturalistische und subjektivistische Verkürzungen). Sie sind vielmehr über mannigfaltige Vermittlungsprozesse miteinander verbunden, die jeweils differenziert herausgearbeitet werden müssen. Ein wichtiger Aspekt dieser **sozioökonomischen Tiefengliederung** waren dabei zu jener Zeit die Relationen zwischen der *vertikalen* sozialen Gliederung in die Schichten der Kapitalisten, des alten bzw. neuen Mittelstandes (mittlere und kleinere Unternehmer bzw. höher qualifizierte Lohn- und Gehaltsklassen), der Proletaroiden (Tagewerker auf eigene Rechnung), des Proletariats (minder qualifizierte Lohn- und Gehaltsbezieher) und der Berufslosen (Studierende, Unterstützungsempfänger, Rentner, Anstaltsinsassen und Sträflinge) und der *horizontalen* Differenzierung nach der dominanten Bedeutung von Besitz und Macht vs. von Bildung und Qualifikation (vgl. Geiger 1932, Kap. II.3 u. 4 sowie III.2). Hintergrund davon war ein Umbau der gesellschaftlichen Arbeitsteilung und der damit verbundenen Berufs- und Bildungsschichtungen in der damaligen Phase des Hoch- bzw. Monopolkapitalismus mit seiner industriellen Massenproduktion (Fordismus) und der Internationalisierung der Wirtschaftsbeziehungen und dem Bedeutungszuwachs der Staatsaktivitäten (z. B. Ausbau der institutionellen Erziehung durch die Schule und die immer mehr etablierte Kinder- und Jugendhilfe). Diese Trends zur Ausbreitung und weiteren inneren Differenzierung der Lohnarbeitsverhältnisse – der auch die Professionalisierung der Pädagogik stark bestimmte – setzten sich auch nach

1945 fort (vgl. mit Blick auf Dänemark Geiger 2006, Kap. V u. IX.1–3) und führten auch zu einer vertikalen Differenzierung nach Qualifikationsgraden (rasanter Bedeutungszuwachs der Höherqualifizierten und entsprechender Bedeutungsverlust der Gering[er]qualifizierten) und der horizontalen aufgrund der Zunahme von komplexen technischen und organisatorischen Aufgabenfelder in der Wirtschaft (einschließlich der Banken) und im Staat, die die Gruppe der Angestellten und Beamten sowie der „Arbeiteraristokratie" unter den Industriearbeitern vergrößerte. Auf der Basis solcher und vergleichbarer Rekonstruktionen können nach Geiger als ganzheitliche Gebilde typische Großkollektive, eben *soziale Milieus,* herausgearbeitet werden, deren Relationen bestimmt werden durch die *epochaltypische Dominanz* einer bestimmten Wirtschafsweise (z. B. der Agrargesellschaft, der klassischen Industriegesellschaft oder aktuell der dienstleistungsgestützten digitalisierten Industriegesellschaft).

c. Daraus resultierte bei Geiger ein multidimensionales und -perspektivisches *Schichtmodell* mit einer epochaltypischen *inneren Pluralisierung der Klassenschichtungen,* die einen *historisch-dynamischen* Charakter haben: Sie waren für ihn das praktische Resultat, aber auch die praxisrelevante Voraussetzung von individuellem und kollektivem, spontanem und organisiertem, vorrangig ökonomischem oder auch bzw. vorrangig politischem sowie pädagogischem Handeln. Daraus resultiert auch ein nuancenreicher Pluralismus der sozialen Bewegungen, der Klassenbewusstseinsformen, der politischen und pädagogischen Kultur und dieser wird nicht nur von den gegenwärtigen, sondern immer auch von den früheren und von den in Zukunft erwarteten/erhofften Strukturelementen bestimmt, woraus eine „*Gleichzeitigkeit des Ungleichzeitigen*" resultiert (z. B. von ständischen Vorstellungen aus dem Mittelalter, polarisierenden Klassenkonzepten aus dem Frühkapitalismus, Sozialismuskonzepten der modernen Arbeiterbewegung – und den davon getragenen pädagogischen Theorien und Konzepten). Dabei verwies er auch auf die Bedeutung der gesellschaftlichen *Ideologien,* worunter er handlungsanregende und -leitende verobjektivierte „Gedankengefüge", Lebens- und Weltdeutungen und vermittelbare Lehren und Meinungen verstand (vgl. Geiger 1932, Kap. III.1). Sie sind also ein zentraler Bestandteil der gesellschaftlichen *Symbolwelten.*

d. Die relationale Autonomie des politischen (und pädagogischen) Handelns und der politischen (und pädagogischen) Organisationsformen kamen für Geiger prägnant zum Ausdruck in der Forderung, gerade der Arbeiterbewegung, nach qualitativer Verbesserung ihrer objektiven und intersubjektiven Lebenssituation durch Vergesellschaftung der sozialen Existenzrisiken (Arbeitslosigkeit,

Unfälle, Krankheit, Alter/Arbeitsunfähigkeit usw.), das (verwirklichte) Recht auf schulische Bildung für alle und kulturelle Selbstbetätigung, die Teilhabe an politischen Verfahren und Entscheidungen (Allgemeines Wahlrecht – auch für Frauen, Organisations- und Versammlungsfreiheit, Streikrecht usw.). Diese sozialen und politischen und nicht zuletzt pädagogisch-kulturellen Bewegungen hatten zu Geigers Lebzeiten zur Implementierung immer komplexer werdender Sozialfunktionen innerhalb der Tätigkeitsfelder des bürgerlichen Staates geführt. In diesem Zusammenhang wurde ein beweglicher Kompromiss zwischen *kapitalistischer Marktwirtschaft* und *politischer Demokratie* durchgesetzt und – besonders nach 1945 – der *„Klassenkampf" institutionalisiert* (vgl. Geiger 2006, Kap. IX.4). Er hat auch die objektiven und mentalen Schichtstrukturen nachhaltig verändert. Das bringt der Begriff der kapitalistischen Wohlfahrts-*Gesellschaft* besser zum Ausdruck als der des Wohlfahrts-*Staates* und dieser Klassenkompromiss wird seit ca. 20–25 Jahren immer massiver in Frage gestellt und verschärft damit die Widersprüche zwischen Bildung und Herrschaft.

3. Bezüglich der **Binnenlogik** einer **Soziologie der Erziehung**, die in wesentlichen Zügen mit denen der **sozialwissenschaftlich begründeten Erziehungswissenschaft** bzw. pädagogischen Milieuforschung übereinstimmt, ging Geiger von folgenden thematischen Feldern aus:

  a. Im *Allgemeinen* und *Prinzipiellen* Teil der modernen, also erfahrungswissenschaftlichen Pädagogik sollten die Grundfragen der Erziehung als einem spontanen, besonders aber als einem bewussten unmittelbaren Interaktionsprozess im Kontext eines institutionalisierten Erziehungswerkes und mit Blick auf die anderen sozialen Milieus und Institutionen bearbeitet werden. Die jeweiligen Erziehungsakte werden dabei in methodisch als Vergleich angelegten und typisierenden Untersuchungen verstanden als kasuistisch situierte Begegnungsformen zwischen dem (pädagogischen) „Ich-Selbst" und dem „Ich-mit-anderen", deren Begründungsweisen (erziehungs-)wissenschaftlich und damit stets auch ideologiekritisch in ihrer gesellschaftlichen Bedingtheit sowie ihrem sozialen Innovationspotential zu untersuchen sind (z. B. die verschiedenen Strömungen der Reformpädagogik und ihr Theorem vom „Wachsenlassen der Kinder").

  b. Im *Besonderen* und *Beschreibenden* Teil stehen die verschiedenen pädagogischen Handlungsfelder und Institutionen im Vordergrund, neben der Familie besonders die Schule (die Kinder- und Jugendhilfe erwähnte Geiger nicht) und hier sind besonders die ungleichheitsbedingten und -reproduzierenden Wechselbeziehungen zwischen den pädagogischen und sozialen Milieus und deren hierarchisierten Organisationsformen und gesamtgesellschaftlichen Eingebundenheiten als soziale Tatsachen empirisch differenziert zu erfassen.

c. Im *Historischen* Teil sollen besonders untersucht werden

I   die *geschichtlichen Typen der Erziehung* (z. B. in den Priesterseminaren und Universitäten des Mittelalters, in den Waisen- und „Zucht"häusern des Frühkapitalismus, in der Heimerziehung am Ausgang der Weimarer Republik),

II   und die *geschichtlichen Typen des Erziehungsdenkens,* die ihnen zugrundeliegenden pädagogischen Vorstellungen (z. B. Führen und Leiten vs. Gewährenlassen) und deren soziale und politische Voraussetzungen und Folgen (z. B. hierarchische vs. egalitäre Gesellschaftskonzepte) und die typischen Wechselbeziehungen nicht nur zwischen Erziehungsdenken und Gesellschaftsdenken, sondern auch und besonders zwischen bestimmten pädagogischen Theorien (z. B. über das „fruchtbare", bildende Lernen) und Praxisformen (z. B. entdeckendes, produktive Irrtümer einschließendes Lernen).

Als erste Zwischenbilanz kann nun eine übergreifende Definition der pädagogischen Milieus vorgelegt werden (Wissensbaustein 3, S. 39).

Wissensbaustein 3:
Erste, übergreifende Definition der Pädagogischen Milieus

Pädagogische Milieus sind Teil der historisch entstandenen und veränderbaren gesellschaftlichen und sozialen *Arbeitsteilung*, die ihren relationalen, Mentalitäten hervorbringenden und tradierenden objektiven und subjektiven Eigensinn aus der *sozialen Erziehungs-Tatsache* entwickeln. Dieser umfasst die Ermöglichung, die Förderung und den Schutz des intentionalen, aber auch des beiläufigen, mitlaufenden Lernens von Kindern, Jugendlichen, Erwachsenen, älteren und alten Menschen. Als institutionalisierte und professionalisierte Erziehung und damit als Teil der beruflichen Arbeitsteilung verfolgen die jeweiligen Interaktionsmuster explizite Ziele und wählen dementsprechend Inhalte aus, an denen sich dann auch die Sozialformen, technischen Medien und Rückmeldeverfahren ausrichten. Besonders in der Familienerziehung überlagern sich intentionale und nichtintentionale Erziehungspraktiken. Im günstigen Fall orientiert sich die Erziehung an den system- und sozialintegrativ ausgerichteten, damit vergesellschaftungs- und vergemeinschaftungsrelevanten *Bildungsperspektiven*, also der selbstbestimmten Mitgestaltung der unmittelbaren und gesamtgesellschaftlichen Lebensbedingungen und der solidarischen Verantwortungsübernahme für die Schaffung fundamentaldemokratischer Gesellschaftsstrukturen und humaner Beziehungsmuster. Sie stehen als Forderung einer Bildung für alle, der Bildung im Medium verallgemeinerter Erfahrungen, Einsichten und Interessenlagen und aller Fähigkeiten, Fertigkeiten, Neigungen und Bedürfnisse explizit und implizit in einem grundlegenden *Widerspruch* zu den ökonomisch-sozialen *Herrschaftsstrukturen* und die sie stabilisierenden asymmetrischen politischen Verhältnissen, die aufgrund ihrer ungebändigten Konkurrenzverhältnisse und -beziehungen zu systemischen und lebensweltlichen *Anomien* führen. Damit werden die pädagogischen Milieus, ihre Erziehungsmuster und -institutionen, Teil der systemischen (ökonomischen und politischen), institutionellen, objektiv-sozialräumlichen und intersubjektiv-lebensweltlichen *Differenzierung* in *vertikaler* („mittlere" Klassenlagen vs. positive bzw. negative Privilegierungen) und *horizontaler Hinsicht* (zwischen den Polen „traditionell" und „modernisiert"), die sie sowohl erhalten wie auch mitgestalten (können). Eine rationale Pädagogik untersucht dieses historisch veränderbare, somit epochaltypische komplexe Relationengefüge in strukturanalytischen Einzelfalluntersuchungen, in auf Häufigkeitsverallgemeinerungen zielenden „Massenuntersuchungen" und arbeitet zugleich mögliche und wünschenswerte Idealtypen heraus. Diese Verfahren und Befunde gehen dann in die Stufen des pädagogischen Denkens von seinen implizierten zu seinen wissenschaftlich begründeten Wissensformen ein.

Literaturnachweise

Bauer, U. et al. Hrsg. 2012. *Handbuch Bildungs- und Erziehungssoziologie*. Wiesbaden: Springer VS.

Berger. P. A., M. Vester Hrsg. 1998, *Alte Ungleichheiten – Neue Spaltungen*. Opladen: Leske + Budrich.

Bernstein, Basil. 1977. *Beiträge zu einer Theorie des pädagogischen Prozesses*. Frankfurt/M.: Suhrkamp.

Böhme, Jeanette u. V. Flasche. 2018. Die Morphologische Hermeneutik als neuer Ansatz rekonstruktiver Bildungsforschung – zugleich eine exemplarische Formenanalyse architektonischer Sinnstruktur. In: Heinrich, M. u. a. Wernet. Hrsg. 2018. *Rekonstruktive Bildungsforschung*. 227–242. Wiesbaden: Springer VS.

Choi, Frauke. Elterliche Erziehungsstile in sozialen Milieus. In: Bauer et al. 2012. 929–945.

Durkheim, Emile. 1938. *L'Évolution Pèdagogique en France*. Paris: Librairie Félix Alcan.

Durkheim, Emile. 1972. *Erziehung und Soziologie*. Düsseldorf: Schwann.

Durkheim, Emile. 1983. *Der Selbstmord*. Frankfurt/M.: Suhrkamp.

Durkheim, Emile. 1984a. *Die Regeln der soziologischen Methode*. Frankfurt/M.: Suhrkamp.

Durkheim, Emile. 1984b. *Erziehung, Moral und Gesellschaft*. Frankfurt/M.: Suhrkamp.

Durkheim, Emile. 1992. *Über soziale Arbeitsteilung. Studie über die Organisation höherer Gesellschaften*. Frankfurt/M.: Suhrkamp.

Durkheim, Emile. 1999. *Physik der Sitten und des Rechts*. Frankfurt/M.: Suhrkamp.

Durkheim, Emile. 2012. *Erziehung, ihre Natur und ihre Rolle*. In: Bauer et al. 69–83.

Geiger, Theodor. 1932. *Die soziale Schichtung des deutschen Volkes*. Stuttgart: Enke.

Geiger, Theodor. 2006. *Die Klassengesellschaft im Schmelztiegel*. Gesamtausgabe Abt. IV. Bd. 2, Frankfurt/M. et al.: Peter Lang.

Geiger, Theodor. 2012. *Erziehung als Gegenstand der Soziologie*. In: Bauer et al. 85–102.

Gottschalch, Wilfried et al. 1971. *Sozialisationsforschung*. Frankfurt/M.: Fischer Taschenbuch.

Halbwachs, Maurice. 1985. *Das Gedächtnis und seine sozialen Bedingungen*. Frankfurt/M.: Suhrkamp.

Halbwachs, Maurice. 2002. *Soziale Morphologie*. Konstanz: UVK.

Heydorn, Heinz-Joachim. 1979. *Über den Widerspruch von Bildung und Herrschaft. Bildungstheoretische Schriften 2*. Frankfurt/M.: Syndikat.

Hradil, Stefan. 1987. *Sozialstrukturanalyse in einer fortgeschrittenen Gesellschaft. Von Klassen und Schichten zu Lagen und Milieus*. Opladen: Leske + Budrich.

Hradil, Stefan. 2006. *Soziale Milieus – eine praxisorientierte Forschungsperspektive*. Aus Politik und Zeitgeschichte: 44–45. 3–10.

Hradil, Stefan. Hrsg. 1992. *Zwischen Bewusstsein und Sein*. Opladen: Lese + Budrich.

Isenböck, P. et al. Hrsg. 2014. *Die Form des Milieus. Zum Verhältnis von gesellschaftlicher Differenzierung und Formen der Vergemeinschaftung*. Zeitschrift für Theoretische Soziologie. 1. Sonderband, Weinheim und Basel: Beltz Juventa.

König, René. 1967. Soziale Morphologie. In: Ders.: *Soziologie*. 280–290. Frankfurt/M.: Fischer Taschenbuch.

Lüders, Manfred. 1997. *Von Klassen und Schichten zu Lebensstilen und Milieus. Zur Bedeutung der neueren Ungleichheitsforschung für die Bildungssoziologie*. Zeitschrift für Pädagogik (43.Jg.). H. 2. 301–320.

Luhmann, Niklas. 1992. *Arbeitsteilung und Moral*. In: Durkheim, 19–38.

Luhmann, Niklas. 2010. *Politische Soziologie*. Berlin.: Suhrkamp.

Mauss, Marcel. 1978a. *Soziologie und Anthropologie*. Bd. I/II. Frankfurt/M. et al.: Ullstein.
Mauss, Marcel. 1978b. Soziale Morphologie. In: Ders. *Soziologie und Anthropologie*. Bd. I. 183–278. Frankfurt/M. et. al: Ullstein.
Münch, Richard. 1988. *Theorie des Handelns. Zur Rekonstruktion der Beiträge von Talcott Parsons, Emile Durkheims und Max Weber.* Frankfurt/M.: Suhrkamp.
Münch, Richard. 1998. *Globale Dynamik, lokale Lebenswelten.* Frankfurt/M.: Suhrkamp.
Tönnies, Ferdinand. 1920. *Gemeinschaft und Gesellschaft. Grundbegriffe der Reinen Soziologie.* Berlin: Karl Curtius.
Schroer, Markus. 2009. *Materielle Formen des Sozialen. Die 'Architektur der Gesellschaft' aus Sicht der sozialen Morphologie.* In: Fischer, J. und H. Delitz. Hrsg. *Die Architektur der Gesellschaft.* 19–48. Bielefeld: transcript.
Weber, Max. 1922. *Wirtschaft und Gesellschaft.* Tübingen: J. C. B. Mohr.
Weber, Max. 1988. *Gesammelte Aufsätze zur Wissenschaftslehre.* Tübingen: J. C. B. Mohr (Paul Siebeck) (darin 1988a: Die „Objektivität" sozialwissenschaftlicher und sozialpolitischer Erkenntnis. 146–214; 1988b: Über einige Kategorien der verstehenden Soziologie. 427–474).
Weber, Max. 1988c. *Gesammelte Aufsätze zur Sozial- und Wirtschaftsgeschichte.* Tübingen: J. C. B. Mohr (Paul Siebeck).
Weber, Max. 1988d. *Gesammelte Aufsätze zur Soziologie und Sozialpolitik.* Tübingen: J. C. B. Mohr (Paul Siebeck).
Weber, Max. 1988e. *Gesammelte Aufsätze zur Religionssoziologie I-III. Tübingen.* J. C. B. Mohr (Paul Siebeck).
Weniger, Erich. 1990. Die Autonomie der Pädagogik. In: Ders.: *Ausgewählte Schriften zur geisteswissenschaftlichen Pädagogik.* 11–27. Weinheim und Basel: Beltz.

Literaturempfehlungen

Bauer, U. et al. Hrsg. 2012. *Handbuch Bildungs- und Erziehungssoziologie.* Wiesbaden: Springer VS. Teil I.
Durkheim, Emile. 1972. *Erziehung und Soziologie.* Düsseldorf: Schwann.
Durkheim, Emile. 1984b. *Erziehung, Moral und Gesellschaft.* Frankfurt/M.: Suhrkamp.
Heydorn, Heinz-Joachim. 1979. *Über den Widerspruch von Bildung und Herrschaft. Bildungstheoretische Schriften 2.* Frankfurt/M.: Syndikat. Teil I u. III.
Isenböck, P. et al. Hrsg. 2014. *Die Form des Milieus. Zum Verhältnis von gesellschaftlicher Differenzierung und Formen der Vergemeinschaftung.* Zeitschrift für Theoretische Soziologie. 1. Sonderband, Weinheim und Basel: Beltz Juventa.
Münch, Richard. 1988. *Theorie des Handelns. Zur Rekonstruktion der Beiträge von Talcott Parsons, Emile Durkheims und Max Weber.* Frankfurt/M.: Suhrkamp. Teil III u. IV.

1.3   Soziale Felder und Formen der pädagogisch relevanten Kapitalbildung (Bourdieu)

Zusammenfassung

Die Erziehungssoziologie von Bourdieu untersucht in umfangreichen empirischen Untersuchungen, gerade auch der (Elite-)Schulen, die Relationen zwischen den pädagogisch relevanten Formen der ökonomischen, kulturellen, sozialen, politischen und symbolischen Kapitalbildung und ihre Bedeutung für die Reproduktion der Herrschaftsverhältnisse (Kap. 1.3.1). Voraussetzung und Ergebnis dieser Prozesse ist die Konstitution sozialer Klassen als sozial-räumliche Strukturen bzw. Felder, in die die Menschen hineinwachsen und sich dabei einen für ihre alltägliche Lebensführung und Biografie funktionalen Habitus aneignen (Kap. 1.3.2). Zentrale Einwände gegen dieses Theoriekonzept beziehen sich auf seine Ablösung der konkurrenzbezogenen Sozialdimensionen des pädagogischen Handelns von seinen inhaltsbezogenen Sachdimensionen, die auch dadurch möglich wurden, dass in ihm „Raum" und „Körper" im wesentlichen Metaphern sind, also „Platzhalter" für weitere Forschungen (1.3.3). In dem Maße, wie diese Vereinseitigung überwunden und die „Platzhalter" mit dezidiert pädagogischen Überlegungen und Befunden „besetzt" werden, erschließen sich weitere Dimensionen der Relationen zwischen Bildung und Herrschaft sowohl bezogen auf die Dialektiken des pädagogischen Handelns (Kap. 1.3.4.1) und seine epochaltypischen Eingebundenheiten (Kap. 1.3.4.2) wie auch auf die immer wieder neu herzustellende Balance zwischen kritischer Analyse und konstruktiver Veränderung der Erziehungswirklichkeiten und deren bildungstheoretischen Reflexionen (Kap. 1.3.4.3). Durch diese kritisch-konstruktive Weiterentwicklung von Bourdieus Ansatz werden auch die Potenziale seines operativen, handlungsbezogenen Ansatzes für die pädagogische Theorie und Praxis deutlich gestärkt.

Der französische Soziologe Pierre Bourdieu (1930–2002) wurde als Sohn eines Landwirtes und späteren Postangestellten in Pyrénées-Atlantique geboren und studierte 1951–1954 im Hauptfach Philosophie (u. a. bei Gaston Bachelard) an der Elitehochschule École Normal Supérieure (ENS). Er war 1954–1955 Gymnasiallehrer und wurde in seiner Militärzeit nach Algerien versetzte, wo es einen brutalen Bürgerkrieg gab. 1958 bis 1960 führte er dort, speziell in der Kabylei, soziologische Feldstudien durch (die veröffentlicht wurden) und unterrichtete an der Universität von Algier. 1960 bis 1961 war er Assistent von Raymond Aron an der Sorbonne in

Paris sowie ab 1962 Generalsekretär am Centre de sociologie européenne (CSE) sowie bis 1964 Soziologie-Dozent an der Universität Lille. 1964 ging er an die École des Hautes Études en Science Sociales (EHESS) und gründete 1969 dort das Centre de sociologie de l'éducation, das er bis 1984 leitete. 1981 übernahm er einen Lehrstuhl für Soziologie am Collége de France und wurde 1985 Direktor des CSE und der EHESS in Paris. Er starb sehr überraschend an einem kurz vorher entdeckten Krebsleiden am 23.1.2002). Zeit seines Lebens hat er nicht nur die verschiedensten kritisch-emanzipatorischen sozialen Bewegungen unterstützt (u. a. durch öffentliche Solidaritätsbekundungen und politische Interventionen), sondern auch das habituelle Spannungsverhältnis zwischen Herkunftsmilieu und akademischem Elitemilieu zu bewältigen gehabt (vgl. Bourdieu 2002). – Bourdieu hatte – als einen zentralen Arbeitsschwerpunkt – seit den späten 1960er Jahren zahlreiche empirische Studien zur Reproduktion der gesellschaftlichen Ungleichheiten durch das Bildungssystem (besonders die Schule) vorgelegt (vgl. Bourdieu/Passeron 1971, 1990), die die bildungssoziologischen Debatten auch im deutschsprachigen Raum nachhaltig beeinflusst haben (vgl. z. B. Friebertshäuser et al. 2006; Engler/Krais 2004) und bis in die Gegenwart fundieren und anregen (vgl. z. B. Brake et al. 2013; Helsper et al. 2014; Kramer 2011; Rieger-Ladisch/Grabau 2017). Am weitreichendsten war der Versuch, mit dem Konzept der Kapitalsorten die offenen und besonders die verdeckten Mechanismen der pädagogischen Tradierung von sozialer Ungleichheit theoretisch zu deuten. Er schloss dabei explizit an die Theorien und Befunde von Durkheim (Soziologie als „Königsdisziplin", erfahrungswissenschaftliche Verschränkung von Soziologie und Ethnologie, pädagogische Milieus als Teil der historischen sozialen Arbeitsteilung, Handlungsregeln als Stufen der [pädagogisch-]sozialen Selbstreflexion) und von M. Weber (objektive und intersubjektive Sinnstrukturen, ökonomische, soziale und symbolische Herrschaftsstrukturen, soziale Beziehungsmodi, sozialwissenschaftliche Forschungsmethodologie) und indirekt auch von Geiger (relationale Autonomie der pädagogischen Handlungsfelder, kapitalistischer Sozialstaat als Klassenkompromiss) an und verknüpfte seine *erziehungssoziologischen* mit *kulturwissenschaftlichen* Analysen, die ihren prägnanten Ausdruck fanden in der erstmals 1979 veröffentlichten Studie „Die feinen Unterschiede" (vgl. Bourdieu 1987, bes. Kap. 1, 6 u. 8). Dabei konzentrierte er sich zunächst in beiden Forschungsfeldern vorranging auf die Rezeptions- und Wirkungsweisen der herrschenden, als „legitim" anerkannten und deshalb hegemonial wirkenden Kultur (vgl. ebd., Anhang; ders. 2004, bes. Dritter Teil). Erst in der fulminanten Kollektivarbeit „Das Elend der Welt" (zuerst 1993) kam die Gesamtheit der Milieus systematisch in den Blick (vgl. Bourdieu et al. 1997) und wurde damit der **relationaler Mehrebenen-** bzw. **Mehrsektorenansatz** als Fundament seiner

empirischen und theoretischen Arbeiten voll zur Geltung gebracht (vgl. dazu auch
die komplexe Zitat-Text-Montage in Braun/Dölker 2017, Kap. 3).

1.3.1   Die Dimensionen der pädagogisch relevanten Kapitalbildung

Zu den Besonderheiten von Bourdieus Herrschaftssoziologie gehört der Anspruch,
eine allgemeine Wissenschaft von der Ökonomie der Praxis zu entwickeln. Deshalb
wählte er als Ausgangspunkt auch seiner erziehungssoziologischen Analysen ein
qualitativ erweitertes und neuartiges Konzept von Kapital bzw. von Kapitalsorten.
Im Unterschied zu dessen rein ökonomischem Verständnis – wie es etwa dem
Hauptwerk von Karl Marx (1818–1883), „Das Kapital", zugrunde lag – verstand
er darunter die Kraft, die Dynamik, die den objektiven und subjektiven Gesellschaftsstrukturen innewohnt und zugleich deren Regelmäßigkeit bestimmt,
also die objektiv vorhandenen und subjektiv verfügbaren Ressourcen im Sinne
von Entwicklungs-*Möglichkeiten* und *-Beschränkungen*, die machtbegründeten
Gestaltungs- und Zwangsräume sowohl in der objektiven Welt der gesellschaftlichen Sozialstruktur wie auch in den individuellen und kollektiven Formen der
gesellschaftlichen Praxis. Diesbezüglich unterschied er fünf Kapitalsorten (vgl.
Bourdieu 1997a; 1998b; Ders./Waquant 1996, Kap. 4):

1. Zunächst ist ganz traditionell auf das **ökonomische Kapital** zu verweisen, worunter laut Bourdieu ganz knapp (und etwas verkürzt) all die Möglichkeitsbe-
   dingungen der privaten Haushalte zu verstehen sind, die in Geld konvertierbar
   sind. Als wichtige Quellen der individuellen und kollektiven Existenzsicherung
   sind – über Bourdieu hinausgehend – zu nennen: Lohn und Gehalt, Renten und
   Pensionen, Vermögen aus Versicherungsleistungen, Geldvermögen (Spargut-
   haben, Spar- und Pfandbriefe, Aktien, Investmentanteile), Sachvermögen (z. B.
   wertvolle Schmuck- oder Münzsammlungen), staatliche Transferleistungen,
   Zinseinkünfte und Spekulationsgewinne aus Kapitalbesitz, Immobilienbesitz,
   Betriebsvermögen (Besitz von Einzelunternehmen, Beteiligung an Personen-
   oder Kapitalgesellschaften), Hypotheken, Konsumkredite usw. Dazu gehören
   auch die verschiedenen Formen der staatlichen, halbstaatlichen, öffentlichen und
   privaten *Bildungsfinanzierung*. – Hier ist nur knapp darauf hinzuweisen, dass
   Bourdieu sich mit der ökonomischen Kapitalbildung nicht näher beschäftigt hat
   (vgl. seine [selbst-]kritische Bemerkung in Bourdieu/Wacquant 1996, S. 151),
   weshalb die o. a. Präzisierung zwingend ist.

2. Extensiv hatte sich Bourdieu demgegenüber auseinander gesetzt mit dem **kulturellen Kapital**, wie es besonders in der Familie sozial übertragen und individuell angeeignet wird; er unterschied drei Formen (vgl. auch Bourdieu 1992, Kap. 3; 2001b):

a. Zunächst einmal das individuell und kollektiv (speziell in einer Familie, aber auch einer Peergroup) verinnerlichte, das **inkorporierte** Kapital im Sinne einer dauerhaften, habitualisierten Disposition der Individuen und Gruppen, als angeeignetes Entwicklungspotenzial, als subjektive Lernfähigkeit und Handlungskompetenz, als Fähigkeit und Bereitschaft, individuelle und kollektive Erfahrungen reflexiv zu verarbeiten und Erfahrungsräume mit Erwartungsräumen zu verknüpfen, Problemlösungsräume auszuweiten und neue Gestaltungsperspektiven zu eröffnen und diese im beruflichen und privaten Alltag sowie im (halb-)öffentlichen Leben wirksam werden zu lassen. Der Erwerb dieses verkörperten Kulturkapitals – zu dem auch die motorischen Fähigkeiten gehören, weshalb man sie als „Körperkapital" bezeichnen könnte –, diese Akkumulation des Bildungskapitals ist ein Prozess der „sozialen Vererbung", er kann nicht delegiert werden, es gibt kein stellvertretendes Lernen (wie es auch kein stellvertretendes Geborenwerden und Sterben gibt) und dies erfordert *Zeit,* welche den Menschen institutionell, kulturell und biografisch „großzügig" gewährt werden muss bzw. sollte oder sie müssen sie sich gegen widrige Milieuumstände „erkämpfen". Wenn die Dauer des Bildungserwerbs später beginnt und auf einen relativ kurzen Zeitraum begrenzt ist, dann kommt es bereits in dieser Entwicklungsspanne zu einer strukturell begründeten Einschränkung der pädagogischen Kapitalbildung (dies verweist schon auf die *symbolische* Seite dieser Prozesse; vgl. Pkt. 4). Durch den individuellen Tod wird diese Form des Bildungskaptals vernichtet, mit ihm stirbt dieser einmalige und verinnerlichte „soziale Kosmos".

b. Das ist grundlegend anders beim **verobjektivierten** Kapital in Form von kulturellen Gütern – klassisch formuliert: von Bildungsgütern, wobei hier u. a. zu denken ist an Sach- und Kunstbücher (einschließlich „schöngeistige" Literatur), Lexika und andere Nachschlagewerke, an Gemälde und Fotografien, aber auch Musikpartituren, -instrumente und -aufnahmen aus den unterschiedlichsten Epochen und Stilrichtungen. Dazu zählen aber auch die Produkte der Technik – wie gerade die Neuen Medien deutlich gemacht haben – und als Teil des wissenschaftlich-technischen Kulturkapitals auch individuell verfügbare Verkehrsmittel sowie Haushaltsgeräte oder Büroausstattungen. Dabei entscheidet die ökonomische Kapitalausstattung darüber, ob man diese Güter *besitzt.* Um als Bildungskapital relevant zu werden, muss das *verobjektivierte* kulturelle Kapital allerdings immer wieder *subjektiviert* werden, ansonsten ist es eine Ansammlung „toter" Kulturgüter (wie sie von einigen Milieus bzw. Teilen der Jugendlichen auch empfunden werden). Dabei ist es von zentraler biografischer Bedeutung – Bourdieu spricht diesbezüglich von der „Logik der Übertragung" –, ob diese Aneignungsprozesse ontogenetisch sehr früh beginnen und lange andauern, fast immer und ganz selbstverständlich ins Alltagsleben integriert sind und sich von daher mühelos vollziehen (im Sinne des „Arrow"-Effekts, nach dem die kulturelle Umgebung als „heimlicher Erzieher" einen hohen Anregungscharakter hat) oder ob sie sich auf zeitlich sehr begrenzte Sondersituationen beschränken (z.B. den Besuch einer Ausstellung, eines Musikfestivals oder eines Kinos). Dabei verweisen kulturelle Polarisierungen (z.B. Pop- vs. „Ernste" Musik, Alltags- vs. „Gehobene" Kunst, Unterhaltungs- vs. Klassische Musik, „Groschenromane" vs. Bildungsromane, „Kitsch" vs. Kunst, Hochkultur vs. Subkultur) auf unterschiedliche, auch außerfamiliale, gleichwohl milieuverankerte kulturelle Präferenzen, die auch von Pluralisierungen überlagert und teilweise umgeformt werden zu **popkulturellem Kapital**, welches durch die Aneignung von szenerelevanten Wissensbeständen, Kompetenzen, Wertvorstellungen und Praktiken zu einer besonderen Form des Bildungskapitals wird (vgl. zu dieser jugendtheoretischen Erweiterung von Bourdieus Kulturtheorie Wippermann/ Calmbach 2007, S. 36ff). Diese Wechselbeziehungen und Transformationsprozesse zwischen Pluralisierungen und Polarisierungen heben allerdings nicht die qualitativ unterschiedlichen Bildungsmöglichkeiten auf, denn die materielle Aneignung der Kulturgüter erfordert ökonomisches Kapital und die symbolische Aneignung inkorporiertes Kulturkapital. Deshalb sind sie ein direktes oder indirektes Medium der einfachen oder auch erweiterten materiellen und symbolischen Reproduktion sozialer Ungleichheiten und auch außerhalb und innerhalb der pädagogischen Felder und Institutionen „Kampf"-Mittel zur soziokulturellen Abgrenzungen von anderen Milieus (vgl. dazu die empirischen Befunde in Kap. 1.4.2/1.4.3 dieses Buches).

c. Nicht zuletzt sind – gerade mit Blick auf die pädagogischen Prozesse – die Formen des **institutionalisierten** kulturellen Kapitals zu nennen (vgl. auch Bourdieu/Boltanski 1981), wie sie sich besonders niederschlagen in den „unpersönlichen" schulischen Leistungsbewertungen, Zeugnissen, Abschlusszertifikaten und Zugangsberechtigungen zu weiterführenden Schulen bzw. Hochschulen und Universitäten oder auch Berufsausbildungen und Berufslaufbahnen (z.B. erfordern bestimmte Laufbahnen im öffentlichen Dienst bestimmte schulische bzw. akademische Zertifikate). Die Vergabe dieser *Titel* ist eine Art von administrativer Anerkennung der kulturellen Kompetenzen bzw. sie sollen die Titelträger*innen diesbezüglich ausweisen (wer z.B. einen

Abschluss als Kindergärtnerin hat, von dem können Arbeitgeber und Eltern bestimmte pädagogische Kompetenzen erwarten). Dabei können *kleine* Fähigkeitsdifferenzen *große* bildungsbiografische und dauerhafte soziale Folgen haben (wenn jemand eine Prüfung, wie das Abitur, gerade noch „besteht" bzw. gerade noch „nicht besteht"). Der Prozess dieser institutionellen Anerkennung impliziert auch die Möglichkeit, dass *andere* Personen mit dem *gleichen* Abschluss (z. B. einem Gesellenbrief) die Stellennachfolge (z. B. als Mechatroniker) antritt bzw. antreten darf. Insofern sind die Personen hier nicht einmalig, sondern austauschbar (wobei sich allerdings hinter formal *gleichen* Abschlüssen erhebliche reale, „einmalige" Kompetenz-*Unterschiede* verbergen können). Es bestehen zu den verschiedenen Formen des subjektivierten und verobjektivierten kulturellen Kapitals insofern wichtige und z. T. sehr enge Beziehungen im Sinne der *kulturellen (Nicht-)Passung,* weil die außerinstitutionellen, speziell außerschulischen Aneignungsprozesse den institutionalisierten dann entgegenkommen, wenn diese Kulturgüter mit den Bildungsgütern der Lehrpläne eine große Ähnlichkeit aufweisen – und sie stehen dem entgegen, wenn es sich hier um sehr verschiedene, sich wechselseitig fremde Welten handelt, also keine kulturelle Passung besteht (vgl. dazu die Befunde in Kap. 2.2 und speziell zur Bildungsarmut in Kap. 2.2.4). Darüber hinaus gibt es bestimmte Wechselbeziehungen mit dem ökonomischen Kapital, weil die Bildungstitel auch einen Befähigungsnachweis in der Konkurrenz um die Arbeitsmarktchancen sind und die Möglichkeiten der Umwandlung kulturellen in ökonomisches Kapital mitbestimmen.

3. Nun hängt die kulturelle Dimension der pädagogischen Kapitalbildung nicht nur von Umfang und Zusammensetzung des ökonomischen Kapitals ab, sondern ist auch in soziale Beziehungen und Anerkennungsverhältnisse eingebunden. Die daraus resultierende Ausstattung mit **sozialem Kapital,** also die individuelle und/oder kollektive Zugehörigkeit der Kapitalbesitzer zu sozialen Netzwerken und Gemeinschaften, unterscheidet sich von Gruppe zu Gruppe mehr oder weniger deutlich und beinhaltet damit als „Kreditwürdigkeit" („Du hast Kredit bei mir") auch sehr verschiedene Entwicklungspotenziale (man denke z. B. an eine sozialökologisch engagierte Alternativgruppe, eine Bikergruppe oder auch eine Jugendgang). Diese Beziehungen sind dann auch das bekannte „Vitamin B", wenn es darum geht, eigene Wünsche umzusetzen (z. B. einen Ausbildungsplatz zu erhalten), bestimmte Projekte zu verwirklichen (z. B. einen Jugendtreff einzurichten), oder auch in bestimmten „Revierkämpfen" erfolgreich zu sein (z. B. wer wo seine Graffitis platzieren darf). Damit gewährt das soziale Kapital auf der Grundlage des sich-wechselseitig-Kennens eine gewisse soziale und zwischenmenschliche Sicherheit („Auf die kann ich mich

verlassen, die helfen mir, wenn ich sie brauche – und die sich auch auf mich!") und erweitert im günstigen Fall auch die materiellen und/oder symbolischen Aneignungsmöglichkeiten des kulturellen und darüber vermittelt ggf. auch des ökonomischen Kapitals, ohne dass diese Prozesse allerdings aufeinander reduziert werden können. Umgekehrt sind diese öffentlichen, halb-öffentlichen und/ oder verdeckten bzw. privaten Sozialkapitalverhältnisse und die immer wieder zu mobilisierenden Beziehungsnetzwerke ein mögliches Medium oder auch Multiplikator der Reproduktion gesellschaftlicher Ungleichheiten. Dann legen die Gruppen Wert auf eine weitgehende Homogenität, also soziale und kulturelle Gleichheit in den Binnenbeziehungen (z. B. einer Klassengemeinschaft in einer Schule oder der Jugendgruppe eines Verbandes) und darauf sich gründende und eingeschränkte, also „borrnierte" Gruppensolidaritäten. Menschen (hier speziell Jugendliche) aus anderen sozialen Lebenskontexten und mit anderen kulturellen Interessen, Bedürfnissen und Kompetenzen werden nicht hereingelassen („Was wollen die denn hier?") oder nach kurzer Zeit ausgeschlossen („Die passen doch nicht zu uns"). Dabei sind solche Interaktionskonflikte immer eingebunden in bestimmte *Institutionalisierungsformen* des Sozialkapitals (z. B. in Elite-Schulen, „proletarischen" Nachbarschaftszentren, exklusiven Jugendclubs oder Discos sowie Interessenverbänden wie Gewerkschaften). Sie erfordern eine ständige Beziehungsarbeit, in der wechselseitige moralisch-sittliche, emotional-motivationale und manchmal auch juristisch fixierte Verpflichtungen artikuliert und praktiziert werden, worin auch Zeit und ggf. Geld, also ökonomisches Kapital investiert wird. Mit dem Umfang des Sozialkapitals steigt dann auch der Aufwand es zu erhalten, also der „Investitionsbedarf" in Form von Beziehungs- und Bündnisarbeit. Das gilt besonders für diejenigen Personen, die in der Gruppe eine „führende Rolle" innehaben, an sie die Außenvertretung, aber auch die Festigung der Binnenstrukturen und Kräfteverhältnisse *delegiert* worden ist (z. B. junge oder erwachsene Leitungsmitglieder eines Kinder- und Jugendverbandes) und die die Gruppe dann *repräsentieren* und so eine besondere Form der institutionellen Anerkennung erfahren.

4. Letzteres verweist schon auf das **symbolische Kapital**, welches ein verbindendes Element zwischen ökonomischer, kultureller und sozialer Kapitalbildung darstellt, denn es übt einerseits *manifesten* Zwang (z. B. Verbot des Betretens einer Einrichtung wie eines Jugendzentrums) und andererseits eine *indirekte* Macht aus, die die Beziehungen der Menschen untereinander reguliert, bestimmte Menschengruppen anzieht bzw. abhält. So fühlen sich z. B. traditionelle Jugendliche auf vielen Musikevents als „unpassend" und in Discos als „Partybremsen" – und solche aus prekären Milieus finden leistungsorientierte Performer auch wegen ihres demonstrativen „gehobenen" Konsums als „Angeber". Es ist also eine be-

stimmte soziale Atmosphäre, es sind bestimmte Umgangsweisen und sprachliche wie nonverbale Ausdrucksformen, bestimmte individuell und kollektiv geteilte Sinnentwürfe und Beziehungsmodi, die auf eine sublime und unsichtbare, weil fraglos hingenommene Weise die sozialen Ungleichheiten reproduzieren, die asymmetrischen ökonomischen und kulturellen Kräfteverhältnisse verfestigen und die bildungsbezogene Chancengerechtigkeit untergraben (vgl. dazu Kap. 1.4. u. 2.2.1). – Oder anders formuliert (vgl. Bourdieu 1974, Kap. II – IV): Das symbolische Kapital, die vielfältigen Kommunikationsweisen und Sinnverhältnisse sind ein zentrales Medium der Abgrenzung, der Distinktion sowie der scheinbar freiwilligen, „zwanglosen", der bewusst gewollten Anerkennung der vorhandenen Ungleichheiten und damit der Unterwerfung unter die herrschenden Verhältnisse. Damit ist die Produktion, Verbreitung und Rezeption solcher Ideologien – im strengen Sinne des Wortes: von nachweislich falschen gesellschaftlichen Bewusstseinsformen – ein Aspekt der gesellschaftlich-politischen Kräfteverhältnisse. Das zeigt sich z. B. an der normativen Bedeutung bzw. milieuspezifischen Verwendung von Worten wie „Arme", „Behinderte", „sozial Benachteiligte", „Randgruppen", „Ausländer", „Schmarotzer" und daraus resultierenden Be-Deutungskämpfen bzw. Kämpfen um die „Deutungshoheit" (z. B. am Stammtisch, bei Vereins- oder Parteiversammlungen, in Rundfunk/Fernsehen und Presse). Sie geben den relationalen Beziehungen und Transformationen der Kapitalsorten eine gruppenspezifische und klassenbezogene *Wirkungsrichtung*, aus der sich dann in ihrer Besonderheit die jeweiligen Milieuspezifika konstituieren, ohne dass allerdings die Eigenlogik der Kapitalformen aufgehoben bzw. aufeinander reduziert wird oder werden kann.

5. Nicht zuletzt ist – gerade mit Blick auf pädagogische Prozesse – das **politische Kapital** zu erwähnen, worunter die Möglichkeit der Gesellschaftsmitglieder zu verstehen ist, sich *öffentliche* Güter *privat* anzueignen. Dies wird in den kapitalistischen Ländern (des Westens) speziell durch den *Sozialstaat* möglich, der wesentliche Teile der Infrastruktur erstellt und erhält, ohne die ein geregeltes Alltagsleben nicht möglich wäre. Das reicht biografisch von der medizinischen Versorgung der Schwangeren und Säuglinge über die Kindertagesstätten und Schulen sowie die Berufsausbildung, die Arbeitsschutzgesetzgebung und die Arbeitslosenversicherung bis hin zur Bereitstellung von Pflegeeinrichtungen und Angeboten der Altenbildung (vgl. dazu mit Blick auf das Schulsystem und die klassische Einsicht, dass Bildungsfragen Machtfragen sind bes. Bourdieu 2004, Vierter und Fünfter Teil). Obwohl diese Leistungen im Prinzip allen offenstehen, gibt es zugleich Regularien der Inanspruchnahme dieser ökonomischen, kulturellen und sozialen Güter, die wiederum sozial selektiv sind (so hat man z. B. nur mit bestimmten Voraussetzungen Anspruch auf eine kostengünstige

Kinderbetreuung von über 5 Stunden täglich, kann nur mit bestimmten Schul-
abschlüssen studieren, hat nur nach einer bestimmten Beschäftigungsdauer
Anspruch auf Arbeitslosengeld und nur bei einem bestimmten Krankheitsbild
Anspruch auf eine bestimmte Pflegestufe). Und auch in diesem Fall gibt es zwar
keinen linearen, aber doch bemerkenswerten Zusammenhang zwischen den
Ungleichheiten in der ökonomischen, kulturellen, sozialen und symbolischen
Kapitalbildung und den Chancen, die politischen Entscheidungen über die Art
der Verteilung der öffentlichen Gelder und Güter zu beeinflussen (vgl. Bourdieu
2013 a,b). Dabei führt der dominierende Neoliberalismus und die mit ihm verbundene Selbstentmachtung des Staates bzw. der Politik durch ihre Unterwerfung
unter die scheinbar unveränderlichen Sachzwänge (dies ist ein Ökonomismus
der besonderen Art) seit den letzten 20–25 Jahren zu immer krasser werdenden Unterschieden zwischen arm und reich, die die Grundlagen der *sozialen*
und *politischen Demokratie* immer mehr aushöhlen, wird so der historische
Kompromiss in Form der friedlichen Koexistenz zwischen Kapitalismus und
Demokratie immer mehr in Frage gestellt und schafft so rechtspopulistischen
Parteien und Bewegungen in Mittel- und Nordeuropa und den USA Plausibilität
und besorgniserregende Erfolge – nicht nur bei Wahlen (vgl. Kap. 5.2).

1.3.2 Der Sozialraum als relationales Feld der pädagogisch relevanten Kapitalbildung

Gerade Max Weber hatte sich – speziell in seiner von Bourdieu intensiv rezipierten
herrschaftskritischen Religionssoziologie (vgl. die Texte in Bourdieu 2000) – auf
die verstehende Analyse der immer auch symbolisch vermittelten Interaktionsbeziehungen beschränkt. Bourdieu hat diese Dimension der sozialen Praxis einerseits
aufgenommen und sie andererseits qualitativ überschritten, weil er – zutreffend – der
Auffassung war, dass es übergreifende Zusammenhänge gibt, die den Umfang, die
Reichweite, die innere Struktur und Inhalte der Interaktionsprozesse bestimmen.
Diesbezüglich sind drei Argumentationsstränge von besonderer (pädagogischer)
Bedeutung (vgl. Bourdieu 1985; 1987, Zweiter Teil; 1992):

1. Die von den intersubjektiven und interpersonalen Beziehungen unabhängigen
   und sie übergreifenden bzw. fundierenden objektiven Beziehungen sind die
   Relationen zwischen den jeweiligen **Positionen** („Posten") und sie begründen
   nicht nur (an-)erkannte juristische, moralisch-sittliche, soziale oder sonst wie
   verbindlich gesetzte bzw. kodifizierte Regeln – wie dies Durkheim noch gedacht hatte –, sondern mehr oder weniger zwingende, im Alltag präsente, dort

naturwüchsig angeeignete und selbstverständlich („mechanisch") praktizierte **Strategien**, also Regelmäßigkeiten, wie sich die verschiedenen Akteure bzw. Gruppen in gleicher/ähnlicher Positionslage oder auch gegensätzlicher Position zueinander verhalten. Dabei bilden sich z. B. zwischen den Lehrer*innen und den Schüler*innen, den Jugendarbeiter*innen und den Jugendlichen, den Leitungsmitgliedern und den ihnen „Unterstellten" Homologien aus, also typische, aufeinander abgestimmte, zur zweiten Natur gewordene, sowohl freie wie auch zwanghafte, häufig ritualisierte Handlungsweisen zwischen diesen zumeist ungleichen Positionen. Aus diesem vielfältigen objektiven Relationengeflecht der (historisch immer komplexer werdenden) Reproduktionsstrategien resultieren die jeweiligen **Felder** (z. B. die pädagogischen Felder der Elementarerziehung, der Grundschule, der Universitäten usw.) und die übergreifenden Felder (z. B. des gesamten Bildungssystems). Nicht ganz trennscharf sprach hier Bourdieu stets auch von den verschiedenen **sozialen Räumen** (z. B. denen der Kultur, der Wirtschaft, der Politik) oder auch vom Sozialraum als der Gesamtheit dieser Relationen zwischen den Feldern und Räumen, die jeweils auch die Kräfteverhältnisse sowohl innerhalb wie auch zwischen den verschiedenen Feldern und Räumen (z. B. pro vs. contra Schulreform, pro vs. contra Aufstockung der Bildungsetats) bestimmen.

Für den gesellschaftlichen Zusammenhalt (Kohäsion) und ihr Gegenstück, die Abgrenzung (Distinktion) sind von Bedeutung die **vertikalen** Unterschiede im *„Raum der sozialen Positionen"*, im sozialen Niveau („Oben und Unten") und die **horizontalen** im *„Raum der Lebensstile"*, in der Ausrichtung und Zusammensetzung der verschiedenen Kapitalsorten (z. B. „traditionelle" vs. „moderne"). Beide Formen der Ungleichheit können zwar verändert werden, sind somit *historisch* bedingt, aber dies ist wegen der „Gravitationskraft" der sozialen Regelmäßigkeiten und institutionalisierten Zwänge außerordentlich mühsam, erfordert viel individuelle und kollektive Anstrengung und Konfliktfähigkeit und stößt immer wieder auf alte und neue Grenzen. Diese Dynamik im *„Raum der zeitlichen Bewegung"* vollzieht sich sowohl *innerhalb* der gegebenen Verhältnisse als auch *über sie hinaus*, also in der Veränderung dieser Strukturen (z. B. die Veränderung der Lohnverhältnisse oder der Arbeitsmarktpolitik durch Kampagnen, Proteste und Streiks). Sofern diese Gruppenbildungen auf strukturellen Unterschieden, also bemerkenswerten sozialen Nähe-Distanz-Relationen beruhen bzw. solche in der wissenschaftlichen Rekonstruktion aufgewiesen werden können, konstituieren sie *theoretisch* **soziale Klassen**, die mit hoher Wahrscheinlichkeit wesentliche Merkmale gemeinsam haben bzw. sich voneinander unterscheiden und voneinander – aktiv oder auch nur passiv – *abgrenzen* und damit umgekehrt ihre jeweiligen Mitglieder – implizit oder explizit – *vereinnahmen*. Obwohl sie

als logische bzw. wahrscheinliche Klassen gefasst werden können, müssen sie
dennoch in der sozialen Wirklichkeit nicht schon eine gemeinsame Identität
oder gar „Klassenbewusstsein" aufweisen. Es gibt also keine „Klassen an sich",
sondern immer nur relationale Beziehungen zwischen sozialen Gruppen, die sich
in kulturellen, sozialen und politischen Konflikten und Auseinandersetzungen,
also interessenfundierten Kämpfen (auf die schon Weber hinwies), zu Klassen
formieren und so „Klassen an und für sich" werden, d. h. die konstitutiven
Merkmale *können* in Klassenkämpfen aktiviert werden und werden immer nur
zeitlich begrenzt in sozialen Bewegungsformen relevant.

2. Aus der jeweiligen **Position** innerhalb des objektiven Beziehungsgeflechts
    resultieren auf der Subjektseite unterschiedliche **Dispositionen**, also typische
    Persönlichkeitsstrukturen und Handlungsbereitschaften. Diesen „Überset-
    zungsprozess", der nicht nur ökonomisch, sondern auch kulturell, sozial und
    politisch bedingten Klassenstrukturen deutete Bourdieu als **Habitualisierung**,
    als ontogenetische Erarbeitung und Herausbildung bestimmter Wahrnehmungs-,
    Denk- und Handlungsweisen, von emotionalen Befindlichkeiten, motivationalen
    Anstrengungsbereitschaften, die sich als praktische Taxonomien verdichten
    zu bestimmten, meist kollektiv geteilten und somit typischen individuellen
    Mentalitäten, Haltungen, Einstellungen, Neigungen und Geschmacksurteilen.
    Hier handelt es sich um die über die Kapitalsorten, ihren Umfang und ihre
    Zusammensetzung vermittelte Transformation von *objektiven Ursachen* (z. B.
    Jugendarbeitslosigkeit) in *subjektive Gründe* (z. B. Protest oder auch Resignation)
    und diese jeweiligen intersubjektiven Strukturen treten nicht nur aktuell und
    situativ auf und sind als begrenzt offene Handlungsdispositionen den Betref-
    fenden nur zum Teil bewusst und dadurch subjektiv verfügbar. Durch dieses
    Spannungsverhältnis zwischen sozialen Relationen und psychisch-personalen
    Eigenschaften wird der soziale Agent zu einem „kollektiven Einzelwesen" bzw.
    zu einem durch Inkorporation „vereinzelten Kollektivwesen". Dabei sind die
    meisten dieser sozial, örtlich und zeitlich stark variierenden intrapsychischen
    Prozesse ihnen – psychoanalytisch gesprochen – *vorbewusst*, also als Routinen
    oder auch „Automatismen" selbstverständlich. Es bedarf von daher erheblicher
    reflexiver Anstrengungen, sie sich *bewusst* zu machen und entsprechende ne-
    gative Neigungen und Tendenzen zumindest teilweise zu überwinden. Das gilt
    in noch höherem Masse von den *unbewussten* Prozessen, die die Erlebnis- und
    Handlungsweisen des Subjekts bestimmen ohne dass sie ihm zugänglich sind
    (man erinnere sich hier an die Stufen und Themen des pädagogischen Denkens
    bei Durkheim und Geiger sowie die Forschungsmethodologie der verstehenden
    Soziologie bei Weber im Kap. 1.2; vgl. zur psychodynamischen Rekonstruktion
    Kap. 4.1.2).

3. Obwohl der soziale Raum in gewisser Weise ein wissenschaftliches Konstrukt ist und die Klassenzugehörigkeit danach bestimmt wird, wie wahrscheinlich bestimmte Einstellungen und Handlungsweisen der jeweiligen Personengruppen sind, ist diese soziale Morphologie doch bis zu einem gewissen Grade immer auch an physische **Orte** gebunden, an denen sich die Subjekte in ihrer körperlichen Beschaffenheit aufhalten. In den hierarchischen Relationen zwischen den Orten schlagen sich ebenfalls die gesellschaftlichen Ungleichheitsstrukturen als *Ortseffekte* der Klassengesellschaft nieder (vgl. Bourdieu 1997b). Dabei werden die Kapitalbesitzer zu *Raum-* und *Ortsbesitzern,* die über private und öffentliche Güter und Dienstleistungen (z. B. Gebäude, Straßen, Parks, Geschäfte, Behörden, und Freizeiteinrichtungen) in hierarchisierter Dichte und mit entsprechender Distanz zueinander verfügen (z. B. in den städtischen „Zonen" des Reichtums, des gesicherten Wohlstands, der prekären sozialen Sicherheit oder auch der Deklassierung). So haben an diesen Orten als Ergebnis ihrer Einbindung in soziale Felder bzw. Räume nicht nur die Häuser bzw. Wohnungen eine unterschiedliche Ausbreitung, Oberfläche und Größe, sondern auch die pädagogischen Einrichtungen sind je nach sozialräumlicher Zuordnung und Verortung zumeist innen und außen recht unterschiedlich ausgestattet, indem sich die verschiedenen Akteure (Kinder/Jugendliche, Pädagog*innen, Eltern) auf recht differente Weise bewegen (die einen frei und ungezwungen, die anderen zurückhaltend und wieder andere eher verschreckt und eingeschüchtert). Eben weil die Kapitalbesitzer (frei nach Brecht) „Name und Anschrift haben", weil sie sich an den Orten verwurzeln, verankern, ihren Kapitalbesitz (in der jeweiligen Zusammensetzung) materialisieren und verfestigen, deshalb sind die Ortseffekte immer auch nur schwer zu verändernde *Profit*-Effekte, deshalb werden Kinder und Jugendliche aus bestimmten Stadtteilen allein wegen ihrer Wohnadresse auch in den öffentlichen Bildungseinrichtungen bevorzugt bzw. benachteiligt, kommt es zu kompetenz- und verhaltensunabhängigen Privilegierungen und Diskriminierungen, weil auch über den physischen Ort als verdinglichtem Sozialraum sich materialisierende kulturelle, soziale, symbolische und politische Kapitalbildungen und feldspezifische individuelle und/ oder kollektive Machtkämpfe um die Veränderung der Kräfteverhältnisse und Raumaneignungsmöglichkeiten stattfinden (vgl. Kap. 2.2).

Wissensbaustein 4:
Die Felder des Sozialraumes als Medien der pädagogisch relevanten
Kapitalbildung in der Bildungssoziologie von Pierre Bourdieu

Bourdieu hatte seine Überlegungen in einem sehr komplexen und berühmt gewordenen Schaubild bilanzierend zusammengefasst (vgl. Bourdieu 1987, S. 212f).
Für seine Vorlesungen in Japan (im Oktober 1989) hatte er dieses etwas reduziert
und übersichtlicher gestaltet und wie folgt erläutert (vgl. dazu auch das nochmals
modifizierte Schaubild in Lempert 2011, S. 71):

> Die „Idee von Differenz, von Abstand, liegt ja bereits dem Begriff des *Raums* zu-
> grunde, dieses Ensembles von Positionen, die distinkt und koexistent sind, einander
> äußerlich, bestimmt durch ihr jeweiliges Verhältnis zu allen anderen, durch ihre
> *wechselseitige Äußerlichkeit* und durch Relationen von Nähe und Nachbarschaft bzw.
> Entfremdung wie auch durch Ordnungsrelationen wie über, unter und *zwischen*
> – viele Merkmale der Angehörigen des Kleinbürgertums zum Beispiel lassen sich
> daraus ableiten, dass sie eine Zwischenposition zwischen beiden Extrempositionen
> einnehmen, ohne mit einer von ihnen identifizierbar oder subjektiv identifiziert zu
> sein. (…) Der soziale Raum ist so konstruiert, dass die Verteilung der Akteure oder
> Gruppen in ihm der Position entspricht, die sich aus ihrer statistischen Verteilung
> nach *zwei Unterscheidungsprinzipien* ergibt, die in den am weitesten entwickelten
> Gesellschaften wie den Vereinigten Staaten, Japan oder Frankreich die zweifelsohne
> wirksamsten sind, nämlich das ökonomische Kapital und das kulturelle Kapital.
> Daraus folgt, dass die Akteure umso mehr Gemeinsamkeiten aufweisen, je näher
> sie einander diesen beiden Dimensionen nach sind, und umso weniger Gemein-
> samkeiten, je ferner sie sich in dieser Hinsicht stehen. Den räumlichen Distanzen
> auf dem Papier entsprechen soziale Distanzen. Genauer gesagt, und dies soll das
> Diagramm aus den *Feinen Unterschieden* zum Ausdruck bringen, mit dem ich
> den sozialen Raum darzustellen versucht habe, die Akteure verteilen sich in einer
> ersten Dimension nach dem Gesamtvolumen des Kapitals, das sie besitzen, und
> in der zweiten Dimension nach der Struktur dieses Kapitals, das heißt, nach dem
> relativen Gewicht, das die verschiedenen Kapitalsorten – ökonomisch und kulturell
> – im Gesamtvolumen ihres Kapitals haben. (…) So bilden in der ersten, zweifellos
> wichtigeren Dimension, die Besitzer eines umfangreichen Gesamtkapitals, etwa
> Unternehmer, Angehörige freier Berufe und Hochschullehrer, als Ganzes einen
> Gegensatz zu den am schlechtesten mit ökonomischem und kulturellem Kapital
> versehenen Gruppen, etwa den ungelernten Arbeitern; unter einem anderen
> Gesichtspunkt aber, das heißt, unter dem Gesichtspunkt des relativen Gewichts
> des in ihrem Besitz befindlichen ökonomischen und kulturellen Kapitals besteht
> zwischen den Hochschullehrern (relativ reicher an kulturellem als an ökonomi-
> schem Kapital) und den Unternehmern (relativ reicher an ökonomischem als an
> kulturellem Kapital) ein ausgeprägter Gegensatz … (…) Wie der erste Gegensatz
> ist auch der zweite der Ursprung von Unterschieden in den Dispositionen der
> Akteure und damit bei den Positionen, die sie beziehen: Politisch schlägt sich der
> Gegensatz zwischen Intellektuellen und Unternehmern oder, auf einer niedrigeren

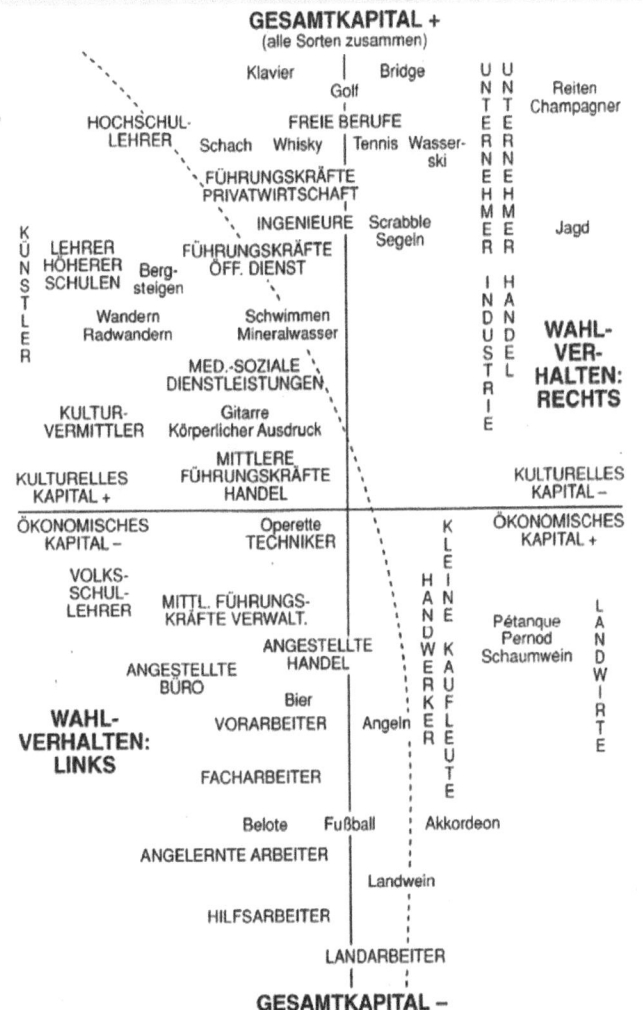

Raum der sozialen Positionen und Raum der Lebensstile

(Schema aus *Die feinen Unterschiede*, S. 212–213, vereinfacht und auf einige signifikante Indikatoren für Getränke, Sport, Musikinstrumente oder Gesellschaftsspiele verkürzt.)
Die gepunktete Linie zeigt den Verlauf der Grenze zwischen einer eher linken bzw. eher rechten politischen Orientierung an.

Stufe der sozialen Hierarchie, zwischen Volksschullehrern und kleinen Kaufleuten im Nachkriegsfrankreich wie im Nachkriegsjapan als Gegensatz von links und rechts nieder. (…)

Allgemeiner: Vermittelt über den Raum der Dispositionen (oder Habitus) der Akteure, wird der Raum der sozialen Positionen in einen Raum der von ihnen bezogenen Positionen rückübersetzt; oder, mit anderen Worten, dem System der differentiellen Abstände, über das sich die unterschiedlichen Positionen in den beiden Hauptdimensionen des sozialen Raums definieren, entspricht ein System von differentiellen Abständen bei den Merkmalen der Akteure (oder der konstruierten Klassen von Akteuren), das heißt bei ihren Praktiken und bei den Gütern, die sie besitzen. Jeder Positionsklasse entspricht eine Habitus- (oder *Geschmacks-*) Klasse, ein Produkt der mit der entsprechenden Position verbundenen Konditionierungen, und, vermittelt über diesen Habitus und ihre generativen Kapazitäten, ein systematisches Ensemble von Gütern und Eigenschaften, die untereinander durch Stilaffinität verbunden sind." (Bourdieu 1998a, S. 18–21)

Um Missverständnisse zu vermeiden oder doch zumindest zu erschweren, sei darauf hingewiesen, dass in diesem zweidimensionalen Schaubild (wie im o. a. Ursprungsschaubild) die historische Dimension, also der „Raum der zeitlichen Bewegung" fehlt.

1.3.3 Zur Kritik an Bourdieus Erziehungssoziologie: Die Verselbständigung der Sozialdimension gegenüber der Sachdimension pädagogischen Handelns und seinen Institutionalisierungsformen

Der Ansatz von Bourdieu ist sehr breit rezipiert und recht kontrovers interpretiert und bewertet worden. Im vorliegenden entwicklungspädagogischen Argumentationszusammenhang sind drei kritische Aspekte von Relevanz (vgl. dazu ausführlicher Braun/Dölker 2017, Kap. 1):

1. Es gehört zu den zentralen Verdiensten von Bourdieu, das Konzept des Raumes in den neueren sozialwissenschaftlichen Diskursen nachhaltig verankert zu haben. Allerdings vereinseitigt er diese Beziehungen zwischen dem **Sozialem** und dem **Raum** – darauf verweist Löw (2001, S. 179ff) – auf problematische Weise, wenn er fast ausschließlich die Bestimmtheit des Raumes durch das Soziale betont und die Strukturierung des Sozialen durch den Raum weitgehend ausblendet (z. B. die Architektur von pädagogischen Einrichtungen als „heimliche Erzieher" – man denke nur an die preußische Schularchitektur). Damit übersieht er die relationalen Beziehungen zwischen beiden und damit

vorhandene bzw. wünschenswerte Wechselwirkungen (z. B. zwischen den kindbezogenen Interaktionsformen und der sozialen Atmosphäre, „Ausstrahlung"
des Kindergartengebäudes und seiner näheren und weiteren Umgebung). Das
hängt nicht zuletzt damit zusammen, dass er Raum strenggenommen als *Metapher* verwendet. Das ist im Gang des wissenschaftlichen Erkenntnisprozesses
nicht an sich kritikwürdig, wenn man sich der Tatsache bewusst bleibt, dass
es sich bei einer solchen Bezeichnungsweise um einen Platzhalter handelt, der
also im Fortgang der Forschungen theoretisch und begrifflich aufzufüllen ist.
Dann gelten auch für die gesellschaftlichen Raumkonstitutionen die komplexen Relationen und Wechselwirkungen zwischen *objektiver Bestimmtheit* und
subjektiver Bestimmung: Es ist keine *Verdinglichung* des Sozialen durch die
Formgestalt der Räume, wenn man darauf verweist, dass der soziale Raum zwar
auch das *Ergebnis* menschlichen Handelns, also von *Strukturierungen*, ist, aber
eben auch die *Voraussetzung* individuell-kollektiver Aktionen und dadurch auf
sie *strukturierend* wirkt.

2. Neben „Raum"/„Feld" und „Kapital" gehört „Habitus" zu den Schlüsselkonzepten
   von Bourdieus Analysen. Man kann es theoriegeschichtlich als das begrifflich
   verdichtete Ergebnis von Bourdieus Bemühen verstehen, die phänomenologischen
   Traditionen der Intersubjektivität in einen dezidiert sozialwissenschaftlichen
   Kontext zu stellen, also die *Bedingungen* der Subjektentwicklung in diese Rekonstruktion der Ontogenese systematisch einzubeziehen (vgl. z. B. Bourdieu
   2014, S. 303f). Zugleich sind auch unter den wohlwollenden Interpreten die
   Auffassungen darüber gespalten, ob dieses Konzept nicht letztlich objektivistisch
   ist (vgl. z. B. Scheer 2014; Schmidt 2004). Diese strukturellen Ungenauigkeiten
   sind nun allerdings kein Zufall, sondern rühren daher, dass Bourdieu über kein
   biologisch stichhaltiges Konzept des *Körpers* verfügte. So vielfältig er den Begriff
   auch verwendet – häufig synonym mit Leib bzw. Leiblichkeit –, ist auch dieser
   Begriff bei ihm – ähnlich wie der des Raumes – nur eine Metapher. Das wird
   prägnant daran deutlich, dass er nicht bereit war, grundlegend zwischen *objektiven
   Ursachen* und *subjektiven Gründen* des menschlichen Handelns zu unterscheiden (vgl. z. B. Bourdieu 1998b S. 215). Diese Differenz resultiert daher, dass die
   menschliche Natur als *gesellschaftliche Natur des Menschen,* die das Ergebnis von
   Selektionsprozessen während der historischen Anthropogenese ist (bei denen
   Arbeit und Sprache sich als relevante und tendenziell gleichwertige Selektions-
   vorteile erwiesen haben), im Sinne einer allgemeinen Richtungsbestimmung auf
   die Gesellschaft hin angelegt ist, weshalb die individuelle Vergesellschaftung
   das entscheidende, biologisch verankerte Bedürfnis der Menschen ist. Das sagt
   selbstverständlich über die Art und Weise der Befriedigung dieses Bedürfnisses
   nichts aus; allerdings kommt es zu *psychischen Leidensprozessen*, wenn dieses

Bedürfnis nicht (ausreichend) befriedigt wird (vgl. dazu ausführlicher EP1, Kap. 4.1. u. 5.1; und Kap. 4.1 in diesem Band). Aus diesem Grunde ist darauf abzuheben, dass zwischen **Leiblichkeit** und **Körperlichkeit** zu unterscheiden ist. Letzterer umfasst alle relevanten Elemente der psychophysischen Konstitution und der darin begründeten Verhaltenspotenziale der Menschen (und *nur* der Menschen!), also Gehirn/Nervensystem, Skelett/Muskeln, Organe/Gewebe, Haut/Sinnesorgane, Verdauungssystem und besonders als Tradierung dieser Merkmale die gnomischen Informationen. Dieser menschliche Körper ist das Ergebnis der Transformationen der *tierischen Organismus-Umwelt-Relationen* in die *gesellschaftlichen Mensch-Welt-Relationen*. Dieser Sachverhalt ist *bildungstheoretisch* von großer Bedeutung: Soll menschliche Subjektivität, die stets nur *Inter*-Subjektivität sein kann und die Inbegriff der Fähigkeit und Bereitschaft ist, die gesellschaftlichen Lebensbedingungen zu verbessern, nicht aus den Bedingungen erklärt werden, die sie verändern kann und will (das wäre ein Zirkelschluss), dann muss eine **Gleichursprünglichkeit** von **gesellschaftlichen Ursachen** und **subjektiven Gründen** menschlichen Handelns angenommen werden, dann müssen sich die Menschen (was aufgrund ihrer biologischen Ausstattung eben möglich ist) als der *Ursprung* ihrer Absichten, Wünsche und Aktivitäten verstehen und begreifen lernen, dass diese auf nichts anderes als sie selbst zurückzuführen sind (das klingt – an Kant anschließend – in Durkheims pädagogischer Perspektive der Autonomieförderung und -sicherung bereits an). Dann sind die Relationen von Strukturen und Handlungen in emanzipatorischer Mündigkeit ermöglichender Perspektive zu konzipieren als symmetrische Relation zwischen *objektiver Bestimmtheit* und *intersubjektiver Bestimmung* der menschlichen Lebenspraxis. Und *Leiblichkeit* wäre dann (im Unterschied zur Körperlichkeit) gerade diese Vermittlungsrelation zwischen der Körperlichkeit und Gesellschaftlichkeit der Menschen.

Wissensbaustein 5:
Armin Nassehis Kritik am semantischen Ökonomismus Pierre Bourdieus

„Das Soziale des sozialen Sinns bei Bourdieu ist stets die Frage der Zurechnung, die Frage der eigenen Durchsetzungschancen, eine Frage des Kampfes um knappe Ressourcen und Positionen. Die Eigendynamik des Sozialen ist für Bourdieu ausschließlich eine *soziale* Eigendynamik in dem Sinne, dass Akteure sich in einem Feld ungleicher Verteilung von Chancen und Möglichkeiten bewegen und um Machtpotenziale kämpfen, die eigenen Chancen und Möglichkeiten zu verbessern." (Nassehi 2016, S. 172)

Dabei gelingt es Bourdieu ohne Zweifel, „den *sozialen* Sinn der Ordnung sozialer Ungleichheit tatsächlich zu dynamisieren, d. h. ihn an konkreten Praxisformen anschaulich zu machen. So existiert für ihn soziale Ungleichheit eben nicht als schlichte Strukturvorgabe, sondern muss sich *dem soziologischen Beobachter* als Praxis zeigen, um angemessen beschreibbar zu sein." (ebd., S. 173) Nun gilt Bourdieu „in der Fachdiskussion als derjenige, dem es gelungen sei, die Klassentheorie von ihrem Ökonomismus zu befreien … und die strukturierende Bedeutung kultureller Formen und sozialer Netzwerke zu betonen … (…) Einem zweiten Blick jedoch wird gewahr, wie sehr Bourdieu geradezu einer Universalisierung des Ökonomischen das Wort redet. Für Bourdieu ist nicht mehr nur die Ökonomie ökonomisch strukturiert, sondern letztlich *jegliche* Form sozialer Praxis, die um die Verfügung über knappe Chancen und Ressourcen kämpft. Hatte der klassische Marxismus die Ökonomie der nichtökonomischen Sphären noch als Reflex auf das ökonomische Klassenverhältnis gedacht, bilden nach Bourdieu die unterschiedlichen Felder der Gesellschaft, ja jegliche soziale Praxis, eine je eigene Form der Ökonomie aus, die das Prinzip des ökonomischen Knappheitsausgleichs zum Algorithmus des Sozialen schlechthin macht. Die Theoriesprache Bourdieus ist eine ökonomische Sprache – allein die Währungen variieren; Geld gilt nur in der ökonomischen Ökonomie, nicht in den anderen". (ebd. S. 174) Diesem *semantischen Ökonomismus* (ebd., S. 175f) ist kritisch entgegenzuhalten, „dass soziale Anschlüsse offensichtlich nicht nur in der *Sozialdimension*, sondern auch in der *Sachdimension* strukturiert werden. (…) Was zu zeigen ist, ist die empirisch beobachtbare Tatsache, dass sich die gesellschaftliche Struktur keineswegs nur in der Frage erschöpft, wie Knappheitsmanagement und Distributionslogik gesellschaftlich knapp gehaltener Güter organisiert werden. Vielmehr scheint *sozialer Sinn* auch *sachlicher* oder *zeitlicher sozialer Sinn* zu sein, der im Falle der funktional differenzierten modernen Gesellschaft für die Ausdifferenzierung von sachlichen Logiken führt, um die herum sich Funktionssysteme ausbilden und deren Nebeneinander das Grundkonstituens der polytexturalen Moderne ausmacht. Die alleinige Konzentration auf Knappheit und Distribution als Bezugsproblem sozialer Ordnung erscheint vor diesem Hintergrund als außerordentlich unterkomplex. Denn offensichtlich hat Bourdieu nur wenig Sinn für den *sachlichen* Sinn der Felder sozialer Praxis." (ebd., S. 176f) Dabei kann und soll nicht bestritten werden, dass es bei Bourdieu Hinweise auf die Sachdimensionen gibt, „denn die Differenzierung der Gesellschaft nach Feldern ist durchaus eine Differenzierung in der Sachdimension, also eine Differenzierung nach verschiedenen Aufgaben- und Tätigkeitsfeldern, nach verschiedenen Praxisformen, wenn man so will: nach verschiedenen Funktionen …" Allerdings „geht es in den

Beschreibungen Bourdieus fast überhaupt nicht um die Frage der Logik der
unterschiedlichen Funktionen und Aufgaben." (ebd., S. 179)

3. Man kann nun die Verwendung von „Raum" und „Körper" positiv als Zwischenetappe in einem Forschungsprozess deuten. Folgt man aber der berechtigten
Kritik von Nassehi am *semantischen Ökonomismus* von Bourdieu (vgl. Wissensbaustein Nr. 5, S. 58–60), dann muss man darin auch eine typische Ablösung der
Sozialdimension von der *Sachdimension* des Sozialen Sinns erkennen. Klassisch
marxistisch kann man sogar noch weitergehen und darin eine Verabsolutierung
der Tauschwertorientierung gegenüber der Gebrauchswertorientierung sehen.
Mit Blick auf die entwicklungspädagogisch fundierte Milieutheorie springt –
daraus folgend – der **Mangel** an **normativer** und das heißt im hier speziell an
bildungstheoretischer Fundierung ins Auge (vgl. zum Universalismusanspruch
kritischer Sozialforschung Sintomer 2005). Der ausschließliche Blick auf die
Sozialdimension führt zu einem weiteren Zirkelschluss, dass nämlich die *soziale
Wirklichkeit* an Kriterien gemessen wird, die *in* deren Rahmen *bleiben*, also
Teil ihrer *einfachen* Reproduktion sind. Erst mit Blick auf die Sachdimension
ist es möglich darüber *hinausgehend* im Sinne einer nachhaltig erneuerten
und erweiterten pädagogischen und gesellschaftlichen Reproduktion, und
so strukturell neue Gestaltungsperspektiven und Lebensmöglichkeiten zu
eröffnen. Eine soziale und pädagogische Wirklichkeit ohne solche (radikal-)
innovativen Möglichkeiten ist allenfalls eine halbierte Wirklichkeit, denn es
gibt in jeder Wirklichkeit immanente, noch nicht (hinreichend) ausgeschöpfte
Möglichkeiten (man denke hier nur an den Sozialstaat und sein Bildungs- und
Erziehungssystem). Das gilt gerade für die modernen Gesellschaften, wo der
Möglichkeitshorizont (der Bildung) den *Erfahrungsraum* (der Erziehung) qualitativ
übersteigt, wo sich das pädagogische Denken und Handeln tatsächlich für die
Zukunft öffnet und eben nicht mehr die Fortsetzung der Vergangenheit ist, sich
also bemüht, das zukunftsbezogene performative Versprechen einzulösen, dass
die aktive und reflexive Teilhabe an Erziehungsprozessen neue Bildungschancen
im Sinne einer erweiterten sozialen und Bildungsgerechtigkeit eröffnet (vgl.
dazu ausführlicher Kap. 2.2.1).
4. Mit Durkheim teilt er die Gefahren der Komplexbegriffe, die zwar sehr anschaulich und von daher plausibel sind (wie z. B. Feld, Raum und Körper), unter
die aber sehr viele divergente Phänomene und Strukturen subsumiert werden,
die jeweils in ihrer besonderen, *eigensinnigen* Relationalität untersucht werden
müssen, was aber nicht immer hinreichend geschieht. So wird z. B. der Gewalt-
begriff auf ziemlich alle sozialen Beziehungsmuster ausgedehnt und verliert

damit erheblich an analytischer Schärfe. – Mit Durkheim und Weber verbindet Bourdieu auch der Mangel an einer Analyse der übergreifenden systemischen Strukturen. Zwar überscheitet er die *Mikroebene* der Interaktionsformen, aber er verbleibt dann auf der relationalen *Mesoebene* der Positionen und Strategien und erwähnt die systemischen Makrostrukturen allenfalls am Rande (sie spielen zweifellos in seinen politischen Interventionen eine zentrale Rolle, aber diese haben quasi einen theorieexternen Charakter).

Es wäre nun schlichter Negativismus, bei dieser Kritik stehenzubleiben (eine solche Neigung findet sich vielfältig bei Bourdieu trotz der empirischen Fundierung seiner Erziehungs- und Herrschaftskritik und der darauf fußenden pädagogischen Ideologiekritik). Vielmehr ist auch zu fragen, wie seine relevanten Einsichten und Befunde in ein komplexeres Konzept der Theoriebildung integriert und damit die aufgezeigten Verkürzungen überwunden werden können. Dazu soll nun ein Vorschlag unterbreitet werden (wobei hier gleichgerichtete soziologische bzw. sozialphilosophische Anregungen u. a. von Boltanski 2010 [bes. Kap. 2 u. 6], Kastner/Sonderegger 2014 und Lempert 2011 [Kap. 6] sowie die erziehungswissenschaftlichen von Benner 2003, Masschelein 2003 und Rieger-Ladisch/Grabau 2017 aufgenommen werden).

1.3.4 Die konstruktive Wende: Die Widerspruchsrelationen von Bildung und Herrschaft als Dimensionen der pädagogischen Kapitalbildung

Bourdieus Ansatz der Kaptalbildung in den unterschiedlichen sozialen und pädagogischen Feldern soll nun verschränkt werden mit den bisher dargestellten Relationen von Erziehung, Bildung und Herrschaftsstrukturen (das kann auch gelesen werden als eine Zwischenbilanz der Kap. 1.1 – 1.3.3).

1.3.4.1 Die Dialektik von Bildung und Erziehung im pädagogischen Handeln

Zunächst einmal müssen die **Sachdimensionen** hervorgegeben werden, die von den Sozialdimensionen überformt, eingeschränkt und deformiert werden. Über die bereits dargestellten ist hier weiterführend auf folgende hinzuweisen:

1. Wenn man mit gutem Recht Erziehung als Reaktion auf die **Entwicklungstatsache** deutet (vgl. das Bernfeld-Zitat in EP1, S. 1), dann richtet sich der Blick

zunächst auf wichtige Facetten der personalen Entwicklungsdynamik. Sie bildet so etwas wie die anthropologische Grundlage pädagogischen Handelns und ist klassisch formuliert worden als **Bildsamkeit** des Menschen: Sie beinhaltet einerseits die *Möglichkeit* der Menschen zu allseitiger *Bildung* und ihr steht andererseits die *faktische*, wenn auch abgestufte *Unmündigkeit* (nicht nur der Kinder und Jugendlichen!) gegenüber. Die Perspektiven der Mündigkeit, der Emanzipation, sind gut begründete normative Annahmen, die sich im real ablaufenden Erziehungsprozess geltend machen als *Vorgriff* auf Mündigkeit, der im Fortgang der pädagogisch geförderten Entwicklung immer mehr zu *faktischer* selbstbestimmter sozialer und gesellschaftlicher Mitgestaltung und solidarischer Verantwortungsübernahme in der individuellen und kollektiven Lebenspraxis wird.

2. Diese Perspektive realisiert sich in realdialektischen Bewegungen, bei der statische Entgegensetzungen in dynamische Entwicklungsrelationen transformiert werden. Exemplarisch seien hier folgende skizziert (vgl. Klafki 2019, 3., 4. und 11. Studie):

    a. Die Polarität zwischen *objektivem* und *subjektivem Sinn* von Bildung, die – klassisch formuliert – spezifiziert werden kann als die zwischen geistigen Fähigkeiten und objektiven Gehalten bzw. formaler und materialer Bildung, wird transformiert in dem prozessualen Vermittlungskonzept der **kategorialen Bildung**, welche die milieubestimmten Alltagserlebnisse der Kinder, Jugendlichen und lernenden Erwachsenen mit Hilfe theoriegeleiteter Begriffe und Konzepte deutet und so Erfahrungsräume und Erwartungshorizonte schafft für das Selbst- und Weltverständnis sowie das begründete verantwortungsvolle Handeln der Subjekte (vgl. dazu auch die spezifizierenden Überlegungen in Kap. 1.3.4.2 und die unterrichtstheoretischen in Kap. 2.1.2 und speziell den Wissensbaustein 10, S. 163–165).

    b. Die Polarität zwischen *gegenständlich-inhaltlichem* Bezug und *interaktiver Beziehung*, speziell in Form der Ich-Du-Beziehung, die sich insbesondere produktiv entfaltet im **sokratischen Gespräch**, welches zugleich die Entgegensetzung von Monolog und Dialog aufhebt. Denn in diese Dialoge bringen sich die Gesprächsteilnehmer*innen ein u. a. durch Frage und Antwort, Rede und Gegenrede, Behauptung und ihre Infragestellung, Beweis und seine Widerlegung und so Kontroversen z. B. darüber, was ein gerechtes Bildungssystem ist, was eine gute Schule ist, was guter Unterricht ist, was es bedeutet, ein gutes Leben in Selbstbestimmung und sozialer Verantwortung zu führen, rational zu entscheiden versucht. Die Antworten auf solche und ähnliche Fragen sind nicht offensichtlich, sondern dazu muss durch These, Gegenthese und Synthese spiralförmig immer tiefer in eine Sache eingedrungen werden.

Auf seinem abstraktesten Verständigungsniveau wird der Dialog dann zum Diskurs (vgl. dazu auch die Stufen des „fruchtbaren" Lernens in Kap. 2.1.2).

c. Personale und kollektive Entwicklung (z. B. mehr Selbst- und Mitbestimmung in einem Jugendzentrum) ist immer auch ein **Risiko** (ein „Wagnis") in dem Doppelsinn, dass sie neue Horizonte zu erschließen vermag, dass mit diesen Bemühungen aber auch das gegenwärtige Lebens- und Genussniveau gefährdet werden kann. Die Entgegensetzung von Chance und Gefahr kann überwunden werden durch offene Balancen einerseits zwischen Erleben und Reflexion („Besinnung") – was gerade für die Erlebnispädagogik wichtig ist, speziell wenn sie am Abenteuer ausgerichtet ist; vgl. Kap. 4.3) und andererseits von soziale Zuverlässigkeit/ emotionale Geborgenheit (Bindung) und erweiterter Autonomie zwecks Aufbau neuer Beziehungen und Beziehungsmuster (vgl. EP1, Kap. 3.1 und 4.1.1 in diesem Buch) – was gerade in der Heimerziehung mit ihrer spezifischen Polarität bzw. Dialektik von Nähe und Distanz eine erhebliche kognitive und emotionale Herausforderung darstellt; vgl. Kap. 3.3.4).

d. Die bereits von Durkheim thematisierte Polarität von *Faktizität* und *normativer Geltung* wird „in Bewegung versetzt", wenn die **überreifenden**, gleichwohl erziehungs- und bildungsrelevanten **performativen Geltungsansprüche des kommunikativen Handelns** in den Blick genommen werden (vgl. Habermas (1988, S. 15–71; 2004; sowie Masschelein 1991, S. 25–37 u. 209–218). Denn, ob die pädagogisch handelnden und denkenden Kommunikationsteilnehmer*innen es wissen oder nicht, ob sie dem zugestimmt haben oder nicht, so lassen sie sich *faktisch* immer auch auf ganz bestimmte Ansprüche ein und erkennen deren Geltung an, wenn sie miteinander ins Gespräch kommen. So geht es z. B. in einer Falldiskussion (ob z. B. ein Mädchen nach dem sexuellen Missbrauch durch ihren Vater aus der Familie herausgenommen werden soll) zum einen um *Wahrheitsfragen* (im Beispiel: „Was hat sich wie in dem Missbrauchsfall ereignet?"), es geht ferner um Fragen der *Richtigkeit* einer Handlung („War es richtig, dass das Mädchen längere Zeit gewartet hat, bis es sich hilfesuchend an das Jugendamt gewendet hat?" „Ist es richtig, das Mädchen aus der Familie herauszunehmen, obwohl der Vater nicht mehr in der Familie lebt, aber die Mutter den Missbrauch verschwiegen und gedeckt hat?"). Gerade für das pädagogische Handeln ist der Anspruch der *Wahrhaftigkeit* von Äußerungen bedeutsam (ob also – im Beispiel – das Mädchen auch tatsächlich das sagt, was es denkt und fühlt). Nicht zuletzt geht es um die *Verständlichkeit* der Kommunikation („Kann das Mädchen der Sozialarbeiterin seine psychische Situation angemessen deutlich machen?" und „Kann die Sozialarbeiterin die verschiedenen Lösungsmöglichkeiten so schildern, dass das Mädchen die Folgen für sich und seine sozialen Beziehungen hinreichend abschätzen kann, um so eine Entscheidung zu fällen, die seinen Interessen und Bedürfnissen am besten entspricht und in diesem Sinne rational ist?"). In einem weiteren Verständnis ist mit dem Dialog auch der Anspruch verbunden, sich damit an eine (potenziell unbegrenzte) *Öffentlichkeit* zu wenden, weil sie über bestimmte soziale und pädagogische Sachverhalte zu informieren ist, damit entsprechende Missstände durch politische Entscheidungen überwunden werden (im Beispiel: Dass über den sexuellen Missbrauch von Mädchen, aber auch von Jungen – nicht zuletzt in pädagogischen Einrichtungen und auch nicht nur in kirchlichen! – in anonymisierter Weise breit informiert wird, dass Befunde Eingang finden in politische Sachdarstellungen – z. B. die Kinder- und Jugendberichte der Bundesregierung – und dass auf dieser Grundlage gesetzliche und administrative Maßnahmen zum Schutz der Heranwachsenden getroffen werden). Dabei tun sich hier wiederum neue institutionalisierte Polaritäten auf, nämlich zwischen innerinstitutionellen und außerinstitutionellen Öffentlichkeiten, zwischen Basisöffentlichkeiten und systemisch organisierten und bei Letzteren zwischen administrativen und vermachteten Öffentlichkeiten.

e. Als Moment der Polarität von objektiven und intersubjektiven vermittelten personalen Sinnbildungsprozessen stellt sich als eine weitere, sehr grundlegende Polarität die von **Dialog** und **Intervention** dar. Wie das Beispiel des Umgangs mit dem sexuellen Missbrauch eines Mädchens deutlich gemacht hat, geht es nicht nur darum, sich mit dem Mädchen über ihre Erlebnisse und Erwartungen zu verständigen, sondern ggf. auch in ihre Lebensbedingungen einzugreifen" und sie dadurch zu verbessern. Gerade hier steht die erwähnte pädagogische Glaubwürdigkeit auf dem Spiel: Eben nicht nur zu *versprechen*, dem Mädchen zu helfen, sondern dafür etwas *zu tun*, also das eigene *Reden* durch das eigene *Handeln zu beglaubigen* (z. B. im Falle eines von Mobbing betroffenen Schülers, mit ihm – und ggf. seinen Eltern – nach einer neuen Klasse, nach einer angemesseneren Schule, u. U. sogar nach einem außerschulischen Lernort zu suchen, an dem er seine Schulpflicht ebenfalls erfüllen kann und diese Umschulung auch gegenüber den Widerständen der Schulleitung und Schulbürokratie durchzusetzen). – Diese unmittelbaren *interaktiven* und *innerinstitutionellen* Interventionen bedürfen allerdings – und damit kommt eine weitere Polarität in den Blick – des Rückhalts durch einen *sozialstaatlichen* Interventionismus, der darum bemüht ist, für *alle* Menschen *gleichwertige* Bildungs- und Lebensbedingungen zu schaffen, also niemanden auszuschließen, zu exkludieren (vgl. Kap. 2.2).

1.3.4.2 Epochaltypische Strukturen der pädagogischen Kapitalbildung als Dimensionen der Bildungsaufgaben

Mit den letzten Überlegungen und Beispielen wurde schon bereits der Übergang zu der Frage vorbereitet, wie denn die ökonomisch verursachten **Herrschaftsverhältnisse** und deren Sicherung durch **asymmetrische politische Machtstrukturen** in die **pädagogischen Problemstellungen, Sichtweisen** und **Handlungsmöglichkeiten** eindringen, wie also die herrschaftskonforme Verknappung („Kappung") der Bildungsperspektiven und Erziehungsmöglichkeiten und die Konkurrenz um die selektive Verteilung der knapp gehaltenen Bildungsgüter in den Binnenstrukturen des pädagogischen Handelns Einfluss verschaffen. Auf einem sehr hohen verallgemeinernden Abstraktionsniveau können diese Einbrüche der Herrschaftsinteressen in die pädagogischen Interaktions- und Institutionsstrukturen gedeutet werden als Befestigung der o. g. Polaritäten, denn sie führen zu systematischen Entwicklungsblockaden. Eine derart stillgelegte Dialektik hat – gewollt oder nicht, offen oder verdeckt – Herrschaftscharakter, führt zu deren einfacher oder erweiterter Reproduktion im Sehen, Denken und Handeln. Das machen – auf einer Metaebene – die empirisch gut fundierten Ergebnisse von Bourdieu deutlich. Daran anschließend geht es nun – als Umgang mit einer weiteren Polarität – um eine konzeptionelle Verknüpfung dieser *Sozialdimensionen* der Erziehungspraktiken mit deren *Sachdimensionen*. Dabei handelt es sich nicht um eine *äußerliche* Verknüpfung, sondern um eine *innere* Relationalisierung, die auch möglich und notwendig ist, weil das hier eingeführte Bildungs- und Erziehungskonzept (von Heydorn und Klafki) explizit politisch ist, also seine eigensinnigen sachlichen Bestimmungen immer schon in die Sozialdimension hineinragen und sie selber aus dezidiert pädagogischer Perspektive thematisieren (vgl. Kap. 2.1.1). Eben weil der multidimensionale Kapitalbegriff in abstrakt-allgemeiner Weise auf die Gesamtheit der menschlichen Vermögen und Ressourcen zur humanisierenden Gestaltung der ökologischen, ökonomischen, sozialen, kulturellen und politischen Lebensbedingungen und einer daran ausgerichteten alltäglichen Lebensführung und Identitätsbildung zielt (vgl. dazu auch Kap. 3.1), verknüpft er Herrschaftskritik (Gesellschafts- und Ideologiekritik) mit emanzipatorischen, also tatsächlich bildenden Perspektiven. Oder anders ausgedrückt: Bourdieu hat Soziologie mal als „Kampfsport" bezeichnet (so auch der Titel des Films von Pierre Carles [2008] über Bourdieu). Aber dieser Kampf ist ja kein Selbstzweck, kann sich also gar nicht nur auf die Sozialdimension (klassisch formuliert: den „Klassenkampf") beziehen, sondern es geht immer „*um etwas*" (in unserem thematischen Feld um Bildung und Erziehung und in der daran ausgerichteten Erziehungswissenschaft um Wahrheit des pädagogischen Sehens, Denkens und Richtigkeit des pädagogischen Handelns) und es wird „*für etwas*" gekämpft (hier: für Bildungsgerechtigkeit und humane pädagogische Beziehungen und ihnen angemessene demokratische Formen der Institutionalisierung). Über Bourdieu hinausgehend beinhaltet der hier verwendete Begriff der pädagogischen Kapitalbildung (als Erweiterung und Vertiefung des Konzeptes von Heydorn) die in unserer Gesellschaft unausweichliche Relationalisierung der Widerspruchsebenen von Bildung und Herrschaft. Sie lassen sich bei der pädagogischen Deutung der *gesellschaftlichen Funktion* der Erziehungseinrichtungen – hier speziell der Schule – nachweisen (vgl. dazu ausführlich Kap. 2.1); und sie zeigen sich bei den *Inhalten* des pädagogischen Denkens und Handelns, worauf hier jetzt eingegangen werden soll. Dazu wird auf das bildungstheoretische Konzept der epochaltypischen Schlüsselprobleme zurückgegriffen, welches eine erziehungswissenschaftliche Deutung der gegenwärtigen und für die Zukunft absehbaren gesellschaftlichen Strukturprobleme beinhaltet (vgl. Klafki 2007, 2. Studie; und aus sozialphilosophischer Sicht Habermas 2003) und welches zugleich gedeutet werden kann als epochenbezogene Konkretisierung und Spezifizierung der kategorialen Bildung (s. o.) und der sie beinhaltenden Bildungsaufgaben. In diesem Konzept lassen sich die verschiedenen Dimensionen der Kapitalbildung und der sozialen Feldstrukturen nach Bourdieu unschwer wiederfinden, wie die nachfolgenden Problemskizzen deutlich machen:

1. Zunächst einmal geht es um die **ökologische** Dimension der Bildungsaufgaben (dieser Aspekt spielt bei Bourdieu fast gar keine Rolle) durch die Aneignung der Kompetenzen, die universellen Relationen zwischen *innerer* und *äußere* Natur der Menschen zu erkennen (was den pfleglichen, aktiven Umgang mit dem eigenen, menschlichen Körper einschließt) und sich zugleich der Gefährdungen der natürlichen Lebensgrundlagen, ihrer politisch vermittelten industriellen, technologischen und ökonomischen Ursachen sowie ihrer sozialen und gesundheitlichen Folgen bewusst zu werden. Zu einer tatsächlich nachhaltigen Umweltbildung gehören die Kenntnisse der unterschiedlichen Konzepte des gesellschaftlichen Wachstums und Fortschritts mit ihren ökologischen Implikationen (z. B. umweltschonendes Recycling von Abfall) sowie als Teil der individuellen und kollektiven, auch geschlechtsspezifischen Verantwortungsübernahme, die Entwicklung von ressourcen- und energiesparenden Techniken (z. B. durch Nutzung von Sonnen-, Wind-, Bio- und Erdenergie) und umweltverträglichen Produkten/Produktionsweisen und sich daran ausrichtende Konsumgewohnheiten, Implementierung von demokratischen politischen Initiativen (von NGO's, Parteien, Staaten bzw. Staatenverbünde) und Institutionalisierung von demokratischen Kontrollinstanzen.

2. Die **ökonomische** und die **soziale** Dimension der Bildungsaufgaben werden in hohem Maße bestimmt durch die strukturellen gesellschaftlichen, immer auch

geschlechtsspezifischen Ungleichheiten und daraus resultierenden Interessenlagen zwischen den verschiedenen ökonomischen Klassen und den familiären,
beruflichen und territorial verankerten Milieus, zwischen den Geschlechtern,
zwischen Personengruppen mit und ohne Migrationshintergrund bzw. mit und
ohne Handicaps, zwischen den verschiedenen Regionen, Staaten und Kontinenten,
die sich auch in den jeweiligen Erziehungssystemen auf allen Bildungsstufen
niederschlagen (vgl. dazu ausführlich Kap. 2). Aus diesem Grunde bedarf es
der Entwicklung von komplexen sozialräumlich präsenten und lebensweltlich
verankerten Modellen – auch im Bildungsbereich – zur Schaffung gerechterer
und humaner ökonomischer und sozialer Lebensbedingungen. Sie können
aber nur dann verwirklicht werden, wenn sich die Menschen im Rahmen von
Vergemeinschaftungen und Vergesellschaftungen individuell und kollektiv in
die verschiedenen sozialökonomischen Felder einmischen und unmittelbar-„me-
chanische" und übergreifend-„organische" Solidaritätsmuster entwickeln und
umsetzen und so schrittweise die sozialstaatliche und demokratische Regulierung dieser Prozesse auf kommunaler, regionaler, nationaler, europäischer und
globaler Ebene durchsetzen.

3. Bei der **politischen** Dimension geht es zum einen um die progressive Bewältigung
   der Entwicklungswidersprüche zwischen sozialer und systemischer Integration,
   speziell zwischen Vergemeinschaftung und Vergesellschaftung der verschiedenen
   Individuen und Gruppen, sozialen Milieus und politischen Lagern, zwischen
   zivilgesellschaftlichen Bewegungen (Basisinitiativen und -öffentlichkeiten sowie
   Netzwerken) und übergeordneten regionalen, nationalen und internationalen
   (meist [semi-]staatlichen) Verfahrens- und Entscheidungsstrukturen (einschließlich globalen Vereinbarungen und Regularien (z. B. den positivierten und
   den „nur moralischen" Menschenrechten). Diese fundamentaldemokratischen
   Bemühungen stehen im Kontrast zu den aktuell immer krasser werdenden
   Tendenzen zum Demokratieabbau und der Implementierung autoritärer, in
   manchen Weltregionen auch offen diktatorischen Herrschaftsformen. – Zum
   anderen – und damit eng zusammenhängend – ist zu verweisen auf die makro-
   soziologischen und -politischen Auseinandersetzungen um Krieg und Frieden
   angesichts der immer unübersichtlicheren Verbreitung der ABC-Waffen, deren
   ökonomische und politische Ursachen und geschlechtsspezifischen, ethnischen
   und religiösen Überformungen sowie gruppen- und massenpsychologischen
   Folgen, die verschiedenen Rechtfertigungsmuster von Kriegen, die unterschiedlichen sozialen Bewegungen, individuellen Motive, staatlichen und globalen
   Initiativen zur Sicherung des regionalen, des nationalen, des kontinentalen
   und des Weltfriedens.

4. Die **kulturelle** Dimension der Bildungsaufgaben in ihren alltagspräsent-verobjektivierten und alltagspragmatisch integrierten informell-intersubjektiven sowie institutionalisierten Formen ist in ganz besonderer Weise bestimmt durch die Ich-Du-Beziehungen und ihre historisch, sozial, geschlechtsspezifisch, kulturell, ethnisch und religiös bestimmten Ausprägungsformen, die in Gestalt von bestimmten Modi des „Brauchtums" und der „Sitten" immer auch milieuspezifisch tradiert werden. Die aktive Aneignung und reflexive Vermittlung von deren wissenschaftlich, moralisch-sittlich und künstlerisch-ästhetisch imprägnierten Deutungsmustern erfordert die Fähigkeiten und Bereitschaften zu Erarbeitung einer eigenen Urteilsfähigkeit angesichts gesellschaftlicher und persönlich relevanter Kontroversen und reflektierte Entscheidungen bezüglich des eignen moralisch-sittlichen, sozialen und politischen Handelns (z. B. in Bezug auf die Fragen der Zuwanderung und des Menschrechts auf Asyl). Das impliziert die subjektiven Lernnotwendigkeiten

a. zur Kritik und Selbstkritik (gerade bei der Bewältigung von psychischen und sozialen Konflikten);

b. zur argumentativen Entfaltung der eigenen Auffassungen (also Verschränkung der Behauptungen/Feststellungen mit Gründen für deren Geltung – z. B. bezogen auf die Relationen zwischen Leistungsprinzip und Position innerhalb einer Hierarchie);

c. zur verbalen und extraverbalen Kommunikationsfähigkeit – gerade mit Blick auf die Fähigkeit und Bereitschaft zur Empathie als unverkürzter, nicht-instrumentalistischer Perspektivenverschränkung mit Menschen aus meiner engeren oder weiteren Umgebung und daraus resultierender reflexiver (also nicht totaler, „bodenloser") Toleranz;

d. die Auseinandersetzung mit existentiellen Grundfragen des menschlichen Lebens (z. B. Leben und Tod, Glück und Leid, Gemeinschaftlichkeit und Einsamkeit, Zuversicht und Verzweiflung)

e. und nicht zuletzt zu vernetzendem, also relationalem, sich in den Realwiderwidersprüchen entfaltendem Denken.

Es kann hier offenbleiben, ob man die **Digitalisierung** der Arbeits- und Lebenswelten weiterhin der kulturellen Kapitalbildung zuordnen will oder angesichts ihres rasanten Zuwachses an Umfang und Bedeutung als eine eigenständige Kapitalform ansehen sollte. Diesbezüglich stehen im Vordergrund einerseits die Humanisierungsmöglichkeiten und Gefahren der neuen technischen Steuerungs-, Informations- und Kommunikationsmedien und ihre Folgen für den Arbeitsmarkt, die Gestaltung der Arbeitsplätze, die psychischen Entlastungen und Belastungen am Arbeitsplatz, und andererseits betriebs- und regionalbezogene, aber auch nationale und internationale Initiativen, Bewegungen und Kämpfe zur besseren Verschränkung der technologischen, ökonomischen, sozialen und kulturellen Fortschritte durch nachhaltigen Abbau der Gefährdungen. Damit ist schon deutlich, dass diese Kapitalbildungen eng verknüpft sind besonders mit den ökonomischen, sozialen und nicht zuletzt den kulturellen.

5. Diese vorgenannten Bestimmungen verweisen schon auf den sehr engen Zusammenhang mit der **symbolischen** Dimension der Bildungsaufgaben als gesellschaftlich vermittelter personen-, geschlechter-, gruppen- und milieubezogener Interpretation der Lebenslagen, -einstellungen und -perspektiven und den hegemonialen Kämpfen um die „Deutungshoheit" und damit auch bezüglich der Produktion, Verbreitung und Rezeption sozial bedeutsamer Sinnbildungsangebote und Identitätsentwürfe (vgl. Kap. 3.1). Sie setzen sich zwar auch durch manifeste, meist aber durch indirekte, „unsichtbare" gesellschaftliche und soziale Zwänge durch – als sublim wirksame Verhaltensvorschriften (z. B. Konsumzwänge) und Anerkennungsvoraussetzungen (z. B. Bildungs- oder Berufstitel). – In diesem Zusammenhang sind Bourdieus Sprachanalysen (vgl. die kompakte Zusammenstellung in Bourdieu 2017) insofern von besonderem pädagogischen Interesse, weil sie überzeugend deutlich machen, wie durch spezifische kommunikative Normalisierungsstrategien und -erwartungen zugleich herrschaftssichernde Machtansprüche artikuliert und durchgesetzt werden (sie stimmen zumindest teilweise mit den Analysen zur schichten- und klassenspezifischen Sprachsozialisation aus den 1960er Jahren überein, auf die zu Beginn dieses Kapitels hingewiesen wurde). Allerdings konnte Bourdieu der Sprache bzw. dem kommunikativen Handeln keinerlei herrschaftskritische Seiten abgewinnen, wie gerade seine massive Kritik an Habermas deutlich macht (vgl. Bourdieu 2001a, S. 84 u. 162f).

Die Auseinandersetzung mit diesen und ähnlich relevanten epochaltypischen Schlüsselproblemen (vgl. zur Geschlechterfrage als relativ eigenständigem pädagogischen Handlungsfeld Kap. 4.2) geht qualitativ über die reine Unmittelbarkeit der Alltagspraxis und der alltagspragmatischen Lebensbewältigung hinaus und eröffnet insgesamt als Kern der pädagogischen Kapitalbildung die Perspektive einer schrittweisen Verschränkung von *Selbst-* und *Weltbewusstsein* (ohne dass aber Lebenszeit und Weltzeit je identisch würden), denn mit ihnen machen die Kinder und Jugendlichen, die lernenden Erwachsenen und die älteren und alten Menschen nicht nur direkte oder indirekte Erfahrungen (z. B. über die Massenmedien), sondern sie eröffnen ihnen auch schrittweise tiefergehende Einsichten in gesellschaftliche Strukturzusammenhänge. Dabei geht es aber – wie jeweils angedeutet – nicht nur darum, diese *Probleme* festzustellen, sondern auch in verschiedenen Gruppen- und Organisationszusammenhängen außerhalb und innerhalb der pädagogischen Arbeit über deren *mögliche* und *wünschenswer-*

te Lösungen zu diskutieren und im günstigen Falle auch solche in kleinem Maßstab zu „erproben" (z. B. als Beitrag zur Umsetzung der Kinderrechte, die Patenschaft für Kinder in einem Asylbewerberheim und die verpflichtende Ermöglichung des Schulbesuches für sie – einschließlich einer ggf. notwendigen sozialpädagogischen Betreuung). – Alle diese inhaltlichen Bestimmungen der Bildungsaufgaben werden in den folgenden Kapiteln weiter entfaltet.

1.3.4.3 Entwicklungsoffene Balancen zwischen herrschaftskritischer Analyse und konstruktiver emanzipatorischer Umgestaltung

Als letzten Komplex von Polaritäten seien die zwischen **erziehungswissenschaftlicher Theorie** und **pädagogischer Praxis** genannt. Auch diesbezüglich lassen sich zwei Problemkreise unterschieden:

1. Zunächst einmal enthält jede Art von pädagogischem Denken auch in relativer Unabhängigkeit von jeweiligen Herrschafts- und Machtverhältnissen einige typische, in gewisser Weise universelle Polaritäten, mit denen sich das dialektische Denken auseinandersetzen muss. Erwähnt seien hier nur die Vermittlung von professionellem und disziplinärem *Konflikt* und *Konsens*, von hermeneutischer und analytisch-funktionaler *Strukturanalyse* (Verstehen und Erklären) und Eigenverantwortung der pädagogischen *Praxis*, von *Beschreibung* und *Theorie*, *Induktion* und *Deduktion* und von *analytischer* und *synthetischer* Theoriebildungsweise (die diesbezüglichen Überlegungen in den Kap. 1.2 – 1.3.4 werden in Kap. 1.4 fortgesetzt und vertieft).

Wissensbaustein 6:
Nassehi über Pierre Bourdieu als Vertreter der operativen soziologischen Vernunft

Für diese weiterführende Interpretation und originelle Verortung des Werkes von Bourdieu (vgl. auch die in Wissensbaustein 5, S. 58–60) führt Nassehi folgende Argumente an (alle Fetthervorhebungen von mir; K.-H. B.):

„Auf den ersten Blick haben Bourdieus und Luhmanns Theorie wenig gemein, zumindest wenn man an jene Dichotomien denkt, die mit beiden Theorien üblicherweise assoziiert werden: Ungleichheits-/Klassendifferenzierung vs. funktionale Differenzierung; kritische vs. affirmative (bestenfalls: neutrale) Perspektive; Akteurstheorie vs. Systemtheorie;explizite politische Theorie vs. explizit nicht-politische Theorie; auch: empirisch gesättigt vs. bloß theoretisch deduziert usw. Weniger lehrbuchsta-bilisiert dagegen erweisen sich die Theorien Bourdieus und Luhmanns in vielem erheblich ähnlicher, als es zunächst den Anschein hat. Hier lassen sich auf den ersten Blick zunächst *drei Gemeinsamkeiten* herausstellen: *Erstens* gelingt es beiden, sich selbst, also: die Soziologie als Wissenschaft auf dem Bildschirm ihrer soziologischen Bemühungen zu entdecken; *zweitens* stoßen beide durch ihre *praxeologische* bzw. *operative* Theorieanlage auf das Problem der Selbstanwendung, und schließlich *drittens* lassen sich diese beiden *praxeologischen/operativen* Theorien als theore-tische Emanzipationsgeschichten lesen, und zwar als Emanzipationsgeschichten gegen starke Strukturtheorien, die das Besondere immer schon als Reflex auf eine allgemeine Struktur kennen. (…) Das gemeinsame Bezugsproblem der beiden Theorien scheint in der Tat zu sein, dass sie den **Strukturaufbau der sozialen Welt von der Top-down-Logik strukturalistischer bzw. strukturfunktionalistischer Theoriemuster zu befreien** versuchen." (Nassehi 2017, S. 236)

In diesem Sinne schlägt Bourdieu

„vor, als eigentlichen Gegenstand der Sozialwissenschaften weder die angeblich ,objektiven', dem Akteur vorgeordneten Strukturen zu untersuchen, noch das Phantasma einer angeblichen intentionalen, reflexiven und sich selbst transpa-renten Kraft der Akteure. Die Formel zur Auflösung dieser Dichotomie heißt bei Bourdieu ,Praxis'. (…) Seiner eigenen empirischen Forschungspraxis geschuldet, erkennt Bourdieu an, dass es gerade die situativen Praxisformen sind, die sich keineswegs konsistent der Logik *der* Logik fügen, die den Akteur in seinem Ver-halten hervorbringen und die der Akteur durch sein Verhalten hervorbringt. In der Figur des Habitus verdichtet sich für Bourdieu dann auch die Idee, dass der Akteur das, was er tut, zwar selbst vollbringt, dass er sich aber vorreflexiv immer schon in einer Struktur vorfindet, die ihn das tun lässt, was er tut." (ebd., S. 237f)

Von daher nimmt Bourdieus Praxissoziologie „ernst, dass sich **trotz aller ,ge-sellschaftlichen' Strukturvorgaben die konkrete Praxis in je konkreten Pra-xisfeldern und Situationen entscheidet**, ohne dass Habitus für Akteure bewusst verfügbar wären. Aus einem Habitus ausbrechen zu wollen, erfordert selbst einen wirksamen Habitus." (ebd., S. 293) Insofern entscheidet sich in einer operativen Gegenwart,

„was geschieht, wie es geschieht und ob es sich bewährt – und die Bewährungsauflage ist keine Auflage qualitativer oder normativer Natur, sondern allein das Problem der nächsten Gegenwart, des Anschlusses, der nächsten Kommunikation. Das bedeutet freilich nicht, sich mit der Konzentration auf Operationen allein auf kleinräumige Formen zu kaprizieren, die gewissermaßen interaktionsnah den Blick auf das unmittelbar sichtbare einschränken. Soziale Systeme entfalten unterschiedliche Ordnungsformen, als Gesellschaft, Funktionssystem, Organisation oder Interaktion –

und diese Ordnungsformen unterscheiden sich gerade darin, wie sie Nicht-Anwesenheit in eine Form bringen und wie sie mit aktuell Unsichtbarem rechnen. (...) Nicht ein gesellschaftliches Gesamtsubjekt, auch nicht die Sprache, schon gar nicht eine normative Ordnung ist es, die als Fundus des Potentiellen das Aktuelle versorgt, sondern allein *Sinn* als Verweisungsmöglichkeit – es könnte an alles Mögliche angeschlossen werden, aber schon diese Formulierung ist logisch verwegen, denn das Mögliche ist keine endliche, keine bestimmbare Menge, sondern eben nur ein *Horizont. Sinn* **als Verweisungszusammenhang zum Grundbegriff der Soziologie** zu machen, führt radikal weiter, was sich bei Mead bereits angedeutet hatte: die *praktische* Generierung von Symbolen als Verweisungsmöglichkeiten, die sich allein *praktisch*, also durch ihren *Gebrauch* stabilisieren ... Eine solche Soziologie erst kann Praxisgegenwarten wirklich ernst nehmen, weil sie in der Unterscheidung von Aktualität und Möglichkeit immer nur auf der Seite der Aktualität steht – die ohne die andere Seite dann aber empirisch ohne Informationswert wäre. (...) Wenn man die **Konzentration auf** *Situationen*, auf das konkrete *setting* der Praxis nicht einfach nur naturalistisch auffasst oder als *set* von Einflussvariablen, dann erscheinen Praxisgegenwarten tatsächlich als Konstellationen, in denen die Überwindung der Zeit zugleich Problem und Lösung ist. Operationen finden statt, sie erzwingen sich selbst, weil angeschlossen werden muss. Sie zwingen zur Selektion, weil gerade das *Wie* des Anschlusses entscheidend ist. Sie bauen Freiheit in Form von Unbestimmtheit und Notwendigkeit in Form von Strukturdeterminiertheit in Systeme ein – und dabei kommt alles auf die praktizierende Gegenwart an." (ebd., S. 295f)

Diese Überlegungen sind auch dann für eine kritisch-konstruktive Entwicklungspädagogik von grundlegender Bedeutung, wenn man der Abgrenzung gegenüber Habermas' Analyse der normativen Gehalte sprachlicher Kommunikation (in ebd., 14f, 64f, 131f, 139f und 167f) nicht folgt.

2. Es hat im letzten Jahrzehnt eine verschärfte Debatte darum gegeben, ob Bourdieus Ansatz – ganz gewiss gegen die zentralen Intentionen des Autors! – nicht durch eine *einseitige* und vorrangig *wissenschaftliche* Kritik die Menschen entmutigt bzw. sogar davon abhält, ihre Lebenslagen zu verbessern und so auch ihre Lebensqualität zu steigern (vgl. dazu die exemplarischen Kritiken des ehemaligen Bourdieu-Schülers Boltanski [2010, S. 40ff] und von Ranciere [2013, 225–272]. Oder konkret-pädagogisch gewendet: Dass sie die erzieherisch und bildungspolitisch Engagierten bei ihrer mehr oder weniger radikalen Reformarbeit vorrangig oder sogar weitgehend entmutigt, anstatt sie auf konkrete Weise zu unterstützten. Dass wird auch von denjenigen, die diesem Ansatz sehr nahestehen, (mittlerweile) nicht mehr (völlig) bestritten (vgl. z. B. Rieger-Ladisch 2017, bes. S. 348ff). Hier deutet sich eine neue, erfreuliche Verständigungsbasis zwischen der kritisch-konstruktiven Erziehungswissenschaft und der Erziehungssoziolo-

gie in der Tradition von Bourdieu an. Sie sollte dahingehend erweitert werden, dass letztere ein Teil des umfassenderen Bemühens wird, eine entwicklungs-offene Balance zu schaffen von anspruchsvoller theoretischer und empirisch differenziert begründeter **kritischer erziehungswissenschaftlicher Analyse** und fundamentaldemokratisch ausgerichteter **konstruktiver pädagogischer Konzeptarbeit, Methodengestaltung** und **Praxis**. So kann auch der bedauer-licherweise bis in die Gegenwart feststellbare Trend eines weitgehenden Über-hangs von pädagogischer Herrschaftskritik gegenüber radikal-reformistischen Entwürfen, Projekten (wie er sich auch bei Rieger-Ladich/Grabau 2017 zeigt) schrittweise und nachhaltig überwunden werden. Dem kommt eine Schwäche von Bourdieus Ansatz auf paradoxe Weise entgegen. Es wurde oben kritisiert, dass er sich auf die gesellschaftliche Mikro- und Mesoebene konzentriert und die Makroebene weitgehend ausblendet. Das kann aber auch als Stärke in dem Sinne verstanden werden, dass er die Relevanz der unmittelbaren sozialräum-lichen und lebensweltlichen Strukturen in ihrem Eigensinn gegenüber den Sys-temstrukturen betont (vgl. dazu Nassehis Verortung von Bourdieu als Vertreter einer operativen soziologischen Vernunft in Wissensbaustein 6, S. 70–72). Das kommt der pädagogischen Einsicht sehr entgegen – wie sie Liegle (2017, direkt zu Bourdieu ebd., Teil II, Kap. 9) mit seiner „Beziehungspädagogik" nochmals systematisch entfaltet hat –, dass man Bildungs- und Erziehungsfragen aus der Interaktionsperspektive betrachten und erörtern muss, dass für sie – klassisch gesprochen – der „pädagogische Bezug" der Dreh- und Angelpunkt ist, von dem her die Mesostrukturen der Institutionen und die Makrostrukturen der Gesellschaft in ihrer jeweiligen pädagogischen Relevanz zu bestimmen sind (vgl. dazu auch Klafki/Braun 2007, Kap. 3.2/3.3).

Aus diesen Überlegungen ergibt sich nun nach der ersten (siehe Wissensbaustein 3, S. 39) eine zweite Definition der pädagogischen Milieus (siehe S. 73f.).

Wissensbaustein 7:
Zweite, binnendifferenzierte Definition der pädagogischen Milieus

Die Binnendynamik der pädagogischen Milieus entfaltet sich in dem dialek-tischen und von daher unabschließbaren Spannungsfeld von realisierten und jeweils neu geschaffenen individuellen und kollektiven, institutionalisierten und nicht-institutionalisierten Entwicklungs- und Förderungsmöglichkeiten. Dies geschieht *sachbezogen* in den unterschiedlichen sozial- und systemöko-logischen, systemökonomischen (vergesellschaftsbezogenen), (alltags-)kulturellen, sozialen (gemeinschaftsbezogenen), politischen (zivilgesellschaftlich und systemischen), symbolischen (auf Verständigung bezogenen) und digitalen (die Steuerungs-, Informations- und Kommunikationsmedien aneignenden) Lernfeldern. Diese komplexen Sachbezüge werden zugleich durch die *Sozialbezüge* der feld- und positionsverankerten Strategien und die mit ihr verbundenen klassenbestimmten und habitualisierten Ab- und Ausgrenzungs- bzw. Vereinnahmungstendenzen überformt und deformiert. Auf diese Weise dringen die Herrschaftsverhältnisse und -beziehungen in die Binnendimensionen der pädagogischen Milieus ein und führen zu strukturellen Ungleichheiten in Umfang und Zusammensetzung des pädagogischen bzw. pädagogisch relevanten Kapitals. Eine herrschafts- und ideologiekritische Analyse setzt an den zentralen kommunikativen Geltungsansprüchen des pädagogischen Handelns an (Wahrheit, Richtigkeit, Expressivität, Glaubwürdigkeit, Öffentlichkeit) und fragt zugleich in pragmatisch-radikalreformistischer Perspektive danach, wie die herrschaftsverursachten und -tradierenden Entgegensetzungen zentraler polarer pädagogischer Spannungsverhältnisse (z. B. zwischen objektiver und subjektiver Sinnhaftigkeit, Handlungsursachen und -gründen, Individualität und Gemeinschaftlichkeit, Autonomie und Geborgenheit, Freiheit und Verantwortlichkeit, Eigenrecht der Gegenwart und Zukunftsbezug, Dialog und Intervention, institutionalisiertem und informellem Lernen) aufgebrochen und in einem realdialektischen Entwicklungsprozess überführt werden können, in dessen Voranschreiten auch der Widerspruch von Vorgriff auf Mündigkeit und faktischer Unmündigkeit schrittweise aufgehoben wird.

Literaturnachweise

Benner, D. 2003. *Kritik und Negativität*. Zeitschrift für Pädagogik. 46. Beiheft. 96–110.
Boltanski, Luc. 2010. *Soziologie und Sozialkritik*. Berlin: Suhrkamp.
Bourdieu, Pierre. 1974. *Zur Soziologie der symbolischen Formen*. Frankfurt/M.: Suhrkamp.
Bourdieu, Pierre. 1985. *Sozialer Raum und ,Klassen'/Lecon sur la lecon*. Frankfurt/M.: Suhrkamp.
Bourdieu, Pierre. 1987. *Die feinen Unterschiede*. Frankfurt/M. Suhrkamp.
Bourdieu, Pierre. 1992. *Homo academicus*. Frankfurt/M.: Suhrkamp.
Bourdieu, Pierre. 1997a.: Ökonomisches Kapital – Kulturelles Kapital – Soziales Kapital. In: Ders.: *Die verborgenen Mechanismen der Macht*. Hamburg: VSA, 49–79.
Bourdieu, Pierre. 1997b. Orteffekte. In: Ders. et al.,159–167.
Bourdieu, Pierre. 1998a. *Praktische Vernunft. Zur Theorie des Handelns*. Frankfurt/M.: Suhrkamp.

Bourdieu, Pierre. 1998b. Das ökonomische Feld. In: Ders.: *Der Einzige und sein Eigenheim.* Hamburg: VSA. 185–222.

Bourdieu, Pierre. 2000. *Das religiöse Feld. Texte zur Ökonomie des Heilsgeschehens.* Konstanz: UKV.

Bourdieu, Pierre. 2001a. *Meditationen. Zur Kritik der scholastischen Vernunft.* Frankfurt/M.: Suhrkamp.

Bourdieu, Pierre. 2001b. Die drei Formen des kulturellen Kapitals. In: Ders.: *Wie die Kultur zum Bauern kommt.* Hamburg: VSA. 112–120.

Bourdieu, Pierre. 2002. *Ein soziologischer Selbstversuch.* Frankfurt/M: Suhrkamp.

Bourdieu, Pierre. 2004. *Der Staatsadel.* Konstanz: UKV.

Bourdieu, Pierre. 2013. *Politik. Schriften zur Politischen Ökonomie 2.* Berlin: Suhrkamp (darin 2013a: Das politische Feld. 97–112. – 2013b: Sozialer Raum und politisches Feld. 113–116).

Bourdieu, Pierre. 2014. *Über den Staat.* Berlin: Suhrkamp.

Bourdieu, Pierre. 2017. *Sprache.* Berlin: Suhrkamp.

Bourdieu, Pierre. 2018. *Bildung.* Berlin: Suhrkamp.

Bourdieu, Pierre et al. 1997. *Das Elend der Welt. Zeugnisse und Diagnosen alltäglichen Leidens an der Gesellschaft.* Konstanz: UVK.

Bourdieu, P., und L. Boltanski. 1981 Titel und Stelle. Zum Verhältnis von Bildung und Beschäftigung. In: Dies. et al. *Titel und Stelle. Über die Reproduktion sozialer Macht.* Frankfurt/.M.: EVA.

Bourdieu, P., und J.-C. Passeron. 1971. *Die Illusion der Chancengleichheit* Stuttgart: Klett.

Bourdieu, Pierre und J.-C. Passeron. 1990. *Reproduction in Education, Society and Culture.* London et al.: Sage.

Bourdieu, Pierre und L. J. D. Wacquant. 1996. *Reflexive Anthropologie,* Frankfurt/M.: Suhrkamp.

Brake, Anna et al. Hrsg. 2014. *Empirisch arbeiten mit Bourdieu,* Weinheim und Basel: Beltz Juventa.

Braun, Karl-Heinz, und F. Dölker. 2917. *Stadtporträt: FULDA.* Baltmannsweiler: Schneider.

Braun, K.-H., F. Stübig, H. Stübig. Hrsg. 2018. *Erziehungswissenschaftliche Reflexion und pädagogisch-politisches Engagement – Wolfgang Klafki weiterdenken,* Wiesbaden: Springer VS.

Carles, Pierre. 2008. Soziologie ist ein Kampfsport. Pierre Bourdieu im Porträt. Frankfurt/M.: filmedition suhrkamp.

Colliot-Thélène, Catherine et al. Hrsg. 2005, *Pierre Bourdieu: Deutsch-französische Perspektiven,* Frankfurt/M.: Suhrkamp.

Engler, St. und B. Krais. Hrsg. 2004. *Das kulturelle Kapital und die Macht der Klassenstrukturen.* Weinheim und München: Juventa.

Friebertshäuser, Barbara et al. Hrsg. 2006. *Reflexive Erziehungswissenschaft. Forschungsperspektiven im Anschluss an Pierre Bourdieu.* Wiesbaden: VS

Fröhlich, G. und B. Rehbein. Hrsg., 2014, *Bourdieu-Handbuch,* Stuttgart/Weimar: Metzler.

Habermas, Jürgen. 1988. *Theorie des kommunikativen Handelns.* 2 Bde, Frankfurt/M.: Suhrkamp.

Habermas, Jürgen. 2003. *Zeitdiagnosen.* Frankfurt/M.: Suhrkamp.

Habermas, Jürgen. 2004. Rationalität der Verständigung. In: Ders.: *Wahrheit und Rechtfertigung.* 102–137. Frankfurt/M.: Suhrkamp.

Helsper, H., R.-T. Kramer, S. Thiersch. Hrsg. 2014. *Schülerhabitus. Theoretische und empirische Analysen zum Bourdieuschen Theorem der kulturellen Passung.* Wiesbaden: Springer VS.

Kastner, J. und R. Sonderegger. Hrsg. 2014. *Pierre Bourdieu und Jacques Rancière. Emanzi-patorische Praxis denken*. Wien-Berlin: Turia + Kant.

Klafki, Wolfgang. 2007. *Neue Studien zur Bildungstheorie und Didaktik. Zeitgemäße Allge-meinbildung und kritisch-konstruktive Didaktik*. Weinheim und Basel: Beltz.

Klafki, Wolfgang. 2019. *Allgemeine Erziehungswissenschaft*. Hrsg. von K.-H. Braun. F. Stübig und H. Stübig, Wiesbaden: Springer VS.

Klafki, Wolfgang, und K.-H. Braun. 2007. *Wege pädagogischen Denkens*. München Basel: Reinhardt.

Koselleck, Reinhardt. 1989. ‚Erfahrungsraum' und ‚Erwartungshorizont' – zwei historische Kategorien. In: Ders.: *Vergangene Zukunft*. 349–375. Frankfurt/M.: Suhrkamp.

Krais, Beate. 2005. Die moderne Gesellschaft und ihre Klassen – Bourdieus Konstrukt des sozialen Raums. In: Colliot-Thélène et al. 79–105.

Kramer, Rolf-Torsten. 2011. *Abschied von Bourdieu? Perspektiven ungleichheitsbezogener Bildungsforschung*. Wiesbaden: VS Verlag.

Lempert, Wolfgang. 2011. *Soziologische Aufklärung als moralische Passion: Pierre Bourdieu*. Wiesbaden: VS Verlag, Kap. 1–3.

Liegle, Ludwig. (2017). *Beziehungspädagogik*. Stuttgart: Kohlhammer.

Löw. Martina. 2001. *Raumsoziologie*. Frankfurt/M.: Suhrkamp.

Masschelein, Jan. 1991. *Kommunikatives Handeln und pädagogisches Handeln*. Weinheim: Deutscher Studien Verlag.

Masschelein, Jan. 2003. *Trivialisierung von Kritik*. Zeitschrift für Pädagogik. 46. Beiheft. 124–142.

Nassehi, Armin. 2004. Sozialer Sinn. In: *Bourdieu und Luhmann*. Hrsg. A. Nassehi und G. Nollmann. 155–188, Frankfurt/M.: Suhrkamp.

Nassehi, Armin. 2017. *Der soziologische Diskurs der Moderne*. Berlin: Suhrkamp.

Rademacher, S., und A. Wernet. 2014. *„One Size Fits All" – Eine Kritik des Habitusbegriffs*. In: W. Helsper/R.-T. Kramer/S. Thiersch. 2014. 159–182.

Rancière, Jacque. 2010. *Der Philosoph und seine Armen*. Wien: Passagen.

Rieger-Ladisch, Markus. 2017. *Emanzipation als soziale Praxis. Pierre Bourdieu in der Kritik – und ein Versuch, ihn weiterzudenken*. In: Rieger-Ladisch/Grabau. 335–362.

Rieger-Ladisch, M., und Chr. Grabau. Hrsg. 2017. *Pierre Bourdieu: Pädagogische Lektüren*. Wiesbaden: Springer VS.

Scheer, Albert. 2014. Subjektivität und Habitus. In: Bauer, u. et al. Hrsg. *Bourdieu und die Frankfurter Schule*. 163–185. Bielefeld: transcript.

Schmidt, Robert, 2004. *Habitus und Performanz*. In: Engler/Krais. 55–70.

Schultheis, F. und K. Schulz. Hrsg. 2005. *Gesellschaft mit begrenzter Haftung. Zumutungen und Leiden im deutschen Alltag*. Konstanz: UKV.

Sintomer, Yves. 2005. *Intellektuelle Kritik zwischen Korporatismus des Universellen und Öffentlichkeit*. In: Colliot-Thélène et al. 276–298.

Wippermann, Carsten, und M. Calmbach. 2007. *Wie ticken Jugendliche? Sinus-Milieustudie U27*. Düsseldorf: Haus Alterbach.

Literaturempfehlungen

Bourdieu, Pierre. 1987. *Die feinen Unterschiede*. Frankfurt/M. Suhrkamp.
Bourdieu, Pierre. 1997. Ökonomisches Kapital – Kulturelles Kapital – Soziales Kapital. In: Ders.: *Die verborgenen Mechanismen der Macht*. Hamburg: VSA, 49–79.
Bourdieu, Pierre. 2018. *Bildung*. Berlin: Suhrkamp.
Bourdieu, Pierre et al. 1997. *Das Elend der Welt. Zeugnisse und Diagnosen alltäglichen Leidens an der Gesellschaft*. Konstanz: UVK.
Bourdieu, Pierre und L. J. D. Wacquant. 1996. *Reflexive Anthropologie*, Frankfurt/M.: Suhrkamp.
Fröhlich, G. und B. Rehbein. Hrsg. 2014, *Bourdieu-Handbuch*, Stuttgart/Weimar: Metzler.
Kramer, Rolf-Torsten. 2011. *Abschied von Bourdieu? Perspektiven ungleichheitsbezogener Bildungsforschung*. Wiesbaden: VS.
Lempert, Wolfgang. 2011. *Soziologische Aufklärung als moralische Passion: Pierre Bourdieu*. Wiesbaden: VS Verlag, Kap. 1–3.
Nassehi, Armin. 2004. Sozialer Sinn. In: *Bourdieu und Luhmann*. Hrsg. A. Nassehi und G. Nollmann. 155–188, Frankfurt/M.: Suhrkamp.
Nassehi, Armin. 2017. *Der soziologische Diskurs der Moderne*. Berlin: Suhrkamp, 4.Kap.
Schultheis, Franz. 2019. *Unternehmen Bourdieu. Ein Erfahrungsbericht*. Bielefeld: Transcript.

1.4 Die Sinus-Milieus der Gegenwartsgesellschaft als lebensweltliche Kontexte der pädagogischen Kapitalbildung

Zusammenfassung

In diesem und dem nachfolgenden Unterkapitel werden die eingangs versprochenen empirischen Befunde zur pädagogisch relevanten Milieuforschung in geraffter Form präsentiert. Dabei zentrieren sich die Sinus-Untersuchungen (Kap. 1.4) vorrangig auf die Lebenswelten, also die intersubjektiv geteilten Strukturen der sozialen Welt. Nach einer knappen Einführung in diesen Forschungsansatz (Kap. 1.4.1) werden zunächst Befunde zur Milieutypik der Familienerziehung sowohl bezogen auf die pädagogischen Atmosphären (Kap. 1.4.2.1) als auch bezogen auf die Erziehungsziele und -praktiken (1.4.2.2) und die Überlappungen zwischen den sozialen und pädagogischen Milieus (1.4.2.3) referiert. Dem folgen (in Kap. 1.4.3) Analysen zu den pädagogisch relevanten Kapitalbildungsprozessen in den jugendlichen Lebenswelten. Alle diese Darstellungen gehen insofern über das Selbstverständnis der Sinus-Forschungsgruppe hinaus, als sie bereits als dezidierten Interpretationsrahmen die Milieutheorie der Vester-Gruppe

(Kap. 1.5) verwenden, die den Ansatz von Bourdieu innovativ weiterführt
und *vertikal* von einer Dreiteilung des sozialen Raums in die ökonomischen,
politischen und kulturellen Elitemilieus, in die respektablen Volksmilieus der
Facharbeiter und des mittleren und gehobenen Kleinbürgertums und die unterprivilegierten, von Deklassierung bedrohten bzw. betroffenen Milieus ausgeht,
der *horizontal* zu differenzieren ist zwischen den Polen „avantgardistisch" und
„autoritär" und deren vermittelnden Abstufungen in „selbstbestimmt" und
„hierarchiegebunden" als milieutypischen Bewegungsformen der Widersprüche zwischen Modernisierung und Konservatismus. Dieser Milieuansatz wird
dann (ebenfalls in Kap. 1.5) hinsichtlich der alltäglichen Handlungsstrategien,
der Bildungstypen in der Erwachsenenbildung, der Studierendentypen und der
milieuspezifischen pädagogischen Ziele und Konzepte von Lehrer*innen und
Lehramtsstudierenden näher dargestellt. Zugleich wird die Gesamtargumentation von Kap. 1 an dieser Stelle bilanzierend zugespitzt zu dem Theorie- und
Praxiskonzept der **habitussensiblen** und **milieugerechten Pädagogik**, welches
dann in den folgenden Kapiteln entfaltet wird.

Bildungsprozesse sind also grundsätzlich **zweiseitig erschließende Lernprozesse.**
Sie beziehen sich zum einen auf die aktive Aneignung und reflexive Vermittlung von
objektiven Strukturzusammenhängen (unmittelbare Sozialräume, systemische
Wirtschafts- und Politik- bzw. Staatsstrukturen sowie vermittelnden gesellschaftlichen Institutionen und zivilgesellschaftlichen Bewegungen); und zum anderen
von **intersubjektiven Lebenszusammenhängen** (Erlebnis- und Erfahrungswelten,
geteilte Deutungsmuster, soziale Regeln und Normen, Sinnentwürfe und Lebenserfahrungen usw.), die auch unter dem Sammelbegriff „Lebenswelten" zusammengefasst werden (können). Betrachtet man nun die pädagogischen Konzepte und
verwirklichten Methoden näher, so ist auffällig, dass nicht nur in der Schul-, sondern
auch in der Sozialpädagogik die objektive Seite immer wieder betont und auch
differenziert erfasst wird, dass aber die intersubjektive und zwischenmenschliche
Dimension, besonders der Erlebnis- und Erfahrungsbezug zwar proklamatorisch
hervorgehoben wird, aber weder konzeptionell noch methodisch-praktisch eine
hinreichende Berücksichtigung erfährt. Um in der Entwicklungspädagogik diesem
schleichenden Objektivismus zu entgehen (der immer auch einen schleichenden
Subjektivismus hervorbringt; vgl. dazu Kap. 1.4.1), sollen in diesem ganzen Unterkapitel recht ausführlich und systematisch wichtige Befunde zu den Lebens- und
Lernwelten der Jugendlichen dargestellt werden, mit denen sich insbesondere die
Sinus-Studien beschäftigt haben. Dabei werden zugleich kritisch-konstruktive Bezüge zu Bourdieus Kultur- und Erziehungstheorie hergestellt sowie die jeweiligen

Forschungs-Konzepte und -Methoden knapp vorgestellt, um einen exemplarischen Eindruck auch in diesen Aspekt der Entwicklungspädagogik zu ermöglichen.

1.4.1 Die Sinus-Milieus als theoriegeleitete dichte Beschreibungen der epochalen Lebenswelten

1. Die **Geschichte** der Sinus-Forschergruppe beginnt mit der Institutsgründung Ende der 1970er Jahre (vgl. zur Geschichte und aktuellen Bilanz Barth et al. 2017). Die Rezeption ihrer empirischen Milieuforschungen stand in den Erziehungswissenschaften lange unter dem Vorbehalt – um nicht zu sagen Verdacht –, dass es sich um eine reine Konsumforschung handle, die lediglich (z. B. bezogen auf Mediennutzung, Telekommunikation, Hotelzimmerdesigns, Freizeit und Tourismus) zielgruppenspezifische Werbestrategien vorbereite und unterstütze und deshalb durch und durch affirmativ sei. Für eine kritisch-konstruktive Entwicklungspädagogik ist diese möglicherweise begründete *Funktionskritik* aber unzureichend, weil *Wissenschaftskritik* immer auch eine sachbezogene *Erkenntniskritik* erforderlich macht. Insofern besagt der Hinweis auf die Konsumforschung für sich genommen über die Qualität der (seit 2013 auch international und global) erhobenen empirischen Befunde noch nichts (z. B. über die gerade für die Soziale Arbeit und die pädagogisch-sozial reflektierte Öffnung der Schule relevanten Befunde zur regionalen, sozialräumlichen Verteilung von Wohnbedingungen, -bedürfnissen und -erfahrungen, also von Wohnmilieus, die gerade durch den Sinus-Geo-Milieu-Ansatz einen sehr hohen Präzisionsgrad erreicht haben). Viel weiter reicht schon der Einwand gegen diese Abschottung, dass in der Weiterbildungsforschung dieser Ansatz bereits längere Zeit systematisch aufgenommen und erprobt worden ist, weil auf diese Weise auf die *milieuspezifischen* Lernvoraussetzungen und Bildungserwartungen der Erwachsenen eingegangen werden konnte (vgl. bilanzierend Barz 2000). Noch weitreichender ist der Einwand gegen diese Art von „Vorverurteilung", dass die Sinus-Gruppe von Anfang an zweigleisig verfahren ist: Neben der sozialwissenschaftlich aufgeklärten *Konsumforschung* gab es stets auch den bedeutenden Strang der expliziten *politik-, erziehungs-* und *gesellschaftswissenschaftlichen* Untersuchungen. Hier sei nur u. a. verwiesen auf die frühen Untersuchungen zu rechtspopulistischen bzw. (neo-)faschistischen Tendenzen in der Bevölkerung der ehemaligen BRD bzw. heute (vgl. Sinus-Institut 1981), die Bedeutung der ästhetischen Gestaltung von Angeboten der Politischen Bildung (vgl. Flaig et al. 1997), die Milieuentwicklung in den ostdeutschen Bundesländern unmittelbar nach der Vereinigung der beiden deutschen Staaten und Gesellschaften (vgl.

Becker et al. 1992) bzw. in West- und Osteuropa nach 1989 (Uelzhöffer 1999), die frühen bzw. aktuellen Studien zu den jugendlichen Lebenswelten (vgl. Calmbach et al. 2012 u. 2016; Wippermann/Calmbach 2007; vgl. dazu ausführlich Kap. 1.4.3) und die jugendpädagogischen Schussfolgerungen daraus (vgl. Thomas/Calmbach 2013) und nicht zuletzt zu den milieuspezifischen Erziehungsstilen als Entwicklungskontexte der Kinder und Jugendlichen (vgl. Barz/Liebenwein 2010; Choi 2012; Liebenwein 2008; Merkle/Wippermann 2008; Sinus Sociovision 2004 a u. b; dazu ausführlich Kap. 1.4.2).

2. In beiden Forschungssträngen und -traditionen ging es von Anfang an nicht um eine oberflächliche Dokumentation der Relationen zwischen aktuellen bzw. situativen Einstellungen, gegenständlich-sozialräumlichen Lebensbedingungen und sozialen Handlungsweisen, sondern um eine **tiefenstrukturelle Rekonstruktion** sozialräumlich verankerter und biografisch relativ stabiler und sozial deutlich eingebundener Konsum- bzw. Politik- und Erziehungspräferenzen der qualitativ sehr unterschiedlichen Käufer- bzw. Bevölkerungs- und Erziehergruppen (z. B. mit Blick auf „den typischen BMW-Fahrer/Käufer" oder „die typischen Käuferinnen" einer bestimmten Wohnungseinrichtung oder „den typischen Rechtspopulisten" oder „den typischen demokratisch Aufgeklärten und Engagierten" oder „die typischen autoritär bzw. permissiv agierenden Eltern"), um damit deren mittel- und langfristigen Lebensweisen erfassen, deren darauf begründeten Entscheidungen prognostizieren und die Produktgestaltung bzw. Politischen Bildungsangebote und Partizipationsverfahren oder die Angebote der Familienbildung darauf abstellen zu können. Dazu wurden erstmals 1979/80 1.400 mehrstündige Lebensweltexplorationen in allen Gruppen der westdeutschen Bevölkerung durchgeführt, die dann mit der Methode der *hermeneutischen* Textinterpretation ausgewertet wurden. Das Ergebnis waren acht deutlich voneinander abgegrenzte soziale Milieus, die dann grafisch in der mittlerweile sehr berühmten und bekannten SINUS-„Kartoffelgrafik" dargestellt wurden und werden (siehe Abb. 1, S. 83). Diese qualitativ gewonnene Systematik wurde erstmals 1982 auch *quantitativ* überprüft, und zwar mittels des standardisierten SINUS-Milieuindikators, mit dessen Hilfe die jeweils Befragten bestimmten Milieus zugeordnet werden. Dabei werden diese immer wieder den neuen Trends in der Umgestaltung der Milieulandschaft angepasst (das letzte Modell-Update fand 2017 statt). Da seit 1983 auch Alltagsästhetik und Stilpräferenzen Untersuchungsbereiche geworden sind, wird nunmehr die erwähnte Triangulation von quantitativen und qualitativen Methoden erweitert durch den Einsatz unterschiedlicher nicht-textlicher qualitativer Verfahren, besonders Fotografien und Videos (diesbezüglich gibt es relevante Übereinstimmungen mit der Forschungsmethode der Sozialreportage als Triangulation von

quantitativen und qualitativen sowie verbalen und visuellen Daten; vgl. Braun/
Wetzel 2010, Kap. 3–5; Braun/Elze/Wetzel 2016, Kap. 1–3).

3. Auch die SINUS-Forschergruppe reiht sich ein in die soziologische und kulturwissenschaftliche, also multiperspektivische und multimediale **Ungleichheits-**
forschung, indem sie die strukturell sehr unterschiedlichen Möglichkeitsräume
für selbstbestimmte alltägliche Lebensführungen und biografische Sinnentwürfe,
für Entwicklungs- und Bildungsprozesse, für intime und soziale Beziehungen
sowie politisches, speziell zivilgesellschaftliches Engagement darstellt. Indem
sie die Lebenswelten der verschiedenen sozialen Gruppen ins Zentrum stellt,
werden einerseits die interaktiv und zwischenmenschlich vermittelten und z. T.
gebrochenen subjektiven Deutungsweisen der ungleichen objektiven Soziallagen
deutlich. Andererseits thematisieren sie verschiedene Modi des Zusammenlebens, von dem solidarischen, tendenziell egalitären Miteinander bis hin zur
hierarchiebetonten Abgrenzung mit der Ausgrenzung der Anderen und der
Vereinnahmung der Gleichgesinnten. Dabei bilden die gemeinsamen Alltagspraktiken und Lebensstile die wesentlichen Momente der Herausbildung und
Zuordnung zu den jeweiligen Milieus. Dieses Prinzip widerspricht nicht der
allseits beobachtbaren Relativierung der sozialen Bindungen (Stichwort: „Neuer
Individualisierungsschub“), sondern es führt zu neuen „Mechanismen“ der mehr
oder weniger freiwilligen, der mehr oder weniger reflektierten und gewollten oder
auch der mehr oder weniger erzwungenen Vergemeinschaftung. Dabei führen
die sich verschärfenden objektiven sozialen Ungleichheiten hinsichtlich der Verfügung über ökonomisches, kulturelles und soziales Kapital auch zu verstärkten
symbolischen Tendenzen der milieuzentrierten Einschließung und Abkapselung.
Methodisch wird dabei stets in einem *Dreischritt* verfahren: Zunächst wird auf
Basis der qualitativen Lebenswelt-Interviews unter Beachtung der zentralen soziodemografischen Aspekte (Geschlecht, Alter, Bildung, Einkommen, Region usw.)
ein SINUS-Modell konstruiert; im zweiten Schritt erfolgt dann die Konstruktion
von bestimmten sozialen Gruppen mit typischen sozialen Gemeinsamkeiten, die
dann im dritten Schritt quantitativ überprüft werden. Dadurch entstehen flexible
Theorie-Empirie-Beziehungen mit einer hohen Offenheit für die immer noch
zunehmende Dynamik des sozialen Wandels (ohne dass diese in Beliebigkeit
umschlägt). In diesem Zusammenhang kommt entwicklungspädagogisch den
Generationenbeziehungen besondere Aufmerksamkeit zu, also inwieweit sich
die Milieuzugehörigkeit der Eltern bei den Kindern fortsetzt (und es ggf. sogar
Kontinuitätslinien zu den Großeltern gibt) oder ob hier mehr oder weniger starke
Brüche zu konstatieren sind (vgl. dazu Kap. 1.4.2).

4. Im Rahmen des empirisch fundierten Verallgemeinerungsprozesses werden also
die übergreifenden gesellschaftlich-politisch-kulturellen Deutungsmuster in

spezifische **soziokulturelle**, auch pädagogisch relevante **Grundorientierungen** (im Sinne von relativ stabilen personalen und kollektiven Handlungsbegründungsmustern) übersetzt (traditionelle Werte, Modernisierungswerte, Postmoderne Werte, Um- und Neuorientierungswerte). Dabei ist die Zuordnung durch die hierarchisch angeordneten sozialen Lagen in der *Vertikalen* abgebildet, und die soziokulturellen Binnendifferenzierungen der sozialen Schichtungen in der *Horizontalen*. Zugleich werden die Überlappungen zwischen den Milieus und lageübergreifende Milieugemeinsamkeiten ebenso deutlich gemacht wie der quantitative Umfang der jeweiligen Milieus (Abb. 1.a; S. 83). Darüber hinaus findet eine Zuordnung der Milieuveränderungen zu bestimmten gesellschaftlichen Entwicklungsetappen statt (vgl. Abb. 1.b; S. 84).

5. Schon diese kursorischen Hinweise auf die bisherige Geschichte der Sinus-Milieuforschung machen deutlich, dass es sich hier um ein klassisches Beispiel **angewandter Sozialforschung** handelt (vgl. Hradil 2006). Zwar gibt es einen theoretischen Rückhalt für diese empirischen Untersuchungen – hier spielt der Ansatz von Bourdieu zumindest implizit bis in die Gegenwart eine große Rolle –, aber es geht vorrangig darum, ein *professionelles, wissenschaftlich fundiertes Orientierungswissen* bereitzustellen für praktische, alltagsverankerte bzw. alltagsrelevante Entscheidungen; sei es in Bezug auf das Design einer Zeitschrift oder die Formate von Fernsehsendungen, sei es bezüglich der Bereitschaften, sich für bestimmte politische Programmatiken zu interessieren oder soziale Bewegungen zu unterstützen, sei es bei der Programmgestaltung von berufsbezogenen Weiterbildungsveranstaltungen, Lehrgängen oder seriellen Einzelveranstaltungen, oder eben auch – wie in Kap. 1.4.2 und 1.4.3 dann ausführlicher darzustellen – in Bezug auf die Erziehungspraktiken in den Familien und dem daraus resultierenden Unterstützungs- und Beratungsbedarf bzw. die objektiven und subjektiven Voraussetzungen von „erfolgreichen" Angeboten der Kinder- und Jugendarbeit. Aus diesem Grunde ist die für viele Leser*innen vielleicht überraschend ausführliche Darstellung der ausgewählten Milieukonzepte in diesem Kapitel 1 besser nachvollziehbar: Sie geben den Wechselbeziehungen zwischen entwicklungspädagogischen Theorien, Konzepten und Methoden ein solides sozialwissenschaftlich-empirisches Fundament – oder können doch zumindest dazu beitragen.

6. Zu den gängigen, von der Sinus-Forschungsgruppe zugestandenen **Kritikpunkten** gehört der Hinweis auf die *mangelnde Transparenz* der Auswertungsverfahren, weil der Algorithmus für die quantitative Milieukonstruktion nicht offengelegt wird. Das wird – was verständlich ist, aber eben die wissenschaftliche Überprüfbarkeit einschränkt – damit begründet, dass sie eben genau damit ihr Geld verdienen und es deshalb ihr „Geschäftsgeheimnis" bleiben müsse (vgl. Barth/

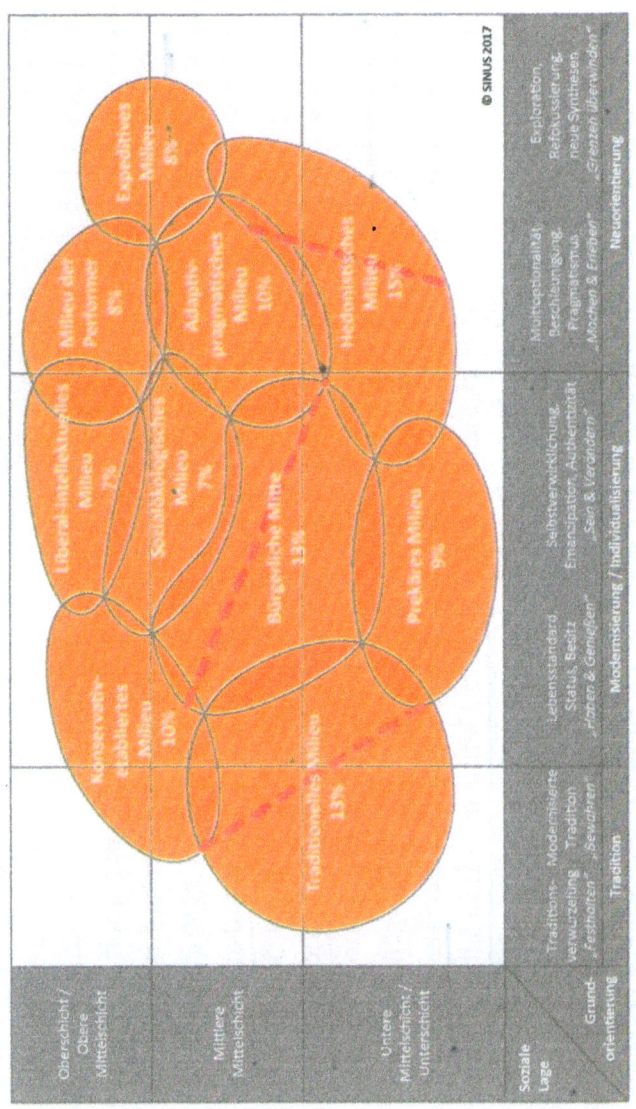

Abb. 1   Die Sinus-Milieulandschaft der BRD

a)   Der aktuelle Raum der Lagen (vertikale Achse) und der Lebensstile (horizontale Achse) aus dem Jahre 2017

Quelle: Flaig/Barth 2018. S. 11

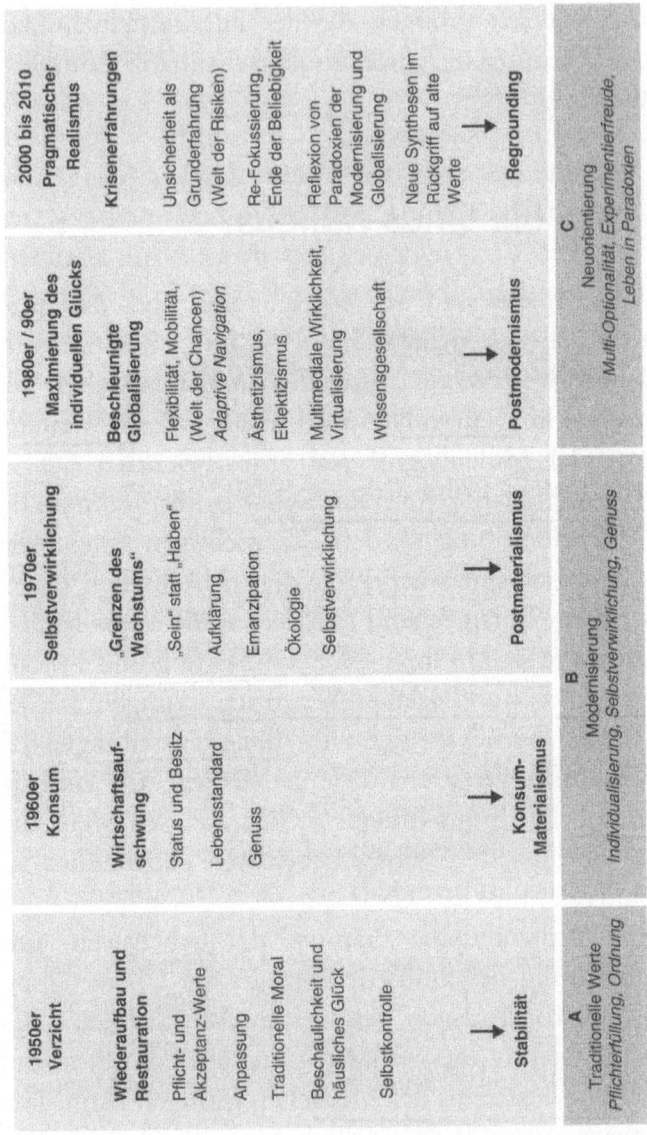

b)   Der Raum der zeitlichen Dynamik (bezogen auf die „alte" und die „neue" BRD) Quelle: Barth/Flaig 2013, S. 17)

Flaig 2018, S. 25). Das gilt auch dann, wenn im Rahmen von Kooperations-
projekten (z. B. in der Weiterbildungsforschung) eine gleichwertige Zusammenarbeit angestrebt wird. – Darüber hinaus ist irritierend ihre weitgehende
Gleichsetzung von *Milieu* mit *Lebenswelt* (vgl. z. B. Calmbach et al. 2012, Kap.
3 u. 4; ders. et al. 2016, Kap. 3). Da es sich – entgegen so mancher Fehldeutung
gerade auch in der Sozialen Arbeit – bei der Lebenswelt um einfache oder auch
komplexe, „höherstufige" Intersubjektivitätsbeziehungen bzw. -verhältnisse
handelt, deshalb resultiert daraus mit Blick auf die Sinus-Untersuchungen ein
schleichender Subjektivismus: d. h. die objektiven Lebensbedingungen, also die
sozialen Lagen werden zwar nicht völlig ausgeklammert, aber doch in ihrer
alltagspraktischen und pädagogischen Relevanz deutlich relativiert, womit der
„Raum der Lebensstile" den „Raum der sozialen Lagen" deutlich überragt. Das
widerspricht nicht nur den theoretischen Traditionslinien der verschiedenen
Milieukonzepte (vgl. dazu Kap. 1.1 – 1.3), sondern gibt die konzeptionelle Schärfe
sowohl des Milieu- wie auch des Lebensweltbegriffs preis. Deshalb wird in den
nachfolgenden Darstellungen der Versuch unternommen, bei der Interpretation
der Sinus-Befunde die objektive Bestimmtheit der Lebensführung und -entwürfe
schärfer herauszuarbeiten.

1.4.2 Pädagogische Kapitalbildung von Kindern und Jugendlichen in familialen Lebenswelten: Intergenerative Kontinuitäten, Modifikationen und Umbrüche (Liebenwein)

Für die Entwicklungspädagogik sind nun zwei Forschungsstränge von besonderem
Interesse: Einmal die Untersuchungen zu milieuspezifischen Erziehungspraktiken
(darum geht es in diesem Unterkapitel); und zum anderen die Milieukontexte der
Lebenswelten von Jugendlichen (diese werden im nächsten Unterkapitel behandelt).

1.4.2.1 Projekte und Verfahren zur Rekonstruktion des milieuspezifischen Familienklimas und der familiären pädagogischen Atmosphäre der heutigen Kinder und Jugendlichen

Die SINUS-Gruppe hat sich mit Fragen der milieuspezifischen Erziehungspraktiken vorrangig in zwei Untersuchungen aus dem Jahre 2005 beschäftigt. Diese
wurden dann aufgenommen von dem Projekt „Eltern unter Druck", welches die

Sinus-Milieu	Stichpunkte zu den Merkmalen des Milieus	Merkmale der Erziehung
Etablierte (14,6 %)	Selbstbewusstsein als gesellschaftliche Elite; Erfolg durch Leistung; Flexibilität und Anpassungsbereitschaft; Erfolgsethik; Machbarkeitsdenken; überdurchschnittliches Bildungsniveau (S. 77)	autoritativer Erziehungsstil mit Tendenz zu Strenge; ambitionierte Erziehungsarbeit; hohe Ansprüche an die Entwicklung des Kindes; Setzen auf Fachliteratur und Ratgeber (S. 84 ff.)
Postmaterielle (12,5 %)	liberale, individualistische Grundhaltung; großes Vertrauen in eigene Fähigkeiten; nachhaltige, gesundheitsbewusste Lebensführung; Partnerschaftlichkeit; anspruchsvolles und selektives Konsumdenken, stark überdurchschnittliche formale Bildung (S. 94 f.)	autoritativer Erziehungsstil; selbstkritische Erziehungsarbeit; hohe Ansprüche an eigene Leistung; Kinder als Geschenk (S. 107 ff.)
Moderne Performer (12,4 %)	Leistungsehrgeiz; persönliche Selbstverwirklichung, Trendsetterbewusstsein; Ich-Vertrauen; Leistungsoptimismus; Multimedia-Begeisterung; Anerkennung und Status von hoher Bedeutung (S. 121 ff.)	autoritative Erziehung mit klarer Vorgabe und Orientierung an Vorschriften und Regeln; selbstbewusste von eigener Intuition geprägte Erziehungsarbeit; hohe lern- und leistungsorientierte Anforderungen an das Kind (S. 132 ff.)
Bürgerliche Mitte (18,8 %)	Wunsch nach angemessenem Status in der wohl situierten Mitte; Wunsch nach Lebensqualität; Balance von Arbeit und Freizeit; Sicherung des Status quo; Anpassungsbereitschaft (S. 141)	aufopfernde Erziehungsarbeit, behüten und beschützen; umfassende Information; behüten und beschützen; Risiken meiden; starkes Engagement v. a. der Mütter (S. 151 ff.)
Experimentalisten (8,5 %)	pragmatisch-lockere Grundhaltung; Individualismus; unkonventioneller Lebenslauf; Lust am Risiko; junges Milieu, Job als Selbstverwirklichung (S. 182 f.)	permissiver Erziehungsstil, Maxime der Gleichstellung in der Erziehung, intuitives Vorgehen; innovative pädagogische Ansätze; freie Entfaltung des Kindes; Selbstständigkeit (S. 191 ff.)
Konsummaterialisten (11,6 %)	Träume vom besseren Leben; starke Gegenwartsorientierung; spontaner und prestigeorientierter Konsumstil; Abgrenzungsbemühungen gegenüber Randgruppen; wenig Bildungskapital (S. 161 ff.)	permissiv-vernachlässigender Erziehungsstil, Erziehungsverständnis stark auf bestrafende Elemente reduziert; keine expliziten Erziehungsziele; frühe Selbstständigkeit; Medienkonsum hoch; Konsum ist Fürsorge (S. 171 ff.)
Hedonisten (10,2 %)	Spontaner Konsumstil; kaum Lebensplanung; Suche nach Spaß und Zwanglosigkeit – gleichzeitig oft Träume von heilem, geordneten Leben; starke Freizeitorientierung; zumeist unsichere wirtschaftliche Verhältnisse; aggressive Abgrenzung nach „oben" und „unten" (S. 202 f.)	konzeptloses „Laissez-faire"; Erziehung ist negativ belegter Begriff und primär anstrengend; konzeptloses „Laissez-faire", viel Freiheit und Verantwortung für das Kind (S. 213 ff.)

Abb. 2   Milieuspezifik der familiären pädagogischen Handlungsmuster

Quelle: Choi 2012, S. 939; die Zitatnachweise beziehen sich auf Merkle/Wippermann 2008

milieuspezifischen Selbstverständnisse, Befindlichkeiten und Bedürfnisse von Eltern empirisch mit dem qualitativ-ethnomethodologischen Verfahren der narrativen Inhome-Einzelexploration von jeweils 50 Vätern und Müttern untersucht (vgl. Merkle/Wippermann 2008. Kap. 3). Ergänzt wurde dieser Untersuchungsteil durch eine quantitative repräsentative Erhebung mit 502 Eltern von Kindern zwischen 0 und 17 Jahren. Die relevanten Ergebnisse sind in Abb. 2 (S. 86) kompakt zusammengefasst und machen einige vertikale und horizontale Relationen (also: nicht-lineare Beziehungen) zwischen Milieuspezifik und Profilen der pädagogischen Kapitalbildung deutlich.

An diese Untersuchungen hat dann Sylvia Liebenwein (2008) mit dezidiert sozialökologischer Ausrichtung angeschlossen, wobei sie die **Erziehungsstile** ins Zentrum stellte (vgl. ebd., Kap. 2.1.3/2.1.4). Diese werden im vorliegenden Argumentationszusammenhang als Medien der pädagogischen Kapitalbildung verstanden und enthalten drei Dimensionen (vgl. dazu auch die Stufen und Themen des pädagogischen Denkens und Handelns bei Durkheim bzw. Geiger in Kap. 1.2.1 bzw. 1.2.3):

- die *Erziehungspraktiken* (z. B. körperliche Nähe vs. Distanz oder gewähren lassen vs. Eingriff);
- die *Erziehungseinstellungen* (z. B. pädagogische Entscheidungen aufgrund kognitiver Analysen und/oder „aus dem Bauch heraus") und
- die expliziten *Erziehungsziele* (z. B. Autonomie, soziale Verantwortung, reflektierte Toleranz).

Dementsprechend unterscheidet sie zwischen folgenden **Erziehungsstilen:**

1. Dem *autoritativen:* intensive emotionale Zuwendung bei gleichzeitiger ausgeprägter Kontrolle;
2. dem *autoritären:* ausgeprägte direkte Kontrolle, „diskussionslos" ausgerichtet an traditionellen sozialen Wert- und Statusvorstellungen;
3. dem *permissiv-verwöhnenden:* sehr wenig direkte Kontrolle bei einem hohen Maß an „bedingungsloser" emotionaler Zuwendung;
4. dem *zurückweisend-vernachlässigenden:* sowohl wenig Kontrolle und direkte Zugriffe, aber auch wenig praktische Unterstützung und geringe emotionale Absicherung und Geborgenheit;
5. und dem *demokratischen:* deutlich begrenzte direkte, sondern vorrangig indirekte Kontrolle, bei hoher Verhandlungsbereitschaft und als Ergebnis offener und verständnisvoll-akzeptierender Konfliktaustragung belastbare, deshalb zuverlässige emotionale Zuwendung.

6. Der sog. *„anti-autoritäre"* Erziehungsstil umfasst das breite Spektrum von
   Permissivität über Laissez-faire bis hin zu mehr oder weniger massiver Ver-
   nachlässigung, zumeist kombiniert mit Indifferenz und häufig auch schlichtem
   Desinteresse an den eigenen Kindern.

Zur milieuspezifischen Rekonstruktion des erzieherisch relevanten Familienkli-
mas und der pädagogischen Atmosphäre wurden 41 zweieinhalb- bis vierstündige
problemzentrierte Interviews mit unterschiedlich langen narrativen Phasen mit
Eltern aus neun sozialen Milieus in der frühen Familienphase durchgeführt (alle
wohnhaft im Raum München). Sie wurden mit dem Verfahren der qualitativen
Inhaltsanalyse vorrangig entlang der Wert- bzw. Kapitalbildungskomplexe „Umgangsformen und soziales Verhalten", „Ordnung und Anpassung" und „Bildung"
(eingegrenzt verstanden als Aneignung institutionalisierten kulturellen Kapitals)
ausgewertet mit dem intergenerativen Blick auf die Erziehungsstile sowohl in der
Herkunftsfamilie wie auch der *eigenen* Familie.

1.4.2.2 Milieuspezifische familiäre Erziehungsziele und -praktiken als Kontexte des Aufwachsens – ausgewählte empirische Befunde

Aus entwicklungspädagogischer Sicht sind für das Verständnis der pädagogischen
bzw. pädagogisch relevanten Kapitalbildung folgende Ergebnisse von besonderem
Interesse. In der Darstellung werden dabei entsprechend der über das Sinus-Modell
hinausgehende klassentheoretischen Gliederung von Weber, Geiger und Bourdieu
(Kap. 1.2./1.3) sowie von Vester u. a. (Kap. 1.5) unterschieden:

A. die positiv privilegierten, also die *Elitemilieus* (1. die konservativen, 2. die
   etablierten und 3. die postmateriellen Milieus),
B. die mittleren sozialen Klassen, auch *respektable Volksmilieus* genannt, (4. die
   traditionsverwurzelten, 5. die der bürgerlichen Mitte, 6. die experimentalisti-
   schen und 7. die der modernen Performer) sowie
C. die negativ privilegierten, also von *Deklassierung* bedrohten oder schon betroffenen Milieus (8. der Konsum-Materialisten und 9. der Hedonisten).

A. Die ökonomischen, politischen und kulturellen Elitemilieus

1. Die **Konservativen** gehören mit den Etablierten und den Postmateriellen den Elitemilieus an und stehen in der langen Tradition des deutschen *Bildungsbürgertums*, wobei vorrangig deren *männliche* Mitglieder kulturell über hohe und höchste Bildungsabschlüsse verfügen, ökonomisch in hohen Berufspositionen arbeiten und über deutlich überdurchschnittliches Einkommen (z. T. auch beträchtliches Vermögen) verfügen und deren *weibliche* Mitglieder – sich teilweise auch heute noch – fast ausschließlich der Kindererziehung widmen. Die ausgeprägt traditionellen Werteorientierungen (speziell an die herrschenden Bedingungen angepasste berufliche Verantwortungsübernahme und Pflichterfüllung) werden auch von konventionellen religiös-kirchlichen Moralvorstellungen getragen. Die Auseinandersetzung mit der Hochkultur (in der Freizeit) ist ihnen so selbstverständlich, wie ihnen das intakte Familienleben wichtig ist. Die pädagogische Atmosphäre in der Herkunftsfamilie war sehr **autoritär**, erheblicher Wert wurde gelegt auf Ordnung und Sauberkeit und gute bis beste Schulleistungen (der Gymnasialbesuch war selbstverständlich), wobei entsprechende Lernprozesse familiär auch eigenständig gefördert wurden. Hinsichtlich des Erziehungshandelns in ihrer eigenen Familie steht zunächst die intergenerative Tradierung im Vordergrund, denn auch sie betonen die Bedeutung von Regeln aufstellen, Strukturen bestimmen und Grenzen setzen. Dabei wollen sie aber – gewiss auch als Reaktion auf die soziokulturellen Modernisierungsprozesse – in tendenziell **autoritativer** Weise, also mit mehr Liebe erziehen, wozu auch bei den Vätern stärker körperliche Nähe gehört. Wichtig sind ihnen dialogische Problembearbeitungen, die aber asymmetrische Tendenzen haben und „ergänzt" werden durch Interventionen bis hin zu körperlicher Gewalt. Aber ab und zu lassen sie „die Leinen locker", sind punktuell permissiver als andere Milieus und haben gerade zu den schulischen Leistungen (natürlich im Gymnasium) ein recht entspanntes Verhältnis, zumal auch sie ihren Kindern zu Hause ein reichhaltiges kulturelles Lernambiente bieten. Zur intergenerativen Tradierung gehört auch die Fortführung der konventionellen Geschlechterrollen, die zugleich Ausdruck und Element der weitreichenden Abgrenzung von alternativen Lebensformen und Sinnentwürfen waren und sind, die sich verband und verbindet mit einer deutlichen Abgrenzung zu den Nicht-Elite-Milieus bzw. denen des Prekariats (was nicht im Widerspruch steht zur milieutypischen Zurückhaltung und „Bescheidenheit" auch in Sachen „Geldausgeben" – statt „Protzgehabe der Neu-Reichen" bzw. aktuell „Klasse statt Masse"). Statt soziale Offenheit und politisch-kulturelle Toleranz stehen weiterhin im Vordergrund soziale und politische Korrektheit sowie Anerkennung der Autorität der Lehrpersonen und konventionelle schulische Leistungsnormen, weshalb die traditionelle Spaltung

zwischen objektiver Sinnhaftigkeit und subjektiver Sinnkonstruktion nur recht begrenzt aufgeboben wird. Der damit verbundene lineare Lebensentwurf der Bildungs- und Karrierepläne und -stufen ist allerdings nur zu verwirklichen, wenn die unmittelbaren, systemisch vermittelten Rahmenbedingungen zumindest konstant bleiben, also die Selbstreproduktion der Eliten gesichert ist – was aktuell zumeist (noch) der Fall ist.

2. Die **Etablierten** gehören ebenfalls zu den Elitemilieus, verdanken aber ihre leitende, meist hoch dotierte Berufsposition ihrem Selbstverständnis nach nicht der „sozialen Vererbung" oder Fleiß und Angepasstheit, sondern ihrer zweckrationalen Effizienz und ihrem strategischen Durchsetzungsvermögen. Sie zeigen dies auch nach außen durch sozial und kulturell elitäres, exklusives Auftreten und symbolisch auch durch ihren demonstrativen Wohlstand und Bildungsgrad (was auch in exklusiven Sportarten, Reisen und ästhetischen Interessen zum Ausdruck kommt). Das dient auch der scharfen Abgrenzung von allen Nicht-Elite-Milieus, die auch die soziale Kapitalbildung bestimmt und einschränkt. Dabei sind sie gegenüber Technisierung, Digitalisierung, Globalisierung und Deregulierung aufgeschlossen. In ihren Herkunftsfamilien erlebten sie ein von Strenge, aber auch von Fürsorglichkeit und (Leistungs-)Förderung, also eine von autoritären und autoritativen Elementen bestimmte pädagogische Atmosphäre, die zugleich von einer innerfamiliären Spaltung zwischen den Lebenswelten der Kinder und der Erwachsenen bestimmt war. In ihrer eigenen Familie stehen in dominant **autoritativer** Weise im Vordergrund emotionale Geborgenheit und bewusste, kritisch-reflexive, also entwicklungsangemessene Auseinandersetzung – auch durch die Väter. Für diese kommunikationsfördernden Ich-Du-Beziehungen (bei relativer Überlegenheit der Erwachsenen) nehmen diese sich auch relativ viel Zeit – sie ist wichtiger als die Hausarbeit. Auch bei schärferen Konflikten sind körperliche Bestrafungen völlig ausgeschlossen. Die in Geschlechterfragen eher konventionell differenzierende, weil biologisch begründende, Erziehung ist in ein sozial homogenes soziales Umfeld eingebunden. Zu anderen Milieus besteht kein Kontakt, „mit denen" kommen sie meist auch „nicht klar". Zugleich stehen sie der öffentlichen Bildung und Erziehung zumindest der unter 3-Jährigen sehr skeptisch bis deutlich ablehnend gegenüber. Auch die Hauptschule ist „nichts für ihre Kinder", wobei die schulische Bildungskarriere in dem reichhaltigen, breit angelegten kulturellen Alltagsleben der Familie (wozu ebenfalls das religiöse Wissen jenseits kirchlicher Bindungen gehört), in dem auch die technischen Interessen und Neigungen und die Konsumfreude stark gefördert werden, ein vielfältiges Anregungsfeld bietet.

3. Die Mitglieder des **postmateriellen** Milieus weisen ebenfalls kulturell hohe bis höchste Bildungsabschlüsse auf, sie üben ökonomisch meist leitende, hochqua-

lifizierte und gut bezahlte berufliche Funktionen aus, bei denen es sich allerdings meist um selbstbestimmte, sinngebende, kreative und herausfordernde
Aufgaben handelt. Bei ihnen stehen die Wertemuster der *ökologischen* und
sozialen Verantwortungsübernahme im Vordergrund, – bei einer unverkenn-
baren Distanz und Skepsis gegenüber den dominierenden Globalisierungs-,
Technisierungs- (speziell Digitalisierungs-) und Deregulierungsprozessen
– und davon ist auch ihre soziale und politische Kapitalbildung, speziell ihr
bürgerschaftliches Engagement in den verschiedensten Bewegungs- und Organisationsformen getragen. Schon ihre Herkunftsfamilien waren bestimmt von
individualitätsfördernder Vergemeinschaftung und autonomer Aneignung der
Traditionen (sachlichen und personalen „Autoritäten") und von einem **demokratischen** Miteinander (Einbeziehung in die Hausarbeit war selten), weshalb
Lob und nicht Bestrafung sowie eine Offenheit gegenüber dem unmittelbaren
sozialen Umfeld im Vordergrund standen. Die Umgangsformen sind deutlich
sozialethisch grundiert und fundiert (mit Adorno verstanden als „Mikrokosmos
der Moral") und wurden von den Eltern vorgelebt, weshalb Toleranz hier als
prosoziale Offenheit gegenüber Andersdenkenden und -handelnden praktiziert
wurde, was sich auch in dem akzeptierenden Verhältnis zu den Freund*innen
der Kinder niederschlug. Die *sozialkritische*, auch konsumkritische Grundbe-
findlichkeit zeigte sich auch in der Förderung des kritischen Hinterfragens der
hegemonialen sozialen Normen und der herrschenden Lebensbedingungen
(einschließlich der religiösen und kirchlichen Bindungen), weshalb sie sich auch
häufiger als „Unangepasste" erlebten. In ihrer eigenen Familie stehen ebenfalls
die demokratisch-egalitären Erziehungsziele und -mittel im Vordergrund – und
sie sind zugleich diesbezüglich mit ihren eigenen Erziehungspraktiken häufig
unzufrieden, d. h. sie empfinden offensichtlich eine immer wieder – als Folge
funktionaler Zwänge – auftauchende Diskrepanz zwischen den gut begründeten *Bildungsperspektiven* und den *faktischen Erziehungspraktiken*. Dabei ist die
Familie ein zentraler Bezugspunkt ihres Alltagslebens und zugleich ein fester
Bestandteil ihres biografischen Lebensentwurfs, was sich auch in zahlreichen
kindbezogenen Ritualen (z. B. Zu-Bett-Bringen) zeigt. Da sich das Ringen um eine
egalitäre Geschlechterbeziehung nicht nur auf die Kindererziehung, sondern auch
auf das Berufsleben bezieht (die Mütter sind meistens – wenn auch mehrheitlich
in Teilzeit – berufstätig), deshalb ist das Leben sehr stark durchstrukturiert,
auch was die Teilung der Erziehungsarbeit angeht. Allerdings stehen sie auch
zu ihren nicht auf die Kinder und auch nicht auf die Familie bezogenen, also
ihrerseits autonomen *erwachsenenbezogenen Entwicklungsinteressen*, woraus
sich nicht nur neue soziale und kulturelle sowie politische Bedürfnisse und
Kapitalbildungschancen, sondern auch weitere Konfliktfelder ergeben, die

der einvernehmlichen Bearbeitung und Lösung bedürfen. Es geht weder innerfamiliär noch in Bezug auf die personale und soziale Umgebung um eine
distanzierte, gedankenlose und in gewisser Weise „negative" Toleranz („die
Anderen sollen mich in Ruhe lassen, dann lasse ich sie auch in Ruhe"), sondern
um eine reflektierte, normativ aufgeklärte Auseinandersetzung mit alternativen
Sinnentwürfen und Lebensmustern (auch bezogen auf ein „unverkrampftes,
„unideologisches" Verhältnis z. B. zu Ökologiefragen) auf der Basis der eigenen
Erlebnisse und Erfahrungen mit ihnen und wechselseitiger Verbundenheit mit
den Anderen, was Authentizität, und Kritikfähigkeit erfordert und anti-soziale,
anti-solidarische Einstellungen und Praktiken „verbietet". Auch deshalb stehen
sie kulturell dem schulischen Wissens- bzw. Fächerkanon (meist mit Blick auf
den Gymnasialbesuch ihrer Kinder) ablehnend gegenüber und präferieren
pädagogisch-didaktisch eine von *Selbstreflexion* getragene *Allgemeinbildung,*
was selbstredend die Aneignung von „handfestem" Wissen einschließt und es
zugleich deutlich übersteigt und die elterliche Offenheit gegenüber alternativen
Schul- und Unterrichtsformen nahelegt.

B. Die respektablen Volksmilieus der Facharbeiter und des mittleren und gehobenen Kleinbürgertums

4. In den **traditionsverwurzelten** Milieus (sie gehören hinsichtlich der ökonomischen und kulturellen Kapitalbildung der unteren und mittleren Mittelschicht
an) dominieren in der eigenen Familie die **autoritären** Erziehungsstile der Herkunftsfamilie. Sie fordern von ihren Kindern, die herrschende soziale Ordnung
(aktiv) hinzunehmen, mit andern sozialen und ethnischen Milieus friedlich
nebeneinander zu leben und daran die politisch-soziale Kapitalbildung auszurichten. Aber diese Anpassung als Grundlage einer linearen, stufenweise realisierten
Bildungs- und Berufsbiografie auf „mittlerem Niveau" (sie wollen gar nicht ihr
Milieu durch Aufstieg verlassen) soll angesichts der verschärften Konkurrenzverhältnisse in einer Balance stehen zu Standfestigkeit und Durchsetzungsvermögen im Dienste der Selbstbehauptung (sie ersetzt das Autonomiestreben bzw.
dessen Förderung). Die asymmetrischen Geschlechterstereotypen (dominante
männliche Stärke vs. mütterliche Liebe) werden in den Alltagsbeziehungen und
Bindungsmustern weitgehend übernommen, körperliche Züchtigungen (als
extreme Gewaltformen) gelten neben Befehlen und seltener Verhandlungen als
legitime Erziehungsmittel (was eine begründete Subjektivierung gesellschaftlicher
Anforderungen und Normen einschränkt bis ausschließt), ein sozialer Aufstieg
zu höheren Bildungsabschlüssen, insbesondere Abitur, ist auch bei ihnen nicht
im Entwicklungshorizont ihrer Kinder und die sachlichen und kommunikativen

Lernangebote sind eher „bescheiden". Angesichts der noch zunehmenden Dynamik des technologischen und sozialen Wandels in allen Lebensbereichen und einer sich zunehmend modernisierenden und globalisierenden Welt fühlen sich die Eltern dieses Milieus durch ihre Präferenz für volkstümliches Brauchtum und entsprechende Sitten an den soziokulturellen Rand gedrängt und sie sind auch deshalb fest an ihren angestammten, unmittelbaren Sozialraum gebunden und haben besonders in der Nachbarschaft und den dort verankerten Gemeinschaften starke Bindungen entwickelt.

5. Die Eltern der **bürgerlichen Mitte** nehmen hinsichtlich aller Aspekte der Kapitalbildung mittlere Positionen ein, sie sind sozial und politisch am Status-quo der herrschenden Verhältnisse orientiert, verfügen kulturell über mittlere Bildungsabschlüsse, ökonomisch über mittlere berufliche Positionen/ Einkommenslagen und weisen einen moderaten Wohlstand auf. Ein Teil davon ist aufstiegsorientiert sowohl hinsichtlich der Bildungszertifikate ihrer Kinder (sie sollen einen Abschluss höher als ihren eigenen erreichen) wie der eigenen beruflichen Laufbahn. Dieser soll aber das harmonische Familienleben nicht beeinträchtigen oder gar gefährden, weshalb um eine moderierende Balance zwischen Berufs- und Privatleben (als Aspekten von Vergesellschaftung und Vergemeinschaftung) gerungen wird. In ihrer eigenen Familie gelten – als Aspekt der Modernisierung der pädagogischen Kapitalbildung hin zu **demokratischeren** Formen – deutlich weniger strenge Normen, Regeln und Praktiken als in der Herkunftsfamilie. Damit wird die schroffe Spaltung zwischen objektiven Anforderungen und Autoritäten und subjektiver Sinnsuche und Autonomiestreben relativiert und es steht auch die liebevolle Zuwendung und emotionale Geborgenheit im Vordergrund (z. B. dürfen manchmal die Kinder bis ins Grundschulalter im Bett der Eltern schlafen) und es gibt dafür auch feste Rituale (z. B. das Zu-Bett-Bringen und „noch-eine-gute-Nacht-Geschichte-Vorlesen"). Hier spielt das „Vorbild" der eigenen Mütter auch für die Väter eine erhebliche Rolle (es gibt also eine geschlechtsspezifisch-selektive intergenerative Tradierung). Der Alltag ist ziemlich durchorganisiert, allerdings unter Beachtung der kindlichen Interessen und Bedürfnisse (z. B. bei der nachmittäglichen Freizeitgestaltung mit Musikstunden, Fußballtraining, Treffen bei Freund*innen u. ä.). Es werden vorrangig positive Handlungsweisen anerkannt und „belohnt", Konflikte bemüht man sich dialogisch zu entschärfen – auch um die Ich-Du-Beziehungen nicht (zu sehr) zu beschränken oder gar auszuhöhlen. Es gibt zwar verbale und nonverbale Zwangsmaßnahmen und Strafen wie Fernsehverbot, Hausarrest u. ä., aber körperliche Gewalt wird prinzipiell abgelehnt. Insgesamt möchte man seine Kinder sozial zu rücksichtvollen und toleranten Mitgliedern der Gesellschaft erziehen, die eine persönlich befriedigende „Mitte", eine „friedliche

Koexistenz" finden zwischen Einordnung in die gegebenen Strukturen, sozialer Verantwortungsübernahme und Durchsetzung von (häufig allerdings egoistischen) Entwicklungsansprüchen (Bescheidenheit und Zurückhaltung werden deshalb recht skeptisch betrachtet). Dementsprechend soll die schulische Bildung möglichst einen sozialen Aufstieg ermöglichen, weshalb es vielfältige familiäre Anregungen über die schulischen Lerngelegenheiten hinaus gibt (z. B. Fördern der Lesekompetenzen), wobei man sich diesbezüglich von den unteren Milieus deutlich abgrenzt (man bedauert, dass diese Kinder weniger Anregungen bekommen). Der Umgang mit Geld ist den finanziellen Möglichkeiten angepasst, aber Sparsamkeit kein Selbstzweck und Askese nicht beliebt.

6. Die **Experimentalisten** unter den Eltern haben sich auch pädagogisch am meisten der Modernisierung verschrieben. In diesem noch sehr jungen Milieu dominieren kulturell höhere und hohe Bildungsabschlüsse, ökonomisch oftmals mittlere berufliche Positionen und Einkommensverhältnisse (speziell kleine Selbständige bzw. Freiberufler) oder die Betreffenden studieren noch. Selbstverwirklichung und Persönlichkeitsentfaltung stehen sozial im Vordergrund, weshalb Karrierestreben und Statusorientierung abgelehnt werden, der experimentelle Umgang mit verschiedenen beruflichen und privaten Optionen im Vordergrund steht, was zu milieutypischen, episodenhaften Patchwork-Karrieren, hoher sozialräumlicher Mobilität und relativ schwachen Bindungen in den jeweiligen Gemeinschaften (besonders Szenen) führt. Es dominieren in der eigenen Familie pädagogisch wie in ihrer Herkunftsfamilie eindeutig die unmittelbaren Selbstbestimmungs- und Mitgestaltungsperspektiven, die Entwicklungsperspektiven eröffnende Risikobereitschaft, die sozial reflektierte Konflikt- und Urteilsfähigkeit, eine gewisse Zurückhaltung gegenüber den Neuen Medien und der Digitalisierung (gerade außerhalb des Berufes), der reflexiv-tolerante Umgang mit anderen sozialen und ethnischen (auch als „problematisch" empfundenen) Milieus, das selbstverständliche kulturelle und politische Eintreten für eigene, also autonom gewonnene – ggf. auch unkonventionelle – Auffassungen sowie die innere Unabhängigkeit vom oberflächlichen Urteil anderer sowie den hegemonialen Meinungen. Dabei versuchen sie die herrschenden Verhältnisse progressiv zu verändern und sie zugleich zu unterlaufen. Diese Eltern lehnen aber die sehr weitgehende, in gewisser Weise anti-autoritäre Regellosigkeit ihrer Eltern, die in gewisser Weise „blinde" Distanz zu den asymmetrischen, nicht- bis antidemokratischen Beziehungen und Strukturen ab und sind im Sinne eines **demokratischen** Erziehungsstils bemüht, Verbindlichkeiten (sachliche und personale „Autoritäten") vorzugeben, zu begründen und immer wieder auf modifizierte Weise zu praktizieren, die zwar den Entwicklungsansprüchen ihrer Kinder nicht entgegenstehen, die aber ein sinnvolles Auseinandersetzungsfeld für die verge-

meinschaftungsoffene Autonomieentwicklung darstellen (nur zum Geld haben sie auch ein unbeschwertes Verhältnis). Diese praktizierte familiäre Sozialkritik vollzieht sich ganz selbstverständlich im Medium egalitärer Zuwendung, im wechselseitig respektvollen Umgang miteinander, auch mit Blick auf die nun doch häufiger auftretenden Konflikte. Diese resultieren auch aus der (häufig allerdings nicht gleichumfänglichen) Berufstätigkeit von Mutter und Vater, weshalb entlastende Angebote der öffentlichen Bildung und Erziehung – wenn sie die notwendige pädagogische Qualität haben! – auch schon vor dem 3. Lebensjahr durchaus in Anspruch genommen werden (vgl. dazu bereits EP1, Kap. 6.5). Die soziokulturelle Auseinandersetzung mit verschiedensten Künsten und Kunstrichtungen und ihren impliziten, manchmal auch metaphysisch-spirituellen Sinnentwürfen sind eine bedeutende familiäre Lerngelegenheit. In der Schule wünschen sie sich für ihre Kinder ein stressarmes Lernambiente, welches die immer noch dominante Entgegensetzung von institutionalisierter Bildung und lebensweltlich verankertem und erfahrungsbezogenem Wissen zumindest zu relativieren vermag. Auch diesbezüglich wird ein „dritter Weg" zwischen sozialer und pädagogischer Anpassung und Flucht gesucht – und häufig auch gefunden.

7. Unter den respektablen Volksmilieus sind die **modernen Performer** (mit den Experimentalisten) nicht nur ein besonders junges, sondern mit Blick auf die gesamte Milieulandschaft, auch das „radikalste" hinsichtlich der kulturellen und politischen Distanz zu den vorgegebenen sozialen Normen und Werten. Sie haben kulturell zumeist hohe Bildungsabschlüsse erreicht, sind ökonomisch selbständig oder freiberuflich tätig oder als Angestellte in gehobenen Positionen (mit Ausnahme allenfalls der jungen Mitglieder) und begeistern sich kulturell für technische, besonders digitale Innovationen, lehnen aus selbstbezüglichen Motiven eine Reglementierung ihres privaten und beruflichen Lebens strikt ab und verstehen sich insgesamt als trendsetzende unkonventionelle und risikofreudige Leistungselite mit deutlichem, manchmal elitärem Avantgardeanspruch, die Partnerschaft und Familie nur eine untergeordnete Rolle zubilligt. Dabei war das Leben in ihrer Herkunftsfamilie eher vom Gegenteil bestimmt: Die Erziehung war streng und autoritär, nicht nur kulturell bezogen auf die Schulkarriere (Gymnasium erwünscht, Realschule ggf. noch hingenommen), sondern auch sozial hinsichtlich der z. T. gewaltförmigen Durchsetzung konventioneller Umgangsformen und Manieren. In ihrer eigenen Familie bemühen sie sich um eine liberalere, eher **autoritative** Erziehung, die Teil eines funktional bestimmten und stark durchstrukturierten Alltags ist, dessen Regeln und Routinen aber mit den Kindern gemeinsam dialogisch (wenn auch nicht wirklich gleichberechtigt) beraten und entschieden werden. Dabei wollen sie durch Lob, Respekt und Anerkennung sowie Zärtlichkeit und Zuwendung erziehen und mit ihren Kindern

gemeinsam viel Spaß haben und auch bei schweren Konflikten möglichst auf massive Interventionen, besonders körperliche Gewalt verzichten (nur die Männer halten sie punktuell für legitim). Die Vereinbarkeit von Familie und Beruf wird eher asymmetrisch gelöst: Die Frau bleibt die ersten Jahre zu Hause (die Familiengründung ist gerade für sie Beigabe ihres Lebensglücks und manche genießen sie als Auszeit von dem bisher sehr stressigen Berufsleben) und sie ist auch nach dem Wiedereinstieg ins Berufsleben vorrangig bis ausschließlich für die Erziehungsarbeit zuständig. Deshalb sind diese Eltern den öffentlichen Bildungsangeboten gegenüber prinzipiell aufgeschlossen, haben aber hohe Qualitätsansprüche an sie und wählen sie deshalb sorgfältig aus. Dies schafft ihnen auch freie Zeiträume für eigene Freizeitaktivitäten, also ohne die Kinder bzw. auch ohne den Partner bzw. die Partnerin – im Sinne einer autonomen offenen sozialen Kapitalbildung. Sie bemühen sich auch erzieherisch um eine soziale Einbindung ihrer ökonomischen Karriereambitionen, also eine Balance zwischen ich-bezogenen, z. T. auch offen egoistischem Durchsetzungsvermögen und sozialverträglicher, zwischenmenschlicher Empathiefähigkeit (also wechselseitiger Verschränkung von Entwicklungsinteressen). Deshalb sind für sie – im Unterschied zu ihrer Herkunftsfamilie – davon getragene tolerante Einstellungen und Handlungsweisen (bis hin zu Umgangsformen) wichtig, gerade mit Blick auf die Freundschaften ihrer Kinder mit solchen aus anderen, speziell „unteren" sozialen Milieus (wobei diese „Toleranz" manchmal überhebliche Züge annehmen kann). Die *Leistungsbereitschaft* soll sich inhaltlich an den *jugendlichen Bedürfnissen* ausrichten, weshalb ein statischer und allgemein verbindlicher Wissenskanon abgelehnt und stattdessen ein individualisierter Zugang zu den Bildungsgütern und Lernangeboten favorisiert wird (was dann z. B. auch Comics und in jedem Fall die Neuen Medien einschließt). Dazu passt auch, dass für sie eine gesunde Lebensweise Abwechslung, Genuss und Erlebnisse beinhaltet, Sparsamkeit nicht erstrebenswert ist und religiöse oder gar kirchliche Bindungen unattraktiv sind.

C. Die unterprivilegierten, von Deklassierung bedrohten bzw. betroffenen Milieus

8. Die **Konsum-Materialisten** gehören mit den Hedonisten (in der Sinus-Typologie) zu den von Deklassierung bedrohten bzw. schon betroffenen Milieus. Hier dominieren kulturell niedrige Schulabschlüsse (Volks- bzw. Hauptschule) mit oder ohne Berufsausbildung, ökonomisch bestimmend sind Einkommen, die meist gering und häufig nicht sicher sind (teilweise sind sie – ggf. sogar ausschließlich – auf staatliche Transferleistungen angewiesen). Dabei ist ein Teil *resigniert*, ein Teil *rebelliert* gegen die „Ungerechtigkeit der Welt" und ein Teil will *aufsteigen*

und orientiert sich an der Lebensweise und besonders am Konsumniveau der Mittelschichten (den respektablen Volksmilieus der Kleinbürger bzw. Facharbeiter). Gerade hier sind die Konsum-Materialisten zu finden, für die es dabei nicht nur um den kulturellen Genuss der Konsumgüter geht, sondern auch um die damit verbundene soziale Anerkennung und Integration. Das kann dann für sie zusätzlich zur Schuldenfalle werden; hauptsächlich verschulden sich diese Milieus allerdings zur Absicherung ihres elementaren Lebensniveaus. Die Erziehung in der Herkunftsfamilie war einerseits vernachlässigend und von daher permissiv, „regellos", also anomisch. Es bestanden *hilflose Freiräume*, weil die Kinder weitgehend sich selbst überlassen, deshalb wenig kontrolliert und zugleich zur Selbständigkeit gezwungen wurden. Andererseits gab es immer wieder autoritäre Interventionen, wenn die Kinder „nicht so spurten", wie es die Eltern wollten. Dementsprechend waren die Erziehungsmittel, insbesondere die Strafen in Form von körperlichen Züchtigungen selbstverständlich, was die z. T. vorhandenen dialogischen Ich-Du-Beziehungen gefährdete und z. T. weigehend zunichte machte. Im Alltag gab es eine extrem asymmetrische geschlechtsspezifische Arbeitsteilung: Der Vater war meist abwesend oder desinteressiert und zugleich wurde mit ihm gedroht („Warte nur bis der Papa kommt, dann wirst du schon sehen, was du davon hast"); die Mutter war erheblich präsenter und übernahm den autoritären Part. Zugleich erlebten die Kinder die häufig heftigen Konflikte zwischen den Eltern bis hin zu körperlicher Gewalt. Die Eltern waren nämlich aufgrund ihrer Alltagsbelastungen häufig „am Limit", mit ihren „Nerven am Ende", ihnen „wuchs alles über den Kopf". Und so übernahmen in vielen Fällen die Kinder – insbesondere die Mädchen – die familiäre, pädagogisch relevante „Kittarbeit" bzw. sie versorgten die kleineren Geschwister. Dabei gab es in den Familien immer auch „glückliche" Phasen, begrenzte, aber in der Erinnerung markante Phasen des wohlwollend-friedlichen Zusammenlebens. Und es ist überhaupt immer wieder beeindruckend, wie intensiv gerade in diesem Milieu immer wieder neue Überlebensstrategien und -taktiken im Sinne der intensiven Nutzung von ökonomischen und sozialen Gelegenheiten (z. B. das legale und/oder illegale Einsammeln von Schrott [genannt „Schrotteln"] oder die Übernahme von Gelegenheitsarbeiten) aufgetan werden, wozu ein sehr ausgeprägter, die alltäglichen sozialen und ökonomischen „Katastrophen" bewältigender Überlebenswille gehört (eine damit vergleichbare „Flexibilität" bei der sozialen Risikobewältigung findet man in den anderen Milieus eher selten). Diese Bewältigungsweise wird unterstützt durch die dichten, alles andere als konfliktarmen Netzwerke des unmittelbaren Sozialraumes, die allerdings auch zu einer zwangsweisen sozialräumlichen Einschließung und kollektiven Isolation („Verinselung") führt. Auch die ökonomische und psychosoziale

Situation in der eigenen Familie ist im Wesentlichen von diesen restriktiven Bedingungen der Kapitalbildung bestimmt. Von daher ist auch nachvollziehbar, dass die gesellschaftlichen Autoritären meist unbefragt anerkannt werden (sollten), weshalb Ordnung und Anpassung hoch im Kurs stehen, Sparsamkeit eine Überlebensnotwendigkeit ist (Gesundheit keine Rolle spielt), alternative Lebensentwürfe ausgeschlossen werden (Religion unwichtig ist) und Ausländer abgelehnt werden. Zwar wird die **permissiv-vernachlässigende** Grundhaltung weitergeführt (z. T. auch aus Bequemlichkeit und Desinteresse), aber von den autoritären Praktiken ihrer Eltern grenzen sie sich deutlich ab und möchten den Kindern im Sinne des **autoritativen** Erziehungsstils auch Verständnis und Einfühlungsvermögen entgegenbringen sowie Zärtlichkeit und emotionale Geborgenheit bieten und sie nehmen dabei auch spontan entstandene kindliche Lerninteressen auf (wenn sie z. B. künstlerisch tätig werden). Es gibt allerdings auch hier eine „chaotische" Komponente, dass nämlich auf Unregelmäßigkeiten „aus heiterem Himmel" drastisch-autoritär bis hin zu Schlägen reagiert wird, was die Kinder häufig ängstlich macht oder ihnen taktisch-opportunistische Handlungsweisen nahelegt. Die Beziehung der Eltern selber ist in vielen Fällen sozial äußerst fragil und gerade die allenfalls in Teilzeit berufstätigen Frauen klagen über die Unzuverlässigkeit der Männer. Dabei hat ein Teil zahlreiche gescheiterte Partnerschaften und Ehen hinter sich (manchmal werden sie von Ex-Freunden bzw. -Gatten auch direkt bedroht, zumindest bespitzelt). Gerade wenn sie Alleinerziehende sind, haben sie das Gefühl, dass sie angesichts der Vielfalt der Alltagsaufgaben und -sorgen nicht mehr zu sich kommen, dass sie „untergehen", wünschen sich also mehr Freiräume für ihre persönliche kulturelle und soziale Entwicklung. Ähnlich wie bei ihren Eltern sind die Erziehungsziele an einer Art soziokulturell akzeptierten Mindeststandard ausgerichtet, der sich insbesondere bezieht auf das „richtige Benehmen", das Bemühen, nach innen und außen, also sozial ein „ganz normales Lebens zu führen" (es ist ein ständiger Kampf gegen die vorhandene oder drohende Armut; vgl. dazu EP1, Kap. 3.2.3). Da ihre Kinder die soziale Diskriminierung in der Schule vielfältig und z. T. recht massiv erleben, werden sie dazu angehalten, „sich zu wehren", sich „nicht unterbuttern" zu lassen und ihnen werden zur Durchsetzung ihrer Interessen und zum Schutz ihrer Integrität manchmal auch Verteidigungstrainings angeboten, womit sich hier die Gefahr einer Gewaltspirale auftut (vgl. dazu Kap. 5.2.3).

9. Die **Hedonisten** sind die am Spaß orientierte moderne Unterschicht. Allerdings gibt es diesbezüglich eine extrem breite ökonomische und soziale Streuung von sehr geringem bis sehr hohem Einkommen und vom Fehlen eines Schulabschlusses bis hin zum Studium (zugleich gibt es bemerkenswerte biografische Schwankungen zwischen diesen Extremen). Was sie intersubjektiv-lebensweltlich

verbindet, ist die Kritik an der herrschenden „Spießergesellschaft" und deren
Sicherheitsstreben und den daran orientierten Modi der Kapitalbildung und
das bevorzugte Leben in risikofreudigen, subkulturellen, anti-hegemonialen
symbolischen Gegenwelten. In ihrer Herkunftsfamilie hatten sie speziell durch
die dominierenden Väter eine autoritäre und desinteressierte Erziehung erlebt.
Die Mütter hielten sich da eher zurück, zumal sie wenig durchsetzungsfähig
waren, sie konnten nur situativ – gerade wenn die Väter abwesend waren – einen
Gegenpol bilden und wurden dann auch zu Vertrauten, speziell wenn man „Mist
gebaut" hatte. Diese immer wieder scharfe Konflikte heraufbeschwörende Strenge
(autoritäre Erziehung erzeugt den Widerstand und die Orientierungslosigkeit,
die sie verhindern bzw. überwinden will) wird auch im Rückblick als sehr negativ
bewertet. Das gilt auch für die Forderung nach Autoritätshörigkeit und Zurück-
haltung/Bescheidenheit sowie Sparsamkeit als Lebensmaxime schlechthin, die
verbunden war mit einer strikten Abgrenzung „nach unten" (nach noch weiter
unten) und Ablehnung von Ausländern und einem weitgehenden Verzicht
auf Begegnungen mit moderner Kunst und Kultur. Die Erziehungspraktiken
in ihrer eigenen Familie (es handelt sich mehrheitlich um gleichberechtigte,
häufig allerdings instabile Partnerschaften, wo beide auch „ihr Ding machen")
können in deutlicher Abgrenzung zu denen ihrer Eltern zusammenfassend als
permissiv-verwöhnend beschrieben werden, wobei sie durchaus realistisch
einschätzen, dass ihre Kinder sie „im Griff haben". Es geht in dem an Egalität
ausgerichteten Familienleben sehr spontan bis chaotisch zu, d. h. sie erlauben
den Kindern ein genauso regelloses („anti-autoritäres") Leben zu führen wie sie
es selber tun. Das betrifft auch das Austragen von Konflikten, wobei sie sie auch
in die Thematisierung und Bearbeitung/Lösung der Partnerschaftsprobleme
einbeziehen, es wird also auch nach außen keine „heile Welt" vorgetäuscht. Dabei
mischt sich in diesen Ich-Du-Beziehungen der *Respekt* vor der Individualität der
Kinder (auch in der Öffentlichkeit, wo ihnen viel Kinderfeindlichkeit begegnet)
mit einem gewissen *Ausweichen* vor der inhaltlichen Auseinandersetzung um
die Begründung und Praktizierung von akzeptierten nicht-konventionellen
Verbindlichkeiten, Regeln und Ritualen. Das hat auch mit dem *ambivalenten*
Verhältnis zur eigenen Familie zu tun, die gleichzeitig als Glück und Belastung,
als befriedigend und einengend, als Raum der Geborgenheit und der Vereinnahmung, als sinngebend und freiheitsberaubend empfunden wird. Diese
Ambivalenz stellt die bewusst gewollte anti-hegemoniale Unkonventionalität
und Unangepasstheit, die angestrebte „Grenzenlosigkeit" der Selbstständigkeit
und Selbstbewusstheit z. T. auch in Frage. Dieser Einengung wirkt dann ggf. der
Konsum von psychotropen Substanzen entgegen (vgl. Kap. 4.4), dass man das
vorhandene Geld freigiebig ausgibt und den Kindern alles kauft, was sie sich

wünschen, sofern genug Geld da ist. Auch der religiöse Glaube wird als eine rein individuelle, private bis privatistische kulturelle Entscheidung betrachtet, entsprechende Inhalte – wenn überhaupt – sehr distanziert „referiert".

1.4.2.3 Überlappungen zwischen den sozialen und pädagogischen Milieus

Die vorangegangene Darstellung hat schon mehrfach indirekt deutlich gemacht, dass es zwischen den sozialen und den pädagogischen Milieus keine Deckungsgleichheit gibt. Vielmehr finden sich in unterschiedlichen sozialen Milieus pädagogische Gemeinsamkeiten wie auch pädagogische Differenzen in sozial gleichen Milieus. Die zentralen Befunde zeigt Abb. 3 (S. 101); sie machen besonders folgende partiell milieuübergreifende Tendenzen deutlich (vgl. Liebenwein 2008, Kap. 5):

1. Nur bezogen auf die traditionsverwurzelten Milieus (TRA) gibt es eine weitgehende Deckung mit autoritären Erziehungsvorstellungen und -praktiken.
2. Übergänge von den autoritären Erziehungsvorstellungen und -praktiken in der Herkunftsfamilie zu eher autoritativen in der eigenen Familie finden sich in den Milieus der Konservativen (KON), der Etablierten (ETB) und der modernen Performer (PER).
3. Eine dominant demokratische Erziehung ist anzutreffen in den Milieus der Postmateriellen (PMA), der bürgerlichen Mitte (BÜM) und Experimentalisten (EXP).
4. Eine deutliche Abgrenzung von den restriktiv-autoritären Erziehungserfahrungen in der Herkunftsfamilie ist zu konstatieren in den Milieus der Konsum-Materialisten (MAT), die nunmehr eher permissiv-verwöhnend erziehen und denen der Hedonisten (HED), wo permissiv-vernachlässigende Tendenzen dominieren.
5. Den Befunden von Liebenwein ergänzend ist noch darauf hinzuweisen, dass die Konsum-Materialisten, die Hedonisten, die Experimentalisten und die modernen Performer integrative Schulstrukturen befürworten, die Bürgerliche Mitte für diese zwar Sympathien hat, aber die eignen Kinder doch eher auf das Gymnasium schickt und die Etablierten und die modernen Performer das dreigliedrige System favorisieren bzw. verteidigen (vgl. Merkle/Wippermann 2008, S. 232; vgl. dazu auch ausführlicher Kap. 2.2.3/2.3.2).

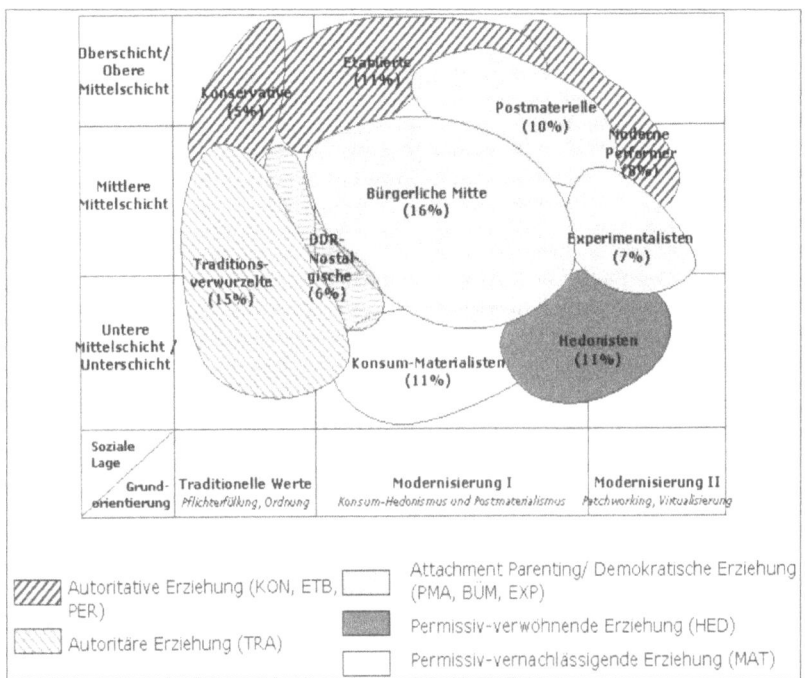

Abb. 3 Milieuübergreifende Tendenzen in den Erziehungsvorstellungen und
-praktiken
Quelle: Liebenwein 2008, S. 245

1.4.3 Pädagogisch relevante Kapitalbildungen in jugendlichen Lebenswelten (Calmbach u. a.)

Die Sinus-Forschungsgruppe führt – wie schon erwähnt – seit 2007 auch Jugendstudien durch (vgl. Calmbach et al. 2012, 2016; Wippermann/Calmbach 2007). Wie
bedeutsam diese (potentiell) für die pädagogische Praxis sind (dazu auch Thomas/
Calmbach 2013), zeigt allein die Tatsache, dass die aktuelle Studie von 2016 nicht
nur in Auftrag gegeben wurde von verschiedenen Organisationen bzw. Verbänden,
sondern dass diese auch spezielle **konzeptionelle** Themenpatenschaften übernommen hatten: Das SINUS-Institut für Werte, Zukunft, Freizeit, Vergemeinschaftung, Vorbilder und Konsum; die Arbeitsstelle für Jugendseelsorge der Deutschen
Bischofskonferenz für Religion & Glaube; der Bund der Deutschen katholischen
Jugend für Partnerschaft, Umweltschutz, Klimawandel und kritischen Konsum;

die Bundeszentrale für politische Bildung für Nation, Geschichte und Flüchtlinge; die Deutsche Kinder- und Jugendstiftung für Digitale Medien & Digitales Lernen; und die VDV-Akademie (Verband Deutscher Verkehrsunternehmen-Akademie) für Mobilität. Damit sind schon die *multiperspektivischen* Fragestellungen der Studie angedeutet, die auch für die Analyse der Kapitalbildungsprozesse von Jugendlichen relevant sind. **Methodisch** handelt es sich um eine *qualitative* Studie, bei der 72 Personen im Alter von 14 bis 17 Jahren von professionell geschulten Interviewer*innen (alle unter 30, die meisten unter 25 Jahre!) zwischen Juli und Oktober 2015 in ihrer häuslichen Umgebung befragt wurden, von denen jeweils 24 den Hauptschulabschluss, die Mittlere Reife bzw. das Abitur anstrebten. Zur Vorbereitung und „Einstimmung" wurden die Jugendlichen gebeten, ein schriftliches „Hausarbeitsheft" mit dem Titel „So bin ich, das mag ich" anzulegen, in welchem sie ihre Vorlieben und Interessen äußern konnten; dies wurde zum Schluss noch ergänzt um das Thema „Das gibt meinem Leben Sinn". Die leitfadengestützten narrativen Interviews dauerten 90 min; es schlossen sich dann noch die fotografische Dokumentation der jeweiligen Wohnwelten an (dauerte ca. 30 min.), womit es möglich wurde, textliche und visuelle, speziell alltagsästhetische Deutungs- und Darstellungsmuster aufeinander zu beziehen (im Sinne einer Triangulation verschiedener qualitativer Methoden). Zusätzlich gab es noch eine Reihe von drei Mädchen und drei Jungen durchgeführte Peer-to-Peer-Interviews mit der jeweils besten Freundin bzw. dem besten Freund zu den Stichworten: „Beziehung/Partnerschaft", „Gott", „Autos", „Öffentlicher Nahverkehr", „Flüchtlinge", „Deutschland", „Lernen mit digitalen Medien", „Ich im Internet" sowie „Freunde & Feinde", um möglichst nah an diese Themen heranzukommen, die die Jugendlichen z. T. pragmatisch, aber auch existentiell beschäftigen. – Schon an dieser Stelle dürfte deutlich sein, dass alle diese Untersuchungsbereiche für die Konkretisierung und Spezifizierung der Bildungsaufgaben in der Jugendzeit von fundamentaler Bedeutung sind und dass die *empirischen* Kenntnisse dieser lebensweltverankerten Erlebnisse, Erfahrungen und Orientierungen eine zentrale Voraussetzung für *begründetes* und damit *verantwortbares* entwicklungspädagogisches Handeln sind.

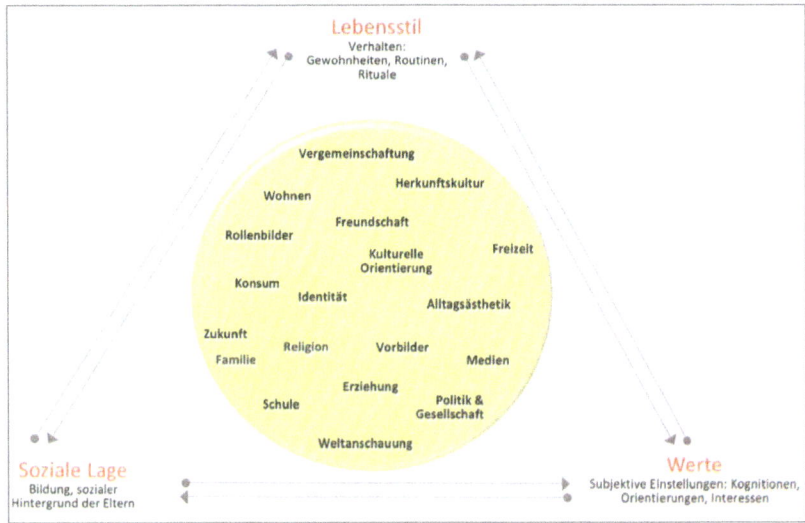

Abb. 4   Die Sinus-Studie „Wie ticken Jugendliche 2016?"
a)   Die Bausteine der Lebensweltanalyse
Quelle: Calmbach et al., S. 2016, S. 29

Heimat	Geld	Verantwortung	Spaß	Flexibilität
Gemeinschaft	Luxus	Solidarität	Abenteuer	Mobilität
Treue	Erfolg	Toleranz	Freiheit	Experimentierfreude
Ordnung	Berühmtheit	Natur	Entertainment	Einzigartigkeit
Sicherheit	Attraktivität	Nachhaltigkeit	Aggressivität	Veränderung
Familie	Fashion	Gerechtigkeit	Abwechslung	Spontaneität
Zugehörigkeit	Professionalität	Demokratie	Freizügigkeit	Kreativität
Bescheidenheit	Leistung	Bildung	Mut	Unabhängigkeit
Sparsamkeit	Prestige	Natürlichkeit	Ehrgeiz	Risiko
Pflichtbewusstsein	Karriere	Protest	Fitness	Exotik
Respekt		Widerspenstigkeit	Trends	
Glaube		Gesundheit		
Fleiß				
Nächstenliebe				
Zuverlässigkeit				
Sicherheit & Orientierung	*Haben & Zeigen*	*Sein & Verändern*	*Machen & Erleben*	*Grenzen überwinden & Sampling*

traditionell

modern

postmodern

b)   Werte-Achse des SINUS-Lebensweltmodells – typische Werte
Quelle: ebd., S. 31

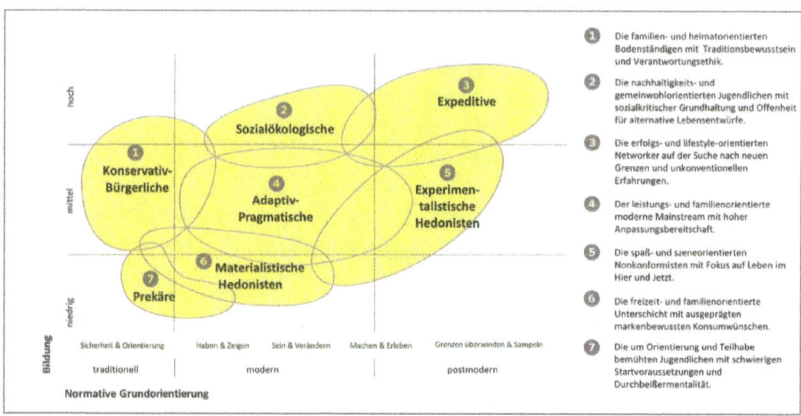

c)   Das SINUS-Modell für die Lebenswelten der 14–17-Jährigen
Quelle: ebd., S. 38

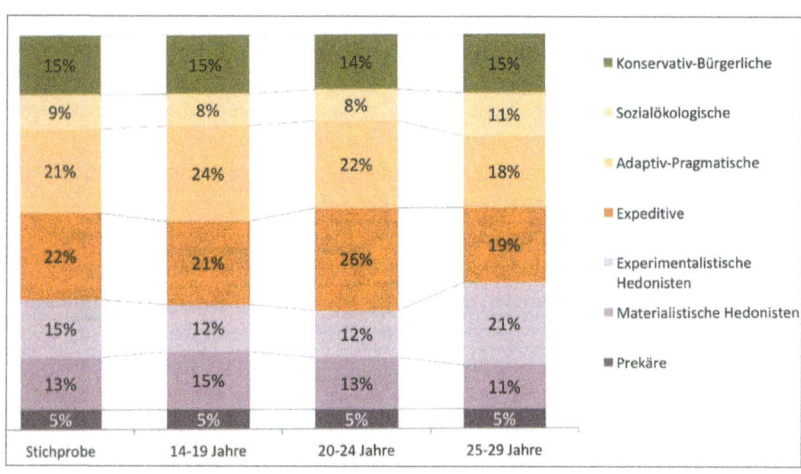

d)   Lebensweltliche Struktur der jungen Alterskohorten im Vergleich
Quelle; ebd., S. 34

Hinsichtlich der verallgemeinerten **Ergebnisdarstellung** ist zunächst auf die *Bausteine* der Lebensweltanalyse zu verweisen (Abb. 4a, S. 103), die ein Dreiecksverhältnis enthalten von sozialer Lage (hier kulturell operationalisiert als Schulform und sozialer Hintergrund, also ökonomisches Kapital der Eltern), Lebensstil (operationalisiert als Handlungsmuster: Gewohnheiten, Routinen, Rituale) und Werte (operationalisiert als subjektive Einstellungen, Kognitionen, Orientierungen und Interessen), – beides Aspekte des kulturellen (auch subkulturellen) und sozialen Kapitals der Jugendlichen. Daraus ergibt sich eine *Werte-Achse* mit jeweils typischen Werten (Abb. 4b, S. 103), die positioniert werden von links nach rechts: von traditionell (Sicherheit und Ordnung), über modern (Haben & Zeigen bzw. Sein & Verändern) bis hin zu postmodern (Machen & Erleben bzw. Grenzen überwinden & Sampling). Diese folgen weniger einer alternativen „Entweder-Oder-Logik", sondern einer synthetischen „Sowohl-als-auch-Logik". Diese Teilaspekte werden dann in der schon erwähnten Sinus-„Kartoffelgrafik" zweidimensional zusammengeführt (Abb. 4c, S. 104), wobei die *vertikale*, die soziale Achse das jeweils (angestrebte) Bildungszertifikat, also das institutionalisierte Kulturkapital erfasst und die *horizontale* die normativen Grundorientierungen, also das angeeignete kulturelle Kapital. Dabei wird nicht nur deutlich, dass *innerhalb* einer sozialen Lage *unterschiedliche* Werteorientierungen anzutreffen sind, sondern dass die Milieus sich auch teilweise *überlappen* (das entspricht den dargestellten Überlappungen zwischen sozialen und pädagogischen Milieus). – Über die *Größenordnung* der Milieus kann bezogen auf die aktuelle Studie keine Aussage getroffen werden; allerdings wurden für die Studie im Jahre 2013 mit 14–29-Jährigen 2000 Online-Interviews durchgeführt, deren Auswertung mit Hilfe eines die Grundüberzeugungen der Befragten erfassenden *Lebensweltindikators* (Statements zu typischen Werthaltungen, die die einzelnen Lebenswelten repräsentieren) und eines *Wahrscheinlichkeitsmodells* (gruppenbezogene Bestimmung der Antwortwahrscheinlichkeit über alle Indikatoren-Items hinweg – im Sinne eines „Normprofils") ein differenziertes repräsentatives quantitatives Bild ergibt (Abb. 4d, S. 104).

Wenn in der Überschrift von „pädagogisch relevanten" bzw. „pädagogischen" Kapitalbildungsprozessen die Rede ist, dann ist damit die Differenzierung in bestimmte **Lernkontexte** angesprochen, nämlich in die *formellen* (hier besonders der Schule, z. T. auch der Ausbildung), die *nicht-formellen* (dafür steht besonders die offene und verbandliche Jugendarbeit) und die *informellen* (besonders in der Familie und den Peergroups und Szenen). Die nachfolgende Darstellung der wesentlichen Ergebnisse (vgl. Calmbach et al. 2016, Kap. 3; auf weitere Ergebnisse wird in den nachfolgenden Kapiteln eingegangen) folgt auch hier der Dreiteilung des sozialen Raums, nämlich in

A. Die ökonomischen, politischen und kulturellen Elitemilieus (1. die sozialöko-
    logischen und 2. die expeditiven Jugendmilieus),
B. die respektablen Volksmilieus (3. die konservativ-bürgerlichen, 4. die adap-
    tiv-pragmatischen und 5. die experimentalistisch-hedonistischen Jugendmilieus)
    und schließlich
C. die prekären, von Deklassierung bedrohten bzw. betroffenen Milieus (6. die
    „prekären" – in der Sinus-Terminologie – und 7. die materialistisch-hedonis-
    tischen Jugendmilieus).

Dabei werden insgesamt auch Übereinstimmungen, allerdings auch Differenzen,
zwischen dem Selbstverständnis der heutigen *Elterngeneration* (vgl. Kap. 1.4.2)
und den lebensweltlich eingebundenen Erlebnissen, Erfahrungen, Einsichten und
Erwartungen der gegenwärtigen Jugendlichen, respektive deren *Kinder*, deutlich
(sie werden allerdings hier nur indirekt angesprochen; vgl. dazu aber ergänzend
Wippermann/Calmbach 2007).

A. Die ökonomischen, politischen und kulturellen Elitemilieus der Jugendlichen

1. Die **sozialökologischen** Jugendlichen treten mit einem gewissen, manchmal elitä-
    ren Sendungsbewusstsein, für eine an der Nachhaltigkeit und dem Gemeinwesen
    ausgerichtete Gesellschaftsreform (oder auch „Revolution") ein und verbinden
    ihre sozialkritische Grundhaltung mit einer Offenheit für diverse alternative
    Lebensentwürfe mit deutlicher Artikulation von postmateriellen Werten wie
    Demokratie, Freiheit, Pazifismus, Toleranz, Gerechtigkeit gegen Mensch und
    Tier, Gleichberechtigung zwischen den Geschlechtern und Kulturen. Für sie
    ist Demokratie eine Lebensform, weshalb sie sich mit ihrer eigenen privile-
    gierten ökonomisch-sozialen Situation durchaus kritisch auseinandersetzen
    (sie distanzieren sich klar von Luxus und materiellem Überfluss und lehnen
    z. B. den „Markenwahn" bei der Mode strikt ab). In der Schule engagieren sie
    sich als Klassen- und Schülersprecher*innen oder in den unterschiedlichsten
    Sozialprojekten bzw. NGO's, woraus eine Mischung aus sozialer und politi-
    scher Kapitalbildung resultiert. Sie streben Chancengleichheit für alle an und
    grenzen sich energisch von allen Formen des Rassismus und der Arroganz ab
    und können mit aufgesetzten Szeneleuten nichts anfangen. Sie bewundern
    glückliche Menschen, solche mit intellektueller Ausstrahlungskraft und Über-
    lebenskünstler und sehen diese auch teilweise als Vorbilder an, wobei Mädchen
    gerade durchsetzungsfähige Frauen bewundern. Ihre kulturellen Interessen und
    Alltagspraktiken – auch die sportlichen – sind breit gestreut (auch mit Blick

auf Film/Kino und Fernsehen), sie haben von allen Jugendkulturen das größte Interesse an der Hochkultur (einige spielen klassische Musikinstrumente), lesen gerne und beschäftigen sich auch intensiv mit alternativer Kultur (z. B. Graffitis und Poetry Slams). Sie sind also sehr bildungsaffin, haben viel sozialkritisches kulturelles Kapital inkorporiert und betrachten die Schule als einen wichtigen formellen Lernort, mit dessen Lernangeboten sie sich zeitintensiv und -extensiv auseinandersetzen. Über deren Themenkatalog gehen sie aber informell und nicht-formell deutlich hinaus, indem sie sich eigenständig, vertiefend, „radikal" mit sie interessierenden politischen, sozialen und ökologischen sowie lebenspraktisch-existentiellen (einschließlich religiösen) Themen beschäftigen. Von daher zeigen sie nicht nur eine gewisse, gelassene Distanz zur Schule, sondern haben auch hohe Ansprüche an Freundschaften mit sehr unterschiedlichen Menschen aus den verschiedensten sozialen und kulturellen Milieus – bevorzugt mit klarer sozialökologischer/sozialkritischer Szeneverankerung. Mit denen wollen sie sich intensiv auseinandersetzen – und zugleich erwarten sie, dass diese ihre starken Positionen auch öffentlich überzeugend, „energisch" vertreten. Ihnen ist eine Berufstätigkeit wichtig, aber sie halten sich dafür viele Optionen und berufliche Wechsel offen und stellen bei ihren optimistischen Zukunftserwartungen (Scheitern ist ausgeschlossen) auch diesbezüglich die anspruchsvolle und sinnstiftende Bedeutsamkeit, also die reflexive soziale Selbstverwirklichung und politische Verantwortungsübernahme ins Zentrum (Bezahlung ist eher zweitrangig). Zu ihrem Lebensentwurf gehört auch die Familie, die sie aber nicht romantisieren – auch aktuell nicht: Sie haben zu ihren Eltern als Vertraute zwar eine gute Beziehung, aber in den Gesprächen spielten sie nur eine randständige Rolle. Dabei verbinden sie mit dem Erwachsenwerden nicht eine Zunahme von beruflichen und sozialen Zwängen, sondern ein Zugewinn an Freiheit und Selbstbestimmung, weshalb sie sich auf diesen neuen Lebensabschnitt freuen, der ihnen auch Spielräume für ein „Globetrotter"-Dasein als Rucksack-Tourist*in bzw. digitale(r) Nomadin/Nomade eröffnen soll.

2. Das andere Elitemilieu der Jugendlichen, das **expeditive**, wird bestimmt von den on- wie offline aktiven, erfolgs- und lifestylorientierten Networkern, die sich zugleich über den Mainstream, die herrschende Normalität, in gewisser Weise hinwegsetzen, indem sie Grenzen überschreiten, unkonventionelle Erfahrungen machen und begrenzt neue Strukturen und Lebensweisen schaffen und praktizieren wollen. Ihre habitualisierten Werte sind ein buntes, widerspruchsreiches Patchwork aus Selbsterfahrung, Selbstentfaltung, Selbstverwirklichung und Hedonismus einerseits und Pflicht- und Leistungsorientierung (Karriere, Erfolg, Zielstrebigkeit, Ehrgeiz, Fleiß) andererseits. Sie sind von allen Jugendlichen die flexibelsten, mobilsten, pragmatischsten und innovativsten, sie akzeptieren

die sog. „Leistungsgesellschaft" und fühlen sich für den „Konkurrenzkampf"
hinreichend gewappnet, denn sie verstehen sich ganz selbstverständlich, „ganz
unverkrampft", als intellektuelle, kulturelle und stilistische Avantgarde, als
urbane, kosmopolitische „Hipster", als elitäre Alternative zu spießbürgerlicher
Gemütlichkeit, selbstunterdrückender Askese, konservativer Moralisierung,
klein- und großbürgerlichem Muff und steifem Bürokratismus. Sie finden ihre
Vorbilder in der Kunst, wie auch unter den „Machertypen" in Politik und Wirtschaft. Sie treten in ihren alltagskulturellen Selbstinszenierungen uneingeschränkt
für Vielfalt und Differenz ein, weshalb sie Kontroll- und Autoritätsansprüche
der unterschiedlichsten Art wie auch alle Formen von geistiger Verbindlichkeit
(„Ideologien") ablehnen, wobei diese Offenheit bei gesellschaftlichem Druck
in Beliebigkeit oder auch Opportunismus umschlagen kann. Ihre distinktiven
Handlungsweisen kommen auch in ihrem ausgeprägten Marken- und Trend-
bewusstsein zum Ausdruck, mit dem sie sich von den anderen Gleichaltrigen
absetzen. Das zeigt sich in sublimer Weise besonders in einem eleganten bis
extravaganten Stil bei den Mode- und Möbelpräferenzen, der zugleich lässig, fast
nachlässig selbstverständlich, also nicht-demonstrativ ist. Zwar sind sie multi-
kulturell ausgerichtet und nehmen als kulturelle „Wilderer" die verschiedensten
modernen Trends in Musik, Theater und bildender Kunst sowie in der Popkultur
auf, aber auch dies ist für sie Teil einer „kultivierten", „reifen" alltagspraktischen
Vergemeinschaftung. Diese kulturelle Kapitalbildung wird nicht zuletzt getragen
von einem elaborierten Sprachstil mit komplexen Argumentrationsketten und
anspruchsvollen künstlerischen Interpretationen. Deshalb finden sie auch die
meisten Schulbücher trivial und lesen nur wirklich spannende Bücher, wozu
sie auch Sachbücher zählen. Davon lassen sie sich auch bei der Rezeption von
Filmen in Kino und Fernsehen leiten. Neben Reisen (besonders in Großstädte
und „die weite Natur") steht ein exzessives (Techno-)Partyleben hoch im Kurs
mit ausschweifenden Touren und ekstatischen Erlebnissen – wozu auch ganz
selbstverständlich der Sex gehört. Für sie ist Vernetzung und Verflechtung ganz
wichtig, weshalb sie sowohl enge, „echte", „wahre" Freundschaften wie auch einen
losen Bekanntenkreis aufgebaut haben, wobei sie sich in kleinen, eher elitären
Zirkeln am wohlsten fühlen. Das hängt wohl auch damit zusammen, dass sie
von anderen Jugendlichen als verkrampft, exzentrisch, „to cool for school" eingestuft und deshalb abgelehnt werden. Auch ihnen ist die Familie zwar wichtig,
aber in ihren Alltagserzählungen wenig präsent. Sie ist so etwas wie eine kulturelle, soziale, insbesondere aber auch finanzielle Hintergrundsicherheit und
-gewissheit, von der sie sich allerdings sozialräumlich möglichst bald ablösen
möchten. Zugleich tragen die Beziehungen der Familie zur Selbstreproduktion
dieses Elitemilieus bei und sind deshalb für diese Jugendlichen eine wesentliche

Quelle ihrer sozialen und z. T. auch politischen Kapitalbildung, welche ihnen das Vertrauen gibt, dass sie auch in Zukunft genügend „Connections" haben werden, um in der sich globalisierenden Arbeitswelt in einem anspruchsvollen urbanen Ambiente ein Berufsfeld finden und dort auch erfolgreich sein werden, welches ihnen zugleich Freude bereitet, weshalb sie auch diesbezüglich optimistisch, entspannt und selbstbewusst sind. Sie wissen einerseits das Single-Dasein zu schätzen, wünschen sich aber andererseits auch eine intensive Beziehung, wobei sie es zur Voraussetzung machen, dass beide Partner ein eigenes Leben führen und bis ins hohe Alter flexibel und spontan bleiben und sich so auch – da endet die „Toleranz" – nach unten zu den „Normalos", den „Langweilern" abgrenzen.

B. Die respektabalen Volksmilieus der Jugendlichen

3. Die Jugendlichen des **konservativ-bürgerlichen Milieus** akzeptieren wie ihre Eltern die gegebene gesellschaftliche Ordnung und finden sich aktiv in sie ein und sind für diese Form der symbolischen Kapitalbildung auch bereit, an ihren Selbstbestimmungsansprüchen Abstriche zu machen. Ihnen ist es wichtig, dass ihr Leben in geregelten Bahnen verläuft und sie haben dafür einen weitgehend *linearen* Plan (Schule-Ausbildung-Beruf-Familie). Sie erstreben die soziale, besonders finanzielle Sicherheit einer „Normalbiografie", wollen die Bedingungen dafür möglichst unter Kontrolle halten und Risiken (im Sinne von Gefährdungen) vermeiden, *grenzen sich nach „unten" und „oben" ab* und richten sich dazu aus an nicht weiter hinterfragten Alltagsroutinen und Sekundärtugenden (z. B. Sparsamkeit, Zielstrebigkeit, Anpassungsbereitschaft, Nüchternheit, Höflichkeit). Dem werden die jugendtypischen hedonistischen Ansprüche und Neigungen untergeordnet. Dabei gehen sie sozialen und zwischenmenschlichen Konflikten eher aus dem Weg, was die ohnehin begrenzte politische Kapitalbildung nochmals einschränkt. Das bestimmt auch ihr konventionelles Verhältnis zum formellen Lernort Schule und ihr Verhalten im Unterricht. Sie sind auch soziokulturell eher unauffällig, leistungs- bzw. zensurenbezogen, also „pflegeleicht". Eine eigenständige, vertiefte Beschäftigung mit Unterrichtsthemen findet nur statt, wenn sie sich persönlich dafür tatsächlich interessieren. Für ihre Lebenspläne (es sind selten Karrierepläne) finden sie Rückhalt im alltagsintensiven und bindungsstarken Familienleben, weshalb sie auch eine harmonische Familie als Glücksziel anstreben. Sie finden dafür Unterstützung (zumindest Akzeptanz) in ihrer unmittelbaren sozialräumlichen Umgebung, mit der sie vertraut sind, die sie bewusst als Heimat erleben und verstehen und an deren Traditionen sie sich als echte „Lokalpatrioten" auch in nicht-formellen sozialen Lernkontexten aktiv beteiligen. Sie lieben die damit verbundene Geselligkeit und ihre soziale Kapitalbildung wird getragen von kollektiven bzw. sozialen Werten

(„für andere da sein"). Das bestimmt auch ihre möglichst konkurrenzfreien und teilweise langjährigen Beziehungen in dem festen, bewusst überschaubar gehaltenen Freundeskreis. Auch wenn sie mit den aktuellen Trends der Popkultur vertraut sind – zur Hochkultur haben sie ein skeptisches bis distanziertes Verhältnis – fühlen sie sich mit ihrer Präferenz für konventionelle, teilweise auch volkstümliche Musik, Mode und Umgangsformen als „Kontrollfreaks" und „Partybremsen", somit eher an den Rand der informellen jugendlichen Begegnungsorte und Geselligkeitsformen (z. B. in Discos) gedrängt. Dies verweist auf eine grundsätzlichere Erlebnis- und Erfahrungsdimension, nämlich die verunsichernde Diskrepanz zwischen ihren Wünschen nach einem ordentlichen und geregelt ablaufenden sozialen und persönlichen Leben und der sich immer noch beschleunigenden Dynamik des sozialen Wandels mit seinen Umbrüchen, Zäsuren, Unwägbarkeiten und Gefährdungen, weshalb ihnen die Stimmung nicht so fremd ist, dass das Leben eben nicht so harmonisch ist und sein wird, wie sie es sich wünschen, sondern dass es „ein Kampf" ist, den man bestehen muss, wenn man erfolgreich im Beruf und emotional aufgehoben in der Familie und in der Gemeinschaft sein will.

4. Für die **adaptiv-pragmatisch** eingestellten und lebenden Jugendlichen hat die Familie auch einen hohen Stellenwert in ihrem Alltag und ihren Lebensentwürfen. Sie garantiert ihnen sozialen Schutz und emotionale Geborgenheit. Sie versuchen, in ihren jetzt verfolgten Lebensplänen und den daran ausgerichteten kulturellen, sozialen und symbolischen Kapitalbildungsprozessen eine offene Balance zu finden zwischen den erwähnten *konservativ-bürgerlichen* Grundwerten, speziell der Leistungsorientierung und Anpassungsbereitschaft, mit den *modernen* Ansprüchen des berufsbezogenen Selbstmanagements und der familienorientierten Flexibilität (Vereinbarkeit von Beruf und Familie) sowie den *hedonistischen* Werten, wie sie besonders in ihren ausgeprägten, z. T. auch demonstrativen Konsuminteressen zum Tragen kommen (z. B. bei der Kleidung). Auch sie haben einen festen Plan für ihr Leben, gehen ebenfalls ökonomisch-sozial von einer Normalbiografie aus, sind kompromissbereit, orientieren sich am Machbaren, suchen einen Platz „in der Mitte der Gesellschaft", richten sich an der hegemonialen gesellschaftlichen Normalität aus und geben im Konfliktfall der sozialen Sicherheit (krisensichere Branche, fester Arbeitsplatz und ausreichendes Einkommen, schönes Zuhause als sozialer Raum des glücklichen Familienlebens) den Vorrang vor der Selbstverwirklichung. Bei der sozialen Kapitalbildung *grenzen* sie sich entsprechend ihrem dichotomischen Gesellschaftsbild gezielt ab sowohl *nach oben* („gegen „die Bonzen" bzw. gegen „die Besserwisser" in der Schule) wie auch *nach unten* (gegen die „Faulen" und „Asozialen"). Diese sozialkritische Einstellung findet sich auch bei den Jugendlichen mit Migrations-

hintergrund, die einen deutlichen Integrationswillen zeigen, was besonders in der Schule bemerkbar ist, wo sie häufig die Leistungsträger sind (gefördert und z. T. gefordert durch ihre Eltern und deren hohe Bildungsaspirationen). Dazu trägt auch bei ihr Doppelbezug zu Deutschland und ihrem Herkunftsland, was sie als bi- bzw. multikulturellen Vorteil betrachten (vgl. Kap. 3.2). Ihre informellen kulturellen Praktiken sind von dem Bedürfnis nach Unterhaltung, Erlebnissen und Entspannung bestimmt, weshalb sie mit dem populären Mainstream gut vertraut sind, aber auf eine intellektuelle, „analytische" Auseinandersetzung mit ihm meist verzichten. Ihr recht dichter Terminkalender in Schule und Familie sowie für Hobbys ist auch bestimmt von sportlicher Betätigung sowie dem Besuch von Sportveranstaltungen und Pop-Konzerten (manchmal auch von Musicals) sowie von Disco-Besuchen. Sie haben alltagspraktisch intensiv gelebte enge Freundschaften in der Schule, in der Nachbarschaft und in Vereinen aufgebaut. Darüber hinaus haben sie zahlreiche Bekannte und sind über den sozialen Nahraum hinaus gut vernetzt über die neuen Medien. Sie nehmen soziale Konflikte, besonders Mobbing, im Alltag wahr, sind aber selten selber Oper (Jugendliche mit Migrationshintergrund erzählen von gelegentlichen, meist harmlosen Rempeleien) und fast nie Täter (vgl. dazu auch Kap. 5.2).

5. Im **experimentalistisch-hedonistischen** Jugendmilieu steht das Leben im Hier und Jetzt im Zentrum, weshalb es auch als „postmodern" eingestuft wird. Diese spaß- und szeneorientierten Nonkonformisten „lieben" ihre Freiheit, Individualität, Spontanität und Risikobereitschaft bis hin zum Abenteuer (auch in Bezug auf Drogen) und lehnen Selbstdisziplin und -kontrolle sowie Routinen aller Art bewusst als inakzeptable innere psychische Zwänge ab. Sie entziehen sich auch in sexuellen Fragen dem Mainstream der herrschenden Normalität und der kulturellen durch die Familie, finden es ok., wenn sie „anecken" und fühlen sich „auf dem richtigen Weg", wenn sie für „aufsässig" gehalten werden, favorisieren ein Leben im subkulturellen Underground (dann kann z. B. „Hässlichkeit" bei der Kleidung zum positiven Bewertungskriterium werden). Zwar halten sie den Aufwand zur Erledigung der formellen Schul-Arbeit in Grenzen, wenn sie das als Anpassungsdruck empfinden, aber wenn sie ein Thema packt, dann sind sie bereit, sich intensiv mit ihm auseinanderzusetzen. Diese motivierte Anstrengungsbereitschaft zeigt sich auch beim Ringen um den eigenen Lebensentwurf und den dazu passenden Schwerpunkten und Formen der Kapitalbildung, denen sie in ihrem jugendkulturellen Fundament bis ins hohe Alter treu bleiben wollen (weshalb sie sich auch wenig Gedanken über ihre Zukunft machen, sondern sie optimistisch auf sich zukommen lassen). Sie präferieren die innovative, anspruchsvoll differenzierte informelle, manchmal auch nicht-formelle (musik-)kulturelle Selbstbetätigung in klar umgrenzten,

auch eingegrenzten Szenen. Das ist für sie die befriedigende Alternative zum passiven Konsum des Mainstreams bzw. der Ausrichtung an der Hochkultur und sie eignen sich dort ihr szenespezifisches kulturelles Kapital an. In ihrem großen Freundes- und Bekanntenkreis finden sie lustige, „verrückte", „durch-geknallte", eigenwillige und ironische Menschen, besonders sog. „Außenseiter", sehr attraktiv, weshalb sie soziokulturell „Normalos aller Art", also „die breite Masse" ablehnen und ausgrenzen und soziale und kulturelle Orte, wo sie sich öffentlich oder halb-öffentlich treffen, meiden. Sie nutzen sehr verschiedene informelle, selten nicht-formelle Treffpunkte, auch private, wenn diese kontroll-freie Sozialräume sind und damit das Experimentieren mit unterschiedlichen Lebensentwürfen ermöglichen.

C. Die prekären, von Deklassierung bedrohten oder betroffenen Milieus der Jugendlichen

6. Diese Sinus-Studie subsumiert – wie schon angesprochen – unter das **prekäre** Milieu nur diejenigen, die schon von Deklassierung betroffen sind und nicht auch diejenigen, die davon „nur" bedroht sind, also auch die materialistischen Hedonisten. Diese Jugendliche haben die sozialen Härten des Lebens in der Risikogesellschaft schon seit ihrer Kindheit erlebt, haben vielfältige biografische Brüche erfahren und wissen schon, was der „Ernst des Lebens" ist (vgl. dazu ausführlicher bereits EP1, Kap. 3.2.3). Von einem schützenden Moratorium kann hier auch dann meist nicht die Rede sein, wenn die Eltern sich bemühen, ihre sozialen, besonders finanziellen Notlagen vor den Kindern zu verheimlichen und auch unter Verzicht auf die Befriedigung ihrer eigenen Bedürfnisse den Kindern versuchen, ein „normales Leben" zu bieten. In vielen Fällen führt die finanzielle Notlage, verbunden mit den zum Teil recht massiven sozialen und kulturellen Ausgrenzungspraktiken und Mobbingerfahrungen im Wohngebiet, in der Schule und z. T. auch in der offenen und verbandlichen Kinder- und Jugendarbeit, also die Kumulation der schwierigen Entwicklungsvoraussetzungen dazu, dass es in den Familien zu heftigen psychosozialen Konflikten kommt, die nicht selten mit körperlicher und psychischer Gewalt ausgetragen werden, weshalb Jugend-liche häufig nicht nur Opfer, sondern auch Täter sind (vgl. Kap. 1.4.2 u. 5.2.3). Darüber hinaus spielt eine psychodynamische Realitätsflucht via psychotrope Substanzen („Drogen") eine wichtige Rolle (vgl. dazu Kap. 4.4). Trotz allem ist für einen relevanten Teil dieser Jugendlichen die Familie ein wichtiger Raum ihres Rückzugs aus der „feindlichen" Welt und sie berichten eben auch immer von „glücklichen" Zeiten. Und sie hängen an ihren Eltern auch dann, wenn sie von diesen wenig liebevoll, häufig sogar schlicht abstoßend bis ausstoßend behandelt werden. Daraus ergibt sich ein ambivalentes Familienverständnis:

Dieses ist einerseits von Idealsierungen bzw. illusionären Hoffnungen geprägt, die eine offensichtliche Umdeutung der realen Situation darstellen, aber angesichts mangelnder alternativer Bindungsmöglichkeiten subjektiv plausibel ist (vgl. dazu EP1, Kap. 3.1). Andererseits artikulieren sich darin auch berechtigte Erwartungen an emotionale Geborgenheit in zuverlässigen zwischenmenschlichen Beziehungen. Und gewiss ist die Familie – neben der virtuellen Realität der Computer- und Konsolenspiele (vgl. EP1, Kap. 6.1.3) – dann immer auch noch eine Art (sub-)kulturelle Gegenwelt zu den erlebten außerfamiliären Ausgrenzungspraktiken. Insofern erleben und wissen diese Jugendlichen, dass sie um die soziale, kulturelle und pädagogische Teilhabe, also Kapitalbildung „kämpfen" müssen, wenn sie den Teufelskreis der manchmal generationenübergreifenden Perspektivlosigkeit durchbrechen wollen, dass ihnen also im Unterschied zur Mehrheit der Jugendlichen nichts „geschenkt" wird. Deshalb entwickeln viele eine „Durchbeißermentalität" und orientieren sich soziokulturell an Vorbildern, die auch aus solchen deklassierten Verhältnissen stammen und die es dennoch geschafft haben: und zwar nicht nur zu „überleben", sondern sogar „nach oben" zu kommen, berühmt zu werden und eine Anerkennung zu genießen, welche sie sich hart erkämpft haben (z. B. als Musiker oder Boxer). So ist ihr Selbstbewusstsein einerseits immer gefährdet – auch durch ihre z. T. rechtspopulistische und z. T. offen rassistische Abgrenzung von „Ausländern" (vgl. Kap. 5.2) – und ihr Orientierungswissen hauptsächlich daran ausgerichtet, wie man den Tag übersteht und den elementaren Anforderungen im informellen sozialen und kulturellen Lernort Familie gerecht werden kann, für deren Zusammenhalt sie häufig verantwortlich sind (wozu auch die Sorge um die jüngeren Geschwister gehört). Dieser alltägliche „Überlebenskampf" wird nicht zuletzt von der großen Hoffnung getragen, es durch Fleiß, Verlässlichkeit und große Anstrengung zu „schaffen" aus der elenden („miserablen") und sehr bedrückenden Situation herauszukommen, sich herauszuarbeiten, sich hochzuarbeiten in gesichertere ökonomische und soziale Verhältnisse, also mal eine wichtige Sache (z. B. den Hauptschulabschluss oder die Berufsausbildung) zu schaffen. Dabei ist auch ihr Verhältnis zum formellen Lernort Schule ambivalent: Einerseits wissen sie, dass sich ohne Schulabschluss – und d. h. zumeist: Hauptschulabschluss – „keine weiteren Fragen stellen" (auch wenn die aktuelle Situation auf dem Lehrstellenmarkt etwas entspannter geworden ist und zusätzliche Stützungsprogramme vorhanden sind; vgl. Kap. 2.4.4/2.4.5); andererseits gibt es diverse schulische Misserfolgserlebnisse, die zu einem nicht geringen Teil auch darauf zurückzuführen sind, dass ein relevanter Teil der Lehrer*innen und der praktizierten Schulprogramme die Lernvoraussetzungen für die Jugendlichen aus diesem Milieu nicht hinreichend kennen oder sogar ausblenden (vgl. zur Kompetenz-

bzw. Zertifikatsarmut Kap. 2.2.4 und zur milieugerechten und habitussensiblen Pädagogik Kap. 1.5 u. 2.3). So entsteht für einen Teil der Heranwachsenden der nicht unplausible Eindruck, dass sich „Leistung" in der Schule gar nicht wirklich lohnt, dass ihre Anstrengungsbereitschaften nicht hinreichend gewürdigt und ihre – manchmal tatsächlich nur kleinen – Lernfortschritte nicht angemessen gewürdigt werden. Eine Art Gegenerfahrung machen gerade Teile der männlichen Jugendlichen im Sport, wo sie innerhalb und außerhalb der Schule, speziell in nicht-formellen Kontexten, häufig die Besten sind und gerade im Mannschaftssport dafür geschätzt und anerkannt werden – nicht zuletzt auch deshalb, weil sie sich extrem anstrengen und „kämpfen" können (und z. B. ein Fußballspiel erst dann verloren geben, wenn es wirklich vorbei ist). Die kulturellen Anregungen durch das Elternhaus sind eher gering (z. B. was die Präsenz von Büchern, Bildern oder Musik-CD's und Gespräche darüber angeht oder auch über soziale und politische Themen) und so ist die Beschäftigung mit dem Mainstream der Popkultur (vor allem HipHop) für sie nicht nur Entspannung und manchmal auch Ermutigung, sondern zugleich eine wichtige Aneignungsform von (sub-)kulturellem Kapital sowie eine wichtige Voraussetzung für die soziale Anerkennung und Kapitalbildung in den Peergroups. Sie gibt es allerdings nicht zum „psychosozialen Nulltarif", weil sie auch hier soziale Ausgrenzungspraktiken erleben und es innerhalb der Peergroups z. T. scharfe Hierarchien gibt (zumal wenn diese sich in einem Wohngebiet bilden, das in einem „Stadtteil mit besonderem Entwicklungsbedarf", einem „sozialen Brennpunkt" liegt). Das gilt nicht zuletzt für solche Gruppen, die am Rande der Legalität operieren oder in kleinkriminelle Praktiken involviert sind (vgl. dazu Kap. 5.2.3). Auch dann entsteht eine ambivalente Konstellation, dass nämlich einerseits diese Anerkennung gewünscht und um diese Bindungen „gebuhlt" wird (dann ist ganz schnell jemand „der beste Freund" oder „die beste Freundin) und dass sie andererseits sehr fragil ist und schnell wieder aufgekündigt werden kann – und wird.

7. Die **materialistischen Hedonisten** führen ein Leben, welches einerseits von individuellen, häufig sogar rein individualistischen Freiheitsansprüchen bestimmt wird und dass andererseits sehr stark an der Familie ausgerichtet ist. Sie gehören zugleich zu dem Teil der prekär lebenden Milieus (jetzt im weiten Sinne), die großen Wert auf ihren sozialen Status legen, wobei es eine deutliche Spannung gibt zwischen dem aktuell bestimmenden und dem angestrebten Status. Der Konsum, für den sie auch neben der Schule jobben (z. B. als Zeitungsausträger*in oder in Fitnessstudios), hat hier zwar auch eine deutliche hedonistische Komponente und das Shoppen in den großen Einkaufszentren und Malls füllt einen relevanten Teil der Freizeit aus (weshalb diese die „Jugendzentren neuen

Typs" sind). Er ist aber zumindest gleichrangig ein Medium der unmittelbaren, aktuellen sozialen Integration und Kapitalbildung und in der Sensibilität für das eigene Erscheinungsbild, dem Markenbewusstsein (Stichwort „Alleinstellungs-merkmal"), kommen nicht nur die Aufstiegswünsche zum Ausdruck, sondern es wird zumindest „nach außen" auch signalisiert, dass man ihn zumindest teilweise schon erreicht hat (wenn man z. B. in Outlets oder auf dem Flohmarkt preisgünstig Markenklamotten kaufen konnte). Schlecht gekleidete Menschen gelten als inakzeptabel, unkultiviert, schlampig usw. Der kulturellen Präferenz für Spaß haben und ein gechilltes Leben führen, für Games und Zocken, für Fast Food und Feiern (mit Alkohol, aber nicht exzessiv) und ihr großes Interesse an Nachrichten aus den sozialen Netzwerken stehen die schulischen Anforde-rungen entgegen. Zwar leiden sie an ihren niedrigen Schulabschlüssen (da die niedrige formelle kulturelle Kapitalbildung sie darauf verweist, dass ihr sozia-ler Aufstieg dadurch extrem erschwert wird), aber dennoch entziehen sie sich den schulischen Leistungserwartungen so weit das geht (nur ihre Versetzung wollen sie nicht gefährden). Sie bevorzugen da doch die vielfältigen Fun- und Actionangebote und nutzen mit ihrem soziokulturell recht homogenen, zum Teil aber auch fragilen Freundeskreis dazu auch die nicht-formellen Raumange-bote der Kinder- und Jugendarbeit. Dabei differenzieren sie zwischen lockeren Beziehungen bzw. Bekanntschaften und echten Freund*innen (die sie dann auch als „Schwestern" und „Brüder" bezeichnen). Allerdings spielen in diesen stark hierarchisierten Beziehungen und sozialen Kapitalbildungsweisen Gewalt-praktiken gegen Personen und Sachen unterschiedlicher Intensität eine bemer-kenswerte Rolle. Sie werden nicht zuletzt verstanden als Verfolgung legitimer eigener Rechte angesichts offener und verdeckter Machtkämpfe – auch zwischen verschiedenen Cliquen und Gangs (vgl. Kap. 5.2.3). Den Gegenpol dazu bildet die Familie, in der sie emotionale Geborgenheit (sie sehen auch gerne Filme, in denen der zärtliche Umgang der Menschen miteinander eine wichtige Rolle spielt) und soziale und z. T. auch ökonomische Sicherheit suchen und dort wohl auch (teilweise) finden, weshalb sich ihr eigenes Familienmodell an dem ihrer Eltern ausrichtet. Zwar schwärmen die Jugendlichen mit Migrationshintergrund von ihrem Herkunftsland (was sie meist aber nicht wirklich kennen, weshalb es sich zumindest teilweise um ein idealisiertes Bild handelt), aber insgesamt sind sie orts- und heimatgebunden und wollen ihren vertrauten unmittelbaren Sozialraum auch in Zukunft möglichst nicht verlassen. Elitäre Sozialräume, wo „die Oberen" leben (die „Bonzen", die „Gymnasiasten"), subkulturelle und exotische Lokalitäten sowie Gebiete, wo „Asoziale" („Sozialschmarotzer", „Dauer-Hartzer") leben, lehnen sie grundsätzlich ab. In ihrem „heimatlichen Gefilde" hoffen sie, einen guten Job als Grundlage für ihren sozialen Aufstieg zu finden, der sie dann auch finanziell möglichst schnell unabhängig macht, ihnen die Gründung einer eigenen Familie ermöglicht, in der und mit der sie dann glücklich werden. Allerdings haben sie – aufgrund ihrer Schulerfahrungen – auch die Angst, keinen (angemessenen) Ausbildungsplatz zu finden und sind sehr unsicher, ob sie dem beruflichen Leistungs- und Konkurrenzdruck in der sich europäisierenden und globalisierenden Risikogesellschaft wirklich standhalten können (vgl. dazu auch Kap. 2.4.1/2.4.2). Einen positiven Gegenpol bilden da auch in diesem Milieu ihre sportlichen Betätigungen, denen sie sich ggf. sehr intensiv hingeben, wo allerdings Niederlagen auch besonders schwer verkraftet werden.

Es sei nochmals nachdrücklich darauf hingewiesen, dass es in diesem Kap. 1.4 nicht darum ging, Menschen „in eine Schublade zu stecken" und noch weniger darum, sie an einem normativ verbindlichen Standard (der in der Geschichte des pädagogischen Sehens, Denkens und besonders des Handelns meist der der sog. „Mittelschichten", manchmal auch der Eliten war und z. T. immer noch ist) zu messen und dabei insbesondere die Defizite in den Vordergrund zu stellen. Vielmehr ging es darum, einen möglichst erfahrungs- und alltagsnahen, empirisch fundierten, somit intersubjektiv überprüfbaren und anschaulichen Einblick in die unterschiedlichen Inhalte und Formen der pädagogischen Kapitalbildung und ihrer zentralen Dimensionen (der kulturellen, sozialen, ökonomischen, digitalen, symbolischen und z. T. auch politischen Kapitalbildung) zu bieten. Diese ist immer auch und besonders ein **Angebot** an die lernenden und sich bildenden Subjekte zur **Selbstinterpretation,** zur **Selbsterkenntnis** und schließlich zur ökonomischen, kulturellen, sozialen, symbolischen und politischen **Selbstverortung.** Deshalb können und sollen die Leser*innen dadurch auch angeregt werden, sich selber versuchsweise innerhalb dieser Milieulandschaft kritisch-selbstreflexiv zuzuordnen – oder dieses Konzept entsprechend ihren Erfahrungen und Erkenntnissen zu verändern (vgl. dazu auch den Wissensbaustein 8, S. 116–118).

> **Wissensbaustein Nr. 8:**
> **Walter Herzog über Typenbildungen als Medien der Vermittlung von (entwicklungs-)pädagogischer Theorie und Praxis**
> Walter Herzog (2003) hatte in einem programmtischen Beitrag die wesentlichen Merkmale einer praktisch-pädagogischen und erziehungswissenschaftlichen Typenbildung herausgearbeitet, wobei er zwischen beiden Verallgemeinerungsformen – wie Durkheim und Weber (vgl. Kap. 1.2.1/1.2.2) – mehr Diskontinuitäten

als Übergänge sieht. Auch wenn man – wie ich – dieser schroffen Trennung nicht zustimmt (vgl. dazu mit Blick auf die Geisteswissenschaftliche Pädagogik des erzieherisch-bildenden Handelns Klafki 2019, 1. Studie; und mit Blick auf die pädagogische Handlungs-Forschung Klafki/Braun 2007, Kap. 4), enthalten seine Unterscheidungen dennoch wertvolle herausfordernde Anregungen (alle Fettdruckhervorhebungen von mir; K.-H. B.):

> „Typologien gruppieren Entitäten oder Ereignisse nach ihrer **Ähnlichkeit**. Insofern sind sie Klassifikationen vergleichbar. Letzere beruhen auf der systematischen Einteilung von Phänomen nach bestimmten Kriterien oder Zwecken. Die Einteilung erfolgt anhand von Eigenschaften, die den Objekten zugeschrieben werden. (…) Typologien beanspruchen **Ganzheitlichkeit**. (…) Für einen Typus genügt es daher nicht, wenn Merkmale lediglich *korrelativ* verbunden sind; vielmehr müssen sie *notwendigerweise* zusammengehören, d. h. … nicht nur miteinander *verwandt*, sondern miteinander *vergesellschaftet* sein. Merkmale lassen sich beliebig klassifizieren, typisch werden sie erst, wenn sie einen theoretisch oder logisch begründeten Zusammenhang aufweisen. (…) Die Kriterien, in denen sich Typologien von Klassifikationen unterscheiden, zeigen, dass bei der Bildung von Typen **Theoriearbeit** geleistet werden muss. (…) Typen lassen sich daher nur beschränkt durch konkrete Beispiele veranschaulichen – wenn sie illustriert werden, dann oft anhand von *fiktiven* Fällen.
> Damit ist nicht ausgeschlossen, dass Typen auf **Einzelfällen** beruhen. Ihr Status ‚zwischen Individuum und Begriff' (Thomä) erlaubt es, bei ihrer Bildung induktiv vorzugehen. So weisen literarische Figuren wie Don Juan, Faust, Romeo und Julia, Madame Bovery u. a. als *Einzelfälle* typischen Charakter auf. Es sind Individuen mit Allgemeinheitsbedeutung. Auch historische Personen können in einem vergleichbaren Sinn zu Typen avancieren, wie Buddha, Jesus, Karl der Große, Pestalozzi, Gandhi u. a. Wenigstens die literarischen Figuren erfüllen das Kriterium der *idealtypischen* Konstruktion und sind damit wissenschaftlichen Typen vergleichbar. Als ‚Idealtypen' sind sie nicht Abbilder von Wirklichkeit, sondern Werkzeuge, um Wirklichkeit zu begreifen. (…)
> Das pädagogische „Handeln" findet unter Bedingungen statt, die ein Wissen erfordern, das die Fülle an Ereignissen reduzieren lässt, ohne sie zu verfälschen. Typologien erlauben, diese doppelte Leistung zu vollbringen: Reduzierung von Komplexität durch Rückführung des Ganzen auf seine ‚wesentlichen' Komponenten und Respektierung des Ganzen durch synoptische Erfassung von Komponenten. (…) Interessanterweise hat Weber den Begriff des Idealtypus zur Überwindung des Gegensatzes von Theorie und *Geschichte* eingeführt …, also um genau jene Leistung der Vermittlung zwischen nomologischem und narrativem Wissen zu erbringen, durch die pädagogische Professionalität ausgezeichnet ist. (…)
> Im offenen Raum zwischen dem Allgemeinen und dem Besonderen liegend, stellen Typologien eine Wissensform dar, die zwischen dem Blick in die Breite und dem Blick in die Tiefe vermittelt. Sie sind weder nomothetisch noch idiographisch, oder sie sind es sowohl als auch. Sie vermögen diese Leistung aber nur solange zu erbringen, wie sie nicht als Abbildungen von Wirklichkeit begriffen werden.

Genau darin liegt ihr Vorzug gegenüber dem Fallwissen einerseits und dem Gesetzeswissen andererseits. Deren *empirischer* Charakter verhindert letztlich, dass von einem auf das andere geschlossen werden kann. Indem Typologien auf eine *idealisierte* Wirklichkeit Bezug nehmen, vermögen sie genau dies zu leisten: zwischen dem einen und dem anderen zu vermitteln. (…) Idealtypen stellen nicht die einzige Form typologischen Denkens dar. (…) Im Alltag erscheinen Typologien auf der Basis **anschaulicher Ähnlichkeiten** gebildet zu werden. Nicht die Notwendigkeit einer theoretischen Systematik diktiert die Konstruktion von Typen, sondern die Wahrnehmung von Gestalten. (…) Typen lassen sich demnach auf zwei Arten bilden: Neben dem wissenschaftlichen Weg der theoretisch angeleiteten *Konstruktion* liegt der vorwissenschaftliche Weg des ‚Sehens‘ und ‚Erlebens‘ von Ähnlichkeiten, die gestalthaft miteinander verbunden werden. (…) Wenn Praktikerinnen und Praktiker ihre Erfahrungen fallbezogen integrieren …, dann könnte dabei eine kognitive Ordnung entstehen, die *typologischen* Charakter hat. (…) Das spontane Verfahren der Typenbildung ist an anschaulichen Erfahrungen ausgerichtet. Der Unterschied zu einer wissenschaftlichen Typologie liegt darin, dass die Typen in einem Fall (Praxis) auf der Basis von individuellen Fällen erzeugt werden, während sie im anderen Fall (Wissenschaft) aus einer systematisch entwickelten Theorie hervorgehen. Das würde bedeuten, dass Typologien eine Wissensform darstellen, die sowohl dem Wissen der Wissenschaft als auch dem Wissen der Praxis *affin* ist. Womit sich präziser bezeichnen lässt, inwiefern Typologien das Vermittlungskriterium pädagogischer Professionalität erfüllen. Sie tun es, weil sie in zwei Formen vorliegen, einer vorwissenschaftlichen und einer wissenschaftlichen. (…)
Damit lässt sich die These bestärken: Typologien erfüllen das Kriterium professionellen Wissens, weil sie auf beiden Seiten des Theorie-Praxis-Verhältnisses vorkommen, wenn auch in unterschiedlicher Form. Auf Seiten der Praxis erscheinen sie in Form einer ‚ursprünglichen‘ Tendenz, Erfahrungen typisierend zu verarbeiten, auf Seiten der Wissenschaft in Form einer spezifischen Methodik, nämlich der Bildung von Idealtypen. Dank ihrer doppelten Affinität zu einem engagierten und einem distanzierten Denkstil vermögen Typologien zwischen Theorie und Praxis zu vermitteln." (S. 289–394)

Literaturnachweise

Barth, Bertram et al. 2018. *Praxis der Sinus-Milieus.* Wiesbaden: Springer VS.
Barth, B., und B. B. Flaig. 2013. *Was sind Sinus-Milieus?* In: Thomas/Calmbach, 11–32.
Barz, Heiner. 2000. *Weiterbildung und soziale Milieus.* Neuwied, Kriftel: Luchterhand.
Barz, H., und S. Liebenwein. 2010. *Kultur und Lebensstile.* In: Tippelt, R., und B. Schmidt. 2010. 915–936.
Bauer, U. et al. Hrsg. 2012. *Handbuch Bildungs- und Erziehungssoziologie.* Wiesbaden: Springer VS.

Becker, U. et al. 1992. *Zwischen Angst und Aufbruch. Das Lebensgefühl der Deutschen in Ost und West nach der Wiedervereinigung.* Düsseldorf et al.: Econ.

Braun, K.-H., und K. Wetzel. 2010. *Sozialreportage.* Wiesbaden VS Verlag.

Braun, K.-H., M. Elze und K. Wetzel. 2016. *Sozialreportage als Lernkonzept.* Wiesbaden: Springer VS.

Calmbach, Marc et al. 2012. *Wie ticken Jugendliche 2012?* o. O. (Düsseldorf): Haus Altenbach.

Calmbach, Marc et al. 2016. *Wie ticken Jugendliche 2016?* Heidelberg: Springer.

Choi, Frauke. 2012. *Elterliche Erziehungsstile in sozialen Milieus.* In: Bauer et al. 929–945.

Flaig, Berthold Bodo et al. 1997. *Alltagsästhetik und politische Kultur. Zur ästhetischen Dimension politischer Bildung und politischer Kommunikation.* Bonn: Dietz Nachf.

Flaig, Berthold Bodo und B. Barth. 2018. *Hoher Nutzwert und vielfältige Anwendung: Entstehung und Entfaltung des Informationssystems Sinus-Milieus.* In: Barth et al., 3–21.

Herzog, W. 2003. *Zwischen Gesetz und Fall.* In: Zeitschrift für Pädagogik. (48. Jg.) 383–399.

Hradil, Stefan. 2006. *Soziale Milieus – eine praxisorientierte Forschungsperspektive.* Aus Politik und Zeitgeschichte. 44–45. 3–10.

Klafki, Wolfgang. 2019. *Allgemeine Erziehungswissenschaft.* Herausgegeben und eingeleitet von K.-H. Braun, F. Stübig und H. Stübig, Wiesbaden: Springer VS.

Klafki, W., und K.-H. Braun. 2007. *Wege pädagogischen Denkens.* München Basel: Reinhardt.

Liebenwein, Sylvia, 2008. *Erziehung und soziale Milieus.* Wiesbaden: VS-Verlag.

Merkle, Tanja und C. Wippermann. 2008. *Eltern unter Druck. Selbstverständnisse, Befindlichkeiten und Bedürfnisse von Eltern in verschiedenen Lebenswelten.* Stuttgart: Lucius & Lucius.

Sinus-Institut. 1981. *5 Millionen Deutsch: „Wir sollten wieder einen Führer haben …“.* Reinbek: Rowohlt.

Sinus Sociovision. 2004a. *Erziehungsziele und -stile von Müttern mit kleinen Kindern. Pilotprojekt in den Sinus-Milieus Postmateriale, Moderne Performer, Experimentalisten, Hedonisten.* Heidelberg: Sinus Sociovision.

Sinus Sociovision. 2004b. *„Wie erreichen wir die Eltern?" Lebenswelten und Erziehungsstile von Konsum-Materialisten und Hedonisten.* Heidelberg: Sinus Sociovision.

Thomas, P. M., und M. Calmbach. Hrsg. 2013. *Jugendliche Lebenswelten. Perspektiven für Politik, Pädagogik und Gesellschaft.* Berlin-Heidelberg: Springer Spektrum.

Tippelt, R., und B. Schmidt. Hrsg. 2010. *Handbuch Bildungsforschung.* 3., durchgesehene Aufl., Wiesbaden: VS-Verlag.

Ueltzhöffer, Jörg 1999: Europa auf dem Weg in die Postmoderne. Transnationale soziale Milieus und gesellschaftliche Spannungslinien in der Europäischen Union. In: Wolfgang Merkel u. Andreas Busch. Hrsg. *Demokratie in Ost und West*, Frankfurt/M.: Suhrkamp, 624–652.

Wippermann, Carsten, und M. Calmbach. 2007. *Wie ticken Jugendliche? SINUS-Milieustudie U27.* Düsseldorf: Haus Alterbach.

Literaturempfehlungen

Barth, Bertram et al. 2018. *Praxis der Sinus-Milieus.* Wiesbaden: Springer VS.

Calmbach, Marc et al. 2016. *Wie ticken Jugendliche 2016?* Heidelberg: Springer.

Choi, Frauke. 2012. Elterliche Erziehungsstile in sozialen Milieus. In: Bauer, U. et al. Hrsg. 2012. *Handbuch Bildungs- und Erziehungssoziologie.* 929–945. Wiesbaden: Springer VS.

Ecarius, J., und B. Schäfer. Hrsg. 2010. *Typenbildung und Theoriegenerierung*. Opladen & Farmington Hills, MI: Barbara Budrich.
Thomas, P. M., und M. Calmbach. Hrsg. 2013. *Jugendliche Lebenswelten. Perspektiven für Politik, Pädagogik und Gesellschaft*. Berlin-Heidelberg: Springer Spektrum.

1.5 Erziehungssoziologische Argumente für eine milieugerechte und habitussensible Jugendpädagogik (Vester u. a.)

Betrachtet man vergleichend die theoretischen Argumentationslinien und empirischen Befunde von Bourdieu (Kap. 1.3) mit denen der Sinus-Gruppe (Kap. 1.4), dann fällt auf, dass Bourdieu vorrangig (wenn auch nicht ausschließlich) die *objektive Bestimmtheit* der alltäglichen Lebenspraxis untersucht hat, während die Sinus-Forschungen deren *subjektive Bestimmung* in den Vordergrund stellen; während Bourdieu die *Stabilität* der sozialen Räume und der typischen Habitusformationen besonders betont, stellen die Sinus-Studien den *sozialen Wandel* der Lebensführung und Sinnentwürfe in den Vordergrund. Es ist nun dann das besondere Verdienst der Forschungsgruppe um den Soziologen und Sozialhistoriker Michael Vester (*1939), Bourdieus Konzepte des sozialen Raumes bzw. Feldes sowie des Habitus theoretisch und empirisch verknüpft zu haben mit den Konzepten, Methoden und Befunden der Sinus-Forschungen. Dabei wurde übergreifend gezeigt – darauf verweisen auch Kramer et al. (2013, S. 28f) –, dass die Veränderungen im sozialen Raum bzw. der relationalen Beziehungen der sozialen Felder zueinander auch zu relevanten Veränderungen der Habitusformen geführt haben und weiterhin führen, dass es sich also in den letzten 20–25 Jahren nicht nur um Habitus-*Metamorphosen*, sondern um regelrechte Habitus-*Transformationen* handelt (vgl. dazu die milieuübergreifenden Befunde zu Westdeutschland in Vester et al. 2001, Dritter Teil; und zu Ostdeutschland in Vester et al. 1995, bes. Kap. I). Dabei zeigt gerade die exemplarische Untersuchung der Facharbeitermilieus (vgl. Vester et al. 2007, Kap. 2, 5 u. 7), dass solche *Transformationen* zwingend erforderlich sind, um den *bisherigen* Milieustatus *zu erhalten* (z. B. durch die neuen bzw. erweiterten Bildungsaspirationen, also den Bedeutungszuwachs des kulturellen Kapitals; vgl. dazu Bremer/Lange-Vester 2006, S. 169–234). Diese milieuspezifischen Relationen zwischen *Kontinuitäten* und über mehr oder weniger offene und verdeckte Krisen vermittelte *Brüche* wurden anhand der milieuspezifischen Familientraditionen (in Kap. 1.4.2) näher dargestellt. Diese Ergebnisse stimmen in den Grundtendenzen überein mit den Befunden der Vester-Gruppe, die sich in *einem* wichtigen Arbeitsschwerpunkt ausführlich mit der soziologischen Seite von Erziehungs- und Lernprozessen beschäftigt hat (vgl. u. a. Bremer 2007; Lange-Vester/Sander 2016), welche in den letzten Jahren bzw. Veröffentlichungen zugespitzt wurden zur Forderung nach einer milieugerechten Pädagogik (vgl. u. a. Sander 2014, Teil 3; Vester 2013a). Damit ist das Milieukonzept, insbesondere aber das traditionelle Habituskonzept zunehmend (und unabhängig von den in Kap. 1.3.4 vorgenommenen Veränderungen) für bildungstheoretische Reflexionen geöffnet worden, bei denen ja stets die Frage im Vordergrund steht, wie die Handlungs-, Reflexions- und Genussfähigkeiten und -bereitschaften der konkreten Subjekte durch informelle, non-formelle und formelle Förderung erweitert und erhöht, also positiv verändert werden können und damit auch ontogenetisch die Relationen zwischen objektiver Bestimmtheit und subjektiver Bestimmung der eigenen Biografie in ein offeneres und befriedigenderes Verhältnis überführt werden können. Oder pointiert formuliert: Es geht der Entwicklungspädagogik nicht nur darum, *woher* der Mensch kommt und was er *aktuell ist*, sondern auch und besonders, was er *in Zukunft werden kann* und – unter normativen Gesichtspunkten – *sollte*. Gerade diese Frage spielt in der Jugend als Statuspassage und als bildungsbiografische Phase eine zentrale Rolle (vgl. zu deren Bedeutung für die Identitätsentwicklung ausführlich Kap. 3). Mit Blick auf die weitere Konturierung der entwicklungspädagogischen Milieuforschung und deren Verständnis der pädagogischen Kapitalbildung sind folgende fünf Befunde von besonderem Interesse:

1. Da die pädagogische Kapitalbildung von Jugendlichen im Kontext der eigenen Lebensführung und Biografie sowie in den Familien – wie gesehen – stark von den Milieukontexten bestimmt wird, ist zunächst von Bedeutung, welche Lebenserfahrungen, Alltagspraktiken, Wertorientierungen, Lebensentwürfe usw. in den jeweiligen Berufsfeldern dominieren. Über diese **milieuspezifischen Handlungsstrategien** informiert Abb. 5 (S. 122). Der kann entnommen werden (der quantitative Umfang der jeweiligen Milieus bzw. deren Binnendifferenzierungen sind ebenfalls angegeben):
   a. Der soziale Raum ist *vertikal dreigeteilt* in die oberen bürgerlichen Milieus (diese Elitemilieus grenzen sich durch die Distinktion von den Volksmilieus ab), die respektablen Volks- und Arbeitnehmermilieus und die unterprivilegierten Volksmilieus (von denen sich die mittleren Milieus durch den Modus der Respektabilität abgrenzen). Eine Übergangsform stellen die prekären, also von Deklassierung bedrohten Facharbeiter- und ständisch-kleinbürgerlichen Milieus dar; mit den deklassierten wird deren Umfang gegenwärtig auf ca. 30 % geschätzt, bei eher steigender Tendenz (vgl. Castel/Dörre 2009, S. 171–252). Sie sind – wie schon bekannt – *horizontal dreigeteilt* in der Achse zwischen avantgardistisch und autoritär. Diese vertikalen und horizontalen Struktur-

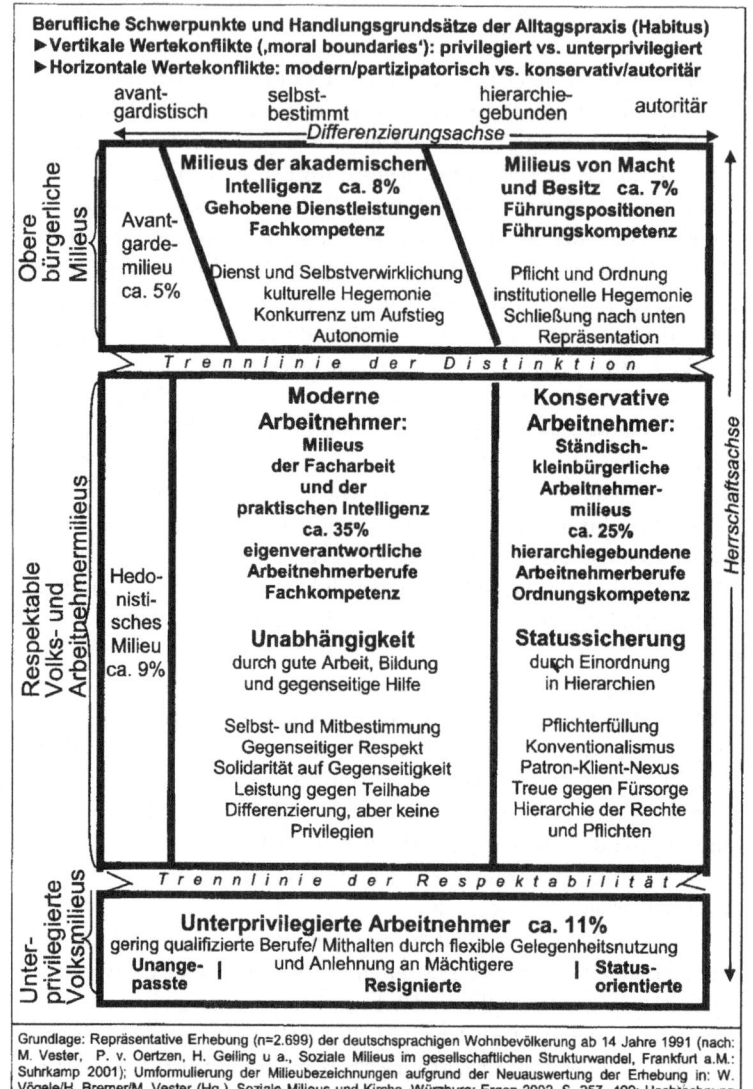

Abb. 5   Soziale Milieus und Handlungsstrategien
Quelle: Vester 2013a, S. 103

ungleichheiten bzw. -differenzen sind die wesentliche Ursache für die in Kap. 1.4.2/1.4.3 vielfältig dargestellten lebensweltlichen, auch pädagogischen bzw. pädagogisch relevanten Ausgrenzungs- und Vereinnahmungspraktiken.

b. Die **oberen bürgerlichen Milieus** sind vorrangig gekennzeichnet durch ihren stabilen privilegierten ökonomischen und sozialen Status, den sie auch kulturell demonstrieren und politisch absichern. Horizontal können unterschieden werden einerseits das Elitemilieu von *Macht und Besitz*, dessen Mitglieder auch bei bescheidenen Eigenleistungen ein großes Selbstbewusstsein demonstrieren und das sich für Bildungsfragen nur in den Grenzen ihres ökonomischen und politischen Statuserhalts interessiert; aufgrund des gesellschaftlichen Bedeutungszuwachses des kulturellen Kapitals wird dessen Aneignung in den letzten beiden Jahrzehnten erhöhte Aufmerksamkeit geschenkt (man denke hier an das Bildungszertifikat des Doktortitels – und die verschiedenen Skandale um dessen Vergabe). Andererseits gehört zu den Elitemilieus auch die *akademische Intelligenz*, deren Lebensführung auf Spitzenpositionen im kulturellen Bereich zielt, die sie sich in der konkurrenzbestimmten Auseinandersetzung mit anderen Bewerber*innen durch eigene Leistung wie auch entsprechende soziale Beziehungen und politische Einflussnahmen und entsprechende Kapitalakkumulationen selber erarbeiten müssen (sie „erben" diese privilegierenden Positionen nicht von der Herkunftsfamilie).

c. Im Milieu der **Facharbeiter** und der praktischen Intelligenz dominieren in der Lebensführung und den Erwartungen an sie die Autonomie durch eigenverantwortliche Arbeit, der aktive Bildungserwerb und die gegenseitige, solidarische Hilfe. Bei den **ständisch-kleinbürgerlichen** Milieus hingegen Statussicherheit und begrenzter Aufstieg, zu erreichen durch Pflichterfüllung, Einhalten von Konventionen und Einordnung in betriebliche und soziale Hierarchien.

d. In den durch „negative Privilegierung" und Stigmatisierung **deklassierten** Milieus ist die Lebensführung bestimmt durch typische Strategien der Ohnmächtigen, also der flexiblen Nutzung von sich jeweils bietenden Gelegenheiten und der Anlehnung an Stärkere, und z. T. auch von tiefsitzender Resignation und Passivität.

2. Mit den Relationen zwischen Berufsfeld und Lebenserfahrungen und -einstellungen korrespondieren zugleich die *Lebensprobleme* (i. w. S. d. W.), also Fragen, die die Menschen aufgrund ihres Alltagslebens und ihrer biografischen Perspektiven sich stellen und mit denen sie sich in gewisser Weise und intensiver beschäftigen, die für sie also auch zu *Lernproblemen* geworden sind. Daraus ergeben sich dann **milieuspezifische Lerntypen**. Es ist gewiss kein Zufall, dass sich besonders die Erwachsenenbildung mit diesen Relationen näher beschäftigt hat, weil sie

nämlich – anders als der formelle Lernort Schule – darauf angewiesen ist, für die verschiedenen Adressatengruppen die angemessenen Angebote vorzuhalten. Die zentralen Befunde von Bremer (2007, Teil 2) können so zusammengefasst werden (siehe auch Abb. 6, S. 125):

a. Zunächst kann vertikal unterschieden werden zwischen den verschiedenen *Lernzugängen* (verstanden als Prozessvarianten der kulturellen Kapitalbildung): praktisch-reflexiv, reflexiv-praktisch und reflexiv-abstrakt. Das sollte nun aber keineswegs als Hierarchie gedeutet werden, sondern als ein Spannungsfeld, innerhalb dessen sich *alle* fruchtbaren, lebenspraktisch relevanten und tatsächlich welterschließenden Lernprozesse bewegen und entfalten (vgl. dazu ausführlich Kap. 2.1.2). Sie markieren für sich genommen jeweils spezifische Ausgangspositionen, von denen her die anderen Lerndimensionen erschlossen werden: Das praktisch-reflexive Lernen erschließt sich schrittweise immer abstraktere Zusammenhänge und das reflexiv-abstrakte Lernen findet immer mehr zurück zu den lebenspraktischen Fragestellungen, von denen auch diese Lernweise in dieser oder jener Weise ihren Ausgang genommen hat. – Auch bezüglich der *Lernstile* (vergleichbar mit den o. a. Erziehungsstilen) haben wir es nicht mit sich ausschließenden Alternativen zu tun, sondern mit einem Spannungsbogen, der jede Art von pädagogisch angeregten, geförderten und unterstützten Lernprozessen bestimmt, nämlich zwischen partnerschaftlich und direktiv. Dabei weist jede partnerschaftliche Lerninteraktion phasenspezifisch direktive Momente auf; und die vorrangig direktiven achten stets darauf, diese direkte Einflussnahme immer mehr zurückzunehmen durch eine entwicklungsangemessene Verantwortungsübertragung für die Lernprozesse an die Lernenden bzw. Verantwortungsübernahme durch sie.

b. Vor dem Hintergrund dieser Lernzugänge und -stile können die jeweils spezifischen Stärken und Schwächen der einzelnen Bildungstypen erkannt und darauf entwicklungsfördernd eingegangen werden. Bremer unterscheidet dabei fünf:

I   Die **Unsicheren** verfügen über ein geringes (formales) Bildungs- und Qualifikationsniveaus bzw. kulturelles Kapital und fühlen sich auch deshalb gegenüber der tatsächlich sie beherrschenden sozialen Ordnung weitgehend ohnmächtig (über politisches Kapital verfügen sie zumeist überhaupt nicht). Sie haben zu entsprechenden Bildungsangeboten ein deutlich skeptisches Verhältnis, zumal die dazu notwendige soziale Zuverlässigkeit und kognitiv-motivationale Selbstdisziplin ihrer von Spontaneität bestimmten, „chaotischen" alltäglichen Lebensführung widerspricht und sie an die zumeist negativen eigenen Schulerfahrungen oder auch die ihrer Kinder erinnern. Diese Skepsis wird nochmals dann

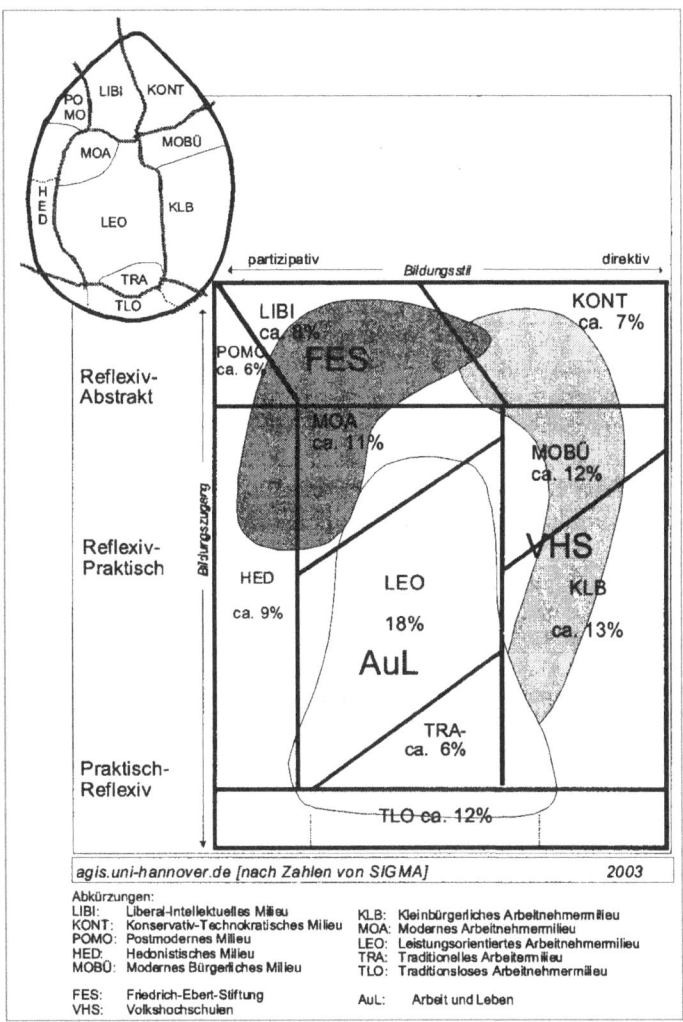

Abb. 6   Bildungstypen der Erwachsenenbildung im Raum der westdeutschen sozialen
Milieus

Quelle: Bremer 2007, S. 167

massiv verstärkt, wenn es sich um – z. B. von der Agentur für Arbeit
– verordnete Weiterbildungsangebote (also um Zwangsmaßnahmen)
handelt. Sie streben deshalb in entsprechenden Lernarrangements eine
dominierende Geselligkeit, also Anschluss an ihr vorhandenes soziales
Kapital an und lassen sich am ehesten auf solche Angebote ein, die Bezüge
suchen zu ihren ganz unmittelbaren (in gewisser Weise präreflexiven)
alltagskulturellen, auch beruflichen Erlebnisse – selten schon Erfahrungen.

II   Die **traditionellen** Teilnehmer*innen sind meist ältere Facharbeiter
      (selten sind es Frauen) mit eher niedrigen formalen Bildungszertifikaten
      und einem zurückhaltenden, aber realistischen Habitus, die auf den
      respektvollen Umgang in solchen Lernkontexten Wert legen. Sie haben
      an den Unterricht sachlich-rationale, eher traditionelle, aber nicht
      autoritäre, sondern autoritative Erwartungen, sehen in den Lehrenden
      Personen, die ihnen kompetent kulturell und berufspraktisch nützliches
      Wissen anbieten. Dabei ist ihnen auch die Geselligkeit wichtig und die
      Chance, neue Menschen mit anderen Erfahrungen und Einsichten als
      den ihrigen kennenzulernen (hier mischen sich dann kulturelle und
      soziale Kapitalbildungsformen).

III   Die **leistungsorientierten Pragmatiker*innen** gehören zur Gruppe der
      Facharbeiter und Fachangestellten (häufiger sind das auch Frauen) mit
      mittleren Bildungszertifikaten. Ihr Beruf nimmt sie voll in Anspruch,
      weshalb nicht nur die Autonomieansprüche immer wieder zu kurz
      kommen, sondern sie an Lernprozesse sehr funktionale, qualifikations-
      bezogene Ansprüche artikulieren, die sich an Sachlichkeit, Effizienz und
      konkretem Nutzen ausrichten und eher kontemplative, an der Zweck-
      freiheit ausgerichtete Angebote ablehnen.

IV   Die Gruppe der **Selbstbestimmten** wird von den Jüngeren, häufig auch
      Frauen, dominiert, die eine mittlere bis hohe Formalbildung haben, über
      entsprechende Fähigkeiten zur kulturellen und sozialen, manchmal auch
      politischen Kapitalbildung verfügen und in dynamisch-innovativen
      technischen, sozialen und administrativen Berufsfeldern tätig sind, die
      erhebliche Bildungsaktivitäten nahelegen und z. T. auch einfordern. Trotz
      dieses Entwicklungsdrucks legen sie großen Wert auf Selbstbestimmung
      und Individualität und haben entsprechende, meist reformpädagogisch
      grundierte Erwartungen an die Lernorganisation: enge Verknüpfung
      von abstrakter aktueller Theorie mit erfahrungsfundierter innovativer
      Praxis, egalitäre Umgangsformen und Einbeziehung des jeweiligen

sozialräumlichen, technischen und sozialen Umfeldes bzw. der übergreifenden gesellschaftlichen, auch globalen Systemzusammenhänge.

V   Das **akademische Bildungsmilieu** mit seinen hohen formalen Bildungsabschlüssen und entsprechenden beruflichen und sozialen Positionen
grenzt sich aufgrund seiner hohen intrinsischen Motivation sowie der
Betonung von ökonomischer und politischer, z. T. auch sozialer Zweck-
freiheit und Individualität nicht nur von den respektablen und besonders
den unterprivilegierten Milieus ab, sondern wird von diesen wiederum
mit deutlicher Skepsis bis Ablehnung betrachtet und behandelt: Man
unterstellt ihnen gerne, dass sie „vom Leben" nichts wissen und verstanden haben oder sogar, dass sie noch nie „richtig" gearbeitet haben.

Unter jugendpädagogischem Gesichtspunkt sind diese Befunde von Interesse, weil
sie – zumindest indirekt – etwas aussagen über das pädagogische Klima bzw. die
verschiedenen Lerneinstellungen in den Familien der jeweiligen Milieus.

3. Einen expliziten Bezug zu jugendpädagogischen Fragen enthalten die Befunde
   zu **milieuspezifischen Studierendentypen** im Fachgebiet „Sozialwissenschaften"
   einer Universität, die von Lange-Vester/Teiwes-Kügler (2004) herausgearbeitet
   worden sind. Auch in diesem Fall bietet ein Schaubild (Abb. 7, S. 128) eine
   kompakte Übersicht der wichtigsten Ergebnisse (die teilweise gewiss auch für
   Studierende an Fachhochschulen gültig sind). Und es ist zu vermuten, dass zumindest einige der im Weiteren aufgezeigten pädagogischen Milieustrukturen
   sich auch in den **gymnasialen Oberstufen** finden (vgl. Helsper et al. 2001, Kap.
   II u. III.2). Auch in dieser Darstellung findet sich vertikal die *Herrschaftsachse*
   mit den Abstufungen (diesmal „von oben nach unten") Habitus der Distinktion, der Arrivierten, der Strebenden, der Notwendigkeit und zwischen beiden
   letzteren, der Selbsteliminierung; und die horizontale *Differenzierungsachse*
   mit avantgardistisch, eigenverantwortlich, hierarchiegebunden und autoritär.
   Insgesamt werden sieben Studierendentypen identifiziert:
   a. Die **Exklusiven** gehören den Besitz- und Machteliten des konservativ-tech-
      nokratischen Milieus an und zeigen ihre explizite Distinktion auch durch
      Betonung ihres extrem überlegenen ökonomischen und politischen Status
      und entsprechende soziale Umgangsformen und Kleidung und kombinieren
      ihr sozialwissenschaftliches Studium häufig mit einem Vollzeitstudium in
      Jura und Betriebswirtschaftslehre, um später entsprechende ökonomische
      und politische Karrieren zu machen. Sie sind sich ihres Erfolges dabei sehr
      sicher, zumal sie vom Elternhaus her über erhebliches ökonomisches und
      soziales Kapital verfügen. Sie grenzen sich von den studentischen (Alltags-)

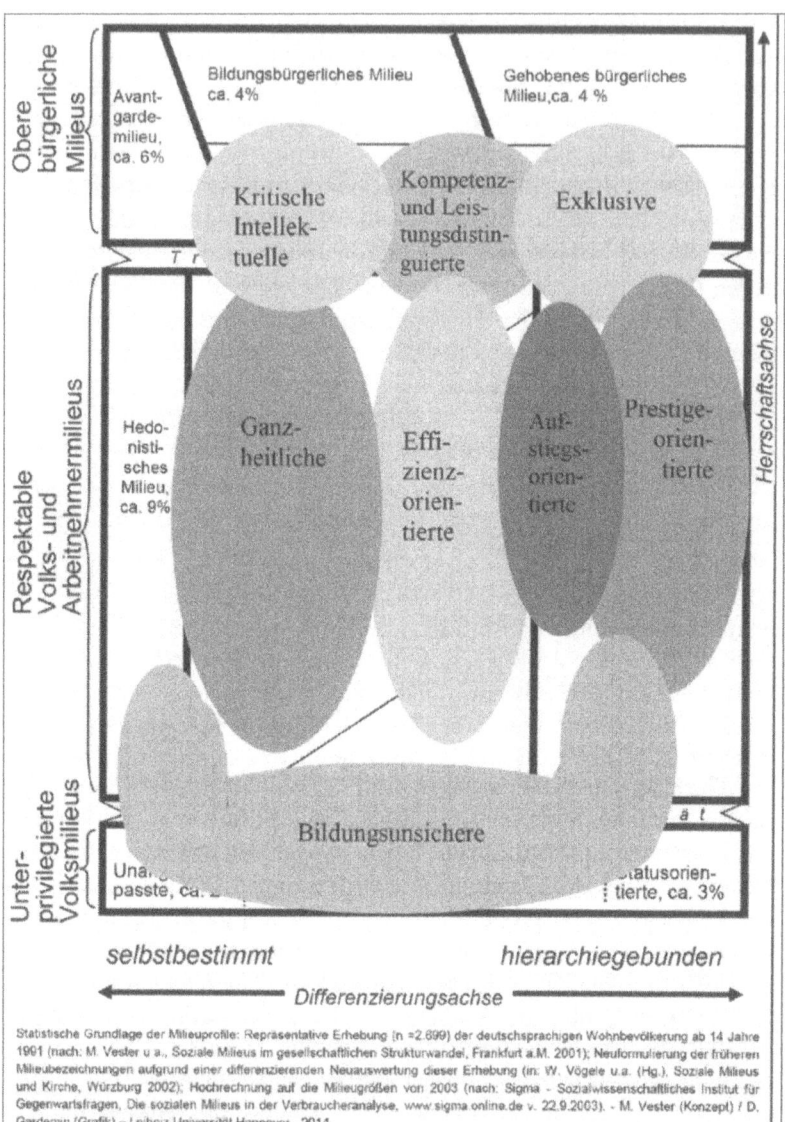

Statistische Grundlage der Milieuprofile: Repräsentative Erhebung (n =2.699) der deutschsprachigen Wohnbevölkerung ab 14 Jahre 1991 (nach: M. Vester u a., Soziale Milieus im gesellschaftlichen Strukturwandel, Frankfurt a.M. 2001); Neuformulierung der früheren Milieubezeichnungen aufgrund einer differenzierenden Neuauswertung dieser Erhebung (in: W. Vögele u.a. (Hg.), Soziale Milieus und Kirche, Würzburg 2002); Hochrechnung auf die Milieugrößen von 2003 (nach: Sigma - Sozialwissenschaftliches Institut für Gegenwartsfragen, Die sozialen Milieus in der Verbraucheranalyse, www.sigma online.de v. 22.9.2003). - M. Vester (Konzept) / D. Gardemin (Grafik) – Leibniz Universität Hannover - 2014

Abb. 7   Studierendentypen in den westdeutschen Milieus der alltäglichen
            Lebensführung
Quelle: Lange-Vester 2016, S. 148

Kulturen demonstrativ ab, halten sich wenig an den Universitäten auf und fordern scharfe Selektionsmechanismen, damit „nicht jeder studieren kann".

b. Die **Kompetenz- und Leistungsdistinguierten** gehören vorrangig den liberal-intellektuellen Elitemilieus an, zu einem kleineren Teil aber auch noch dem konservativ-technokratischen und stehen in der Tradition der älteren Bildungsmilieus. Sie stellen ihre individuelle Leistungsfähigkeit und damit ihr kulturelles Kapital ins Zentrum (und manchmal auch zur Schau) und grenzen sich – wenn auch nicht so extrem wie die Exklusiven – von weniger Leistungsfähigen ab, die sie häufig für unbegabt, unmotiviert, passiv und unfähig halten (soziale und kulturelle Lernhintergründe sind kein Thema für sie). Sie selber studieren extrem praxis- und berufsorientiert, betrachten die Universitäten als reine Ausbildungs- und nicht auch als Bildungsstätten und wollen dementsprechend möglichst schnell fertig werden, weshalb sie von der Studienorganisation eine hohe Effizienz und Professionalität erwarten.

c. Die **Kritischen Intellektuellen** gehören dem tendenziell avantgardistischen Teil des liberal-intellektuellen Pols an, sind meist männlich und haben in Jugendorganisationen der Parteien und Verbände bereits politisches Kapital erworben und sind auch weiterhin dort aktiv. Sie stehen fast ausschließlich in der Traditionslinie der älteren Bildungseliten und begreifen sich zumeist als progressive und sozialkritische Menschen, die sensibel sind für soziale und bildungsbezogene Ungleichheiten und engagieren sich dagegen auch in verschiedenen zivilgesellschaftlichen Bewegungen und in hochschulpolitischen Gremien. Dort setzten sie sich auch für die Bedingungen eines selbstbestimmten, von Verwertungszwängen relativ unabhängigen Studiums ein, das nachhaltige Bildungsprozesse dadurch ermöglicht, dass anspruchsvolle und vielfältige intellektuelle und wissenschaftliche Diskurse geführt werden, die in die „Tiefe" gehen und durch die Teilhabe daran der analytisch-reflektierte Blick geschärft wird. Karrierestreben und materielle Wünsche, also ökonomische Kapitalakkumulationsambitionen sind ihnen nach ihrer Selbstauskunft fremd.

d. Das Studierendenmilieu der **Ganzheitlichen** gehört bereits zu denen der gesellschaftlichen Mitte und ist um eine entwicklungsoffene Balance bemüht zwischen selbstzweckhafter Erweiterung der eigenen Fragehorizonte und Weiterentwicklung der eigenen Persönlichkeit einerseits und einem anwendungs- und berufsbezogenen Kompetenzerwerb andererseits, der schließlich auch zertifiziert wird (wobei sie bei letzterem „keine Hektik aufkommen" lassen wollen). Dementsprechend sind sie für erfahrungs- und subjektbezogene Lerninhalte und -formen offen und beteiligen sich an wissenschaftlichen und akademischen Diskursen insoweit sie ihnen persönlich und politisch sowie perspektivisch auch beruflich etwas bringen. Hier gibt es gewisse Überlappungen mit den Kritischen Intellektuellen bei der Untergruppe der „Anspruchsvollen", die meist aus dem modernen Arbeitnehmermilieu stammen, während die „Genügsamen" aus dem leistungsorientierten Arbeitnehmermilieu kommen und trotz Bescheidenheit und Pragmatismus auch vielfältig verunsichert sind angesichts dieser für die kulturelle und soziale Familientradition ungewohnte universitäre Lebens- und Lernsituation, die sie durch Gemeinschaftsbildungen aufzufangen bemüht sind.

e. Die **Effizienzorientierten** entstammen ebenfalls der modernisierten und leistungsorientierten Traditionslinie der Facharbeit und der praktischen Intelligenz und sind bemüht, ihr Studium stringent durchzuziehen, weshalb sie klare Strukturen bevorzugen bzw. einfordern, in denen vorrangig bis ausschließlich berufs- und praxisrelevantes Wissen vermittelt wird bzw. angeeignet werden kann. Dabei steht die eigene Leistungs- und Lernfähigkeit im Zentrum, was durchaus zu Überforderungen führen kann, die bis hin zum Studienfachwechsel (besonders von Medizin, Jura oder Maschinenbau zu den Sozialwissenschaften) oder sogar zum Studienabbruch führen kann. Aus diesem Grunde sind ihnen Leistungsrückmeldungen, auch und speziell in Form von Noten wichtig. Sie werden von den oberen Studierendenmilieus häufig als unpolitische Schmalspurstudierende bemitleidet oder auch ausgegrenzt.

f. Aus dem Milieu der Modernen Bürgerlichen Mitte (es gehört in die ständisch-kleinbürgerliche Traditionslinie) stammen die **Prestigeorientierten**, denen es – wie die Wortwahl schon deutlich machen soll – vorrangig um die soziale und berufliche Anerkennung geht, die mit einem akademischen Abschluss und Titel verbunden ist. Sie haben zu ihrem Studienfach ein vages und vorrangig äußerliches, im strengen Sinne nicht-motiviertes Verhältnis. Ihnen geht es mehr um das Zertifikat und sie richten sich bei der Studiengestaltung an der vorgegebenen hierarchisierten kulturellen und sozialen Ordnung aus und sind pflichtgemäß bemüht, allen formalen Anforderungen möglichst effektiv gerecht zu werden. Deshalb haben sie zu den studentischen (Sub-) Kulturen ein desinteressiertes bis ablehnendes Verhältnis. Während die obere Teilgruppe das Studium mit einem bemerkenswerten kulturellen und sozialen Selbstbewusstsein durchzieht, ist der untere Teil eher verunsichert und sucht in stabilen sozialen Beziehungen einen kognitiv und emotional stabilisierenden Rückhalt. Für den weiblichen Anteil (er ist hier besonders hoch) spielen als Studienmotivation eine relativ wichtige Rolle der pädagogisch-kulturelle Bruch mit dem autoritären oder autoritativen Erziehungsstil der Eltern, die mögliche Vereinbarkeit von Beruf (und seiner Vorstufe: dem Studium) und Familie und manchmal auch die Chancen auf dem „Heiratsmarkt".

g. Für die **Bildungsunsicheren** sind die universitären Lernkulturen eine besonders große Herausforderung, auf die sie ihre bisherige kulturelle und z. T. auch soziale Kapitalbildung nur sehr unzureichend vorbereitet hat. Sie haben häufig den Eindruck und das Gefühl, gar nicht zu verstehen, worüber in den Seminaren und Vorlesungen diskutiert wird und was da alles abgeht und sie versuchen ihre streckenweise kognitive Überforderung durch soziale Gemeinschaftsbildungen aufzufangen und auszugleichen. Dann sind gerade Arbeitsgruppen mehr als effektive Textinterpretations- und Produktionsveranstaltungen, sondern auch und besonders solidarische Geselligkeitsräume. Da sie auf Überforderungssituationen und -phasen manchmal mit einem Ausweichen in andere Tätigkeitsfelder (Freizeit, Sport, Subkultur, Jobs usw.) reagieren, betrachten die Studierenden aus anderen Milieus sie häufig als hedonistisch, faul und/oder desinteressiert. Dieses Urteil verschärft sich, wenn sich in den Arbeitsgruppen eine scharfe Asymmetrie in der Leistungserbringung durchsetzt und sie dann – teilweise zu Recht – als „Trittbrettfahrer*innen" betrachtet werden.

4. Nun wechseln wir die pädagogische Seite und wenden uns den **milieuspezifischen pädagogischen Zielen und Konzepten der Lehrkräfte** zu. Dies ist ein bisher weitgehend unbearbeitetes Themenfeld, weshalb die entsprechenden Forschungen von Lange-Vester (2013) und Lange-Vester/Vester (2018) exemplarische Erkundungen sind und der Verallgemeinerungsgrad der Ergebnisse noch offen ist. Diese können wie folgt zusammengefasst werden (Abb. 8, S. 132):

a. Die Lehrertypen 1, 2 und 3 der oberen Milieus können global der **reformpädagogischen** Fraktion zugeordnet werden, weil sich ihre Ziele an der personalen Emanzipation, kognitiven und emotional-motivationalen Selbstreflexivität sowie der sozialen und kulturellen Integration (durch und in sozial und kulturell durchmischten Klassen und Lerngruppen) der Schüler*innen ausrichten, weshalb die institutionellen und interaktiven Strukturen der Schule/ des Schulsystems Chancengleichheit ermöglichen und durchsetzen sollen, ja müssen (eine Separierung in Förderschulen oder ähnliche Einrichtungen wird von daher strikt abgelehnt). Dabei nehmen sie Leistungsanforderungen keineswegs zurück (wie ihnen von anderen Lehrkräften häufiger unterstellt wird; vgl. Pkt. b und d), sondern verbinden sie mit einer intensiven pädagogischen Betreuung und Beratung der Einzelpersonen und Gruppen, die spezieller Lernzugänge und/oder einer zusätzlichen Förderung bedürfen (vgl. dazu auch Pkt. 5 dieses Unterkapitels). Sie sind sich der Tatsache bewusst, dass eine solche Schule, ein solches Schul- und Bildungssystem in wesentlichen Teilen erst noch verwirklicht werden muss (vgl. dazu ausführlich Kap. 2) und sind deshalb dafür bildungspolitisch aktiv, weshalb die von ihnen präferierte

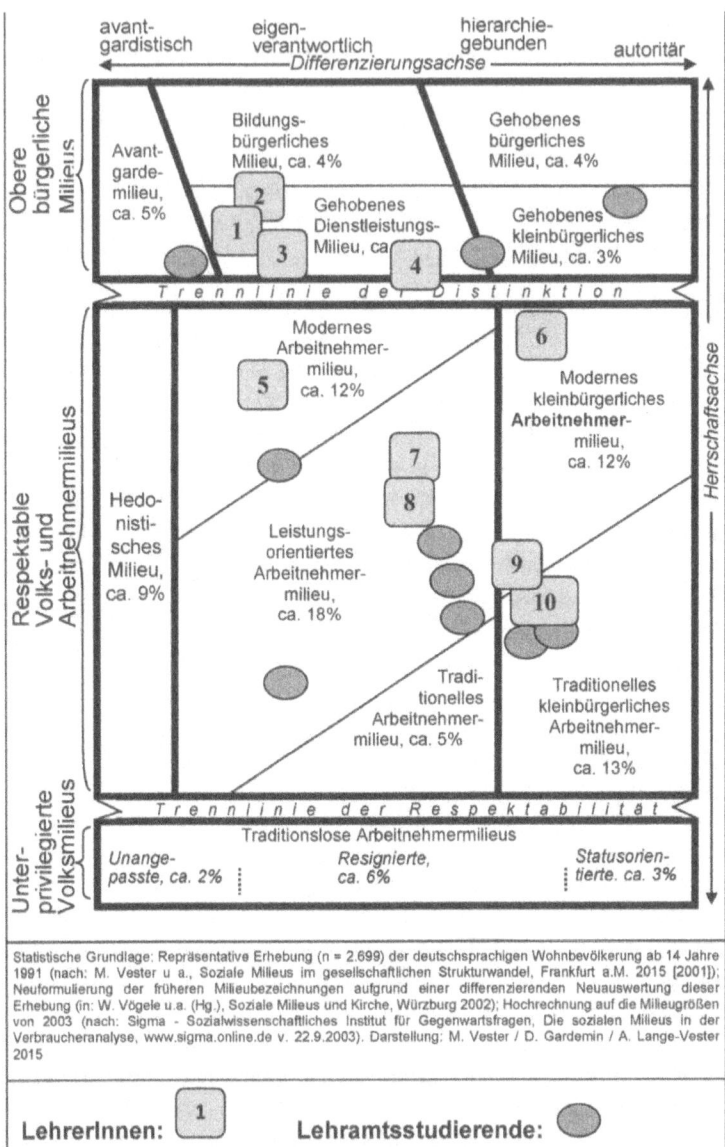

Abb. 8   Milieuspezifische pädagogische Ziele und Konzepte von Lehrer*innen und
Lehramtsstudierenden

Quelle: Lange-Vester/Vester 2018, S. 176

Verschränkung von kultureller, sozialer und politischer Kapitalbildung authentisch und überzeugend ist. Das schließt eine gewisse Distanz zu Kindern aus den unteren sozialen Milieus nicht aus; aber entsprechende Verständnisschwierigkeiten werden als persönliche und pädagogische Lernherausforderung verstanden.

b. Dem steht – Fall 4 – die Fraktion gegenüber, die das **individuelle Konkurrenzprinzip** präferiert, Kinder und Jugendliche mit besonderen Lernzugängen und -schwierigkeiten verständnislos bis arrogant begegnet, die Fachkompetenz (speziell die Fachdidaktik) ins Zentrum stellt und eine pädagogische (allgemein-didaktische und pädagogische-soziale) Verantwortungsübernahme für die Lernerfolge der Heranwachsenden (in denen sie auch ausschließlich Schüler*innen sehen!) ablehnen.

c. Bei den mittleren Milieus ist zunächst der **sozialintegrative** Typus 5 zu nennen, der gerade auch gegenüber der ethnischen Vielfalt in der Schule eine hohe Sensibilität aufweist und um die Schwierigkeiten einer daran ausgerichteten Pädagogik weiß und auch öffentlich thematisiert. Das zeigt sich exemplarisch bei den Schullaufbahnempfehlungen (in der Grundschule), wo es einer von Respekt gegenüber den Kindern und ihren Eltern getragenen Verständigung bedarf (gerade wenn sie den unteren Milieus angehören), um zu einer verantwortbaren Prognose zu gelangen. Die Doppelbelastung mit bürokratischen und pädagogischen Aufgaben in einer eigenverantwortlichen Schule steht dem vielfältig entgegen. Das zeigt sich auch beim Typ 6, den man als **egalitär-reformpädagogischen „Widerständler"** bezeichnen kann, der sich gegen die Verbürokratisierung der pädagogischen Interaktionsbeziehungen und innerschulischen Institutionsstrukturen (gefördert durch hierarchie- und aufsichtszentriete Managementmethoden) wendet, weil er sich vorrangig den Kindern und Jugendlichen zuwenden will, den schulischen Bildungs- und Erziehungsauftrag betont, dem besonderen Unterstützungsbedarf bestimmter Schüler*innen durch Individualisierung der Angebote (auch aus dem Schulumfeld, z. B. Streetwork) gerecht werden will und zugleich die soziale Durchmischung der Schülerschaft („Stärkung der Mitte") anstrebt. Da wesentliche Teile der neueren staatlichen Schulreformen dem entgegenstehen, sehen sie die Gefahr, dass sie die Freude an ihrem Beruf verlieren und „ausbrennen".

Die an der **Selbstbestimmung** der Heranwachsenden ausgerichteten Typen 7 und 8 weisen wichtige Übereinstimmungen mit der reformpädagogischen Gruppierung auf. Sie betonen aber mehr als diese die Leistungsfähigkeit (als Grundlage von personaler Selbstbestimmung und Lebenstüchtigkeit) und fordern von ihren Schüler*innen dementsprechend eine deutliche motivationale Anstrengungsbereitschaft. Diese Erwartung bleibt aber nicht im

luftleeren pädagogischen Raum, sondern wird gefördert und gestützt durch
Zuwendung, Verständnis, Geduld und stabilisierende persönliche Beziehungen zu ihnen (wobei bzw. weshalb sie die konkreten ökonomischen, sozialen
und kulturellen Familienbeziehungen und -verhältnisse recht gut kennen).

d. Im Kontrast dazu stehen die weiter rechts positionierten **patriarchalischen**
Vertreter*innen 9 und 10, denn sie richten sich vorrangig an der gegebenen
kulturellen und sozialen sowie der administrativen Ordnung der Schule aus,
fordern die den Lehrer*innen übertragene Amtsautorität auch praktisch ein,
wobei sie als „Gegenleistung" für Respekt und Anerkennung auch Fürsor-
gepflichten für die Heranwachsenden übernehmen. Diese haben aber für sie
ihre Grenze in den unterschiedlichen, als statisch-natürlich verstandenen
Begabungsprofilen, weshalb sie die soziale Gliederung des Schulsystems
und damit die verbundene Hierarchisierung der pädagogischen Kapitalbil-
dungsmöglichkeiten bejahen (zumal es sie nach ihrer eigenen Erwartung vor
der Überlastung mit psychosozialen und didaktischen Problemen schützt).

Diese Zwischenergebnisse machen schon deutlich, dass es nicht nur vertikale, sondern auch horizontale pädagogische, soziale und politische Konflikte gibt, die in der
Schule auch ausgetragen werden als Konflikte zwischen denen, die sich vorrangig als
Pädagog*innen oder vorrangig als **Fachwissenschaftler*innen** (bzw. genauer: Fachdi-
daktiker*innen) verstehen. Letztere haben als ökonomisch-technokratische Fraktion
in den letzten 15–20 Jahren einen erheblichen Anerkennungs- und Machtzuwachs
erfahren durch die Ökonomisierung des Schulsystems (wie generell des Bildungs- und
Sozialsystems durch Steuerungselemente wie Profilbildungen, Fremd- und Selbstevalua-
tionen, Leistungskontrollen, relationale Autonomie und Verantwortungsübertragung
bei der Verwendung von Finanzmitteln und z. T. auch bei der Personalauswahl usw.,
die zumeist nicht die innere Schuldemokratie gefördert haben.

5. Im Nachgang zu den schulbezogenen Aspekten der jugendlichen Lebenswelten
und ihren familiären Kontexten (Kap. 1.4.2/1.4.3) und im Vorgriff zur sozialen
Selektivität des gegliederten deutschen Schulsystems (vgl. Kap. 2.2) sollen noch
exemplarisch dargestellt werden die sozialen Milieus von Gymnasiast*innen und
Hauptschüler*innen. Diesbezüglich kann Abb. 9 (S. 135) entnommen werden:
a. Das *Gymnasium* ist heute die sozial heterogenste Schulform, weil es gerade
aus den mittleren Milieus einige Bildungsaufsteiger*innen gibt. Hier begegnen und z. T. mischen sich auch die verschiedensten (familiären) Traditionen
und Tendenzen der ökonomischen, kulturellen und sozialen, z. T. auch der
politischen Kapitalbildung, die zugleich dazu führen, dass Jugendliche aus
den unteren Milieus sich hier fast überhaupt nicht finden. Die Elitemilieus

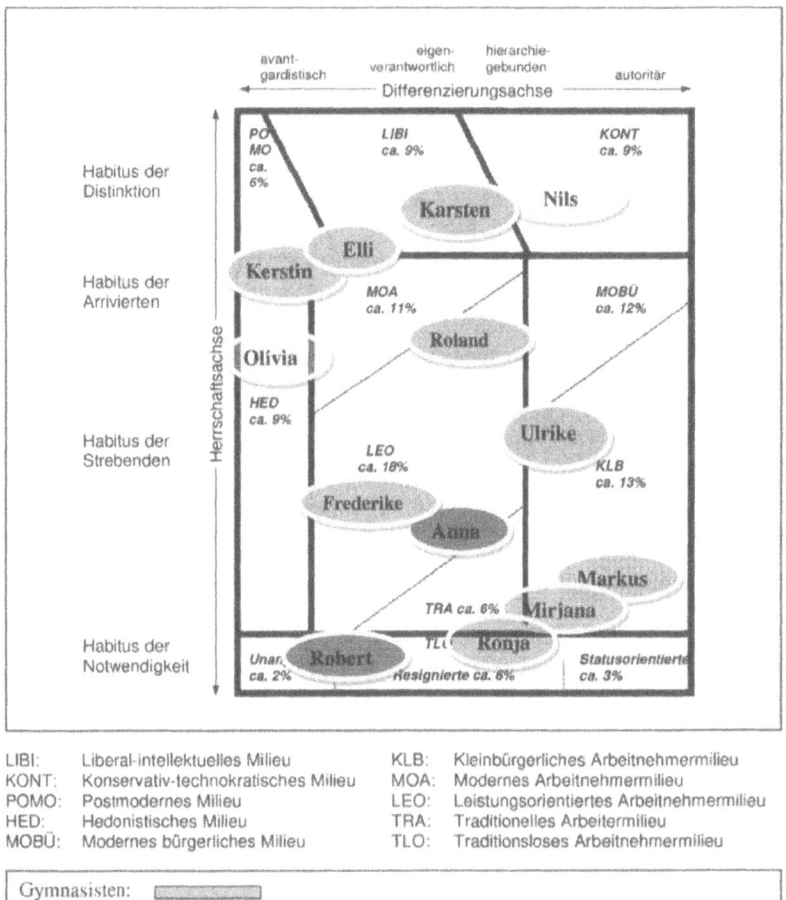

LIBI: Liberal-intellektuelles Milieu   KLB: Kleinbürgerliches Arbeitnehmermilieu
KONT: Konservativ-technokratisches Milieu   MOA: Modernes Arbeitnehmermilieu
POMO: Postmodernes Milieu   LEO: Leistungsorientiertes Arbeitnehmermilieu
HED: Hedonistisches Milieu   TRA: Traditionelles Arbeitermilieu
MOBÜ: Modernes bürgerliches Milieu   TLO: Traditionsloses Arbeitnehmermilieu

Gymnasisten:
Hauptschüler:

Abb. 9   Verortung von Gymnasiast*innen und Hauptschüler*innen in den Milieus der
alltäglichen Lebensführung in Westdeutschland 2003
Quelle: Lange-Vester/Teiwes-Kügler 2014, S. 196

sind ganz selbstverständlich überproportional vertreten und verfügen zumeist
über generationenübergreifende akademische Traditionen. Allen gemeinsam
sind (relativ) stabile ökonomische, kulturelle und soziale Bedingungen des

Aufwachsens und eine *flexible* Passung zwischen Lebens- und Lernhabitus und schulischen Anforderungs- und Bewertungsstrukturen bzw. Lernkulturen; d. h. auch diejenigen, die relevante Aspekte der schulischen Lernorganisation kritisch hinterfragen und sich ihr phasenweise im Rahmen ihrer Selbstfindung entziehen, haben keine ernsthaften Schwierigkeiten, den Anforderungen dennoch bzw. nachträglich gerecht zu werden.

b. Die *Hauptschule* ist gerade in groß-, aber auch mittelstädtischen Kontexten immer mehr eine Restschule geworden, in denen Jugendliche aus den unteren Milieus und häufig fragilen bis „unvollständigen" Familienverhältnissen überproportional anzutreffen sind, was zu einer negativen Homogenisierung der Lernkulturen führt. Die schulisch verordneten Lernanforderungen spielen im Alltagsleben dieser Schüler*innen nur eine untergeordnete bis nebensächliche Rolle, im Vordergrund stehen die Vergemeinschaftungsmöglichkeiten und die Freundschaftsbeziehungen (die auch bestimmte Weisen der sozialen Kapitalbildung fördern). Pointiert gesagt: Am wohlsten fühlen sich relevante Teile dieser Schüler*innen, wenn die Lehrer*innen sie bei dem Treffen mit ihren Freund*innen möglichst nicht stören (häufig suchen sie die Schule fast nur [noch] auf, um sie zu treffen). Da ein Teil der Lehrer*innen diesen Einstellungen und Handlungsweisen (die auch durch negative Erfahrungen mit dem schulischen Lernklima entstehen bzw. verschärft werden) hilflos bis desinteressiert gegenüberstehen, entsteht so ein Teufelskreis der Nicht-Achtung, der Missachtung, manchmal auch der direkten Verachtung bzw. werden manche Jugendlichen für die Pädagog*innen regelrecht „unsichtbar" (vgl. dazu auch Lange-Vester 2005 sowie Kap. 2.2.4 in diesem Buch).

Die Vester-Gruppe hat aus allen diesen Befunden überzeugend den Schluss gezogen, dass es zur Förderung von mehr sozialer Bildungsgerechtigkeit einer milieugerechten Pädagogik bedarf. Und sie hat diese Forderung nochmals zu der Notwendigkeit und Perspektive verdichtet, dass das pädagogische Handeln einer **Habitussensibilität** bedarf (vgl. dazu Wissensbaustein 9, S. 137 f.; in die gleiche Richtung weisen die Arbeiten von Kramer 2018; Kramer et al. 2013, Kap. 5 u. 6; Helsper et al. 2014, Teil III). Dem kann ohne Abstriche zugestimmt werden.

Wissensbaustein 9:
Habitussensibilität als pädagogische Handlungsorientierung

Lange-Vester und Teiwes-Kügler (2014, S. 200–202) ziehen aus ihren oben referierten Befunden den praktischen Schluss, dass „die Auseinandersetzung mit dem Habitus" dabei helfen kann,

> „unterschiedliche Bildungsstrategien zu verstehen und aktiv zu befördern. Bildungsaufsteiger aus unteren und mittleren Milieus verfügen häufig über eher praktische Orientierungen und nehmen in Lernprozessen oft auch persönliche und konkrete Erfahrungen zum Ausgangspunkt, während in den oberen Milieus theoretisch-abstrakte Zugänge, Verallgemeinerungen und überblicksartige Vorstellungen im Bildungserwerb dominieren, die in institutioneller Bildung erwartet und verstärkt befördert werden. Eine milieugerechte oder habitussensible pädagogische Praxis könnte hier zur Enthierarchisierung von Kompetenzen beitragen, indem sie die Orientierungen von Bildungsaufsteigern aufgreift, ohne ihnen Bildungsmotive und Fähigkeiten abzusprechen … Mit einer Enthierarchisierung könnten die verschiedenartigen Wege, auf denen ein gemeinsames Lernziel erreicht wird, gleichermaßen anerkannt werden.
> Schließlich gehen die Kinder mit unterschiedlichem Gepäck an den Start ihrer Schullaufbahn, bringen verschiedenartige Ressourcen und Bildungen mit. (…)
> Für einfache Antworten ist die Herausforderung, Habitussensibilität im schulischen und pädagogischen Alltag konkret zu praktizieren, zu komplex. Auf den ersten Blick einfacher scheint demgegenüber die Anforderung, dass Lehrkräfte ihre eigenen Habitusmuster und Klassifikationsschemata reflektieren sollten. Diese Selbstvergewisserung dient auch als eine Voraussetzung, die Schüler … zu verstehen. Dabei geht es nicht darum, bestimmte Praktiken gut zu heißen, aber doch um Nachvollzug und Anerkennung von Sichtweisen, die unter anderen Existenzbedingungen als den eigenen zustande gekommen sind. Um die Praktiken und auch die Erwartungen der Schüler zu begreifen, müssen Lehrkräfte über die Mittel verfügen, deren Habitusmuster zu decodieren. Sie benötigen darüber hinaus eine Kenntnis gesellschaftlicher Herrschaftsmechanismen und auch der Symbole und Praktiken, über die sich Schüler und Schülerinnen untereinander klassifizieren und sich soziale Plätze zuweisen. Diese Kenntnis ermöglicht es, Konfliktlinien innerhalb der Schülerschaft zu identifizieren und spezifisch einzugreifen, um eine ausgrenzende Atmosphäre, Distinktionspraktiken oder symbolische Gewalt, die von den Schülern ausgeübt wird, entgegenwirken zu können. Für Lehrer ist darüber hinaus in der Auseinandersetzung mit gesellschaftlichen Herrschaftsmechanismen wesentlich, auch die eigene Praxis als symbolische Gewalt und soziale Platzierung zu erkennen."

Wie nun diese Habitusensibilität *pädagogisch* zu konzipieren und zu verwirklichen ist, dazu gibt es in den Arbeiten der Vester-Gruppe allenfalls Andeutungen. Diese Feststellung kann aber kein Anlass für Kritik oder gar ein Vorwurf sein, denn

es ist Aufgabe einer anderen Disziplin und Profession, nämlich der Erziehungswissenschaft und der Pädagogik, diese Frage ausführlich zu erörtern und theoretisch durchdachte, empirisch gesättigte und möglichst praktisch schon erprobte
Vorschläge zu machen. Darum geht es (auch) in den nachfolgenden Kapiteln.

Literaturnachweise

Brake, Anna et al. Hrsg. 2013. *Empirisch arbeiten mit Bourdieu.* Weinheim und Basel: Beltz
    Juventa.
Braun, K.-H., F. Stübig, H. Stübig. Hrsg. 2018. *Erziehungswissenschaftliche Reflexion und päd-
    agogisch-politisches Engagement – Wolfgang Klafki weiterdenken,* Wiesbaden: Springer VS.
Bremer, Helmut. 2007. *Soziale Milieus, Habitus und Lernen.* Weinheim und München: Juventa.
Bremer, Helmut u. a. Lange-Vester Hrsg. 2006. *Soziale Milieus und Wandel der Sozialstruktur.*
    Wiesbaden: VS-Verlag.
Castel, R. und K. Dörre. Hrsg. 2009. *Prekarität, Abstieg, Ausgrenzung. Die soziale Frage am
    Beginn des 21. Jahrhunderts.* Frankfurt/New York: Campus.
Engler, Steffanie und B. Krais. Hrsg. *Das kulturelle Kapital und die Macht der Klassenstruk-
    turen.* Weinheim und München: Juventa.
Helsper, W. et al. 2001. *Schulkultur und Schulmythos. Gymnasien zwischen elitärer Bildung
    und höherer Volksschule im Transformationsprozess,* Opladen: Leske + Budrich.
Helsper, H. et al. Hrsg. 2014. *Schülerhabitus. Theoretische und empirische Analysen zum
    Bourdieuschen Theorem des kulturellen Passung.* Wiesbaden: Springer VS.
Kramer, Rolf-Torsten. et al. 2013. *Das 7. Schuljahr.* Wiesbaden: Springer VS.
Lange-Vester, Andrea. 2005. *Teufelskreis der Nichtachtung.* In: Schutheis/Schulz. 298–310.
Lange-Vester, Andrea. 2013. *LehrerInnen und Habitus – Der Beitrag milieuspezifischer
    Deutungsmuster von Lehrkräften zur Reproduktion sozialer Ungleichheit in schulischen
    Bildungsprozessen.* Sozialwissenschaftliche Literatur Rundschau (36 Jg.). H. 66. 51–69.
Lange-Vester, Andrea. 2016. *Soziale Milieus und BildungsaufsteigerInnen im Hochschulstu-
    dium.* In: Lange-Vester-Sander. 2016. 143–161.
Lange-Vester, A. und M. Redlich. 2010. Soziale Milieus und Schule. Milieuspezifische
    Bildungsstrategien und Lebensperspektiven bei SchülerInnen der Hauptschule und des
    Gymnasiums. In *Alltagswelt Schule.* 185–209. Hrsg. A. Brake und H. Bremer, Weinheim
    und München: Juventa.
Lange-Vester, A. und T. Sander. Hrsg. 2016. *Soziale Ungleichheiten, Milieus und Habitus im
    Hochschulstudium.* Weinheim und Basel: Beltz Juventa.
Lange-Vester, Andrea und Chr. Teiwes-Kügler. 2004. Soziale Ungleichheiten und Konfliktli-
    nien im studentischen Feld. In: Engler/Krails. 2004. 159–187.
Lange-Vester, A. und Chr. Teiwes-Kügler. 2014. *Habitussensibilität im schulischen Alltag als
    Beitrag zur Integration ungleicher sozialer Gruppen.* In: Sander. 177–207.
Lange-Vester, A. und M. Vester. 2018. *Lehrpersonen, Habitus und soziale Ungleichheit in
    schulischen Bildungsprozessen.* In: Braun, K.-H./Stübig, F./Stübig, H. 159–183.

Sander, Tobias. Hrsg. 2014. *Habitussensibilität. Eine neue Anforderung an professionelles Handeln*. Wiesbaden: Springer VS.

Schultheis, F. und K. Schulz. Hrsg. 2005. *Gesellschaft mit begrenzter Haftung. Zumutungen und Leiden im deutschen Alltag*. Konstanz: UKV.

Vester, Michael. 2004. *Die Illusion der Bildungsexpansion*. In: Engler/Krais, 2004, 13–53.

Vester, Michael. 2006. *Soziale Milieus und Gesellschaftspolitik*. Aus Politik und Zeitgeschichte. 44–45. 10–17.

Vester, Michael. 2013a. Das schulische Bildungssystem unter Druck: Sortierung nach Herkunft oder milieugerechte Pädagogik? In: *Bildungsgerechtigkeit jenseits von Chancengleichheit*. Hrsg. F. Dietrich, M. Heinrich und N. Thieme. 91–113, Wiesbaden: Springer VS

Vester, Michael. 2013b. *Zwischen Marx und Weber. Praxeologische Klassenanalyse mit Bourdieu*. In: A. Brake et al. 2013.

Vester, Michael et al. 1995. *Soziale Milieus in Ostdeutschland. Gesellschaftliche Strukturen zwischen Zerfall und Neubildung*. Köln: Bund.

Vester, Michael et al. 2001. *Soziale Milieus im gesellschaftlichen Strukturwandel*. Frankfurt/M.: Suhrkamp.

Vester, Michael et al. 2007. *Die neuen Arbeitnehmer. Zunehmende Kompetenzen – wachsende Unsicherheit*. Hamburg: VSA.

Literaturempfehlungen

Bremer, Helmut. 2007. *Soziale Milieus, Habitus und Lernen*. Weinheim und München: Juventa.

Bremer, Helmut u. a. Lange-Vester Hrsg. 2006. *Soziale Milieus und Wandel der Sozialstruktur*. Wiesbaden: VS-Verlag.

Lange-Vester, A. und T. Sander. Hrsg. 2016. Soziale Ungleichheiten, Milieus und Habitus im Hochschulstudium, Weinheim und Basel: Beltz Juventa.

Vester, Michael. 2013a. Das schulische Bildungssystem unter Druck: Sortierung nach Herkunft oder milieugerechte Pädagogik? In: *Bildungsgerechtigkeit jenseits von Chancengleichheit*. Hrsg. F. Dietrich, M. Heinrich und N. Thieme. 91–113, Wiesbaden: Springer VS.

Vester, Michael. 2013b. Zwischen Marx und Weber. Praxeologische Klassenanalyse mit Bourdieu. In: A. Brake et al. 2013.

Vester. Michael. 2018. Klasse, Schicht, Milieu. In: *Handbuch Soziale Arbeit*. Hrsg. H.-U. Otto et al. 814–842. München Basel: Reinhardt.

Schulische Bildung und Ausbildung 2

Zusammenfassung

Nach dieser notwendigerweise ausführlichen Darstellung der Milieukontexte des pädagogischen Sehens, Denkens/Fühlens und Handelns in der privaten und öffentlichen Bildung und Erziehung wenden wir uns nun unmittelbar den Bildungsaufgaben der Jugendlichen zu. Für die weitere Entfaltung des Konzeptes einer **milieugerechten** und **habitussensiblen Pädagogik** kommt der Schule als gesellschaftlicher Institution und als Lebens- und Lernort der Heranwachsenden eine zentrale Bedeutung zu. Das wird in vier Argumentationskomplexen begründet: Zunächst wird die pädagogische Deutung der gesellschaftlichen Funktionen der Schule als Grundlage bildender Lernprozesse erläutert (Kap. 2.1) und dann der Frage nachgegangen, durch welche institutionellen und interaktiven Strukturen sich der hochgradige soziale Selektionscharakter gerade des deutschen Schulsystems erklären lässt und welche Entwicklungstrends es hinsichtlich der bildungsbezogenen Chancenstrukturen gibt (Kap. 2.2). Letztere werden aufgenommen und daraus verschiedene Reformoptionen für die äußeren und inneren Schulreformen entwickelt, die der erweiterten pädagogischen Kaptalbildung dienen (Kap. 2.3). Abschließend wird als eine wichtige Übergangskonstellation die von den allgemeinbildenden zu den berufsqualifizierenden Bildungsgängen vor dem Hintergrund des radikalen Umbaus der Arbeitsgesellschaft untersucht (Kap. 2.4).

Der 15. KJB (2017, Kap. 1.2.6) hatte diese vielschichtigen Aufgabenstellungen zu den Komplexen **„Qualifizierung"**, **„Verselbständigung"** und **„Selbstpositionierung"** verallgemeinert und ebenfalls auf die zentrale Bedeutung der Schule bei ihrer Realisierung hingewiesen. Sie resultiert daraus, dass sich der Anteil der Schulzeit bzw. der Zeitaufwand für die schulbezogenen Aktivitäten (nicht nur in Form von

© Springer Fachmedien Wiesbaden GmbH, ein Teil von Springer Nature 2020
K.-H. Braun, *Entwicklungspädagogische Theorien, Konzepte und Methoden 2*,
https://doi.org/10.1007/978-3-658-20289-7_2

Hausaufgaben) an der Gesamtzeit des Jugendalters in den letzten 30 Jahren massiv ausgeweitet hat, denn von den 15–19 Jährigen sind 89,6 % und den 20–24 Jährigen immerhin noch 48,8 % in formalen Bildungseinrichtungen (vgl. ebd., S. 148) und er folgert daraus (ebd., S. 153f), „dass das Jugendalter und das junge Erwachsenenalter in den letzten Jahren eine ‚**bildungsbezogene Institutionalisierung**‘ erfahren haben und sich allein die Zeit in der allgemeinbildenden Schule bzw. die Zeit des Erwerbs entsprechender Schulabschlüsse heute auf fast das ganze zweite Lebensjahrzehnt erstreckt – trotz aller Schulzeitverkürzungen im Gymnasialbereich (die aber schrittweise zurückgenommen wurden und werden; K.-H. B.). Mit Ausbildung und Studium hat sich außerdem die formale Qualifizierungsphase für einen größer werdenden Teil junger Menschen bis weit in das dritte Lebensjahrzehnt hinein ausgedehnt. (…). Die Schule stellt dabei die einzige pädagogische Institution dar, die im Bildungsverlauf von allen Kindern und Jugendlichen durchlaufen werden muss, sie ist die einzige Bildungsinstitution, deren Besuch verpflichtend ist. Schule ist dabei ein zentraler Ort des Lernens, aber auch des alltäglichen Lebens und damit der Peerzusammenhänge, der sozialen Kontakte, der Freundschaftsbeziehungen, positiver und negativer Erfahrungen mit anderen Jugendlichen, der Auseinandersetzung mit dem anderen Geschlecht, des Engagements und vieles mehr. Vor allem aus Sicht der Schülerinnen und Schüler kann Schule nicht auf Unterricht reduziert werden, auch wenn der Kontext Schule darüber aufgespannt und von Jugendlichen deswegen teilweise auch negativ erlebt wird. Dies darf jedoch nicht darüber hinwegtäuschen, dass der ganz überwiegende Teil von Kindern und Jugendlichen in der Bundesrepublik gern zur Schule geht – mit zunehmendem Alter in abnehmender Tendenz – und Schule nicht als etwas Belastendes erfährt …" (ebd., S. 154; Fetthervorhebung von mir; K.-H. B.) Von daher ist es nicht nur legitim, sondern auch notwendig, die Bewältigung der durchaus riskanten, schulischen Lernanforderungen als **eigenständige Entwicklungsaufgabe** zu erörtern (vgl. Fend 2000, Kap. 3.5; Hurrelmann/Quenzel 2013, Kap. 3; Quenzel, 2015, Kap. 5), die – als Kehrseite der ‚bildungsbezogenen Institutionalisierung‘ – von einer weitreichenden, wenn auch nicht vollständigen **„Defamilialisierung" der Jugend** (und zum Teil schon der Kindheit) bestimmt ist.

2.1 Bildungsthema I: Subjektiv relevantes und gesellschaftlich bedeutsames Lernen in der Schule (Klafki)

Wie in EP1 (bes. Kap. 1.4) erläutert, versteht sich die hier vorgelegte Entwicklungs-pädagogik als eine Vertiefung und Erweiterung der von dem Marburger Erziehungs-wissenschaftler Wolfgang Klafki (1927–2016) begründeten kritisch-konstruktiven Erziehungswissenschaft. Dieser hatte die sich *geisteswissenschaftlich* verstehende Pädagogik seit den späten 1960er Jahren schrittweise in eine Gesellschaftswissen-schaft transformiert, die die jeweilige Erziehungswirklichkeit (z. B. eines Kinder-gartens, einer Schule, eines Freizeitzentrums, eines Kinder- und Jugendverbandes) an den Bildungsperspektiven *kritisch* prüft und nach Wegen ihrer *konstruktiven* Umgestaltung im Sinne der Modernisierung, Demokratisierung und Humansierung sucht und entsprechende (mehr oder weniger radikale) Reformprozesse begleitend unterstützt. Dabei standen entsprechende schulzentrierte Fragestellungen, Inno-vationsprojekte und bildungspolitische Beratungsprozesse im Zentrum seiner Arbeiten seit den frühen 1970er Jahren (vgl. dazu Klafki/Braun 2007, Dritter Teil; Braun 2017; Braun/Stübig/Stübig 2018, Teil II).

2.1.1 Die milieugerechte pädagogische Interpretation und Verwirklichung der gesellschaftlichen Funktionen der Schule

Klafki hat stets an der Einsicht der Geisteswissenschaftlichen Pädagogik festgehalten, dass es eine „relative", zutreffender: **relationale Autonomie** der **pädagogischen Interaktionsmuster** und **Institutionsstrukturen** gibt und dass die „Versozial-wissenschaftlichung" des pädagogischen Sehens und Denkens nicht dazu führen darf, dass die Erziehungswissenschaft ihre „einheimischen Begriffe" (W. Flitner) aufgibt und ihre spezielle pädagogische Verantwortung ignoriert oder gar ver-leugnet. Es gilt somit einerseits, die gesellschaftlichen *Eingebundenheiten* – hier: der Schule – zu reflektieren und andererseits zu fragen, mit welchen *eigensinnigen* Zielen, Inhalten, Sozialformen, Medien und Organisationsstrukturen man ihren gesellschaftlichen Funktionen pädagogisch am besten gerecht werden kann (vgl. dazu auch die Darstellung des bildungssoziologischen Ansatzes von Geiger in Kap. 1.2.3 dieses Buches). Deshalb werden vor den entsprechenden *schulpädagogischen* Überlegungen (vgl. dazu Klafki 2002; 2007, Zweiter Teil) die zentralen aktuellen *bildungssoziologischen Zeitdiagnosen* knapp skizziert, wobei ich mich vorrangig an dem Theorieprojekt „Zweite Moderne" orientiere (vgl. dazu Kap. 2.4.1 sowie Autorengruppe Bildungsberichterstattung 2018, Kap. A).

1. Es ist zunächst auf die **Schaffung von Möglichkeiten zur Aneignung und Vermittlung von arbeitsmarktbezogenen Kompetenzen** zu verweisen. Dies geschieht angesichts der Tatsache des weiteren Bedeutungsverlustes des landwirtschaftlichen und des Bedeutungszuwachses des Dienstleistungssektors und die Transformation der traditionellen Industrien in einen digital gesteuerten und dienstleistungsgestützten Sektor, wobei diese Prozesse überformt werden durch die noch bei Weitem nicht abgeschlossene ökonomische Europäisierung und Globalisierung. Dies hat in der Tendenz dazu geführt, dass einerseits und dominant das qualifikatorische Anforderungsniveau milieuübergreifend deutlich gestiegen ist und dass es andererseits zu einer gewissen milieuspezifischen Polarisierung gekommen ist (vgl. dazu auch Kap. 2.2) – Für die Schule bedeutet dies:

    a. Generell geht es darum, eine entwicklungsoffene Balance zwischen *Bildung* und *Qualifikation* – oder klassisch formuliert: zwischen „menschlicher Vervollkommnung" und „ökonomischer Brauchbarkeit" – zu finden. Darauf zielt der Begriff der **Kompetenz**, der zugleich die angestrebte Gleichwertigkeit von allgemeiner und beruflicher Bildung zum Ausdruck bringt.

    b. Hier geht es zunächst um die Aneignung und Vermittlung von **Fachkompetenzen**, sowohl berufsfeldspezifischen wie auch besonders berufsfeldübergreifenden (also von funktionalen und extrafunktionalen Kompetenzen). Das erfordert den Erwerb von *intelligentem, „arbeitendem" Wissen*, welches in die fachlichen und überfachlichen Problemzusammenhänge eindringt (z. B. die ökologischen Folgen bestimmter Produktionstechniken), Problemlagen verstehend erschließt und darauf fußende Lösungsvarianten erarbeitet. Deshalb müssen die institutionalisierten Lern-Lehr-Konzepte systematisch zur Aneignung *anwendungsfähigen Wissens* anregen, indem die jeweils benötigten Wissenskomplexe aus dem allgemeinen systematischen Zusammenhang herausgelöst und exemplarisch erprobt werden und die dabei gemachten Erfahrungen und gewonnenen Erkenntnisse in das systematische Wissen zurückgekoppelt werden. Dabei gilt es auch, den Erwerb *methodisch-instrumenteller Kompetenzen* zu fördern, die in unterschiedlichen Kontexten und Situationen erforderlich sind.

    c. Die befriedigende und erfolgreiche Ausübung eines Berufes erfordert auch **Sozialkompetenzen**, also die Fähigkeit und Bereitschaft zur milieuspezifischen, insbesondere aber milieuübergreifenden sozialen Verständigung, zur Übernahme sozialer Verantwortung und zur Thematisierung, Analyse und

Lösung von psychosozialen Konflikten. Dazu muss die Schule insgesamt als sozialer Verantwortungsraum gestaltet werden.

d. Die Dynamik des sozialen Wandels und dabei auch gerade die der Berufstätigkeiten und des Arbeitsmarktes erfordern die **Humankompetenz** des lebenslangen Lernens. Weniger denn je sind die in den allgemein- und berufsbildenden Schulen und in der Berufsausbildung erworbenen Kompetenzen ausreichend, um auch nur einen Teil des eigenen Berufslebens bewältigen zu können. Es bedarf also des Aufbaus einer biografischen Entwicklungs- und Lernperspektive, durch die die Fach- und Sozialkompetenzen immer wieder hinterfragt, erweitert, kumuliert und umgebaut werden.

e. Ein besonderes Hindernis für die Aneignung und Vermittlung dieser ist die weitgehende institutionelle Trennung von **allgemein-** und **berufsbildendem** Schulsystem, die es gilt, schrittweise aufzubrechen und zu überwinden.

2. Die bisher vorrangig dargestellten Entwicklungen sind von tiefgreifenden *ökonomischen* und *sozialen* Umbruchprozessen überformt (wie die empirischen Befunde der Milieuforschung deutlich machen; vgl. dazu Kap. 1.3 – 1.5 sowie 2.4.1), die die andere Seite der radikalen Modernisierung der Arbeitsgesellschaften kennzeichnen. Dazu gehören die Krise der Normalarbeitsverhältnisse, die alten und neuen sozialen Ungleichheiten, die Individualisierung, der Umbau der Geschlechter- und ethnischen Verhältnisse, die Verantwortungsverlagerung der sozialen Risikobewältigung von den Institutionen auf die Individuen („Fördern und Fordern"; „Aktiver Sozialstaat") und die Suche nach einem alternativen Entwicklungstypus. Deshalb muss die Schule sich um die **Sicherung** und **Erweiterung** der **ausgleichenden Bildungsgerechtigkeit** bemühen (vgl. dazu auch Kap. 2.2.1). Das kann in folgender Weise geschehen:

a. Die gesellschaftlichen und sozialen Pluralisierungen und Polarisierungen (sowie Segmentierungen) machen es zu einer grundlegenden Aufgabe der Schulorganisation (wie überhaupt der habitussensiblen Schulpädagogik und Bildungspolitik), das *individualethische* Prinzip der optimalen **Entfaltung der Persönlichkeit** jedes Heranwachsenden mit dem *sozialethischen* Grundsatz der **Bildungschancengleichheit** und **Bildungschancengerechtigkeit** zu verschränken.

b. Dies bedeutet zunächst einmal, dass es einen möglichst ungehinderten **Zugang zu allen Bildungsgängen** geben sollte. Dem steht in Deutschland die Tatsache strukturell entgegen, dass das Schulwesen nach der Klasse 4 (in einigen Bundesländern nach der Klasse 6) hierarchisch gegliedert ist (vgl. dazu Kap. 2.2.2). Das erfordert die Abkehr von dem durchgängigen Prinzip der äußeren Differenzierung (zumindest in der Sekundarstufe I) und die Dominanz der **inneren Differenzierung**. Sie ist der günstigste pädagogische

Rahmen der *individuellen* Förderung *aller* Mitglieder von milieu- und leistungsheterogenen Klassen, Projekten, Kursen, Bildungsgängen usw. Das gilt einerseits für die, die aufgrund des sozialen und kulturellen Kapitals ihrer Herkunftsfamilien über besondere intellektuelle, sportliche und kulturelle Kompetenzen verfügen und diese weiterentwickeln wollen. Das „Entdecken" solcher besonderen Interessen, Fähigkeiten, Bereitschaften und Zugangsweisen durch spezielle Zusatzangebote, ihre flexible Berücksichtigung bei Versetzungen, Abschlüssen und Zugangsberechtigungen und ihre Integration in die Förderung der anderen Kinder/Jugendlichen (besonders durch ein schulinternes Tutorensystem) sind wichtige konzeptionelle Momente des Umgangs mit Milieu- und Leistungsheterogenität. Dazu gehört auch die spezifische Förderung der Schüler*innen, die zu den *Risikogruppen* gehören (das sind diejenigen, die aufgrund ihrer Kompetenzen deutliche Schwierigkeiten haben, eine moderne Berufsausbildung abzuschließen; vgl. Kap. 2.2.4). Für diese Heranwachsenden sind besondere Maßnahmen des Nachteilausgleichs (der „Nachbeteiligung der Benachteiligten") zu implementieren. Das gilt auch und ganz besonders für die **Inklusion** von Heranwachsenden mit „handicaps" bzw. „besonderen Bedürfnissen", wobei daran besonders hohe pädagogische und soziale Qualitätsanforderungen zu stellen sind.

c. Notwendig sind institutionell verankerte (zumindest auf der Ebene der Schulprogramme) *flexible, subjekt-* und *entwicklungsbezogene* sowie *dialogische* Formen der *Lernrückmeldungen* und *Leistungsbewertungen,* also unter Beachtung der milieuspezifischen Lernvoraussetzungen und habitualisierten Lernmodi (z. B. individuelle oder gemeinschaftliche Schülervorträge, mündliche Prüfungen, schriftliche Tests, Klassenarbeiten, prüfungsähnliche Übergangsformen, Kontrolle der Hausaufgaben, Schülerbeobachtung, Lerndokumente und Selbstbewertungen der Schüler*innen).

d. Es gehört zu den besonderen Widersprüchen der aktuellen Entwicklung, dass die *Mädchen* durchgängig die höheren allgemeinbildenden Bildungsgänge und Abschlüsse erreichen (wobei die Leistungsentwicklung in der Mathematik und den Naturwissenschaften allerdings sehr differenziert zu betrachten ist), sie also bei der Bewältigung der männlich geprägten schulischen Leistungsnormen erfolgreicher sind als die *Jungen.* Denn diese sind in den unteren Bildungsgängen, in den Risikogruppen, in den Sonder- bzw. Förderschulen und bei der Schulabstinenz überrepräsentiert. Zugleich wird die Mehrheit der Mädchen bereits bei der Berufsausbildung drastisch benachteiligt (und nicht erst beim Übergang ins Berufsleben). Es bedarf somit der Implementierung von milieusensiblen Konzepten der **geschlechterdemokratischen Gleichwertigkeit** der Lebensentwürfe und Lernwege von Mädchen/Frauen und

Jungen/Männern durch die curriculare Verbindlichkeit der Thematisierung von Geschlechtsstereotypen, von geschlechtsspezifischen Wahrnehmungs-, Denk- und Bewertungsweisen sowie Sinnentwürfen und der Rolle der Frauen in Geschichte, Gegenwart und absehbarer Zukunft (auch in Bezug auf die Schule selbst; vgl. dazu ausführlich Kap. 4.2). Ferner ist die Förderung der mathematischen, natur- und ingenieurwissenschaftlichen Kompetenzentwicklung der Mädchen (auch durch zeitweise Trennung von den Jungen) und die Erweiterung ihres Interessenspektrums (gerade im IT-Bereich) notwendig – was aber nur erreicht werden kann, wenn dem reale Angebote zur Berufsausbildung und -ausübung gegenüberstehen. Und nicht zuletzt ist erforderlich die Einrichtung von Diagnose- und Fördermaßnahmen für diejenigen Jungen, die besondere Entwicklungs- und Lernschwierigkeiten haben und deshalb vom Scheitern ihrer Schullaufbahn bedroht sind (vgl. Kap. 2.2.4 u. 2.4.4).

3. Nun ist es nicht nur Aufgabe der Schule, *mündige Wirtschaftsbürger*innen* zu bilden und zu erziehen, sondern auch *mündige Staatsbürger*innen* – und zwar auch deshalb, weil über die alternativen Entwicklungspfade der Arbeitsgesellschaft nicht nur ökonomisch, technologisch und ökologisch entschieden wird, sondern auch politisch. Die Entwicklungen des politischen Systems sind gegenwärtig und zukünftig bestimmt durch die Globalisierung, das in die Krise geratene „Projekt Europa" und den Bedeutungszuwachs zivilgesellschaftlicher und regionaler Initiativen. Insofern geht es um die Schaffung schulspezifischer **politischer Verantwortungsräume** im Spannungsfeld von **Globalität** und **Lokalität** u. a. durch folgende Angebote und Maßnahmen:

   a. Wenn die Antwort auf die Globalisierung nicht Protektionismus und Euro- bzw. Ethnozentrismus sein dürfen, dann bedarf es einer universellen normativen Orientierung, die die organisatorische Verfassung und inhaltliche Gestaltung der Schule bestimmt. Diese besteht in dem *inneren* Zusammenhang von allgemeinen und speziellen **Menschenrechten** und sozialer und politischer **Demokratie** (wie sie für das Grundgesetz [GG] und die Landesverfassungen charakteristisch sind), der zugleich das Fundament für das **solidarische** Zusammenleben darstellt (vgl. dazu auch Kap. 5.3.3).

   b. Dies gelingt den schulischen Bildungs- und Erziehungsprozessen besonders dadurch, dass sie die **epochaltypischen Schlüsselprobleme** als zeitgemäße Form der Bildung im Medium des Allgemeinen zu *einem* der übergreifenden Grundprinzipien der gesamten Curriculumentwicklung machen. Dazu gehören – wie schon in Kap. 1.3.4.2 skizziert – u. a. die Problemkomplexe von Krieg und Frieden, von kulturellen Traditionen und interkultureller Verständigung, von Umwelt und ökologischen Krisen, von Gentechnologie und menschlicher Würde, von Wachstum und Alterszusammensetzung der Weltbevölkerung, von gesellschaftlichen und sozialen Ungleichheiten, von Chancen und Gefahren der neuen technischen Steuerungs-, Informations- und Kommunikationsmedien und die verschiedenen Formen der intersubjektiven Beziehungen, Begegnungen und Wertorientierungen. – Diese Schlüsselprobleme als verbindlicher Kern der schulischen Lern- und Lehrprozesse bieten die Möglichkeit, die *Alltagserfahrungen* der Heranwachsenden (aber auch der Erwachsenen) zu thematisieren, Einblicke in gesellschaftliche *Strukturprobleme* zu gewinnen und gemeinsam nach möglichen und wünschenswerten *Lösungen* zu suchen.

   c. Zu einem politischen Verantwortungsraum wird die Schule allerdings erst dann, wenn sie sich umfassend hin **zum Gemeinwesen** und seiner „sozialen Morphologie" **öffnet** und Verantwortung für dessen Gestaltung übernimmt (z. b. bei der friedlichen Beilegung ethnischer Konflikte, gerade angesichts des grassierenden Rassismus in der sog. „Flüchtlingsfrage"), also in den lokalen und regionalen Basisöffentlichkeiten verankert ist, mit den formellen und informellen Netzwerken (z. B. Arbeitslosentreffs oder Eine-Welt-Initiativen) zusammenarbeitet und sich an den verschiedenen Sozialdiskursen (z. B. über die weiteren Schritte, um das Projekt „Soziale Stadt" zu verwirklichen) beteiligt (oder diese sogar selbst initiiert; mehr dazu in Kap. 5.3.1/5.3.2).

4. Die Ermöglichung der **aktiven Aneignung** und **reflexiven Vermittlung kultureller Traditionen** (in ihren zentralen Dimensionen von Wissenschaft, Kunst und Ethik [Moralität/Sittlichkeit]) ist eine der zentralen gesellschaftlichen Funktionen und politischen Aufgaben der Schule. Für die kulturellen Entwicklungen in der „zweiten Moderne" sind – über die bereits angesprochenen Aspekte hinaus – die Internationalisierung der alltäglichen Lebensführung und die Kultur der neuen Medien von besonderer Bedeutung. Sie bedeuten für die Schule u. a.:

   a. Zunächst einmal benötigt die Schule für ihr institutionelles und institutionalisiertes Selbstverständnis eine Basis, welche einen integrativen Zugang zur Vielfalt der kulturellen Prozesse und Traditionen ermöglicht. Dazu kann die kulturwissenschaftlich akzentuierte Rezeption der von der Bildungskommission NRW (1995, S. 107ff) vorgeschlagenen **übergreifenden Lerndimension** als weiteres Gestaltungsprinzip der schulischen Lern-Lehr-Angebote dienen. Dazu gehören die Themen:

     I   Identität und soziale Beziehungen – gerade auch in geschlechtsspezifischer Hinsicht (vgl. Kap. 3.1.2);

     II   kritisch-konstruktive Auseinandersetzung mit der Vielfalt der kulturellen Traditionen: Weltbilder, Wissenschaften, weltanschauliche und religiöse

Gemeinschaften (nicht nur christlicher und/oder europäisch-abendländischer Ausprägung; vgl. Kap. 3.2);

III   die Bedeutung von Kunst und Medien für das eigene Selbst- und Weltverständnis;

IV   Sprache und Kommunikationsweisen in der Vielfalt ihrer Ausdrucksmöglichkeiten und kulturellen Eingebundenheit;

V   kulturelle Bedeutung der individuellen und gesellschaftlichen Arbeitsverhältnisse und -normen im Spannungsfeld von Fremdbestimmung und Selbstbestimmung und die biografische Bedeutung anderer Formen gesellschaftlich nützlicher Tätigkeiten (vgl. dazu Kap. 2.4);

VI   und nicht zuletzt die demokratische Kultur als immer wieder zu verwirklichende Verfassungsnorm – besonders im Entwicklungswiderspruch von sozialer und politischer Demokratie bzw. Zivilgesellschaft und institutionalisierten Verfahren (vgl. Kap. 5.3).

b.   Die Aneignung und Vermittlung der **Medienkompetenz** sollte deren möglichen Beitrag zur reflexiven Gestaltung des eigenen Alltagslebens ins Zentrum stellen und von daher ein medienbezogenes Urteilsvermögen fördern, welches drei Fragen jeweils versucht zu beantworten:

I   Auf welches Wissensgebiet, auf welchen Anwendungsbereich und auf welche kognitiven Problemstellungen bezieht sich ihr Einsatz (z. B. die Simulation ökologischer Entwicklungsvarianten oder das statistische Erfassen der Lebensqualität)?

II   Welche Kompetenzen benötige ich jeweils, um mit bestimmten Medien angemessen umzugehen (um z. B. ein bestimmtes Computerprogramm anzuwenden oder eine Fernsehserie über neueste archäologische Ausgrabungen oder über internationale Musikfestspiele verstehen zu können)?

III   Welche Bildungs- und Lernansprüche verbinde ich mit bestimmten Medien (z. B. Schaffung einer Gegen-Öffentlichkeit zu Fragen der Globalisierung) und in welchen sozialen Formen will ich ihnen nachgehen (z. B. in einem Wahlkurs, in einem Jugendmedientreff, in einer Freundschaftsgruppe oder alleine)?

Dabei ist stets zu beachten, dass die Medienerziehung einen Beitrag zur ausgleichenden Bildungsgerechtigkeit zu leisten hat (vgl. zur Bedeutung der Computerspiele EP1, Kap. 6.1.3).

5.   Die bisher dargestellten gesellschaftlichen Funktionen und pädagogischen Aufgabenstellungen hatte Klafki in seinen schon klassisch gewordenen Texten immer wieder herausgestellt. Er hat dann in neueren Diskussionen der Analyse und Schlussfolgerung zugestimmt, dass die Schule mittlerweile noch eine ganz eigenständige Funktion zu erfüllen hat, nämlich die der **Schaffung**

funktionaler, sozialintegrativer Äquivalente für die Labilisierung und Erosion der Milieus und Familien (vgl. Klafki/Braun 2007, S. 155ff; und zu den
bildungssoziologischen Befunden Kap. 1.3 – 1.5 dieses Buches). Die sich daraus
ergebende Aufgabe der **sozialpädagogischen Erweiterung des schulischen Bil-
dungs-** und **Erziehungsauftrages** umfasst fast alle Konzepte und Methoden der
Sozialpädagogik bzw. Sozialen Arbeit. Die für die Schulsozialarbeit besonders
relevanten Aufgabenfelder werden hier nur stichwortartig dargestellt, weil sie in
den folgenden Kapiteln ausführlicher behandelt werden (vgl. zur Begründung
dieses Verständnis von sozialpädagogischer Profilbildung bzw. Schulsozialarbeit
ausführlich Braun/Wetzel 2006, II. Teil; sowie Baier/Deinet 2011; Speck 2014;
Spies/Stecklina 2015, Kap. 4.3/4.4).

a. Zunächst einmal gilt es, die **Schule** zu einem **kind-** und **jugendgemäßen
Lebensort** und **Erfahrungsraum** umzugestalten.

I   Das betrifft zum einen die Veränderung ihrer inneren und äußeren
architektonischen Verhältnisse (die von der großen Mehrheit der Schüler*innen als wenig akzeptabel, häufig sogar als deprimierend erlebt
werden) durch die flexible und offene Raumgestaltung, die soziale und
lebensweltliche Ausformung des Baumilieus, die Schaffung von Balancen
zwischen Zonen der Besinnung und Bewegung bzw. von Begegnungs- und
Rückzugsmöglichkeiten für die Geschlechter, Balancen zwischen Natur
und umbautem und bebautem Raum und schließlich die Erfahrbarkeit
und Veränderbarkeit des Zusammenhangs von pädagogischen und
architektonischen Zielen.

II   Zum anderen sollte es **erlebnispädagogische** Angebote (i. w. S. d. W.)
geben, die sowohl die ästhetischen Selbst- und Weltverhältnisse der
Kinder und Jugendlichen fördern, als auch ihrem Bewegungsbedarf
Rechnung tragen und als abenteuerpädagogische Angebote auch eine
körperbezogene Bewährungsmöglichkeit anbieten (vgl. dazu Kap. 4.3).

b. Die progressiv-expansive Bewältigung der schuleigenen Widersprüche und
Ambivalenzen erfordert auch die Möglichkeit, dass die Schüler*innen bei
der Reform der pädagogischen Bedingungen und Beziehungen, zumindest
in der eigenen Schule, entsprechende *Mitgestaltungsrechte* erhalten. Kinder und Jugendliche können nur *Verantwortungsbewusstsein* entwickeln,
wenn sie *Verantwortung entwicklungsangemessen übertragen* bekommen.
Diese übertragenen Aufgaben muss man ihnen zwar auch *zumuten*, aber
insbesondere muss man ihnen *zutrauen*, dass sie sie bewältigen und so die
Schule ein **sozialer Verantwortungsraum** wird, der das soziale Lernen a*ller*
Mitglieder, speziell zwischen den Milieus anregt und unterstützt (vgl. dazu
auch Kap. 5.3.1/5.3.2).

c. Nur knapp ist hier daran zu erinnern, dass die **Spielförderung als Voraussetzung der Unterrichtsförderung zu betrachten ist** (vgl. EP1, Kap.
6), was
umgekehrt bedeutet, dass bei unzureichender Ausbildung dieser Fähigkeiten
und Bereitschaften diese erst nachträglich angeeignet werden müssen, damit
Schulversagen überhaupt biografisch nachhaltig überwunden werden kann.
Dabei ist stets zu beachten, auf welcher „Stufe" der Spielentwicklung bereits
relevante „Einbrüche" festzustellen sind.

d. Für eine kind- und jugendbezogene Entwicklungspädagogik bedarf es der
inneren und äußeren Öffnung des Unterrichts. Dezidiert milieuspezifische
und habitussensible sozialpädagogische Handlungsansätze können dazu
beitragen u. a. durch Entwicklung und Institutionalisierung von Verfahren
und Ritualen sowie öffentlichen Foren und alltäglichen Umgangsformen,
die in der Lage sind, einen angemessenen *emotionalen Rückhalt für riskante
Lernprozesse* zu schaffen (gerade den vermissen viele, die von der objektiven
Seite des Schulversagens betroffen sind). Ferner durch eine *Didaktik des Helfens*
(im Sinne eines Tutorensystems und als Aspekte der milieuübergreifenden
innerschulischen Verantwortungsübertragung), wo die pädagogischen
Förderkompetenzen der Schüler*innen kontinuierlich eingebracht werden
können. Dadurch können die Lehrer*innen von vielen pädagogischen Rou-
tineaufgaben entlastet werden und sich so den sachlich-didaktisch kompli-
zierten Aufgaben zuwenden und haben zugleich mehr Zeit für besonders
schwierige Fälle von Schulmüdigkeit und Schulverweigerung. Ferner durch
fächerverbindende und -übergreifende Unterrichtsprojekte, die sich mit
dem näheren und weiteren schulischen Umfeld auseinandersetzen und die
schulspezifischen Erkenntnismöglichkeiten in die lokalen und regionalen
Sozialdiskurse einbringen (z. B. bezogen auf die statistische Erfassung von
Armutsrisiken, womit zugleich der alltagspraktische Gebrauchswert solch
mathematischer Verfahren deutlich wird; dazu ausführlicher Kap. 2.1.2).
Gerade in diesem Zusammenhang ist auch an die unterschiedlichen Projekte
zur Berufsvorbereitung zu denken (vgl. Kap. 2.4.2).

e. Ferner geht es um eine **sozialraum- und lebensweltbezogene Einzelfallhilfe**, die aus der pädagogisch-sozialen Arbeit mit einzelnen Personen und
Gruppen (z. B. mit psychosomatischen Beschwerden oder gewaltförmigen
Tendenzen der psychosozialen Konfliktbewältigung) Schlussfolgerungen
zieht für die primäre und sekundäre Prävention als Perspektive der inneren
Reform der Einzelschule (z. B. bezogen auf die institutionellen und interaktiven Ursachen und Erscheinungsformen von Schulängsten und wie diese
abgebaut werden können).

f. Festzuhalten ist in jedem Fall, dass die **sozialpädagogische Profilbildung** der
    Schule zwar durch die **Schulsozialarbeit angeregt, unterstützt** und jeweils
    erweitert werden kann und muss, dass sie aber die **gemeinsame Aufgabe**
    der gesamten Schulgemeinde ist, also der Lehrer*innen, der Schüler*innen
    und ihrer Eltern sowie der an der Schule interessierten Mitbürger*innen.
    Dabei können die Schulsozialarbeiter*innen Teil des Personals der Schule
    oder auch der Kinder- und Jugendhilfe sein. Sie sind aber in jedem Fall an
    allen schulischen Entscheidungsprozessen aktiv und gleichberechtigt mit den
    Lehrer*innen zu beteiligen und mit aufgabenspezifischen Entscheidungsbe-
    fugnissen auszustatten.

g. Erforderlich ist auch eine **Koordination der Schulentwicklungsplanung**
    mit der Kinder- und Jugendhilfeplanung, d. h. die sozialpädagogische
    Profilbildung muss zu einem Regelbestandteil der lokalen, regionalen und
    landesweiten **Schulentwicklungsplanung** werden; dabei sind die verschiede-
    nen Schulsozialarbeitsprojekte mit anderen schulbezogenen Maßnahmen der
    Kinder- und Jugendhilfe zu koordinieren und mit den jeweiligen Ebenen der
    Schulentwicklungsplanung abzustimmen (im Sinne der §§ 13(4), 81 u. 85(2)
    SGB VIII; dazu auch Deinet/Icking 2006, Teil 5). Zugleich ist eine Vernetzung
    mit den lokalen und regionalen Basisöffentlichkeiten, zivilgesellschaftlichen
    Akteuren und den verschiedenen Behörden, Wirtschaftsverbänden und
    Gewerkschaften anzustreben.

h. Es ist in den letzten 10–12 Jahren zu einem enormen Ausbau der Ganztags-
    schulen (als weiterem Element der ganztägigen öffentlichen Bildung und
    Erziehung der Heranwachsenden) gekommen (vgl. Autorengruppe Bildungs-
    berichterstattung 2018, S. 97ff). Die **Ganztagsschule** ist ein **geeigneter insti-**
    tutioneller Rahmen des erweiterten Bildungs- und Erziehungsauftrages
    (dazu ausführlich Kap. 2.3.3).

2.1.2 Milieugerechtes und habitussensibles bildendes Lernen im Medium des Unterrichts

Nach den Überlegungen zur sozialpädagogischen Profilbildung der Schule könnte
bei vielen Leser*innen der Eindruck entstehen, dass dem Unterricht in der Schule
nur noch eine randständige Rolle zuerkannt wird. Dazu passt eine Anekdote: Als
ich Wolfgang Klafki 1993 auf dem Parkplatz der Marburger Universität erzählte,
dass ich in der Integrierten Gesamtschule „Willy Brandt" in Magdeburg einen
Vortrag über Schulreform halten werde, meinte er spontan: „Dann erzählen Sie
den Kolleg*innen aber nicht, dass sie keinen Unterricht mehr machen brauchen."

Er dachte dabei gewiss auch an den veröffentlichten Titel meines Habilitationsvortrages „Die Unterrichtsschule am Ausgang ihrer Epoche" (Braun 1993). Ich
konnte seine Bedenken zerstreuen, denn die klassische Formel der Reformpädagogik „Schule ist mehr als Unterricht" besagte nie, dass eine **„Gute Schule"** nicht
auch **„Guten Unterricht"** benötige. Oder noch schärfer: Die Schule ist nicht nur
der gesellschaftlich und bildungspolitisch privilegierte Raum des Unterrichts,
sondern die Schüler*innen erwarten *als Kinder* und *Jugendliche* die Lernförderung
im Medium des Unterrichts, wenn bzw. weil sie die Fördermöglichkeiten des Spiels
ausgeschöpft haben (vgl. EP1, Kap. 6).

Im Zusammenhang mit der pädagogischen Bewältigung der gesellschaftlichen
Funktionen der Schule (in Kap. 2.1.1) wurden bereits eine ganze Reihe von Handlungsmaximen und Orientierungspunkten des Unterrichts und seiner milieuspezifischen Differenzierungen angesprochen. Sie können durch den Hinweis zusammenfassend zugespitzt werden, dass Bildungsprozesse *doppelseitig aufschließend*
sind: Sie ermöglichen den lernenden Kindern und Jugendlichen einen Zugang zu
bestimmten bedeutsamen Aspekten der gesellschaftlichen und natürlichen Wirklichkeit (z. B. zur zunehmenden Artenvielfalt in den Städten oder den unterschiedlichen
historischen und aktuellen Architekturstilen) und damit zugleich zu sich selbst, zu
den eigenen Erlebnissen, Erkenntnissen, Erfahrungen, Sinnentwürfen usw. (z. B. der
bevorzugten Wohnlage, der gewünschten Einrichtung des eigenen Zimmers oder
dem Verständnis politischer Prozesse). Es gibt also eine innere Verschränkung von
Welt- und Selbstsichten (etwa bezogen auf ethnische Zugehörigkeitsgefühle), weil
die *Selbstbildung durch aktive Aneignung* der natürlichen, ökonomischen, sozialen,
politischen und kulturellen *Wirklichkeiten* stattfindet. Die eingangs verwendeten
Formeln „subjektiv relevant" und „gesellschaftlich bedeutsam" für die schulischen
Lernprozesse lässt sich nun dahingehend verdichten, dass zwischen **Unterrichts-Inhalten** und **Unterrichts-Themen** zu unterscheiden ist (vgl. Klafki 2007a, S. 114ff):
Inhalte beziehen sich auf bestimmte Aspekte der objektiven Wirklichkeit in der
Natur, in der Gesellschaft und in den Symbolwelten der Kultur (z. B. Packeis und
Gletscher im europäischen Nordmeer, unterschiedliche Besiedlungsdichten in den
skandinavischen Ländern und in China, die sinfonische Musik von Edvard Grieg).
Alle diese Inhalte können dann zu Themen werden, wenn ihnen eine pädagogische
Bedeutung zuerkannt wird – und zwar bezogen sowohl auf die objektive gesellschaftliche Relevanz (z. B. das Abschmelzen der Gletscher als Folge des Klimawandels, die immer mehr zunehmende Verstädterung des Lebens und die Landflucht,
die Beziehungen zwischen Volksmusik und „hoher Kunst") wie auch die über die
Milieuzugehörigkeit und -orientierung vermittelte subjektive Bedeutung für das
Selbst- und Weltverständnis der Lernenden (z. B. bezogen auf die eigene Betroffenheit von den neuen Extremwetterlagen, die „Romantisierung" des Lebens in den

suburbanen Naturräumen, die persönlichen musikalischen Präferenzen). Ein Inhalt wird also dann zum Thema, wenn ihm eine milieu-*spezifische* und milieu-*übergreifende* Bildungsrelevanz zuerkannt werden kann, wenn also gezeigt werden kann, dass die Auseinandersetzung mit einem bestimmten Inhalt den Zielbestimmungen des (unterrichts-)pädagogischen Handelns gerecht wird, es somit sinnvollerweise einen „**Bildungsinhalt**" darstellt, was nur das Ergebnis eines Reflexionsprozesses sein kann, bei der Ziel- und Inhaltentscheidungen miteinander auf flexible, aber verbindliche Weise miteinander verknüpft werden. Damit soll gesagt werden, dass die gleiche Zielsetzung (z. B. Einsichten in die ökologischen Krisenprozesse) an sehr verschiedenen Inhalten erörtert werden kann (z B. auch am Ozonloch als Folge der weltweiten Industrialisierung), aber eben nicht an jedem Inhalt (z. B. nicht an Hand der technischen Probleme der Weltraumfahrt – auch wenn es sehr viel Schrott im Weltall gibt). Es handelt sich bei der Relation von Ziel und Thema somit weder um ein Ableitungsverhältnis (die Inhalte können nicht aus den Zielen deduziert werden, sondern sie müssen mit ihnen vermittelt werden) noch um eine Zweck-Mittel-Beziehung, weil nämlich in jede Inhaltsbestimmung normative Vorannahmen und Entscheidungen eingehen, die mit Blick auf die Bildungsansprüche jeweils kritisch geprüft werden müssen (man denke hier an Inhalte wie Demokratie und Diktatur, Moderne und Barbarei, Unterhaltungs- und „Ernste" Musik), mit denen alle Beteiligten ganz verschiedene Vorstellungen verbinden (können) und somit auch ganz unterschiedliche Lernerwartungen assoziieren bzw. verknüpfen (wie die in Kap. 1.4.2/1.4.3 und 1.5 dargestellten Milieubefunde zeigen). Zugleich erfordern bestimmte konzeptionelle Ziel-Inhaltsentscheidungen dann auch dem angemessene Entscheidungen über die zu wählenden interaktiven Sozialformen des Unterrichts (so kann man das Thema „Freiheit" nicht in einem monopolartig betriebenen und häufig auch weitgehend autoritären Frontalunterricht glaubhaft „rüberbringen); und es bedarf einer Vielfalt von „technischen" Medien (z. B. zur Aufzeichnung von Erlebnissen bei einer Beobachtung von Tieren auf der freien Wildbahn und in einem Zoo oder der Dokumentation eines chemischen Prozesses). Im Folgenden sollen die wesentlichen methodischen Seiten eines so verstandenen subjektbezogenen, also bildenden Unterrichtskonzeptes dargestellt werden: die sokratisch-dialogische, die genetische und die exemplarische:

1. Die **sokratisch-dialogische** Methode des Unterrichtens setzt an den in Milieukontexte integrierten unmittelbaren Erkenntnissen, Erfahrungen, Vorstellungen und Bewertungen der Lernenden an (etwa bezüglich bestimmter physikalischer Gesetze oder dessen was Gerechtigkeit bedeutet), die dann auf ihre Haltbarkeit, Triftigkeit usw. dialogisch befragt, teilweise oder ganz problematisiert und durch neue Einsichten und Einstellungen ergänzt und korrigiert werden (vgl. Klafki

2019, 3. u. 9. Abhandlung). Das lässt sich in vier „Stufen" und „Elementen" ausdifferenzieren, denen aber nur im Idealfall auch die chronologischen Phasen des Lern-Lehrprozesses entsprechen; es gibt also immer auch ein Hin-und-Her zwischen den einzelnen Stufen und Elementen (vgl. dazu grundlegend Copei 1969; und weiterführend Hahne 1984 sowie Hackl 2017, Kap. 1–3; ergänzend auch Combe/Gebhard 2007, 2012):

a. Wie schon angedeutet, geht die sokratisch-dialogische Methode von den lebensweltlich eingebundenen Erlebnissen und Erfahrungen der Lernsubjekte aus. Sie nimmt sie ernst – und geht zugleich über sie hinaus (ansonsten gäbe es ja keinen Lernfortschritt). Das erfordert zunächst eine **Problematisierung von Selbstverständlichkeiten** und von **routinierten Sichtweisen** als Teil der habitualisierten alltäglichen Lebensführung. So könnte man bei dem Thema Armut und soziale Gerechtigkeit zunächst einmal fragen, ob die Kinder und Jugendlichen es „normal" finden, dass es arme und reiche Menschen gibt; oder ob die entsprechenden Menschen es sich selber als Schuld oder Verdienst zurechnen sollen, wenn sie arm bzw. reich sind (vgl. zu diesem nun fortlaufend verwendeten Beispiel ausführlich mit empirischen Befunden Kap. 5.1.3). Man wird dann ggf. nach Beispielen suchen, wo diese Erklärungsmuster nicht mehr greifen (wenn z. B. Menschen einfach nur Pech oder Glück gehabt haben oder andere Menschen ihre Armut verursacht oder ihnen beim Gewinne machen geholfen haben). – Diese Problematisierungen können den Lernenden aber auch durch überraschende Alltagsereignisse (z. B. dem Gespräch mit einem Nichtsesshaften) oder auch durch eskalierende Spielprozesse („Mit diesen arroganten Kindern aus dem Villenvorort spiele ich nicht mehr!") schon nahegelegt worden sein. Dann gilt es, diese Zweifel am eigenen Selbstverständnis aufzunehmen und in die nächste Lernstufe zu überführen.

b. Das kennen die meisten Leser*innen gewiss auch aus der eigenen Lernbiografie, dass sie mit irgendeiner ihrer Auffassungen „Probleme" bekommen haben, dass sie ihnen nicht mehr einsichtig ist, dass sie aber eigentlich doch noch nicht wissen, worin denn nun das Verstehens- und Erklärungsproblem besteht. Für den weiteren Lernfortschritt bedarf es also der **Herausarbeitung einer präzisierten Fragestellung** und **Fragehaltung**. Es stellt sich den Lernsubjekten jetzt also die Aufgabe, alleine, mit anderen Kindern und Jugendlichen, mit oder ohne Unterstützung von kompetenteren (ggf. erwachsenen) Personen sich schrittweise u. a. über folgende Lernprobleme klar zu werden:

I Was sie bezüglich eines bestimmten Sachverhalts *wissen* (im Beispiel: der Armut) und was sie eben nicht wissen (z. B. welche Personengruppen in der Gesellschaft davon häufig bzw. selten betroffen sind);

II   zwischen welchen alternativen *Deutungen* und *Erklärungen* sie sich nicht
     entscheiden können (ob man z. b. die Armut in der Antike mit der von
     heute, die in Afrika mit der in Europa vergleichen darf);
III welches Wissen sie benötigen, um diese offenen Fragen zu *beantworten*
     (z. B. historisch und aktuell vergleichendes Wissen, statistisches Wissen,
     biografisches Wissen);
IV   wie sie an das erforderliche Wissen „*rankommen*" können (z. B. wen
     sie fragen können, wo sie es im Internet finden, in welchen Büchern,
     Zeitschriften und Zeitungen es zu finden ist)
V   und wie sie es *bearbeiten* und *verarbeiten* können, um zu einem Ergebnis,
     zu neuen Erkenntnissen, zu einer begründeten Entscheidung zwischen
     verschiedenen Deutungen und Erklärungen zu kommen (was „sagen"
     z. B. vergleichende Untersuchungen, was kann man den jeweiligen Sta-
     tistiken entnehmen und was eben nicht, wie gehen Urteile oder auch
     Vorurteile der Autor*innen von Büchern, Aufsätzen und Artikeln in
     die Darstellung gerade der Armutsproblematik ein).
     Durch diese und vergleichbare Arbeitsschritte wird das zunächst noch „*leere
     Staunen*" zu einer *subjektiv gewollten, also motiviert übernommenen Lernauf-
     gabe*: sich nämlich die zur Klärung der Problemstellung notwendigen Kennt-
     nisse und Fertigkeiten anzueignen und die dazu notwendigen emotionalen
     Anspannungen auf sich zu nehmen (wenn es sich z. B. als ziemlich schwierig
     erweist, die notwendigen statistischen Daten zur Einkommensverteilung zu
     erhalten und zu interpretieren).
 c. Entscheidend für die biografische Nachhaltigkeit solcher Lernanstrengungen
     ist die *subjektiv* überzeugende Lösung des Problems, also das, was von Copei
     als der **fruchtbare Moment im Bildungsprozess** charakterisiert worden
     ist. Es handelt sich dabei um eine Befindlichkeit, die man alltagssprachlich
     als „Geistesblitz" oder „Aha-Erlebnis" bezeichnet, in der man das sichere
     Gefühl hat, endlich etwas begriffen, eine Lösung gefunden zu haben usw.
     Wenn ich als Lernsubjekt – im Beispiel – u. a. darauf stoße, dass es sinnvoll,
     ja notwendig ist, zwischen absoluter und relativer Armut zu unterscheiden
     und dass es zwei Formen von Gerechtigkeit gibt: die gleichsetzende („Glei-
     ches wird gleich behandelt") und die ausgleichende Gerechtigkeit („Wenn
     die Menschen unterschiedliche Lebensmöglichkeiten haben, dann müssen
     Institutionen, wie der Staat, für gleichwertige Lebensbedingungen aktiv
     werden."). Für mich als Lernsubjekt erschließen sich in diesem Moment
     „neue Welten", ich habe den Eindruck, vorher „wie vernagelt" gewesen zu
     sein, es ist nun für mich alles „sonnenklar", ich bin mit der Welt völlig eins.
     Diese letzte Formulierung soll darauf hinweisen, dass in diesem Moment – in

manchem vergleichbar mit dem Spiel – die Welt so aussieht, wie ich sie mir zu erklären vermag. Dieser fruchtbare Moment ist – das wissen wir alle aus unseren eigenen Bildungsbiografien – das *Schlüsselerlebnis* eines kind- und jugendgemäßen sowie habitussensiblen Unterrichts (und natürlich auch in der Erwachsenenbildung). Dieser Moment oder „Zustand" ist nun weder direkt „planbar", noch entsteht er zufällig. Zu seiner Förderung bedarf es einer Gestaltung der Unterrichtsprozesse, die *die produktiven Wechselwirkungen zwischen problembezogenen, konzentrierten, gegenstandsbestimmten* und *den abschweifenden, distanzierenden, „frei schwebenden" Lernelementen und -phasen* (samt ihren Überlappungen) nicht nur respektiert, sondern durch *offene Zeit-, Raum- und Dialogstrukturen ermöglicht und nahelegt.* Nur so kann die *verbindlich* formulierte Lernaufgabe mit der notwendigen subjektiven *Flexibilität* realisiert werden. Der häufig beklagte Lernfrust – nicht nur in der Schule, sondern auch bei thematisch anspruchsvollen Angeboten in der Kinder- und Jugendarbeit! – resultiert zum großen Teil daraus, dass diese Spannungen und Widersprüche in den Lernprozessen nicht hinreichend – wenn überhaupt – anerkannt und beachtet werden.

d. Wie angedeutet, ist das Lernsubjekt im „fruchtbaren Moment" des Lernens mit sich selbst und seiner Lösung „im Reinen", ist sich „völlig sicher", hat jetzt keine Fragen mehr. Die müssen aber dennoch gestellt werden und das geschieht bei der **vorläufig abschließenden Prüfung des Lösungsansatzes.** Wenn die spontane Lernfreude sich „ein wenig gelegt hat", beginnt der Prozess der kritischen Prüfung, die u. a. folgenden Fragen nachgeht:

I   Ergeben sich bei der genaueren logischen Prüfung gewisse Unklarheiten oder sogar Widersprüche (was ist – im Beispiel – denn nun genauer „absolute" und was „relative" Armut, ist diese Unterscheidung für alle historischen Gesellschaften von Bedeutung, also selber absolut)?

II   Welche „theoretischen" Voraussetzungen und Folgen hat meine Lösungsidee (welches „Menschenbild", auch Bildungsverständnis steckt dahinter, verleugnet diese Gerechtigkeitsvorstellung vielleicht unausweichliche natürliche Unterschiede zwischen den Menschen, wie sähe denn eine Gesellschaft aus, in der alle Menschen gleiche oder gleichwertige Lebensbedingungen vorfinden und möchte ich als Lernsubjekt in einer solchen leben)?

III Welche der – auf Stufe b – aufgeworfenen Fragen kann ich so befriedigend beantworten und welche nicht (was bedeutet es z. B., dass ich die Ursachen der Armut überwinden will, aber gleichzeitig auch Respekt vor den Menschen habe, die in ihr leben müssen und sich teilweise auch in ihr „eingerichtet" und sie „akzeptiert" haben)?

IV Wie müsste sich mein alltägliches Verhalten, meine alltägliche soziale
Wahrnehmung verändern, wenn ich diese Lösungsidee nicht nur als
„theoretische" Deutung, sondern auch als soziale und personale Herausforderung und Verpflichtung akzeptiere, wenn ich sie also durch mein
eigenes Handeln versuche „glaubhaft" zu machen (z. B. welche Formen
von sozialer Ungerechtigkeit fallen mir dann alle ein und auf, mit welchen sollte, ja muss ich mich dann näher beschäftigen, wem versuche ich
dann auch ganz konkret zu helfen – wenn z. b. eine Mitschülerin nicht
das Geld aufbringen kann, um an einer Klassenfahrt teilzunehmen)?

Die lernfördernde Bedeutung des fruchtbaren Moments wird auch dann nicht
relevant geschwächt, wenn sich bei der anschließenden Prüfung des Lösungsansatzes herausstellt, dass er unzureichend, vielleicht in wichtigen Momenten sogar
falsch war (und dass diese Unzulänglichkeiten u. U. das Ergebnis milieuspezifischer
Vorurteile sind). Weil – um in unserem Beispiel zu bleiben – auch weiterhin unklar
bleibt, bis zu welchem Grade die Menschen für ihre eigene Verarmung Verantwortung tragen und wann man zu Recht sagen kann, dass sie „Opfer" übergreifender
gesellschaftlicher Krisen geworden sind. Für den Fortgang der eigenen Lernprozesse ist es allerdings wichtig, dass solche Fehler nicht einfach „abgehakt" werden
und man dann „halt irgendwie" auf anderen Wegen versucht, zu einer Lösung
zu kommen, sondern dass im gemeinsamen Unterrichtsgespräch geklärt wird,
warum ich diesen Fehler gemacht habe (und diese können durchaus milieu- und
habitustypisch sein), welche Aspekte ich aus welchen Gründen übersehen habe usw.
(z. B. mir die Differenz zwischen System und Lebenswelt, zwischen systemischen
Wirtschafts- und Politikräumen und Sozialräumen unbekannt war und ich deshalb
die Frage nach der Verantwortlichkeit teilweise falsch gestellt habe). Aus seinen
eigenen Fehlern zu lernen bedeutet also, diesen Lernweg zurückzuverfolgen und
nochmals die eigene Fragestellung zu präzisieren und dann wiederum nach einer
subjektiv überzeugenderen Lösung zu suchen. Wenn es dann gelingt, eine auch
objektiv aspektreichere und zutreffendere, über die milieutypischen Erlebnisweisen
und Erfahrungsräume hinausweisende Lösung zu finden, dann werden diese neuen
Fähigkeiten, Kenntnisse und Einstellungen in die bisherigen Lernweisen integriert;
oder aber sie werden – wenn sie qualitativ über sie hinausweisen – zum Ausgangspunkt für eine neuartige Erfahrungs-, Denk- und Bewertungsweise. Wenn man
z. B. auf diese Weise gelernt hat, die sozialen Zusammenhänge auf einem höheren
Komplexitätsniveau zu verstehen und jetzt auch Beziehungen zwischen technischen
Innovationen und den sozialen Konsequenzen bestimmter Wirtschaftsmodelle in
ersten Ansätzen zu erkennen.

2. Die **genetische** Methode problematisiert den gängigen, zumeist von den respektablen mittleren Milieus geprägten Sprachzentrismus der Unterrichtsprozesse und verortet die Sprechhandlungen im komplexen Prozess der Realitätsauseinandersetzung. Es können dabei folgende **logische Stufen der Wirklichkeitsaneignung** unterschieden werden, die sich realbiografisch und in den konkreten Unterrichtsprozessen phasenspezifisch auf vielfältige Weise überlagern (vgl. Bruner 1974, Kap. I, III u. IV; Hackl 2017, Kap. 5, 7 u. 8; Rumpf 1987 Teil II/III):

a. Auszugehen ist – wie beim sokratisch-dialogischen Prinzip – von der alltäglichen Lebenswelt, von den **praktischen Handlungen**, die in die habitualisierte **alltägliche Lebensführung** integriert sind oder durch den Unterricht angeregt werden und den dabei gemachten Erlebnissen und Erfahrungen. Um bei unserem Beispiel zu bleiben: Die Kinder und Jugendlichen können gebeten werden, ihre Erfahrungen mit Reichtum, zuverlässigem und prekärem Wohlstand und der Armut zu erzählen, sie können aber auch gebeten werden, mit anderen Menschen darüber zu sprechen, sozialräumliche Zonen der Armut, des relativen Wohlstandes und des Reichtums in der eigenen Stadt aufzusuchen und ihre Stimmungseindrücke festzuhalten und zu berichten.

b. Selbstverständlich stellt sich sofort die Frage, *wie* denn milieuspezifische Stimmungen festgehalten und über Erlebnisse und Erfahrungen habitussensibel berichtet werden kann und sollte. Hier ist nun entscheidend, dass nicht sofort auf die rein sprachliche Ebene übergegangen wird, sondern zunächst **bildbezogene**, also **ikonisierende Lernhandlungen** quasi dazwischengeschaltet werden (sie werden manchmal auch „materialisierende" Handlungen genannt). Sie halten die subjektiven Eindrücke, Erfahrungen, Überlegungen und Deutungen in einem Bild fest. Dieses Bild kann nun sehr unterschiedlich beschaffen sein: Es kann sich z. B. um einzelne oder eine Serie von Fotografien oder auch um einen Videofilm handeln (in unserem Beispiel: von einem „Stadtteil mit besonderem Entwicklungsbedarf", klassisch „sozialer Brennpunkt" genannt), oder um historische und aktuelle Gemälde, Zeichnungen, Karikaturen u. ä., in denen die Kinder und Jugendlichen ihre eigenen sinnlichen Eindrücke symbolisch angemessen ausgedrückt sehen oder die sie auch falsch und empörend finden (wenn z. B. Menschen in sozial belastenden Lebenssituationen als heruntergekommen und verwahrlost dargestellt werden, ihnen also die menschliche Würde abgesprochen wird). Es können aber auch grafische Darstellungen statistischer Erhebungen sein (z. B. über die Entwicklung von Armut und Reichtum im letzten Jahrzehnt in den verschiedenen Bundesländern), die man entweder selber hergestellt oder aber zum Verstehen der eigenen Erlebnisse und Erfahrungen herausgesucht hat. Insgesamt geht es hierbei darum, das *Wesentliche* und *Bedeutsame* an den *objektiven sozialen Ereignissen* und *persönlichen und zwischenmenschlichen Erfahrungen* herauszuarbeiten und in sinnlich wahrnehmbarer Weise darzustellen.

Durch diesen Lernprozess kommt es auch zu einer ersten Differenzierung zwischen Kognition und Emotion: Während bei den alltagsverankerten Erlebnissen sinnliche Erkenntnis und emotionale Bewertung noch weitgehend eins sind, treten durch die ikonisierende Darstellung beide erstmals relativ auseinander (je nachdem, worauf in der Verarbeitung und Präsentation besonderer Wert gelegt wird). Es bedarf von nun an einer besonderen Lernanstrengungen, beide Weisen des personalen Wirklichkeitsbezuges miteinander zu verbinden, also z. B. die Bilder von Kindern, die von der Armut besonders betroffen sind und die emotional betroffen machen, mit den Schaubildern, die das Verhältnis von Familiengröße und Armutsrisiko darstellen (die Leser*innen können das im „Selbstversuch" erleben, wenn sie die ikonischen Darstellungen – bes. in Kap. 1.3 – 1.5 – dieses Buches eigenständig und weiterführend interpretieren).

c. Die beiden bisherigen Lernweisen und Aneignungsebenen bilden die Grundlage für die **rein sprachlichen Lernhandlungen,** also die vertiefte Themenbearbeitung, die Erarbeitung bzw. Vermittlung von Kenntnissen über relevante Erklärungsansätze (in unserem Beispiel: der Entwicklung der Sozialstruktur und deren raumökonomischen Voraussetzungen und Folgen) sowie deren gemeinsame gründliche Diskussion. Diese *mündliche,* aber auch *schriftliche* sprachliche Verarbeitung der Erfahrungen und die durch sie möglich gewordenen Interpretationen der verschiedenen ikonischen Darstellungen ist unverzichtbar, weil so einerseits spezifische kognitive Verallgemeinerungs- und Abstraktionsfähigkeiten gefördert werden, die für das *analytische* Eindringen in die und die *synthetisierende* Rekonstruktion der ausgewählten Wirklichkeitsbereiche unverzichtbar sind. So sind z. B. die Beziehungen zwischen Arbeitsmarkt, Sozialpolitik und Armutsentwicklung derart komplex, dass sie nicht nur bildlich dargestellt werden können. Andererseits ist die Sprache auch ein wichtiges Medium, um mich als Lernsubjekt in ein bewusstes Verhältnis zu den eigenen Erlebnissen, Erfahrungen und Gefühlen zu setzen, mir selbst im Unterrichtsgespräch, in der Kleingruppenarbeit, beim Verfassen einer schriftlichen Analyse, aber auch z. B. beim „Klönen" im Cafe oder in der Familie deutlicher zu machen, was mich an einem bestimmten Thema bewegt, was mich warum betroffen macht, was mich eher weniger interessiert, vor welchen Deutungen und Konsequenzen ich aus emotionalen, auch milieugebundenen Gründen zurückschrecke usw.. Ich also z. B. über die Kinderarmut moralisch empört bin, aber mich zugleich

hilflos fühle, die Betroffenen nachhaltig zu unterstützen, weil ich mir eine
relevante Umstrukturierung unserer gesellschaftlichen Lebensbedingungen
nicht vorstellen kann und will.

Es dürfte hinreichend deutlich geworden sein, dass diese sprachlichen Verständigungsbemühungen nur dann ihre ganze lernfördernde Potenz entfalten
können, wenn sie auf den alltagspraktischen Handlungen und den ikonischen
Deutungs- und Darstellungsweisen aufbauen können. Das geschieht dann
ganz *unmittelbar*, wenn Alltagshandlungen in der Situation kommentiert
werden bzw. wenn bildliche Darstellungen interpretiert werden. Das geschieht
vermittelt, wenn diese Situationen und Bilder zwar noch erinnert werden,
aber nicht mehr unmittelbar präsent sind. Wird dieser genetische Aspekt vernachlässigt, kommt es zu problematischen Verkürzungen, Vereinseitigungen,
logischen Widersprüchlichkeiten usw. in diesen Verständigungsprozessen,
also zu ihrer systematischen Verzerrung. Dann hat man den Eindruck, dass
die Kinder und Jugendlichen (wie auch viele Erwachsene) über „Sachen" reden
und Erklärungen präsentieren, die sie gar nicht wirklich verstanden haben,
die sie nicht „erden" können, denen der Handlungs- und Erfahrungsbezug
fehlt. Wer z. B. noch nie mit Menschen, die in Armut leben, gesprochen und
ihren Alltag anschaulich miterlebt hat, wird große Schwierigkeiten haben,
sich die Art und Weise der zu bewältigenden Lebensaufgaben vorzustellen
und die Handlungs- und Entscheidungsgründe dieser Menschen zu verstehen (das gilt aber auch generell für das Verstehen der Sinndimensionen von
Milieukontexten, denen man selbst nicht angehört bzw. zu denen man eine
gewollte oder auch ungewollte Distanz hat).

d. Es wurden im vorangegangenen Unterabschnitt nur jene Sprachformen dargestellt, die der zwischenmenschlichen Kommunikation dienen; hier handelt
es sich also in gewisser Weise um Formen der *„äußeren"* Sprache. Deren Gegenstück ist das Lernen im Medium der **inneren Sprache**. Sie bildet nämlich
den genetischen Abschluss. Man kann das auch verstehen als *Übergang vom
leisen zum lautlosen Selbstgespräch* bzw. *von der Selbstverständigung mit anderen zur Selbstverständigung mit mir selber*. Hier nimmt der/die Sprechende
quasi zwei Rollen ein: die der Sprecherin/des Sprechers und der Zuhörerin/
des Zuhörers. Auf diese Weise können sie sich selber befragen, bestimmte
Denkweisen hinterfragen, bestimmten Intuitionen genauer nachgehen, sich
selber auffordern, eine bestimmte emotionale „Durststrecke" auf sich zu
nehmen, sich bestimmte Erklärungsweisen und Argumentationsfiguren (die
z. B. in der letzten Projektgruppensitzung einer Zukunftswerkstatt geäußert
wurden) nochmals zu vergegenwärtigen und in sich selber „nachklingen"
lassen usw. Dieses innere Sprechen reicht von Kurzformeln (in der ich mir

als lernendes Subjekt z. B. knapp eine Aufgabe, die ich noch erledigen muss, ins Gedächtnis rufe), über die gemurmelten Kommentare zu bestimmten Äußerungen anderer (wenn ich z. B. mit der Darstellungsweise eines Problems – etwa zum Verhältnis von Stadtteilökonomie und Stadtteilökologie – gar nicht einverstanden bin) bis hin zu manifesten und längeren lauten Selbstgesprächen (wenn ich mich z. B. auf dem Weg von der Schule nach Hause laut darüber aufrege, dass ich eine bestimmte Frage nicht beantworten konnte, obwohl sie für mich eigentlich „kinderleicht" war). Es kann auch den Charakter einer mir selbst erzählten Geschichte annehmen, die wie ein Film vor mir abläuft und den ich dann auch kommentiere (wenn ich mich z. B. auf die Präsentation meiner Recherchenergebnisse über die Armutsentwicklung in unserer Stadt in einer öffentlichen Veranstaltung unseres Jugendzentrums vorbereite).

Mit dieser Art von Selbstverständigung treten die subjektiven Handlungs- und Lerngründe ins thematische Zentrum der Förderung des Selbst- und Weltbezuges, d. h. die Intensität des inneren Sprechens ist in gewisser Weise ein „Merkmal" und „Gradmesser" für die Fruchtbarkeit meiner Bildungsanstrengungen, der Ernsthaftigkeit, mit der ich ein Lebens- und Lernproblem bearbeite, wie sehr es mich fesselt, wie weit ich mich von ihm einnehmen lasse. Zugleich ist die Intensität davon abhängig, ob es gelingt, eine produktive Wechselbeziehung zu entwickeln zwischen dem äußeren, an soziale Kommunikationspartner*innen gebundenem Sprechen und dem inneren Sprechen. Zu Letzterem kann ich jederzeit übergehen, weil es an keine äußeren Bedingungen gebunden ist. Damit dürfte schon deutlich geworden sein, dass hier diese *genetisch-rekonstruktive* Betrachtung der Aneignungsstufen, Lernhandlungen und Verständigungsformen sich unmittelbar verbindet mit der *sokratisch-dialogischen* Unterrichtsgestaltung, denn für beide ist das Verhältnis von innerer und äußerer Sprache bedeutsam. Das Auseinanderdriften zwischen beiden Sprech- und Lernweisen ist zugleich ein wichtiges Charakteristikum der systematischen Verzerrung der Unterrichtskommunikation. Diese Wechselbeziehung verknüpft sich insofern mit dem *exemplarischen Prinzip der kategorialen Bildung*, als die Lernsubjekte auf diese Weise angehalten und ermutigt werden, die kognitiven Erkenntnisse und die emotional-motivationalen Bewertungen der Wirklichkeitszusammenhänge in Beziehung zu setzen und die daraus ggf. resultierenden Handlungsnotwendigkeiten sich bewusst zu machen und motiviert zu übernehmen. Dann werden solche Lernangebote und -prozesse als Möglichkeiten zur besseren Bewältigung der Entwicklungsaufgaben, also als Bildungsaufgaben verstanden und genutzt.

3. Die **exemplarische** Methode des Lernens und Lehrens zeigt einen Weg auf, wie das Unterrichtshandeln der Stofffülle entgehen kann, die bekanntlich die

Selbsttätigkeit der Schüler*innen weitgehend einschränkt und die Lehrer*innen unter permanenten „Vermittlungsstress" setzt, weil dieses Konzept nämlich motivierende Struktureinsichten ermöglicht und zugleich das (nach-)entdeckende Lernen der Kinder und Jugendlichen fördert. Es geht nämlich davon aus, dass ein *„gründliches"* Lernen – nicht nur im Unterricht – sich nicht mit allen Themen beschäftigen kann, die sich in der Welt allgemein, aber auch speziell in der eigenen Lebenspraxis stellen (z. B. von den komplexen Problemen der ökologischen und sozialen Krise bis hin zur kulturellen Verarmung der ländlichen Region, in der man selber lebt). Das ist aber auch nicht notwendig, wenn die Kinder und Jugendlichen durch den Unterricht dazu angeregt werden, sich kognitiv und motivational verallgemeinerte Einsichten zu erarbeiten, die einem einerseits eine *Erkenntnis der objektiven Strukturzusammenhänge* in Natur, Gesellschaft und Kultur erlauben und die zugleich die *eigenen Erlebnisse* und *Erfahrungen* mit dem näheren und weiteren ökologischen, ökonomischen, sozialen, politischen und kulturellen Lebensumfeld *verständlich machen*. Es bedarf also einer Auswahl von Themen und Unterrichtsprojekten, die die Brücke schlagen zwischen der *Wissenschaftsorientierung* (also verallgemeinerten Struktureinsichten) und dem *Erlebnis- und Erfahrungsbezug* (also dem Selbst- und Weltverständnis) der Lernenden, damit auf diese Weise **kategoriale Bildung** entstehen kann (vgl. dazu Wissensbaustein 10. S. 163–165).

Wissensbaustein 10:
Die Relationen zwischen dem exemplarischen Prinzip und der kategorialen Bildung

Das zentrale pädagogische Anliegen des exemplarischen Prinzips bzw. Unterrichtskonzeptes hat Klafki (2007a, S. 143f) zusammenfassend so charakterisiert (alle Fetthervorhebungen von mir; K.-H. B.):

„Bildendes Lernen, das die Selbständigkeit des Lernenden fördert, also zu weiterwirkenden Erkenntnissen, Fähigkeiten, Einstellungen führt ..., wird nicht durch reproduktive Übernahme möglichst vieler Einzelkenntnisse, -fähigkeiten und -fertigkeiten gewonnen, sondern dadurch, daß sich der Lernende an einer begrenzten Zahl von **ausgewählten Beispielen [Exempeln]** aktiv allgemeine, genauer: mehr oder minder weitreichend verallgemeinerbare Kenntnisse, Fähigkeiten, Einstellungen, übergreifende Zusammenhänge. Mit Hilfe solcher allgemeinen Einsichten, Fähigkeiten, Einstellungen können jeweils mehr oder minder große Gruppen strukturgleicher oder ähnlich strukturierter Einzelphänomene und -probleme zugänglich erarbeitet, m. a. W.: Wesentliches, Strukturelles, Prinzipielles, Typisches, Gesetzmäßiges bzw. lösbar werden. Man kann die Wirkungsweise der jeweils an einem Beispiel oder einer kleinen Zahl ausgewählter Beispiele gewonnenen allgemeinen Erkenntnisse, Fähigkeiten, Einstellungen ,*kategorial*' nennen. Dieser Begriff meint einen einheitlichen Vorgang, der zwei konstitutive Momente enthält: Der Lernende gewinnt über das am Besonderen erarbeitete Allgemeine Einsicht in einen Zusammenhang, einen Aspekt, eine Dimension seiner naturhaften und/ oder kulturell-gesellschaftlich-politischen Wirklichkeit, und zugleich damit gewinnt er eine ihm bisher nicht verfügbare neue Strukturierungsmöglichkeit, eine Zugangsweise, eine Lösungsstrategie, eine Handlungsperspektive."

Das darin angelegte Spannungsverhältnis zwischen subjektiven und objektiven Verallgemeinerungsprozessen, welches auch in den Sinndimensionen von Bildung enthalten ist, lässt sich unter dezidiert didaktischen Aspekten mit den Begriffen des *Elementaren* und des *Fundamentalen* fassen:

„Der Begriff des **Elementaren** meinte die didaktisch-konstruktiv hervorzubringende ,Gestalt', die Strukturierung eines Gegenstandes, Problemzusammenhanges, Verfahrens (,Themas'), durch die die Vermittlung (oder ein Vermittlungs*schritt*) zwischen kindlichen/jugendlichen Interessen, Fragestellungen, Zugangsweisen, Ausgangsvoraussetzungen einerseits und der ausgebildeten, differenzierten, komplexen, ,objektiven' Endgestalt des betreffenden ,Gegenstandes', Problemzusammenhanges, Verfahrens, Themas in der ästhetischen, wissenschaftlichen, gesellschaftlichen, politischen Erwachsenenwirklichkeit in Lernprozessen ermöglicht werden soll. – Der Begriff des ,**Fundamentalen**' bezeichnete eine grundlegende Schicht dieser Beziehung von ,objektiven' Sachverhalten und Problemzusammenhängen und dem lernenden Subjekt, m. a. W. die allgemeinsten Strukturprinzipien und Grunderfahrungen, durch die wir auf dem jeweils erreichten Stand der geschichtlichen Bewusstseinsentwicklung ,Bereiche' bzw. ,Dimensionen' der Beziehung von Mensch und Wirklichkeit auffassen und gliedern, also z. B. die wirtschaftliche, die gesellschaftliche, die politische, die ästhetische, die exakt naturwissenschaftliche, die technische Wirklichkeitsbeziehung usw., und ggf. generelle Relationen *zwischen* solchen Bereichen und Dimensionen, etwa zwischen Ökonomie, Gesellschaft und Politik." (ebd., S. 152)

Und zur kategorialen Bildung heißt es in einem frühen Text noch ganz im Sprachduktus der Geisteswissenschaftlichen Pädagogik:

Entsprechendes gilt für Bildung als Vorgang: Bildung ist der Inbegriff von Vorgängen, in denen sich die Inhalte einer dinglichen und geistigen Wirklichkeit ,erschließen' und dieser Vorgang ist – von der anderen Seite her gesehen – nichts anderes als das Sich-Erschließen bzw. Erschlossenwerden eines Menschen für jene Inhalte und ihren Zusammenhang als Wirklichkeit.
Diese doppelseitige Erschließung geschieht als Sichtbarwerden von allgemeinen, kategorial erhellenden Inhalten auf der objektiven Seite und als Aufgehen allgemeiner Einsichten, Erlebnisse, Erfahrungen auf der Seite des Subjekts. Anders formuliert:

Das Suchtbarwerden von ‚allgemeinen Inhalten‘, von kategorialen Prinzipien im paradigmatischen ‚Stoff‘, also auf der Seite der ‚Wirklichkeit, ist nichts anderes als das Gewinnen von ‚Kategorien‘ auf der Seite des Subjekts. (…) Bildung ist *kategoriale Bildung* in dem Doppelsinn, daß sich dem Menschen eine Wirklichkeit ‚kategorial‘ erschlossen hat und daß eben damit er selbst – dank der selbstvollzogenen ‚kategorialen‘ Einsichten, Erfahrungen, Erlebnisse – für diese Wirklichkeit erschlossen worden ist.“ (Klafki 1963, S. 43f)

In diesem Sinne sind die **epochaltypischen Schlüsselprobleme** die zeitgemäße Form der **kategorialen Bildung** als Bildung im Medium des Allgemeinen (vgl. zur Weiterentwicklung dieses Konzeptes jetzt Benner 2018, S. 81ff). Darauf wird in diesem Buch noch vielfältig näher eingegangen. Dabei wird auch – wie schon in der Durkheim-Darstellung (Kap. 1.2.1) angesprochen – die Auffassung weiter erläutert, dass „kategorial“ nicht mit kognitiv identisch ist, sondern selbstverständlich auch die verallgemeinerte Emotionalität in Gestalt von Motivationen umfasst (vgl. dazu bes. Kap. 4.1.1 und mit Blick auf die ethische Entscheidungsfähigkeit Kap. 5.1.4).

Literaturnachweise

15. KJB (Kinder- und Jugendbericht). 2017. Berlin: Bundesministerium für Familie, Senioren, Frauen und Jugend.
Baier, Florian und U. Deinet. Hrsg. 2011. *Praxisbuch Schulsozialarbeit*, Opladen & Farmington Hills: Barbara Budrich.
Bildungskommission NRW. 1995. *Zukunft der Bildung – Schule der Zukunft*. Neuwied et al.: Luchterhand.
Bollweg, Petra und H.-U Otto. Hrsg. 2011. *Räume flexibler Bildung. Bildungslandschaft in der Diskussion*. Wiesbaden: VS Verlag.
Braun, Karl-Heinz/Wetzel, Konstanze. 2006. *Soziale Arbeit in der Schule*. München Basel: Reinhardt.
Bruner, Jerome S. 1974. *Entwurf einer Unterrichtstheorie*. Berlin/Düsseldorf: Berlin und Schwann.
Combe, Arno und U. Gebhard. 2007. *Sinn und Erfahrung. Zum Verständnis fachlicher Lernprozesse in der Schule*. Opladen & Farmington Hills. Barbara Budrich.
Combe, Arno und U. Gebhard. 2012. *Verstehen im Unterricht. Die Rolle von Phantasie und Erfahrung*. Wiesbaden: Springer VS.
Copei, Friedrich. 1969. *Der fruchtbare Moment im Bildungsprozeß*. Heidelberg: Quelle & Meyer.
Deinet, Ulrich et al. Hrsg. 2009. *Betreten erlaubt!* Opladen & Farmington Hills, MI: Barbara Budrich.

Deinet, Ulrich und M. Icking. Hrsg. 2006. *Jugendhilfe und Schule. Analysen und Konzepte für die kommunale Kooperation.* Opladen: Barbara Budrich.

Fend, Helmut. 2000. *Entwicklungspsychologie des Jugendalters.* Opladen: Leske + Budrich.

Hackl, Bernd. 2017. *Lernen. Wie wir werden, was wir sind.* Bad Heilbrunn: Klinkhardt.

Hahne, Klaus. 1984. *Fruchtbare Lernprozesse in Naturwissenschaft, Technik und Gesellschaft. Wenn die Erfahrungsmöglichkeiten der Schüler den Unterricht bestimmen.* Marburg: Soznat.

Hurrelmann, Klaus und G. Quenzel. 2013. *Lebensphase Jugend.* Weinheim und Basel: Beltz Juventa.

Klafki, Wolfgang. 2002. *Schultheorie, Schulforschung und Schulentwicklung im politisch-gesellschaftlichen Kontext.* Weinheim und Basel: Beltz (darin: 2002a: Gesellschaftliche Funktionen und pädagogischer Auftrag der Schule in einer demokratischen Gesellschaft. 41–62; 2002b: Schulpolitische und pädagogische Schulgestaltung im Spannungsfeld konkurrierender Prinzipien. 63–84; 2002c: Pädagogisches Verstehen – eine vernachlässigte Aufgabe der Lehrerbildung. 176–195).

Klafki, Wolfgang. 2007. *Neue Studien zur Bildungstheorie und Didaktik.* 6. Aufl. Weinheim und Basel: Beltz (darin: 2007a: Grundlinien kritisch-konstruktiver Didaktik. 83–138; 2007b: Exemplarisches Lehren und Lernen. 141–161; 2007c: Thesen zur „Wissenschaftsorientierung" des Unterrichts. 162–172; 2007d: Innere Differenzierung des Unterrichts. 173–208).

Klafki, Wolfgang und K.-H. Braun: *Wege pädagogischen Denkens. Ein autobiografischer und erziehungswissenschaftlicher Dialog.* München Basel: Reinhardt & Meyer.

Hackl, Bernd. 2017. *Lernen. Wie wir werden, was wir sind.* Bad Heilbrunn: Klinkhardt.

Hahne, Klaus. 1984. *Fruchtbare Lernprozesse in Naturwissenschaft, Technik und Gesellschaft. Wenn die Erfahrungsmöglichkeiten der Schüler den Unterricht bestimmen.* Marburg: Soznat.

Koch-Priewe, Barbara und F. Stübig, K.-H. Arnold. Hrsg. 2007. *Das Potenzial der Allgemeinen Didaktik. Stellungnahmen aus der Perspektive der Bildungstheorie von Wolfgang Klafki.* Weinheim und Basel: Beltz.

Quenzel, Gudrun. 2015. *Entwicklungsaufgaben und Gesundheit im Jugendalter.* Weinheim und Basel: Beltz Juventa.

Rumpf, Horst. 1987. *Belebungsversuche. Ausgrabungen gegen die Verödung der Lernkultur.* Weinheim und München: Juventa.

Speck, Karsten. 2014. *Schulsozialarbeit.* München Basel: Reinhardt.

Spies, Anke und G. Stecklina. 2015. *Pädagogik* München Basel: Reinhardt.

Stüwe, Gerd et al. 2015. *Lehrbuch Schulsozialarbeit.* Weinheim und Basel: Beltz Juventa

Thimm, Karlheinz. 2015. *Soziale Arbeit im Kontext der Schule.* Weinheim und Basel: Beltz Juventa.

Weber, Hanna Maria/Petermann, Franz (2016): *Der Zusammenhang zwischen Schulangst, Schulunlust, Anstrengungsvermeidung und den Schulnoten in den Fächern Mathematik und Deutsch.* In: Zeitschrift für Pädagogik (62. Jg.), H. 4.

Wetzel, Konstanze. Hrsg. 2015. *Öffentliche Erziehung im Strukturwandel.* Wiesbaden: Springer VS.

Literaturempfehlungen

Baier, Florian und U. Deinet. Hrsg. 2011. *Praxisbuch Schulsozialarbeit*, Opladen & Farmington Hills: Barbara Budrich.

Braun, Karl-Heinz. 2006. *Ziele institutioneller Entwicklung der Schule in der „zweiten Moderne"*. In: Rihm, Thomas. Hrsg. Schulentwicklung. Vom Subjektstandpunkt ausgehen … Wiesbaden: VS Verlag. 183–210.

Braun, Karl-Heinz/ Wetzel, Konstanze. 2006. *Soziale Arbeit in der Schule*. München und Basel: Reinhardt.

Klafki, Wolfgang. 2002. Gesellschaftliche Funktionen und pädagogischer Auftrag der Schule in einer demokratischen Gesellschaft. In: Ders.: *Schultheorie, Schulforschung und Schulentwicklung im politisch-gesellschaftlichen Kontext*. Weinheim und Basel: Beltz. 41–62.

Klafki, Wolfgang. 2007. *Neue Studien zur Bildungstheorie und Didaktik*. Weinheim und Basel: Beltz. Zweiter Teil.

Köker, Anne und J. C. Störtländer. Hrsg. 2017. *Kritische und konstruktive Anschlüsse an das Werk Wolfgang Klafkis*. Weinheim und Basel: Beltz Juventa.

Lin-Klitzing, Susanne und K.-H. Arnold. Hrsg. 2019. *Wolfgang Klafki: Allgemeine Didaktik. Fachdidaktik. Politikberatung*. Bad Heilbrunn: Klinkhardt.

2.2 Die institutionalisierte milieuspezifische Verteilung der Bildungschancen im deutschen Schulsystem als pädagogische Herausforderung

In allen modernen Gesellschaften gibt es ein komplexes, vertikal und horizontal gegliedertes System der öffentlichen Bildung und Erziehung, bei dem die Schule im Zentrum steht. Das ist auch in Deutschland so, wobei es hier nicht nur eine *Unterrichts*-Pflicht, sondern eine *Schul*-Pflicht gibt und sich die Schüler*innen der verschiedenen sozialen Milieus sehr ungleich auf die verschiedenen Schulformen der Sekundarstufen I und II verteilen (vgl. Abb. 10, S. 168). Gerade die PISA-Untersuchungen haben seit 2000 immer wieder gezeigt, in welch hohem Masse gerade das Schulsystem die gesellschaftlichen Ungleichheiten reproduziert und z. T. sogar verschärft. Aufgrund dieser empirischen Befunde hat es in den letzten zwei Jahrzehnten eine intensivierte wissenschaftliche Debatte über die Fragen der bildungsbezogenen Chancengerechtigkeit gegeben, die auch in der politisch interessierten Öffentlichkeit eine bemerkenswerte Resonanz gefunden hat.

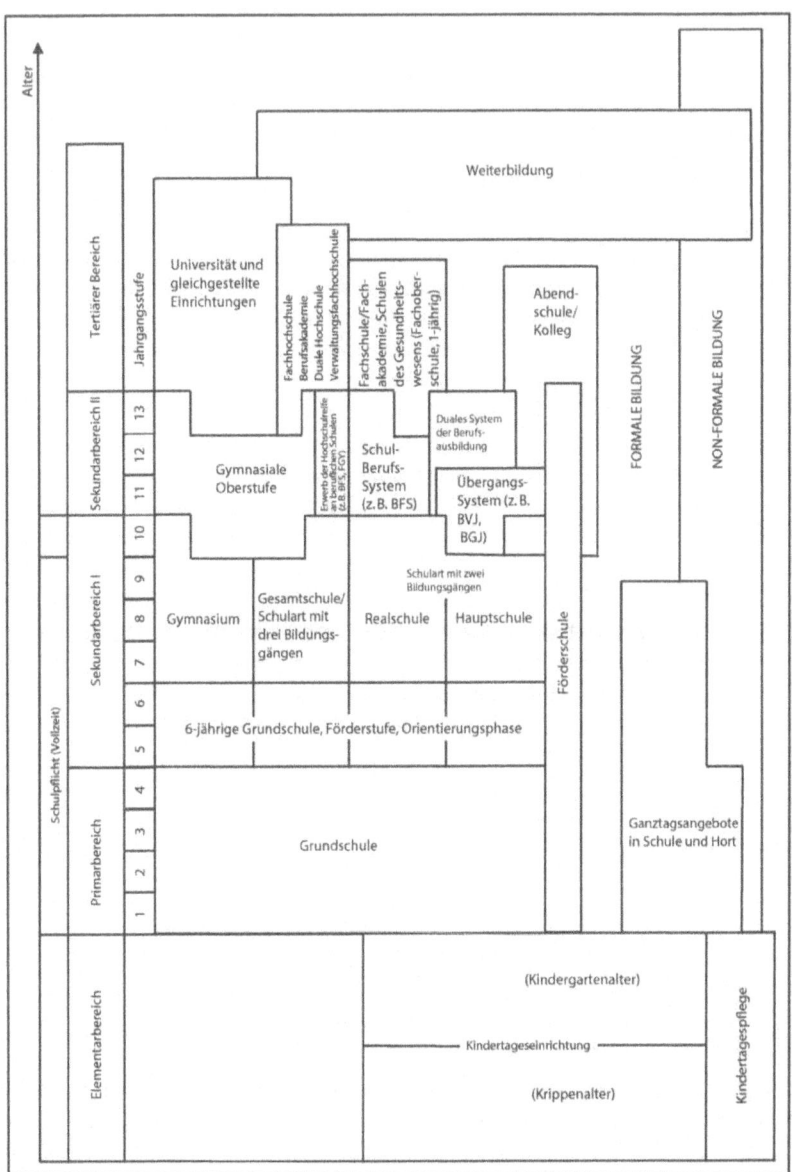

Abb. 10 Das deutsche Schulsystem
Quelle: v. Ackeren et al. 2015, S. 53.

2.2.1 Zur Chancen(un)gerechtigkeit des deutschen Schulwesens

Die verschiedenen Diskursstränge sind zusammengeführt worden in dem „Chancenspiegel" genannten Gemeinschaftsprojekt von Bertelsmann-Stiftung, Institut für Schulentwicklungsforschung der Universität Dortmund und des Instituts für Erziehungswissenschaft der Universität Jena (Autor*innen: Nils Berkemeyer, Wilfried Bos, Björn Hermstein, Sonja Abendroth, Ina Semper und Michael Kanders). In ihm werden anhand ausgewählter Kriterien und Indikatoren die Chancen der Kinder und Jugendlichen analysiert, einen für sie optimalen schulischen Bildungsweg durchlaufen zu können (vgl. Berkemeyer et al. 2017). Angesichts der Tatsache, dass die Schulbildung bzw. die in der Schule erworbenen Kompetenzen und erreichten Abschlüsse eine eher zu- als abnehmende Bedeutung für die Verteilung von Lebenschancen der nachwachsenden Generation hat, sind diese theoriegeleiteten empirischen Befunde für die Entwicklungspädagogik von zentraler Bedeutung und sollen deshalb in mehreren thematischen Blöcken bzw. Unterkapiteln – unter Einbeziehung ergänzender Befunde und Analysen – dargestellt werden. Doch vorher sollen einige grundsätzliche Bemerkungen zum Thema „Gerechtigkeit" gemacht werden.

2.2.1.1 Entwicklungspädagogisch relevante Gerechtigkeitstheorien (Rawls, Nußbaum/Sen, Honneth)

Das Grundgesetz (GG) verpflichtet in Art. 74(2) – vgl. auch Art 104a u. 107 – alle staatlichen Organe in der Bundesrepublik Deutschland, **gleichwertige Lebensbedingungen** zu schaffen bzw. zu erhalten. Angesichts der Tatsache, dass die in der „Bonner Republik" (1949–1989) erreichte „friedliche Koexistenz von Kapitalismus und Demokratie" (Habermas) durch eine sozialstaatliche bzw. sozialbürokratische Einbindung und „Bändigung" der freien Marktkräfte in den letzten 10–15 Jahren brüchig geworden ist – was in der Formel „Kapitalismus oder Demokratie" prägnant zum Ausdruck kommt – stellt sich nicht nur, aber besonders auch für das staatliche Schul- und Ausbildungssystem, die Frage der **sozialen Gerechtigkeit** in vermehrtem und verschärftem Maße. Davon geht auch die Autor*innengruppe aus (siehe die Definition zur Chancengerechtigkeit auf S. 170) und orientiert sich dabei besonders an drei entwicklungs- bzw. schulpädagogisch relevanten Gerechtigkeitskonzepten, nämlich denen von Rawls, Nußbaum/Sen und Honneth (vgl. Berkemeyer et. al, 2017, Kap. 3; zu deren Verortung innerhalb der gegenwärtig diskutierten Theorien der sozialen und Bildungsgerechtigkeit Heidenreich 2011, Kap. 5 – 7; Horn/Scaranon 2017, Teil V; Ladwig 2011, Teil II).

Definition: Chancengerechtigkeit

„Der Chancenspiegel versteht unter Chancengerechtigkeit die faire Chance zur freien Teilhabe an der Gesellschaft, die auch gewährleistet wird durch eine gerechte Institution Schule, in der Schülerinnen und Schüler aufgrund ihrer sozialen und natürlichen Merkmale keine zusätzlichen Nachteile erfahren sowie durch eine Förderung der Befähigung aller durch eine wechselseitige Anerkennung der an der Schule beteiligten Personen." (Berkemeyer et al., 2014, S. 15)

1. Der Gedanke der **Verteilungsgerechtigkeit** steht im Zentrum des Ansatzes von John Rawls (1921–2002), dessen erstmals 1971 erschienenes Buch „Eine Theorie der Gerechtigkeit" (Rawls 1975) nicht nur die neuere Gerechtigkeitsdebatte, sondern umfassend die Kontroversen um eine angemessene Praktische Philosophie in dezidiert politischer Absicht nachhaltig bestimmt hat (vgl. dazu auch Kap. 5.1). Auf die dabei auch formulierten Nachfragen und Einwände ist er in seinem kurz vor seinem Tod fast noch abgeschlossenen Buch „Gerechtigkeit als Fairneß. Ein Neuentwurf" (von 2001) eingegangen (vgl. Rawls 2014). Sich in der Tradition des egalitären politischen Liberalismus und Republikanismus verortend (vgl. Rawls 1994; 2016) und den reziproken Autonomieansprüchen der Menschen verpflichtet (z. B. hinsichtlich ihrer alltäglichen Lebensführung und biografischen Sinnentwürfen), geht er dabei für die modernen Gesellschaften vom Sachverhalt des *Pluralismus* aus. Der umfasst einerseits die Lebenslagen und Lebenswelten (z. B. der verschiedenen sozialen Milieus) und zum anderen auch die kulturellen (also wissenschaftlichen, ethisch-moralischen und künstlerischen) Meinungen und Deutungsmuster. Es ist allerdings ein qualifizierter, nämlich ein *vernünftiger* Pluralismus, der durch freiheitliche Institutionen stabilisiert wird. Er beinhaltet aber nicht nur funktionale bzw. instrumentelle Rationalitätskriterien (wie z. B. bestimmte Ziele – etwa digitale Ausstattung der Schulen – mit möglichst optimalen technischen Mitteln und sparsamer Verwendung der finanziellen Ressourcen verwirklicht werden können), sondern auch und besonders *normative* Ansprüche, über die in öffentlichen Diskursen, im öffentlichen Vernunftgebrauch ein übergreifender Konsens erzielt werden kann und sollte (im Beispiel: welchen Beitrag diese Digitalisierung zur Verwirklichung der Bildungsperspektiven leisten kann und wo dabei die Chancen, aber auch Gefahren liegen – z. B. ver-

stärkte Reproduktion der sozialen Bildungsungleichheiten). Diese Bedingung ist dann erfüllt, wenn es empirisch nachweislich eine faire Chancengleichheit im Einklang mit dem Gerechtigkeitssinn der Bürger*innen und als Basis einer wohlgeordneten Gesellschaft gibt. Diese soziale Hintergrundgerechtigkeit beinhaltet zum einen die Etablierung eines Systems *gleicher Grundfreiheiten*; und zum anderen – als Konsequenz des Differenzprinzips – die Akzeptanz von sozialen und ökonomischen *Ungleichheiten* unter der strikten Voraussetzung, dass die relevanten Ämter und Personen dennoch allen offenstehen und dass sie – dies ist gerade mit Blick auf die Bildungsarmut relevant (vgl. Kap. 2.2.4) – den am *wenigsten* Begünstigten die *größten* Vorteile sichert (wenn sich z. B. akademisch ausgebildete Pädagog*innen fürsorglich besonders den Bildungsverlierer*innen zuwenden). Sein Ansatz bleibt für demokratische Schulreformen auch dann einer der richtungsweisenden, wenn man seine unbeschwerte Annahme eines „naturgegebenen Faktums der Verteilung unserer Anlagen" (Rawls 2014, S. 126) konstitutiven Aspekt lebenslanger Lernprozesse begründet zurückweisen kann und muss, denn er macht auch deutlich, dass eine so verstandene Fairness weder im Laissez-faire Kapitalismus noch im wohlfahrtstaatlichen Kapitalismus (und auch nicht im planwirtschaftlichen Staatssozialismus) zu erreichen ist, sondern nur in einer „Demokratie mit Eigentumsbesitz" oder einem liberalen-demokratischen Sozialismus. Insofern ist mit diesem, auf gesellschaftliche Vervollkommnung zielenden Gerechtigkeitskonzept, die *realistische* politische *Utopie* einer umfassend verwirklichten sozialen und politischen Demokratie verbunden (vgl. ebd. §§ 3, 41, 42, 49 u. 52) – auch als Voraussetzung und Folge eines gerechten Schulsystems (vgl. ebd., §§ 12 u. 13).

2. An dieses Gerechtigkeitsverständnis des Politischen Liberalismus und seines egalitären Pluralismus haben Martha C. Nussbaum (*1947) und Amartya Sen (*1933) mit ihrem Konzept des *Capability Aproach* und dem darin enthaltenen Verständnis der **Befähigungs-** und **Teilhabegerechtigkeit** in kritisch-konstruktiver Weise angeschlossen (vgl. Nussbaum 2014, S. 15ff; Sen 2010, Kap. 2, 11 u. 13; und zur erziehungswissenschaftlichen Debatte dieses Ansatzes Otto/Ziegler 2010; Mührel et al. et al. 2017). Während Rawls Gerechtigkeit in *idealisierender* Absicht vorrangig (aber nicht ausschließlich; vgl. z. B. 2006. S. 124, 178, 219 u. 267) als eine Tugend von *Institutionen* konzipiert, verzichten Nussbaum und Sen auf solche deduktiv aus einer gerechten Ursprungskonstellation abgeleiteten Idealisierungen und stellen in *vergleichender* Absicht die Handlungs-, Reflexions-, Genuss- und Entscheidungsfähigkeiten der lernenden Subjekte und damit auch deren *empirisch* zu rekonstruierenden alltäglichen Lebenspraxis und die relevanten konkret-historischen sozialen Lebensbedingungen ins Zentrum ihrer Reflexionen. Sie verbinden dabei die modernen Ansprüche auf eine *autonome*,

selbstverantwortliche Lebensführung mit der Formulierung der dafür notwendigen sozialstaatlichen und unmittelbar-alltäglichen Bedingungen und den daraus resultierenden sozialen Rechten zur Verwirklichung von Menschenwürde und wechselseitiger Achtung. Da diese lokal, regional, nationale und global auf vielfältige Weise verletzt werden, deshalb bedarf es einer von Wohlwollen und Mitleid getragener sozialen Verantwortung (care). Zur Fundierung dieser These greifen sie auf das inhaltlich bestimmte klassische Verständnis des Menschen als eines „auf Gesellschaft hin angelegten Lebewesens", als „zoon politikon" zurück, wie es erstmals von Aristoteles (384–322 v. u. Z.) entwickelt worden war und auf den sich besonders Nussbaum stark bezieht (vgl. Nussbaum 2016, S. 32ff 45ff sowie 227–264). Im Vordergrund steht damit nicht die gerechte Ressourcenverteilung, sondern das Tätigsein, die Totalität der menschlichen Lebensführung und die Bestimmung der dazu notwendigen Grundfähigkeiten für ein gutes Leben in einer gerechten Gesellschaft (vgl. Sen 2010, Kap. 3, 11, 13 u. 14). Dazu entwickeln sie folgenden Katalog von **Grundfähigkeiten**, der zugleich Erkenntnis- und Gestaltungsansprüche sowohl an die Personen wie an die Gesellschaft enthält (Nussbaum, 2015, S. 41f; vgl. auch Sen, 2010, Kap. 12):

1. *Leben*: Fähig zu sein, ein Menschenleben normaler Dauer zu leben …
2. *Körperliche Gesundheit*: Sich einer guten Gesundheit, einschließlich reproduktiver Gesundheit erfreuen zu können …
3. *Körperliche Unversehrtheit*: Fähig zu sein, sich frei zu bewegen; vor gewalttätigen, einschließlich sexuellen Übergriffen und häuslicher Gewalt geschützt zu sein …
4. *Sinne, Vorstellungskraft, Denken*: In der Lage zu sein, die Sinne zu benutzen, Vorstellungen zu entwickeln, zu denken und zu argumentieren – und all dies auf ‚wirklich menschliche' Weise zu tun …
5. *Gefühle*: Fähig zu sein, Bindungen zu Dingen und Personen außerhalb unserer selbst zu entwickeln; die zu lieben, von denen man geliebt wird und die sich um einen sorgen, (…) generell gesagt: Liebe, Trauer, Sehnsucht, Dankbarkeit und berechtigten Zorn erfahren zu können …
6. *Praktische Vernunft*: Fähig zu sein, eine Vorstellung vom Guten zu bilden und über die eigene Lebensplanung in kritischer Weise nachzudenken …
7. *Zugehörigkeit*: (A) Fähig zu sein, mit anderen und für andere zu leben, andere Menschen anzuerkennen und sich um sie zu kümmern, sich an vielfältigen Formen gesellschaftlicher Interaktion zu beteiligen … (…) (B) Über die gesellschaftlichen Grundlagen der Selbstachtung und der Nichtdemütigung zu verfügen; fähig zu sein, mit einer Würde behandelt zu werden, die der anderen gleich ist …

8. *Andere Gattungen*: Fähig zu sein, in Rücksicht auf Tiere, Pflanzen und Natur und in Beziehung mit diesen zu leben.

9. *Spiel*: Lachen, spielen und sich an Freizeitaktivitäten erfreuen zu können

10. *Kontrolle über die eigene Umwelt*: (A) Politisch: Fähig zu sein, sich effektiv an den politischen Entscheidungsprozessen zu beteiligen, die das eigene Leben bestimmen ...(B) Materiell: Über Eigentum ... verfügen zu können und Eigentumsrechte gleich anderen Menschen zu besitzen; das Recht, gleich anderen eine Beschäftigung zu suchen ... Fähig zu sein, als Mensch zu arbeiten, die praktische Vernunft einzusetzen und in sinnvollen Beziehungen zu anderen Beschäftigten auf der Basis gegenseitiger Anerkennung zu treten."

Hier springen nicht nur die Übereinstimmungen mit dem in dieser Entwicklungspädagogik begründeten Bildungsaufgaben ins Auge, sondern auch die Tatsache, dass dieses Gerechtigkeitsverständnis anthropologisch bzw. subjektwissenschaftlich fundiert ist (vgl. Nussbaum 2014, S. 125 u. 391 f). Das bietet die Möglichkeit, auch insofern über Rawls rein prozedurales Gerechtigkeitsverständnis hinauszugehen, und die jeweiligen *Verfahrensweisen* (z. B. bei der Schulwahl oder der Leistungsbewertung) an ihren *Ergebnissen* zu messen, die stets auch Hinweise darauf enthalten, ob die Verfahren tatsächlich gerecht sind (im Beispiel: inwieweit Kompetenzermittlung, Leistungsbewertung und Schullaufbahnempfehlung tatsächlich der Komplexität von Lernprozessen der Heranwachsenden gerecht werden). Den Rahmen von Rawls Theorie überschreiten sie qualitativ dadurch, dass sie einerseits die Bedeutung *globaler* Gerechtigkeitsfragen betonen (vgl. Nussbaum 2014, Kap. IV/V; Sen 2010, Kap. 17./18.), die also qualitativ über den Rahmen von Nationalstaaten oder auch von Staatenbündnissen wie die EU hinausgehen (und für Fragen der Menschenrechtsbildung von Bedeutung sind; vgl. dazu Kap. 5.3.3 in diesem Buch). Und andererseits erweitert gerade Nussbaum (2014, Kap. II, III u. VI) die Problemhorizonte nicht nur um Fragen des Umgangs mit nicht-menschlichen Lebewesen, sondern auch in Bezug auf die nicht-paternalistische Fürsorge für „Behinderte", also Menschen mit besonderen Bedürfnissen und besonderem Förderbedarf (während Rawls nur die während ihres ganzen Lebens „normal" Leistungs- und Kooperationsfähigen im Blick hat; vgl. Rawls z. B. 2006, S. 109f, 262f u. 267).

3. Eine Schwäche verbindet Nussbaum und Sen mit Rawls, nämlich die Bewältigung von Ungerechtigkeiten *oberhalb* des sozialen, auch bildungsmäßigen *Minimums* (vgl. Nussbaum 2014, S. 400ff). Auch wenn dieses Minimum möglichst hoch angesetzt werden sollte – und bei der Bestimmung der Bildungsarmut faktisch auch hoch angesetzt wird (vgl. Kap. 2.2.4 in diesem Buch) – so gibt es auch in diesen „oberen Regionen" – speziell des Schulsystems – z. T. sogar gravierende

Verletzungen der Gerechtigkeitsansprüche (z. B. hinsichtlich der Geschlechtsspezifik der Bildungswege). Diese argumentative Lücke, die Nussbaum (ebd., S. 111) zugesteht, kann durch das Konzept der **Anerkennungsgerechtigkeit** geschlossen werden, wie es insbesondere von Axel Honneth (*1949) entwickelt worden ist (vgl. Honneth 1992, Kap. 5 u. 6; ders., 2000, Teil II), wonach sich die individuellen Selbstbestimmungsfähigkeiten und personalen sozialen Freiheiten begründen und entfalten in intersubjektiven Anerkennungsbeziehungen und -verhältnissen, speziell im Medium der *„Liebe"* (i. w. S. d. W., auch als „Bindung zu verstehen; vgl. EP1, Kap. 3.1 sowie Kap. 4.2.2 in diesem Buch), des *Rechts* und der *Solidarität* (vgl. dazu Kap. 3.3.2 u. 5.3.3). Dem entspricht die klassische pädagogische Einsicht, dass die personale Autonomie, die „Mündigkeit" sich in entsprechenden bildenden und erziehenden Interaktionsformen herausbildet bzw. herausbilden sollte und kann. Anerkennung erfordert also aktuell wie auch perspektivisch (im Sinne eines „Vorgriffs auf Mündigkeit") *symmetrische* Beziehungsmodi und Umgangsweisen. Sie wird dann gravierend verletzt, wenn Menschen gar nicht zur Kenntnis genommen werden, wenn sie quasi „unsichtbar" sind, wenn sie ihrem Gegenüber „Luft" sind (z. B. bei der Begegnung auf der Straße oder auch im schulischen Frontalunterricht); oder wenn ihnen emotionale Geborgenheit und Zuwendung verweigert wird (z. B. durch die ständigen Personalwechsel in der Heimerziehung; vgl. Kap. 3.3.4); oder wenn ihnen das Recht auf selbstbestimmte Lebensentscheidungen in Abrede gestellt wird (z. B. in Asylverfahren oder den Familiennachzug; vgl. Kap. 3.2.2); oder wenn Solidarität „mit den Mühseligen und Beladenen" unterbunden wird (z. B. für diskriminierte unbegleitete Flüchtlingskinder oder solche aus „sozialen Brennpunkten"; dazu Kap. 3.2.3). Das Anerkennungskonzept sensibilisiert für diese *interaktive* Dimension von sozialen Desintegrationsprozessen. Es darf in keinem Fall als Alternative zur Verteilungsgerechtigkeit und ihre institutionelle Absicherung verstanden werden. *Umverteilung* und *Anerkennung* bedingen sich vielmehr wechselseitig (wie die Debatte zwischen Nancy Fraser und Honneth deutlich gemacht hat; vgl. Fraser/Honneth 2003). Das gilt auch mit Blick auf Schulreformen, wo die *äußeren*, die schulinstitutionellen und die *inneren*, die pädagogisch-interaktiven Innovationen sich wechselseitig bedingen und herausfordern.

2.2.1.2 Empirische Trends der schulbezogenen Bildungs(un)gerechtigkeiten

Es dürfte unschwer zu erkennen sein, dass die zentralen Dimensionen dieses multiperspektivischen Gerechtigkeitsverständnisses mit dem in EP1, Kap. 1.4

begründeten Bildungsverständnis korrespondieren, an denen die pädagogischen Institutionsstrukturen und Interaktionsmuster kritisch zu bewerten und konstruktiv umzugestalten sind. Das ist auch das zentrale Anliegen des „Chancenspiegels". Insofern ist sein Theoriekonzept vereinbar mit den Grundsätzen der **Allgemeinbildung**, verstanden als

I. *Bildung für alle*, worauf besonders die Verteilungsgerechtigkeit zielt;

II. die *Bildung „im Medium des Allgemeinen"*, wie sie speziell von der Befähigungs- und Teilhabegerechtigkeit anvisiert wird;

III. und die *vielseitige/allseitige Bildung* durch Entfaltung der unterschiedlichsten personalen Fähigkeiten und Bereitschaft, wie sie gerade durch die Anerkennungsgerechtigkeit nahegelegt wird.

Diesbezüglich lassen sich folgende Entwicklungstrends ausmachen:

1. Vorweg muss allerdings noch festgehalten werden, dass *Theorien* nicht unmittelbar in *empirische* Forschungen umgesetzt werden können, sondern dass es dazu verschiedener, im vorliegenden Fall sogar zahlreicher *Vermittlungsschritte* bedarf. Um somit das **Maß der Bildungsgerechtigkeit** bzw. **-ungerechtigkeit** des deutschen Schulsystems empirisch fundiert einschätzen zu können, wurden von der Autor*innengruppe des „Chancenspiegels" vier Prozessebenen bzw. Indikatorenbündel ins Zentrum gestellt (vgl. Berkemeyer et al. 2017, Kap. 4):

   a. Zunächst einmal die **soziale Integrationskraft**, die danach fragt, wie und in welchem Umfang die Kinder und Jugendlichen der verschiedenen Milieus in das Regelschulsystem integriert sind und inwieweit die keineswegs mehr selbstverständlich gesicherte soziale Integration der Heranwachsenden durch die Schule gelingt.

   b. Für die Verteilung der Chancen an bildenden Lernprozessen teilhaben zu können, ist gerade bei einem stark gegliederten Schulsystem, wie es das deutsche ist, entscheidend, wie **durchlässig** es ist, inwieweit also freie Zugänge zu milieugerechten egalitär-pluralen Bildungswegen existieren und die jeweiligen Übergänge nicht in Sackgassen führen. Für das Erreichen höherer Bildungsgänge sind nicht zuletzt zusätzlich unterstützende, also kompensatorische Angebote und Maßnahmen notwendig, die die soziokulturellen, milieuverursachten habitualisierten Benachteiligungen soweit wie irgend möglich aufheben (im Sinne einer ausgleichenden Gerechtigkeit) und zugleich die spezifischen, ebenfalls milieuverankerten Lernchancen als Ressourcen beachten.

c. In den internationalen Leistungsuntersuchungen von IGLU (Internationale Grundschule Leseuntersuchung), PISA (Programme for International Student Assessment) und TIMMS (Third International Mathematics an Sience Study) steht die schulisch geförderte Kompetenzentwicklung bzw. der jeweils erreichte **Kompetenzstand** der Viertklässerler*innen bzw. 15-jährigen im Zentrum. Ihre Befunde haben zu einer breiten erziehungswissenschaftlichen und öffentlichen Rezeption und Diskussion geführt, in der die pädagogisch-soziale Leistungsfähigkeit des gegliederten deutschen Schulsystems gerade mit Blick auf die Länder bzw. Bildungssysteme, die deutlich besser abgeschnitten haben als das deutsche, gründlich hinterfragt worden ist (vgl. die aktuellen Befunde in Reiss et al. 2016; Stanat et al. 2016; Wendt et al. 2016).

d. In einem merklichen, aber keineswegs eindeutigen Verhältnis zur Kompetenzentwicklung steht die **Zertifikatsabgabe**, mit der die Schulen Berechtigungen vergeben für die weiterführenden Bildungsgänge (z. B. die Allgemeine Hochschulreife als Voraussetzung für den Besuch einer Universität bzw. Hochschule) oder auch als administrativen Nachweis des Zugangs zu bestimmten Berufslaufbahnen (z. B. mittlere Abschlüsse für mittlere Laufbahnen im öffentlichen Dienst).

2. Nun sollen erste für die Entwicklungspädagogik der Jugendlichen bzw. der Jugend relevante **ausgewählte Befunde** vorgestellt werden. Dabei werden unterschieden einerseits die bundesweiten Trends und andererseits die landesspezifischen. Letztere sind sehr wichtig, weil durch die Kulturhoheit der Länder (vgl. Art. 30 GG) es diesbezüglich sehr unterschiedliche Entwicklungstrends gibt (die sowohl von Teilen der Schülereltern und wie auch der Öffentlichkeit immer wieder beklagt und kontrovers diskutiert werden). Dazu werden sog. Gruppenmittelwerte gebildet, die dann auch bezogen auf bestimmte Indikatoren eine Vierteilung des Gesamtspektrums der Entwicklungstrends in den deutschen Schulsystemen erlaubt: In ein oberes Viertel (vergleichbar günstige Werte hinsichtlich der gerechtigkeitstheoretisch gedeuteten Indikatoren) und zwei mittlere Viertel und ein unterstes (mit den vergleichbar ungünstigsten Werten; vgl. Berkemeyer u. a., 2017, Kap. 5). Danach ergeben sich u. a. folgende Erkenntnisse über die Erziehungswirklichkeiten im deutschen Schulwesen (vgl. ebd., Kap. 6):

a. Die **Schulangebotsstrukturen** sind von einer deutlichen Zunahme der Möglichkeiten, höhere Abschlüsse zu erreichen, bestimmt. Das öffentliche allgemeinbildende Sekundarschulangebot mit Hochschulreifeoptionen (dazu gehören Schularten mit mehreren Bildungsgängen, Integrierte Gesamtschulen, Gemeinschaftsschulen und Gymnasien) lag 2005/06 zwischen 29,5 % (Bayern) und 68,4 % (Hamburg) und 2014/15 zwischen 33,2 % (Bayern) und 100 % (Berlin und Hamburg) und in 7 Bundesländern bei über 50 % und davon 4 Ländern bei über 60 %. – Darüber hinaus erfreuen sich Privatschulen einer wachsenden Beliebtheit. Dort wurden 2014/15 8,8 % der Schüler*innen unterrichtet. Dabei kommt ihnen je nach Schulkonzept und sozialer Zusammensetzung der Schülerschaft (vorrangig) eine ergänzende, eine innovative und/oder segregierend-privilegierende Funktion zu (vgl. zu den selektiven Übergängen Kap. 2.2.2, 2.2.3 u. 2.4.3/2.4.4 in diesem Buch).

b. Hinsichtlich der **Kompetenzentwicklung** zeigen sich ähnliche Trends wie in den bisherigen IGLU- und PISA-Untersuchungen. Nach der IQB-Bildungstrendstudie, die zwischen 2009 und 2015 vergleicht und auf die der „Chancenspiegel" hier zurückgreift (vgl. ergänzend Stanat u. a. 2016, Kap. 4–7), haben sich die *Kompetenzstände* im Bereich Lesen in den 9. Jahrgangsstufen für das Fach Deutsch zwischen 2009 und 2015 bundesweit um 6 Punkte verschlechtert; die Verschlechterungen lagen in 7 Bundesländern zwischen 3 (Niedersachsen) und 23 Punkten (Baden-Württemberg); die Steigerungen in 7 Ländern zwischen 3 (Hamburg) und 17 Punkten (Brandenburg). Die *Leistungsstreuung* nahm bundesweit um 2 Punkte ab; sie verkleinerte sich in 9 Bundesländern zwischen 2 (Berlin, Mecklenburg-Vorpommern) und 18 Punkten (Sachsen) und vergrößerte sich in 4 Ländern zwischen 2 (Thüringen) und 5 Punkten (Baden-Württemberg) und blieben in Bayern und Hamburg gleich.

c. Die Abhängigkeit der Kompetenzentwicklung von der *sozialen Milieuzugehörigkeit* – sie wird in den entsprechenden Untersuchungen auf sehr verschiedene Weise erhoben – wird als *sozialer Gradient* bezeichnet (siehe die Definitionen auf S. 178). Er ist bundesweit für die Domäne Deutsch um 3 Punkte gesunken; gesunken ist er in 11 Bundesländern zwischen 1 (Schleswig-Holstein) und 12 Punkten (Saarland) und gestiegen in 3 Ländern um einen Punkt (Hamburg, Hessen, Thüringen) und blieb in Nordrhein-Westfalen gleich. In diesem Zusammenhang ist auch der *Migrationshintergrund* von Bedeutung. Die Differenzpunkte betrugen 2009 deutschlandweit 47 und 2015 44 Punkte. Sie haben in der Zeit in 7 Ländern zwischen 1 (Hessen) und 20 Punkten (Rheinland-Pfalz und Saarland) abgenommen und in 5 Ländern zwischen 2 (Nordrhein-Westfalen) und 42 Punkten (Brandenburg) zugenommen.

d. Bei der **Zertifikatsvergabe** zeigt sich der Trend zu höheren Abschlüssen in besonders prägnanter Weise, denn er steigerte sich bezogen auf das Erreichen der Hochschulreife bundesweit von 25,3 % auf 35,5 % (und lag 2013 sogar bei 35,6 %); dabei erreichten die Spitzenländergruppen eine Steigerung von 30,2 % auf 45,2 %; und die untere Ländergruppe eine von 21,3 % auf 29,3 %.

Definitionen: Sozialer Gradient

„Der soziale Gradient gibt an, wie viele Kompetenzpunkte eine Schülerin oder ein Schüler mehr erzielen würde, wenn der Index-Wert für den HISEI (Highest Socio-Economic Index of Occupational Status), der den sozioökonomischen Status der Familie abbildet, um eine Standardabweichung höher läge. Je höher der Wert des sozialen Gradienten, desto bedeutsamer ist der sozioökonomische Status der Eltern für die gemessenen Schülerkompetenzen." (Berkemeyer u. a. 2017, S. 86)

2.2.2 Übergänge I: Von der einheitlichen Grundschule in die gegliederten und sozial selektiven Schulformen der Sekundarstufen

Die Frage der Bildungs(un)gerechtigkeit stellt sich mit besonderer Schärfe beim Übergang von der für alle Kinder eines Einzugsgebietes verbindliche, also einheitliche Grundschule in die Gliederung der Sekundarstufe I, also nach Klasse 4 bzw. 6. Dabei handelt es sich hier nicht nur um eine neue Stufe der inhaltlichen Lernentwicklung, sondern es müssen ab diesem Zeitpunkt der bildungsbiografischen Entwicklung von den Jugendlichen auch starke institutionalisierte soziale, milieuspezifische Differenzierungen, Spannungen und Segregationen im Spannungsfeld von **Inklusion** und **Exklusion** bewältigt werden. Bezüglich der ersten Übergangsschwelle sind hier folgende Prozesse von Bedeutung:

1. Mit Blick auf die bisherige Lernentwicklung und das erreichte Bildungsniveau ist zunächst festzuhalten, dass die gemeinsame Grundschule – ihre Gemeinsamkeit wird in den meisten Bundesländern durch die verbindlichen Schuleinzugsgebiete gesichert – insgesamt zu einem Kompetenzniveau führt, dass das deutsche Grundschulwesen international in der oberen Leistungsgruppe verortet. Dieser erfreuliche Befund muss allerdings dahingehend differenziert werden, dass in der Grundschule – im übrigen wie im Kindergarten – zwar alle Kinder aus allen Milieus ihr Leistungsniveau zu steigern vermögen, dass aber die Kinder aus den mittleren und oberen Milieus das in deutlich höherem Masse gelingt als den Kindern aus den unteren und besonders den deklassierten Milieus. Also auch beim gemeinsamen Besuch einer Grundschule und **gemeinsamem Unterricht** gibt es **deutliche Leistungsdifferenzierungen** und dementsprechende **zunehmende Leistungsabstände**.

2. Diese frühen Erfahrungen im Kindergarten und dann besonders in der Grundschule bestimmen in einem relevanten Maße die Lernbereitschaften und -fä-
higkeiten der Kinder und die Schullaufbahnentscheidung der Eltern (an ihr
werden die Kinder nur sehr begrenzt, wenn überhaupt beteiligt). Hier spielen
dann folgende Aspekte eine Rolle (vgl. Autorengruppe Bildungsberichterstattung
2018, Kap. D2; Kramer/Helsper 2013, S. 596f u. 602ff; Prenzel u. a. 2013, Kap.
8/9; Quenzel/Hurrelmann 2010, S. 223–337 u. 341–438):

a. Während der Schuleintritt noch durch Rituale u. ä. gerahmt wird (man denke
   an die „Schultüte"), fehlen vergleichbare soziokulturelle Praktiken bei diesem
   Übergang, obwohl ihm für die weitere Bildungs- und Arbeitsbiografie der
   Charakter einer Statuspassage zukommt, weil er einen hohen prognostischen
   Wert hat. Die „nach oben" nur schwer korrigierbare **Schullaufbahnentscheidung** ist nicht nur an den hierarchischen Leistungsdifferenzierungen
   der Schulformen (Förder-, Haupt-, Real-, Gesamt- bzw. Gemeinschaftschule
   sowie Gymnasien) ausgerichtet, sondern in sie gehen auch milieuspezifische
   Haltungen und Erwartungen, familiäre Bildungstraditionen und -aspirationen
   sowie ethnisch bestimmte, meist recht hohe Erwartungen an den Schulerfolg
   der eigenen Kinder ein. Teile der Eltern stellen dabei Kosten-Nutzen-Kalku-
   lationen auf im Spannungsfeld von Investitionsrisiken und Bildungsrendite,
   was teilweise zu einem erheblichen **sozialen Leistungsdruck durch die
   Eltern** führt. Denn für die biografische Bewältigung dieses Übergangs und
   den weiteren Lernweg innerhalb der gewählten Schulform ist die durch die
   soziale Herkunft stark bestimmte Verfügbarkeit über kulturelles und soziales, aber auch ökonomisches Kapitel zentral (vgl. die empirische Befunde in
   Kap. 1.4.2/1.4.3): Während es für die oberen und Teile der mittleren Milieus
   durch die familiäre Generationenfolge ganz selbstverständlich und wenig
   ängstigend ist, höhere Bildungslaufbahnen und -abschlüsse anzustreben, ist
   es für einen Teil der mittleren, und besonders den unteren, ein Prozess, bei
   dem sich Erstrebenswertes, Bedrohliches und Ungewisses auf eine schwer
   trennbare Weise überlagern. Das gilt auch für die Jugendlichen aus den oberen
   und bildungsbürgerlichen Milieus, wo hohe Abschlüsse als selbstverständlich
   angesehen werden und entsprechende Misserfolge zu Ächtungen und De-
   mütigungen führen (können). Das so verstandene Bildungs-*Risiko* (im Sinne
   von Chance und Gefahr) zeigt sich nicht nur bei den Abschlüssen, sondern
   quasi als zwischenzeitliche Rückmeldung bei den Klassenversetzungen bzw.
   Nichtversetzungen und Wechsel der Schulform „nach unten" (vgl. Kap. 2.2.4).

b. Mit Blick auf die übergreifenden Entwicklungstrends wird gerade hier die
   bereits erwähnte Tendenz zu immer höheren Abschlüssen relevant, die eine
   Folge der **Bildungsexpansion** seit den späten 1960er Jahren ist. So nahm laut

„Chancenspiegel" (Berkemeyer et. al, 2017, S. 65ff) zwischen 2002/03 und 2014/15 der Anteil der Fünftklässler, der ein Gymnasium besucht, deutschlandweit im Ländermittelwert von 35,8 % auf 44.4 % zu, in der oberen Gruppe von 39,8 % auf 51,5 % und in der unteren von 33,0 % auf 37,3 % (er erreichte dort ihren höchsten Wert 2007/08 mit 39,0 %). Wesentliche Folge dieser Bildungsgangentscheidungen ist der Bedeutungsverlust der Hauptschule, die zunehmend eine sozial entmischte Problem- und Restschule geworden ist (dort werden nur noch 11 % eines Jahrgangs unterrichtet) und die Bedeutungssteigerung der Realschulen bzw. mittleren Bildungsgänge (24 %) und Gymnasien (44 %), aber auch der Gesamt- und Gemeinschaftsschulen (9 %).

c. Dieser allerdings mittlerweile wohl leicht stagnierende Trend zu mittleren und höheren Abschlüssen (der mittlere war durch die allgemein verbindliche Polytechnische Oberschule [POS] in der DDR die Regel) ist allerdings merklich sozial gebrochen. Das zeigt sich hinsichtlich der **Schullaufbahnempfehlung** der Lehrkräfte – die es in fast allen Bundesländern gibt, allerdings mit einem sehr unterschiedlichen Verbindlichkeitsgrad – auf zweierlei Weise: Dem Selbstverständnis der Lehrer*innen und der Schule bzw. der Schul- und Bildungspolitik ist diese *leistungsbezogen.* Es wird also aus der Lern- und Leistungsentwicklung während der Grundschule eine Prognose darüber formuliert, wie diese Lern- und Leistungsentwicklung sich in der Zukunft gestalten wird und welche Schulform mit welchen Lernprofilen und Leistungsanforderungen voraussichtlich am günstigsten sei, also die Gefahr des Scheiterns am geringsten ist. Da solche Bildungsprognosen desto fehlerhafter sind je früher sie formuliert werden und weil das deutsche Schulsystem diese Entscheidungen im internationalen Maßstab besonders früh erzwingt (wenn die Eltern sich nicht für integrative Schulformen entscheiden), deshalb ist die Gefahr von Fehleinschätzungen hier besonders groß. Hinzu kommt, dass die implizite Annahme, dass diese Lern- und Leistungsentwicklung relativ linear und im Einklang mit der institutionalisierten Anforderungssteigerung verläuft, entwicklungspädagogisch sehr fragwürdig. Realistischer sind gerade in der Pubertät als Beginn der Identitätsentwicklung (vgl. Kap. 3.1.1) gewisse Verzögerungen und z. T. auch Einbrüche in der schulischen Leistungsentwicklung zu erwarten, weil dann andere Lern- und Entwicklungsanforderungen, also die anderen Entwicklungsaufgaben sich energisch in den Vordergrund drängen.

d. Während dieser Leistungsbezug der Schullaufbahnempfehlung und damit der *primäre* Effekt der Milieuzugehörigkeit wissenschaftlich relativ unbestritten sind, sind die **sekundären,** also **leistungsunabhängigen Milieueffekte,** Gegenstand von Kontroversen. Dass es diese gibt, wird allerdings von niemandem (mehr) ernsthaft bezweifelt: Dass Lehrer*innen also schon bei der Leistungsbewertung Kinder und Jugendliche aus höheren Milieus besser bewerten, als ihre Leistungen tatsächlich sind (besonders in „weichen" Fächern wie den Sprachen oder der Kunst), und dass sie ihnen auch leistungsunabhängig bessere Schullaufbahnaussichten assistieren. Dabei spielen nicht nur habituelle („unbewusste") in der eigenen Milieuzugehörigkeit verankerte Präferenzen eine Rolle, sondern auch die Antizipation von Konflikten mit Eltern aus den höheren Milieus, die nämlich ihre meist deutlich hohen Bildungsaspirationen für ihre Kinder nicht zuletzt aufgrund ihres sozialen, manchmal auch ihres politisch-symbolischen Kapitals in der Lage sind durchzusetzen und die Schulen (Lehrer*innen, Schulleitungen, Schulaufsicht) diesen Auseinandersetzungen aus dem Weg gehen wollen – „um des lieben Friedens willen". Diese Art der Benachteiligung trifft besonders Kinder und Jugendliche mit Migrationshintergrund, weil ihre Eltern sich in dem „Dschungel" des deutschen Schulwesens und der Schulbürokratie noch schlechter auskennen als die deutschen – und so ihre meist recht hohen Bildungsaspirationen für ihre Kinder noch weniger durchzusetzen vermögen als viele deutsche Eltern, gerade aus den unteren Milieus.

Es kommt allerdings auch ein gegenteiliger Effekt der sozialen Herkunft zum Tragen: Dass nämlich Eltern aus den unteren Milieus aufgrund der eigenen, meist vorrangig negativen Schul-, Ausbildungs- und Berufserfahrungen Empfehlungen für höhere Schullaufbahnen häufiger nicht realisieren als solche aus anderen Milieus, also *unter* dem Empfehlungsniveau verbleiben und somit die Bildungsarmut über ihre Kinder tradieren (vgl. dazu auch Kap. 1.3 und 1.4.2/1.4.3). Während nun Ditton (2010, Kap. 4) den sekundären Effekten nur eine sehr untergeordnete Bedeutung zuerkennt, kommt eine Studie des Max-Planck-Instituts für Bildungsforschung in Berlin diesbezüglich zu einem kritischeren Ergebnis: dass nämlich bei der *Leistungsbeurteilung* die primären Effekte ca. 70 %, die sekundären ca. 30 % ausmachen; und bei der *Laufbahnbeurteilung* ein Gleichwicht 50 % -zu- 50 % besteht und beim faktischen *Übergangsverhalten* die sekundären Effekte mit 60 %, die primären mit 40 % deutlich überwiegen (vgl. Baumert/Maaz 2010, Kap. 5).

2.2.3 Übergänge II: Selektion durch Klassenwiederholungen und Schulformwechsel

Mit dem Eintritt in die Sekundarstufe I (meist dem 5. Schuljahr, in Berlin und Brandenburg dem 7.) sind die Selektionsprozesse keineswegs abgeschlossen. Dabei gibt es besonders zwei Selektionsmechanismen mit unterschiedlichen bildungsbiografischen Folgen:

1. Zunächst einmal die **Klassenwiederholungen**, für die es in den Bundesländern unterschiedliche Kriterien der Nichtversetzung gibt. Sie haben zwischen dem Schuljahr 2002/03 und 2014/15 überall abgenommen (vgl. Berkemeyer et al., 2017, S. 67f): Der Ländermittelwert (Anteil der Wiederholer in der Sekundarstufe an allen Schülern der Sekundarstufe) sank von 3,6 % auf 2,5 %; in der selektiveren Gruppe von 5,1 % auf 3,5 %, und der weniger selektiven von 2,2 % auf 1,8 % (bei einem Spitzenwert von 2,6 % 2005/06). Man darf diese Entwicklung als Reaktion auf die Erfahrung und Einsicht werten, dass die konstitutive Annahme unzutreffend ist: Schüler*innen erreichen bei einem zweiten Durchgang des gleichen institutionalisierten Lernangebots den mindestens vorzuweisenden Leistungsstand für die Versetzung in die höhere Klassenstufe.

2. Folgenreicher ist der **Wechsel der Schulform** im Kontext des gegliederten Schulwesens (von einer Dreigliedrigkeit zu sprechen, wie es auch so manche engagierte Schulreformer*innen immer noch tun, ist völlig unzutreffend, denn es gibt heute – wie oben dargestellt – mindestens eine Achtgliedrigkeit: Haupt-, Real- und Förderschulen [sehr unterschiedlicher Ausrichtung] sowie die Gymnasien G8 und G9; und dann die Integrativen und Kooperativen Gesamtschulen sowie die Gemeinschaftsschulen). Ihre Befürworter verweisen stets auf die Durchlässigkeit dieses Systems und behaupten damit auch, dass ein Aufstieg in höherwertige Schulformen „jedem und jederzeit" möglich sei. Wie die Erziehungswirklichkeit aussieht, zeigen folgende Daten (Berkemeyer et al. 2017, S. 69f): Danach haben sich die Relation zwischen Aufwärts- zu Abwärtswechseln der SchülerInnen in den Jahrgangsstufen 7 bis 9 der Schuljahre 2002/03 bis 2014/15 zwar verbessert, aber dennoch gibt es immer noch deutlich mehr Abwärts- als Aufwärtsbewegungen. Im Landesmittelwert kamen am Beginn auf einen Aufwärtswechsel 8,2 Abwärtswechsel; am Schluss waren es 5,4 – mit einem Höhepunkt von 9,7 im Schuljahr 2013/14; der beruhte wesentlich auf einem „Ausreißer" in der besonders selektiven Gruppe (in dem Schuljahr: 27,8), die sich von 22,2 nach 9,4 entwickelte, während es bei der weniger selektiven Gruppe nur einen leichten Anstieg von 2,3 auf 2,9 gab. Diese positive Gesamttendenz dürfte allerdings auch auf die Zunahme Integrierter Schulformen zurückzuführen sein, denn dort können Auf- und Abwärtsbewegungen durch die statistisch meist nicht erfassten Kurseinstufungen nicht nachvollzogen werden. Es bleibt diesbezüglich allerdings auch die Erwartung und Hoffnung, dass die Integrierten Schulformen tatsächlich ein breiteres soziales Lernspektrum in der Lage sind zu fördern.

3. Am Schluss all dieser Selektionsprozesse stehen ausgeprägte **soziale Lernmilieus** in den Schulen (vgl. Baumert et al. 2001, Kap. 9.3 und die Definition auf S. 183). Sie bilden in sich mehr oder weniger geschlossene Lernkulturen, die sich allerdings im Grad ihrer Binnenheterogenität deutlich unterscheiden

und deshalb für die milieugerechte und habitussensible Schulpädagogik eine erhebliche Herausforderung darstellen (vgl. dazu auch Kap. 1.5). Während heute das Gymnasium – was sich viele Schulreformer*innen vor 30 Jahren nicht haben vorstellen können – die sozial heterogenste Schulform ist, haben wir es, je tiefer wir in den Schulformen und Bildungslaufbahnen „herabsteigen", mit einer immer deutlicheren sozialen Entmischung zu tun, so dass die Kinder und Jugendlichen aus unteren und untersten Milieus – verstärkt ggf. durch den Migrationshintergrund – weitgehend unter sich bleiben. Darauf ist nun näher einzugehen.

Definition: Soziale Lernmilieus in den Schulen

„Durch die Schulform sind für die einzelnen Schulen über differente curriculare Programme und pädagogische Konzeptionen zentrale systemische Kontextbedingungen definiert, die die institutionellen Arbeits- und Lernbedingungen mehr oder weniger stark präformieren. Die soziale Zusammensetzung der Schülerschaft, das durchschnittliche Aspirationsniveau, das kognitive Anforderungs- und Leistungsniveau prägen das Lernmilieu einzelner Schulen in schulformspezifischer Weise … Auch wenn es in den letzten beiden Jahrzehnten durch die curriculare Angleichung von Bildungsgängen zur partiellen Entkoppelung von Schulform und Schulabschlüssen gekommen ist, haben sich die Lernmilieus durch eine größere Durchlässigkeit zwischen den Schulformen nur wenig angeglichen. Gleichwohl ist zu sehen, dass durch die Möglichkeit, innerhalb einer Schulform mehrere Abschlüsse zu erlangen, dort die Heterogenität zugenommen hat." (Baumert et al. 2001, S. 431f) Hinzuzufügen ist, dass durch die leistungsunabhängigen Entscheidungsprozeduren die *Überlappungen* zwischen den einzelnen Schulformen erheblich sind.

2.2.4 Bildungsarmut

Die bisherigen Analysen haben schon einige Aspekte der Bildungsarmut deutlich gemacht. Sie müssen aber gerade mit Blick auf die milieu-*gerechte* (Schul-)Pädagogik wie folgt differenziert und vertieft werden:

1. Während Bildungsungleichheiten in der Bildungssoziologie seit Jahrzehnten ein selbstverständliches Thema sind, sind Konzept und Begriff der **Bildungsarmut** erst in allerjüngster Zeit eingeführt worden, um einen speziellen Aspekt der

Bildungsungerechtigkeiten zu untersuchen (vgl. die umfangreche Bilanz in Quenzel/Hurrelmann 2010). Zunächst einmal gelten für seine konzeptionelle Konstruktion methodisch dieselben Regeln wie bezüglich des allgemeinen Armutsverständnisses: Armut ist ein *konkret-historisch* zu bestimmendes gesellschaftliches Verhältnis. Bildungsarmut ist heute etwas Anderes als vor der Industriellen Revolution, also vor 200 Jahren und etwas anderes in Deutschland als in Inuitkulturen oder afrikanischen Stammesgesellschaften der Gegenwart. Dabei sind folgende Unterscheidungen nicht nur von theoretischem, sondern auch von praktisch-pädagogischem und bildungs- bzw. sozialpolitischem Interesse:

a. Zunächst einmal gibt es eine **Zertifikatsarmut**, die auf das Fehlen bestimmter vom Bildungs- und Ausbildungssystem vergebene Abschlüsse verweist. Davon zu unterscheiden ist die **Kompetenzarmut**, die dann vorliegt, wenn ein bestimmtes Niveau an Fähigkeiten, Fertigkeiten und Bereitschaften, die zur Teilhabe an den bestimmten gesellschaftlichen Reproduktionsprozessen erforderlich sind, nicht vorhanden sind.

b. Von **absoluter Zertifikatsarmut** kann gesprochen werden, wenn ein Mindestabschluss nicht erreicht worden ist. Dies ist heute der Hauptschulabschluss (vgl. Berkemeyer et. al, 2017, S. 97ff). Dieser Anteil der Jugendlichen an der Wohnbevölkerung sank von 2002/03 bis 2014/15 im Landesmittelwert von 10,0 % auf 6,7 %; in der oberen Gruppe von 12,2 % über 13,0 % (2008/09) auf 8,9 % und in der unteren kontinuierlich von 8,0 % auf 4,8 %. Besonders betroffen davon sind Jugendliche mit Migrationshintergrund, denn deren Anteil schwankte im Untersuchungszeitraum im Ländermittelwert zwischen 13,9 % (am Anfang) und 12,9 % (am Schluss), in der oberen Gruppe zwischen 21,1 % und 18,4 % (Höchststand 2003: 22,8 %, Tiefststand 2012: 15,6 %) und der unteren zwischen 5,3 % und 8,7 %. Gegenwärtig steigt die Quote wieder, was u. a. auf den größeren Anteil von Jugendlichen mit Migrationshintergrund, insbesondere unbegleitete Flüchtlingskinder, zurückgeführt wird.

c. Von **absoluter Kompetenzarmut** kann heutzutage gesprochen werden, wer nicht über die elementaren Kompetenzen verfügt, ein eigenständiges Leben zu führen und sich grundlegend in der Gesellschaft zu orientieren. Das wird in den PISA-Untersuchungen als Kompetenzstufe I und weniger empirisch erfasst. Und diese *„Risikogruppe"* wird inhaltlich dahingehend bestimmt, dass diese Jugendlichen nachhaltige Schwierigkeiten haben, eine moderne Berufsausbildung zu absolvieren. Ihr Umfang betrug bei PISA 2015 in der Domäne Naturwissenschaften und in Mathematik jeweils bei 17 % (Reiss et al. 2016, S. 74ff u. 232f).

d. Demgegenüber ist die **relative Zertifikatsarmut** dadurch charakterisiert, dass diese Heranwachsenden nicht den durchschnittlichen Abschluss erreicht haben. Da dies seit 10–15 Jahren die mittleren Abschlüsse im Sinne des durchschnittlichen Mindestabschlusses sind, ist der Hauptschulabschluss heute ein Ausdruck der relativen Zertifikatsarmut. Das ist allerdings „nur" eine vorrangig ökonomische Definition, denn sie reagiert auf den Trend zu immer höheren Abschlüssen (vgl. die Daten in Kap. 2.2.1.2.) und die damit verbundene ökonomische Entwertung der unteren Abschlüsse. Es ist eben heute schon schwierig, einen Ausbildungsplatz mit einem reinen Hauptschulabschluss zu erhalten, geschweige denn, eine anspruchsvolle Lehrstelle und dann auch übernommen zu werden (vgl. dazu auch Kap. 2.4.4).

Eine **relative Kompetenzarmut** liegt dann vor, wenn die Jugendlichen zu den unteren 10 % der Kompetenzverteilung gehören; sie bilden die o. a. Risikogruppe.

2. Ein besonderes Problemfeld sind die **Heranwachsenden mit besonderen Bedürfnissen**, mit besonderem Entwicklungs- und Unterstützungsbedarf. Hier hat die am 13.12.2006 von der Generalversammlung der Vereinten Nationen verabschiedete und von Deutschland am 03.05.2008 ratifizierte UN-Behindertenrechtskonvention klare normative Ansprüche formuliert, die die bis dahin bei uns fast selbstverständliche Segregation dieser Gruppe von Kindern und Jugendlichen in Sondereinrichtungen, speziell den Sonderschulen, nachdrücklich in Frage gestellt hat. Die seither zu konstatierende Entwicklungsdynamik ist allerdings ambivalent, wie der „Chancenspiegel" deutlich macht (vgl. Berkemeyer et. al, 2017, S. 54ff). Zunächst einmal stieg die **Förderquote**, also der Anteil der Schüler*innen mit besonderem Förderbedarf, an allen Schüler*innen im allgemeinbildenden Schulsystem im Ländermittelwert von 6,1 % (2002/03 kontinuierlich an auf 7,4 % (2014/15); in den förderintensiveren Ländern von 8,2 % über 9,7 % (2007/07 und 2008/09) auf 9,6 %; in den weniger förderungsorientierten Ländern von 4,4 % auf 5,8 %. Gleichzeitig stieg der **Inklusionsanteil**, also der Anteil der Schüler*innen mit besonderem Förderbedarf, in den allgemeinbildenden Schulen an allen Schülern mit besonderem Förderbedarf im Berichtszeitraum im Ländermittelwert von 16,4 % auf 40,8 %, in den inklusionsbereiteren Ländern von 33,5 % auf 64,4 % und in weniger inklusionsorientierten von 4,8 % auf 27,0 %. Allerdings ist trotz dieser im Grundsatz recht positiven Entwicklung die **Exklusionsquote** immer noch beträchtlich, also der Anteil der Schüler*innen mit besonderem Förderbedarf, die in gesonderten Förderschulen unterrichtet werden: Er sank im Ländermittelwert nur von 5,1 % auf 4,4 %, in den inklusiveren Ländern von 3,8 % auf 2,6 % und in den eher exklusionsorientierten von 7,2 % über 8,1 % (2007/08 und 2008/09, dem Zeitraum der Ratifizierung) auf 6,1 %.

3. Die bisherigen Befunde stellen aus der *Beobachterperspektive* die wesentlichen Verarmungs- und Exklusionstrends dar, die in hohem Masse durch die Institu-

tionsstrukturen bestimmt sind. Gerade mit Blick auf die Anerkennungsgerechtigkeit ist aber nunmehr aus der *Teilnehmerperspektive* zu fragen, wie sich die betroffenen Kinder und Jugendlichen mit diesen Tendenzen auseinandersetzen, also welche **subjektiven Gründe** es für diese **Bildungsarmut** gibt. Dazu soll an dieser Stelle – in Verarbeitung entsprechender Fallstudien und anderen qualitativen Materials (vgl. Gentner/Mertens 2006, Kap. I; Rosenberg 2011, Kap. 5, u. 7; Sälzer 2010, Kap. 7–9; Sandring 2013, Kap. 4 u. 5; Wagner 2007) – eine Art **psychodynamische Regressionsspirale** als Rekonstruktionsmuster vorgestellt werden. Sie umfasst den Weg vom Desinteresse am Unterrichtsgeschehen bis hin zur weitgehenden Schulverweigerung und zum vollständigen Schulabsentismus.

Dem ist aber noch eine wichtige Bemerkung voranzustellen: Teile der engagierten Schulkritik unterstellen, dass die dargestellten entwicklungseinschränkenden Bedingungen unmittelbar in die Lernbereitschaften „durchschlagen", dass die Heranwachsenden ihnen alternativlos ausgesetzt sind, dass sich die jeweiligen konkreten institutionellen *Betroffenheiten* weitgehend eindeutig in ganz bestimmten *Befindlichkeiten* niederschlagen (also z. B. extrem restriktive Bedingungen in Schulmüdigkeit und Schulverweigerung). Sie teilen diese Grundauffassung mit jenen Teilen der engagierten, sich emanzipatorisch verstehenden Gesellschaftskritik, die Armut als einen rein objektiven Verursachungskomplex betrachtet und dabei übersieht, dass sie durch soziale Beziehungen und psychische Bearbeitungsweisen immer auch von den Subjekten bis zu einem empirisch jeweils genau zu bestimmenden Grade mit reproduziert wird. Insofern ist eine solche Sozial- und Schulkritik zwar gut gemeint, aber dennoch höchst problematisch, weil die Schüler*innen so auf einen reinen Objektstatus festgelegt werden, der schon empirisch nicht haltbar ist, weil auch sie bei *gleicher* Milieuzugehörigkeit und unter *gleichen* institutionellen Bedingungen höchst *unterschiedlich* bis *gegensätzlich* handeln. Und sie enthält auch den konzeptionellen Selbstwiderspruch, dass man die Kinder und Jugendlichen schwerlich als Subjekte ihrer Lebensführung und Biografie anerkennen und fördern kann, wenn man sie nur im Objektstatus des Opfers betrachtet. Oder anders formuliert: Der Zusammenhang zwischen Schulstrukturen und kognitiven Lernfähigkeiten und emotional-motivationalen Lernbereitschaften ist weder eindeutig noch beliebig (letzteres ist allerdings sehr wichtig festzuhalten, weil nämlich Teile der Jugendlichen meinen, z. B. Arbeitslosigkeit allein durch eigene Anstrengungen verhindern zu können). Die theoretisch überzeugendere und praktisch perspektivreichere Fragestellung ist somit die, *wie* die Kinder und Jugendlichen diese Bedingungen psychodynamisch verarbeiten. Es geht somit nicht um die *Wirkungen von* widersprüchlichen Schulstrukturen, sondern um die *Erfahrungen mit* ihnen und die Art und Weise, wie diese jeweils bearbeitet werden. Darauf zielt die

Differenzierung in die *objektiven Ursachen* des Schulversagens und somit der Bildungsarmut und ihre *subjektiven Gründe* (die nun skizziert werden sollen). Methodisch ausgedrückt geht es also darum, die Beobachterperspektive, also die Problemsicht „von außen" mit der Teilnehmerperspektive, also der Problemsicht „von innen" (1. Person Singular und manchmal auch Plural) zu verschränken.

Aus der Perspektive der lernenden Heranwachsenden – wie auch der lernenden und lehrenden Erwachsenen – stellen sich die Lernmilieus als unmittelbare objektive Bedeutungszusammenhänge dar, die einen *Möglichkeitsraum* dafür bieten, dass ich als Jugendliche(r) die jeweiligen Entwicklungs- und Bildungsaufgaben bewältigen kann. Dieser Möglichkeitsraum kann mehr oder weniger groß sein; er kann von den Subjekten mehr oder weniger genutzt und ausgefüllt werden; und er kann sogar mehr oder weniger umgestaltet und erweitert werden. Aus welchen objektiven Ursachen und subjektiven Gründen was geschieht, *das* ist dann die entscheidende theoretische, empirische und praktische Frage für die Analyse und die Bearbeitung der Bildungsarmut.

Diese Verteidigung der Subjektperspektive im Umgang mit den Prozessen der bildungsbezogenen Verarmung von Kindern und Jugendlichen darf nun aber nicht dahingehend missverstanden werden, dass dies ein Plädoyer dafür sei, dass die Schüler*innen und ggf. auch ihre Lehrer*innen sich nur genügend anstrengen sollten, dann ließe sich das ganze Problem schon (weitgehend) aus der Welt schaffen. Eine solche Aufforderung wäre zweifellos illusionär und insofern auch verantwortungslos, weil die schrittweise Überwindung der strukturellen Widersprüche des Bildungssystems eine breite gesellschaftliche Akzeptanz für eine grundlegende äußere und innere Reform unseres Schulwesens erforderlich macht (dazu Kap. 2.3.1 – 2.3.3 u. 2.4.2). Wie wenig der genauere Blick auf die Befindlichkeiten die Betroffenheiten zum Verschwinden bringt, das zeigt die konkrete Analyse jener Prozesse, die dann in Form von Schulmüdigkeit und Schulverweigerung zur defensiven und regressiven, häufig auch resignativen Hinnahme der extremen milieu- und habitusspezifischen Beschränkungen der Lernräume führen. Dann dominieren u. a folgende Begründungsmuster des eigenen Lernverhaltens und des Verhältnisses zur Schule:

a. Im Zentrum steht bei bestimmten psychischen Entwicklungen die **Bewältigung** der unterschiedlichen **schulbezogenen Ängste**, sei es vor bestimmten Lehrer*innen (die z.B. als „streng" gelten oder ungerecht sind), sei es vor bestimmten Fächern oder Prüfungssituationen (z.B. Klassenarbeiten oder „im Unterricht dran genommen" zu werden), sei es vor bestimmten Mitschüler*innen (die einen wegen mangelnder Schulleistungen ausgrenzen oder auch öffentlich beleidigen) oder aber vor den Eltern (die sich z.B. für ihre „dummen" Kinder schämen). Diese Ängste werden ggf. dadurch verschärft, dass ich mich in bestimmten Fällen völlig zu Recht ungerecht behandelt fühle und über die betreffenden Lehrer*innen bzw. Schüler*innen moralisch empört bin und dabei erfahren muss, dass diese das „ziemlich kalt" lässt.

b. Gelingt die produktive Bewältigung solcher oder ähnlicher angsterzeugenden Konstellationen immer häufiger nicht, dann werde ich zunehmend aus meinem bisherigen Bildungsgang verdrängt und schließlich nach unten abgeschoben. Dieses **schulische Scheitern** ist dann für mich ein **kritisches Lebensereignis**, welches mein Selbstvertrauen massiv erschüttert – und so auch meine Ängstlichkeit nochmals verfestigt und vertieft, weil ich nun für meine weitere Zukunft „schwarzsehe".

c. Werden meine alltagspragmatisch erworbenen Kompetenzen für die Lehrer*innen, aber auch für die meisten meiner Mitschüler*innen, immer unwichtiger und meine tatsächlich vorhandenen Defizite in Bezug auf die schulischen Anforderungen immer größer, dann hat dies nicht nur Stigmatisierungsprozesse von Seiten der Lehrer*innen bzw. Schüler*innen zur Folge, sondern verschärft auch die Gefahr der **Selbststigmatisierung:** Ich traue mir dann immer weniger zu, ich fühle mich von allen abgelehnt, ich ziehe mich immer mehr zurück und isoliere mich aktiv. Ich werde so aus eigenem Antrieb zu dem bzw. zu der, den die anderen schon immer in mir gesehen haben: zu einem Versager bzw. zu einer Versagerin.

d. Zur inneren und äußeren Selbstisolation kann auch ein zunehmender **Rückzug von den schulischen Anforderungen** und **Sozialbeziehungen** beitragen, wenn ich mich nämlich innerlich immer mehr von der Schule „verabschiede", weil ich in der Bewältigung der „Schularbeit" immer weniger Sinn sehe und immer häufiger auch real, physisch nicht anwesend bin. Oder wenn ich anfange, meine Situation *umzudeuten*, mich von allem und jedem bedroht sehe und darauf immer häufiger mit aggressiven „Gegenattacken" reagiere, also versuche, die schulische „Machtfrage" zu stellen oder aber die ganze Schule nur noch für einen „Scheiß Laden" halte.

e. Die Herausbildung der mit emotionalen Leidensprozessen verbundenen defensiven Begründungsfiguren des Selbstverständnisses als Lernende und als Schüler*innen werden nicht zuletzt dadurch nahegelegt, dass diesen Kindern und Jugendlichen nur **völlig unzureichende außerschulische Kompensationsmöglichkeiten** zur Verfügung stehen, um den Mangel an schulischer Entwicklungs- und Lernförderung zumindest teilweise ausgleichen zu können. Das betrifft zum einen die bereits erwähnten strukturellen Einschränkungen der familiären Anregungs- und Lernräume, die zugleich auch nur unzureichende Hilfen anbieten bzw. anbieten können, um die emotionalen Konflikte des Schul- und Unterrichtsalltags durchzustehen (vgl.

Kap. 1.4.1–1.4.3). Dabei zeigt auch die abnehmende Termindichte in den
unteren sozialen Milieus, dass offensichtlich auch in den peer-groups sowie
in den pädagogischen Räumen der offenen und verbandlichen Kinder- und
Jugendarbeit (sofern sie diese Angebote überhaupt wahrnehmen bzw. dort
nicht durch offene oder verdeckte Ausgrenzungsprozesse „vertrieben" werden!) viele der von ungünstigen Schulverhältnissen betroffenen Kinder und
Jugendlichen zumindest nicht so viel Hilfe und Ermutigung erfahren, dass
sie die schulischen Förderungsmängel quasi parallel ausgleichen können;
oder sie vielleicht sogar punktuell kritisch und aktiv in Frage stellen (z. B.
ungerechte Benotungen oder tatsächliche Ausgrenzungspraktiken durch
bestimmte Lehrer*innen, die ggf. auch von der Schulleitung gedeckt und
der Schulaufsicht hingenommen werden). So führt die *soziale Entmischung*
der sozialen Räume und Schulformen in den unteren Milieus zu einem Verlust an Möglichkeiten der sozialen Kapitalbildung, die auch die Aneignung
kulturellen Kapitals erschwert, was wiederum zum Verlust sozialen Kapitals
führt und die symbolischen Ausgrenzungspraktiken verschärft. Auf diese
Weise entstehen *Negativspiralen* in Bezug auf die psychischen und sozialen
Ressourcen dieser Kinder und Jugendlichen.

Die Überwindung dieser objektiven und subjektiven Entstehungszusammenhänge
von Schulversagen ist allein aus moralisch-politischen Gründen ein Gebot sozialstaatlicher Gerechtigkeit; sie ist aber auch bildungsökonomisch angesagt, weil
nämlich dadurch erhebliche „unproduktive" Kosten innerhalb des Bildungssystems
entstehen (von den Folgekosten für das Sozialsystem insgesamt ganz zu schweigen).
(Die wesentlichen Befunde von Kap. 2.2 sind im Wissensbaustein Nr. 11 S. 189f.
zusammengefasst.)

Wissensbaustein 11:
Zur Modernisierungs- und Demokratisierungsdynamik des deutschen
Schulwesens

„Die Ökologie des Schulsystems zeichnet sich durch strukturelle Mehrfacheinbet-
tungen aus, wodurch Ideen des Fortschritts seitens verschiedener Ordnungselemente
gesellschaftlichen Zusammenlebens etc. (Arbeitsmarkt/Wirtschaft, Bürokratie,
transnationale Ideenproduzenten, Rechtsprechung) an die Schule herangetragen
werden. Dadurch verstärken und/oder überlagern sich die multiplen Triebkräfte
des Schulsystems. Die Treiber entfalten dabei ihre Wirkung durch die mit ihnen
verbundenen Konflikte, also etwa der Schulstrukturdebatte im Zusammenhang mit
der Demographie. Die so entfachten Dynamiken wirken nun in den Bundesländern

recht unterschiedlich, so dass es zu einer zum Teil erheblichen Auseinanderent-
wicklung der Bundesländer kommt. Wir haben es also mit einem Fahrstuhl- und
Schereneffekt im Kontext der Modernisierungsprozesse der bundesdeutschen
Schulsysteme zu tun. Wenngleich sich die Ergebnisse der Länder insgesamt
verbessern (Fahrstuhleffekt), so lassen sich überaus differente Tempi in den je
unterschiedlichen Gerechtigkeitsdimensionen je nach Bundesland feststellen, was
zu einem Schereneffekt führt … (…)
Zudem konnten wir feststellen, dass fast alle Schulsysteme auch in Bezug auf
dynamische Entwicklungen innerhalb eines Beobachtungsbereiches zumeist
konservativ bzw. – besser formuliert – pfadabhängig sind. Dies bedeutet, dass wir
in den Zeitreihen der Schulsysteme eher wenige Gruppenwechsel gesehen haben
(im Sinne eines Fahrstuhleffekts), Schulsysteme somit häufig dort gut bleiben, wo
sie bereits gut waren, oder aber auch schwach bleiben, wo in der Vergangenheit
schon Mängel bestanden. Es ist dabei durchaus zu erkennen, dass bestimmte Ideen
(Inklusion, Ganztag etc.) unterschiedliche Traditionen in den Ländern haben und
insofern differente Entwicklungsprämissen in den Schulsystemen implementiert
sind, die zu spezifischen Pfaden der Entwicklung führen. (Berkemeyer et al., 2017,
S. 360) (…) Das bundesweite Monitoring durch PISA hat nicht dazu beigetragen,
dass die Schulsysteme sich in Deutschland hinsichtlich ihrer Steuerungsstrukturen
weiter angenähert haben … Eine klare politische Absicht diesbezüglich ist jedoch
auch schwer zu erkennen, wie das Kooperationsverbot zwischen Bund und Ländern
im Schulbereich eindrücklich zeigt. Noch wurde ernsthaft auf die Reduzierung des
Zusammenhangs zwischen Bildungserfolg und sozialer Herkunft fokussiert, wie
bereits die KMK-Handlungsfelder verdeutlichen. Insbesondere die vorzufindende
Fokussierung auf Einzelschulentwicklung und individuelle Förderung birgt dabei
das Risiko, Ungleichheitsproduktionen und institutionelle Diskriminierungen des
Schulsystems zu überspielen bzw. zu invisibilisieren. Denn in dieser Form wählt
die Bildungspolitik Aktivierungsstrategien einzelner Schülerinnen und Schüler
sowie der Einzelschulen … und setzt somit ähnlich wie bei der Arbeitsmarktpolitik … auf eine Aktivierung der Akteure, die sich durch organisatorische und
pädagogische Eigenleistungen zurück in den Arbeitsmarkt oder auch zurück in die
schulische ‚Normalbiografie' bringen sollen. Strukturelle Benachteiligungen sowie
institutionelle Problemlagen, wie beispielsweise die Disparitäten der Schulangebots-
struktur und die Segregation, bleiben so womöglich unthematisiert oder möchten
mittels pädagogischer (Unterstützung von sogenannten ‚Schulen in schwieriger
Lage') oder steuerungspolitischer (zusätzliche Mittelvergabe an benachteiligte
Schulstandorte) Interventionen bearbeitet werden. Zudem droht hinsichtlich der
gemeinsam initiierten und etablierten Steuerungsstrukturen eine schleichende
Erosion, zumindest in Bezug auf die Schulinspektion, die in einigen Ländern an
Rückhalt eingebüßt hat.
Es wird künftig auch darum gehen müssen, Entwicklungen der Schulsysteme
gesellschaftstheoretisch fundiert zu beschreiben, Treiber der Entwicklung kon-
kret zu identifizieren und insbesondere die um diese Treiber herum entstehende
Konfliktbearbeitung zu analysieren." (ebd., S. 362)

Literaturnachweise und -empfehlungen am Ende von Kap. 2.3

2.3   Weitere Bausteine für eine milieugerechte und habitussensible Schulpädagogik

Es wurden besonders in Kap. 2.1 schon zahlreiche Hinweise gegeben, an welchen Prinzipien sich eine milieugerechte und habitussensible Schulpädagogik ausrichten sollte. Es lassen sich – ohne Anspruch auf Vollständigkeit und ohne, dass die Reihenfolge eine Rangfolge impliziert – einige weitere skizzieren. Eine solche Pädagogik muss sich allerdings für die Lebenswelten der Heranwachsenden erst noch öffnen, um überhaupt habitussensibel handeln zu können. Dem stehen aber (trotz aller konzeptioneller Debatten, Modellversuchen und alltagspraktischen Bemühungen) die immer noch dominanten Unterrichtsformen entgegen. Auf diesen interaktiv vermittelten und institutionell verfestigten inneren Reformwiderstand (er ist kein zwingendes Resultat der äußeren Schulstrukturen!) ist zunächst einzugehen.

2.3.1   Konstruktive Kritik der dominanten traditionellen Unterrichtsformen

Wenn man nach den objektiven Ursachen und subjektiven Gründen des Schulversagens fragt, die sich weder auf die institutionellen Strukturen noch auf die Problembewältigungsweisen der Jugendlichen konzentrieren (so wichtig diese auch sind!), dann stößt man auf bestimmte problematische Seiten der vorherrschenden Unterrichtspraxis, die übergreifend mit der **strukturellen Distanz der schulischen Lernorganisation zu den Lebenswelten der Kinder und Jugendlichen** zu tun hat, die in einem deutlichem Kontrast zu dem stehen, was in Kap. 2.1 als Perspektiven eines Guten Unterrichts umrissen worden sind. Insofern verweist die exemplarisch, anhand der Bildungsarmut aufgeworfene Frage nach den Ursachen und Gründen des Scheiterns schulischer Bildungskarrieren auf Problemstellungen, die im Grundsatz *alle* Schüler*innen *als* Kinder und Jugendliche betreffen.

Bevor darauf eingegangen wird, noch eine kurze Zwischenbemerkung: Diese Kritik an der Lebensferne der Schule bestimmt nicht nur in weiten Teilen der Elternschaft, sondern auch der bildungspolitisch interessierten Öffentlichkeit das Bild von der Schule. Diese Kritik ist aber durchaus widersprüchlich, denn häufig besteht die ausdrückliche oder „geheime" Erwartung, dass sich die Schule recht unkritisch an die Erfordernisse der Wirtschaft, der Politik und der Mehrheitskultur anpassen solle. Ihren realen Kern hat diese Kritik aber in Bezug auf die Art der einseitigen Wissenschaftsorientierung der Unterrichtsfächer (1) und die beherrschende Stellung des Frontalunterrichts (2).

1. Die meisten Schüler*innen beklagen die Lebensweltferne des Unterrichts und nennen ihn als eine der wesentlichen Gründe für die schleichende, mit dem Alter zunehmende Distanzierung von der Schule; nur etwa ein Drittel geht vorrangig wegen des Unterrichts in die Schule (vgl. die Befunde u. a. bei Braun/ Wetzel 2000, S. 44f u. Kap. 1.3.1; dies. 2006; Kap. 1.1). Die tiefer liegenden Ursachen für die mangelnde Attraktivität des Unterrichts liegen in den zentralen Konstruktionsprinzipien der deutschen **Lehrpläne**, die sich im wesentlichen **am Wissenschaftssystem** und seiner Darstellungslogik **ausrichten** und die Curricula ab der Sekundarstufe I zu „verkleinerten" und pädagogisch (leicht) modifizierten Formen des Wissenschaftssystems machen (was an der relativen Übereinstimmung zwischen den wissenschaftlichen Fachdisziplinen wie z. B. Physik, Chemie und Biologie und den entsprechenden Unterrichtsfächern unschwer zu erkennen ist und durch die Einrichtung von Lernbereichen nur – begrenzt – relativiert wird). *Diese* Auslegung des Prinzips der **Wissenschaftsorientierung** des Unterrichts ist deshalb so problematisch, weil ihm die polare, dialektisch wirksame Spannung der **Erfahrungsorientierung** fehlt und damit die entscheidende didaktische Aufgabe (weitgehend) verfehlt wird, diese beiden Momente zu vermitteln und auf diese Weise Formen der begreifenden Alltagserkenntnis und des arbeitenden Wissens zu fördern (Klafki 2007, 5. Studie). – Damit hängt ein weiteres, ebenfalls bereits angesprochenes Problem eng zusammen: der mangelnde **Anwendungsbezug** des schulisch zu erwerbenden Wissens. Dieses Wissen hat in der dominierenden deutschen Lehrplantradition fast einen reinen Selbstzweck, seine gesellschaftliche und biografische Relevanz ist in vielen Fällen nicht vorhanden (oder zumindest auf dem Entwicklungsstand der SchülerInnen nicht nachvollzieh- oder antizipierbar). Hier hat das PISA-Forschungsprogramm zumindest für die deutsche Curriculumentwicklung einen anderen Weg eingeschlagen, indem es die alltagspraktisch notwendigen Basiskompetenzen zur Bewältigung der Anforderungen in einer modernen (und sich in einem radikalen Modernisierungsprozess befindlichen) Gesellschaft ins Zentrum rückt und danach fragt, inwieweit die Heranwachsenden über diese Kompetenzen verfügen und inwieweit die nationalen Lehrpläne diese Kompetenzen auch vermitteln, also deren Aneignung milieuübergreifend ermöglichen und nahelegen. Diese pragmatische Ausrichtung der schulischen Lernangebote und ihrer Bewertung ist nun mit Blick auf die pädagogischen Erfordernisse einer kind- und jugendgemäßen Schule – wie schon angedeutet – einerseits nicht mit einer unkritischen Anpassung an die unmittelbar vorgegebene soziale und kulturelle Wirklichkeit zu verwechseln, denn sie erlaubt es selbstverständlich, diese Wirklichkeit zu hinterfragen (z. B. welche Medienkompetenzen tatsächlich für eine befriedigende Lebensführung notwendig sind) und dabei auch *Neugier*

nicht immer auf den (unmittelbaren) *Nutzen* zu reduzieren (z. B. beim Austesten der neuesten Computertechnik). Die Entwicklung der dazu notwendigen Fähigkeiten und Bereitschaften sollten in der Schule angeregt und gefördert werden. Insofern sind diese Basiskompetenzen *ein* integraler Bestandteil des übergreifenden Konzeptes einer modernen Grund- und Allgemeinbildung. – Darüber hinaus ist der Anwendungsbezug auch nicht mit einer Beschränkung auf rein *situatives* Handeln und Lernen zu verwechseln, sondern beinhaltet auch die Entwicklungsspannung zwischen grundlegenden Bedürfnissen, emotionalen Befindlichkeiten und motivationalen Anstrengungsbereitschaften, welche helfen, emotionale „Durststrecken" durchzustehen, um anspruchsvollere Lernziele zu erreichen (z. b. bei der Durchführung eines selbst ausgesuchten physikalischen Experiments oder der Aneignung bestimmter technischer Fähigkeiten, um die schuleigene Discoanlage selber installieren zu können). Entscheidend ist, dass der *reflektierte* und *erfahrungsoffene* Anwendungsbezug die inneren biografischen Entwicklungsspannungen zwischen Bedürfnissen, Befindlichkeiten und Motivationen zur Geltung und Entfaltung bringt und damit der Abspaltung der Motivationen von den Bedürfnissen und Befindlichkeiten entgegenarbeitet wird und so verhindert, dass aus der Motivation *innerer psychischer Lernzwang* wird (etwa nach dem Motto: „Das musst du jetzt eben lernen, auch wenn du es nicht einsiehst und es dir auch keine Freude macht!"; vgl. zu dieser Psychodynamik ausführlich Kap. 4.1.2).

2. Mit dem Problem des wissenschaftsfixierten schulischen Fächerkanons eng verbunden, aber nicht identisch, ist die **Lehrerzentrierung der meisten Unterrichtssequenzen** und die damit verknüpfte asymmetrische Kommunikation zwischen den Lehrer*innen und Schüler*innen. Diese Form der direkten Unterweisung soll durch eine unterbrechungs- und störungsarme Klassenführung, die intensive Nutzung der vorgegebenen Unterrichtszeit, die klare Aufgabenstellung und Darbietung die optimale Regulierung der Lernprozesse der Schüler*innen ermöglichen bzw. sogar sichern. Obwohl die meisten Lehrkräfte auch andere Unterrichtsmethodiken kennen (z. B. aus dem Studium), halten sie dennoch die lehrerzentrierte Methodik immer noch für die wichtigste Form. In Sachsen-Anhalt z. B. erteilen 21,7 % der Lehrer*innen immer, 68,2 % oft, 9,2 % selten und 0,9 % nie Frontalunterricht. – Dabei enthält diese Unterrichtsform einen strukturellen und in gewisser Weise berufsbiografisch „tragischen" Widerspruch: Einerseits ist sie für die Lehrkräfte die anstrengendste und belastendste Lehrform, weil sie nämlich fast die ganze Verantwortung für das Gelingen der (Doppel-)Stunde übernehmen. Sie müssen die ganzen 45 oder 90 Minuten „fit" sein, den Stoff beherrschen, das Stundenziel im Auge behalten und die Schüler*innen zumindest versuchen so anzusprechen, dass sie bereit und in der

Lage sind zu folgen. Um letzteres zu erreichen, werden sie z. B. mit Fragen in die entwickelnde Problemdarstellung einbezogen, wobei aber alle die Antworten erhebliche Schwierigkeiten für den weiteren Unterrichtsablauf hervorbringen, die nicht oder nur teilweise richtig sind und deren schülerangemessene Klärung das Erreichen des Stundenziels in Gefahr bringt. Daraus resultiert die Tendenz, über die viele Schüler*innen berichten, dass *Fehler* entweder übergangen werden oder aber die entsprechenden Schüler*innen mit abschätzigen Bemerkungen disqualifiziert werden („Das habe ich dir schon so häufig gesagt, das könntest du endlich mal kapieren."). – Damit ist nun schon die andere Seite des Widerspruchs angesprochen: Der lehrerzentrierte Unterricht ist nicht nur die *anstrengendste*, sondern ist monopolartig betrieben auch die *ineffektivste* Unterrichtsmethode, weil ihr nämlich die systematische Einbeziehung der Schüler*innen gar nicht gelingen kann, weil sie deren Ideen und Impulse für die entwickelnde Problemdarstellung und -lösung nicht hinreichend aufnehmen kann, sie deren Fehler nicht als produktive Umwege nutzen kann und so auch keine Einblicke in die besonderen, zumeist milieuspezifischen Stärken, aber auch Schwächen bestimmter Schüler*innen(gruppen) gewonnen werden können. Je intensiver sich die Schüler*innen einbringen und je intensiver sie vom geplanten Unterrichtsverlauf abweichen, desto eher muss ihre Aktivitäts- und Lernbereitschaft als irritierend oder gar provokativ aufgefasst werden; und in nicht wenigen Fällen – auch davon wissen Schüler*innen „ein Lied zu singen" – werden sie als *Unterrichtsstörung* qualifiziert und z. T. auch geahndet. – Oder anders und grundsätzlicher formuliert: Der lehrergeleitete Unterricht (in Form der Lehrerdarbietung, des fragend-entwickelnden Unterrichtsgesprächs und der gelenkten Entdeckung) kann nur sehr beschränkt verständnisvolles Lernen fördern, welches als aktiver individueller Konstruktionsprozess zu begreifen und zu gestalten ist (der selbst für weitgehend rezeptives Wiedergeben von Unterrichtsinhalten unabdingbar ist!) und in das kognitive Voraussetzungen und milieugebundenes allgemeines bzw. sachspezifisches Vorwissen eingeht, wo der Unterricht trotz der notwendigen systematischen Planung und Förderung immer auch situative und kontextuelle Momente enthalten muss, also habitussensible Offenheit der Lehr-Lern-Prozesse notwendig macht, die motivational und metakognitiv durch Planung, Selbstkontrolle, Rückmeldung und Bewertung gesteuert werden. Gerade dieser Aufbau selbstgesteuerter Konstruktionsfähigkeiten wird durch den Frontalunterricht grundlegend behindert. Darüber hinaus erschwert er in hohem Masse den Aufbau tragfähiger, also auch belastbarer, weil emotional bedeutsamer zwischenmenschlicher Beziehungen zwischen den Schüler*innen und „ihren" Lehrer*innen, also – klassisch formuliert – den „pädagogischen Bezug", den sich zugleich viele Kinder und Jugendliche wünschen und die den

Lehrer*innen *als Erwachsenen* auch eine Zeitlang einen recht hohen Vertrauensvorschuss einräumen (weitere Vorschläge zum schüler- und subjektorientierten
Unterricht in Kap. 2.3.2, Pkt. 4).

Die mangelnde Effektivität des Frontalunterrichts kommt besonders prägnant
darin zum Ausdruck, dass er eine angemessene Einschätzung des Kompetenzniveaus der Schüler*innen und damit auch die Notwendigkeit einer frühzeitigen
präventiven Unterstützung von Schüler*innen mit besonderen Lernproblemen
nicht ermöglicht. Das wurde in den PISA-Studien schlaglichtartig daran deutlich, dass Hauptschullehrer*innen die Lesekompetenz ihrer Schüler*innen
in der Mehrzahl der Fälle deutlich *überschätzten* und damit den besonderen
Förderbedarf *nicht erkannten*. Das ist eine Ursache dafür, dass die passiven
Schulverweigerungen wegen ihres schulkonformen Anscheins nicht erkannt
werden und deshalb später für die Lehrer*innen sehr überraschend in aktive
Unterrichtsstörungen umschlagen.

Aus der weitgehend alleinigen Verantwortung für die Unterrichtsgestaltung
resultiert auch die enorme *psychische Belastung,* die mit der dominierenden Art
der Berufstätigkeit der Lehrer*innen in Deutschland verbunden ist.

2.3.2 Reformoption A: Wege zu einem egalitär-pluralen Schulsystem

Sowohl die bisher dargestellten Ergebnisse des „Chancenspiegels" als auch und
besonders die internationalen Vergleiche der Zusammenhänge von Schulstrukturen
und Lernentwicklungen bzw. Kompetenzerwerb haben – trotz aller Komplexität
und partieller Ungleichzeitigkeiten und Widersprüche – deutlich gemacht, dass
institutionalisiertes längeres gemeinsames Lernen der Kinder und Jugendlichen der
Kompetenzentwicklung förderlich ist. Oder negativ und kritisch formuliert: Die im
internationalen Vergleich extrem frühe Trennung der schulischen Bildungsgänge
in Deutschland stellt *eine* zentrale Ursache für das schlechte Abschneiden bei den
PISA-Tests dar, weil die drastischen *Bildungsungleichheiten* auch das *Gesamtbil-
dungsniveau* senken. Das ist von engagierten Schulreformern immer schon vermutet
und teilweise auch gewusst worden; es hat aber selbst sie überrascht, *wie* scharf
die soziale Selektion im deutschen Schulsystem ist. Von daher haben seit 2000
die Bemühungen zugenommen, diese frühe Trennung schrittweise zu relativieren
und zumindest teilweise aufzuheben. Das markanteste Beispiel ist die integrative
Beschulung von Kindern und Jugendlichen mit besonderem Förderbedarf (vgl.
dazu die kritischen Zwischenbilanzen in Müller/Gingelmaier 2018; Sallfrank/
Zierer 2017). Darüber hinaus werden klassische und neuere Projekte der äußeren

und inneren Schulreform verstärkt diskutiert. Hier ist besonders auf folgende Reforminitiativen zu verweisen:

1. Damit der Stellenwert und die Reichweite der verschiedenen Reformkonzepte angesichts der o. a. Pfadabhängigkeit der Schulentwicklung angemessen eingeschätzt werden können, bedarf es einer **historischen Verortung** der gegenwärtigen Situation (vgl. v. Friedeburg 1989; Benner/Tenorth 2000; Herrlitz 1986; Leschinsky/Roeder 1983). Die Gliederung des deutschen Schulsystems entstammt dem 19. Jahrhundert: Nachdem die *höheren Lehranstalten* (als Vorgänger der Gymnasien) mit der Reifeprüfung (dem Abitur) als Zugangsberechtigung zur Universität implementiert worden waren, wurde in einem zähen Prozess ab der Reichsgründung (1871) auch die Volksschule als pädagogischer Raum der „niederen" Bildung etabliert; phasengleich setzte sich ein mittlerer Bildungsgang durch, der einen besonderen Realitäts- und Arbeitsfeldbezug versprach (bei dem die „Realien" im Vordergrund standen, deshalb der Name „Realschule"). Daneben gab es Hilfs- bzw. Sonderschulen, sofern dieser Gruppe von Kindern und Jugendlichen nicht generell die „Bildsamkeit" abgesprochen wurde. So wie die Etablierung des öffentlichen Schulsystems und die Durchsetzung der Schulplicht für *alle* Heranwachsenden, die man längerfristig auch als „Bildungsrevolution" deuten kann, ein Kind der Industriellen Revolution war, so sehr gab es dieses vollständige Bildungsangebot des viergliedrigen Schulsystems (der bildungspolitische Begriff der „Dreigliedrigkeit" entsprach nie der pädagogisch-sozialen Wirklichkeit) nur in den Großstädten. Es war schon in den Mittelstädten nur begrenzt vorhanden, in den Kleinstädten deutlich eingeschränkt und auf dem Lande meist sehr ausgedünnt.

Die einzig relevante Veränderung in der Weimarer Republik war die Durchsetzung der vierjährigen gemeinsamen Grundschule. Der sog. Weimarer Schulkompromiss (von 1920) war in dem Sinne ein Kompromiss, als weder die totale Segregation aller Klassenstufen beibehalten wurde noch an ihre Stelle die „elastische" Einheitsschule trat. In dieser Form hat sich das bundesdeutsche Schulsystem bis Mitte/Ende der 1960er gehalten. Zu diesem Zeitpunkt verschärfte sich die wissenschaftliche und bildungspolitische Kritik an diesen Schulstrukturen und es wurde intensiv nach alternativen Formen der schulischen Organisation von Lern- und Lehrprozessen gesucht. Der weitreichendste, „radikalste" (an die „Wurzeln des Übels gehende") Ansatz war die Integrierte Gesamtschule (vgl. dazu programmatisch Klafki 1990 [zuerst 1968]).

2. Die erste **Integrierte Gesamtschule** (IGS) wurde 1968 als Schulversuch in Berlin/West eingerichtet. Die IGS umfasst seither die Sekundarstufe I und hat in einer bestimmten Anzahl von Fällen mittlerweile auch eine eigenständige

gymnasiale Oberstufe, reicht also bis zum Abitur und zeichnet sich aus durch einen gemeinsamen Kernunterricht (in Deutsch, Gesellschaftslehre [Geschichte/Erdkunde/Sozialkunde], Biologie und Arbeitslehre/Polytechnik) und einem gemeinsamen Anfangsunterricht in den anderen Fächern (Mathematik, Englisch, Physik und Chemie), die erst später in Fachleistungs- und Niveaukursen differenziert werden (allerdings möglichst erst ab dem 7. Schuljahr). Darüber hinaus werden Wahlpflicht- und Wahlkurse angeboten, um auf die milieuspezifischen und individuellen Lernbedürfnisse eingehen zu können. – An diesem Konzept und den entsprechenden Lernmethoden orientieren sich auch die seit den 1990er Jahren zunehmend eingerichteten **Gemeinschaftsschulen**, welche auf äußere Leistungsdifferenzierungen so lange wie möglich verzichten und deshalb auch besonders günstige Bedingungen für die Inklusion von Kindern und Jugendlichen mit sonderpädagogischem Förderbedarf bieten. Sie umfassen zumindest die Klassen der Sekundarstufe I, häufig auch die Elementarstufe und in nicht wenigen Fällen auch die gymnasiale Oberstufe.

Diese Schulkonzepte stehen in der langen Tradition der („elastischen") Einheitsschule, die sich bis auf die Bildungsreformprojekte der Revolution (des „Revolutionsversuchs") von 1848/49 zurückführen lassen, speziell auf die Vorschläge von Friedrich-Wilhelm Wander (1803–1879) und dem Deutschen Lehrerverein, die auch Pate gestanden haben beim Weimarer Schulkompromiss. Während die DDR in Form der Polytechnischen Oberschule (POS) mit den Klassenstufen 1 bis 10 diese Intentionen auf der schulorganisatorischen Ebene verwirklicht hatte, hat die IGS ihren grundsätzlichen Anspruch, die *einzige* Schulform zu sein (also flächendeckend und konkurrenzlos vorgehalten zu werden) bildungspolitisch nicht durchsetzen können und ist auch gegenwärtig nur *eine* Schulform unter mehreren. Das zeigt sich sogar an der ungleichen Vielfalt der Gesamtschulen selber: Es gibt nämlich – als weitere abgestufte bildungspolitische Kompromissvarianten – einerseits *additive* Gesamtschulen, die weiterhin getrennte Bildungsgänge von Hauptschule, Realschule und Gymnasium nur unter einem Dach vereinen; und andererseits gibt es *kooperative* mit einer begrenzten Zusammenarbeit zwischen den Lehrkräften und z. T. auch Begegnungen der Schüler*innen in gemeinsamen Unterrichtsprojekten und sonstigen Schulveranstaltungen der verschiedenen Bildungsgänge. Die in den ostdeutschen Bundesländern verbreiteten Sekundar- bzw. Mittelschulen sind eine Mischung aus additiven und kooperativen Gesamtschulen (auch wenn sie sich so nicht nennen). Nicht ganz zu Unrecht halten die entschiedenen Gesamtschulvertreter dies insgesamt für einen unangemessenen Zustand – mit der Begründung: „Die Gesamtschule als Schulform ist keine Gesamtschule", weil sie sich den Maßstäben des gegliederten Schulsystems in dieser oder jener Weise unterwerfen muss (was man im pädagogischen Alltag auch vieler IGS spürt). Diese bildungspolitische Konstellation hat ganz wesentlich auch damit zu tun, dass das Gymnasium sich als sehr viel reformfähiger erwiesen hat, als von den meisten Gesamtschulbefürworter*innen angenommen worden ist.

3. Da sich an dieser Sachlage zumindest mittelfristig nichts wirklich Grundsätzliches ändern wird, steht seit etwa einem Jahrzehnt – (teilweise) partei- und strömungsübergreifend – die **Zweigliedrigkeit** im Zentrum vieler Reformanstrengungen. Sie ist auch ein bildungspolitischer Kompromiss, weil einerseits das Gymnasium nicht (mehr) in Frage gestellt wird (es hat eine Bestandsgarantie), aber andererseits der „Wildwuchs" der darüber hinaus bestehenden Schulformen „vereinheitlicht" werden soll. Denn es gibt hier eine ganz unübersichtliche Vielfalt, nämlich u. a. Mittelschulen, Sekundarschulen, Regelschulen, Oberschulen, Werkrealschulen, Realschulen plus, Stadtteilschulen, Gesamtschulen, Gemeinschaftsschulen, Sonderschulen; in manchen Bundesländern gibt es gar keine Hauptschule mehr. Im Sinne einer **äußeren Schulreform** (oder auch Strukturreform) soll es in Zukunft neben einem nachhaltig reformierten Gymnasium (mit modernen, demokratischen und humanen Unterrichtsinhalten und -formen und einem entsprechenden Schulleben) eine zweite Säule geben. Dabei kann (mit Tillmann 2012) unterschieden werden zwischen einer „Zweigleisigkeit pur", wo es neben dem Gymnasium nur noch *eine* weitere Schulform gibt; und der „erweiterten Zweigliedrigkeit", wo es darüber hinaus noch Gesamt- bzw. Gemeinschaftsschulen gibt. Diese eigenständige Schulform soll nicht einfach „den Rest zusammenfassen", sondern ein sehr eigenes Profil aufbauen und vorhalten, welches eben andere Bildungswege ermöglicht und alle Abschlüsse anbietet, die denen des Gymnasiums gleichwertig, aber eben nicht gleich sind. Dazu gehört z. B. extensives Lernen in Projekten mit fächerübergreifendem Unterricht oder auch eine intensive Berufsorientierung bis hin zu doppelqualifizierenden Abschlüssen, wie sie in der BRD in Kollegschulen und in der DDR als „Berufsausbildung mit Abitur" bzw. „Abitur mit Berufsausbildung" erworben werden konnten. Ein so verstandenes *egalitär-plurales Schulsystem* würde nicht nur die Verfassungsnorm der gleichwertigen Lebensbedingungen aufnehmen, sondern auch die moraltheoretische, für die Gerechtigkeitsfragen wichtige Einsicht berücksichtigen, dass es zwar die Gerechtigkeit nur im *Singular* geben kann, dass aber das Gute Leben – respektive die Gute Schule mit Gutem Unterricht und Gutem Schulleben – nur im *Plural*. Der Grundsatz des egalitären Pluralismus verknüpft beide Perspektiven miteinander und würde damit den in Kap. 2.2.1.1 dargestellten Grundsätzen der Bildungsgerechtigkeit und damit der milieugerechten qualitativen Ausweitung der Bildungschancen angemessen sein. Dabei ist aber die Gefahr nicht zu übersehen, dass natürlich

unter dem Deckmantel der „Vielfalt" realiter Ungleichheiten sich durchsetzen und verfestigen können (schon bei der klar *hierarchisch* strukturierten Gliederung des Schulsystems ist von deren Befürworter*innen stets nur über die Vielfalt gesprochen und die Ungleichheit meist verschwiegen worden). Zu der im Wissensbaustein 11 (S. 189f.) erwähnten **Pfadabhängigkeit** der Schulentwicklung gehören nicht nur die Traditionen der einzelnen Bundesländer bzw. in Ost- vs. Westdeutschland, sondern auch die der Schulträger sowie die der unterschiedlichen sozialräumlichen Kontexte (Groß- vs. Mittelstädte und deren Stadtteile sowie Kleinstädte und ländliche Regionen) und dies auch und gerade mit Blick auf die demografische Entwicklung und die Herausforderungen der Migration. Mehr noch: auch jede Einzelschule und ihr unmittelbares soziales Umfeld bilden einen speziellen Kontext, der an die milieu- und habitusreflektierende pädagogisch-soziale Arbeit jeweils recht spezielle Anforderungen stellt (nicht nur in den Schulen in „Stadtteilen mit besonderem Erneuerungsbedarf"). Damit sind wir bei der „anderen Seite" der Zweigliedrigkeit angelangt.

4. **Zweigliedrigkeit** ist aber nicht nur ein Konzept der äußeren, sondern auch der **inneren Schulreform**, denn die bisher skizzierten Strukturreformen führen nur dann zu einer erhöhten pädagogischen und sozialen Qualität und damit auch zu mehr Chancengerechtigkeit, also einem tatsächlich egalitären Pluralismus, wenn sie von nachhaltigen inneren Reformen getragen, unterfüttert, ausgefüllt werden. Dabei machen die Erfahrungen und Einsichten gerade in den Sonder- bzw. Förderschulen und den Hauptschulen immer wieder deutlich, dass es auch die entgegengesetzte, eigentlich ergänzende Perspektiven gibt: Dass nämlich nachhaltige *innere* Schulreformen an institutionelle, also *äußere* Grenzen stoßen, die ihrer pädagogischen Förder- und Integrationsarbeit zuwiderlaufen, sie begrenzen, sie unterwandern und aushöhlen und damit dieses bewundernswerte Engagement gefährden (weil insbesondere die Sonder- bzw. Förderschulen keine Abschlüsse vergeben und der Hauptschulabschluss zunehmend entwertet worden ist; vgl. Kap. 2.2.4). Das „Zusammenwachsen" der verschiedenen Formen und Pfade, aus denen diese zweite Säule zunächst besteht, ist alles andere als ein Selbstläufer. Es bedarf dazu neben sehr viel Engagement und Klarheit auch des „Muts zu kleinen und größeren Schritten mit Blick auf die großen Perspektiven" (Klafki). Diesbezüglich sollen hier – in Ergänzung der Überlegungen zur pädagogischen Verwirklichung der gesellschaftlichen Funktion der Schule und der Orientierungspunkte für einen subjektbezogenen Unterricht (in Kap. 2.1.) – ohne Anspruch auf Vollständigkeit – einige weitere Reformelemente skizziert werden:

a. Zunächst einmal sollten die **Grenzen** generell zwischen den beiden Säulen, aber auch und besonders innerhalb der neuen Säule soweit wie irgend möglich

abgebaut werden – nicht zuletzt durch eine verstärkte Kooperation zwischen den Kollegien – sowohl innerhalb additiver Schulformen wie auch zwischen den eigenständigen Schulen (z. B. Hauptschulen und Gesamtschulen oder Sekundarschulen und Gymnasien oder auch zwischen allgemeinbildenden und berufsbildenden Schulen; dazu mehr in Kap. 2.4.2). Dazu können u. a. dienen Wahlangebote, gemeinsame Schulchöre und/oder Sportmannschaften, gemeinsame Projekttage oder auch Klassenfahrten, wechselseitige Unterrichtsbesuche u. v. m.).

b. Solche Kooperationsbemühungen sind zu unterstützen durch (landesweite) **curriculare Annäherungen**, die an übergreifenden Bildungsinhalten ausgerichtet sind, die zugleich ein milieu-*übergreifendes* und milieu-*verbindendes* Fundament an gemeinsamen Einsichten, Erfahrungen, Einstellungen ermöglichen und nahelegen, die für ein demokratisches Gemeinwesen als „Minimum" an Übereinstimmung notwendig sind (vgl. dazu auch Kap. 5.2.1 u. 5.3.1). Dazu gehören die o. a. „Kernfächer" Deutsch, Gesellschaftslehre, Polytechnik und eine Fremdsprache (zumeist Englisch).

c. Solche curricularen Annäherungen sind ein wesentliches Binnenelement, um auch die **Übergangsmöglichkeiten** zu erweitern – und zwar „nach oben", in die höheren Bildungsgänge, denn sie verhindern bis zu einem gewissen Grade, dass die Schüler*innen in bildungsbiografische Sackgassen gelangen, die sie bzw. ihre Eltern in den Folgen erst spät, häufig zu spät erkennen (z. B. die Dauer des Besuchs von mittleren oder unteren Leistungskursen, die dann etwa einen erweiterten Sekundarschulabschluss mit Übergangsmöglichkeit in die gymnasiale Oberstufe sehr erschweren oder sogar verunmöglichen). Dazu können u. a. „Brückenkurse" dienen, die zwischen den Schulleitungen und Lehrkräften der jeweiligen Bildungsgänge und Schularten abgesprochen werden und den Schüler*innen hinreichend bekannt sind – und ggf. auch „schmackhaft" gemacht werden. In diesem Zusammenhang ist in jedem Fall vorzusehen, dass in beiden Säulen *alle* Abschlüsse gemacht werden können.

d. Was die Unterrichtsgestaltung angeht, so ist der immer noch zu ca. 85 % die Schulwirklichkeit dominierende Frontalunterricht schrittweise zurückzunehmen und als unselbständiges Teilelement speziell in folgende **Grundformen des Unterrichts** zu integrieren (vgl. Klafki 2007, 10. Studie):

I   Den *Projektunterricht*, der in handlungsorientierter Weise von den Schüler*innen formulierte Themen exemplarisch aufnimmt (wobei Lehrer*innen dazu durchaus Anregungen geben „dürfen" – etwa bezogen auf ethnische Konflikte im Wohnumfeld der Heranwachsensen) und sich an der gemeinsamen Erarbeitung eines Ergebnisses, eines „Werkes" ausrichtet (z. B. eine große bebilderte Landkarte über die Fluchtwege von Asylbewerber*innen), was nicht-bornierte Einzelaktivitäten und -leistungen keineswegs ausschließt.

II Die *Lehrgänge*, die auf die anspruchsvollere Bearbeitung einer komplexeren Fragestellung zielen (z. B. die Frage, was macht einen Sozialraum überhaupt zu einer Stadt), die dann auch stufenweise zu bearbeiten ist (Unterthemen können dann z. b. sein die Geschichte der Stadt in Deutschland oder Europa sowie der Stadt, in der die Schüler*innen leben, was Groß-, Mittel- und Kleinstädte voneinander unterscheidet).

III Zu diesen Grundformen gehört auch der exemplarisch-themenbezogene, *multiperspektivisch-fächerübergreifende Unterricht*, der an Alltagsproblemen ansetzt, die den Schüler*innen bekannt bzw. wichtig sind (z. B. Umweltzerstörung) und der in überschaubaren Phasen ein Lernergebnis erarbeitet (z. B. die Umweltprobleme in der näheren oder weiteren Umgebung der Schule und wie sie eingedämmt werden können) und auf diese Weise Erlebnisse (hier von Umweltzerstörung) reflektieren hilft und sie zu Erfahrungen werden lässt, weil sie mit objektiven Struktureinsichten verknüpft sind (z. B. warum es Extremwetter gehäuft gibt und sich so auch der letzte heftige Sturm erklären lässt, der ganze Landstriche in arge Mitleidenschaft gezogen hat).

IV Nicht zuletzt ist auf den sog. „*Trainingsunterricht*" zu verweisen, womit aber nicht stures Auswendiglernen oder Abschreiben gemeint ist, sondern die Stabilisierung bestimmter Lernfortschritte. Dies dürfte bei (vorrangig) motorischen Lernprozessen besonders plausibel sein (z. B. auf einem Schwebebalken zu balancieren oder der Einübung einer Tanzszene bzw. eines Musikstücks); bei den mentalen Lernprozessen kann hier Langeweile dadurch verhindert werden, dass die gleichen Fähigkeiten (z. B. wie ordne ich einzelne Tiere bestimmten Arten zu) an unterschiedlichen Themenfeldern erprobt werden (z. B. bezüglich der Fische, Vögel, Säugetiere usw.).

e. Was die Binnengestaltung des Unterrichts angeht, so werden integrativere Schulformen nur dann zu besseren Lernergebnissen und höheren Kompetenzniveaus führen, wenn die dann mehr oder weniger zurückgenommene *äußere* Differenzierung (dazu gehören auch Leistungskursdifferenzierung bzw. Niveaustufen in kooperativen Schulformen!) in eine **innere Differenzierung** transformiert wird (was heute auch diskutiert wird unter dem Stichwort „pädagogisch sinnvoller Umgang mit Heterogenität"). Das bezieht (vgl. Abb. 11, S. 202) sich (wie in Kap. 2.1.2 schon ausführlicher dargestellt) über die Bearbeitung der genetischen Stufen des Lernens (von den materiellen Handlungen bis hin zur inneren Sprache) und die Unterrichtsphasen (von

B. Differenzierungs- aspekte / A. Unterrichts- phasen	1. Stoffumfang/ Zeitaufwand	2. Komplexi- tätsgrad	3. Anzahl der notwendigen Durchgänge	4. Notwendigkeit direkter Hilfe/ Grad der Selb- ständigkeit	5. Art der inhaltl. od. method. Zu- gänge / der Vor- erfahrungen	6. Kooperations- fähigkeit
I. Aufgabenstellung, bzw. -entwicklung						
II. Erarbeitung						
III. Festigung						
IV. Anwendung/ Transfer						

Left axis labels: C. Aneignungs- bzw. Handlungsebenen; a) konkrete Aneignungs- bzw. Handlungsebene; b) explizit-sprachliche Aneignungs- bzw. Handlungsebene; c) rein gedankliche Aneignungs- bzw. Handlungsebene

Abb. 11 Die innere Differenzierung des Unterrichts
Quelle: Klafki 2007,6. Studie, S. 188.

der Reflexion des Alltagsbewusstseins bis hin zur expansiven, fruchtbaren Lösung eines Problems) besonders auf die Aspekte Stoffumfang und Zweitaufwand, Komplexitätsgrad, Anzahl der notwendigen Durchgänge (auch um die einzelnen neu erworbenen Kompetenzen zu festigen), die Notwendigkeit direkter Hilfe in Relation zum Grad der schon erreichten Selbständigkeit, die Art der schon vorhandenen Problembearbeitungsfähigkeiten und -bereitschaften und nicht zuletzt die Kooperationsfähigkeit (als Alternative zur Konkurrenzorientierung und Ausgrenzung).

f. Diese Aspekte der inneren Differenzierung, die es ermöglichen, der Individualität der Lernwege und Schülerpersönlichkeiten gerecht zu werden, ist auch bei der **Leistungsbewertung** zu beachten, d. h. sie *alle* sind bewertungsrelevant (vgl. Klafki 2007, 7. Studie). Es dürfte sofort einsichtig sein, dass dazu „Noten" ein völlig ungeeignetes Mittel sind, dass also schriftliche und insbesondere auch mündliche Rückmeldungen notwendig sind, die sich dann auch nicht nur auf das *Resultat*, das „Produkt" beziehen, sondern auch auf den *Prozess*, auf den Weg zur Lösung, auf den Grad der Anstrengungs- und Risikobereitschaft (z. B. in Bezug auf eine besonders schwierige mathematische oder technische Aufgabe, wo auch das begriffene Scheitern als eine bedeutsame, positive Lernleistung anerkannt wird).

g. Damit die unzureichende Förderung bestimmter Kinder und Jugendlicher, die einer besonderen Unterstützung und Anregung bedürfen (ohne dass sie schon als solche mit „sonderpädagogischem Förderbedarf" diagnostiziert werden), nicht auf dem Rücken der Betroffenen ausgetragen werden, sollte es keine **Klassenwiederholungen** („Sitzenbleiben") mehr geben und sie sollten auch nicht unter dem Deckmantel des „freiwilligen Rücktritts" erfolgen. Vielmehr sind einzurichten Tutorensysteme, in denen jeweils fachbezogen stärkere Schüler*innen den diesbezüglich schwächeren „unter die Arme greifen" – nach dem klassischen Motto der Jugendbewegung „Jugend erzieht Jugend"; diese „Lehrtätigkeiten" der Schüler*innen sollten auch als Leistungen anerkannt werden. Ferner sind dafür spezielle Lehrerstunden und -einsätze vorzusehen. Und nicht zuletzt sind diese pädagogischen Aktivitäten mit den verschiedenen Handlungsfeldern der o. g. sozialpädagogischen Profilbildung zu verknüpfen – angeregt, unterstützt und ergänzt durch die Schulsozialarbeit (vgl. Kap. 2.1.1).

h. Leider dominiert in den meisten Schulen, auch sehr reformorientierten, das „Einzelkämpfertum" der Lehrer*innen, unter dem viele leiden, woran aber nur eine Minderheit was ändern will. Diesbezüglich ist entschieden für **Teamteaching** zu plädieren. Das beginnt mit dem Erfahrungsaustausch in kleinen Gruppen, zunächst spontan (etwa durch wechselseitige Unterrichtsbesuche), später auch vereinbart (z. B. im Zusammenhang mit der Erarbeitung eines Schulprogramms) und dann zunehmend verallgemeinert unter Einbeziehung (fast) aller Kolleg*innen (z. B. wenn ein wichtiges Reformprojekt – wie etwa Inklusion – vorbereitet und in Angriff genommen wird). Das setzt allerdings ein hohes Maß an Vertrauen voraus und den grundsätzlichen Verzicht anderer Lehrer*innen, insbesondere aber der Schulleitung oder auch der Schulaufsicht, das Thematisieren von eigenen pädagogischen Unzulänglichkeiten oder auch Fehlern (z. B. in einer sozialen Konfliktsituation zwischen einheimischen Schüler*innen und Asylbewerber*innen oder bei der Leistungsbewertung eines sehr kontroversen, „ideologiehaltigen" Themas) als puren Kompetenzmangel zu deuten und in dieser oder jener Weise, direkt oder indirekt zu sanktionieren (z. B. in Personalgesprächen und entsprechenden Bewertungen). Reflektierte Selbstkritik ist vielmehr als pädagogischer Kompetenznachweis anzuerkennen – und sie ist notwendig, um die sehr unterschiedlichen bis gegensätzlichen, weil milieuspezifischen, Lern-Lehr-Erfahrungen und -Probleme verarbeiten und bewältigen zu können (vgl. die Hinweise in Kap. 1.5).

i. Eine lern- und diskussionsfreudige Klassen- und Schulatmosphäre kann nur in dem Maße entstehen wie es innerhalb und zwischen den verschiedenen Gruppen milieuübergreifende **aktive Vertrauensverhältnisse** gibt, bei denen zumindest viele das Gefühl haben, sich auf die anderen verlassen zu können, bei Bedarf unterstützt und geschützt zu werden und wo niemand vor irgendjemandem Angst haben muss. Dazu trägt in jedem Falle bei die möglichst *egalitäre Umverteilung der sozialen Macht* zwischen den drei Gruppen Lehrer*innen, Schüler*innen und deren Eltern (auch durch Drittelparität in den Schulgremien) und eine kollektive Schulleitung (vgl. dazu auch Kap. 5.3.2)

2.3.3   Reformoption B: Von der Ganztagsschule zur Ganztagsbildung

Angesichts der sehr unbefriedigenden Lernergebnisse im deutschen Schulsystem ist von vielen Bildungspoltiker*innen die Ganztagsschule (und eben nicht ein integrativeres Schulsystem) als zentrales Reformprojekt ins Spiel gebracht worden, um diese strukturellen Mängel schrittweise und nachhaltig zu überwinden. Es muss aber sofort relativierend hinzugefügt werden, dass diese *pädagogischen* Motive eher zweitrangig waren und sind (manchmal wurden sie sogar erst nachgeschoben), sondern dass primär die *Vereinbarkeit von Familie und Beruf* im Vordergrund stand und steht – und zwar dann fast ausschließlich die der *Frauen*. Ohne diesen beschäftigungspolitischen Hintergrund (er hat nur begrenzt auch einen frauen- und emanzipationspolitischen) wäre die neueste Erfolgsgeschichte der Ganztagsschule nicht denkbar. Damit verbinden sich besonders drei Problem- und Aufgabenkreise (vgl. die Übersicht bei Coelen/Stecher 2014; umfassend Spies/Stecklina 2005; und alltagspraktisch anregend Dollinger 2014, Teil II – IV:

1. Zunächst einmal stieg der **Ganztagsschulanteil** (Anteil der Ganztagsschulen an allen Schulen) laut „Chancenspiegel" von 2002/03 im Ländermittelwert von 17,9 % bis 2014/15 auf 61,8 %; in den reformfreudigeren von 44,9 % auf 88,7 %; in den sich defensiver verhaltenen von 4,7 % auf 32,1 %. Der **Ganztagsschüleranteil** (Anteil der Ganztagsschüler*innen an allen Schüler*innen) stieg im gleichen Zeitraum im Ländermittelwert von 10,0 % auf 42,4 %; in der reformfreudigen Ländergruppe von 20,0 % auf 70,8 % und in der zurückhalteneren von 3,7 % auf 21.1 %.

2. Nun gibt es sehr unterschiedliche Begriffsbestimmungen dafür, wann eine Schule als Ganztagsschule anzusehen ist (vgl. die administrative Definition auf S. 206–207) und dem liegen auch sehr unterschiedliche pädagogische Konzepte zugrunde. Unterschieden werden können besonders folgende Entwicklungsvarianten: Während die *offene* Form allenfalls randständig-ergänzende Lerngelegenheiten bietet, ist die *teilweise gebundene* Form zwar ein Schritt in die richtige Richtung, aber nur ein halbherziger, weil sich auf diese Weise schulorganisatorisch keine relevant neuen Lehr-Lern-Relationen, besonders aber keine neuen Rhythmen zwischen Lehrprozessen, Lernprozessen und Erholungsphasen schaffen lassen. Wenn eine Ganztagsschule tatsächlich nachhaltig neue Lernkulturen

organisatorisch ermöglichen und pädagogisch-interaktiv nahelegen soll, dann kann sie das nur in der *voll gebundenen* Form. Das ist keine dogmatische Behauptung, sondern das Ergebnis empirischer (Zwischen-)Bilanzen (vgl. die sehr informative Übersicht im 15. KJB 2017, Kap. 5 sowie in StEG 2016). Und es ist ja auch kein Zufall, dass die Gesamtschulen in der (ehemaligen) BRD immer schon der Vorreiter auch bei der Implementierung von Ganztagsschulen waren und z. T. noch sind. Und diese gebundene Form wird auch von immer mehr Schüler*Innen besucht. Denn laut „Chancenspiegel" stieg dieser Schüleranteil im Berichtszeitraum im Ländermittelwert von 5,4 % auf 20,2 %; in der reformorientierter Ländergruppen von 12,6 % auf 30,7 % und sich defensiver verhaltenen von 1,0 % auf 6,6 % (vgl. Berkemeyer u. a., 2017, S. 61 ff). Besonders diese Form kann als **ganztägig geöffnete Stadtteil-** und **Nachbarschaftsschule** neue Bildungschancen eröffnen und mehr Bildungsgerechtigkeit ermöglichen. Dabei sind als *Übergangsform* offene, rein nachfrageorientierte Formen akzeptabel (dazu ist ein entsprechender Rechtsanspruch anzuerkennen), wenn sie einerseits über angemessene pädagogische Konzepte und Standards verfügen und schrittweise in verbindliche Formen transformiert werden; und andererseits die Kooperation mit Angeboten der Kinder- und Jugendhilfe, in Form z. B. von kommunalen Bildungszentren, angestrebt und realisiert wird und in diesem Sinne auch von Anfang an eine Abstimmung zwischen der *Schulentwicklungs-* und der *Kinder- und Jugendhilfeplanung* stattfindet. Eine dauerhafte Dualität von gebundenen und offenen Angeboten sollte möglichst verhindert werden.

Ein nachhaltiger Reformimpuls zu mehr Bildungsgerechtigkeit wird von ihr aber nur dann ausgehen, wenn sie sich nicht auf die Ausdehnung des traditionellen Unterrichts auf den Nachmittag reduziert oder nach dem traditionellen Unterricht am Vormittag nachmittags Aufbewahrung anbietet, sondern von Anfang an eine plural-egalitäre, also **milieugerechte** und **habitussensible Lernkultur** schafft, bei der der starre 45-Minuten-Takt überwunden wird, die Lernprozesse rhythmisiert, außerschulische Lernorte systematisch aufgesucht, aber auch interessierte Mitbürger*innen und Expert*innen aus *allen* sozialen und ethnischen Gruppen kontinuierlich in die Schule eingeladen werden. Oder anders formuliert: Die Einführung der Ganztagsschule ist eine bedeutsame Maßnahme der *äußeren* Schulreform. Sie schafft damit günstige Möglichkeiten, die schon bisher ausführlich dargestellten Reformmaßnahmen der *inneren* Schulreform unter günstigeren Raum-, Zeit- und Personalbedingungen zu verwirklichen. Das betrifft nicht nur die nachhaltigen Veränderungen der unterrichtszentrierten bzw. -orientierten Lernprozesse, sondern auch die qualitative Ausweitung und Verbesserung des Schullebens, nicht zuletzt durch die sozialpädagogische Profibildung der Schulen und die damit auch verbundene systematische

Administrative Definition von Ganztagsschule durch die Kultusministerkonferenz

Die Kultusministerkonferenz (KMK) verortet in ihrem Bericht vom 05.02.2016 die Ganztagsschulen wie folgt: „Die gesellschaftliche Bedeutung von Ganztagsschulen bzw. -angeboten in Deutschland ist in den letzten Jahren deutlich angestiegen. Ursächlich hierfür sind zwei Entwicklungslinien: der hohe Bedarf an ganztägiger Betreuung zur Vereinbarkeit von Familie und Beruf sowie die insbesondere durch die Ergebnisse der OECD-Studie PISA angeregte Diskussion über die besten Rahmenbedingungen für schulisches Lernen, zu denen viele Wissenschaftler, Lehrer, Eltern und Politiker auch die Ganztagsschulen zählen." (ebd., S. 4) Diese werden dann wie folgt definiert: „Die Kulturministerkonferenz berücksichtigt bei ihrer Definition von Ganztagsschulen sowohl den Gesichtspunkt der ganztägigen Beschulung als auch den der Betreuung. Ganztagsschulen sind demnach Schulen, bei denen im Primar- und Sekundarbereich

- an mindestens drei Tagen in der Woche ein ganztägiges Angebot für die Schülerinnen und Schüler bereitgestellt wird, das täglich mindestens sieben Zeitstunden umfasst;
- an allen Tagen des Ganztagsschulbetriebes den teilnehmenden Schülerinnen und Schülern ein Mittagessen bereitgestellt wird;
- die Ganztagsangebote unter der Aufsicht und Verantwortung der Schulleitung organisiert und in enger Kooperation mit der Schulleitung durchgeführt werden sowie in einem konzeptionellen Zusammenhang mit dem Unterricht stehen. (…) Es werden drei Formen unterschieden:
- In der **voll gebundenen Form** sind *alle* Schülerinnen und Schüler verpflichtet, an mindestens drei Wochentagen für jeweils mindestens sieben Zeitstunden an den ganztägigen Angeboten der Schule teilzunehmen.
- In der **teilweise gebundenen Form** verpflichtet sich *ein Teil* der Schülerinnen und Schüler (z. B. einzelne Klassen oder Klassenstufen), an mindestens drei Wochentagen für jeweils mindestens sieben Zeitstunden an den ganztägigen Angeboten der Schule teilzunehmen.
- In der **offenen Form** können *einzelne* Schülerinnen und Schüler auf Wunsch an den ganztägigen Angeboten dieser Schulform teilnehmen. Für die Schülerinnen und Schüler ist ein Aufenthalt, verbunden mit einem Bildungs- und Betreuungsangebot in der Schule, an mindestens drei Wochentagen im Umfang von täglich mindestens sieben Zeitstunden möglich.

Die Teilnahme an den ganztägigen Angeboten ist jeweils durch die Schülerinnen und Schüler oder deren Erziehungsberechtigten für mindestens ein Schulhalbjahr zu erklären. Aus Sicht der am Ganztagsschulbetrieb teilnehmenden Schülerinnen und Schüler besteht kein Unterschied zwischen voll und teilweise gebundenen Ganztagsschulen." (ebd., S. 4f; alle Fetthervorhebungen von mir; K.-H. B.)

Kooperation mit Einrichtungen und Fachkräften der Kinder- und Jugendhilfe im Rahmen **kommunaler** und **regionaler Bildungslandschaften** (vgl. Bleckmann/Durdel 2009; Solzbacher/Minerop 2007). Das bedeutet aber auch, dass die durch die Ganztagsschule geschaffenen organisatorisch-institutionellen *Möglichkeiten* durch diese Umgestaltung der pädagogischen Binnenverhältnisse und -beziehungen auch *realisiert* werden müssen. Auch das ist alles andere als ein Selbstläufer.

3. Diese Überlegungen zu einer neuen Lernkultur in den Schulen haben aber nicht nur deutlich gemacht, wie vielschichtig auch innerhalb der Schule die Lernwege und -weisen sind. Es ist zugleich daran zu erinnern, dass die Schule für fast alle Kinder und Jugendliche heute *ein*, wenn nicht *der* zentrale(r) Lebensort ist, und in diesen Alltagspraxen des Schullebens, auf dieser „**Hinterbühne**" mit ihren „**heimlichen Lehrplänen**" finden sehr viele Prozesse statt, die auch den aufmerksamsten Lehrer*innen entgehen. Dieses erweiterte Lernverständnis führt aber auch über die Lernkulturen der Schule hinaus und öffnet den Blick für die *außerschulischen* Lernprozesse. Insofern führt in der kritisch-konstruktiven Entwicklungspädagogik die Einsicht, dass **Schule mehr ist als (guter) Unterricht,** auch zu der Erkenntnis, dass **Ganztagsbildung mehr ist als Ganztagsschule,** weil nur dann die Gesamtheit der Lernprozesse systematisch in den Blick kommt und die verschiedenartigen sozialraum- und lebensweltspezifischen Lernorte bewusst und „planmäßig" aufeinander bezogen werden können. Genau das ist ja der tiefere Sinn der Bemühungen um die Koordination der Schulentwicklung mit der Kinder- und Jugendhilfeplanung. Darunter ist eben nicht nur ein bürokratischer Akt zu verstehen, sondern diese administrativen Prozesse müssen sozialräumlich abgesichert und lebensweltlich unterfüttert sein, damit die Kinder und Jugendlichen das begründete Gefühl bekommen können, dass diese Einrichtungen tatsächlich *für sie* da sind. Genau dies ist das weitreichende Anliegen der Ganztagsbildung (vgl. dazu die umfassende Bilanz in Coelen/Otto et al. 2020).

Literaturnachweise

15. *KJB (Kinder- und Jugendbericht)*. Berlin 2017: Bundesministerium für Familie, Senioren, Frauen und Jugend.

Ackern, Isabelle van et al. 2015. *Entstehung, Struktur und Steuerung des deutschen Schulsystems*. Wiesbaden: Springer VS.

Autorengruppe Bildungsberichterstattung. 2018. *Bildung in Deutschland 2018*. Bielefeld: Bertelsmann.

Baumert, Jürgen et al. 2001. *PISA 2000*. Opladen: Leske + Budrich.

Baumert, Jürgen. et al. Hrsg. 2006. *Herkunftsbedingte Disparitäten im Bildungswesen. Vertiefende Analysen im Rahmen von PISA 2000*. Wiesbaden: VS-Verlag.

Baumert, Jürgen und K. Maaz. 2010. *Bildungsungleichheit und Bildungsarmut. Der Beitrag der* Large-Scale-Assessments. In: Quenzel/Hurrelmann. 2010. 159–179.

Becker, Birgit und D. Reimer. Hrsg. 2010. *Vom Kindergarten bis zur Hochschule. Die Generierung von ethnischen und sozialen Disparitäten in der Bildungsbiographie*. Wiesbaden: VS-Verlag.

Becker, Rolf. Hrsg. 2011. *Lehrbuch Bildungssoziologie*. Wiesbaden: VS-Verlag.

Becker, Rolf und W. Lauterbach. Hrsg. 2008. *Bildung als Privileg*. Wiesbaden: VS-Verlag.

Becker, Rolf und H. Solga. Hrsg. 2012. *Soziologische Bildungsforschung*. Kölner Zeitschrift für Soziologie und Sozialpsychologie Sonderheft 52/2012, Wiesbaden: Springer VS.

Benner, Dietrich. und H.-E. Tenorth. Hrsg. 2000. *Bildungsprozesse und Erziehungsverhältnisse im 20. Jahrhundert*. Zeitschrift für Pädagogik. 42. Beiheft, Weinheim und Basel: Beltz.

Berkemeyer, Niels et al. 2014. *Chancenspiegel 2014. Regionale Disparitäten in der Chancengerechtigkeit und Leistungsfähigkeit der deutschen Schulsysteme*. Gütersloh: Bertelsmann-Stiftung.

Berkemeyer, Niels et al. 2017. *Chancenspiegel – eine Zwischenbilanz. Zur Chancengerechtigkeit und Leistungsfähigkeit der deutschen Schulsysteme seit 2002*. Gütersloh: Bertelsmann Stiftung.

Bertelsmann-Stiftung. Hrsg. 2012. *Ganztagsschule als Hoffnungsträger für die Zukunft? Expertise des Deutschen Jugendinstituts (DJI) im Auftrag der Bertelsmann-Stiftung.*

Bleckmann, Peter und A. Durdel. Hrsg. 2009. *Lokale Bildungslandschaften. Perspektiven für Ganztagsschulen und Kommunen*. Wiesbaden: VS Verlag.

Bloem, Simone. 2016. *Die PISA-Strategie der OECD*. Weinheim und Basel. Beltz Juventa.

Blossfeld, Hans-Peter et al. 2011. *Education as a Lifelong Process. The German National Educational Panel Study (NEPS)*. Zeitschrift für Erziehungswissenschaft. Sonderheft 14/2011, Wiesbaden: VS-Verlag.

Bos, Wilfried et al. Hrsg. 2010. *Schulische Lerngelegenheiten und Kompetenzentwicklung*. Münster et al.: Waxmann.

Braun, K.-H., F. Stübig. H. Stübig. Hrsg. 2018: *Erziehungswissenschaftliche Reflexion und pädagogisch-politisches Engagement – Wolfgang Klafki weiterdenken*. Wiesbaden: Springer VS.

Braun, Karl-Heinz und K. Wetzel. 2000. *Sozialpädagogisches Handeln in der Schule*. Neuwied et al.: Luchterhand.

Braun, Karl-Heinz und K. Wetzel. 2006. *Soziale Arbeit in der Schule*. München Basel: Reinhardt.

Coelen, Thomas und L. Stecher. Hrsg. 2014. *Die Ganztagsschule*. Weinheim und Basel: Beltz Juventa.

Coelen, Thomas et al. Hrsg. 2020. *Grundbegriffe Ganztagsbildung*. Wiesbaden: Springer VS.

Ditton, Hartmut. Hrsg. 2007. *Kompetenzaufbau und Laufbahnen im Schulsystem.* Münster et al.: Waxmann.

Ditton, Hartmut. 2010. *Selektion und Exklusion im Bildungssystem.* In: Quenzel/Hurrelmann. 2010. 53–71.

Dollinger, Silvia. 2014. *Ganztagsschule neu gestalten.* Weinheim und Basel: Beltz.

Fraser, Nany und A. Honneth. 2003. *Umverteilung oder Anerkennung?* Frankfurt/M.: Suhrkamp.

Friedeburg, Ludwig von. 1989. *Bildungsreform in Deutschland. Geschichte und gesellschaftlicher Widerspruch.* Frankfurt/M.: Suhrkamp.

Gentner, Cortina und M. Mertens. Hrsg. 2006. *Null Bock auf Schule?* Münster et al.: Waxmann.

Georg, Werner. Hrsg. 2006. *Soziale Ungleichheit im Bildungssystem.* Konstanz. UVK.

Heidenreich, Felix. 2011. *Theorien der Gerechtigkeit.* Opladen & Farmington Hills: Barbara Budrich.

Helsper, Werner und J. Böhme. Hrsg. 2004. *Handbuch der Schulforschung.* Wiesbaden: VS-Verlag.

Herrlitz, H.-G. et al. 1986. *Deutsche Schulgeschichte von 1800 bis zur Gegenwart.* Königstein/Ts.: Athenäum.

Herrlitz, H.-G. et al. Hrsg. 2003. *Die Gesamtschule.* Weinheim und München: Juventa.

Honneth, Axel. 1992. *Kampf um Anerkennung.* Frankfurt/M.: Suhrkamp.

Honneth, Axel. 2000. *Das Andere der Gerechtigkeit.* Frankfurt/M.: Suhrkamp.

Horn, Chr. und N. Scarano. Hrsg. 2017. *Philosophie der Gerechtigkeit.* Berlin: Suhrkamp.

Klafki, Wolfgang. 1990. *Integrierte Gesamtschule – Ein notweniger Schulversuch.* In: Braun, Karl-Heinz et al. (Red. 1990. Konturen moderner Erziehungswissenschaft und Bildungspolitik. Bad Homburg: Mensch & Leben. 131–174).

Klafki, Wolfgang. 2007. *Neue Studien zur Bildungstheorie und Didaktik.* Weinheim und Basel: Beltz (darin 2007a: Thesen zur „Wissenschaftsorientierung" des Unterrichts. 162–172; Innere Differenzierung des Unterrichts. 173–208).

Klafki, Wolfgang. 2019. *Allgemeine Erziehungswissenschaft. Systematische und historische Abhandlungen.* Hrsg. und eingeleitet. von K.-H. Braun, F. Stübig und H. Stübig. Wiesbaden: Springer VS.

Koch-Priewe, Barbara und F. Stübig, K.-H. Arnold. Hrsg. 2007. *Das Potenzial der Allgemeinen Didaktik. Stellungnahmen aus der Perspektive der Bildungstheorie von Wolfgang Klafki.* Weinheim und Basel: Beltz.

Kramer, Rolf-Torsten und W. Helsper. 2013. *Schulische Übergänge und Schülerbiografien.* In: Schroer et al. 2013. 589–613.

Krebs, Angelika. Hrsg. 2000. *Gleichheit oder Gerechtigkeit.* Frankfurt/M.: Suhrkamp

Ladwig, Bernd. 2011. *Gerechtigkeitstheorien zur Einführung.* Hamburg: Junius.

Leschinsky, Achim und P. M. Roeder: 1983. *Schule im historischen Prozeß. Zum Wechselverhältnis von institutioneller Erziehung und gesellschaftlicher Entwicklung.* Frankfurt/M. et al.: Klett-Cotta im Ullstein Taschenbuch.

Liebau. E. et al. Hrsg. 1997. *Das Gymnasium.* Weinheim und München: Juventa

Lindgreen, Peter. Hrsg. 2006. *Bildungsbeteiligung: Wachstumsmuster und Chancenstrukturen 1800–2000.* Zeitschrift für Erziehungswissenschaft. Beiheft 7/2006. Wiesbaden: VS-Verlag.

Maaz, Kai. et al. Hrsg. 2014. *Herkunft und Bildungserfolg von der frühen Kindheit bis ins Erwachsenenalter.* Zeitschrift für Erziehungswissenschaft Sonderheft 24/2014, Wiesbaden: Springer VS.

Moser, Vera. und B. Lütje-Klose. Hrsg. 2016. *Schulische Inklusion.* Zeitschrift für Pädagogik. 62. Beiheft, Weinheim und Basel: Beltz Juventa.

Mührel, Eric et al. Hrsg. 2017. *Capability Approach und Sozialpädagogik. Eine heilige Allianz?* Weinheim und Basel: Beltz Juventa.

Müller, Kathrin und St. Gingelmaier. Hrsg. 2018. *Kontroverse Inklusion. Ansprüche, Umsetzungen und Widersprüche in der Schulpädagogik.* Weinheim und Basel: Beltz Juventa.

Nussbaum, Martha C. 2002. *Konstruktion der Liebe, des Begehrens und der Fürsorge.* Stuttgart: Reclam jun.

Nussbaum, Martha C. 2012. *Nicht für den Profit. Warum Demokratie Bildung braucht.* Mühlheim a. d. Ruhr: Tibia Press.

Nussbaum, Martha C. 2014. *Die Grenzen der Gerechtigkeit. Behinderung, Nationalität und Spezieszugehörigkeit.* Berlin: Suhrkamp.

Nussbaum, Martha C. 2015. *Fähigkeiten schaffen. Neue Wege zur Verbesserung menschlicher Lebensqualität.* Freiburg/ München: Karl Alber.

Nussbaum, Martha C. 2016. *Gerechtigkeit oder Das gute Leben.* Berlin: Suhrkamp.

Otto, H.-U und H. Ziegler. Hrsg. 2010. *Capabilities – Handlungsbefähigung und Verwirklichungschancen in der Erziehungswissenschaft.* Wiesbaden: VS-Verlag.

Prenzel, Manfred und J. Baumert. Hrsg. 2008. *Vertiefende Analysen zu PISA 2006.* Zeitschrift für Erziehungswissenschaft. Sonderheft 10/2008, Wiesbaden: VS-Verlag.

Prenzel, Manfred et al. Hrsg. 2013. *PISA 2012* Münster u. a.: Waxmann.

Quenzel, Gudrun und K. Hurrelmann. Hrsg. 2010. *Bildungsverlierer. Neue Ungleichheiten.* Wiesbaden: VS-Verlag.

Rawls, John. 1975. *Eine Theorie der Gerechtigkeit.* Frankfurt/M.: Suhrkamp.

Rawls, John. 1994. *Die Idee des politischen Liberalismus. Aufsätze 1978–1989.* Frankfurt/M.: Suhrkamp.

Rawls, John. 2014. *Gerechtigkeit als Fairneß. Ein Neuentwurf.* Frankfurt/M.: Suhrkamp.

Rawls, John. 2016. *Politischer Liberalismus.* Berlin: Suhrkamp.

Reiss, K. et al. Hrsg. 2016. *PISA 2015. Eine Studie zwischen Kontinuität und Innovation.* Münster – New York: Waxmann.

Rösner, Ernst. 1989. *Abschied von der Hauptschule.* Frankfurt/M.: Fischer Taschenbuch.

Rosenberg, Florian v. 2011. *Bildung und Habitustransformation.* Bielefeld: transcript.

Saalfrank, Wolf-Thorsten und K. Zierer. 2017. *Inklusion.* Paderborn: Schöningh.

Sälzer, Christine. 2010. *Schule und Absentismus.* Wiesbaden: VS Verlag.

Sandring, Sabine. 2013. *Schulversagen und Anerkennung. Scheiternde Schulkarrieren im Spiegel der Anerkennungsbedürfnisse Jugendlicher.* Wiesbaden: Springer VS.

Schroer, Wolfgang et al. Hrsg. 2013. *Handbuch Übergänge.* Weinheim und Basel: Beltz Juventa.

Schwippert, K. et al. Hrsg. 2013. *Schul- und Bildungsforschung.* Münster et al.: Waxmann.

Sen, Amartya. 2010. *Die Idee der Gerechtigkeit.* München: Beck.

Solzbacher, Claudia und D. Minderop. Hrsg. 2007. *Bildungsnetzwerke und Regionale Bildungslandschaften.* München/Unterschleißheim: LinkLuchterhand.

Spies, Anke und G. Stecklina. Hrsg. 2005. *Die Ganztagsschule.* 2 Bde. Bad Heilbrunn: Klinkhardt.

Solzbacher, Claudia und D. Minderop. Hrsg. 2007. *Bildungsnetzwerke und Regionale Bildungslandschaften.* München: LinkLuchterhand.

Stanat, Petra et al. Hrsg. 2016. *IQB-Bildungstrend 2015. Sprachliche Kompetenzen am Ende der 9. Jahrgangsstufe im zweiten Ländervergleich.* Münster/ New York: Waxmann.

StEG-Konsortium. 2016. Ganztagsschule: Bildungsqualität und Wirkungen außerunterrichtlicher Angebote. Frankfurt/M. (verfügbar unter: www.projekt-steg.de).
Strietholt, R. et al. Hrsg. 2016. *Jahrbuch der Schulentwicklung Band 19*. Weinheim und Basel: Beltz Juventa.
Tillmann, Klaus-Jürgen. 2012. *Das Sekundarschulsystem auf dem Weg in die Zweigliedrigkeit.* In: Pädagogik (64.Jg.). H. 5. 8–12.
Wagner, Michael. Hrsg. 2007. *Schulabsentismus.* Weinheim und München: Juventa.
Wendt, Heike. et al. Hrsg. 2015. *10 Jahre international vergleichende Schulleitungsforschung in der Grundschule. Vertiefende Analysen zu IGLU und TIMSS 2001 bis 2011.* Münster – New York: Waxmann.
Wendt, Heike. et al. Hrsg. 2016. *TIMSS 2015. Mathematische und naturwissenschaftliche Kompetenzen von Grundschulkindern in Deutschland im internationalen Vergleich.* Münster – New York: Waxmann.

Literaturempfehlungen

Ackern, Isabelle van et al. 2015. *Entstehung, Struktur und Steuerung des deutschen Schulsystems.* Wiesbaden: Springer VS.
Autorengruppe Bildungsberichterstattung. 2018. *Bildung in Deutschland 2018.* Bielefeld: Bertelsmann.
Becker, Birgit und D. Reimer. Hrsg. 2010. *Vom Kindergarten bis zur Hochschule. Die Generierung von ethnischen und sozialen Disparitäten in der Bildungsbiographie.* Wiesbaden: VS-Verlag.
Berkemeyer, Niels et al. 2017. *Chancenspiegel – eine Zwischenbilanz. Zur Chancengerechtigkeit und Leistungsfähigkeit der deutschen Schulsysteme seit 2002.* Gütersloh: Bertelsmann Stiftung.
Blossfeld, H.-P. et al. 2011. *Education as a Lifelong Process. The German National Educational Panel Study (NEPS).* Zeitschrift für Erziehungswissenschaft. Sonderheft 14/2011, Wiesbaden: VS-Verlag.
Helsper, Werner und J. Böhme. Hrsg. 2004. *Handbuch der Schulforschung.* Wiesbaden: VS-Verlag
Maaz, K. et al. Hrsg. 2014. *Herkunft und Bildungserfolg von der frühen Kindheit bis ins Erwachsenenalter.* Zeitschrift für Erziehungswissenschaft. Sonderheft 24/2014, Wiesbaden: Springer VS.
Müller, Kathrin und St. Gingelmaier. Hrsg. 2018. *Kontroverse Inklusion. Ansprüche, Umsetzungen und Widersprüche in der Schulpädagogik.* Weinheim und Basel: Beltz Juventa.
Quenzel, Gudrun und K. Hurrelmann. Hrsg. 2010. *Bildungsverlierer. Neue Ungleichheiten.* Wiesbaden: VS-Verlag.
Reiss, K. et al. Hrsg. 2016. *PISA 2015. Eine Studie zwischen Kontinuität und Innovation.* Münster – New York: Waxmann.
Solzbacher, Claudia und D. Minderop. Hrsg. 2007. *Bildungsnetzwerde und Regionale Bildungslandschaften.* München/Unterschleißheim: LinkLuchtererhand.
Spies, Anke und G. Stecklina. Hrsg. 2005. *Die Ganztagsschule.* 2 Bde. Bad Heilbrunn: Klinkhardt.

Solzbacher, Claudia und D. Minderop. Hrsg. 2007. *Bildungsnetzwerke und Regionale Bildungslandschaften.* München: LinkLuchterhand.
Stanat, Petra et al. Hrsg. 2016. *IQB-Bildungstrend 2015. Sprachliche Kompetenzen am Ende der 9.Jahrgangsstufe im zweiten Ländervergleich.* Münster/ New York: Waxmann.
Tillmann, Klaus-Jürgen. 2012. *Das Sekundarschulsystem auf dem Weg in die Zweigliedrigkeit.* In: Pädagogik (64.Jg.). H. 5. 8–12.

2.4 Übergänge III: Von der schulischen Allgemeinbildung zur beruflichen Ausbildung

Zusammenfassung

Wie immer man die aktuelle und zukünftige Gesellschaft bezeichnen mag (als Risiko-, Wissens- oder Erlebnisgesellschaft), sie wird in jedem Falle und sogar vorrangig eine modernisierte *Arbeitsgesellschaft* sein. Aufgrund der Erosion der Normalarbeitsverhältnisse, des Endes der klassischen Industriegesellschaft, der rasanten Digitalisierung aller Arbeitsbereiche, der vorrangig finanzmarktgesteuerten Wirtschaftsentwicklung, der immer kürzer werdenden „Halbwertzeiten" der Kompetenzen und Erfahrungen sowie der arbeitsrechtlichen Deregulierungen ist sie *flexibel, entstrukturiert* und *entgrenzt.* Vor dem Hintergrund dieser Zeitdiagnose (Kap. 2.4.1) ist zu fragen, welche Konsequenzen daraus für die Berufsberatung gezogen werden müssen (Kap. 2.4.2). Dabei ist das strukturelle Problem der völlig unzureichenden Abstimmung zwischen Beschäftigungssystem und Bildungsinstitutionen zu berücksichtigen (Kap. 2.4.3). Das darin zum Ausdruck kommende Markt- bzw. Staatsversagen betrifft gerade diejenigen Jugendlichen, die nicht problemlos in das duale Ausbildungssystem gelangen, sondern diesbezüglich besondere Unterstützungen benötigen (Kap. 2.4.4). Und diese Übergangsprobleme verdichten sich nochmal für diejenigen, die weder Lehrstelle noch Arbeitsplatz finden und in sinnstiftenden Projekten die Gelegenheit zu Selbstwirksamkeitserfahrungen bekommen sollen (Kap. 2.4.5).

2.4.1 Bildungsthema II: Die Umbrüche der Arbeitsgesellschaft biografisch bewältigen lernen (Galuske)

An dieser Stelle auf die Arbeiten des viel zu früh verstorbenen Michael Galuske (1959–2011) zurückzugreifen, ist nicht nur eine Referenz gegenüber der Person eines engagierten Hochschullehrers und innovativen Arbeits- und Sozialpädagogen (vgl. die Würdigungen in neue praxis, 2012, H. 1, S. 71–93), sondern an seinem Theoriekonzept lässt sich die folgenreiche und erfolgreiche Spannung zwischen *Gegenwarts-* und *Zukunftsbezug* pädagogischen Handelns und damit die Bedeutung einer mittelfristig und eingreifend ausgerichteten Zeitdiagnose, wie sie auch dem Konzept der epochaltypischen Schlüsselprobleme zugrunde liegt, exemplarisch in Erinnerung rufen und deutlich machen.

Michael Galuske war ein Kind des „Kohlenpotts" und hatte die epochalen Umbrüche der traditionellen kapitalistischen Industriegesellschaft hautnah erlebt und diese Erfahrungen immer wieder zum Bezugspunkt seiner auf die Verbindung von Berufs- und Sozialpädagogik zielenden wissenschaftlichen Reflexionen, Entwürfe und Handlungskonzepte gemacht. Er hatte zunächst an der Bochumer Ruhr-Universität Lehramt für die Sekundarstufe II studiert und sein Referendariat an einer berufsbildenden Schule absolviert. Dem schloss sich die Promotion mit der Schrift „Das Orientierungsdilemma" (Galuske 1993) in Bochum und die Assistenztätigkeit an der Dortmunder Universität an, wo er sein folgenreichstes Buch erarbeitete, die „Methoden der Sozialen Arbeit" (1. Aufl. 1998, aktuell die 10. Aufl. von 2013) und sich schließlich mit der Schrift „Flexible Sozialpädagogik" (Galuske 2002) habilitierte. Nach Zwischenstation an der Universität Tübingen wurde er Professor für Sozialpädagogik an der Universität Kassel, wo er bis zu seinem frühen Tod lehrte und forschte.

Galuske hatte zunächst implizit und dann auch explizit die genuin pädagogische Frage wieder aufgenommen, wie die Heranwachsenden, besonders die Jugendlichen, so gefördert werden können, dass sie zum einen ihr *gegenwärtiges* Leben in seinen sinnlichen, reflexiven und pragmatischen Dimensionen tatsächlich leben, ausleben können und sich zugleich für die Entwicklungsmöglichkeiten und Herausforderungen der absehbaren Zukunft öffnen und darauf vorbereiten können, wie sie also Gegenwarts- und Zukunftsbezug so aufeinander zu beziehen lernen, dass sie sich als spannungsreiche biografische Entwicklungsphase entfalten und verwirklichen können (vgl. Galuske 2002, S. 23ff, 165ff u. 340ff). Dabei war er einer der ersten, der die soziologische Zeitdiagnose **Risikogesellschaft** mit den Umbrüchen in der **Berufspädagogik** verband (das geschah auch programmatisch in Rauschenbach/ Gängler 1992). Hier sind drei Argumentationskomplexe von Interesse:

1. Mit seinem 1986 erschienenen Buch „Risikogesellschaft. Auf dem Weg in eine andere Moderne" hatte Ulrich Beck (1944–2015) erstmals eine *aktuelle Analyse* und *perspektivische Prognose* der sich abzeichnenden Umbruchprozesse vorgelegt, die er dann einerseits immer mehr zu einer tendenziell globalen Zeitdiagnose, der der „Weltrisikogesellschaft", ausgebaute (vgl. Beck 2007) und andererseits als epochalen Wechsel, nämlich dem von der Ersten zur Zweiten Moderne systematisierte (vgl. Beck/Bonß 2001; Beck/Mulsow 2014). Die zentralen Argumentationsfiguren seien hier in stark geraffter Form in Erinnerung gerufen:

   a. Danach war die **Erste Moderne** durch folgende Strukturen gekennzeichnet (vgl. Beck et al. 2001, S. 20ff):

      I   Sie ist *nationalstaatlich* organisiert, d. h. die ökonomischen, sozialen, politischen und kulturellen Entwicklungen haben im Nationalstaat ihre zentralen Rahmenbedingungen.

      II   Die Durchsetzung des doppelt freien Lohnarbeiters in der voll entfalteten Warengesellschaft führt einen bedeutsamen *Individualisierungsschub* und eröffnet den Individuen gewisse neuartige biografische Entscheidungsspieleräume.

      III Diese Gesellschaft ist wesentlich eine männlich dominierte *Erwerbsgesellschaft*, die Teilhabe am Erwerbsleben sichert die Statuszuweisung und -anerkennung, die ungleichen Konsummöglichkeiten und die begrenzte soziale Sicherheit. Die Verwirklichung der stabilen und lebenslangen Normalarbeitsbiografie (zumeist in *einem* Beruf) ist an die Vollbeschäftigung gebunden.

      IV   Das Verhältnis zu den *natürlichen Lebensgrundlagen* ist durch Ausbeutung und Ausblendung bestimmt, die ökologischen Folgen der welthistorisch ganz neuartigen, radikalen Industrialisierung werden weitgehend ignoriert.

      V   Die Rationalitätsmuster technischer Verfahren reproduzieren sich wissenschaftlich durch die Dominanz einer *instrumentellen Zweckrationalität,* Technik und Wissenschaft werden zu einer „Ideologie" (Habermas), welche die lebensweltlich eingebundenen Erfahrungen weitgehend übergeht.

      VI   Die Arbeitsteilung erreicht ein neues Niveau und führt zu einer weitreichenden *funktionellen Differenzierung* der unterschiedlichen gesellschaftlichen Teilbereiche und Sektoren.

   b. Die sich in den frühen Arbeiten allenfalls abzeichnende **Zweite Moderne** (sie haben also einen stark prognostischen, z. T. auch spekulativen Charakter) ist bzw. wird charakterisiert sein durch folgende Entwicklungsdynamiken (ebd., S. 22ff):

I   Die industriellen, politischen und kulturellen Entwicklungen werden immer transnationaler und internationaler und münden schließlich in die *Globalisierung* (der „Euro" wurde erst 1999 als Papiergeld und 2002 als Bargeld eingeführt).

II   Es setzt sich ein *zweiter Individualisierungsschub* durch, der einerseits neue Wahlmöglichkeiten eröffnet und zugleich zu immer mehr (globaler) sozialer Ungleichheit führt (vgl. ausführlicher Beck/Poferl 2010; und prägnant zusammenfassend Beck 2008).

III Besonders durch die Berufstätigkeit der Frauen setzt sich eine (begrenzte) „*Revolution*" *der Geschlechterbeziehungen* und *-verhältnisse* sowohl in der gesellschaftlichen Arbeit wie auch in den familiären und Intimbeziehungen schrittweise durch.

IV   Als Folge der dritten – jetzt schon der sich abzeichnenden vierten – industriellen Revolution erodiert die Vollbeschäftigungs- und Erwerbsgesellschaft und damit das männliche „Ernährermodell" zunehmend, verbreiten sich flexible Unterbeschäftigungen in immer mehr Bereichen und bestimmen für immer größere Bevölkerungsgruppen und biografische Zeiträume deren Existenzsicherungsweisen.

V   Die *ökologisch* vertretbaren Grenzen des industriellen Wachstums werden immer deutlicher und zunehmend zum Gegenstand *politischer* Diskurse und Machtauseinandersetzungen, die *Naturausplünderung* wird zu einem relevanten Problemfeld der *Gesellschaftspolitik*.

c. Dieser Epochenwechsel ist weder eindimensional noch gradlinig, vielmehr ist er von Ambivalenzen, Unschärfen, Widersprüchen und auch Ratlosigkeit bestimmt. Vor diesem Hintergrund lassen sich dann auch pädagogisch relevante prognostische **Zukunftsszenarien** herausarbeiten, die zugleich politische und pädagogische Gestaltungsmöglichkeiten eröffnen; d. h. solche Prognosen setzten sich nicht im Selbstlauf durch, als „Prozesse ohne Subjekt" (Althusser), sondern nur vermittels sozialer Bewegungen. Auf der Grundlage der Zeitdiagnose „Risikogesellschaft" hatte dann Bonß (2000, S. 374–415) vier Trend- bzw. Alternativszenarien herausgearbeitet:

I   Das Trendszenario I ist die *radikal individualisierte Erwerbsgesellschaft,* in der der Faktor Arbeit immer billiger wird (durch Senkung der Lohnstückkosten bzw. Lohnsenkungen), das Potenzial an Erwerbsarbeit erweitert wird (besonders im Umweltsektor und Dienstleistungsbereich) und ein Teil der Arbeitssektoren und -plätze gegen Abbau geschützt wird. Es entstehen in diesem Zusammenhang auch neue Leitbilder bzw. Menschenbilder (z. B. der „flexible Arbeitskraftunternehmer" mit bestimmten Schlüsselqualifikationen), die das Ziel haben, den durch

Unsicherheit und Offenheit der Arbeitssituationen und -perspektiven Irritierten neue Orientierungen anzubieten. Verlierer soll es demnach (fast) keine geben.

II   Das Trendszenario II besteht in der *Erwerbsgesellschaft als Zwei-Drittel/ Ein-Fünftel-Gesellschaft*, in der die technologischen und arbeitsorgani- satorischen Einsparungspotentiale (ideologisch als „Rationalisierung" verbrämt) an Arbeitskräften weitgehend ausgeschöpft werden. Das erzeugt in relevantem Umfang Modernisierungsverlierer (meistens Männer) bzw. eine mehr oder weniger große Gruppe der Überflüssigen (über deren Umfang, nicht deren Existenz, gibt es differierende Prognosen). Diese desintegrierende Erwerbsgesellschaft ist von stabilen und sich verschärfenden ökonomischen, sozialen, politischen, kulturellen und raumökonomischen/-politischen Spaltungen bestimmt, insbesondere zwischen den wenigen superreichen, den privilegierten, den zunehmend prekären und sich ausweitenden ultraarmen Bevölkerungsgruppen und deren räumlicher Präsenz.

III Das Alternativszenario I besteht in der *desintegrierten Nicht-Erwerbs- gesellschaft* als unfreiwilligem Übergang von der Zwei-Drittel bzw. Ein-Fünftel-Gesellschaft, in der es also zur vollständigen Erosion der Erwerbsarbeit und damit zur weitgehenden Fragmentierung bzw. Auf- lösung der Marktvergesellschaftung (mit den Prämissen ökonomisches Wachstum, individuelle Leistungsorientierung, allgemeine Wohlfahrts- steigerung) und des mit ihm verbundenen Integrationsmodus kommt. Mit *diesem* „Abschied von der Erwerbsarbeit" werden die Überflüssigen zu einer großen Gruppe, die nur noch von Transfereinkommen am Rande oder unterhalb des Existenzminimums leben, wodurch zugleich die sozialen Sicherungssysteme völlig überfordert werden.

IV   Das Alternativszenario II besteht schließlich in der *Vergesellschaftung jenseits der Erwerbsarbeit*. Auch in dieser Entwicklungsvariante wird davon ausgegangen, dass sich die *ökonomische* Krise der Erwerbsarbeit nicht aufhalten lässt und dass es sozial, politisch und nicht zuletzt auch pädagogisch darum geht, die Zentralität der Erwerbsarbeit (auch bei der Bestimmung der Erziehungs- und Qualifikationsziele) aufzuheben und eine plurale Egalität unterschiedlicher gesellschaftlicher Arbeitsformen zu finden, die in ihrem Zusammenspiel und ihrer Gesamtheit die soziale Integration aller Gesellschaftsmitglieder sichert. Hier tritt neben die formelle Arbeit die informelle Arbeit in Form der Hauswirtschaft, der Selbstversorgungswirtschaft und der Selbsthilfeökonomie. Zur Stär- kung dieses informellen Sektors können dann auch die verschiedenen

Formen der Bürgerarbeit beitragen. Damit alle diese Tätigkeiten bzw. Beschäftigungen existenzsichernd sind, bedarf es auch einer Vielfalt von zuverlässigen Einkommensquellen (z. B. durch Einkommen aus Kapitalbeteiligungen, Investivlohn, Beteiligung an Kapitalfonds, nicht-monetäre Austauschproesse [Dienstleistung gegen Dienstleistung], nicht-erwerbswirtschaftliche Kooperationsringe, neue Form der Regionalisierung als Gegenpol zur Globalisierung).

Wenn man diese Diagnosen und Prognosen mit dem Abstand von mehr als zwei Jahrzehnten liest, dann wird deutlich, wie viele pädagogisch relevante Zukunftsprobleme damals schon von der kritischen Sozialwissenschaft erkannt und öffentlich zur Diskussion gestellt worden sind. Und zugleich belegen sie, wie wenig diese Probleme bisher politisch energisch im Sinne der Stärkung der Sozial- und Systemintegration und damit der sozialen und politischen Demokratie angegangen und zumindest teilweise gelöst worden sind. In gewisser Weise haben sich also die negativen Seiten der Prognosen bestätigt und sind allenfalls in deren Haupttendenzen gemindert und teilweise abgefedert worden (welche Folgen das in der Gegenwart hat, wird in Kap. 5.2 näher beleuchtet).

2. Vor dem Hintergrund dieser Zeitdiagnosen hatte Galuske dann die Frage erörtert, was das alles für eine berufliche Ausbildung bzw. Berufsförderung für die damals absehbare Zukunft bedeutet und welchen Beitrag sie zur produktiven Bewältigung dieser eben sich verschärfenden Probleme zu leisten vermag. Er hatte diese Herausforderung zunächst einmal verdichtet in dem Theoriekonzept des **Orientierungsdilemmas**, bei dem er folgende Problemlagen ausmachte (vgl. Galuske 1993, Teil I, bes. Kap. 2 u. 4):

   a. Die klassischen bzw. traditionellen berufsbezogenen Erziehungsziele und -inhalte sind davon bestimmt, dass die bürgerliche Industriegesellschaft die Fähigkeit und Bereitschaft der überwältigenden Mehrheit der männlichen Bevölkerung erfordert, sich über die Berufstätigkeit an den *arbeitsmarktvermittelten Partizipationsmustern* aktiv zu beteiligen und so durch Lohnarbeit die eigene Existenz und die ihrer Familien zu sichern und am gesellschaftlichen Leben teilzuhaben, einschließlich der damit verbundenen psychophysischen Belastungen. Zur Reproduktion der männlichen Arbeitskraft und ihres Arbeitsethos bedarf es zugleich eines informellen Sektors der unbezahlten Hausarbeit durch die Frauen.

   b. Dieser relativ stabile Ordnungsrahmen des marktbezogenen berufspädagogischen Handelns gerät mit der (radikalen) Modernisierung der klassischen Industriegesellschaft (samt ihrer sozialstaatlichen Ergänzung bzw. Überformung) durch die Implementierung neuer Produktionsverfahren (Stichwort:

Digitalisierung) und Kooperationsformen (Stichworte: Individualisierung und Flexibilisierung) und dem damit verbundenen Verlust industrieller Arbeitsplätze sowie dem Bedeutungszuwachs der Dienstleistungen und der Frauenerwerbstätigkeit in die Krise. Diese wird verschärft durch die immer spürbareren ökologischen Grenzen der industriellen Produktion und des darauf ausgerichteten Konsums und die gleichzeitige Zurücknahme sozialstaatlicher Steuerungs- und Sicherungsinstrumente und -verfahren (Stichwort: Neoliberalismus). Dadurch nehmen die sozialen Ungleichheiten und Spaltungen drastisch zu und wird die lebenspraktische Bedeutung der Arbeit für die biografischen Sinnentwürfe relativiert (Stichwort: Wertewandel). Dabei handelt es sich offensichtlich nicht um zeitlich begrenzte und pädagogisch zu ignorierende Übergangserscheinungen hin zu einer neuen Form arbeitsgesellschaftlicher Stabilität und Zuverlässigkeit, sondern die *Ungesichertheit der gegenwärtigen und zukünftigen gesellschaftlichen Lebenslagen und -perspektiven* wird zu einer neuen Art von selbstverständlicher Rahmenbedingung für die alltägliche Lebensführung und die biografischen Sinnentwürfe und den daran ausgerichteten berufspädagogischen Orientierungen.

c. Als intermediäre Instanzen zwischen System und Lebenswelt sind Schule und Soziale Arbeit von dieser „neuen Unübersichtlichkeit" (Habermas) unmittelbar betroffen, sie sollen *Normalisierungsarbeit in der Normalitätskrise* leisten, also ohne auf fundierte und breit anerkannte Normalitätsentwürfe zurückgreifen zu können. Pädagogik muss sich in dieser anomischen Konstellation an der Suche und Begründung von zukunftsfähigen Arbeitsverhältnissen, Vergesellschaftungs- und Lebensformen sowie Solidaritätsmustern beteiligen und diese in die gesellschaftlichen Diskurse einbringen und so das Orientierungsdilemma helfen, konstruktiv zu überwinden. Sie sollte weder die Erwartung haben noch verbreiten, dass eine defensive Konservierung der klassischen Gesellschaftsmodelle eine tragfähige Krisenlösung sei (diese Hoffnung hatten lange Zeit die Gewerkschaften und sie haben deshalb Galuskes Analyse damals als „Defaitismus" scharf angegriffen). – Wie sich das im berufspädagogischen Handeln auswirkt, hatte Galuske (1993, Teil II) dann exemplarisch empirisch untersucht anhand von Arbeitsprojekten in der Jugendhilfe (vgl. zu diesem Aufgabenfeld auch Kap. 2.4.4/2.4.5). Und er hatte dann – mit Thomas Rauschenbach zusammen – auch ein anspruchsvolles Reformkonzept für den Aufbau der Kinder- und Jugendhilfe in den ostdeutschen Bundesländern vorgelegt, welches die *Transformationsprozesse* mit einem *weitreichenden Modernisierungsansatz* verband, also gegen die teilweise massiven Versuche argumentierte, die „bewährten" Organisations-

und Interaktionsformen aus Westdeutschland unhinterfragt zu übertragen (vgl. Galuske/Rauschenbach 1994, Kap. 1 u. 7).

d. Man kann Galuskes damalige Zeitdiagnose mit Koselleck (1989, Teil II/III) dahingehend verdichten und zuspitzen, dass in der gegenwärtigen epochalen Umbruchsituation ein Grundphänomen moderner Gesellschaften besonders scharf zum Ausdruck kommt: Dass nämlich die *Erwartungshorizonte* die *Erfahrungsräume* qualitativ überschreiten, dass die Zukunft also strukturell offen ist und sie nicht mehr in der zu bewahrenden Vergangenheit liegt (was auch viele Pädagog*innen zu meinen oder zu hoffen scheinen).

3. Knapp zehn Jahre nach dieser arbeitsweltbezogenen Zeitdiagose hatte Galuske dann einen exemplarischen Entwurf vorgelegt, wie auf diese Herausforderungen erziehungswissenschaftlich geantwortet werden kann und sollte; den hatte er **flexible Sozialpädagogik** genannt. Diese „Theorie Sozialer Arbeit in der modernen Arbeitsgesellschaft" enthält insbesondere folgende drei Elemente:

a. Berufsbezogene Bildung und Erziehung müssen sich als Teil des *sozialen Risikoregimes* verstehen (lernen), welches den lernenden Menschen (aller Altersgruppen) hilft, sowohl Übergangsunsicherheiten wie auch die Unsicherheit als lebenslängliche Unwägbarkeit zu bewältigen und aktiv zu gestalten. Das erfordert in vielerlei Hinsicht eine neuartige *Flexibilität*. Dabei können zwei Felder unterschieden werden:

b. Zum einen ist eine *subjektive Flexibilität* erforderlich, bezogen auf die Berufsorientierungen, -kompetenzen und -praktiken. Und das bezieht sich auf die wechselnden Arbeitszeiten, Arbeitsorte, Arbeitsmittel (speziell die eingesetzte Technik), die Sozial- und Arbeitsorganisationen und die Sinnentwürfe. Damit diese nicht in eine chaotische Lebensführung und biografische Orientierungslosigkeit führt, bedarf es im Spannungsfeld von Arbeitsmarktorientierung und personaler Autonomie einer intensivierten wechselseitigen Verschränkung von allgemeinbildenden und berufsbildenden Qualifizierungsphasen und Neu- und Umorientierungsbereitschaften sowohl mit Blick auf die Berufstätigkeiten wie auch auf das Freizeit- und Privatleben. An dieser Stelle nahm Galuske (ebd., Kap. 4 u. 8) Bourdieus Theorie der Kapitalsorten und der Habitusbildung auf (vgl. dazu Kap. 1.3 in diesem Buch) und verdichtete sie – im Anschluss an die Analysen von Sennett (1998, Kap. 3, 5–7) zum „flexiblen Menschen" als Kern einer Kultur des neuen Kapitalismus – zum Qualifikationsziel der Herausbildung eines flexiblen Habitus als dem Dreh- und Angelpunkt eines modernen Identitätsentwurfes (das korrespondiert mit dem Konzept der situativen Identität; vgl. dazu Kap, 3.1.2 in diesem Buch).

c. Soll diese subjektive Flexibilisierung nicht zu einer drastischen Zunahme von Selbstentfremdungsprozessen führen (diese Gefahr wurde von Galuske ausführlich thematisiert!), dann bedarf es stützender und ermöglichender *systemischer Flexibilisierungen* (vgl. Galuske 2002, Kap. 7 u. 10). Diese wurden schon damals dominant verstanden als Unterwerfung der pädagogischen Institutionen und Praktiken unter marktwirtschaftliche Effizienzkriterien (im Sinne einer formalen, materiellen und funktionalen Privatisierung und einer daran ausgerichteten sozialpolitischen Steuerung). Dem ist entgegen-zustellen ein Verständnis von *reproduktionsorientierter* Sozialer Pädagogik, welche Bürgerrechte, soziale Gerechtigkeit und gesellschaftliche Teilhabe ins Zentrum stellt (vgl. dazu Kap. 2.2.1 und 5.3.3 in diesem Buch) und von einer Sozialpolitik gestützt und ermöglicht wird, die flexibel auf markterzeugende Risiken und Gefährdungslagen eingeht. Dabei gilt es, die Grundeinsicht zu beachten, dass der Markt mehr Probleme erzeugt als er löst (E. Talos).

4. Nun hat Hans Thiersch (2012, S. 91) zu Recht darauf hingewiesen, dass Galuske gerade in seinem Konzept der flexiblen Sozialpädagogik den Eigensinn der Adressat*innen eher randständig thematisiert und sozialethischen Projekten gegenüber eine erhebliche Reserve zeigte. Beide Schwächen werden aber in seinem **Methodenansatz** mehr als ausgeglichen (vgl. Galuske 2013, Teil III). Vielmehr kann er als eine wichtige Weiterentwicklung des gerade von Thiersch begründeten Theorie- und Praxiskonzeptes der Lebensweltorientierung unter den Bedingungen der arbeitsgesellschaftlichen Modernisierungskrise gedeutet werden. Indem er die diffusen und vielfältig-ambivalenten methodenbezoge-nen Reaktionen der Sozialen Arbeit und Erziehung der 1980er/1990er Jahre kritisch durcharbeitete und konstruktiv in einen systematischen und zugleich differenzierten Zusammenhang stellte (vgl. dazu auch Galuske/Thole 2006), gab er auch wichtige Hinweise, wie subjetbezogene und systemische Flexibi-lisierung interaktiv, reflexiv und organisatorisch aufeinander bezogen werden können und sollten (Stichworte: Allzuständigkeit, Alltagsoffenheit, Partizipation, Reflexivität). Deshalb wird auf die entsprechenden Konzepte und Methoden bereits im nächsten Unterkapitel und dann fortlaufend in den nachfolgenden Kapiteln zurückgegriffen. Sie werden damit auch verstanden als ein wichtiger Beitrag zum Theoriekonzept der pädagogischen Kapitalbildung. Damit ist al-lerdings auch angedeutet, dass dazu die ökonomisch-soziale Engführung des Funktionszusammenhangs Gesellschaft-Pädagogik überwunden werden kann und muss, indem die Eigenlogik der politischen und kulturellen Funktionen und Handlungsmaximen zur Geltung gebracht wird (wie dies in Kap. 1.3.4 u. 2.1.1 dieses Buches geschehen ist). Dabei wird – hoffentlich – im Fortgang der Argumentation deutlich, dass nicht nur das Methodenbuch, sondern das Gesamtwerk von Galuske einen wichtigen Beitrag leistet zu einer zeitgemäßen pädagogischen Verantwortungsethik (vgl. dazu bes. Kap. 5.1.3 u. 5.3.3).

2.4.2 Grundsätze einer lebensweltorientierten Berufsberatung

Zur systemischen und lebensweltlichen Flexibilisierung der Entwicklungspädagogik gehört auch die wechselseitige Öffnung von allgemein- und berufsbildenden Lernangeboten. Sie ist ein wichtiger Beitrag zur Bewältigung der Übergangsrisiken auf dem Weg in die Ausbildung und später in den Beruf. Als Beitrag zur **primären Prävention** sind daher folgende Schritte zu beachten und Angebote vorzuhalten (vgl. 15. KJB 2017, Kap. 2.2.2; Arnold/Gonon 2006, Kap. 2; Oehme 2013a; Schönig/Knabe 2010; Stauber et al. 2007, Kap. 1–3):

1. Die Entscheidung für einen bestimmten Ausbildungsgang nach der Schulzeit ist in den meisten Fällen die **erste** biografische Situation, in der die Jugendlichen eine für ihren weiteren Lebensweg **bedeutsame Entscheidung** fällen können. „Können" soll hier heißen, dass viele der Heranwachsenden sich dazu nur begrenzt in der Lage sehen, manche sich davon sogar schlicht überfordert fühlen und dadurch die Neigung und Tendenz entsteht, diese Entscheidung anderen Personen (z. B. den Eltern) oder aber bestimmten Institutionen (der Schule, der Agentur für Arbeit) zu übertragen oder aber dem Zufall zu überlassen („Mal sehen, was ich für eine Lehrstelle bekomme."). So nachvollziehbar diese Neigungen auch sind, sie entsprechen nicht der Tragweite der Entscheidung und sie stärken nicht die Selbstbewusstheit, die eigene Zukunft aktiv (mit-)gestalten zu können.
2. Nun haben die Einrichtungen der (Kinder- und) Jugendarbeit bzw. die Schulen eine ganze Reihe von Möglichkeiten, die Berufs-*Orientierung* zu fördern und damit die Fähigkeit und Bereitschaft zur Berufs-*Findung* zu verbessern (mit der Entscheidung für einen *spezifischen* Beruf sind sie natürlich überfordert).
    a. Ausgangspunkt der entsprechenden Bemühungen sollten die von den Jugendlichen aktuell genutzten **Informationsquellen** sein. Dazu gehören persönliche Kontakte, das Berufsinformationszentrum, das Arbeitsamt, ein Praktikum/Volontariat, ein Betriebsbesuch und Internet. Dabei bevorzugen die Mädchen etwas mehr die Selbsterfahrungen und im Osten sind die Auswahlmöglichkeiten beim Praktikum/Volontariat geringer als im Westen. Insgesamt zeigen die Erfahrungen, dass eine Vielfalt der Quellen genutzt wird, dass aber persönlichen Kontakte und eigenen Erfahrungen im Vordergrund stehen.
    b. Bedeutsam ist auch, dass die Berufsorientierung heute in den meisten **allgemeinbildenden Schulen** ein Thema ist. Allerdings müssen zumeist drei Einschränkungen gemacht werden, was die biografische Relevanz solcher Lern- und Unterrichtsangebote angeht: Zum einen werden entsprechende Angebote weitgehend auf die (vorletzte und) letzte Klasse der jeweiligen

Schulform konzentriert oder auch beschränkt. Zum anderen wird von manchen Institutionen (zumal dem Arbeitsamt) eine derartige Förderung auf eine
Präsentation von Informationen reduziert (z. B. über bestimmte Berufswege,
formale Anforderungen, Aufstiegsmöglichkeiten, kurzfristige Ausbildungs-
platzangebote), deren psychodynamische Verarbeitung den Schüler*innen
weitgehend selbst überlassen wird. In ähnlicher Weise können von einer
ganzen Reihe von Schulen auch die Vor- und Nachbereitung der Praktika
nicht so intensiv und differenziert gestaltet werden, dass die dabei gemachten
Erfahrungen durch entsprechende Deutungs- und Bewertungsprozesse in die
eigene lebensweltlich-biografische Orientierung integriert werden können.

c. An dieser Stelle hat die schulbezogene wie auch die außerschulische **Soziale
Arbeit** mit Jugendlichen ihre präventiven Chancen und Aufgaben: Nämlich
die Perspektive einer *reflexiven Berufsbiografie* schrittweise in die Gespräche
und Beratungen einzubringen und die Bedeutung des *lebenslangen Lernens*
zumindest in einigen Konturen zu verdeutlichen. Dazu ist es auch erforderlich, den Bezug zur Arbeitswelt und den wirtschaftlichen Beziehungen und
Strukturen zu einem *integralen* Bestandteil der jeweiligen Angebote bzw. der
institutionalisierten Lernkulturen zu machen.

2.4.3 Strukturelle Abstimmungsprobleme zwischen Bildungs- und Beschäftigungssystem

Bei diesem Plädoyer für eine enge, gleichwohl flexible Verschränkung von allge-
mein- und berufsbildenden Ausbildungssträngen wurde unterstellt, dass das *staatlich* verantwortete *Schulsystem* und das *marktgesteuerte*, teilweise sozialstaatlich
überformte *Beschäftigungssystem* im Grundsatz aufeinander abgestimmt sind.
Nun zeigt aber der Blick in die ältere und neueste Geschichte der Schule und ihrer
Reformen, dass dies keineswegs vorausgesetzt werden kann. Bei näherer Betrachtung zeigen sich gravierende Abstimmungsprobleme, besonders folgender Art
(vgl. Hummelsheim/Timmermann 2010; Timmermann 2005; und die aktuellen
Befunde und Analysen in Autorengruppe Bildungsberichterstattung 2018, Kap. E;
Berufsbildungsbericht 2019, Kap. 2):

1. Das Schulsystem bringt in Gestalt der **„Risikoschüler*innen"** eine Gruppe von
   Schüler*innen hervor, die – ggf. trotz entsprechender formaler Abschlüsse – nicht
   über die realen Kompetenzen verfügen, um eine moderne Berufsausbildung
   absolvieren zu können. Sie betrug bei „PISA 2012" bei der Mathematik 17,7 %,
   in den Naturwissenschaften 12,2 % und bei den Lesekompetenzen 14,5 % (vgl.

Prenzel u. a. 2013, S. 74, 202 u. 231); und bei PISA 2015 – wie erwähnt – in der Mathematik und den Naturwissenschaften 17 % (vgl. Reiss et al. 2016, S. 74ff u. 232ff). Ohne formalen Schulabschluss waren 2016 6,1 % (vgl. Autorengruppe Bildungsberichterstattung 2018, S. 310). Diesbezüglich kann von einem **Staatsversagen** gesprochen werden, weil das Schulsystem nicht im erforderlichen Maße die Kompetenzen vermittelt, die das Ausbildungs- und Beschäftigungssystem benötigt (Stichwort „mangelnde Ausbildungsreife").

2. Zugleich werden von Seiten des Beschäftigungssystems auch nicht alle die aufgenommen, die über die notwendigen Kompetenzen verfügen. Von denjenigen, die sich im Übergangssystem befinden – das waren 2016 30,2 % der Schüler*innen; in der Schule: 21,7 % und in der dualen Ausbildung: 48,1 % – hatten 28,5 % keinen Abschluss, 36,9 % einen Hauptschulabschluss, 19,7 % einen mittleren Abschluss und 2,3 % die (Fach-)Hochschulreife (vgl. Autorengruppe Bildungsberichterstattung 2018, S. 311 u. 314). Es gibt trotz einer leichten Besserung (vgl. Berufsbildungsbericht 2019, S. 22) weiterhin einen quantitativen und qualitativen Mangel an modernen und zukunftsweisenden Ausbildungsplätzen. Das zeigt sich in Deutschland insbesondere bei dem immer krisenhafteren Übergang von der Schule in die duale Ausbildung. Hier kann von **Marktversagen** gesprochen werden, weil die primär einzelbetrieblichen Ausbildungs-, Angebots- und Finanzierungsentscheidungen aufgrund ihrer immanenten Tendenz zur Unterinvestition keineswegs hinreichend auf die Ausbildungswünsche und -fähigkeiten der Heranwachsenden eingehen, zugleich nicht aus sich heraus den gesamtwirtschaftlichen Nachwuchsbedarf zu sichern vermögen und auch die Abstimmung von Ausbildung und Beschäftigung zwischen den verschiedenen wirtschaftlichen Sektoren nicht gesichert ist.

3. Ferner haben wir es heute und in der absehbaren Zukunft aufgrund der strukturellen Freisetzungsprozesse mit **segmentierten Arbeitsmärkten** zu tun: Zwar gibt es einen gewissen Abbau der horizontalen Hierarchien innerhalb der sozialen, z. T. auch ethnisch überformten Milieus; aber die vertikalen Ungleichheiten zwischen den Milieus haben sich (auch und gerade in Bezug auf ihre ethnische Überformung) in den letzten Jahrzehnten deutlich verstärkt. Der soziale Aufstieg durch Bildung ist weitgehend blockiert, denn der formale Bildungsabschluss bzw. die real vorhandenen Kompetenzen sind eben nur ein Selektionsaspekt; hinzu kommen – als teilweise noch gewichtigere – der soziale Status der Herkunftsfamilie, das Geschlecht sowie die ethnische Zugehörigkeit. In alledem drückt sich die Herrschaftsfunktion des Beschäftigungssystems aus.

4. Es ist auch darauf zu verweisen, dass die **Bildungsplanung** in einer Mischung aus Koppelung, Entkoppelung und Flexibilisierung sich zwar um eine Abstimmung bemüht, aber ihr dies aufgrund ihres letztlich „anarchischen" Gesamtcharak-

ters nicht gelingt, weil die Probleme meist erst nachträglich erkannt und dann primär defensiv bearbeitet werden. Das zeigt sich ganz aktuell und dramatisch am bundesweiten Lehrer*innenmangel, der seit über 15 Jahren absehbar ist und immer wieder öffentlich thematisiert wurde. Zugleich gibt es eine zunehmende *Problemprivatisierung*, d.h. die Heranwachsenden sollen diese Abstimmung individuell vollziehen, indem sie sich flexibel auf die unübersichtlichen Arbeitsmarktprobleme einstellen. Weil das aber aktuell einem relevanten Teil der Jugendlichen nicht gelingt (so lösen ihren Ausbildungsvertrag 25,7 % auf (vgl. Berufsbildungsbericht 2019, S. 14), deshalb gibt es als Reaktion auf diese sich ausweitenden Problemlagen und Bedarfe einen ganz eigenständigen Sektor, nämlich das bereits erwähnte **Übergangsmanagement** (vgl. Kreher/Lempp 2013; Lex et al. 2006; Oehme 2013b). Zu diesem System der Benachteiligtenförderung gehören die verschiedensten Orientierungs-, Vorbereitungs-, Einstiegs-, Ausbildungs-, Begleitungs-, Beschäftigungs- und Wiedereingliederungshilfen, die mittlerweile ein echtes Parallelsystem bilden neben der *dualen Ausbildung* (in welcher hauptsächlich die nahtlosen, also erfolgreichen Übergänge vollzogen werden). Zugleich ist dieser Bildungssektor hinsichtlich der Angebotsstrukturen und Finanzierungsformen höchst unübersichtlich, denn daran sind beteiligt die Betriebe, die Berufsschulen, die Arbeitsagentur, die meist freien Träger und manchmal auch die Krankenkassen. Sie haben starke eigene Interessen, weshalb sie in wichtigen Fragen auf dem Quasimarkt als *Konkurrenten* auftreten, obwohl sie doch zur *Vernetzung* verpflichtet sind. Hierbei spielen auch lokale und regionale ökonomische, soziale, politische und kulturelle Besonderheiten eine wichtige Rolle. Diese speziellen Bildungsangebote stehen angesichts des Erfolgsdrucks auch in der Gefahr, primär die anzusprechen, die ohnehin „die Fitteren" sind und die anderen in eine Maßnahmekarriere zu drängen, die häufig in die Deklassierung führt, weil sich dabei *Arbeitsmarktbenachteiligungen* und *Bildungsbenachteiligungen* kumulativ verstärken. Um das zu verhindern bedarf es eines **strukturellen (regionalen) Übergangsmanagements**, welches alle Angebote des Bildungsbereichs und des Übergangssektors verbindet (vgl. Arnold/Lempp 2008; Oehme 2007; Pohl/Walter 2013; Solga 2005). Dies ist die Voraussetzung dafür, dass das **individuelle Übergangsmanagement** – über glückliche Einzelfälle hinaus – eine realistische Erfolgschance hat. Diese Vernetzung ist auch zu fördern durch die Abstimmung zwischen der Schul- und der Kinder- und Jugendhilfeplanung sowie die Einbeziehung der Sozialplanung betreffs der Grundsicherung (vgl. § 7[1 u. 5] SGB II). Dabei kann es nicht darum gehen, die entsprechenden Suchbewegungen und Aufklärungsbemühungen der Jugendlichen so zu kanalisieren, dass sie „passgenau" den tatsächlichen, häufig aber nur vermeintlichen Anforderungen des Arbeitsmarktes und der Wirtschaft entsprechen (eine solche Anpassung wird in dem zynischen Satz „Es kann nun mal nicht jeder einen Traumberuf haben" verdeckt und gerechtfertigt). Vielmehr bedarf es immer auch der kritischen Auseinandersetzung mit diesen Anforderungen (und der Vermittlung personaler Fähigkeiten und Bereitschaften dazu). Darüber hinaus muss beachtet werden, dass die wirtschaftlichen Prozesse immer nur *einen* Aspekt der gesellschaftlichen Wirklichkeit ausmachen und allein schon deshalb eine Ableitung der entsprechenden Lern-, Beratungs- und Unterstützungsangebote aus ökonomisch-technisch-arbeitsorganisatorischen Anforderungen inakzeptabel ist.

2.4.4 Sozialpädagogische Begleitung und Unterstützung der Ausbildung

Nun erfordert die bessere Abstimmung zwischen Bildungs- und Beschäftigungssystem eine grundlegende Veränderung der bildungsplanerischen Strukturen und Entscheidungsprozesse mit starken sozialpolitischen Prämissen und Einflussnahmen. Auf diese *systemische* Flexibilisierung (im Sinne von Galuske) kann hier nicht näher eingegangen werden. Erforderlich ist aber auch eine **lebensweltliche Flexibilisierung**, die aber nicht den Anspruch haben kann und darf, die staatlichen Planungsmängel beheben zu können; und sie darf in keinem Fall – was seit mindestens 20 Jahren unter den Schlagworten „Fördern und Fordern" bzw. „aktivierender Sozialstaat" geschieht – die Subjekte, hier die Jugendlichen, mit Aufgaben überlasten, die sie *prinzipiell* gar nicht erfüllen können. Aber selbstverständlich hat die Berufs- und Sozialpädagogik zugleich die Verpflichtung, die Jugendlichen im Rahmen ihrer *tatsächlichen* Möglichkeiten anzuregen, zu unterstützen und abzusichern. Das ist auch der reale Kern der entsprechenden gesetzlichen Bestimmungen, u. a. der §§ 11(3) und 13(1 u. 4) SGB VIII und § 124 SGB III. Beiden Disziplinen und Professionen kommen in Rahmen der „Nach-Beteiligung" von „benachteiligten" Jugendlichen folgende Aufgaben der **sekundären Prävention** zu (vgl. Arnold 2015; Arnold et al. 2005; Galuske 2009):

1. Es gilt zunächst einmal, die **identitätsfördernde Beziehungsarbeitsarbeit** ins Zentrum zu stellen, sich also nicht von den technischen und ökonomischen Anforderungen des Ausbildungsbetriebes überrollen zu lassen, sondern sich in dezidiert sozialpädagogischer Sichtweise mit ihnen auseinanderzusetzen und auf sie einzustellen. Eine gerechtigkeitsorientierte (früher: akzeptierende) Jugendarbeit stellt ins Zentrum die Probleme, die Jugendliche haben (nicht: die sie machen), begleitet sie im Alltag und fördert dabei eine sozial verträgliche

Lebensführung, akzeptiert und unterstützt Suchbewegungen und Experimen-
tierphasen und fördert eine realistische soziale und psychische Konfliktbearbeitung (vgl. zur Identitätsentwicklung allgemein und unter den aktuellen
Bedingungen Kap. 3.1).

2. Nun ist es eine besondere Herausforderung, diese **Lebensweltorientierung**
   mit den **Ausbildungsanforderungen** und der darüber vermittelten **Arbeitsmarktorientierung** prozesshaft in Einklang zu bringen, sie in keinem Fall
   entgegenzusetzen.

   a. Dabei ist davon auszugehen, dass diese Jugendlichen – auch wenn das nicht
      immer ganz offensichtlich ist – **richtige Arbeit** wollen und eine Arbeit, die
      zu ihnen passt, also auch existenzsichernd ist. Gerade in den unteren Milieus
      ist der Arbeitsbezug die zentrale sinnstiftende, identitätsfördernde Quelle,
      weil das eher geringe Entwicklungsniveau des sozialen und kulturellen
      Kapitals alternative Formen der Lebensführung und -orientierung weniger
      attraktiv erscheinen lässt. Dabei ist in Ostdeutschland die Orientierung auf
      „Arbeit an sich" deutlich ausgeprägter als im Westen, wobei auch hier ein
      Bedeutungszuwachs der Teilhabe an gesellschaftlicher Arbeit für die indi-
      viduelle Lebensführung und -zufriedenheit festzustellen ist und in einem
      Spannungsverhältnis zur Selbst- und Mitbestimmung steht.

   b. Um diese Art von Arbeitsorientierung und Ausbildungsmotivation aufneh-
      men zu können, müssen in den entsprechenden Maßnahmen **netzwerkartig**
      verknüpft werden die Regionalisierung, der habitussensible Milieubezug, die
      „Ganzheitlichkeit" der Vorbereitung auf den Beruf und die Bewältigung der
      lebenspraktischen Anforderungen in einer modernisierten kapitalistischen
      Arbeitsgesellschaft. Deshalb gilt es zu fördern die Erweiterung der soziokul-
      turellen Kompetenzen und damit der kulturellen und sozialen, teilweise auch
      ökonomischen Kapitalbildung, wobei hier an den Stärken anzusetzen ist, um
      so schrittweise auch die Defizite abbauen zu können. Dafür förderlich ist die
      Verortung der Jugendberufshilfe und der von ihr unterstützten Lern- und
      Entwicklungsprozesse im konkreten Gemeinwesen und damit auch der Abbau
      der säulenartigen Arbeitsteilung zwischen den verschiedenen Institutionen,
      die sich mit den Jugendlichen „beschäftigen".

   c. Die lebensweltbezogene Jugendberufshilfe stellt ins Zentrum die **persönlich-
      keitsbezogenen Förderpläne**. Sie enthalten neben den Fachkompetenzen die
      Aneignung von Alltagskompetenzen und -techniken, von Orientierungs-
      und (Über-)Lebenswissen und allgemeine soziale und kommunikative
      Kompetenzen. Der notwendige Unterricht sollte möglichst alltagsbezogen
      und zugleich lebenskundlich ausgerichtet sein. Eingeschlossen sind dabei
      ggf. auch Angebote der sozialen Einzelfallhilfe und Gruppenarbeit, die die

Auseinandersetzung mit selbstfeindschaftlichen, selbstdestruktiven und selbststigmatisierenden Tendenzen der Lebensbewältigung anregen und Ansätze zu deren Überwindung suchen und experimentierend erproben (hier gibt es gewisse und wichtige Übereinstimmungen mit und vergleichbare Probleme wie in der Hilfeplanung; dazu Kap. 3.3.3).

d. Wesentlicher Teil der neueren Curriculumreform für die Schulen besteht darin, dass die Lehrpläne zunehmend bzw. vorrangig an **Kompetenzen ausgerichtet** werden. Das ist auch für die sozialpädagogische Arbeit relevant. Deshalb will sie dazu beitragen, dass die Jugendlichen berufsbezogene Schlüsselqualifikationen und alltagsbezogene Schlüsselkompetenzen erwerben, wobei die meist nicht bekannten, häufig verdeckten, aber doch vorhandenen Kompetenzen als Ausgangs- und ständiger Bezugspunkt der Förderungsarbeit dienen (und nicht Schulnoten, Zeugnisse oder Abschlüsse – letztere sind häufig nicht vorhanden). Dies geschieht durch die Feststellung der Stärken und Entwicklungspotenziale der Einzelnen, die Schaffung von Lerngelegenheiten und -anforderungen, wo sich diese Potentiale zeigen und entwickeln können. Das trägt dann auch bei zur Stärkung von Selbstvertrauen und Selbstwertgefühl durch die Erfahrung der Selbstwirksamkeit bei der Bewältigung der alltags- und berufsbezogenen Entwicklungsaufgaben.

e. An dieser Stelle noch eine knappe Bemerkung zu den **Assessment-Verfahren**: Im günstigen Fall und bei sehr kompetenter Anwendung lässt sich damit „feststellen", wo die aktuell vorhandenen subjektiven Wissens- und Kompetenzschwerpunkte liegen und in welchem Verhältnis sie zu den objektiv vorhandenen inhaltlichen und sozialen Anforderungen des Berufsfeldes stehen. Ein durchgängiges Problem besteht aber darin, dass die biografische und lebensweltliche Einbindung der Entwicklung von berufsbezogenen Qualifikationen in die allgemeine Lebensführung und Lebensplanung (die bei den sozialpädagogischen Förderplänen im Zentrum stehen), fast keine Beachtung finden. Beide Momente müssen aber gerade dann verschränkt werden, wenn es um die Förderung übergreifender, **metakognitiver Lernkompetenzen** geht, die sich beziehen auf das *aussprechbare* Wissen, also die eigenen Fähigkeiten und Wissensbestände, die verfügbaren Lern„strategien", die eigenen Fähigkeits-, Wissens- und „Strategie"defizite, die verfügbaren „Strategien" und die Zuordnung zu Aufgaben. Sie beinhalten aber auch das *prozessbezogene* (z. T. auch routinisierte bzw. „automatisierte") Wissen, somit die Planungskompetenzen, die vorwegnehmende und nachträgliche Einschätzung der eigenen [Lern-]Leistungen und die Selbstkontrolle und ggf. Korrektur des eigenen Lernverhaltens.

f. Auch in der Jugendberufshilfe bedarf es einer (erheblich) besseren Abstimmung zwischen den **informellen** Lernorten (bes. Familie und Freundschaftsgruppen), den **nicht-formellen** Lernorten, die institutionell angeboten und freiwillig besucht werden (bes. Angebote der offenen und verbandlichen Kinder- und Jugendarbeit) und den **formellen** Lernorten (hier besonders Schule, Berufsschule und Ausbildungsbetrieb bzw. überbetriebliche Ausbildungsstätte). Die Kooperation der verschiedenen Lernorte bezieht sich dabei auf die Aneignung von *Fachpraxis*, von *Fachtheorie* und von sozialpädagogisch unterstützter *Lebensbewältigung*.

2.4.5 Sinnstiftende Beschäftigungsprojekte

Es gibt nun aber auch eine Gruppe von Jugendlichen, wo sich auch die Angebote und Maßnahmen der arbeits- und bildungsbezogenen primären und sekundären Prävention als unzureichend erweisen. Das gilt besonders dann, wenn der Übergang in die Ausbildung bzw. ihr erfolgreicher Abschluss nicht gelingt (ohne Abschluss waren 2018 14,2 %; vgl. Berufsbildungsbericht 2019, S. 43) oder wenn der Übergang von der Ausbildung in die Berufsausübung scheitert (die Jugendarbeitslosigkeit lag im Herbst 2019 bei 6,2 %). Solche Jugendlichen sind dann in besonders hohem Masse von sozialen Desintegrationsprozessen und psychodynamischen Abwehrprozessen und (selbst-)zerstörerischen Impulsen und Handlungen bedroht. Hier setzten Angebote und Maßnahmen der **tertiären Prävention** an (vgl. Goltz et al. 2008). Zur Verhinderung bzw. Überwindung biografischer Krisen- und Desintegrationsprozesse ist dabei die materielle Absicherung des alltäglichen Lebens (Einkommen, Wohnung) in entwicklungsoffener Weise zu verbinden mit funktionalen Äquivalenten zur Integration durch die „normale" Lohnarbeit. Die Perspektive der beruflichen Integration in den ersten Arbeitsmarkt wird damit zwar nicht grundsätzlich aufgegeben, aber sie ist auch nicht mehr der Dreh- und Angelpunkt. Im Kontext der Sozialen Arbeit sind hier Projekte mit Jugendlichen gefragt, die sinnstiftende Tätigkeiten anbieten und so den Heranwachsenden die Chance auf **soziale Anerkennung** und Erfahrung von **Selbstwirksamkeit** bieten. Sie sollten sich von folgenden Überlegungen leiten lassen, die – im Unterschied zu den anderen Darstellungen in diesem Buch – die **methodische** Ausrichtung exemplarisch auch schon mit konkretisierenden und spezifizierenden „**technischen**" Umsetzungsvorschlägen verknüpfen, die dann als ein „Raster" verwendet werden sowohl zur **Planung** entsprechender Projekte wie zu ihrer **Auswertung** (vgl. Beran et al. 2008):

1. Die **Sinnhaftigkeit** der Projekte ergibt sich im Wesentlichen aus den subjektiven Entwicklungs- und Lerninteressen, -bedürfnissen und -erfahrungen der Jugendlichen und den Tätigkeitsfeldern, die zumindest teilweise schon in ihrem Alltagsleben anzutreffen sind. Hier sind bezogen auf die Jugendlichen folgende Dimensionen von Bedeutung:
   a. Die Auswahl der Projektaktivitäten sollte an den schon vorhandenen Tätigkeitsfeldern anschließen.
   b. Sie sollten ihnen Anerkennung schaffen (können)
   c. und ihre Handlungsmöglichkeiten erweitern.
   d. Gerade mit Blick auf die subjektiven Voraussetzungen ist es zwingend, dass die Aktivitäten produktorientiert sind
   e. und dass sie Verknüpfungen mit anderen Tätigkeitsfeldern im Projekt erlauben.
   f. Es sollten die verschiedenen Jugendlichen sich mit verschiedenen Tätigkeiten einbringen können und zugleich sollten
   g. Herausforderungen geschaffen werden, nicht zuletzt um die Frustrationstoleranz schrittweise auszuweiten. Das gelingt aber nur, wenn Zwischenschritte eingeplant = Erfolgserlebnisse ermöglicht werden.
   h. In den Projekten sollten Bildungsherausforderungen, aber auch Arbeitsanforderungen geschaffen werden, die zugleich Perspektiven eröffnen; aber das nicht abstrakt und „von oben" herab, sondern immer die subjektive Relevanz = Attraktivität im Blick behaltend.
2. Bezogen auf die **Projektorganisation** bedeutet das:
   a. Längere, in sich allerdings abgestufte Projektzeiträume sind immer besser als kürzere, denn für biografisch lange gewachsene Probleme gibt es keine kurzfristigen Lösungen.
   b. Es müssen Strukturen und Regeln geschaffen werden (z. B. Anwesenheitspflichten, Qualitätskontrollen der Arbeit), aber diese müssen immer wieder transparent gemacht werden.
   c. Es sind Verträge mit den Jugendlichen zu schließen, die die Pflichten und Rechte (möglichst symmetrisch) festlegen.
   d. Immer wieder und notwendigerweise auftretende Probleme der regelmäßigen Teilnahme müssen flexibel bearbeitet werden, also weder bürokratisch noch unverbindlich.
   e. Arbeit und Arbeitsalltag müssen aufgelockert werden (z. B. gemeinsames Frühstück vor der Arbeit und gemeinsames Treffen beim Arbeitsschluss), gerade wegen der zunächst nur gering vorhandenen Frustrationstoleranz bzw. dem unzureichenden Durchhaltevermögen.

f. Die Werbung für das Projekt fördert immer auch die Identifikation mit ihm – und umgekehrt, denn die positiven Reaktionen darauf sind ein Element der sozialen Anerkennung.

g. Der „Lohn" sollte unmittelbar ausgezahlt werden (ggf. sogar täglich), weil viele Jugendliche das Geld z. T. schlicht brauchen und weil er auch eine Form der unmittelbaren Anerkennung ist; das trägt in jedem Fall zur Stabilisierung der Motivation bei.

3. Es gilt, **Zugänge** zu den interessierten Jugendlichen zu finden bzw. zu schaffen:

a. Dies erfordert zunächst **sozialräumliche** und **lebensweltliche** Zugänge und zwar durch die Nutzung der professionellen und persönlichen Kontakte zu den Jugendlichen, indem sie dort angesprochen werden, wo sie sich ohnehin schon aufhalten. Man kann sie aber auch über ihre Freunde in den Netzwerken und Peergroups ansprechen; ferner über die Medien oder auch übers Arbeitsamt.

b. Bei den **Zugangs-** und **Auswahlverfahren** ist zu beachten, dass die Kontaktaufnahmen Zeit und Anschaulichkeit benötigen. Um die abstrakten Informationen über das beabsichtigte oder schon laufende Projekt gehaltvoller zu machen, sollte viel mit Bildern gearbeitet werden. Standardisierte Auswahlverfahren sind extrem problematisch, weil sie wieder nur die relativ Kompetenteren „gewinnen" lassen, also die „Verlierer", für die die Projekte gerade auch gemacht werden, wieder ausgrenzen. Deshalb sollte die Auswahl nach biografischen und sozialräumlichen Gesichtspunkten erfolgen. Der Sinn der Teilhabe am Projekt muss aber in jedem Fall mit den Jugendlichen gemeinsam geklärt werden.

4. Das A und O des Gelingens solcher Projekte hängt vom Grad der **praktizierten Partizipation** ab. Dazu kann dienen:

a. Einen „think tank" zusammenzustellen, um den sozialräumlichen Entwicklungsbedarf zu erfahren/erkennen.

b. Eine Ideenwerkstatt durchführen, um die konkreten Aufgaben näher gemeinsam zu bestimmen.

c. Konkrete Einzelprojekte müssen stets innerhalb des Gesamtprojektes geplant werden.

d. Es sollten Teams gebildet werden, die bestimmte Arbeitsaufträge verbindlich übernehmen; das stärkt auch das Verantwortungsgefühl für das gesamte Projekt.

e. Wichtig sind gemeinsame Besprechungen der Arbeitsabläufe, wo alles auf den Tisch kommt, was Probleme bereitet und alle Ideen eingebracht werden können, wie sie zu lösen sind.

f. Die Mitbestimmung muss auch einschließen die Festlegung der Regeln, die Finanzausgaben und auch Alltagsfragen jenseits der Kernaufgaben des Projektes.

g. Die immer wieder auftauchenden Spannungen zwischen Arbeitsproduktivität und Mitbestimmung müssen „einkalkuliert" und „ausgetragen" werden, es hilft gar nichts, sie unter den Tisch zu kehren.

h. Die Leitung muss sich auf das Arbeits- und Entscheidungstempo der Jugendlichen einlassen – respektvoll *und* herausfordernd.

i. Zu beachten ist aber auch: Partizipation braucht auch einsehbare, akzeptierbare und transparente Grenzen, damit die Jugendlichen nicht durch den permanenten Entscheidungszwang schließlich überlastet werden; hier haben Routinen und Rituale ihre entlastende Funktion.

j. Negativ und als Warnung formuliert: Die Grenzen der Mitbestimmung dürfen nicht autoritär gesetzt und über die Köpfe bzw. gegen die Interessen und Wünsche der Jugendlichen durchgesetzt werden.

5. Es gilt immer auch, **sozialräumliche Netzwerke** zu fördern und zu unterstützen, weil diese persönlichen zwischenmenschlichen Beziehungen die Jugendlichen besonders an den Sozialraum binden (speziell wenn sie nochmals von den Peergroups „unterfüttert" werden); das kann und sollte unterstützt werden durch:

a. Den Gruppenbildungen sollte im gesamten Projektablauf ein zentraler Stellenwert eingeräumt werden.

b. Deshalb sollten alle Gelegenheiten genutzt werden, die Gruppen zusammenzubringen.

c. Auch sollten weitere Kontakte zu anderen Jugendlichen geschaffen und diese an den Gruppen interessiert werden.

d. Es ist Zeit, für Netzwerkbildungen schaffen.

e. Dabei sind auch Netzwerke zwischen verschiedenen Projekten bzw. verschiedenen Trägern anzuregen und zu fördern.

6. Es sollte auch die **Kooperation** nach „draußen" aufgebaut, ausgebaut und vertieft werden:

a. Es sollte der Bedarf der verschiedenen Institutionen und Projekte an Gütern und Dienstleistungen erhoben werden.

b. Gezielt sollte gesucht werden nach Verantwortlichen und/oder Entscheidungsträger*innen, die bestimmte Ideen verwirklichen wollen – und können.

c. Es sind Partner aus Handel und Wirtschaft (auch als Sponsoren) zu suchen – gerade auch die „Kleinen" im unmittelbaren Sozialraum.

d. Anzustreben ist immer auch die Kooperation mit Ausbildungseinrichtungen und Hochschulen.

e. Es sind von Anfang an immer auch Maßnahmen zur Verselbständigung des Projektes einzuleiten und immer mehr zu verstärken – und zwar, indem das Projekt an bestehende Strukturen angedockt wird und/oder von ihm eigene institutionelle Strukturen geschaffen werden.

7. Fortlaufend ist auch die **Öffentlichkeit** einzubeziehen – und zwar durch:

   a. Die Bildung eines „Reporter*innen"-Teams innerhalb des Projektes, das auch

   b. Kontakte zur lokalen und regionalen Presse sucht und pflegt sowie zu lokalen Radio- und Fernsehsendern.

   c. Wichtig ist es auch, eine interne mediale Dokumentation des Projektes einzurichten (auch als Medium der ständigen Selbstanalyse).

   d. Dabei sollte den Jugendlichen geholfen werden, ihre Bedürfnisse, Erfahrungen, Wünsche, Ideen usw. auszudrücken.

   e. Das Reporter*innen-Team sollte aber immer wieder auch nach draußen geschickt werden – auch um die lokalen Basisöffentlichkeiten „auf dem Laufenden" zu halten.

   f. Es sind auch Kontakte zu politischen Akteuren zu suchen und zu pflegen (gerade dies ist eine langfristige Aufgabe).

   g. Es sind Räume für die Präsentation des Projektes und der Jugendlichen zu schaffen – und zwar auch, um so die Auseinandersetzung mit politischen Zwängen zu ermöglichen.

   h. Das Projekt sollte bestrebt sein, sich in den verschiedenen politischen Räumen zu präsentieren.

   i. Und es sollten auch interessierte Studierende/Wissenschaftler*innen einbezogen werden – nicht zuletzt als kritische Instanz (was aber die Fähigkeit und Bereitschaft aller Projektmitglieder zur Selbstkritik erfordert).

8. Die **pädagogische Grundhaltung** muss bestimmt sein von einer echten Lernbereitschaft der professionellen Pädagog*innen; dazu gehört bzw. das zeigt sich so:

   a. Gewiss muss die Projektkonzeption im Auge behalten werden, aber man sollte nicht versuchen, sie 1:1 umzusetzen.

   b. Der ganze Prozess muss offen sein für Experimente.

   c. Auch die Rollen der Betreuer*innen müssen als Lernprozesse gestaltet werden.

   d. Zwar darf man Regelverletzungen nicht ignorieren, aber man muss stets auch ihren objektiven Ursachen und subjektiven Gründen nachgehen.

   e. Man sollte sich stets so weit wie irgend möglich mit den Haltungen und Problemen der Jugendlichen konstruktiv herausfordernd, nicht abwertend auseinandersetzen.

   f. Man darf aber Offenheit nicht als Gleichgültigkeit missverstehen.

9. Die **Teambildung** muss sich an diesen Notwendigkeiten ausrichten; erforderlich sind dabei Mitarbeiter*innen, die

a. Erfahrungen in der pädagogischen Arbeit mit benachteiligten Jugendlichen haben, die

b. von der Sache selber begeistert sind,

c. und die an einem Strang ziehen.

d. Dazu gehört auch, dass es klare Rollenverteilungen (entsprechend den Kompetenzen und Verantwortlichkeiten) innerhalb des Projektes gibt, aber

e. die Spezialisierung nicht so weit getrieben wird, dass die einzelnen Mitarbeiter*innen den Überblick verlieren oder sich an der Realisierung Gesamtverantwortung nur noch reduziert beteiligen.

10. Ein solches Projekt ist immer auch ein **Auseinandersetzungsraum**, weil in ihm biografische Suchprozesse stattfinden, primär für die Jugendlichen, aber in hohem Masse auch für die Pädagog*innen; das erfordert für die *Jugendlichen*:

    a. Kommunikationsebenen herzustellen,

    b. eine aktive Vertrauensbasis zu schaffen,

    c. die sozialpädagogische Betreuung zu sichern und

    d. angemessene Umgangsweisen mit Verstößen gegen die gemeinsam erfundenen Regeln zu vereinbaren und gemeinsam umzusetzen.

11. Für die *Mitarbeiter*innen* bedeutet dies:

    a. Es muss auch ein Anerkennungsrahmen für die Mitarbeiter*innen geschaffen werden sowie einer

    b. für die inhaltliche Auseinandersetzung und die „visionäre" Weiterentwicklung des Projektes.

    c. Es muss ferner für die regelmäßige „Gesamtprojektschau" Zeit und Raum zur Verfügung stehen sowie

    d. ausreichend Zeit für Teambesprechungen, nicht zuletzt weil Rückschläge, Misserfolge usw. von vornherein einzukalkulieren sind.

12. Es sind von Anfang an und durchgängig die **Stärken** der benachteiligten Jugendlichen ins Zentrum stellen; diese lassen sich differenzieren nach

    a. allgemeinen, aufgabenübergreifenden Stärken,

    b. persönlichen Stärken,

    c. sozialen Stärken und

    d. praktischen Stärken.

13. Es sind die **Tätigkeitsfelder**, die eine besonders **hohe Attraktivität** für die Jugendlichen haben, bevorzugt anzubieten; dazu gehören u. a.:

    a. Sportaktivitäten und ihre Organisation

    b. Fahrzeug-Motoren-Reparatur

    c. Medienarbeit (Stadtteilzeitung, Homepage, Filme, CDs, DVDs usw.)

    d. Parkgestaltung (Verschönerung, Spielmöglichkeiten, Begegnungsforen, Tanzprojekte...)

e. Services der unterschiedlichsten Art (Kinderbetreuung, Dogsitting, Catering, Homeservice für alte, gebrechliche, kranke Menschen, PC- Reparatur, Jobvermittlung, Handel mit verschiedensten Gegenständen usw.)
f. Kunsthandwerk, Eventorganisation
g. Handwerkliche Tätigkeiten der verschiedensten Art
h. Aufbau und Gestaltung von eigenen, öffentlichen, selbstbestimmten/-verwalteten Jugendräumen

Im Gang der Argumentationen dieses letzten Unterkapitels sind die Perspektiven schrittweise über die der Schule ausgeweitet worden auf das Gesamtspektrum der Lernorte und -gelegenheiten der Jugendlichen. Daran wird in den weiteren Kapiteln angeschlossen, speziell in dem nachfolgenden, wo auf die Identitätsentwicklung als *dem* Zentrum der psychosozialen Entwicklung der Jugend eingegangen wird. An dieser Stelle soll aber noch eine Form von Zusammenfassung geboten werden, die zugleich einen weiteren, integrativen Aspekt der entwicklungspädagogischen Forschungsmethoden aufnimmt, nämlich die des **Nationalen Bildungspanels**, über dessen zentrale Fragestellungen der Wissensbaustein Nr. **12** (S. 234–236) informiert.

Wissensbaustein 12:
Das Nationale Bildungspanel

Von Bloosfeld et al. (2010, S. 211–213; vgl. auch die ausführliche Darstellung in ders. et al. 2011) sind die Themenfelder programmatisch so umrissen worden:

„Im Nationalen Bildungspanel bilden die Forschungsparadigmen und -ergebnisse der soziologischen Lebenslaufforschung und der Psychologie der Lebensspanne die zentralen theoretischen Grundlagen, um kumulative Prozesse in Bildungsverläufen, in denen sich spätere Zustände erst aus einer Vielzahl vorausgehender Entscheidungen und genutzter Lerngelegenheiten ergeben, zu erklären und zu verstehen..." (ebd., S. 211)

Das Paradigma enthält dabei folgende 5 Säulen (Hervorhebungen statt kursiv jetzt fett; K.-H. B.):

1. „Aufgabe der **Säule zur Kompetenzentwicklung im Lebenslauf** ist es, Modelle zur strukturellen Ausdifferenzierung und zu den Entwicklungsniveaus von Kompetenzen über den gesamten Lebenslauf zu erarbeiten. Im Zentrum steht die Erfassung und Analyse von fachspezifischen und überfachlichen

Kompetenzen. Das Bildungspanel wird längsschnittliche Messungen der Lesekompetenz, der Hörkompetenz, der mathematischen und naturwissenschaftlichen Kompetenzen durchführen. (...) Darüber hinaus werden die Fähigkeiten zur Selbstregulation und die Selbstkompetenzen berücksichtigt." (ebd., S. 212)

2. „Die **Säule zu Bildungsprozessen in lebenslaufspezifischen Lernumwelten** konzentriert sich auf die theoretischen Grundlagen und die empirische Umsetzung der Erhebung von Merkmalen der Lerngelegenheiten in den relevanten Lernumwelten, die sich auf Kompetenzerwerb und Bildungsprozesse auswirken können. Lernumwelten werden ... als Anbieter von Lerngelegenheiten konzeptualisiert, die von den Lernenden zum Erwerb von Fähigkeiten und Kompetenzen genutzt werden können. Die Lernumwelten werden im Bildungsbereich in drei Bereiche unterteilt: formale (z. B. Schule, Ausbildungsplatz, Hochschule), non-formale (z. B. Angebote der Kinder- und Jugendhilfe, von Vereinen und religiösen Gemeinschaften) und informelle (z. B. Familie, Peer, Medien) Lernumwelten. Die Betonung von Bildungsprozessen und Kompetenzentwicklungen im Lebenslauf verlangt nach einer Perspektive, mit der sowohl die innerhalb einer Lernwelt stattfindenden Prozesse als auch diachrone (längsschnittliche) und synchron (zeitgleiche) Übergänge zwischen verschiedenen Lernumwelten berücksichtigt werden." (ebd., S. 212f)

3. „Die **Säule zu sozialer Ungleichheit und Bildungsentscheidungen im Lebenslauf** richtet den Blick auf das Ausmaß und die Ursachen von nach sozialstrukturellen Gruppen variierten Bildungsentscheidungen wie beispielsweise die Schulwahl bei der Einschulung, die Wahl der weiterführenden Schule, die berufliche Fachwahl, Studienfachwahl, Fortführung der Bildungskarriere oder Teilnahme an beruflicher Weiterbildung. Schichtspezifische Unterschiede in den Bildungsentscheidungen lassen sich selbst dann beobachten, wenn vergleichbare Leistungen (z. B. Noten, Kompetenzen, Zertifikate) vorliegen. Deshalb ist zu klären, welche Bedeutung schichtspezifische Bildungsaspirationen, Motivationen, Erfolgserwartungen und Bewertungen der Kosten haben. Ein weiterer Schwerpunkt wird auf der geschlechtsspezifischen Genese der Fächerwahl im Bildungsverlauf (berufliche Ausbildung, Studienfachwahl) liegen." (ebd., S. 213)

4. „Die Säule zu den mit der ethnischen Herkunft bzw. der Migrationsbiografie verbundenen Besonderheiten und Kontextualisierungen (insbesondere der Familiensprache, Beziehungen zum Herkunftsland, Einbettung in ethnische Gemeinden und Netzwerke, religiöse Orientierung) können über die sozial ungleichen Mechanismen hinaus zusätzlichen Einfluss auf Kompetenzerwerb und

Bildungsentscheidungen haben. Deshalb gibt es im Nationalen Bildungspanel eine eigene **Säule zum Bildungserwerb von Personen mit Migrationshintergrund im Lebenslauf,** die sich auf die Erfassung bildungsrelevanter migrationsspezifischer Merkmale konzentriert. Ein Schwerpunkt der Migrationssäule wird die Erfassung der Kenntnisse und Kompetenzen der Schülerinnen und Schüler in der Sprache des Herkunftslandes der Eltern sein, weil Merkmale des Erst- und Zweitspracherwerbs für den Bildungs- und Arbeitsmarkterfolg zentrale Erklärungsdimensionen darstellen." (ebd.; vgl. dazu auch EP1, Kap. 5.2)

5. „Die **Säule zu den Bildungsrenditen im Lebenslauf** betrachtet Bildungserträge nicht nur anhand qualifikationsspezifischer Löhne und Arbeitsmarktchancen. Zu den Bildungsrenditen im weiteren Sinne gehören u. a. die politische Partizipation, das soziale Engagement, die physische und psychische Gesundheit, die Chancen bei der Partnersuche und Familiengründung sowie das subjektive Wohlbefinden. Diese Erträge lassen sich teilweise bereits weit vor dem Arbeitsmarkteintritt erfassen (z. B. die physische und mentale Gesundheit und das soziale Engagement von Schülerinnen und Schülern) und können daher ebenfalls in ihrer lebenslaufbezogenen Entwicklung dokumentiert und analysiert werden." (ebd.)

Diese Bildungsverläufe werden dann in acht **Bildungsetappen** gegliedert (ebd.):

Etappe 1: Neugeborene und Eintritt in frühkindliche Betreuungseinrichtungen,
Etappe 2: Kindergarten und Einschulung,
Etappe 3: Grundschule und Übertritt in eine Schulart der Sekundarstufe I,
Etappe 4: Wege durch die Sekundarstufe I und Übergänge in die Sekundarstufe II,
Etappe 5: gymnasiale Oberstufe und Übergänge in (Fach-)Hochschule, Ausbildung oder Arbeitsmarkt,
Etappe 6: Aufnahme einer beruflichen Ausbildung und der spätere Arbeitsmarkteintritt,
Etappe 7: (Fach-)Hochschulstudium und Übergänge in den Arbeitsmarkt,
Etappe 8: allgemeine und berufliche Weiterbildung.

Literaturnachweise

15. KJB *(Kinder- und Jugendbericht)*. Berlin: Bundesminiserum für Familie, Senioren, Frauen und Jugend.

Arnold, Helmut. 2015. *Die Rolle der Sozialen Arbeit im Übergangssystem Schule – Arbeitswelt.* In: Wetzel. 2015. 223–234.

Arnold, Helmut et al. Hrsg. 2005. *Sozialpädagogische Beschäftigungsförderung.* Weinheim und München: Juventa.

Arnold, Helmut und Th. Lempp. Hrsg. 2008. *Regionale Gestaltung von Übergängen in Beschäftigung.* Weinheim und München: Juventa.

Arnold, Rolf und Ph. Gonon. 2006. *Einführung in die Berufspädagogik.* Opladen & Bloomsfield Hills: Barbara Budrich.

Autorengruppe Bildungsberichterstattung. 2018. *Bildung in Deutschland 2018.* Bielefeld: wbv.

Beck, Ulrich. 1986. *Risikogesellschaft. Auf dem Weg in eine andere Moderne. Frankfurt/M.: Suhrkamp.*

Beck, Ulrich. 2007. *Weltrisikogesellschaft. Auf der Suche nach der verlorenen Sicherheit.* Frankfurt/M.: Suhrkamp.

Beck, Ulrich. 2008. *Die Neuvermessung der Ungleichheit unter den Menschen: Soziologische Aufklärung im 21. Jahrhundert.* Frankfurt/M.: Suhrkamp.

Beck, Ulrich. 2017. *Die Metamorphose der Welt.* Berlin: Suhrkamp.

Beck, Ulrich et al. 2001. *Theorie reflexiver Modernisierung – Fragestellungen, Hypothesen, Forschungsprogramme.* In: Beck/Bonß. 2001.11-59.

Beck, Ulrich und W. Bonß. Hrsg. 2001. Die Modernisierung der Moderne. Frankfurt/M.: Suhrkamp. 11–59.

Beck, Ulrich und M. Muslow, Hrsg. 2014. *Vergangenheit und Zukunft der Moderne.* Berlin: Suhrkamp.

Beck, Ulrich und A. Poferl. Hrsg. 2010. *Große Armut, großer Reichtum. Zur Transnationalisierung sozialer Ungleichheit.* Berlin: Suhrkamp.

Beran, Christina et al. 2008. *Sozialräumliche Beschäftigungsprojekte für Jugendliche.* In: Arnold/Lempp. 2008. 260–274.

Bertelsmann-Stiftung. Hrsg. 2005. *Junge Generation und Arbeit.* Gütersloh: Bertelsmann-Stiftung.

Berufsbildungsbericht 2019. Berlin: Bundesministerium für Bildung und Forschung.

Bloosfeld, Hans-Peter et al. 2010. *Längsschnittdaten zur Beschreibung und Erklärung von Bildungsverläufen.* In: Quenzel, Gudrun und K. Hurrelmann. Hrsg. 2010. Bildungsverlierer. Neue Ungleichheiten. Wiesbaden. VS Verlag. 203–220.

Blossfeld, Hans-Peter et al. 2011. *Education as a Lifelong Process. The German National Educational Panel Study (NEPS).* Zeitschrift für Erziehungswissenschaft. Sonderheft 14/2011, Wiesbaden: VS-Verlag.

Bonß, Wolfgang. 2000. *Was wird aus der Erwerbsgesellschaft?* In: Beck, Ulrich. Hrsg. Die Zukunft von Arbeit und Demokratie. Frankfurt/M.: Suhrkamp. 327–415.

Galuske, Michael. 1993. *Das Orientierungsdilemma. Jugendberufshilfe: Sozialpädagogische Selbstvergewisserung und die Modernisierung der Arbeitsgesellschaft.* Bielefeld: KT-Verlag.

Galuske, Michael. 1998. *Methoden der Sozialen Arbeit.* Weinheim und München: Juventa (10. Aufl. 2013: Weinheim und Basel: Beltz Juventa).

Galuske, Michael. 2002. *Flexible Sozialpädagogik.* Weinheim und München: Juventa.

Galuske, Michael. 2009. *Von der Schule auf den Arbeitsmarkt – Übergänge und Übergangshilfen in der flexiblen Arbeitsgesellschaft.* In: Schirp, Jochem und H. D. Zahn. Hrsg. Stadt und Land im Wandel. Marburg: bsj. 181–197.

Galuske, Michael und Th. Rauschenbach. 1994. *Jugendhilfe Ost.* Weinheim und München: Juventa.

Galuske, Michael und W. Thole. Hrsg. 2006. *Vom Fall zum Management. Neue Methoden der Sozialen Arbeit.* Wiesbaden: VS Verlag.

Goltz, Marianne et al. 2008. *Chancen für Jugendliche ohne Berufsausbildung.* Freiburg: Lambertus.

Hofmann-Lun, Irene et al. 2007. *Schulabbrüche und Ausbildungslosigkeit.* München: DJI.

Hummelsheim, Stefan und D. Timmermann, Dieter. 2010. *Bildungsökonomie.* In: Tippelt, Rudolf und B. Schmidt. Hrsg. Handbuch Bildungsforschung, Wiesbaden: VS-Verlag. 93–134.

Koselleck, Reinhart. 1989. *„Erfahrungsraum" und „Erwartungshorizont" – zwei historische Kategorien.* In: Ders. Vergangene Zukunft. Frankfurt/M.: Suhrkamp. 349–375.

Kreher, Thomas und Th. Lempp, Theresa 2013. *Übergänge in die Arbeitswelt.* In: Schroer et al. 2013. 688–704.

Lex, Tilly et al. 2006. *Übergangsmanagement: Jugendliche von der Schule ins Arbeitsleben lotsen.* München: DJI.

Oehme, Andreas. 2007. *Übergänge in Arbeit.* Baltmannsweiler: Schneider.

Oehme, Andreas. 2013a. *Dilemmata der beruflichen Orientierung.* In: Schroer et al. 2013. 632–650.

Oehme, Andreas. 2013b. *Übergangsmanagement.* In: Schroer et al. 2013. 791–809.

Pohl, Axel und A. Walther. 2013. *Perspektiven einer integrierten Übergangspolitik.* In: Schroer et al. 2013. 929–946.

Prenzel, Manfred et al. Hrsg. *PISA 2012.* Münster et al.: Waxmann.

Quenzel, Gudrun. 2015. *Entwicklungsaufgaben und Gesundheit im Jugendalter.* Weinheim und Basel: Beltz Juventa.

Rauschenbach, Thomas und H. Gängler. Hrsg. 1992. *Soziale Arbeit und Erziehung in der Risikogesellschaft.* Neuwied et al.: Luchterhand.

Schönig, Werner und J. Knabe. 2010. *Jugendliche im Übergang von der Schule in den Beruf.* Opladen & Farmington Hills: Budrich UniPress.

Schroer, Wolfgang et al. Hrsg. 2013. Handbuch Übergänge, Weinheim und Basel: Beltz Juventa.

Sennett, Richard. 1998. *Der flexible Mensch. Die Kultur des neuen Kapitalismus.* Berlin: Berlin Verlag.

Solga, Heike. 2005. *Ohne Abschluss in die Bildungsgesellschaft.* Opladen & Farmington Hills, MI: Barbara Budrich.

Stauber, Barbara. 2013. *Doping Gender in Übergängen in den Beruf.* In: Schroer et al. 2013. 141–157.

Stauber, Barbara et al. Hrsg. 2007. *Subjektorientierte Übergangsforschung.* Weinheim und München: Juventa.

Stauber, Barbara/ und A. Walther 2013. *Junge Erwachsene – Eine Lebenslage im Übergang?* In: Schroer et al. 2013. 270–290.

Thiersch, Hans. 2012. *Alltag, methodisches Handeln und Reflexivität – Überlegungen in Erinnerung an Michael Galuske.* In: neue praxis. (42.Jg.) 2012. Heft 1. 88–93.

Timmermann, Dieter. 2005. *Bildungsökonomie.* In: Tippelt, Rudolf. Hrsg. Handbuch Bildungsforschung, Wiesbaden: VS-Verlag. 81–122.

Wetzel, Konstanze. 2015. Hrsg. *Öffentliche Erziehung im Strukturwandel*. Wiesbaden: Springer VS.

Literaturempfehlungen

Arnold, Helmut et al. Hrsg. 2005. *Sozialpädagogische Beschäftigungsförderung*. Weinheim und München: Juventa.
Arnold, Helmut und Th. Lempp. Hrsg. 2008. *Regionale Gestaltung von Übergängen in Beschäftigung*. Weinheim und München: Juventa.
Autorengruppe Bildungsberichterstattung. 2018. *Bildung in Deutschland 2018*. Bielefeld: wbv.
Beck, Ulrich. 2008. *Die Neuvermessung der Ungleichheit unter den Menschen: Soziologische Aufklärung im 21. Jahrhundert*. Frankfurt/M.: Suhrkamp.
Bonß, Wolfgang. 2000. *Was wird aus der Erwerbsgesellschaft?* In: Beck, Ulrich. Hrsg. Die Zukunft von Arbeit und Demokratie. Frankfurt/M.: Suhrkamp. 327–415.
Galuske, Michael. 2009. *Von der Schule auf den Arbeitsmarkt – Übergänge und Übergangshilfen in der flexiblen Arbeitsgesellschaft*. In: Schirp, Jochem und H. D. Zahn. Hrsg. Stadt und Land im Wandel. Marburg: bsj. 181–197.
Hummelsheim, Stefan und D. Timmermann, Dieter. 2010. *Bildungsökonomie*. In: Tippelt, Rudolf und B. Schmidt. Hrsg. Handbuch Bildungsforschung, Wiesbaden: VS-Verlag. 93–134.
Lex, Tilly et al. 2006. *Übergangsmanagement: Jugendliche von der Schule ins Arbeitsleben lotsen*. München: DJI.
Oehme, Andreas. 2007. *Übergänge in Arbeit*. Baltmannsweiler: Schneider.

Identität und pädagogische Kapitalbildung

3

Zusammenfassung

In diesem Kapitel wird zur Vertiefung und Erweiterung des Konzeptes der reflexiven habitussensiblen und milieugerechten Pädagogik und der pädagogischen Kapitalbildung ein Theorieansatz eingeführt, der die subjektiven Entwicklungsdynamiken in den Vordergrund stellt. Nach einer generellen Einführung in diese Identitätsforschung (Kap. 3.1) wird auf die besonderen herrschaftsvermittelten Widerspruchsbeziehungen zwischen Identität und Migration eingegangen (Kap. 3.2) und als Gegengewicht zur ausführlichen Darstellung der Verhältnisse und Beziehungen in der Schule das Identitätskonzept weiterentwickelt durch Bezüge zu ausgewählten Dimensionen der pädagogischen Kapitalbildung in den Institutionen und Handlungsfeldern der Sozialen Arbeit und Erziehung (Kap. 3.3).

Ohne jeden Zweifel ist Identität ein sehr schillerndes Begriffskonzept. Dies hängt nicht zuletzt damit zusammen, dass es in sehr unterschiedlichen Diskurstraditionen verankert ist bzw. verwendet wird: Es wurde und wird als anthropologisches Konzept verwendet, bei dem Prozess und Resultat bzw. übergreifende Bewältigungskompetenzen und vielfältig inhaltlich bestimmte Handlungsmuster in einem bedeutungsvollen Spannungsverhältnis stehen; mit ihm werden normative Ansprüche an eine gelingende Identitätsarbeit, an ein sozial verträgliches bzw. ökonomisch erfolgreiches und subjektiv befriedigendes Leben verbunden (die in manchen Ansätzen dann den Charakter einer Normierung annehmen) und zugleich bestimmte soziokulturelle Trends der Lebensführung analysiert, die in speziellen Diskurssträngen als Identitätskrise die subjektive Seite gesellschaftlicher Krisenprozesse zur Sprache bringen (vgl. die Übersichten in Jörissen/Zirfas 2010; Keupp 1997; Zirfas/Jörissen 2007, Teil I). In allen diesen Debatten, die auch als **subjektwissenschaftliche Beiträge zur Bildungs- und Erziehungstheorie** verstanden werden können, gab und gibt es einen direkten, zumindest aber indirekten Bezug auf die Arbeiten von Erik H. Erikson (1902–1994) und diese sind für die Entwicklungspädagogik deshalb von zentralem Interesse, weil in ihnen diese sehr unterschiedlichen Aspekte in ihren personalen Ursprüngen und Ausdifferenzierungen als Lebenszyklen rekonstruiert und damit eine reflexive ganzheitliche Betrachtungsweise der Ontogenese begründet wird (vgl. zur generellen pädagogischen und erziehungswissenschaftlichen Relevanz der Identitätsforschung u. a. Kramer et al. 2013, S. 44ff; Mollenhauer 1972, S. 100ff; ders., 1983, S. 155–173; Nunner-Winkler 1990; Schweizer 1985, bes. Kap. III u. VII; Wellendorf 1974, 1.u. 3. Teil; Zirfas/Jörissen 2007, Kap. 5 u. 8).

3.1 Bildungsthema: Jugendliche Identitätsbildung im Kontext der Lebenszyklen (Erikson)

Zusammenfassung

Der Ansatz von Erikson ist bis in die Gegenwart der am meisten verbreitete in der Identitätsforschung und beinhaltet theoriegeschichtlich eine erhebliche Ausweitung des psychoanalytischen Forschungsprogramms über die Kindheit (und Jugend) hinaus, weil nun die gesamte Biografie und deren Einbindungen in den institutionalisierten Lebenslauf in den Blick kamen und systematisch auf empirischer Grundlage untersucht wurden. Während zunächst das Theorie- und Methodenkonzept von Erikson und die Verortung der Adoleszenz in ihm aus- führlich dargestellt wird (Kap. 3.1), folgt dann eine Präsentation der von Erikson ausgehenden, ihn fort- und weiterführenden, aber auch über ihn hinausgehenden Diskurse. Dabei wird einerseits deutlich, dass die Auseinandersetzung mit ihm für jede Arbeitsrichtung der Identitätsforschung unverzichtbar ist und dass an- dererseits gute Chancen bestehen, den Ansatz qualitativ zu erweitern mit Blick auf die relativ neuen Problemlagen in der reflexiv gewordenen Moderne. – In gewisser Weise werden hier die Darstellungen der psychoanalytischen Beiträge zur Entwicklungspädagogik fortgesetzt, die in EP1, Kap. 3.1 mit der Erörterung des Ansatzes von Bowlby begonnen worden sind – und in spezifischer Weise in Kap. 4.1 nochmals aufgenommen werden.

Der in Frankfurt (M) geborene Erikson (er hieß ursprünglich Erik Homburger; vgl. zu seiner Biografie Coles 1974) kommt nach einem abgebrochenen Kunststudium und Wanderjahren 1929 nach Wien und ist an einer Privatschule für amerikanische Kinder tätig. Er lernt dabei die Wiener psychoanalytische Vereinigung und speziell Sigmund Freud (1856–1039) und dessen Tochter Anna Freud (1895–1982) kennen, bei der er auch seine Lehranalyse absolvierte. Angesichts des umfassenden Sieges der faschistischen Bewegungen in Europa geht er auch wegen seiner jüdischen Wurzeln ins Exil, nämlich in die USA, wo er der erste Kinderanalytiker überhaupt wird. Er stand dabei von Anfang an – ähnlich wie John Bowlby (vgl. EP1, Kap. 3.1) – jener Variante der Psychoanalyse nahe, wie sie gerade von Anna Freud und ihrem Umfeld entwickelt und praktiziert worden ist, bei der einerseits die Bedeutung der Ich-Entwicklung im Zentrum stand und andererseits es einen engen Bezug zu den sozialen Problemen des Aufwachsens gab (vgl. Erikson 1971, Erster und Vierter Teil; 1988, 4. u. 6. Kap). Seine innovative Leistung besteht aber nicht nur darin, dass er das psychoanalytische Konzept auf den gesamten Lebenslauf ausgedehnt hat (vgl. Erikson 2013, 2016), sondern dass er es auch für die historische Biografieforschung (am Beispiel von Thomas Jefferson [1743–1826], Adolf Hitler [1889–1945], Mohandas Karamchand Ghandi [1869–1948] und Maxim Gorki [1868–1936]; vgl. Erikson 1971,9. u. 10.Kap.; 1975, Kap. I; 1982, 2. Teil) und die ethnologische Forschung (am Beispiel der Indianer; vgl. Erikson 1971, 2. Teil) fruchtbar gemacht und darüber hinaus auch ethische Fragen des psychoanalytischen Handelns erörtert hat (vgl. Erikson 1992). Er starb 1994 in einem Seniorenheim in New Haven.

3.1.1 Die Verortung der Identitätsbildung im theoretischen und methodischen Konzept der Lebenszyklen

1. Zu den **theoretisch-konzeptionellen** und **methodischen Grundannahmen** hat sich Erikson weniger systematisch, denn verstreut über viele seiner Arbeiten geäußert. Es lassen sich aber folgende Aspekte besonders herausstellen (vgl. Erikson 1988, 2. Kap.; 1992, Kap. II; 2016, Kap. 1 u. 4; Noak 2005, Kap. 6 u. 7):
   a. Seine praktisch-klinische Arbeit mit Kindern und Jugendlichen in schwierigen Lebenslagen und -situationen hatte ihn schon früh veranlasst, die Fragstellungen der **psycho-*sexuellen*** Entwicklung mit denen der **psycho-*sozialen*** und dann immer mehr auch der Konstitution des **Ich-Bewusstseins** zu verknüpfen, weshalb für ihn das Dreieck von Soma, Psyche und Ethos und deren Relationen (von ihm auch „Gegenverkehr" genannt) im Kontext sozialer Anerkennungsbeziehungen und Zuschreibungen zum wesentlichen Bezugspunkt wurde. Damit stellte sich Erikson in die philosophisch-pädagogischen

Traditionen, die das **autonome Subjekt** als relevante Entwicklungsperspektive in den Blick genommen haben.

b. Jede Entwicklungstheorie muss Anfang und Ende, biografische Vergangenheit, Gegenwart und Zukunft, Niederes und Höheres in ein empirisch gehaltvolles und theoretisch überzeugendes Verhältnis stellen. Eriksons **epigenetisches** Prinzip (wie es in seinen zahlreichen Diagrammen Niederschlag gefunden hat) nimmt die psychoanaltisch-anthropologische Konzeption des „Ich" sowie der psychoanalytisch-pädagogischen „Entwicklungslinien" von Anna Freud (1987a, Teil I; 1987b, Kap. 3) auf und entfaltet es im Spannungsverhältnis von Grundplan und Einzelteilen, wobei die jeweiligen Stufen durch soziokulturell (und systemisch) vermittelte innere Relationen zwischen Soma, Psyche und Ethos bestimmt sind, die auch bestimmte Zeitrhythmen (Vorbereitung, Dominanz, Nachwirkungen) implizieren. Die Stufen streben jeweils auf einen *Höhepunkt* zu, geraten dann in eine **Krise**, deren Lösung aber weder im positiven noch im negativen Sinne endgültig ist. D.h., die jeweils erreichte neue reflexive Ganzheit stellt eine Entwicklungsfiguration dar und ist ausgerichtet auf die übergreifende Perspektive des psychoanalytischen Entwicklungsethos, die „nach vorne" offen, also unabschließbar ist im Sinne der Selbstvollendung der Menschen wie der Menschheit. Damit wird umgekehrt klargestellt (gegen viele Missverständnisse), dass es nicht um eine Reduktion auf die infantilen Wurzeln geht, sondern um die Progression einer Differenzierung im zeitlichen Ablauf.

c. Die soziale Seite dieses Entwicklungskonzeptes kommt zunächst darin zum Ausdruck, dass die ontogenetischen Stufen immer auch als Stufen der Entwicklung von Interaktionsformen verstanden werden. An dieser Stelle wird schon die unmittelbare pädagogische Relevanz dieses Konzeptes deutlich, denn Erikson fragte immer auch nach dem jeweiligen entwicklungsfördernden und -hemmenden **interaktiven Entwicklungsrahmen** zwischen den Kindern/ Jugendlichen und den (pädagogisch und sozial tätigen) Erwachsenen. Dabei ist die zentrale Alternative zur Ausübung äußerer *Zwänge* und ihre Transformation in innere Zwänge (wenn z. B. allgemeine Warnungen zu ängstlichen Regeln werden) für ihn der **Dialog**, der immer auch Alternativen anbieten und praktizieren soll zu regressiven Tendenzen der psychodynamischen Konfliktbewältigung – im Sinne der Kompensation von entwicklungsbeschränkenden Lebenssituationen und -lagen. Oder anders formuliert: Die Entfaltung des „inneren Kerns" der personalen Subjektivität bedarf einer kontinuierlichen, von Anerkennung und Wertschätzung getragenen Kommunikation, also auch eines Netzwerks von kontingenten, bewusst, also freiwillig eingegangener Beziehungen. Die so verstandene „psychiatrische" Soziale

Pädagogik zog aus den *kritischen* klinischen Befunden – deren Präsentation Erikson in seine theorieorientierten Arbeiten immer wieder einbaute – dann auch *konstruktive* Schlussfolgerungen. Diese beschränkten sich aber nicht auf die Interaktionsebene, sondern er forderte eine *allgemeine* **Verbesserung der Bedingungen des Aufwachsens für** *alle* **Kinder** (womit sozialpolitische Reformperspektiven zumindest angedeutet sind).

Sein Konzept der Lebenszyklen hat aber auch eine interessante indirekte pädagogische Bedeutung: Eben weil er die Gesamtbiografie der Menschen im Blick hatte, konnte er auch nach der Lebensweise und den Lebenseinstellungen der Erwachsenen, also auch der „Erziehung der Erzieher*innen" fragen, also welche Biografie sie haben, welche lebensgeschichtlichen Erfahrungen in ihre pädagogischen Überzeugungen eingehen und warum sie z. B. – was Erikson immer wieder kritisierte – nicht glaubwürdig sind. Warum es also Diskrepanzen gibt zwischen ihrer Lebenspraxis und dem, was sie von den Kindern und Jugendlichen fordern (z. B. Anstrengungsbereitschaft und Ehrlichkeit sich selbst und anderen gegenüber) oder dass sie sich gerade den Auseinandersetzungen mit Jugendlichen entziehen, ihnen also nicht als verständnisvoller und herausfordernder Widerpart entgegentreten. Oder anders gesagt: Dieses Entwicklungskonzept kann auch als anspruchsvoller Rahmen dienen, um die Biografien der an den pädagogischen Prozessen Beteiligten in ihren jeweiligen Verflechtungen zu rekonstruieren und allen Beteiligten deutlicher zu machen und wechselseitige Entwicklungsblockaden abzubauen. Insofern geht es auch hier um die *allgemeine* Verschränkung auch der spezifisch *pädagogischen* Entwicklungsperspektiven im folgenden Sinne: „Tue einem anderen das, was dessen Wachstum fördert, denn es fördert dein eigenes ..." (Erikson 2016, S. 126; vgl. auch S. 137).

d. Die empirischen Grundlagen seiner Theorie bildeten aber nicht nur Fallstudien (aus der klinischen Praxis), sondern auch – wie erwähnt – die Analyse „normaler" Lebensgeschichten und historischer Darstellungen, weshalb er sich zu recht auch als Kulturanthropologe verstanden hat. Damit ist das schwierige Verhältnis von Allgemeinem und Besonderem, von **Allgemeingültigem** und **Relativem** der menschlichen Lebenspraxis und damit auch dieses Entwicklungsmodells angesprochen, welches in seinen Arbeiten vielfältig thematisiert und auf den Punkt gebracht wird mit der Formel, dass bestimmte Aufgaben gelöst werden müssen, auch wenn es verschiedene Wege dazu gibt. In diesem Sinne stellte Erikson 2016, S. 31) fest: „Während solche (pädagogischen; K.-H. B.) Interaktionen von Kultur zu Kultur sehr verschieden sind, müssen alle Kulturen ein fundamentales ‚richtiges Maß' und eine ‚richtige Reihenfolge' garantieren, deren Leitlinie dem entspricht, was Hartmann (1939) als ‚durchschnittlich erwartbar' beschrieb."

2. Die **Lebenszyklen** von der Geburt bis zum Tod enthalten die jeweiligen Entwicklungsschwerpunkte (in unserer Terminologie: Bildungsaufgaben), die optimal, aber nicht unausweichlich während eines bestimmten Zeitfensters realisiert werden. Dabei gibt es z. B. von der Autonomie einerseits Vorformen auf früheren Stufen und spätere Formen auf den folgenden Stufen. Sie hatte Erikson inhaltlich bestimmt durch jeweilige psychosoziale Krisenkonstellationen und deren Widerspruchselemente („vs" meint dabei sowohl „versus" wie auch „vice versa"), die in eine Balance zu bringen sind und „Tugenden" (im Sinne „innewohnender Stärken" und „aktiver Qualitäten"; vgl. als Übersichten Abb. 12, S. 246 sowie die Diagramme in Erikson 1971, S. 268; 2013, S. 60, 151f u. 214f):

	1	2	3	4	5	6	7	8	
I Säuglingsalter	Urvertrauen gg. Mißtrauen				Unipolarität gg. vorzeitige Selbstdifferenzierung				I Säuglingsalter
II Kleinkindalter		Autonomie gg. Scham und Zweifel			Bipolarität gg. Autismus				II Kleinkindalter
III Spielalter			Initiative gg. Schuldgefühl		Spiel-Identifikation gg. (ödipale) Phantasie-Identitäten				III Spielalter
IV Schulalter				Werksinn gg. Minderwertigkeitsgefühl	Arbeitsidentifikation gg. Identitätssperre				IV Schulalter
V Adoleszenz	Zeitperspektive gg. Zeitdiffusion	Selbstgewißheit gg. peinliche Identitätsbewußtheit	Experimentieren mit Rollen gg. negative Identitätswahl	Zutrauen zur eigenen Leistung gg. Arbeitslähmung	Identität gg. Identitätsdiffusion	Sexuelle Identität gg. bisexuelle Diffusion	Führungspolarisierung gg. Autoritätsdiffusion	Ideologische Polarisierung gg. Diffusion der Ideale	V Adoleszenz
VI Frühes Erwachsenenalter					Solidarität gg. soziale Isolierung	Intimität gg. Isolierung			VI Frühes Erwachsenenalter
VII Erwachsenenalter							Generativität gg. Selbst-Absorption		VII Erwachsenenalter
VIII Reifes Erwachsenenalter								Integrität gg. Lebens-Ekel	VIII Reifes Erwachsenenalter

Abb. 12 Das Modell der Lebenszyklen von Erikson
Quelle: Erikson 2013, S. 150f

a. Das **Säuglingsalter** (0 – 1. Jahr) ist charakterisiert durch die Alternative von **Grundvertrauen vs. Grundmisstrauen** bzw. Unipolarität vs. vorzeitige Selbstdifferenzierung und beinhaltet als Tugend die **Hoffnung**. Indem Erikson (1981, S. 108) dafür das schöne Motto „Ich bin, was ich an Hoffnung habe und einflöße" wählt, machte er schon deutlich, dass er die gesamte Ontogenese als lebenszyklische Begründung und Entfaltung der Identität, also des Ich-Bezuges verstand (von den Vorstufen bis zur Vollendung). – Die Hauptbeziehungsperson war für ihn auf dieser Stufe die Mutter, die Sozialordnungsvorstellungen haben kosmischen Charakter, die psychosoziale Modalität ist von Gegeben bekommen und Geben bestimmt und psychosexuell ist der orale Einverleibungsmodus bestimmend.

b. Die **frühe Kindheit** (2. – 3. Jahr) ist bestimmt durch die Ambivalenz von **Autonomie vs. Scham/Zweifel** bzw. von *Bipolarität vs. Autismus*, deren positive Bewältigung abhängig ist vom **Willen** („Ich bin, was ich unabhängig wollen kann"; ebd., S. 116). Hier ist die Beziehung zu den Eltern zentral, die Vorstellung von der Sozialordnung ist an „Gesetz und Ordnung" ausgerichtet, psychosozial dominiert Halten (Festhalten) und Lassen (Loslassen) und psychosexuell die Analität.

c. Das **Spielalter** (auch Vorschulalter, 3. – 6. Jahr) enthält den Widerspruch von **Initiative vs. Schuldgefühl** bzw. *Spiel-Identifikation vs. (ödipale) Phantasie-Identitäten* und der kann progressiv bewältigt werden durch **Entschlusskraft** (Ich bin das, „wovon ich mir vorstellen kann, dass ich es sein werde"; ebd., S. 124). Das Interaktionsgefüge wird bestimmt von der Familienzelle, die sozialen Vorstellungen von idealen Leitbildern, die Psychosozialität von Tun (Drauflosgehen) sowie Tun-als-ob (= Spielen) und die Psychosexualität von infantil-genitalen Impulsen (vgl. dazu auch Erikson 1978, 1. u. 2. Teil).

d. Das (Grund-)**Schulalter** (ca. 7.–12. Jahr) enthält die Spannung zwischen *Fleiß vs. Inferiorität* bzw. *Arbeitsidentifikation vs. Identitätssperre* bzw. **Werksinn vs. Minderwertigkeitsgefühl** und kann produktiv gewendet werden durch **Kompetenz** („Ich bin das, was zum Funktionieren zu bringen ich lernen kann"; Erikson 2013, S. 139). Jetzt dominieren als Sozialräume Wohngegend und Schule, die Sozialordnung wird technologisch betrachtet/gedacht, die psychosozialen Ansprüche richten sich darauf, etwas „Richtiges" zu machen bzw. etwas mit anderen zusammen zu machen und psychosexuell haben wir es mit einer Latenzzeit zu tun.

e. In der **Adoleszenz** (ca. 12.–18. Jahr) wird die Alternative von **Identität vs. Identitätsdiffusion** überwunden durch die **Treue** (vgl. dazu ausführlicher Pkt. 3).

f. Das **frühe Erwachsenenalter** (die 20er Jahre) bringt den Widerspruch von **Intimität vs. Isolation** bzw. *Solidarität vs. soziale Isolation* hervor und kann gemeistert werden durch **Liebe** („Wir sind, was wir lieben"; ebd., S. 141). Lebensweltlich sind bestimmend Freund*innen, sexuelle Partner*innen, Rival*innen und Mitarbeiter*innen, die sozialen Vorstellungen setzen sich auseinander mit den Arbeits- und Rivalitätsordnungen, psychosozial muss die Spannung bewältigt werden, sich in anderen zu verlieren und zugleich in ihnen zu finden und psychosexuell haben wir es mit der Genitalität zu tun.

g. Das (mittlere) **Erwachsenenalter** (späte 20er bis 50er Jahre) enthält die Ambivalenz von **Generativität** (körperliche Fortpflanzung und kulturelle Tradierung) **vs. Stagnation/Selbstabsorbation** und die kann produktiv entfaltet werden durch die **Fürsorge** (als moderne Caritas geht sie qualitativ über die reine Empathie hinaus). Hier stehen gemeinsame Arbeit und das Eheleben interaktiv im Zentrum, die sozialen Vorstellungen beziehen sich besonders auf die Zeitströmungen in Erziehung und Tradition und psychosozial geht es um das Schaffen und Versorgen. (Zu sexuellen Fragen äußerte er sich m. W. weder bei dieser noch der nachfolgenden Stufe.)

h. Den Abschluss bildet das **Alter** (auch reifes Erwachsenenalter genannt, 50er Jahre und älter), dessen Alternative charakterisiert ist durch Integrität vs. Verzweiflung/Hochmut/Lebensekel, die durch die soziale Einstellung der Weisheit zu einem glücklichen Lebensabend führen kann („Ich bin, was von mir überlebt"; ebd., S. 144). Die Beziehungsmodi enthalten das weite Feld von den „Menschen meiner Art" bis hin zu „der Menschheit" und psychosozial geht es darum, das zu sein, was man geworden ist und das Wissen, dass man einmal nicht mehr sein wird.

3. Die als **Adoleszenz** verstandene **Jugendphase** wurde von Erikson wie folgt näher bestimmt (vgl. dazu auch Erikson 1971, 8. Kap.; 1988, 4. Kap.):

a. Die **psychosoziale Krisenkonstellation** besteht darin, dass jetzt alle bisher aufgebauten Beziehungen zur näheren und weiteren Umwelt und zu sich selbst und damit alle erarbeiteten selektiven Anerkennungs- und Nichtanerkennungsmodi und damit verbundene vielfältige und wechselnde Selbst-Vorstellungen aus der Kindheit in Frage gestellt werden. Das macht die äußere Seite der Krise aus. Jetzt tritt die Herausforderung ins Zentrum, die verschiedenen sozialen Beziehungen, Fähigkeiten, Fertigkeiten und Bereitschaften neu zu bewerten und sie insbesondere in einen für mich als Subjekt überzeugenden und tragfähigen Zusammenhang zu bringen. Bei dieser *inneren* Seite der Krise geht es darum, aus dem Spektrum der gesellschaftlich angebotenen sozialen Rolle im Sinne von Wahl- und Hingabe-Möglichkeiten die eigene Position in der Gesellschaft zu finden, aktiv eine Beziehung zwischen sich und der Gemeinschaft aufzubauen und reziprok um die Anerkennung als Person durch die Gemeinschaft zu ringen, sie zu leben und auszugestalten, also **Ich-Bewusstsein** zu entwickeln, aufzubauen und es zu stärken und damit auch eine zeitliche Perspektive, ein positives Verhältnis zur näheren und weiteren Zukunft zu erarbeiten und so die Orientierungslosigkeit und Zeitverwirrung und damit die Identitätsdiffusion zu überwinden. Anerkennenswert müssen dafür sowohl die gesellschaftlich angebotenen Rollen wie auch die von den Jugendlichen ins Auge gefassten Identitätsentwürfe und Lebensformen sein. Identitätsdiffusion entsteht dann, wenn die Gemeinschaft die Jugendlichen zurückweist, sich nicht für sie interessiert, ihre Einstellungen und Lebensweisen ablehnt; und auch dann, wenn die Jugendlichen sich von der Gesellschaft zurückziehen, sich nicht für sie interessieren oder sie rundheraus ablehnen. Es wird – nach Erikson – biografisch nun möglich, aber auch notwendig, die bisher erworbenen Erfahrungen und Tugenden, die Ich-Werte als das „innere Kapital" der Persönlichkeit durch eine Ich-Synthese zusammenzufügen, so dass ich auf Grund des inneren Zusammenhangs der Selbsterfahrungen und damit der individuellen Einheitlichkeit und Kontinuität mich selbst erkennen kann und für die anderen Menschen als ein anderer Mensch erkennbar und identifizierbar werde. Insgesamt bestritt Erikson nicht, dass es zwischen den dominanten herrschenden Normen und Strukturen und den Ansprüchen und Interessen der Individuen – hier speziell der Jugendlichen – erhebliche Konflikte geben kann und auch gibt, aber er hält sie für ausbalancierbar. Einen grundsätzlichen Widerspruch zwischen versagender Gesellschaft und bedürftigem Individuum – wie ihn die klassische Psychoanalyse annahm – hatte er allerdings nicht gesehen (vgl. dazu Kap. 4.1.2).

b. Diese existentielle Suche, dieser psychodynamische „Kampf" um die eigene Identität bedarf **herausfordernder** und **anerkennender Interaktionsmuster** sowie **geduldiger** und **offener Kommunikationsweisen**. Die heranwachsenden Subjekte wollen nicht mehr „lieb und nett", sondern widerständig, nervig, konfliktfähig und -bereit sein, sie wollen ihre **existentielle Identität** mit ihrer **psychosozialen Identität** in Einklang bringen, sie wollen „bei sich" und zugleich „in der Welt" sein. Getragen von einem feinfühligen und zugleich flüchtigen Daseinsgefühl suchen sie also diese Auseinandersetzung zum einen mit den Eltern und zunehmend auch mit anderen Erwachsenen (z. B. auch Lehrer*innen und Sozialpädagog*innen) und arbeiten sich an deren Identität ab. Dabei erleben sie sie im günstigen Fall als Personen, die sich ihrer Biografie, ihrer Probleme und Bewältigungsbemühungen bewusst sind und diese bis zu einem gewissen Grade auch offenlegen können und wollen. Sie repräsentieren dann für sie Wege zu einer erfolgreichen und entwicklungsoffenen Ich-Synthese, einer gelungenen Abstimmung zwischen *objektiven* und *subjektiven* Sinnbildungsprozessen. Daraus resultiert für die Jugendlichen die Bereitschaft, sich mit solchen Personen – eine Zeit lang – zu identifizieren, sie als „Führer" (in einem sehr weiten Sinne) anzuerkennen. Daraus entsteht Treue als eine reflektierte, also nicht blinde Folgebereitschaft. Das Gegenteil davon ist die Zurückweisung von Rollen, die der eigenen Ich-Entwicklung abträglich erscheinen (z. B. widerspenstige Erfahrungen in Bezug auf eine bestimmte Berufsausbildung, die die Eltern sich wünschen oder die der Arbeitsmarkt nahelegt). In beiden Fällen werden die bisherigen Anerkennungsmuster auf ihre Begründetheit und ihre Übereinstimmung mit den bereits erkannten Interessen und Bedürfnissen kritisch befragt und ggf. umgestaltet (es geht also nicht – mehr – um eine „Anerkennung um jeden Preis"). Allerdings kann diese Ablehnung auch Ausdruck mangelnden Selbstvertrauens und geringer Entscheidungsbereitschaft sein (etwa bezogen auf den weiteren Bildungs- und Ausbildungsweg). Solche Begegnungen sind für die Erwachsenen – insbesondere die Pädagog*innen – eine Herausforderung, und nicht alle bestehen sie (wie wir alle aus eigenen Lebenserfahrungen wissen). Dann sind die Jugendlichen von ihnen enttäuscht (betrachten sie z. B. als „Burn-out-Generation") und wenden sich von ihnen ab (das war schon zu Eriksons Zeiten so). Eine solche Zurückweisung kann die Impulse und Tendenzen zur Identitätsdiffusion als Folge der Autoritätsverwirrung verstärken. Solche Gefahren können aber bis zu einem gewissen Grad aufgefangen werden durch die Peer-Beziehungen, durch die Selbsterziehung der Jugend durch die Jugend und besonders durch intensive Freundschaften. Sie bewähren sich dann als Orte und Räume der offenen Gespräche, des Zulassens „unbotmäßiger" Gedanken, des Wahrens von „Geheimnissen", des Austausches von diffusen Hoffnungen und von Illusionen, von realistischen und irrealen Erwartungen an das eigene Leben usw. Daraus resultiert allerdings auch die Gefahr und Tendenz des Einschlusses in die eigene Gruppe, der nicht nur Abgrenzung, sondern auch Ausgrenzung von anderen Individuen und Gruppen, eine Intoleranz gegenüber „Abweichungen" aller Art, die schließlich in Fanatismus („Fanatizismus") münden kann. Dessen Kehrseite ist in vielen Fällen ein innerer Gruppendruck, der die unkritische Übernahme der Gruppennormen und häufig auch der hierarchischen Strukturen in den Gruppen einfordert, was in Situationen der ungesicherten Identität „verführerisch" ist (im Sinne einer gruppenbezogenen Ersatz-Identität). Bei Neigung zum Widerstand kommt es dann häufig zu verschiedenen Formen der psychischen und kommunikativen Gewalt bzw. diese Jugendlichen werden durch Gruppenausschluss „bestraft". (Hier gibt es dann in bestimmten Fallkonstellationen fließende Übergänge vom „normalen" zum „abweichenden" und schließlich kriminalisierten oder auch tatsächlich kriminellen Verhalten; vgl. Pkt. d.)

c. Die Vorstellungen von der **Sozialordnung** sind nach Erikson während dieser Entwicklungsspanne in einem weiten Sinne „ideologisch", d. h. sie bestehen in einem mehr oder weniger **geschlossenen „Bild von der Welt"** wie sie ist bzw. wie sie eigentlich sein sollte und müsste (z. b. bestimmt von sozialer Gerechtigkeit und zwischenmenschlicher Anerkennung), wenn sie ihren eigenen Ansprüchen Genüge tun. Hier liegt ein erhebliches Enttäuschungspotenzial, denn zwischen den Normen der Gesellschaft und ihrer Wirklichkeit bestehen – etwa in Bezug auf die Relationen zwischen Verfassungs-*Normen* und Verfassungs-*Wirklichkeit* – erhebliche Diskrepanzen, die von vielen Erwachsenen, insbesondere Politiker*innen, übergangen, verleugnet, ignoriert werden, während ein relevanter Teil der Jugendlichen sie sehr sensibel wahrnimmt. Daraus können sie dann der Tendenz nach drei verschiedene Konsequenzen ziehen: Sie können sich gegen diese Unzulänglichkeiten engagieren, individuell, in kleinen informellen Gruppen, in formellen Gruppen und Verbänden, ggf. sogar in politischen Institutionen. Dieses kritisch-konstruktive Verhältnis zu den gesellschaftlichen Erwartungen und Zumutungen hatte Erikson als *Glaubwürdigkeit* entschieden bejaht (wie er gerade in seinen Studien zur amerikanischen Protestkultur der späten 1960er/frühen 1970er Jahre deutlich gemacht hat; vgl. z. B. Erikson 1988, 6. Kap.) Oder sie ziehen sich – wie oben schon erwähnt – zurück in individuelle oder kollektive Isolation und lassen die Welt Welt sein. Als dritte Variante kann aber auch eine frühzeitige Anpassung an die herrschenden Normen und Institutionen erfolgen, eine mehr oder weniger rigide Unterwerfung unter die gesellschaftlichen und kulturellen Zwänge und ihre Transformation in intrapsychische Zwänge, was die psychodynamische Abwehr kritischer Impulse, Erlebnisse und Erfahrungen notwendig macht. Auf beide regressive Weisen entstehen als besondere Formen der Identitätsdiffusion Pseudo-Identitäten und Pseudo-Persönlichkeiten.

d. **Psychosozial** steht – wie schon angeklungen – die Frage im Vordergrund „Wer bin ich?" bzw. „Wer bin ich nicht?" und wie verhält sich mein Ich zur Gemeinschaft und in ihr. Wird sie existentiell und sozial positiv beantwortet, dann entsteht eine begründete und tragfähige Selbstsicherheit; kann sie nicht befriedigend geklärt werden, dann ist die jugendliche Persönlichkeit befangen und icheingeschlossen. Ob die Entwicklung in die eine oder die andere Richtung geht, dass hing für Erikson in ganz entscheidendem Masse davon ab, wie die dazu notwendigen **Rollenexperimente** ausgehen. Diese bestehen in der zeitlich begrenzten Erprobung von unterschiedlichen Identifikationen, von Loyalitäten, von lebbaren, lebensfähigen Alternativen zum Mainstream, zu den Angeboten und Zumutungen der Familie, der Schule, der Ausbildung, des (zukünftigen) Arbeitslebens usw. Sie enthalten immer auch Komponenten einer negativen Identität, also der strukturellen Abgrenzung von dem, was man in keinem Fall will (z. B. will man nicht mehr zur Schule gehen) ohne schon zu wissen, was man will und wie es weitergehen soll. Diese Lebensexperimente können sich in den unterschiedlichsten spontanen und/ oder förmlichen Protest- und Abgrenzungsritualen niederschlagen (z. B. in den Peergruppen, in den Vereinen, in politischen Verbänden). Das ist eine für die Entwicklungspädagogik zentrale Problemstellung, denn damit ist gesagt, dass die Jugendlichen zur Findung ihrer Identität, zum Aufbau ihrer Ich-Synthese sozial anerkannter und institutionell abgesicherter Freiräume bedürfen, in denen sie mit unterschiedlichen Identitätsentwürfen praktisch experimentieren können, also aus diesen *Entwürfen* schrittweise *Projekte* werden, die dann – durchaus konflikthaft – *realisiert* werden. Das ist der psychodynamische Sinn des **Moratoriums**. Es ist eine besondere Seite der relationalen Autonomie der pädagogischen Institutionen und Interaktionsmuster, die ja die gesellschaftlichen Anforderungen unter bildungstheoretischen Aspekten interpretieren und eben nicht blind umsetzten (das wurde in Kap. 1.2.3 u. 2.1.1 schon näher erläutert). Eine solche lebenspraktische Auseinandersetzung mit den herrschenden Normen und Werten ist für die Jugendlichen erforderlich und sie impliziert – was auch von vielen (Sozial-) Pädagog*innen bis heute ignoriert oder sogar offensiv bezweifelt wird – eine *Auseinandersetzung* mit den gesellschaftlichen Anforderungen und Regeln *durch ihre Überschreitung* bzw. *Aussetzung*. Dem liegt die nicht nur (sozial-) philosophisch, sondern auch psychologisch gut begründete Einsicht und Erfahrung zu Grunde, dass man eine *Grenze* nur *erkennen* kann, wenn man sie überschreitet. Und erst dann kann man sich die Frage stellen, ob man diese Grenze akzeptieren will oder sie verändern, hinausschieben will. Die pädagogische Herausforderung liegt hier gerade darin – und das ist auch das jugendpolitische Ethos des Jugendstrafrechts –, dass man diese Grenzüberschreitungen akzeptieren muss, dass man ggf. bestimmte Taten verurteilen muss, aber die Person zugleich als entscheidungs- und verantwortungsfähiges Subjekt anerkennen muss. Deshalb sollten alle pädagogischen und sozialen Reaktionsmuster daran ausgerichtet sein, dieses abweichende Verhalten nicht zu stabilisieren und damit dann erst den Übergang vom spontanen zum stabilen abweichenden Verhalten und schließlich in eine kriminelle Karriere nahezulegen und in gewisser Weise zu fördern.

Es ist das bleibende Verdienst von Erikson, auf die Notwendigkeit dieses Moratoriums entschieden hingewiesen zu haben. Und das wird auch nicht dadurch geschmälert, sondern sogar noch bestärkt, dass es nachhaltige Tendenzen gibt, dieses psychosoziale Moratorium immer poröser für gesellschaftliche Erwartungen und Zumutungen zu machen (wie die Milieubefunde in Kap. 1.4 u. 1.5 deutlich gemacht haben; vgl. auch Kap. 2.1.1 u. 2.4).

e. **Psychosexuell** haben wir es mit der Pubertät zu tun, deren wesentlicher Inhalt darin besteht, dass die Jugendlichen nun ihr eigenes Geschlecht – auch aufgrund einer neuen Stufe der Reifung der Geschlechtsorgane – entdecken und dass sie nun körperlich zum Geschlechtsakt fähig sind. Für Erikson war dies eng verbunden mit der Übernahme der sexuellen Polarisierung in weiblich und männlich und die Abwehr und Überwindung bisexueller Orientierungen als Verwirrung. Zugleich war er – was für uns heute gewiss ebenfalls nicht mehr annehmbar ist – der Auffassung, dass es sich hier um eine Latenzperiode handelt, es also auch ein psychosexuelles Moratorium gibt im Übergangsfeld zwischen infantiler Sexualität und genitaler Reifung, die er erst dem jungen Erwachsenenalter zugeordnet hat (vgl. dazu ausführlich Kap. 4.2).

3.1.2 Über die Zukunft von Eriksons Identitätskonzept: Präzisierungen, Erweiterungen und Überschreitungen für die Identitätsforschung in der reflexiven Moderne

Einerseits ist der Theorie-, Konzept- und Methodenansatz von Erikson immer noch wissenschaftlich sehr präsent und pädagogisch-professionell sehr beliebt (seine Aufsatzsammlung „Identität und Lebenszyklus" erschien 2013 in der 26. Aufl. und „Der vollständige Lebenszyklus" 2016 in der 9. Auf.). Andererseits hat es eine Reihe von Einwänden unterschiedlicher theoretischer und praktischer Reichweite gegeben. Für die kritisch-konstruktive Entwicklungspädagogik ergeben sich daraus folgende Herausforderungen und Perspektiven:

1. Die **epigenetische** Argumentationsweise von Erikson ist bis in die Gegenwart aus drei Gründen umstritten:
   a. Seine Konstruktion einer Entwicklungslogik hat den Verdacht genährt, dass ihr doch eine lineare biografische Fortschrittsvorstellung, die Annahme einer linearen Finalität zu Grunde liegt. Um dieses Missverständnis einzuschränken, hat Krappmann (1997, S. 68) den Vorschlag gemacht, das komplexe Entwicklungsraster (siehe Abb. 12, S. 246) nicht als Schema eines

(linearen) Entwicklungsweges, sondern als einen **Verbund von mehreren Entwicklungs-„Leitern"** (also wie eine „Sprossenwand)" zu betrachten, in der jede „Leiter" ein eigenes Entwicklungsschema präsentiert, bei der die Heranwachsenden alle Themen bearbeiten = auf allen „Leitern emporklettern", wobei aber in einer bestimmten Phase ein bestimmtes Thema im Zentrum steht (so in der Jugendzeit die Identitätsbildung).

b. Eng damit zusammenhängend ist die Frage der Reversibilität der jeweils projektierten und praktisch erreichten Identitätskonfigurationen erörtert worden (sie verweist auf die innere Verwandtschaft von *Identität* und *Habitus*). Auch hier neigte Erikson (z. B. 2013, S. 18, 60 u. 109) dazu, sie, nachdem sie einmal aufgebaut wurde, in ihrem Kern für unveränderlich zu halten, wobei er nicht bestritt, dass die Menschen sich im Laufe ihres Lebens *verändern* müssen, um die *gleichen* zu bleiben. Aber qualitativ neue Identitätsmuster scheint Erikson für einen gelungenen, einen „gesunden" Lebenslauf ausgeschlossen zu haben; er sah nur in der *Diffusion* eine Gefahr, nicht aber auch in *Verfestigung*. Um dieses Dilemma zu überwinden, hatte Krappmann (1969, Kap. 1) bereits sehr früh den Vorschlag gemacht (er wiederholte ihn in ders., 1997, S. 81u. 89) von einer **balancierenden Identi**tät bzw. einer *Mannigfaltigkeit* der Identitätsbalancen zu sprechen, die als Ergebnis wiederholter Konfliktbearbeitungen und Konsensfindungen für *neue* Balancen offen ist, ja sich nur durch eine ständige, ggf. pädagogisch zu unterstützende Identitätsarbeit erhalten und immer wieder neu formieren kann (vgl. dazu Kap. 3.3). Zu diesen Identitätsbalancen gibt es eine *Vielfalt* von Wegen, die aber nur insofern *gleichwertig* sind, als sie tatsächlich zu einem befriedigenden, also guten Leben führen. – Es dürfte deutlich sein, dass die Weiterführung von Eriksons Identitätskonzept auch als *genetischer* Beitrag zur Erweiterung der Habitustheorie zu verstehen ist (vgl. Kap. 1.3.2/1.3.3).

c. Obwohl Erikson vorrangig die *Logik* der Ontogenese im Blick hatte, sprach er dennoch von optimalen Zeitfenstern, was die Deutung nahegelegt hat, dass er sich damit mehr oder weniger linearen Phasenmodellen annähert. Nun kann aber auch die Entwicklungspädagogik der Zeitfrage nicht ausweichen, denn bestimmte **logisch notwendige Bildungsaufgaben** stellen sich in einer spezifischen **biografischen Zeit** und dominieren sie dann auch. Das gilt nun insbesondere für die Jugend-Zeit, weil hier die Heranwachsenden zum ersten Mal sich der Tatsache ihrer eigenen Lebens-Zeit bewusst werden, dass also ihr eigenes Leben (und nicht nur das anderer Menschen) endlich ist (mit Kindern kann man keine biografischen Interviews durchführen), dass sie einmal sterben werden und dass damit für sie die zentrale Frage nach dem **Sinn *ihres* Lebens** aufgeworfen ist, deren Antworten dann ihre Identität ausmachen. Hier stehen in modernen Gesellschaften die Subjekte vor der Herausforderung (wie das bei Durkheim und Weber schon thematisiert wurde; vgl. Kap. 1.2.1/1.2.2), die strukturellen Differenzen zwischen *sozialer* und *personaler* Zeit bzw. der sozialen und personalen Seite der Identitätsentwicklung zu vermitteln. Dabei ist die soziale Zeit – gerade mit Blick auf die Bildungs- und Berufswege (Familie, Kindergarten, Schule, Ausbildung, Stufen des beruflichen Aufstiegs, Rente/Pension) – bestimmt durch eine soziale und zeitliche Abstimmung der verschiedenen gesellschaftlichen Sachanforderungen einer differenzierten Gesellschaft mit ihren sehr unterschiedlichen Zeitdynamiken (z. B. bei ökonomischen vs. politischen vs. kulturellen Entscheidungsprozessen) durch den institutionalisierten **Lebenslauf** (vgl. Wissensbaustein 12, S. 234–236). Zwar kann das Subjekt diese differentiellen Bildungsanforderungen und die damit verbundene Erwartung an seine *Multi*-Inklusion durch die Erarbeitung von *Teil*-Identitäten versuchen zu realisieren, aber diese muss es dann durch eine angemessene und offene Relationierung zu einer kohärenten und authentischen Identität entwickeln. Das ist nochmals ein ganz eigenständiger Aspekt der Identitätsentwicklung, die dann als Selbstreflexion, als Erarbeitung eines Selbstverhältnisses bzw. eines bewussten Verhältnisses zu sich selbst, somit als **Biografiearbeit** zu verstehen ist. Die dabei zu leistende und pädagogisch zu fördernde Relationierung zwischen Weltzeit und Lebenszeit erfordert (in klassischen Termini formuliert) die offene Vermittlung zwischen den Entwicklungspolen äußere und innere Zeit (also „Chronos" und „Kairos"), Intensität und Extensität, Qualität und Quantität sowie Vergangenheit und Zukunft (vgl. dazu aus systemtheoretischer Sicht Nassehi 2008, S. 317–328; und zu den theoriegeschichtlichen Hintergründen, ebd., Kap II u. III). Die damit verbundene Entlinearisierung für die Bildungsprozesse und damit auch der Biografiearbeit wurde mit der Vertiefung der Individualisierungs- und Beschleunigungsprozesse in seiner Bedeutung nochmals erheblich gesteigert, was mit dem Konzept der „situativen Identität" zum Ausdruck gebracht werden soll (vgl. Pkt. 3.d, weiter unten). Aufgrund dessen werden die *gleichen* verallgemeinerten Bildungsaufgaben von den *verschiedenen* Subjekten je nach Entwicklungsweg zu *unterschiedlichen* biografischen Zeiten bearbeitet (wie man unschwer am Phänomen der „produktiven Umwege" bzw. der „kreativen Pausen" erkennen kann).

2. In seiner Hegel-Preis-Rede hatte Habermas (1974) schon die generelle Frage aufgeworfen: „Können komplexe Gesellschaften eine vernünftige Identität ausbilden?" Diese Problemstellung hat durch die gegenwärtigen epochalen Umstrukturierungen – die auch als Übergang von der Ersten zur Zweiten Mo-

derne gedeutet werden können (wie in Kap. 2.4.1 dargestellt) – aus drei Gründen
erheblich an Relevanz gewonnen:

a. Zunächst einmal vermitteln sich diese Umstrukturierungen über gesellschaftliche Krisenprozesse (aktuell besonders die Krise der sozialen und
   systemischen Integration relevanter Teile der Bevölkerung, was gerade von
   rechtspopulistischen Bewegungen aufgegriffen wird), deren subjektive Seite
   Identitätskrisen sind. Bisher bewährte Bewältigungsmuster (z. B. solidarischer
   Umgang mit politischen und psychosozialen Konflikten) werden immer neuen
   Anforderungen und Belastungen ausgesetzt, Erfahrungen und Kompetenzen
   verlieren immer mehr und schneller an Bedeutung, neue Anforderungen
   stellen sich, für die es zumindest individuell bzw. innerfamiliär, häufig aber
   auch kollektiv (noch) keine Bewältigungsmuster gibt usw. D. h., die bisher
   soziokulturell präsenten, in den Milieus verankerten und biografisch praktizierten Identitätsprojekte (z. B. geschlechtshierarchischer Art) verlieren
   ihre innere Balance .

b. Weniger denn je können die Individuen ihre Handlungs-, Reflexions- und
   Genussfähigkeiten und -bereitschaften durch eine festgefügte, starre Identität
   erreichen und erhalten. Sie benötigen eine strukturelle Offenheit für das gesellschaftlich Neue, welches ihnen in ihrer alltäglichen Identitätsarbeit neue
   Entwürfe, Projekte und Praxen abfordert. Dabei darf diese Offenheit nicht
   in Beliebigkeit umschlagen. Genau das will der Gedanke der balancierenden
   Identität verhindern, indem er das Ringen um das Neue an inhaltlichen Kriterien des gelingenden Lebens festmacht. In diesem strengen Sinne handelt
   es sich dann um eine Offenheit „nach vorne", eine **gerichtete Offenheit** – als
   Gegenteil von angstverursachten *regressiven* Bewältigungsversuchen, wie sie
   gerade auch Erikson (z. B. 1971, 1. Kap.; 1988, 4. Kap.) – da war er klassischer
   Psychoanalytiker – ausführlich untersucht hatte.

c. Indem Erikson (z. B. 2013, S. 85f; ders., 2016, S. 97 u. 103) davon ausging, dass
   die Heranwachsenden sich wesentlich in die bestehende Gesellschaft durch
   die Übernahme der angebotenen Rollen und Laufbahnen „einzufügen" und
   an das „Unvermeidliche" anzupassen lernen sollten, ja müssen, und dass man
   Menschen so nehmen soll, wie sie werden *mussten* (vgl. ders., 2016, S. 95),
   erhielt seine Argumentationsweise eine objektivistische und affirmative
   Schlagseite. Vielmehr muss es immer auch darum gehen, die Gesellschaft
   im Sinne ökologischer Verantwortlichkeit, ökonomischer Nachhaltigkeit,
   sozialer Gerechtigkeit, fundamentaler Demokratie und egalitär-pluraler
   Kultur radikal („an die Wurzeln gehend") umzugestalten. Es gehört nun
   zu den besonderen Systemwidersprüchen der gegenwärtigen Umbruchsituation (als weiteren Aspekten und Dimensionen der epochaltypischen

Schlüsselprobleme pädagogischen Handelns; vgl. Kap. 1.3.4.2 u. 2.1.1), dass genau dem immer größere Widerstände auf nationaler, internationaler und globaler Ebene entgegenwirken (nicht zuletzt durch die Selbstentmachtung der staatlichen Politik gegenüber den Märkten – z. B. bezogen auf das Finanz- und Immobilienkapital). Da die gesellschaftlichen Strukturen immer weniger die Lebensverläufe festlegen = neue Optionsspielräume eröffnen, sind die Subjekte *zugleich* gezwungen, immer mehr biografisch relevante Entscheidungen selber zu fällen („Welchen Schulabschluss will ich erreichen? Welchen Beruf will ich erlernen? Welche Freundschaften sind mir wichtig? In welcher Stadt bzw. Region möchte ich leben? Welche Erwartungen habe ich an intime Beziehungen und welche von einem glücklichen Zusammenleben in einer Lebensgemeinschaft oder Familie?"). Diese sind Resultat und Voraussetzung des **zweiten Individualisierungsschubes** (der erste fand in Europa ab dem 18. Jh. statt) und dieser beinhaltet viererlei (vgl. Honneth 1994, S. 24ff):

I   Die alltägliche Lebensführung und Biografie ist weniger denn je festgelegt, denn durch die *„Vereinzelung"* eröffnen sich immer mehr individuelle Optionsspielräume und die damit verbundenen Risiken (Gefahren und Chancen) sind deutlich gestiegen und damit auch die Möglichkeiten, aber auch Zwänge zur Subjektivierung, zur personalen Übernahme der gesellschaftlichen Anforderungen. Die Milieustrukturen haben sich zwar keineswegs aufgelöst (wie in Kap. 1.4 und 1.5 empirisch deutlich gemacht), aber sie haben sich erheblich labilisiert, es sind auch alte „ausgestorben" (besonders die traditionellen bäuerlichen) und neue hinzugekommen (speziell die erlebniszentriert-hedonistischen).

II   Es kommt zu einer nochmals verstärkten *Privatisierung* der je individuellen Lebensentscheidungen, zur Einschließung in einem kleinen intimen Kreis, der nach außen hin mehr oder weniger intensiv abgeschottet ist. Sie werden zwar durch Gruppen- und Milieutraditionen und ihre autoritativ-normativistischen Ansprüche (die bei Erikson noch sehr präsent sind) weiterhin mitbestimmt, aber immer mehr zur „Privatsache" erklärt („Das ist meine Privatsache, das geht dich gar nichts an.") und damit der öffentlichen Bewertung und Legitimation immer mehr entzogen.

III Zugleich sind neue *Autonomiegewinne* zu konstatieren, also erweiterte Möglichkeiten zur vernünftigen Selbstbestimmung, zum öffentlichen Vernunftgebrauch auch in Sachen der eigenen Lebensführung und Biographie, indem – wie es die Frauenbewegung früh formuliert hat – „das Private politisch wurde".

IV   Insofern entfaltet sich die **alltägliche** Identitätsarbeit in einer **dreifachen Möglichkeitsrelation**: Im Verhältnis von gesellschaftlichen Möglichkeiten und Wirklichkeiten (wirklichen, verwirklichbaren Möglichkeiten), biografisch realisierbaren Möglichkeiten und den Möglichkeitsrelationen zwischen den objektiv-gesellschaftlichen und subjektiv-individuellen. – Diese theoretischen und empirischen Fragen der Identitätsforschung sind dann im expliziten Anschluss an Erikson von Keupp et al. (2002, Kap. 2–4) speziell unter dem Stichwort „Patchwork der Identitäten" erörtert worden und dabei wurde auch Bourdieus Konzept der Kapitalsorten aufgenommen und diese als Ressourcen der Identitätsarbeit interpretiert, wobei die verschiedenen Kapitalsorten (auch) als Ressourcen für die Entwicklung von *Teil*-Identitäten verstanden werden, was zugleich auf die pädagogische Perspektive der *vielseitigen* Persönlichkeitsentwicklung verweist (vgl. ebd., S. 198–207).

3.   Mit dem neuen Individualisierungsschub zusammenhängend, aber doch nicht identisch (und als weiteres epochaltypisches Schlüsselproblem) ist eine fast schon dramatische **Beschleunigung der gesellschaftlichen Transformationsprozesse** zu nennen, wo unter Identitätsgesichtspunkten viererlei relevant ist (vgl. Rosa 2012, Teil III; 2013. Teil I u. II):

   a. Zunächst einmal die *technische* Beschleunigung, speziell im Bereich der Transport-, Kommunikations- und Produktionsprozesse, die die alltägliche Wahrnehmung von Raum und Zeit sowie der Raum-Zeit-Relationen nachdrücklich verändert haben (so werden viele gesellschaftliche Prozesse quasi ortslos, weil sie sich an vielen Orten zur gleichen Zeit abspielen).

   b. Die Beschleunigung des *sozialen Wandels*, wo sich die soziokulturellen Praktiken und Normen, aber auch Gewohnheiten und Einstellungen immer schneller „verschleißen", die Halbwertzeit (nicht zuletzt des technischen, ökonomischen, politischen und kulturellen Wissens) immer kürzer wird, so dass viele Menschen das durchaus begründete Gefühl haben, orientierungslos zu sein, die „Welt nicht mehr zu verstehen", dass ihnen ihre ehemals vertraute Umgebung fremd geworden ist usw. Das betrifft insbesondere die *intergenerativen* Verstehens- und Verständigungsanstrengungen, bei denen immer häufiger der Eindruck entsteht, dass die jeweils andere Generation in einer „völlig anderen, tendenziell fremden Welt" lebt bzw. gelebt hat (z. B. die „Welten" des stabilen Berufsethos vs. des temporären Jobverständnisses, der lebenslangen Ehe vs. der Lebensabschnittspartner*in, der nationalen Kultur vs. der Transkulturalität).

   c. Nicht zu unterschätzen ist auch die Beschleunigung des *individuellen Lebenstempos:* Dass man in immer weniger Zeit immer mehr erledigen muss, dass man im Zustand eines permanenten Zeitdrucks und einer dauerhaften Zeitknappheit lebt, dass man sich immer schneller und häufiger Neues aneignen muss, um den erreichten Stand der Handlungs-, Reflexions- und Genussfähigkeit sowie der soziokulturellen und beruflichen Integration zumindest zu erhalten. Auf diese Weise kommt es auch zu deutlichen Kontinuitätsbrüchen *innerhalb* der jeweiligen Generation.

d. Daraus hat Rosa den Schluss gezogen, dass die individuelle Identitätsarbeit weniger denn je sich auf auch nur mittelfristige Stabilitäten ausrichten kann, dass dauer- und lebensprojekthafte, also substanzielle, zeitstabile Entwürfe immer unrealistischer werden, sondern dass für die Gegenwart und absehbare Zukunft die **situative Identität** der einzig realistische, weil befriedigend verwirklichbare Identitätsentwurf ist. Sie verleugnet nicht habitualisierte biografische Kontinuitäten (etwa in Form eines stabilen „Kernselbst"), sondern relativiert sie, verweist auf den Gegenpol, die situative Bewährung und Entfaltung der personalen Perspektiven, dass also über Zeitpunkt, Dauer und Abfolge von Handlungsereignissen (auch solche für die Bildungsprozesse wesentliche) im Vollzug entschieden wird, wodurch sich pädagogisch relevante situationsoffene und ereignis- bzw. erlebnisoffene reflexive Zeitpraktiken ausbilden. Sie ignoriert nicht die Frage „Wer bin ich" bzw. „Wer soll und möchte ich sein?", sondern stellt sie in ein dynamisch-kontextbezogenes Spannungsverhältnis zu den spontanen Erlebnissen des Umgangs mit sich selbst, den anderen Menschen, mit der Welt und der Natur. Das verweist in gewisser Weise auf die situative Ausrichtung der operativen Theorieanlage von Bourdieu (vgl. Wissensbaustein 6, S. 70–72) und damit auch auf die synchrone und diachrone Relevanzbestimmung der Teil-Identitäten, die schwieriger, offener und temporärer gewordene Bestimmung zwischen zentralen und peripheren Aspekten der Persönlichkeitsentwicklung (z. B. zwischen Beruf, Familie, zivilgesellschaftlichem und politischem Engagement und dem „Recht auf Faulheit und Müßiggang"), die Zunahme der Zwänge, sich in ständig verändernden Kontexten angemessen zu orientieren und soweit absehbar richtige Entscheidungen zu fällen – und dies besonders angesichts der Zunahme der fremdbestimmten und (selbst-)entfremdenden systemischen und alltäglichen gesellschaftlichen Bedingungen. – In seinen neueren Analysen hat Rosa (2016, bes. Kap. V) diese Entfremdungsprozesse als solche des wechselseitigen *Resonanzverlustes* thematisiert: „Die Welt" und die Beziehungen der Menschen in ihr werden immer mehr *verdinglicht*, d. h. die instrumentellen und funktionalistischen Institutsstrukturen und Interaktionsmuster nehmen immer mehr zu. Die „Welt" und die Menschen in ihr „sprechen" nicht mehr miteinander, verstehen sich wechselseitig und jeweils sich selbst immer weniger, werden immer „stummer", werden sich in vielerlei Hinsicht immer zurück- und abweisender. Diese Aushöhlung und Zerstörung des Resonanz-*Vertrauens* wird durch die verschiedenen Formen der (zwanghaften) Resonanz-*Simulation* verdeckt, ergänzt und vertieft zu einer Krisendimension der alltäglichen Identitätsarbeit in Form der Verweigerung von Anerkennung durch Missachtung und durch den Verlust von moralisch reflektierter Wertschätzung der Menschen untereinander und ihrer selbst. Aus solchen kritischen Befunden hat Rosa die pädagogisch relevante konstruktive Konsequenz gezogen, dass es dialogisch vermittelter resonanzfähiger systemisch-institutioneller Gesellschaftsstrukturen und intersubjektiver Beziehungsmuster, also einer Resonanz- und Entfremdungssensibilität (somit auch Milieu- und Habitussensibilität) bedarf, um die Individuen in der radikal modernisierten Moderne „aufzufangen", ihnen über die Anerkennung hinaus die Erarbeitung einer gegenwartsbezogenen und zukunftsoffenen emotionalen Stabilität und damit eines kohärenten Identitätsgefühls zu ermöglichen und nahezulegen (dazu mehr in Kap. 3.3.1).

4. Zu den Besonderheiten von Eriksons Argumentationsweisen gehört die innere Verschränkung von gegenstandsspezifischen Untersuchungen und die übergreifende Verallgemeinerung der Befunde. Daraus ergab sich auch ein besonderes Spannungsverhältnis von bereichs-*spezifischen* und themen-übergreifenden Fähigkeiten, Fertigkeiten, Bereitschaften und Einstellungen, also Kompetenzen. Hierin kann man aus pädagogischer Sicht eine Weiterentwicklung des Theoriekonzeptes der **kategorialen Bildung** erkennen (vgl. Kap. 2.1.2 und besonders Wissensbaustein 10, S. 163–165), die sich entfaltet im ständigen Spannungsverhältnis von *Prozess* und *Resultat*, von *materialer,* inhaltsspezifischer und übergreifend-verallgemeinernder, „formaler" Auseinandersetzung mit den objektiven und intersubjektiven gesellschaftlichen Strukturzusammenhängen. Oder anders ausgedrückt: Kategoriale Bildung entfaltet sich in der aktiven selbst- und weltbezogenen Aneignung der epochaltypischen Schlüsselprobleme und der darin eingelagerten Vermittlung zwischen zeittypischen objektiven (systemischen und sozialräumlichen) und intersubjektiv-lebensweltlichen Strukturen (vgl. Kap. 1.3.4.2 u. 2.1.1). In diese konzeptionelle Erweiterung sind die Aspekte der „situativen Identität" bzw. des „postmodernen Selbst" (wie es Helsper entwickelt hat; vgl. Wissensbaustein 13, S. 263f.) integriert. Darüber hinaus enthält es drei theorierelevante Überlegungen:

  a. Konkret-historische, *aktual*-empirische Untersuchungen, wie die von Erikson, Keupp, Rosa und Helsper, werfen immer wieder die Frage auf, inwieweit ihre Ergebnisse tatsächlich zu verallgemeinern sind bzw. inwieweit die Leitkategorien und Bewertungsmaßstäbe tatsächlich tendenziell universell sind oder ob sie nicht (gewiss häufig entgegen den eigenen Intentionen) dem jeweiligen Zeitgeist verhaftet sind (so bei Erikson z. B. bezüglich der pädagogischen Geschlechterverhältnisse, die Erikson [2013, S. 72, 83, 90ff u. 117f; 2016, S. 87f] sehr traditionell verstanden hatte), die sehr spezifischen Entwicklungsvorstellungen (z. B. hier: der amerikanischen Sozialstruktur und Kultur) verallgemeinern, also für tendenziell universell halten und damit andere Kulturen (z. B. die der Indianer) in nicht vertretbarerer Weise daran messen (diesen kolonialistischen Blick auf die Indianer haben Elrod et al. [1978, Teil I] deutlich kritisiert). Nun kann eine *kritische* Sozialwissenschaft auf *normative* Grundlagen und Annahmen aber nicht verzichten und diese sind tendenziell stets universalistisch (das zeigen auch die meta-ethischen Debatten; vgl. Kap. 5.1.4). Sie überschreiten den jeweiligen Epochenhorizont und sind ihm zugleich immer verhaftet. Dieser **zeitgedingte Universalismus** zeigt sich nicht nur in den Bildungs- und Erziehungstheorien (vgl. dazu den exemplarischen Abriss in Kap. 1), sondern z. B. auch in den Menschenrechts-konzeptionen der Moderne, die ja stets universalistische Ansprüche vertraten und diese zugleich immer wieder erweitert, ergänzt und überarbeitet haben (z. B. mit Blick auf die Rechte der Frauen, die sozialen Rechte, die Rechte auf gesellschaftliche Entwicklung, die Kinderrechte, die Rechte der Menschen mit besonderen Bedürfnissen, die Rechte der Minderheiten, aktuell besonders das Menschenrecht auf Migration usw.; vgl. dazu Kap. 5.3).

b. Eine besondere Spannung enthält die kategoriale Identitätsbildung auch dadurch (das wird gerade bei Helsper und Rosa deutlich), dass in sie immer *Gegenwartsdiagnosen* und *Zukunftsprognosen* eingehen, was gesellschafts- und individual-*geschichtliche* Rückbezüge einschließt. Angesichts der neuen Individualisierungs- und Beschleunigungsschübe sind beide zugleich relativ ungesichert, mehr denn je überschreitet der zukunftsbezogene Erwar-tungshorizont die gegenwartsbezogenen Erlebnis- und Erfahrungsräume und weniger denn je findet man die Antworten auf die Gegenwartsfragen (was z. B. gutes Leben und soziale Gerechtigkeit sind) in der Vergangenheit – und zwar auch dann nicht, wenn man zu Recht darauf verweist, dass es in der Vergangenheit bereits formulierte Ansprüche gibt (z. B. auf menschliche Würde und Glück), die bisher keineswegs verwirklicht wurden, also noch *„unabgegolten" (Bloch)* sind.

c. Nicht zuletzt ist mit Blick auf Theorien „mittlerer Reichweite" darauf hinzu-weisen, dass wir uns mitten in einem Epochen-*Wechsel* befinden, dass also die Konturen der neuen Epoche allenfalls in Rudimenten zu erkennen und häufig nur intuitiv zu erfassen sind. Deshalb ist es eine offene Frage, ob die Konzepte der „situativen Identität" und des „postmodernen Selbst", die in das

der „kategorialen Identität" eingegangen sind, vorrangig die Übergangspro-
zesse erfassen und nicht schon die relativ stabilen Individualisierungs- und
Beschleunigungsprozesse der wie immer zu bezeichnenden neuen Epoche.
5. Es wurde schon angesprochen, dass Erikson (z. B. 2013, S. 112f) es für möglich
hielt, in der Gegenwartsgesellschaft (und das war für ihn die USA der 1950er
bis 1970er Jahre) ein befriedigendes Leben zu führen, also auch ein gelingendes
Identitätskonzept zu erarbeiten und zu verwirklichen. Einen grundlegenden, (gegenwärtig) unaufhebbaren Widerspruch zwischen dem bedürftigen Individuum
und der versagenden Gesellschaft – von dem Freud ausgegangen war – hatte er
nicht gesehen (insofern ist seine Kapitalismuskritik deutlich zurückhaltender als
etwa die von Rawls; vgl. Kap. 2.2.1.1). Das hatte diesen Strömungen innerhalb der
Psychoanalyse von Adorno (1972) und Marcuse (2004, S. 203–232) den Vorwurf
des *Revisionismus* eingebracht, also der Entschärfung der psychoanalytischen
Sozial- bzw. Kapitalismuskritik. Dieser ist – wie schon deutlich gemacht – in
vielerlei Hinsicht auch dann berechtigt, wenn man die universalistische, d. h.
normative Deutung dieses Widerspruchs mit guten wissenschaftlichen Gründen
bezweifeln kann und sollte (vgl. dazu mit Blick auf Erikson Wetzel 1985, 2.3 u.
3; auch Kap. 4.1.2). Man kann aber den sozialkritischen Gehalt von Eriksons
Identitätstheorie – über ihn nun auch hier qualitativ hinausgehend – dann
wiederherstellen und für das Konzept der kategorialen Identität fruchtbar machen, wenn man die zentralen **Widerspruchkonstellationen** der verschiedenen
Entwicklungsstufen als **Ausdrucksformen, Erfahrungsdimensionen** und
Wirkungsweisen der **Widersprüche von Bildung und Herrschaft** deutet und
damit auch als psychosoziale Modi und Konfigurationen der **pädagogischen
Kapitalbildung**. Sie lassen sich dann auch mit den empirischen Befunden der
entwicklungspädagogischen Milieuforschung (Kap. 1.4 u. 1.5) verknüpfen. Das
ist kein Zufall, weil nämlich Eriksons empirisch fundierte Identitätstheorie
insgesamt von einer genetisch-reflexiven Ganzheitlichkeit ausging, die in der
sozialen Reflexivität sowohl der Milieu- wie auch der Habitusforschung ihr
passendes Gegenstück hat. Das ist auch ein Grund, warum *dieser* interdisziplinäre Ansatz aus dem Gesamtspektrum der Identitätskonzepte im Rahmen der
Begründung einer milieugerechten Pädagogik ausgewählt wurde.

Wissensbaustein 13:
Werner Helsper über das „postmoderne Selbst" als Entwicklungs- und Förderperspektive der Jugendlichen

Das vorgeschlagene Konzept der „kategorialen Identität" nimmt wesentliche Überlegungen von Werner Helspers Identitätsverständnis auf und verknüpft es mit bestimmten Argumentationslinien von Hartmut Roses Beschleunigungs- und Resonanztheorie. Im Zentrum steht dabei die Rekonstruktion zentraler Entwicklungswidersprüche, die die Jugendlichen in der reflexiv gewordenen, also radikal modernisierten Moderne be- und verarbeiten müssen und die von dialektisch konzipiertem, die jeweiligen Widerspruchspole prozessual vermittelndem pädagogischen Handeln zu unterstützen sind (in diesem Sinne ist der Begriff „post-modern etwas unglücklich, weil er unterstellen könnte, dass wir in einer nach-modernen Gesellschaft leben, was auch Helsper sofort bestreiten würde (vgl. dazu auch Kap. 2.4.1).

„Im Rahmen meiner Theorie subjektkonstitutiver Selbstspannungen, die ich wiederum im Rahmen einer Theorie der Differenzierung von Selbst und Anderem im Kontext sozialisatorischer Anerkennungsverhältnisse lokalisiere, ist die Spannung von **Kohärenz** und **Fragmentierung** beziehungsweise von Integration und Desintegration eine zentrale strukturelle Spannung des Selbst, die als Ausdruck der Struktur der sozialisatorischen Interaktion und der darin implizierten Form der Anerkennung verstanden wird ..." (Helsper 1997, S. 182) Dies bedeutet u. a.: „Die Konstituierung eines **Selbst**, welches das **Fremde** sucht, die Irritation begrüßt, die Differenz will, sich nicht nur Neues assimiliert, sondern sich diesem auch in Form von Auseinandersetzung akkomodiert – also die Vision des postmodern dezentrierten Patchwork-Selbst-, setzt sozialisatorisch-interaktive Kohärenz voraus. Denn dadurch kann die beginnende Differenzierung von Selbst und Anderem, die eine entscheidende Struktur- und konstitutive Krisenstelle der Individuation markiert, relativ angstfrei erfolgen." (ebd., S. 183) Helsper nimmt für die Generierung des „postmodernen Selbst" also sozialisatorische Strukturen an, „die die affektiven, tiefenmotivationalen **Selbst-Andere-Verhältnisse** relativ angstfrei und offen konstituieren und die in gegenständlich, interaktiv und symbolisch reichhaltigen familialen und erweiterten soziokulturellen Kontexten eine Kompetenzentwicklung befördern, die in Richtung ‚Dezentrierung‘ während der Adoleszenz verweist, ohne dass die Kompetenzentwicklung durch starre Abwehrstrukturen und Fragmentierungstraumen blockiert oder im Sinne zwanghafter Kohärenzsicherung enggeführt würde. Diese sozialisatorischen Strukturen wären auch in modernisierten Gesellschaften aufzufinden. Sie könnten nun aber in Adoleszensverläufe münden, die im Anschluss an die Pluralisierung von Rationalitätsformen, Sinnstrukturen und kulturellen Symbolisierungen keine ideologisch-abschlusshafte Neuverortung generieren, sondern ein Selbst ermöglichen würden, das sich dem differenten Anderen ohne Identitätszwang und grenzziehende Kohärenzsicherung zuwenden könnte – und damit nicht nur durch eine umfassende Erfahrung mit differenten Selbst- und

Weltdeutungen, Lebens-, Wissens- und Rationalitätsformen gekennzeichnet wäre, sondern zugleich auch die Möglichkeit erhielte, auf der Grundlage einer umfassenden Einführung in Pluralität und Differenz transversale und verbindende Brückenschläge perspektivisch zu realisieren, ohne Differenzen nivellieren zu müssen. Gerade wenn das Selbst in diesem Sinne eine kohärente Grundlage besitzt, kann es sich dezentrieren und dem Nicht-Identischen aussetzen. Damit ist angedeutet, dass ich die Konzeption des „postmodernen Subjekts" für sozialisatorisch äußerst voraussetzungsreich halte: Dass es nicht nur dezentrierter Kompetenzen bedarf, sondern einer in kohärenten sozialisatorischen Interaktionsstrukturen generierten Selbststruktur, die gerade das Austragen paradoxer Selbstspannungen in soziokulturellen Ambivalenzen relativ angstfrei ermöglicht und in **dezentrierten soziokulturellen Milieus** in kultureller Pluralität und Übergängigkeit so einsozialisiert wird, dass sie im Verlauf der Jugendbiographie habituell inkorporiert werden kann ..." (ebd., S. 184f; alle Fetthervorhebungen von mir; K.-H. B.)

Literaturnachweise

Adorno, Theodor W. 1972. *Die revidierte Psychoanalyse*. In: Gesammelte Schriften 8. Soziologische Schriften 1, Frankfurt/M.: Suhrkamp. 20–41.
Coles, Robert. 1974. *Erik H. Erikson. Leben und Werk*. München: Kindler.
Elrod, Normann et al. 1978. *Der Wolf im Schafspelz. Erikson, die Ich-Psychologie und das Anpassungsproblem*. Frankfurt/ New York: Campus.
Erikson, Erik H. 1971. *Kindheit und Gesellschaft*. Stuttgart: Klett-Cotta.
Erikson, Erik H. 1975. *Dimensionen einer neuen Identität*. Frankfurt/M.: Suhrkamp.
Erikson. Erik H. 1978. *Kinderspiel und politische Phantasie*. Frankfurt/M.: Suhrkamp.
Erikson, Erik H. 1982. *Lebensgeschichte und historischer Augenblick*. Frankfurt/M.: Suhrkamp.
Erikson, Erik H. 1988. *Jugend und Krise. Die Psychodynamik des sozialen Wandels*. Frankfurt/M. et al.: Klett-Cotta bei Ullstein.
Erikson, Erik H. 1992. *Einsicht und Verantwortung. Die Rolle des Ethischen in der Psychoanalyse*. Frankfurt/M.: Fischer Taschenbuch.
Erikson, Erik H. 2013. *Identität und Lebenszyklus*. Frankfurt/M.: Suhrkamp.
Erikson, Erik H. 2016. *Der vollständige Lebenszyklus.*, Frankfurt/M.: Suhrkamp.
Freud, Anna. 1987a. *Das Ich und die Abwehrmechanismen*. In: Die Schriften der Anna Freud. Band I: 1922–1936, Frankfurt/M. Fischer Taschenbuch. 193–355 u. 362–364.
Freud, Anna. 1987b: *Wege und Irrwege in der Kinderentwicklung*. Die Schriften der Anna Freud. Band VIII. Frankfurt/M. Fischer Taschenbuch.
Habermas, Jürgen. 1974. *Können komplexe Gesellschaften eine vernünftige Identität ausbilden?* In: Ders. u. D. Henrich. Zwei Reden, Frankfurt/M.: Suhrkamp. 23-84.
Helsper, Werner. 1997. *Das „Postmoderne Selbst" – ein neuer Subjekt- und Jugendmythos?* In: H. Keupp u. R. Höfer. 1997. 174–206.
Honneth, Axel. 1994. *Desintegration*. Frankfurt/M. Fischer Taschenbuch.

Jörissen, B und J. Zirfas. Hrsg. 2010. *Schlüsselwerke der Identitätsforschung*. Wiesbaden: VS-Verlag.
Keupp, Heiner. 1997. *Diskursarena Identität: Lernprozesse in der Identitätsforschung*. In: Keupp/Höfer. 1997. 11–39.
Keupp, Heiner et al. 2002. *Identitätskonstruktionen*. Reinbek: Rowohlt.
Keupp, Heiner u. R. Höfer. Hrsg. 1997. *Identitätsarbeit heute*. Frankfurt/M.: Suhrkamp.
Kramer, Rolf-Torsten et al. 2013. *Das 7. Schuljahr. Wandlungen des Bildungshabitus in der Schulkarriere?* Wiesbaden: Springer VS.
Krappmann, Lothar. 1969. *Soziologische Dimensionen der Identität*. Stuttgart: Klett-Cotta.
Krappmann, Lothar. 1997. *Die Identitätsproblematik nach Erikson aus einer interaktionistischen Sicht*. In: Keupp/Höfer. 1997. 66–92.
Marcuse, Herbert. 2004. *Triebstruktur und Gesellschaft*. Schriften Band 5, Springe: zu Klampen!
Mollenhauer, Klaus. 1972. *Theorien zum Erziehungsprozess*. München: Juventa.
Mollenhauer, Klaus. 1983. *Vergessene Zusammenhänge. Über Kultur und Erziehung*. München: Juventa.
Nassehi, Armin. 2008. *Die Zeit der Gesellschaft*. Neuauflage mit einem Beitrag „Gegenwarten". Wiesbaden: VS-Verlag.
Noack, Juliane. 2005. *Erik H. Eriksons Identitätstheorie*. Oberhausen: Athena.
Nunner-Winkler, Gertrud. 1990. *Jugend und Identität als pädagogisches Problem*. In: Zeitschrift für Pädagogik (36.Jg.), 671–686.
Rosa, Hartmut. 2012. *Weltbeziehungen im Zeitalter der Beschleunigung*. Berlin: Suhrkamp.
Rosa, Hartmut. 2013. *Beschleunigung und Entfremdung*. Berlin: Suhrkamp.
Rosa, Hartmut. 2016. *Resonanz. Eine Soziologie der Weltbeziehung*. Berlin: Suhrkamp.
Schweitzer, Friedrich. 1985. *Identität und Erziehung*. Weinheim und Basel: Beltz.
Wellendorf, Friedrich. 1974. *Schulische Sozialisation und Identität*. Weinheim und Basel: Beltz.
Wetzel, Konstanze. 1985. *Identität oder Handlungsfähigkeit*. Jugendliche Persönlichkeitsentwicklung im Konzept der Psychoanalyse und der Kritischen Psychologie. In: Braun, K.-H. et al. Geschichte und Kritik der Psychoanalyse, Marburg: va&g. 97–126.
Zirfas, J. und B. Jörissen. 2007. *Phänomenologien der Identität*. Human-, sozial- und kulturwissenschaftliche Analysen. Wiesbaden: VS-Verlag.

Literaturempfehlungen

Erikson, Erik H. 2013. *Identität und Lebenszyklus*. Frankfurt/M.: Suhrkamp.
Erikson, Erik H. 2016. *Der vollständige Lebenszyklus*. Frankfurt/M.: Suhrkamp.
Jörissen, B. und J. Zirfas. Hrsg. 2010. *Schlüsselwerke der Identitätsforschung*. Wiesbaden: VS-Verlag.
Keupp, Heiner et al. 2002. *Identitätskonstruktionen*. Reinbek: Rowohlt.
Zirfas, J. und B. Jörissen. 2007. *Phänomenologien der Identität*. Human-, sozial- und kulturwissenschaftliche Analysen. Wiesbaden: VS-Verlag.

3.2   Identitätsbildung und Migration

Zusammenfassung

Nur sehr mühsam und nicht ohne Widersprüche und Widerstände setzt sich in der verstaatlichten Politik und der politischen Öffentlichkeit die Einsicht durch, dass wir auch eine „Einwanderungsgesellschaft" sind und dass die Europäisierung und die partielle Globalisierung die nationalstaatlichen Grenzen der Lebensläufe längst in Frage gestellt und überschritten haben. Entgegen der immer noch in den vermachteten und verbürokratisierten Öffentlichkeiten verbreiteten Auffassung, dass die Gesamtproblematik Migration und die damit verbundene Infragestellung aller Konzepte einer „nationalen Identität" erst durch die neueste „Flüchtlingswelle" entstanden sei, wird in Kap. 3.2.1. aufgezeigt, dass sie ein „Dauerbrenner" der europäischen Geschichte auch und gerade in der Moderne ist. Die Ergebnisse dieser Prozesse zeigen sich dann auch in der Sinus-Milieulandschaft der Migrant*innen. Davon ausgehend wird in Kap. 3.2.2 gefragt, wie eine das reflektierende entwicklungspädagogische Förderung konzipiert werden kann und sollte, die die Fallstricke der interkulturellen Pädagogik vermeidet ohne deren Leitungen zu ignorieren. Selbstverständlich stellen sich in Bezug auf die Flucht-Migration zusätzliche Fragen und Aufgaben, die in Kap. 3.2.3 erörtert werden.

Wenn man die veröffentlichte Meinung betrachtet (Presse, Rundfunk und Fernsehen), wenn man sich Praxisberichte aus den verschiedensten Erziehungsinstitutionen gerade in Großstädten ansieht (Kindergärten, Schulen, Gemeinwesenzentren, z. T. auch Seniorenheime), wenn man kollegiale Gespräche unter den Lehrer*innen und „Profis" der Sozialen Arbeit „belauscht", so hat man den Eindruck, dass Migration entweder ziemlich neu ist oder doch zumindest ein bisher nicht erwartetes Niveau erreicht hat (nicht zuletzt durch die verschiedenen Migrationswellen seit 2015). Vor diesem Hintergrund besteht die Aufgabe, zunächst einmal einen empirisch gehaltvollen, also einen realistischen Blick auf die ethnische und kulturelle Vielfalt der Migration zu präsentieren und sie in ihren historischen und strukturellen gesellschaftlichen Ursachen zu analysieren. Ferner die Bereitschaft zu entwickeln, diese Prozesse aus der Perspektive der „Menschen mit Migrationshintergrund" zu verstehen. Darauf aufbauend können und sollten dann auch eigene Vorurteile gegen die Lebensweise der Migrant*innen (z. B. „den typischen türkischen Macho-Jungen" oder „das fundamentalistische moslemische Mädchen mit dem Kopftuch") kritisch vergegenwärtigt und konstruktiv überwunden werden. Das eröffnet der

Entwicklungspädagogik dann auch die Perspektive, nach Unterstützungsformen suchen zu können, die allen Gruppen der Gesellschaft (also mit und ohne Migrationshintergrund) plural-egalitäre Bildungswege anbieten.

3.2.1 Die historische Normalität von Migration – und die aktuellen Migranten-Milieus

Es wurde eben schon die Frage angedeutet, ob denn Migration wirklich neu ist. Sie ist es nicht (vgl. die Übersicht bei Gogolin/Krüger-Potratz 2006, Kap. 2). Wenn wir den Blick nur auf die europäische Geschichte richten, dann hat es nicht nur zu Zeiten des Römischen Reiches, sondern auch und besonders bei der anschließenden Epoche der Völkerwanderungen (zwischen 450 und 750 u. Z.) sehr umfassende Migrationsbewegungen gegeben. Wobei man hier sehr allgemein unter Migration das Verlassen eines zunächst angestammten Sozialraumes verstehen kann. Dieser war dann meist mit einem bestimmten Macht- und Herrschaftsbereich verbunden, der staatlich gegen andere abgegrenzt wurde (z. B. des aufstrebenden Römischen Reiches gegenüber dem Gebiet der damaligen Kelten zur Zeit von Julius Cäsar [100–44 v. u. Z.]).

Nun werden manche Leser*innen einwenden, dass dieser Migrationsbegriff zu weit sei. Damit haben sie teilweise recht, denn unser gegenwärtiges Verständnis resultiert aus einer historischen Epoche, die mit der Herausbildung der Nationalstaaten (in der Folge des 30jährigen Krieges von 1618–1648) und den ökonomischen, politisch-militärischen und kulturellen Konflikten zwischen ihnen verbunden ist. Daraus entstand dann der strukturelle Unterschied zwischen denen, die in einem bestimmten **nationalstaatlichen** Gebiet wohnten (z. B. in Deutschland oder Österreich), dort auch zumeist geboren wurden und hier Staatsangehörige waren mit bestimmten Rechten und Pflichten. Diese wurden meist durch nationale Verfassungen und Gesetze festgelegt. Nun war aber die Vorstellung, dass die jeweiligen nationalstaatlichen Gesellschaften homogen seien, immer schon eine Fiktion. Das kann man schon daran erkennen, dass den jüdischen Mitbürger*innen phasenweise immer wieder bestimmte Bürgerrechte vorenthalten wurden und sie periodisch immer wieder verfolgt worden sind. Insofern stellte sich von Anfang an die Frage nach dem Verhältnis von **Mehrheitsgesellschaft** und den **Minderheiten** in ihnen. Ferner darf nicht vergessen werden, dass in der Epoche der Industrialisierung und Urbanisierung viele Menschen die europäischen Länder verlassen mussten, weil sie hier keine ausreichenden Existenzgrundlagen fanden (so wanderten aus Deutschland zwischen 1820 und 1920 allein 5,5 Mill. in die USA aus). Gleichzeitig kamen in dieser Zeit auch viele polnische Arbeiter und ihre Familien in die entstehenden Industriezentren (z. B. in das Ruhrgebiet, was man heute noch an den Namen erkennen kann).

1. Für die **neuere Migrationsgeschichte** der beiden und dann vereinten deutschen Staaten sind folgende **Trends** wichtig (vgl. Gogolin/Krüger-Potratz 2006, Kap. 1.2; Hamberger 2009, Kap. 1.4 u. 5.2; Statistisches Bundesamt/Wissenschafts-zentrum Berlin für Sozialforschung 2016, Kap. 7.3 u. 8; 15. KJB, Kap. 2.1.2):

   a. Es wurden ca. 12 Mill. *Flüchtlinge* aus den früheren deutschen Ostgebieten, die nach Kriegsende und der Befreiung vom Faschismus anderen Staaten zu-geordnet wurden, mit mehr oder weniger großen Problemen „aufgenommen".

   b. 1955 wurde der erste Anwerbevertrag zwischen der BRD und Italien abge-schlossen zur Gewinnung von sog. *„Gastarbeitern"* (sie wurden zunächst vorrangig in der Landwirtschaft eingesetzt); es folgten weitere Verträge mit Griechenland und Spanien (1960), der Türkei (1961), mit Marokko (1963), mit Portugal (1964), mit Tunesien (1965), mit Jugoslawien (1968) und mit Süd-Korea (1970). Seit 1973 gibt es einen Anwerbestopp, der erst durch die EU-Erweiterungen faktisch für diese Staaten aufgehoben wurde.

   c. Von Bedeutung waren und sind die *Ost-West-Wanderungen* von der DDR in die BRD (die nach dem Mauerbau 1961 erheblich eingeschränkt wurden) bzw. die aus den ost- in die westdeutschen Bundesländer nach 1990; sie waren immer umfangreicher als die West-Ost-Wanderungen.

   d. Besonders als Ergebnis und Element der „neuen Ostpolitik" seit Anfang der 1970er Jahre sind große Gruppen von *Aussiedlern* aus Mittel- und Osteuropa nach Deutschland übergesiedelt. Es waren zwischen 1950 und 1987 insgesamt 1,4 Mill. Hinzu kommen seit 1993 die sog. „Spätaussiedler"; beide Gruppen umfassten 2011 3,2 Mill Personen.

   e. Hinzu kommt als neuer Typus der Arbeitsmigration der *Saisonarbeiter* (das waren 2007 knapp 300.000) und sie kamen zunächst vorrangig aus Polen, später zunehmend aus Rumänien. Ähnliche Trends zeigen sich bei der Gruppe der Grenzgänger.

   f. Nicht zuletzt sind – gerade für die Zeit ab 2015 – zu erwähnen *Flüchtlinge* nach Art. 1 Nr. 2 der „Genfer Flüchtlingskonvention" von 1951, die in verschiedenen Wellen nach Deutschland gekommen sind. In neuerer Zeit zunächst während des Bürgerkrieges im ehemaligen Jugoslawien und dann besonders ab 2015. In dem Jahr haben mehr als 60 Mill. Menschen ihre Heimat verlassen: als Asylsuchende, Binnenvertriebene oder Flüchtlinge (von ihnen kommen die Hälfte aus nur drei Ländern, nämlich Syrien, Afghanistan und Somalia – und 51 % sind unter 18 Jahren). 2015/2016 sind 1,5 Mill Flüchtlinge nach Deutschland gekommen; davon sind ca. 30 % Kinder und 25 % zwischen 18 und 25 Jahren und sie kommen vorrangig aus Syrien, Afghanistan und dem Irak).

g. In der ehemaligen DDR gab es diesbezüglich eine sehr restriktive Politik, die auf den *Arbeitskräfteaustausch* innerhalb des Rates für gegenseitige Wirtschaftshilfe (RGW) konzentriert war. So gab es im März 1989 166.000 ausländische Arbeitskräfte, Studierende und Auszubildende in der DDR. Die größten Gruppen kamen aus Vietnam, Mosambik, Kuba und Polen (die entsprechenden Verträge stammen aus dem Jahre 1968). Ergänzend wären die chilenischen Flüchtlinge zu erwähnen, denen nach dem faschistischen Putsch in Chile 1973 bis ca. 1992 in der DDR Asyl gewährt wurde (ihre Anzahl war aber sehr gering).

h. Insgesamt kommen von den knapp 7 Mill. Ausländer*innen ca. 25 % aus der Türkei und ca. 13 % aus Italien; es folgen Serbien/Montenegro (ca. 7 %), Polen (über 5 %), Griechenland (knapp 5 %), Kroatien (über 3 %), Russische Föderation und Österreich (knapp 3 %), Bosnien-Herzegowina (über 2 %) und Ukraine (knapp 2 %). Die übergroße Mehrheit kommt also aus EU-Saaten; zugleich weitet sich der Einzugsbereich in Richtung Osten aus.

i. Nun ist aber Einwanderung immer nur die eine Seite der Migrationsbewegungen. Erwähnt wurde ja bereits die *Auswanderung* aus der DDR (meist in die BRD). Zugleich wanderten Deutsche in andere Länder aus (meist in europäische oder in die USA). Das waren allein zwischen 1946 und 1960 760.000 Personen; seit den 1980er Jahren nimmt diese wieder zu.

j. Nicht zuletzt muss auch die Gruppe erwähnt werden, die nur für eine bestimmte Zeit in der DDR bzw. der alten BRD verweilten und heute in der neuen BRD verweilen, dann ggf. in ihr Ursprungsland zurückkehren oder auch „weiterziehen". Das gab es z. B. bei Diplomaten oder Spitzenmanagern (es waren ja meist Männer) schon immer, es hat sich aber längst auf fast alle soziale Milieus ausgeweitet – meist nach dem Motto „Meilenweit für einen guten Job". Diese Gruppe wird in der veröffentlichten Meinung zumeist abwertend und ausgrenzend als „Wirtschaftsflüchtlinge" bezeichnet.

2. Diese wenigen Hinweise dürften schon deutlich gemacht haben, wie heterogen die Gruppe der Migrant*innen heute schon ist, so dass es nur sehr begrenzt Sinn macht, sie als *eine* Gruppe zu behandeln. Das machen auch die Sinus-Untersuchungen zu der **sozialen Milieuzugehörigkeit** der Migrant*innen deutlich (Abbildung13, S. 270f.), denen zu entnehmen ist:

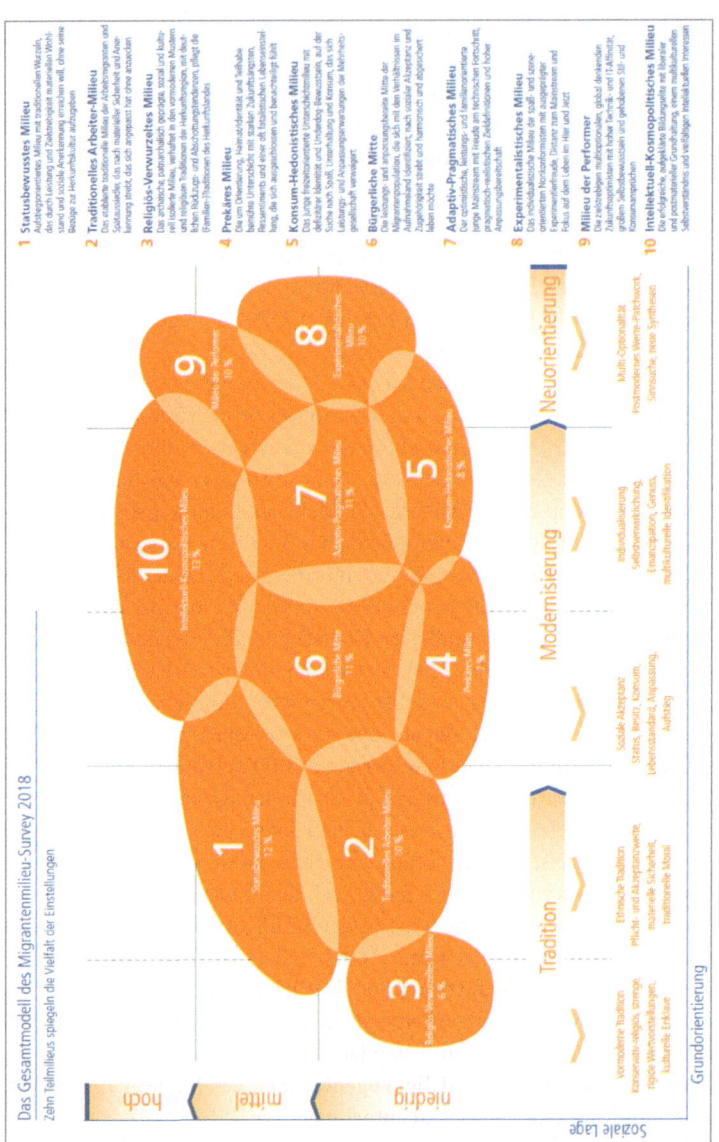

Abb. 13 Die Sinus-Migranten-Milieus in Deutschland

a)   Das Gesamtmodell der Migrantenmilieus

Quelle: vhw, 2018, S. 55f)

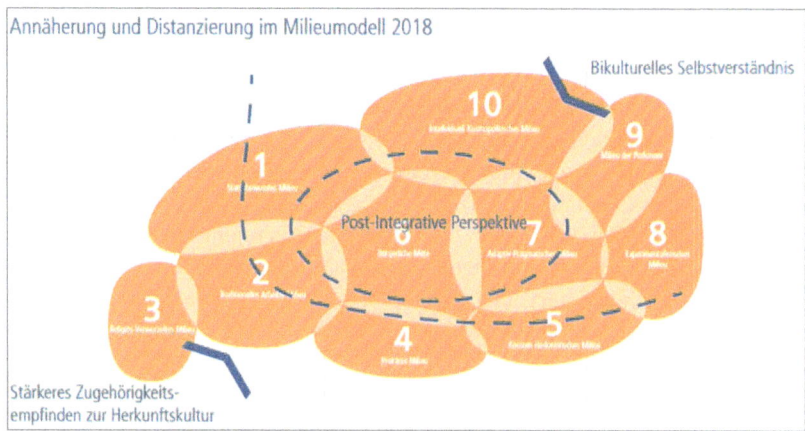

b)   Zwischen Herkunft und Post-Integration
Quelle: ebd., S. 16

c)   Zwischen Aufstieg und Rückzug
Quelle: ebd., S. 17

Es gab bei diesem Migranten-Survey drei Projektphasen: In der ersten wurde eine qualitative Leitstudie mit 160 Einzelfallexplorationen je 1,5 h und eine Fotodokumentation der Wohnwelten durchgeführt und auf dieser Grundlage aktualisierte Milieuhypothesen erarbeitet. In der zweiten wurden für die repräsentative quantitative Erhebung (von über 220 geschulten Interviewer*innen von Juli bis September 2018 in 9 Sprachen durchgeführt) qua Stichprobenziehung aus der Gesamtheit der Menschen mit Migrationshintergrund und Wohnsitz in Deutschland ab 15 Jahren (ca. 15 Millionen Personen) 2.053 ausgewählt und befragt und so ein aktualisiertes Milieumodell entwickelt, welches in der dritten Projektphase 2018 verräumlicht wurde (aktualisiertes Geo-Milieuprofil).

a. Vergleicht man die übergreifenden Befunde (Abb. 13 a, S. 270) mit denen der sozialen Milieuentwicklung in der Gesamtbevölkerung und den Jugendlichen in Deutschland (vgl. Kap. 1.4, Abb. 1, S. 83f. und Abb. 4, S. 193f.), dann werden zunächst die **dominierenden Gemeinsamkeiten** zwischen dem autochtonen (einheimischen) und dem migrantischen Teil der Bevölkerung hinsichtlich der Wertebilder, Lebensziele, Anerkennungsniveaus und (politischen) Sozialkritik im dreigeteilten sozialen Raum und im soziokulturelle Pluralisierungen hervorbringenden Spannungsverhältnis von Tradition, Modernisierung und Neuorientierung deutlich. Die jeweilige soziale Milieuzugehörigkeit ist also erheblich aussagekräftiger als die ethnische Herkunft und die Identitätsmuster sind insofern **hybrid**, als sehr unterschiedliche bis gegensätzliche Erfahrungsräume und Erwartungshorizonte (z. B. in Form von Teil-Identitäten) vereint werden. Dabei gibt es auch bei dieser Bevölkerungsgruppe erhebliche Unterschiede zwischen den Modernisierungsgewinner*innen, -dulder*innen und -verlierer*innen, die sich ungleich auf die verschiedenen Milieus verteilen. Gemeinsam ist aber allen die Betonung der zentralen Bedeutung der Familie für ein gelungenes (Zusammen-)Leben, was bei zwei Dritteln der Befragten auch mit traditionellen Vorstellungen von den Geschlechterverhältnissen verbunden ist.

b. Die Milieus der Mitte und die modernen Milieus werden vorrangig bestimmt durch die offene Balance zwischen *Herkunft* und *Post-Integration* (Abb. 13 b, S. 271). Für ca. 70 % der Befragten ist die qualifizierte gesellschaftliche Anerkennung durch die Mehrheitskultur keine kollektive und individuelle Entwicklungsaufgabe mehr, sie halten sie für bewältigt („Post-Integration"), fühlen sich seltener diskriminiert und „bekennen" sich von daher relativ selbstverständlich auch zu ihrer Herkunft. Insofern bestimmt das Alltagsleben und der biografische Sinnentwurf die *interkulturelle* **Verständigung** *innerhalb* des *jeweiligen sozialen Milieus* über die angemessenen Bewältigungsweisen der Internationalisierung/Globalisierung, Digitalisierung und Individualisierung einerseits und der wachsenden sozialen Ungleichheiten andererseits. Gerade die jungen modernen Milieus, speziell das intellektuell-kosmopolitische, bilden ein *bikulturelles* Bewusstsein, eine hybride bzw. doppelte Identität aus, verstehen sich als selbstverständlicher Teil der autochtonen Kultur – diese haben sie weitgehend „verinnerlicht", habitualisiert und wollen in ihr auch sozial aufsteigen – und verleugnen zugleich nicht ihre Herkunftskultur, sondern haben eine lebendige Beziehung zu ihr (das gilt in ganz besonderem Maße für das Statusbewusste Milieu).

c. Wie sehr die objektiv gegebenen Lebens- und Entwicklungschancen und damit die der (pädagogisch relevanten) Kapitalbildung auch die Werteorientierung und damit die Anerkennungsmodi (also Distanz und/oder Anpassung) bestimmen, wird gerade bei den traditionellen und prekären Milieus deutlich, die in sozial benachteiligten Lagen leben müssen (speziell empfunden in Bezug auf Arbeitsplatz und Wohnung), in besonderem Masse „Opfer" der zunehmenden gesellschaftlichen Ungleichheiten sind und auf diese Diskriminierungserlebnisse und -erfahrungen mit Re-Traditionalisierung reagieren. In diesen, soziale Teilhabe und politische Partizipation blockierenden Kontexten, kommt es zu **ethnischen Überformungen und Ausprägungsformen der sozialen Konflikte.** Das gilt speziell für das schrumpfende Traditionelle Arbeitermilieu, wobei gerade in ihm zugleich eine hohe Anpassungsbereitschaft an die Mehrheitskultur festzustellen ist. Eine zusätzliche **religiöse** Überformung erhalten die sozialen Problemlagen und Deutungen im Milieu der Religiös-Verwurzelten. Insgesamt spielt die Religion im Alltagsleben und den biografischen Sinnentwürfen – gerade bei den modernisierten Milieus (ca. 60 % der Befragten) – nur eine untergeordnete Rolle.

d. Die sich verschärfenden bzw. durch die Finanz-, Wirtschafts- und Sozialpolitik verschärften sozialen Ungleichheiten und die immer noch zunehmende Bedrohung der Mittelschichten durch Prekarisierung führt zu **erzwungenen sozialräumlichen** und **lebensweltlichen Einschließungs-** und **Abgrenzungsprozessen** der ethnisch (und z. T. auch religiös) überformten sozialen Milieus (was nur ca. ein Viertel der Befragten sich wünscht bzw. bejaht). Das fördert ambivalente Stimmungslagen und Handlungsoptionen im Widerspruchsfeld von Ausstieg und Rückzug, von selbsttätiger Einschließung in Enklaven, Abwendung von „der Welt" und biografischer Resignation einerseits und soziomoralischer Empörung und Aufbegehren, selbstbewusstem Widerstand und Entwicklung neuer, verlagerter Leistungsbereitschaften und Teil-Identitätsmuster als Widerstandsformen gegen die Negativspirale andererseits (vgl. Abb. 13 c, S. 271).

Definition: Migrant*innengruppen

Übergreifend und systematisch lassen sich drei Gruppen unterscheiden:

a. Die Gruppe der *Immigrant*innen*, die also in Deutschland bleiben wollen, also tatsächlich einwandern;

b. die Gruppe der *Emigrant*innen*, die also Deutschland „für immer den Rücken kehren";

c. und die Gruppe der *Transmigrant*innen*, die also – beabsichtigt oder nicht – nur für eine bestimmte Zeit in Deutschland oder als Deutsche im Ausland sind.

3.2.2 Leitmotive einer identitätsfördernden transitorischen Entwicklungspädagogik

Aus diesen knapp skizzierten empirischen Befunden ergeben sich selbstverständlich komplexe pädagogische Anforderungen. Sie können allerdings nicht hinreichend als solche einer transkulturellen Pädagogik beschrieben werden (welche bereits die Nachfolge der multi- bzw. interkulturellen Bildung und Erziehung angetreten hatte), weil damit die Gefahr einer kulturalistischen Verkürzung nicht gebannt ist (so die zutreffende Warnung von Gogolin 2006, S. 39f). Gleichwohl enthalten die verschiedenen Konzepte der interkulturellen Pädagogik (vgl. bes. Auernheimer 2016) und speziell der transkulturellen Pädagogik (vgl. Göhlich u. a. 2006; Hamburger 2009, Kap. 5; Homfeldt u. a. 2008, Teil I) zahlreiche richtige Elemente, die in dem umfassenderen Konzept einer **transitorischen Pädagogik** aufgehoben werden müssen, die in der in makro- und mikrostrukturelle, speziell in Milieukontexte eingebundenen **transitorischen Identität** ihre übergreifende Ziel- und Inhaltsperspektive hat. Zugleich ist diese transitorische Pädagogik keine „Sonderpädagogik neuen Typs", durch die die Migrant*innen wieder zu einer besonderen Spezies Mensch erklärt würden. Vielmehr spiegeln sich hier die *allgemeinen* Widerspruchsdimensionen von Bildung und Herrschaft und damit auch die der pädagogischen Kapitalbildung wider, allerdings in einer *spezifizierten* Weise, die besondere Aufmerksamkeiten erforderlich machen. Oder anders formuliert: Die migrationssensible Pädagogik ist ein integraler Bestandteil der reflexiven milieugerechten und habitussensiblen Pädagogik, die ein spezielles Augenmerk legt auf die dialogische Beziehung zwischen Ich und Anderen (1) sowie den situativen Bezug (2), die Überwindung der Ethnisierung sozialer Konflikte (3), die Perspektive einer egalitären kulturellen Vielfalt (d) und Herausforderungen der erzwungenen Flucht-Migration, insbesondere von Kindern und Jugendlichen (Kap. 3.2.3); auf die Bedeutung der Zweisprachigkeit wurde bereits in EP1, Kap. 5.2.4 eingegangen (vgl. zu den nachfolgenden Überlegungen – über die o. a. Literatur hinausgehend – Boos-Nünning/Karakasoglu 2005, Teil 2; Raths 2009, Kap. 6–11; Reinders 2003, Kap. 6–11; Tietze 2001; übergreifend-ergänzend auch 15. KJB, 2017, Kap. 3.9 u. 8.1.3 sowie die polemische Zurückweisung statischer und vereinnahmend-ausgrenzender Konzepte der kulturellen Identität von Jullien 2018).

1. Die allgemeine Einsicht, dass sich Identität nur in intersubjektiven Beziehungen begründen und entfalten kann, spezifiziert und konkretisiert sich mit Blick auf die transitorische Identität dahingehend, dass es normativ eines egalitären Dialogs (bzw. einer Vielzahl von Dialogen) zwischen dem jeweiligen **Ich** und den **Anderen** bedarf (vgl. Zirfas/Jörissen 2007, Kap. 15). Die sich dabei

herausbildenden Identitätsmuster sind insofern hybrid, als sie offen sind für
die Vielfalt der Lebenserfahrungen und -entwürfe (mit und ohne Migrationshintergrund), ohne aber konturlos zu werden. Dialog mit Anderen bedeutet
nicht Vereinnahmung durch das jeweilige Gegenüber bzw. der Versuch, die
Anderen dem eigenen Ich anzugleichen, sondern das Anderssein eben auch
als Ergebnis eines offenen Verständigungs- und Aushandlungsprozesses und
egalitärer Anerkennung zu begreifen. Sie ist einerseits übersetzte Identität, weil
sie unterschiedliche Erfahrungen und Sinnentwürfe in das eigene Selbst- und
Weltverständnis aufnimmt und zugleich die eigenen für andere verständlich
macht, also immer auch übersetzende Identität. Der/die Andere hat somit
das Recht, der/die Andere zu bleiben wie auch ich das Recht habe Ich zu
bleiben. – Diese auf Anerkennung zielenden Dialog- und Verhandlungsbemü-
hungen werden in dem Maße eingeschränkt, unterwandert, ausgehöhlt und
im Extremfall zerstört, wenn sich **Fremdheitserlebnisse** und -**erfahrungen**
„einschleichen" und ggf. dominant werden (vgl. ebd., Kap. 14). Dann sind mir
entweder Personen (z. B. asylsuchende Bürgerkriegsflüchtlinge) oder Regionen
(z. B. der Vordere Orient) oder auch generell Sachverhalte (z. B. bestimmte Rituale oder Klimabedingungen oder Wirtschaftsstrukturen) nicht nur einfach
unbekannt, sondern sie werden mir fremd, d. h. ich schließe sie aus meinen
Lernanstrengungen, Verstehenshorizonten und Dialogbemühungen aus, ich
baue Grenzen auf, grenze Menschen, Regionen und Sachverhalte aus. Ich halte
dieses Andersartige dann für etwas Fremdartiges, welches nicht verstehbar
und was mir ggf. sogar unheimlich ist. Das betrifft insbesondere die für jede
Identitätsarbeit zentralen *narrativen* Kommunikationsweisen: Dann kann aus
einem spontanen Nicht-Verstehen (z. B. von bestimmten Alltagshandlungen
oder Autoritätsvorstellungen) eine strukturelle Fremdheit werden (z. B. bezogen
auf die Geschlechterbeziehungen), die in radikale Fremdheit umschlagen kann,
die in absoluter bzw. totaler Fremdheit ihre regressive Vollendung findet. Diese
Fremdwerdungsprozesse als Teil der übergreifenden Entfremdungsprozesse in
der sich immer mehr globalisierenden kapitalistischen Weltrisikogesellschaft
bleiben mir, meinem Ich, meinem Selbst nicht äußerlich, sondern als Folge
und Aspekt dieser fragmentierten Intersubjektivitätsbeziehungen werde ich
mir selber fremd, verstehe meine Abwehrhaltungen gegenüber dem und den
Anderen (mit oder ohne Migrationshintergrund) immer weniger, und diese
Abwehr des unbekannten Anderen wird mir selbst immer weniger bewusst,
immer selbstverständlicher, immer untergründiger und zerstört damit auch
schrittweise die eigenen transkulturellen Dialog- und Verständigungsbemühungen. Gegen solche regressiven und habitualisierten Formen der Bewältigung
soziokultureller und gesamtgesellschaftlicher Konflikte sind auch die Pädago-

g*innen selbstredend nicht gefeit und so bedarf die transitorische Pädagogik der Bewusstwerdung dieser Widerspruchskonstellationen zwischen Anderssein und Fremdheit im Selbst- und Weltverständnis der professionell erzieherisch Sehenden, Denkenden und Handelnden.

2. Dazu trägt wesentlich bei der **Perspektivenwechsel vom ethnischen Pauschalverdacht zum situativen Bezug** (als Moment der Ausrichtung an der *situativen Identität;* vgl. Kap. 3.1.2), denn in der pädagogischen Praxis ist es unübersehbar, dass Menschen mit Migrationshintergrund sehr häufig vorrangig und manchmal sogar ausschließlich in *dieser* Perspektive betrachtet und behandelt werden (so wenn z. B. ein Stadtteil oder eine Schule mit hohem Migrationsanteil pauschal als „problematisch" angesehen wird). Stellt man dies in Frage, werden häufig Argumente vorgetragen, denen eine „diffuse Ungenauigkeit" bzw. „präzise Anonymisierung" zu eigen ist (vgl. Hamburger 2009, S. 135). Angesichts der Vielfalt der sozialen Bezüge, in denen Menschen in modernen Gesellschaften stehen und angesichts der Vielfalt ihrer biografischen Sozialraumbezüge ist das eine irreführende Beschränkung des Blicks und der Handlungsperspektiven. Es sollte also am Anfang stets davon ausgegangen werden, dass die ethnische Zugehörigkeit nur *ein* Merkmal unter zahlreichen ist und diese sollte nur dann thematisiert werden, wenn es Hinweise gibt, dass nun genau diese kulturellen Differenzen für die Identitätsentwicklung relevant sind (wenn es z. B. bei einem Konflikt tatsächlich um *bestimmte* Vorstellungen der „männlichen Ehre" geht oder auch *bestimmte* sexuelle Normen). Dann sollten diese Fragen so bearbeitet werden, dass die Vielfalt der hier zum Ausdruck kommenden Werte zunächst einmal als selbstverständlich genommen wird. Einsprüche sind erst dann erforderlich, wenn universalistische Normen missachtet werden (z. B. die der Unverletzlichkeit der Person; vgl. dazu Kap. 5.1.2 u. 5.3.3). Zu bedenken ist stets auch folgendes Problem (wie es sich in vielen Kontexten der transitorischen Pädagogik findet): Wird immer wieder die soziokulturelle Differenz betont, sie also quasi zum Dauerthema gemacht, müssen sich die betroffenen Personen nicht nur unverstanden fühlen, sondern auch diskriminiert, weil sie in der Vielfalt ihrer Lebensbezüge nicht ernst genommen werden. Denn ihnen wird die selbstverständliche alltägliche Toleranz und Solidarität vorenthalten. Das kann dann auch dazu führen, dass sie selber ihre Identität immer mehr auf ihren Migrationshintergrund beziehen und damit ihren Mitmenschen immer fremder und schließlich auch sich selbst fremd werden. Und genau solche stereotypen Zuschreibungen („typisch türkisch", „typisch asiatisch" – aber auch: „typisch deutsch", „typisch Ossi", „typisch Wessi") können die Konflikte verschärfen, die mit dem transitorischen Lernen doch eingedämmt und überwunden werden sollten.

3. Die Entwicklungspädagogik muss generell auch der schon kritisierten **Ethni-sierung sozialer Konflikte** widerstehen, denn die eben erwähnte Konfliktver-schärfung resultiert sehr häufig auch daraus, dass sich hinter den *ethnischen* Konflikten in Wirklichkeit *soziale* Konflikte verbergen, bei denen es um den Zugang zu knappen sozialen Gütern geht (z. B. Arbeitsplätze, Bildungsabschlüsse, Wohnraum, Transfereinkommen). Dabei ist zu unterscheiden (vgl. Hamburger 2009, S. 46f sowie die Darstellung der Milieuverhältnisse in Kap. 3.2.1):

   a. Zunächst einmal gibt es eine Überschichtung in dem Sinne, dass ein Teil der Ausländer*innen in den oberen Milieus zu finden sind. Das sind besonders Akademiker*innen. Deren Anteil von allen Ausländer*innen liegt etwa bei 13 % (bei denen ohne Migrationshintergrund bei knapp 17 %).

   b. Zugleich gibt es eine *Unterschichtung*, das heißt, dass ein relevanter Teil dieser Personengruppe sich in den prekären und z. T. sogar den unter-privilegierten Milieus befindet. Hier ist zu verweisen auf die Gruppe der geringfügig Entlohnten; dazu gehören insgesamt ca. 7 % der Beschäftigten, aber 12 % der Ausländer*innen. Sie sind auch überdurchschnittlich von Arbeitslosigkeit betroffen: 17 % nach Sozialgesetzbuch II und knapp 10 % nach Sozialgesetzbuch III.

   c. Aus der Perspektive der Mitglieder der Mehrheitsgesellschaft scheint es in bedrohten Konstellationen (wie einer ökonomischen Krise und dem damit verbundenen Sozialabbau, ggf. auch nur dem befürchteten) naheliegend, ja geboten, jetzt die „nationale Karte" auszuspielen und die „nationale Divi-dende" einzufordern (vgl. Kap. 5.2.1/5.2.2). Insofern hat die in ganz Europa festzustellende und von rechtspopulistischen Bewegungen stark geförderte **Re-Nationalisierung** in ihrem Kern *soziale* Ursachen. Diese führt dann z. B. zur Rede von einem „Stadtteil mit hohem Ausländeranteil" oder den „Par-allelgesellschaften", bei der zumeist nicht danach gefragt wird, ob sich hier in Wirklichkeit primär ganz andere Prozesse abspielen, die mit den Ethnien nur sekundär und manchmal sogar nur randständig zu tun haben. So führt die oben aufgezeigte Abschottung der Milieus untereinander, besonders der Elitemilieus, von den respektablen und den prekären Milieus eben auch zu „Parallelgesellschaften", was aber ehr selten thematisiert wird. In vielen Fällen geht es hier also um die soziale, auch sozialräumliche Abschottung der unglei-chen sozialen Milieus voneinander bzw. um spezifische Überlebensstrategien bestimmter sozialer Milieus (z. B. denen von Deklassierung betroffenen) und um die Konkurrenz um soziale Anerkennung von Statusgruppen und Milieus, die eng beieinanderliegen (z. B. zwischen Beschäftigten in Handel und Dienstleistung, denen unabhängig von ihrer ethnischen Zugehörigkeit „das Wasser bis zum Hals steht"). Dabei können aber die identitätsrelevanten sozialen Beziehungen (das jeweilige soziale Kapital), um die ökonomische Krise zu bewältigen, dann auch von ethnisch geprägten sozialen Netzwerken bestimmt sein. In diesem Sinne gibt es dann tatsächlich auch eine ethnische Überformung der sozialen Konflikte und Identitätsbildungen – etwa in Form einer Teil-Identität. Das gilt es aber nicht abzuwerten, sondern vielmehr die Frage in den Vordergrund zu stellen, wie diese Selbsthilfepotenziale gefördert und stabilisiert werden können und wie die ethnisch motivierte soziale Konkurrenz (die es ja auch zwischen den verschiedenen Gruppen mit Migrationshintergrund gibt!), schrittweise eingedämmt und perspektivisch überwunden werden kann.

4. Eine pädagogisch geförderte transitorische Identitätsbildung zielt auf **egalitäre Vielfalt** und **lehnt Unterwerfungsrituale strikt ab**. Sie muss sich dabei mit der Tatsache kritisch auseinandersetzen, dass die Anpassungsforderungen der Mehrheitsgesellschaft den Minderheiten immer Unterwerfungsrituale nahelegen, um die Gefahr der Ausgrenzung zu mindern (das belegen auch die o. a. Befunde der Milieuforschung; vgl. Kap. 1.4). Damit bestärken sie aber zugleich die Erwartungen dieser Mehrheitsgesellschaft, die wiederum verstärkte Unterwerfungsrituale einfordert (und sie immer enger an die „Gewährung" sozialer Rechte bindet). Dies ist offensichtlich eine soziale und psychodynamische Regressionsspirale, der die transitorische Pädagogik keinen Vorschub leisten darf. Gerade deshalb muss sie auch sich selbst gegenüber sehr sensibel sein, inwieweit sie nicht unbemerkt und ungewollte, also habitualisiert solche Unterwerfungsrituale einfordert (wenn z. B. die Einhaltung bestimmter Reinlichkeitsregeln in einem Heim für unbegleitete Flüchtlingskinder erwartet wird oder auch eine gewisse Risikobereitschaft bei der Bewältigung einer Ehekrise) und damit bestimmte Vorurteile gegen bestimmte Ethnien reproduzieren („Die sind eben so auf ihre Familie fixiert, die können sich was anderes gar nicht vorstellen"). Insofern ist immer auch eine Kultivierung und Zivilisierung der Entwicklungspädagogik selber gefordert. Wie schwierig das ist, zeigt der *Kopftuch-Streit*: Angeblich stehe das zur Verschleierung getragene Kopftuch in einem Gegensatz zu den Gleichberechtigungsgrundsätzen der „westlichen Welt" (der ja keineswegs unumstritten und in jedem Fall noch längst nicht verwirklicht ist). Und zugleich wird behauptet, dass ein solches religiöses Symbol mit den Grundsätzen des säkularen Staates nicht zu vereinbaren sei. Dabei wird zum einen übersehen, dass das Kopftuch sehr verschiedene lebensweltliche Funktionen hat, dass eine Reihe von muslimischen Frauen es explizit als Ausdruck ihrer personalen Autonomie und ihrer selbstbewussten und widerständigen Identität in einer dominant nicht-muslimischen Welt begreifen. Es wird also ignoriert, dass es auch bei den islamischen Lebensentwürfen erhebliche Unterschiede gibt (vgl.

dazu mit besonderem Blick auf die Vielfalt des religiösen Selbstverständnisses Tietze 2001, S. 85–170). Zum anderen ist darauf zu verweisen, dass christliche Symbole sowohl in der Öffentlichkeit wie auch in staatlichen Institutionen bisher sehr weit verbreitet sind (trotz gegenteiliger Rechtslage – z. B. was das Tragen des Kreuzes oder seine Präsenz in Schule, Behörden und Gerichtssälen angeht). Und wenn Forderungen laut werden, dass das Kreuz in Schulen nicht an den Wänden hängen darf, weil es das staatliche Neutralitätsgebot verletzt, dann gibt es helle Empörung. Hier werden also religiöse Konflikte mit kirchenpolitischen Machtmitteln ausgetragen. Dass dieser aber nun auch Grenzen gesetzt werden, das zeigt die Entscheidung des Bundesverfassungsgerichtes, das das Tragen des Kopftuches sehr wohl mit den Pflichten des Lehramtes für vereinbar hält (vgl. BVerfG 2 BvR 1436/02 vom 3.6.2003).

Diese Zivilisierung und Kultivierung der Entwicklungspädagogik wird in dem Maße erreicht, wie die sozialen Beziehungen von einer egalitären Kommunikation bestimmt werden. Das erfordert zum einen die generelle Überwindung einer autoritativen Pädagogik, die den Rat- und Unterstützungssuchenden mehr oder weniger deutlich vorschreibt, in welcher Richtung sie die Lösung zu suchen haben (z. B. bei einer sehr krisenhaften Ehe die Scheidung und in keinem Fall den fortgesetzten Versuch „doch noch irgendwie miteinander klarzukommen"). Zum anderen geht es darum, auf einen ethnischen Dominanzanspruch zu verzichten (etwa nach dem Motto „Also die Art und Weise, wie Sie mit der Arbeitslosigkeit umgehen, das mag ja bei Ihnen zu Hause was gebracht haben, aber hier in Deutschland ist das in jedem Fall der falsche Weg"). Insofern muss dieser Arbeitsansatz die Spannungen zwischen **Gesamtgesellschaft** und den verschiedenen sozialen, ethnischen und religiösen **Gemeinschaften**, zwischen **Gleichheit** und **Differenz** sowie zwischen allgemeinen und besonderen Interessen auszuhalten lernen und schrittweise fruchtbar zu machen (vgl. dazu auch die Überlegungen zur Menschenrechtsbildung in Kap. 5.3.3). Das erfordert u. a. die Fähigkeit und Bereitschaft, sich in die Prozesse der Identitätsbildung und deren soziale Hintergründe sowie die biografischen Erfahrungen der Menschen „einzufühlen" (besonders wenn sie Opfer von Krieg, Gewalt und Verfolgung sind), durch Verschränkung der Perspektiven zwischen „ihnen" und „mir" die eigenen Erfahrungsräume und Deutungsmuster zu relativieren, die Unsicherheiten des „Nicht-Verstehens", des „Fremdseins" auszuhalten: Erst wenn ich die zunächst mir *fremden* Menschen verstanden habe und ich mich mit ihnen verständigen kann, werden sie die *Anderen*, deren Anderssein ich akzeptieren kann. Auf dieser Basis können dann auch besser soziale und psychosoziale Konfliktsituationen durchgestanden werden. Dabei darf aber auch hier nicht verschwiegen werden, dass eine solche egalitäre Vielfalt nur dann nicht ein

Deckmantel für die Verfestigung gesellschaftlicher Ungleichheiten ist, wenn immer zugleich darauf gedrungen wird, **soziale Gerechtigkeit** und **Gleichwertigkeit** einzufordern und schrittweise durchzusetzen. Das Recht auf Differenz muss gepaart werden mit der Überwindung struktureller Benachteiligungen, anders ist es nicht zu verwirklichen.

3.2.3 Übergänge IV: Erzwungene Flucht-Migration

Im Vergleich zu den bisher bereits behandelten und noch darzustellenden Übergängen (in EP1: Pflegefamilien, Eltern-Kind-Zentren/Mütterzentren, Familie-Kindertagesstätte, Kindergarten-Grundschule; in diesem Band: gemeinsame Grundschule/gegliedertes Schulwesen, allgemeinbildende Schulen – berufsbildende Schulen/Betriebe/Einrichtungen, Heimerziehung) ist die erzwungene Flucht-Migration von Kindern und Jugendlichen (das sind mindestens ein Drittel aller einreisenden Flüchtlinge) mit ihren Eltern oder nahen Verwandten die brutalste und tiefgreifendste, weil die betroffenen Subjekte nicht nur ihre vertrauten Sozialräume und Lebenswelten verlassen, sondern auch ihre Gemeinschaften und staatlich verfassten Gesellschaften, häufig sogar ihren angestammten Kontinent. Diese Umbrüche treffen die **unbegleiteten Flüchtlingskinder** nochmals in besonderer Schärfe; das sind gegenwärtig ca. 50.000 Personen. Diesbezüglich sind folgende Sachverhalte relevant (vgl. Henkel/Neuß 2018, Teil I, V u. VI; Scheer/Yüksel 2016, Thomas et al. 2018, Kap. 6–9; 15. KJB 2017, Kap. 7.4):

1. **Flucht** ist eine komplexe Zwangslage aus übergreifenden objektiven Ursachen (insbesondere zwischen- und innerstaatliche Kriege, [Staats-]Terror und Menschenrechtsverletzungen) sowie kinder- und jugendspezifischen intersubjektiven Gründen (u. a. Entführung, Zwangsrekrutierung [als Kindersoldaten], Genitalverstümmelungen, Missbrauch, ausplündernde Kinderarbeit, Kinderhandel und Zwangsprostitution). Es handelt sich also um objektive Zwangslagen, die extreme psychische Ängste und tiefgreifende psychophysische Verunsicherungen auslösen und die die Menschen versuchen, durch Migration zu bewältigen. Dabei ist diese selbst in hohem Maße riskant und wiederum angsterzeugend und verunsichernd, denn sie bietet neben der *Chance* und Erwartung des Überlebens und dann der zumindest physischen Unversehrtheit, des elementaren zwischenmenschlichen Respekts und der grundlegenden sozialen Sicherheit die *Gefahr* weiterer Gewalt und Bedrohung, Hunger und Durst, Betrug und Ausraubung, entwürdigender Behandlung in mit Stacheldraht umzäunten Auffanglagern oder auch Inhaftierung bis hin zum individuellen und kollektiven

Tod (auch durch Mord). Auf der Flucht-Migration sind an den europäischen Außengrenzen seit 2000 über 35.000 Menschen gestorben; seit 2014 (laut der Internationalen Organisation für Migration [IOM]) fast 26.000, besonders in der Sahara und im Mittelmeer. Häufig sind das auch die Eltern bzw. nahe Verwandte der Kinder und Jugendlichen, die deren Tod unmittelbar erleben und dann unbegleitet ihre Flucht fortsetzen.

2. Da Flucht ein globales Phänomen ist (wenngleich die Fluchtbewegungen auf der Welt sehr ungleich verteilt sind; s. o.), gibt es dafür zahlreiche internationale Regelungen, speziell die allgemeinen und besonderen Menschenrechte und deren Folgebestimmungen. Bezogen auf die innerstaatlichen Bedingungen in Deutschland sind hier relevant das **Asyl**- und **Flüchtlings**-, sowie das **Ausländer-, Staatsangehörigkeits**- und **Vertriebenenrecht**. Sie haben – wie jedes positivierte Recht – die Funktion der Vermittlung zwischen den systemischen Strukturen der Gesellschaft (hier besonders des politischen Systems) und den Lebenswelten der Staatsbürger*innen. Wie sehr sie in die sozialräumlichen und lebensweltlichen Handlungsspielräume und Aneignungssphären eingreifen, ist gerade beim Asyl- und Flüchtlingsrecht offensichtlich – und zugleich Gegenstand heftiger Debatten sowohl in der Legislative und der Exekutive als auch in der Öffentlichkeit. Diese Regelungen betreffen diesen Teil der Migrationspädagogik ganz unmittelbar, ja sie bestimmen weitgehend deren Entscheidungs- und Gestaltungsmöglichkeiten – oder genauer gesagt: schränken sie in z. T. extremer Weise ein und machen die **pädagogische Arbeit** in vielerlei Hinsicht zum Vollzugsorgan des **Ordnungsrechts**. Dies wird insbesondere deutlich beim **Asylverfahren**, bei dem geprüft wird, ob die Voraussetzungen der Anerkennung nach dem Grundgesetz oder den Bestimmungen des internationalen Schutzes (Status als Flüchtling bzw. subsidiär Schutzberechtigte[r]) vorliegen und inwieweit sie dann eine vorläufige, zeitlich begrenzte Aufenthaltserlaubnis erhalten und damit auch Anspruch auf Sozialleistungen haben, die ihnen eine Mindestteilhabe am gesellschaftlichen, kulturellen und politischen Leben ermöglichen (speziell nach „Hartz IV" = SGB II). Im Asylverfahren selbst wird die „individuelle Verfolgungsbehauptung" durch das Bundesamt für Migration und Flüchtlinge (BAMF) geprüft. Wenn diese anerkannt wird, dann haben die Betroffenen Anspruch auf Leistungen nach dem SGB II (Grundsicherung für Arbeitslose) oder im Falle mangelnder Erwerbsfähigkeit auf Sozialhilfeleistungen nach dem SGB XII (im Oktober 2018 gab es 139.000 Langzeitleistungsbezieher*innen ausländischer Herkunft unter 25 Jahren, wovon fast zwei Drittel im Zuge der erzwungenen Fluchtmigration nach Deutschland gekommen sind). Ferner haben die Anerkannten Anspruch auf Leistungen der Familienbildung nach § 16[2] SGB VIII (vgl. dazu allgemein EP1, Kap. 4.2). Die Kinder und

Jugendlichen haben von Anfang an ein Recht auf alle Leistungen der Kinder- und Jugendhilfe (§ 6 [4] SGB VIII), insbesondere die der offenen (aber z. T. der verbandlichen) Kinder- und Jugendarbeit, der Jugendsozialarbeit, der Kindertageseinrichtungen und der Hilfen zur Erziehung, die ihnen und besonders ihren Eltern zunächst unbekannt und dann fremd sind und die sie zumeist für eine Form von schulischen Bildungs- und Erziehungsveranstaltungen (mit den von ihnen für typisch gehaltenen und akzeptierten autoritären Interaktionsmustern) halten. Darüber hinaus haben die Heranwachsenden nach der Anerkennung das Recht und die Pflicht, eine Schule zu besuchen, weil sie dann an einem zuverlässigen Wohnort leben; und jungen volljährigen Flüchtlingen sollten die Ansprüche nach § 41 SGB VIII uneingeschränkt anerkannt werden. Wird der Antrag negativ beschieden, dann wird zunächst die **Abschiebung** angeordnet; kann diese nicht vollzogen werden, dann wird eine **Duldung** (z. B. zur Beendigung einer Ausbildung) ausgesprochen, die jederzeit bzw. nach Erlöschen der Voraussetzungen aufgehoben werden kann. In diesem Zeitrahmen konzentriert sich die pädagogische Arbeit – neben der ergänzenden Begleitung der Behördengänge oder zu anderen Einrichtungen (z. B. der medizinischen Versorgung) und bei den juristischen, administrativen und gerichtlichen Verfahren – auf die Bereitstellung möglichst günstiger, häufig aber auch nur erträglicher Lebensbedingungen in den Aufnahme- und Gemeinschaftsunterkünften. Das betrifft zunächst ganz elementar die Betriebserlaubnis für die Einrichtungen (also Erfüllung der Voraussetzungen nach § 45 SGB VIII); sodann besondere Schutzmaßnahmen für Frauen und Kinder vor geschlechtsspezifischer Gewalt (so werden männliche Jugendliche von Pädophilen bedroht), was die Bedeutung der §§ 8b (Kindeswohlgefährdung) und 72a (Tätigkeitsausschluss einschlägig vorbestrafter Personen) SGB VIII bzw. des Verlangens eines erweiterten Führungszeugnisses (§ 30a Bundeszentralregistergesetz) unterstreicht. Ferner sind die geflüchteten Menschen bedroht von Eigentumsdelikten und Betrügereien, Menschenhandel, häuslicher Gewalt gerade gegenüber Mädchen (bis hin zum Mord, wenn sie über die Familie „Schande" gebracht haben), fremdenfeindlicher Hasskriminalität und politisch motivierten Straftaten. In bestimmten Fällen und Institutionen ist auch die Regulierung ethnischer (z. B. zwischen Angehörigen der verschiedenen Bürgerkriegsparteien) und/oder religiöser Konflikte (z. B. zwischen Sunniten und Schiiten oder auch zwischen Moslems und Christen) ein wichtiges Aufgabenfeld (welches nicht den häufig dort eingesetzten Sicherheitsdiensten überlassen werden sollte, weil diese dafür nicht ausgebildet sind).

3. Ein besonderes Handlungsfeld ist die **Inobhutnahme von unbegleitet geflüchteten Kindern und Jugendlichen** nach §§ 42a-f u. 45 SGB VIII (und im Einklang mit Art. 6[2] GG, welcher das staatliche Wächteramt begründet). Das waren 2015

54 % aller Inobhutnahmen und die 42.309 Betroffenen waren zu 91 % männlich und zwischen 16 und 18 Jahren. Da mit der sehr schwierigen Altersbestimmung rechtliche Konsequenzen verbunden sind, ist sie umstritten: So machen sich bestimmte Jugendliche jünger als sie sind, um Leistungen nach dem SGB VIII zu erhalten und Jugendämter sie älter als sie sind, um sie davon auszuschließen. Mit dieser staatlichen Intervention haben die Heranwachsenden Anspruch auf *alle* Leistungen der Kinder- und Jugendhilfe (§ 6[4] SGB VIII) und haben nicht mehr die Verpflichtung, in einer Aufnahmeeinrichtung für Asylsuchende zu wohnen (die Mehrheit der unbegleitet Geflüchteten stellt keinen Asylantrag). Der damit verbundene Primat der Kinder- und Jugendhilfe gegenüber dem Ordnungsrecht wird aber schon wieder durch die Maßnahmen zur bundesweiten Verteilung der Betroffenen ohne Berücksichtigung ihrer Fallbesonderheiten durchkreuzt (auf die viele Kommunen auch überhaupt nicht vorbereitet waren bzw. sind), weil dadurch der Aufbau zuverlässiger professioneller Beziehungen und die Verankerung in den zivilgesellschaftlichen Lebenswelten und Sozialräumen erschwert bis verunmöglicht wird. In diesem Asylverfahren muss höheren Schutzmaßstäben entsprochen werden als bei den Erwachsenen; auch sind die kinder- und jugendspezifischen Fluchtursachen und -gründe intensiv zu berücksichtigen (die vom Jugendamt zu bestellenden Vormünder sollten für die Verwirklichung dieser Rechte hinreichend qualifiziert sein bzw. werden). Die eigentliche pädagogische Arbeit hat in den **Kinderrechten** (speziell der auch von der BRD 2010 ohne Vorbehalt anerkannten UN-Kinderrechtskonvention; ergänzt durch das Kinderschutzübereinkommen [KSÜ] und die Europäische Grundrechtscharta) als positiviertem Recht einen bedeutsamen Rückhalt und gibt ihr relevante Orientierungen, denn sie begründen *Schutz-, Förder-* und *Beteiligungsrechte* (vgl. dazu auch EP1, Kap. 3.2.3). Sie erhalten hier ihre nochmals gesteigerte Relevanz, weil die Flucht (sie dauerte bei ca. 60 % über zehn Monate!) zunächst einmal einen gravierenden *Bruch in der bisherigen Identit*ätsentwicklung der Heranwachsenden darstellt: Zwar haben sie zunächst einmal ein Land erreicht, indem ihnen eine relative psychophysische Sicherheit gewährleistet wird. Aber dem sehr intensiven Bedürfnis nach Ruhe und Sicherheit, nach emotionaler Geborgenheit, nach stabilisierenden und auffangenden psychosozialen Bindungen steht zunächst einmal die ungewisse Zukunft entgegen. Das betrifft ganz unmittelbar den Ausgang des Asylverfahrens und nach dessen erfolgreichem Abschluss und der vorläufig endgültigen Zuweisung in eine bestimmte Kommune das Einfinden in die gänzlich neuen Sozialräume und Lebenswelten, ihre sozialen Regeln und Symbole, ihre Atmosphären und Gewohnheiten, ihren Institutionen und besonders ihrer ihnen unbekannten Sprache (weshalb gerade in der Anfangsphase muttersprachliche Betreuer*in-

nen und erfahrene Dolmetscher*innen als direkte Kooperationspartner*innen
der Pädagog*innen unverzichtbar sind). Diese „neue Welt" ist ihnen nicht
einfach unbekannt, sie ist ihnen in vielerlei Hinsicht auch *fremd*, sie fühlen
sich von ihr unverstanden, ja abgelehnt, können sich die darin enthaltenden
sozialen Strategien nicht erklären und sich nicht auf sie einstellen. Insofern
erleben sie einen „Kulturschock". Der damit verbundene Leidensdruck wird
dann nochmals erhöht, wenn die Eltern im Herkunftsland geblieben sind und
offene oder verdeckte Erwartungen an ihre Kinder haben – speziell bezogen
auf deren erfolgreiche Bildungsprozesse, die finanzielle Unterstützung durch
sie sowie die rechtliche Ermöglichung des raschen Nachzugs der restlichen
Familie. Das kann sehr schnell zu neuen Überlastungen führen (und im Fall
der Nichterfüllung zu massiven Krisen) und ihnen noch weniger psychischen
Raum geben zur Bearbeitung ihrer Fluchterlebnisse, die nur durch Verarbeitung schrittweise zu subjektiv verfügbaren, bewussten Erfahrungen werden
können. Bei diesen Jugendlichen wurde die Identitätsentwicklung nicht einfach
unterbrochen, sondern es wurden wichtige Bildungsaufgaben der Adoleszenz
(die Thema dieses Buches sind) quasi übersprungen, weil die Heranwachsenden
in allerkürzester Zeit „erwachsen" werden mussten, also in eine Verantwor-
tungsposition und -konstellation gedrängt, ja gezwungen wurden, die ihr bis
dahin erreichtes Handlungs-, Reflexions- und Bedürfnisbefriedigungsniveau
qualitativ überstieg. Die dadurch erzwungene Selbstständigkeit macht den
pädagogischen Unterstützungs- und Absicherungsbedarf keineswegs geringer,
aber die entsprechenden Angebote müssen diese sehr widersprüchliche psychodynamische Entwicklungskonstellation mit ihren speziellen Ressourcen
produktiv aufnehmen und durch respektvolle und herausfordernde Arbeit
diesen Flucht-Migrant*innen helfen, eine für sie befriedigende und sozial
realistische Zukunftsperspektive zu entwickeln. Diese ressourcen- und er-
lebnissensible alltags- und biografiebezogene Identitätsarbeit sollte zentrales
Thema in den Hilfeplangesprächen werden (vgl. Kap. 3.3.3) und sein und die
Konzeption und Praxis der stationären Angebote der Kinder- und Jugendhilfe
bestimmen (vgl. Kap. 3. 3.4).

4. Im Herkunftsland wie auch auf der Flucht sind diese Kinder und Jugendlichen
in vielen Fällen auch Augen- und Ohrenzeugen brutaler, lebensbedrohlicher
und tödlicher Gewaltakte und -exzesse gewesen. Mit diesen müssen sie alltagspragmatisch, aber auch biografisch „irgendwie" umgehen. Mit „irgendwie" soll
angedeutet werden, dass es auch bei diesen Extremsituationen keinen direkten,
linearen „Durchschlag" der *Ereignisse* auf die *Erlebnisse* gibt, dass es also objektivistisch wäre, hier schlicht von *Wirkungen* der jeweiligen Gewaltereignisse zu
sprechen. Zutreffender ist es, das *Erleben* dieser Situationen zu thematisieren

und damit die Frage in den Vorderrund zu stellen, *wie* die Heranwachsenden diese extremen Gefährdungen ihrer psychophysischen Integrität oder die anderer Menschen erlebt haben, wie sie sie deuten, wie sie sie emotional bewerten, welche bewussten, vorbewussten, aber auch unbewussten Spuren sie bei ihnen hinterlassen haben und wie sie genau mit diesen Ereignissen umgehen (vgl. zu diesen Dimensionen der psychodynamischen Konfliktabwehr bzw. -verarbeitung Kap. 4.1.2). Inwieweit diese zu **Traumatisierungen** führen, das hängt selbstverständlich in hohem Masse von der **Resilienz** der Betroffenen ab. Dabei sind Familien oder sehr enge Verwandtschaftsbeziehungen ein wesentlicher Schutzfaktor (der gerade den unbegleitet Geflohenen fehlt). Diese Betonung der Widerstands- und Subjektperspektive des pädagogischen Handelns darf aber nicht dazu führen (oder gar dazu missbraucht werden), dass Be- und Überlastungen solcher Gewaltkonstellationen unterschätzt und verharmlost werden: Der Zusammenhang zwischen Gewaltereignissen und -erlebnissen ist zwar *nicht eindeutig*, ist aber auch *nicht beliebig!* Tatsächlich erlebt ein relevanter Teil der Kinder und Jugendlichen sie als traumatische: So weisen ca. 22 % posttraumatische Belastungsstörungen auf: spontanes Wiedererleben der Ereignisse und Erlebnisse (z. B. in Form von Alpträumen), besondere emotionale Erregbarkeit (und darauf beruhend Schlafstörungen, scheinbar „grundlose" Gereiztheit und Aggressivität) und ihr Gegenteil (emotionale Taubheit und Teilnahmelosigkeit bis hin zur Abstumpfung), Schreckhaftigkeit bzw. verselbständigte Ängstlichkeit, „gespaltene" Selbst- und Weltwahrnehmung, regressive Rückzugsneigungen, traumabezogene Erinnerungslücken und Verleugnungen u. ä.). Darüber hinaus haben ca. 16 % tiefgreifende emotionale und daraus teilweise folgende kognitive Schwierigkeiten, sich in den neuen Lebenslagen und -situationen zu orientieren und einzufinden und daraus resultierende Traurigkeit, Niedergeschlagenheit, „Antriebslosigkeit", Panik bis hin zur existentiellen Verzweiflung. Die meisten dieser Symptome und psychodynamischen Prozesse treten erst Wochen nach den traumatischen Erlebnissen auf und sie können ggf. über lange Zeit stabil bleiben. Sie erfordern in jedem Fall, in der Intensität abgestuft nach Schwere und „Tiefe", besondere Hilfe- und Unterstützungsleistungen (ganz im Sinne § 8b SGB VIII, denn es handelt sich um eine Kindeswohlgefährdung). Das betrifft insbesondere die Unterscheidung zwischen Pädagogik und Psychotherapie: Während die *Traumapädagogik* (vgl. Bausum et al. 2013) weiterhin das Alltagsleben und die biografische Identitätsarbeit, also die sensible und nie widerspruchsfreie Förderung der sich verallgemeinernden Handlungs-, Reflexions- und Genussfähigkeiten und -bereitschaften und damit die „Gesamtpersönlichkeit" der Flucht-Migrant*innen im Blick hat, sie also in keinem Fall auf die traumatisierte Teil-Identität reduziert, fallen diese komplexen Zusammenhänge zwar bei der *Traumatherapie* nicht aus dem Horizont, aber es gibt eine zeitlich und thematisch begrenzte Konzentration auf die Psychodynamik der Traumatisierung und ihre Folgen. Diese können aber nur in dem Maße überwunden werden, wie diesbezügliche psychodynamische Abwehrprozesse schrittweise zurückgedrängt und durch Konfliktverarbeitungsfähigkeiten und -bereitschaften und damit Wiederherstellung und Erweiterung der Lebensbewältigungsfähigkeiten und -bereitschaften überwunden werden und damit zu einem selbstreflexiven *Teil* der nicht nur situativen, sondern auch kategorialen *Gesamt*-Identität werden – etwa nach dem Motto: „Ich bin ein(e) Jugendliche(r) mit traumatisierenden Erlebnissen und Erfahrungen in meinem Herkunftsland und auf der Flucht (und ggf. auch im Ankunftsland BRD)". Also auch die Therapie bleibt ressourcenbezogen sowie migrations- und milieusensibel und das verbindet sie mit den pädagogischen Unterstützungs- und Schutzleistungen, die auch mit Blick auf die Bearbeitung der psychischen „Entwicklungsstörungen" dominierend bleiben; d. h. die Hauptverantwortung bleibt bei den Pädagog*innen und die therapeutischen Leistungen haben „nur" eine *ergänzende* Funktion, die sich im dem Masse von selbst aufhebt, wie sie „erfolgreich" sind. Oder anders ausgedrückt: Nur wenn die Zuverlässigkeit der pädagogischen Beziehungsarbeit gewährleistet bleibt, kann die Einbeziehung von Therapeut*innen von den Jugendlichen als Bereicherung und nicht als ein Abschieben erlebt und erfahren werden. Das erfordert allerdings eine verbindliche *interprofessionelle* Kooperation, die immer noch nicht selbstverständlich ist.

Literaturnachweise

15. KJB: *15. Kinder- und Jugendbericht. 2017.* Berlin: Bundesministerium für Familie, Senioren, Frauen und Jugend.

Auernheimer, Georg. 2016. *Einführung in die Interkulturelle Pädagogik.* Darmstadt: WBG.

Bausum, Jacob et al. 2013. *Traumapädagogik. Grundlagen, Arbeitsfelder und Methoden für die pädagogische Praxis.* Weinheim und Basel: Beltz-Juventa.

Boos-Nünning, Ursula und Y. Karakasoglu. 2005. *Viele Welten leben. Zur Lebenssituation von Mädchen und jungen Frauen mit Migrationshintergrund.* Münster et al. Waxmann.

Freise, Josef. 2005. *Interkulturelle Soziale Arbeit.* Schwalbach/Ts: Wochenschau.

Göhlich, Michael et al. Hrsg. 2006. *Transkulturalität und Pädagogik.* Weinheim und München: Juventa

Gogolin, Ingrid. 2006. *Erziehungswissenschaft und Transkulturalität.* In: Göhlich et al. 2006. 31–43.

Gogolin, Ingrid und M. Krüger-Potratz. 2006. *Einführung in die Interkulturelle Pädagogik.* Opladen & Farmington Hills: Barbara Budrich.

Hamberger, Franz. 2009. *Abschied von der Interkulturellen Pädagogik. Plädoyer für einen Wandel sozialpädagogischer Konzepte.* Weinheim und München: Juventa.

Henkel, J. und N. Neuß. Hrsg. 2018. *Kinder und Jugendliche mit Fluchterfahrungen. Pädagogische Perspektiven für die Schule und Jugendhilfe.* Stuttgart: Kohlhammer.

Homfeldt, Hans Günther et al. Hrsg. 2008. *Soziale Arbeit und Transnationalität.* Weinheim und München: Juventa.

Jullien, Francois. 2018. *Es gibt keine kulturelle Identität.* Berlin: Suhrkamp.

Keupp, Heiner et al. 2002. *Identitätskonstruktionen.* Reinbek: Rowohlt.

Raths, Anna Halima. 2009. *Türkische Jugendkulturen in Deutschland.* Marburg: Tectum.

Reinders., Heinz. 2003. *Interethnische Freundschaften bei Jugendlichen 2002. Ergebnisse einer Pilotstudie bei Hauptschülern.* Hamburg: Kovac.

Statistisches Bundesamt und Wissenschaftszentrum Berlin für Sozialforschung. 2016. *Datenreport 2016.* Bonn: Bundeszentrale für politische Bildung.

Thomas, Stefan et al. 2018. *Unbegleitete minderjährige Geflüchtete.* Bielefeld: transcript.

Scheer, A. und G. Yüksel. Hrsg. 2016. *Flucht, Sozialstaat und Soziale Arbeit.* neue praxis. Sonderheft 13, Lahnstein: neue praxis.

Tietze, Nikola. 2001. *Islamische Identitäten. Formen muslimischer Religiosität junger Männer in Deutschland und Frankreich.* Hamburg: Hamburger Edition.

Thomas, Stefan et al. 2018. *Unbegleitete minderjährige Geflüchtete. Ihre Lebenssituation und Perspektiven in Deutschland.* Biefeld: transcript

vhw – Bundesverband für Wohnen und Stadtentwicklung. 2018: *Migranten, Meinungen, Milieus – vhw-Migrantenmilieu-Survey 2018.* Berlin: vhw.

Zirfas, J und B. Jörissen 2007. *Phänomenologien der Identität. Human-, sozial- und kulturwissenschaftliche Analysen.* Wiesbaden: VS-Verlag.

Literaturempfehlungen

Bausum, Jacob et al. 2013. *Traumapädagogik. Grundlagen, Arbeitsfelder und Methoden für die pädagogische Praxis.* Weinheim und Basel: Beltz-Juventa.

Hamberger, Franz. 2009. *Abschied von der Interkulturellen Pädagogik. Plädoyer für einen Wandel sozialpädagogischer Konzepte.* Weinheim und München: Juventa.

Henkel, J. und N. Neuß. Hrsg. 2018. *Kinder und Jugendliche mit Fluchterfahrungen. Pädagogische Perspektiven für die Schule und Jugendhilfe.* Stuttgart: Kohlhammer.

Scheer, A. und G. Yüksel. Hrsg. 2016. *Flucht, Sozialstaat und Soziale Arbeit.* neue praxis. Sonderheft 13, Lahnstein: neue praxis.

3.3   Absicherung, Anregung und Herausforderung der alltäglichen Identitätsarbeit durch die und in der Sozialen Arbeit und Erziehung

Zusammenfassung

Das bisher schrittweise begründete und entfaltete Identitätskonzept enthält auch erweiternde und vertiefende Perspektiven für das Verständnis und die Ausgestaltung wichtiger Beziehungskonstellationen und Interaktionsmuster und deren institutionelle Voraussetzungen und Folgen in der Sozialen Arbeit und Erziehung im Widerspruchfeld von Bildung und Herrschaft. Ohne Anspruch auf Vollständigkeit und ohne, dass die Reihenfolge einer Rangfolge impliziert wird, werden in diesem Unterkapitel erörtert die relationalen Konflikte zwischen Hilfe und Kontrolle bei der Vertrauensbildung (Kap. 3.3.1), das Spannungsverhältnis von Nähe und Distanz in resonanten, gleichwohl professionalisierten Anerkennungsbeziehungen (Kap. 3.3.2) und die Schwierigkeiten bei der Vermittlung zwischen kommunikativen und bürokratischen Orientierungen in der Hilfeplanung (Kap. 3.3.3). Das abschließende Kap. 3.3.4 hat insofern zusammenfassenden Charakter, als das Heim für die betreffenden Jugendlichen der (temporäre) Hauptlebensort ist, hier also alle Dimensionen der pädagogischen Kapitalbildung in Bezug auf die Identitätsbildung von Bedeutung sind.

In Kap. 2 wurden die entwicklungspädagogischen Aufgaben der Schule ausführlich thematisiert. An dieser Stelle sollen Konzepte und Methoden der Sozialen Arbeit und ihres bildenden Erziehungsauftrages ins Zentrum gestellt werden (vgl. dazu übergreifend-umfassend Wendt 2018, Teil II u. III; 15. KJB 2015, Kap. 6 u. 7; ergänzend auch Galuske 2013, Teil I u. II). Die nachfolgend dargestellten Handlungsansätze (und deren theoretische Hintergründe) haben zwar Gültigkeit für alle Felder der Entwicklungspädagogik, sie sind aber bisher vorrangig von der Sozialen Arbeit begründet und erprobt worden.

3.3.1   Vertrauensbildung im Spannungsfeld von Hilfe/ Unterstützung und Kontrolle/Repression

Das hört man oft: Wenn man die Arbeit mit bisher unbekannten Kindern und Jugendlichen aufnimmt, dann gelte es zunächst einmal Vertrauen zu schaffen.

So vertraut = selbstverständlich diese und vergleichbare Formulierungen auch sind, sie sind voller Tücken und deshalb bedarf diese Handlungsmaxime der Reflexion. Dazu sollen die nachfolgenden Überlegungen beitragen (vgl. Arnold 2009, Kap. 2, 4 u. 5):

1. Zwar gibt es einige soziologische und sozialphilosophische Erörterungen zur Frage des Vertrauens (vgl. z. B. Hartmann 2011, Kap. 2–5, 8–11 u. 17; Luhmann 2014, Kap. 4–7 u. 10–12), aber in den Erziehungswissenschaften ist es erst in den letzten Jahren zum Gegenstand eigenständiger Erörterungen geworden (vgl. Bartmann u. a. 2012; dies. u. a. 2014, Teil II). Dabei wurden folgende Unterscheidungen herausgearbeitet, die auch für die Analyse der pädagogischen Kapitalbildung von Interesse sind:
   a. Zunächst einmal bezieht sich Vertrauen auf die jeweilige psychische Befindlichkeit der an pädagogischen oder Alltagsprozessen beteiligten Personen. Die Rede ist dann von **Selbstvertrauen**, dem bewussten Verhältnis zur eigenen Biografie, das Vertrauen in die eigenen Fähigkeiten und Bereitschaften, das Vertrauen in die eigene, lebensweltlich, sozialräumlich und systemisch vermittelte personale Zukunft und die Gewissheit, mit den Herausforderungen des Lebens fertig zu werden. Oder in der Sprache dieses Lehrbuchs: Den Bildungsaufgaben im Kontext der Lebenszyklen gerecht zu werden. Und das gilt sowohl für die Kinder und Jugendlichen als auch die Erwachsenen, also auch die Pädagog*innen. Es betrifft damit auch zentral die Identitätsarbeit sowohl der Heranwachsenden wie auch der Erwachsenen.
   b. Davon zu unterscheiden ist ein **egalitäres mitmenschliches Vertrauen**, also ein Vertrauen zu Menschen, die mir weder unter- noch übergeordnet sind, mit denen ich tendenziell egalitär verkehre, und die sich als glaubwürdig erwiesen haben, weil sie ihre Worte durch Taten „beglaubigt" haben (z. B. haben sie mir in einem Konflikt mit anderen Jugendlichen beigestanden und damit gezeigt, dass Freundschaft für sie kein leeres Wort ist). Solchen Menschen vertrauen wir in dem Sinne, dass sie uns auch in Zukunft mit Rat und Tat zur Seite stehen werden. Dabei ist das Vertrauen notwendig reziprok: Weil sie mir vertrauen, vertraue ich ihnen – und weil ich ihnen vertraue, vertrauen sie mir. Dieses Vertrauen ist eine wesentliche intersubjektive Voraussetzung der Ich-Bildung und enthält immer einen wechselseitigen und in gewisser Weise bedingungslosen Vertrauens-*Vorschuss*: Einmal in dem Sinne, dass ich ggf. anfange ihnen zu vertrauen, ohne dass dieses schon auf eine Bewährungsprobe gestellt worden wäre; und zum anderen in dem Sinne, dass die Beteiligten davon ausgehen, dass die Vertrauensbeziehung auch in Zukunft erhalten bleibt. Wobei nicht prinzipiell ausgeschlossen werden kann, dass

dieses Vertrauen auch enttäuscht wird (wenn sich z. B. ein psychosozialer Konflikt erheblich zuspitzt und der Ausgang sehr unklar ist und die eigenen Interessen ernsthaft in Gefahr sind). Dennoch gewinnt eine solche Möglichkeit nicht die kognitive und emotionale Oberhand.

c. Die Konstellation ändert sich ganz erheblich, wenn wir es mit einem **asymmetrischen zwischenmenschlichen Vertrauen** zu tun haben, wie sie als Differenz zwischen Adressat*innen und Expert*innen/Professionellen für pädagogische Beziehungen charakteristisch ist (und natürlich auch für die frühen Eltern-Kind-Beziehungen). Hier ist Vertrauensbildung in doppelter Hinsicht ein riskanter, Chancen und Gefahren beinhaltender Prozess: Zum einen sind die Pädagog*innen die themen- und bereichsspezifisch (nie: total!) kompetenteren und von daher überlegenen Personen (oder sollten es zumindest sein). Diese Dominanz wird institutionell erheblich gestützt durch ihre Gestaltungsbefugnisse bezüglich der pädagogischen Prozesse (z. B. in einem Jugendzentrum). Wenn die Kinder und Jugendlichen ihnen vertrauen und die Pädagog*innen sich dieses Vertrauens „als nicht würdig erweisen" (weil sie z. B. Informationen aus einem intimen Gespräch an Dritte weitergeben, obwohl Stillschweigen vereinbart war), dann haben die Heranwachsenden fast keine Chance, sie deshalb zur Verantwortung zu ziehen. Sie können ihnen nur das Vertrauen entziehen – und das tun sie dann auch in den meisten Fällen. – Umgekehrt vertrauen die Pädagog*innen auf die Bildungsfähigkeiten und -bereitschaften der Kinder und Jugendlichen und sind bemüht, deren Entwicklungsmöglichkeiten durch kollektiv und individuell ausdifferenzierte, also milieugerechte und habitussensible Lernarrangements zu fördern und dabei auch Rückschläge hinzunehmen ohne deshalb von ihren Bemühungen abzulassen. Auch dieses Vertrauen, besonders dieser Vertrauensvorschuss, kann ignoriert oder gar missbraucht werden (wenn die Heranwachsenden z. B. die Erzieher*innen hintergehen, sie belügen, Interessen vortäuschen, um Vorteile zu erreichen usw.). Auch in dieser Hinsicht gilt, dass pädagogische Beziehungen wahrhaftig nicht enttäuschungssicher sind, dass Vertrauen aber eine unverzichtbare Basis von identitätsfördernden Bildungsprozessen ist und bleibt.

d. Die abstrakteste Form ist das **institutionelle Vertrauen**, d. h., dass die Menschen Einrichtungen, wie denen der Kinder- und Jugendhilfe und ihrer administrativen Träger, wie Jugendämtern und Sozial- und Jugendministerien in dem Sinne vertrauen, dass sie die sächlichen und personellen Voraussetzungen geschafft haben und laufend schaffen, um die von ihnen zugesagten Leistungen zu erbringen. Vertraut wird auch darauf, dass dabei wichtige

Verfahrensregeln (wie z. B. Partizipation, Öffentlichkeit, Rechtsförmigkeit) gewahrt werden und Verstöße korrigiert und geahndet werden.

2. Mit Blick auf die Soziale Arbeit und Erziehung ergeben sich hier nun einige Differenzierungen (vgl. Bütow 2012, S. 826ff; Tiefel/Zeller 2012; Wagenblass 2004, Kap. 4–7; Wendt 2018, Kap. 9):

a. Der gesetzliche Auftrag beschränkt sich nicht darauf, Entwicklungsprozesse zu fördern, sondern er verbindet diese **Hilfe** stets mit der **sozialen Kontrolle** der Lebensweise, Entwicklungs- und Bildungsprozesse der Klient*innen (hier zeigt sich der bereichsspezifische Widerspruch von Bildung und Herrschaft). Kommen die Einrichtungen und Personen zu der Einschätzung, dass die unterstützten Personen sich nicht vereinbarungskonform und sozial angemessen, also in diesem eingegrenzten Sinne verantwortlich verhalten, dann können sie Sanktionen aussprechen, gegen die die Betroffenen nur schwer ankommen (wenn z. B. ein Jugendlicher trotz Verbots in einem Jugendclub extensiv und wiederholt Alkohol trinkt; oder wenn ein Mädchen in ihrem Heimzimmer das Bett nicht ordentlich gemacht hat und deshalb Ausgehverbot bekommt). Dabei gibt es eine erhebliche Bandbreite von nachsichtig bis „unbarmherzig", um auf Konflikte einzugehen und für die Heranwachsenden ist es jeweils schwer einzuschätzen, inwieweit sich die (Sozial-)Pädagog*innen im Konfliktfall tatsächlich für sie einsetzen, inwieweit sie bei möglichen Fehlern auf die Einsicht der Jugendlichen setzen und nicht auf Strafe und wieviel Geduld sie aufbringen werden, wenn es zu Brüchen im Entwicklungsverlauf kommt (z. B. Rückfälle beim Drogenmissbrauch). Dabei ist die Kontrolle nicht nur ein **interaktiver** Akt, sondern immer auch ein **institutioneller** und die Frage ist dann auch, ob die um Vertrauensbildung bemühten Pädagog*innen ihre Kinder und Jugendlichen gegenüber repressiven Kontrollmaßnahmen der Leitung, die dem anvisierten Entwicklungsziel (z. B. dem regelmäßigen Schulbesuch) entgegenstehen (z. B. öffentliche Skandalisierung und Entwertung der Persönlichkeit der Heranwachsenden), dann in Schutz nehmen, diese versuchen zu verhindern oder doch zumindest abzumildern und so zeigen, dass sie auf Seiten der Kinder und Jugendlichen stehen. Oder anders gesagt: Vertrauen als Ergebnis der pädagogischen Beziehungs- und Identitätsarbeit gibt es nicht zum psychosozialen Nulltarif, gerade nicht bei einem Klientel, dass das Recht hat, schwierig zu sein und Schwierigkeiten zu machen. Dieses Recht wird von vielen Sozialpädag*innen vehement bestritten – so, wenn sie klagen, dass „diese Jugendlichen so schwierig seien" und sie tragen damit auch zur Identitätsdiffussion der Heranwachsenden (im Sinne von Erikson) bei.

b. Von dem bisher behandelten persönlichen Vertrauen ist das generalisierte zu unterscheiden. Und wie schon am Beilspiel der Pflegefamilien (EP1, Kap.

3.2.2) dargestellt und weiter unten noch näher erläutert wird in Bezug auf die Hilfeplanung (Kap. 3.3.3) und die Heimerziehung (Kap. 3.3.4), ist dieses institutionelle Vertrauen in die Einrichtungen der Kinder- und Jugendhilfe durchaus brüchig. Das hat nicht nur mit den skandalösen Fällen des Nichthandelns in Bezug auf die Kindeswohlgefährdungen zu tun und auch nicht vorrangig mit dem Aufdecken von menschenfeindlichen Praktiken in der Heimerziehung sowie dem sexuellen Missbrauch in vielen Handlungsfeldern (vgl. Andresen/Heitmeyer 2012, Teil II/III; Bütow 2012, S. 829ff), sondern schon ganz unmittelbar damit, dass sich für die Mehrheit der Bürger*innen (aber z. B. auch die allermeisten Lehrer*innen) diese Institutionen als undurchsichtig präsentieren, dass unklar ist, mit welchen Begründungen und Folgen welche Entscheidungen getroffen werden (z. B. bestimmte berechtigte Anträge der Hilfen zur Erziehung abgelehnt werden – z. B., weil es eine interne Amtsanweisung dafür gibt, die die Sachbearbeiter*innen aber nicht öffentlich machen dürfen). Unklar ist häufig auch die pädagogische Qualität der Einrichtungen, fragwürdig die soziale Atmosphäre und nicht zu erkennen ist auch häufig, wer sich wie und mit welchen Folgen für die Qualitätsentwicklung einsetzt (vgl. dazu umfassend Gadow u. a. 2013, Kap. 4–7). Eine empirisch gehaltvolle öffentliche Rechenschaftslegung über die geleistete Arbeit und die (noch nicht) gelösten Probleme ist eher eine Seltenheit, problematische Tendenzen werden eher verschwiegen und im Konfliktfall machen nicht nur die Einrichtungen gegenüber kritischen Nachfragen dicht, sondern auch die einzelnen Pädagog*innen entziehen sich selbstkritischen Auseinandersetzungen. Das alles bringt die Kinder und Jugendlichen sowie ihre Eltern in die schwierige Lage, dass sie einerseits diesen Institutionen vertrauen *müssen*, weil sie sonst keine Hilfe erhalten; dass sie ihnen aber *nicht* vertrauen *wollen*, weil sie die entsprechenden Prozesse nicht kontrollieren können, sondern nur sich kontrolliert fühlen (und z. B. gerade vor der Sanktionsgewalt des Jugendamtes Angst haben). Das alles macht deutlich, dass eine ernsthafte pädagogische Vertrauensbildung als Basis der Identitätsarbeit kein naives Vertrauen erwarten darf oder gar fördern sollte („Vertraue mir nur, dann wird schon alles wieder gut."), sondern ein **kritisches** und **aktives Vertrauen**, welches die Widersprüchlichkeiten der Interaktionsmuster und Institutionsstrukturen und damit auch der sozialpädagogischen Kapitalbildungsprozesse zur Kenntnis nimmt, sich mit ihnen auseinandersetzt und auf dieser Grundlage nach gangbaren Wegen und konstruktiven Veränderungsmöglichkeiten und (Teil-)Lösungen sucht (z. B. bezogen auf problematische Bestimmungen in der Hausordnung eines Jugendzentrums).

3.3.2 Anerkennung und Resonanz im Spannungsfeld von professioneller lebensweltlicher und institutioneller Nähe und Distanz

Auf die Bedeutung der Anerkennungsbeziehungen und -verhältnisse wurde bereits im Zusammenhang mit den Gerechtigkeitsansprüchen des (schul-)pädagogischen Handelns und die Institutionalisierungsformen einer reflexiven habitussensiblen und milieugerechten Pädagogik eingegangen (vgl. Kap. 2.1.–2.3); ferner wurde auch erwähnt, dass die Resonanztheorie von Hartmut Rosa verstanden werden kann als eine qualitative Weiterentwicklung der Anerkennungstheorie (oder als ein mit ihr sehr eng korrespondierender Ansatz vgl. Kap. 3.1.2). Dazu nun einige weiterführende Überlegungen.

1. Die dezidiert pädagogische Bedeutung von **resonanten Anerkennungsbeziehungen** und **-verhältnissen** als Medien der Identitätsentwicklung (vgl. dazu auch Keupp et al. 2002, S. 252ff) zielt darauf, pädagogische Institutionen (also auch sozialpädagogische) als **Resonanzräume** zu konzipieren und zu gestalten; das beinhaltet folgende Aufgabenstellungen (vgl. Rosa 2016, Teil 2; zur exemplarischen pädagogischen Anwendung auf die Schule ebd., S. 402–420 sowie Rosa/ Enders 2016, bes. S. 10–74; und in der Sozialen Arbeit Wutzler 2018):
   a. Es handelt sich zunächst einmal um institutionell ermöglichte und interaktiv angeregte *dialogische* Antwortbeziehungen, in denen die Fragenden Antworten erhalten, die sich tatsächlich auf ihre Fragen beziehen (z. B. was ist der Sinn des Lebens oder warum fühle ich mich in der letzten Zeit so traurig). Dabei müssen die Fragen nicht immer explizit ausgesprochen werden, man kann sie manchen Menschen im Gesicht ansehen (die Betreffenden wirken z. B. irgendwie erschöpft und mutlos) oder von den Lippen ablesen (z. B. wenn sie etwas sagen wollen, es aber dann doch nicht sagen). Gerade die Augen, aber auch die Stimmen sind wichtige Resonanzfenster. Genauso kann man an der Körperhaltung bemerken, ob man mit einer Antwort die wirkliche Frage, die eventuell nur versteckt formuliert worden ist, tatsächlich getroffen hat (wenn sich z. B. die Angesprochene abwendet oder unruhig wird, dann war das nicht der Fall).
   b. Da es sich auch hier um eine immer auch durch sozialpädagogische Institutionsstrukturen (mit-)bestimmte Mensch-Welt-Beziehung handelt, deshalb setzt Resonanz die Fähigkeit und Bereitschaft der Subjekte voraus, sich auf einen solchen doppelseitig erschließenden Aneignungsprozess einzulassen, sich also zuzutrauen, aktive, das nähere und weitere Umfeld mit- und umgestaltende Weltaneignungen mit Selbstentfaltungen zu verknüpfen

(z. B. erstmals und allein in eine eigene Wohnung zu ziehen) und die damit verbundenen Entwicklungsrisiken (z. B. Freundschaften zu verlieren, aber auch neue Beziehungen aufzubauen) zu bewältigen und so selbsttätig die doppelseitige Identitätsentwicklung zu fördern. Das geschieht auf der Basis wechselseitigen aktiven Vertrauens in die symmetrischen und asymmetrisch-sozialpädagogischen Beziehungen (vgl. Kap. 3.3.1), insbesondere in den relativ stabilen *Resonanzachsen*, also solchen zuverlässigen Beziehungen (z. B. in einem Jugendclub), die anregende und manchmal sogar erregende horizontale Resonanzdrähte zur interpersonalen sozialen und vertikale zur sachlichen (dinglichen und symbolischen) Welt ermöglichen und nahe legen, wo man sich verstanden und aufgehoben fühlt (z. B. in einer Band) bzw. wo man das Erlebnis hat, was einen wirklich interessiert, was einen wirklich anspricht, wo man die Dinge „zum Sprechen" bringt (z. B. das Abschmelzen des Eises in Grönland, die ökologischen Folgen für das Weltklima und die sozialen und psychischen Folgen für die Fischer), wo es also stabile positive Rückmeldungen inhaltlicher *und* sozialer Art gibt, die das begründete Gefühl geben, etwas für mich selber Befriedigendes und zugleich Anerkanntes zu tun (z. B. im Rahmen der Bildungsarbeit eines Jugendverbandes). Auf diese Weise entstehen biografisch bedeutsame Resonanzdreiecke zwischen gemeinsamen Inhalts- und Gegenstandsbezügen und interpersonalen Beziehungen, die von wechselseitig begründeten Wertschätzungen und Selbstwirksamkeitserfahrungen getragen werden, die dann auch die schrittweise Überwindung von kleineren oder größeren Fähigkeitsdefiziten und daraus resultierenden mehr oder weniger gravierenden praktischen Fehlern ermöglichen. Die Resonanzräume benötigen also immer auch eine respektvoll-anspruchsvolle Fehlerkultur.

c. Das Gegenstück zu solchen Resonanzmodi sind entfremdete Beziehungen zur sachlichen und mitmenschlichen Welt (z. B. in der Sozialen Gruppenarbeit oder einem Schulhort), in der Schweigen dominiert, in denen es keine (ggf. institutionell verankerten) positiven oder kritisch-ermunternden Feedbacks gibt, wo sich die Subjekte also selber nicht wiederfinden, sich ab- und zurückgestoßen oder gar bedroht fühlen, weil sie sich mit Gegenständen (z. B. Hausaufgaben statt Sport) auseinandersetzen und/oder sozialen Regeln folgen bzw. sogar sich ihnen unterwerfen sollen (z. B. in einem Jugendzentrum), mit denen sie sich aus guten, zumindest aber nachvollziehbaren Gründen nicht beschäftigen bzw. ihnen gehorchen wollen, deshalb indifferent und gleichgültig werden gegenüber Inhalten und/oder Mitmenschen oder sich deshalb sogar zurückziehen, sich psychodynamisch einschließen und sozial abschotten. So entsteht ein Entfremdungsdreieck, in dem die Sozialpädagog*innen die

Kinder und Jugendlichen nicht mehr erreichen wie auch umgekehrt die Sozialpädagog*innen für die Heranwachsenden unansprechbar werden. – Diese noch recht allgemeinen bzw. übergreifenden Aspekte sollen nun ausdifferenziert werden.

2. Diese resonanten interaktiven Anerkennungsbeziehungen entwickeln sich in der Sozialen Arbeit in den vielschichtigen Widerspruchsrelationen von Nähe und Distanz, womit die normativen Bildungsperspektiven in eine Spannung treten zu den Zielen, Wegen und Bedingungen ihrer herrschaftsüberformten faktischen Realisierung in spezifischen Erziehungskontexten. Dies beinhaltet als weitere Dimensionen der pädagogischen Kapitalbildung die Widerspruchskonstellationen von Anerkennung und Missachtung, von resonanten und zurückweisenden Beziehungsmustern und Institutionsstrukturen und das zeigt sich in interschiedlicher Weise (vgl. Böhnisch 2012, Kap. 8; Dörr/Müller 2006; Galuske 2013, Kap. 13–15 u. 18–20; Lamp 2007, S. 119–141; Liegle 2017, S. 231–244; Schäfer/Thomson 2010; Thiersch 2009, S. 89–180; Wendt 2017, Kap. 3, 6 u. 7):
   a. Zunächst einmal ist pädagogisches Handeln ohne eine gewisse Nähe nicht möglich. Erst in dieser Beziehung von-Mensch-zu-Mensch (z. B. in der Jugendgruppe einer Kirchengemeinde) lernen sich die Kinder und Jugendlichen und ihre Erzieher*innen/Sozialpädagog*innen/Jugendarbeiter*innen kennen, erfahren sie von ihrer Lebensgeschichte, ihren Wünschen und Ängsten, von ihren Hoffnungen und Erwartungen. Um die jeweils *anderen* verstehen zu können muss *ich* sie auch erleben können und das beinhaltet nicht nur kognitive und emotionale Prozesse, sondern auch **leibhaftige Begegnungen**, also eine gewisse körperliche Nähe. Dies ist ein unverzichtbares Element jeder pädagogisch geförderten und abgesicherten Identitätsarbeit. Dass es auch eine Gefahrenzone darstellt, das ist unbestreitbar und das haben die skandalösen Befunde des sexuellen Missbrauchs und anderer demütigender Gewalttaten auf dramatische Weise belegt (vgl. Hafeneger 2011, Teil II; 2013; Hartwig/Hensen 2008). Professionelles Handeln muss sich dieser Gefahren bewusst sein, darf aber daraus nicht den Schluss ziehen, deshalb eine solche Nähe zu verweigern, denn dann wäre der pädagogische Prozess beendet, weil er nie ein technologischer sein kann. Er erfordert ein unmittelbares Sich-Einlassen auf die Heranwachsenden, ein ihre Nähe suchen und Sympathien deutlich machen, ein spürbares Engagement für ihre Anliegen, ein gemeinsames Tun in der gemeinsam verbrachten Zeit, ein sich Einfühlen in ihre Erlebnis- und Erfahrungswelten, ohne schon in konfliktvermeidender Weise alle Einstellungen und Handlungen zu akzeptieren, ein spontanes Mitleid mit einer bedrängenden oder auch dramatischen Lebenssituation, ohne allerdings

die gemeinschaftliche Suche nach einer Lösung durch kollektives Jammern „Wie schlimm das alles ist" zu ersetzen usw.

b. Nun darf sich professionelles Handeln auch nicht einfach den eigenen habitualisierten Stimmungen, Neigungen, Überzeugungen und Routinen hingeben („So bin ich halt, so sehe ich die Sache, das ist meine lange berufliche und private Erfahrung."). Vielmehr erfordert die solidarische Anerkennung und Durchsetzung der Rechte der Kinder und Jugendlichen und die darauf sich gründende emotionale Zuwendung immer wieder auch **Distanz**. Dies meint zweierlei:

I   Diese Distanz ist zunächst einmal eine **selbstreflexive**. Sie bezieht sich einmal auf die eigenen Gefühle, aber auch die zwischenmenschlichen Erwartungen sowie die pädagogischen Konzepte und Handlungsmuster als Aspekte der habitualisierten professionellen Identität. Diese gilt es sich selbst bewusst zu machen und darüber vermittelt auch die Befindlichkeiten und die ihnen zugrundeliegenden Betroffenheiten der Heranwachsenden. Diese kognitive und motivationale Distanzierung wird gefördert durch die *generative Differenz*, also das (mögliche) Mehr an Lebenserfahrungen, an Problemeinsichten, an lösungsbezogenen Handlungsstrategien (ob z. B. bei einer ungewollten Schwangerschaft Abtreibung eine gerade auch emotional erträgliche und moralisch-ethisch akzeptable Option darstellt). Allerdings darf dieses „Mehr" nicht in autoritativer oder gar autoritärer Weise als grundlegende Überlegenheit fehlgedeutet werden oder gar als Legitimation dafür herhalten, dass man „als der/die Ältere" eh „schon wisse, was jetzt die beste Lösung sei" (wovon die traditionelle Fürsorgeerziehung stets ausgegangen war). Vielmehr müssen die lebensgeschichtlichen und professionellen Erfahrungen und ihre Deutungen, ergänzt und verdichtet durch professionelles Wissen (z. B. über die relevanten Bildungsaufgaben) in einen möglichst symmetrischen Dialog eingebracht werden, denn nur so können sich *Verstehen* und *Verständigung* wechselseitig befruchten. Insofern eröffnet reflektierte Distanz immer auch Denk- und Handlungs-Spielräume und ist in dem Sinne auch fördernde Distanz.

II Diese notwendige Distanz rührt aber auch daher, dass es sich hier weder um eine familienähnliche Beziehung noch um eine Freundschaft handelt, sondern dass die Pädagog*innen für ihre **Dienstleistungstätigkeit** bezahlt werden (z. B. als Drogenberater) und dass sie – etwas scharf formuliert – auch „bezahlte Zuwendungsspender" sind. Die Jugendlichen sind in ihrer großen Mehrheit – mit oder ohne Zustimmung und Engagement ihrer Eltern – in bestimmten Einrichtungen (z. B. Krippe, Kindergarten,

Jugendgruppe eines Verbandes) im Wesentlichen freiwillig. Die Pädagog*innen können sich zwar bis zu einem gewissen Grade ihren Arbeitgeber bzw. die Institution auch freiwillig aussuchen (die Grenzen bestimmen die Notwendigkeit einer bezahlten Arbeitstätigkeit und die Angebote des Arbeitsmarktes), aber wenn sie das Arbeitsverhältnis eingegangen sind, dann müssen sie die daraus resultierenden Arbeitspflichten – hier: die zur (sozial-)pädagogischen Arbeit – auch erfüllen. Insofern schwingt in jeder pädagogischen Begegnung und Beziehung diese Spannung von *Freiwilligkeit* und *Zwang* mit.

c. Den normativen Perspektiven der **anerkennenden Resonanz** steht immer auch – wie oben schon angedeutet – die faktische **Selbstentfremdung** der beteiligten Subjekte entgegen, die die Voraussetzung und Folge einer mangelnden Ausbildung von Bindungen und belastbaren Vertrauensbeziehungen darstellt (vgl. Hamberger 2008, Kap. 8.2.1). Sie resultieren im Wesentlichen daher, dass psychosoziale Konflikte (vgl. dazu auch Kap. 4.1.2) zu wenig be- und verarbeitet worden sind (z. B. in den Eltern-Kind-Beziehungen oder solche zwischen den Professionellen und den ihnen anvertrauten Jugendlichen oder zwischen den Mitarbeiter*innen und den Leitungen einer Einrichtung). Sie wurden dann „übersehen", verharmlost oder auch aktiv ausgeblendet und psychodynamisch immer mehr abgewehrt und schließlich unbewusst und führen so zu Identitätssperren und -diffusionen. Man weiß dann eben nicht, warum man z. B. bestimmte Personen „einfach nicht mag", warum man mit ihnen nicht klarkommt, warum sich da Konflikte aus dem Privatbereich – z. B. mit den eigenen Kindern – reproduzieren. Das führt dann auf Seiten der Jugendlichen u. a. dazu, dass sie nicht nur Nähe suchen, sondern die Erwachsenen auch für ihre Bedürfnisse und Interessen vereinnahmen und instrumentalisieren; dass sie eine Art von Totalverfügbarkeit erreichen wollen („Wozu seid ihr denn sonst da, ihr werdet doch dafür bezahlt."); dass sie sich selbst und die Pädagog*innen (versuchsweise) manipulieren; dass sie die Pädagog*innen in ihre konflikthafte Lebenspraxis verstricken wollen und diese sich unreflektiert verstricken lassen; dass sie sich ihren spontanen Impulsen hingeben (z. B. zur Provokation und/oder Kränkung) und die Folgen überhaupt nicht beachten (weshalb dann z. B. ein zunächst harmloser Konflikt eskalieren kann). Das so entstehende *latente Misstrauen* kann dann auch in *direkte soziale Ausgrenzung* und *intergenerative Abschottung* sowie *psychische Einschließung* und *Isolation* umschlagen. Die Heranwachsenden werden dann sich selbst, aber auch den Pädagog*innen in ihren gestischen, mimischen und verbalen Ausdrucksformen immer unverständlicher, emotional immer weniger ansprechbar, ziehen sich in sich selbst zurück, strahlen eine schwer erträgliche soziale, emotionale und leibliche Unempfindsamkeit und Kälte aus (wie sie bei vielen Jugendlichen in Heimen beobachtet und erlebt werden können; vgl. Kap. 3.3.4). Die Pädagog*innen sind nun hier in der Gefahr, in entsprechende Fallen zu laufen, indem sie z. B. die notwendige Distanz aufgeben und damit die Grenze zwischen Berufs- und Privatleben vermischen oder sogar aufgeben, sich aufreiben und auspowern, die Balance zwischen Anspannung und Entspannung bzw. zwischen Erreichbarem und Erreichtem verlieren. Oder in umgekehrter Weise: dass sie den emotionalen, leiblichen und kognitiven Abstand zwischen sich und den Heranwachsenden immer mehr erhöhen (z. B. anfangen, eine „Maske" zu tragen), die Kluft zwischen „guten" Worten und „schlechten" Taten bei sich selber immer mehr hinnehmen, die Wünsche und Bedürfnisse der Jugendlichen immer mehr abwehren und deren Lebenseinstellungen und Lebensweise immer mehr ablehnen, sich auf stereotype Handlungsmuster zurückziehen und aus dem Beruf (oder gar der „Berufung") einen reinen „Job" machen oder sogar „offensiv" resignieren („Ja, ja, das habe ich früher auch geglaubt und getan, aber nun bin ich realistisch geworden."). Auf diese Weise entstehen die unterschiedlichen Formen der professionellen maskierten Identität.

3. Die Relationen zwischen Nähe und Distanz haben aber auch eine **institutionelle** Seite:

   a. Zunächst einmal ist die Nähe ja eine institutionell ermöglichte und damit hergestellte: Es muss z. B. ein Wohnprojekt, ein Heim usw. vorhanden sein, damit es überhaupt zu einer zuverlässigen pädagogisch intendierten Subjekt-Subjekt-Beziehung kommen kann. Gerade bei den Hilfen zur Erziehung (vgl. zum Hilfeplan Kap. 3.3.3) ist die Anwesenheit in den verschiedenen Gruppen bzw. in den Institutionen verpflichtend und Verstöße können zum Abbruch der Maßnahmen führen (zumindest in der jeweiligen Einrichtung). Die Nähe äußert sich ggf. auch sozialräumlich als Wohnortnähe.

   b. Die institutionelle Distanz beruht zunächst darauf, dass eine Institution zumeist **arbeitsfeldübergreifend** organisiert ist, dass sie eine höhere Kontinuität aufweist als die jeweiligen (sozial-)pädagogischen Beziehungen, dass organisatorisch die Einrichtungen auch **finanziell** abgesichert werden müssen (wozu es Verhandlungen z. B. mit den Jugendämtern bedarf oder auch politischer Initiativen für bestimmte Modellprojekte), dass die sachlichen und personellen Voraussetzungen der Arbeit gesichert und entsprechende Veränderungen (z. B. bei den Betreuungsschlüsseln) bewältigt werden müssen und dass es eine geregelte Arbeitsteilung gibt (z. B. zwischen den Verwaltungskräften und dem pädagogischen Personal). Es kann auch eine (manchmal sogar gewollte) sozialräumliche Distanz geben (wenn z. B. das

Freizeitzentrum eines hauptsächlich in Städten verankerten Jugendverbandes in einer ländlichen Region liegt).

c. Selbstverständlich gibt es auch **institutionelle Entfremdungsprozesse.** Sie zeigen sich u. a. darin, dass es eine klare Hierarchie zwischen den Leitungen, den anderen Hauptamtlichen und Nebenberuflichen bzw. Aushilfskräften oder auch Ehrenamtlichen gibt, dass es formelle, besonders aber informelle soziale Machtgefälle gibt, dass die Institution sich gegenüber dem umgebenden Sozialraum weitgehend abschließt und /oder die Lebenswelten der Kinder und Jugendlichen in der Praxis weitgehend ignoriert, dass pädagogische Entscheidungen (z. B. über die Gruppengrößen) vorrangig nach finanziellen Kriterien gefällt werden, dass den innerinstitutionellen Qualitätskontrollen wenig bis gar keine Aufmerksamkeit geschenkt wird (wenn z. b. sehr oberflächliche psychosoziale Diagnosen einfach hingenommen werden oder pädagogische Fehler folgenlos bleiben) und dass insbesondere die gesetzlich vorgeschriebenen Partizipationsverfahren allenfalls formal erfüllt werden und innerinstitutioneller Mitbestimmungsmöglichkeiten für alle Gruppen allenfalls rudimentär existieren.

Diese und andere Formen der institutionellen Anerkennungsverweigerung schlagen sich dann auch in den Selbstentfremdungsprozessen der zwischenmenschlichen Anerkennungs- und Resonanzbeziehungen nieder. Insofern verweisen interpersonale und institutionelle Anerkennungs- und Resonanzdefizite aufeinander und schränken die Identitätsarbeit sowohl der Jugendlichen wie auch der Professionellen ein bzw. lenken sie in die falsche Richtung, weil sie defensiv-regressive Bewältigungsformen der immer auch widersprüchlichen (sozial-)pädagogischen Kapitalbildung nahelegen und z. T. sogar erzwingen.

3.3.3 Hilfeplanung als dialogisches und systemisch-bürokratisches Verfahren

Identitätsarbeit ist stets ein kommunikativer Prozess und die pädagogischen Begegnungsweisen Formen des kommunikativen Handelns. Diese Einsicht gewinnt besondere Relevanz, wenn man bedenkt und beachtet, dass die Identitätsbildung auch eine möglichst unzensierte **narrative Präsentation des eigenen Ichs** gegenüber sich selbst und den anderen erforderlich macht. In der sozialpädagogischen Hilfeplanung wird die Relevanz der narrativen Subjektkonstitution besonders augenfällig und erhält der Widerspruch von Bildung und Herrschaft eine besondere Schärfe. Es wurde im Zusammenhang mit den Übergangprozeduren von der

Herkunfts- in die Pflegefamilie (vgl. EP1, Kap. 3.2.2) bereits das durch § 36 SGB VIII normierte Dreiecksverhältnis „Jugendamt – Adressat*innen der Hilfen zur Erziehung – Dienstleister der Hilfen zur Erziehung" erörtert. Dabei verweist die Überschrift dieses Unterkapitels schon auf die zentralen Widerspruchspole, deren Relationen man auch als Konflikt zwischen **machtbezogenen** und **dialogisch** ausgehandelten Entscheidungen interpretieren kann. Das wird an folgenden Aspekten deutlich (vgl. Galuske 2013, Kap. 15. u. 16, Gromann 2010, Kap. 5; Hatschenberger 2014, Kap. 6–8; Schäuble/Wagner 2017; Spiegel 2008, Kap. 6; Schwabe 2014, bes. Kap. 3-5; Wendt 2017, Kap. 4 u. 7):

1. Zunächst einmal ist es notwendig, zwischen **vier Dimensionen von Hilfe** zu unterscheiden:
   a. Grundlegend ist das übergreifende Hilfekonzept, dem zu entnehmen ist, was die verschiedenen Aushandlungspartner*innen unter einer Hilfe verstehen, an welchen Zielen, Inhalten sowie Sozialformen sie sich ausrichten soll und kann, welche Relationen fallübergreifend angenommen werden zwischen sozioökonomischer und (sozial-)politischer Betroffenheit und soziokultureller und psychosozialer Befindlichkeit, zwischen materiellen Versorgungsdefiziten und psychosozialen Entwicklungspotenzialen und -einschränkungen und daraus resultierendem materiellem Hilfebedarf, Selbsthilfepotenzial und pädagogisch-sozialem Unterstützungsbedarf (z. B. für das Leben in prekären Milieus). Mit Hilfe dieser meist theorie- und konzeptgestützten Annahmen geht es dann darum, fallspezifisch zu entscheiden „Was für ein Fall liegt hier vor?" und „Was kann hier wer tun?".
   b. Mit der jeweiligen **Hilfeform** – die Hilfeformen wurden in §§ 28–35 SGB VIII normiert – wird vorläufig, weil prozessbezogen festgelegt, welches Arrangement, welches Setting, welche institutionellen Rahmenbedingungen geeignet sind, um dem Hilfebedarf gerecht zu werden (z. B. SPFH durch einen Freien Träger oder Soziale Gruppenarbeit durch einen öffentlichen Träger).
   c. Zum Tragen kommen Hilfekonzept und Hilfeform dann im **individuellen Hilfeplan**, in dem in einem rechtsverbindlichen Verwaltungsverfahren der jeweilige Unterstützungsbedarf festgelegt wird (z. B. Unterbringung in einer Außenwohngruppe zunächst einmal für 6 Monate). Manchmal werden entsprechende Ersuchen auch abgelehnt; dagegen können die Eltern dann Widerspruch einlegen bzw. auch klagen.
   d. Eben weil es sich beim Hilfeplan immer auch um einen Verwaltungsakt handelt, der nicht von sich aus und zwingend die Perspektiven der betroffenen Kinder und Jugendlichen und ihrer Eltern hinreichend berücksichtigt, ist es sinnvoll und notwendig, den **subjektiven Hilfeplan** als ganz eigenstän-

dige Dimension einzuführen und seine Beziehung zum Hilfekonzept, zu den Hilfeformen und zum individuellen Hilfeplan stets mit Blick auf die Identitätsbildungsprozesse kritisch zu überprüfen und ggf. konstruktive Veränderungswünsche und -notwendigkeiten von daher zu begründen.

2. Für die konkrete Umsetzung der rechtlichen und verwaltungsinternen Vorgaben (z. B. bezogen auf die laufende Berichtspflicht bezüglich der Hilfeplangespräche) kann das folgende **entwicklungslogische Phasenkonzept der Hilfeplanung** hilfreich sein (vgl. auch Macsenaere/Esser 2015, Kap. 3):

a. In der ersten Phase geht es zunächst um eine **Fallabklärung**, also die Feststellung, ob überhaupt ein vom Jugendamt zu bearbeitender Fall vorliegt (so ist das Jugendamt z. B. nicht für die Mietschulden der Eltern zuständig). Das Jugendamt kann über ein entsprechendes Begehren informiert werden durch die Betroffenen selber, also die Jugendlichen und/oder deren Eltern, durch andere pädagogische Einrichtungen (z. B. die Schule, speziell die Schulsozialarbeit) oder bei Gefährdungen des Kindeswohls auch durch die Nachbarschaft oder direkt die Polizei, manchmal auch durch Ärzte und Krankenhäuser. Entsprechend dem Hilfekonzept und den möglichst im Amtsbereich vorhandenen Hilfeformen wird zur Vorbereitung eines möglichen Hilfeplans eine Fallanamnese aller relevanten objektiven Daten, Beziehungskonstellationen und psychischen Befindlichkeiten als Dimensionen der bisherigen Identitäts- und Kapitalbildungsprozesse erstellt. Es wird also der Ist-Stand erhoben. Das geschieht mit einer doppelten Einschränkung: Zum einen sind viele notwendige Daten zunächst einmal nicht vorhanden bzw. bekannt und werden erst im Hilfeprozess deutlich (z. B. Gewaltvorfälle in der Familie); und zum anderen können Selbsthilfepotenziale und Unterstützungsbedürfnisse zunächst nur auf einer plausiblen, also hypothetischen Ebene angenommen werden.

b. Die zweite Phase dauert von der **Stellung des Antrages** auf Hilfen zur Erziehung bis zum **ersten Hilfeplangespräch**, sie eröffnet also die eigentliche Fallarbeit. Ihr liegt die rechtlich verbindliche und verwaltungsmäßig zu realisierende Entscheidung zu Grunde, dass es einen Hilfebedarf gibt; aber auch, worin er besteht und welche Einrichtung die entsprechenden Maßnahmen durchführen soll. Alles das wird in den unterschiedlichen Hilfeplanformularen, die zur Unterstützung der Arbeit der Jugendämter entwickelt worden sind, festgehalten. Diese sind gewiss auch eine Hilfe, aber sie sind – wie die Praxis zeigt – auch immer in der großen Gefahr, aus den entsprechenden Beratungen vorrangig verwaltungstechnische Abklärungsprozesse zu machen. Notwendig ist vielmehr ein fortlaufender Blick auf die für die (sozial-) pädagogische Kapitalbildung zentralen Spannungen gerade zwischen dem *individuellen* Hilfeplan und dem *subjektiven* Hilfeplan (z. B. bezogen auf die Heimunterbringung eines Mädchens, das zu Hause sexuell missbraucht worden ist). Gerade an dieser Stelle ist Partizipation unabdingbar, aber nicht als quasi abschließende Frage „Haben Sie/Hast du das verstanden? Sind Sie/ bist du mit der Entscheidung einverstanden?". Erforderlich ist vielmehr ein vielschichtiger **narrativer Aushandlungsprozess,** der insbesondere beinhaltet ein sensibles, auf Zwischentöne achtendes Aufspüren der tatsächlichen objektiven und subjektiven Problemlagen, umfassende Informationen in einer milieuangemessenen Sprache über die Art des möglichen Hilfebedarfs und über die möglicherweise sinnvollen Hilfemaßnahmen, und nicht zuletzt über die Folgen der ins Auge gefassten Maßnahmen für die Familie, für die Jugendlichen oder auch die sie schon (mit-)betreuenden Institutionen und über den möglichen Mindestzeitraum. Nur wenn ein möglichst hohes, von Resonanz und wertschätzender Anerkennung getragenes interaktives und kommunikatives Partizipationsniveau erreicht wird, haben die anvisierten Hilfemaßnahmen begründete Aussicht auf „Erfolg", dass sie also einen Beitrag leisten zur jugendlichen Identitätsfindung (eine Garantie gibt es dafür selbstverständlich nicht – aber das ist eine banale, wenn auch notwendige Bemerkung). Partizipation ist auch insofern schon ein Teil der (sozial-)pädagogischen Aufgabenstellung, als für die Jugendlichen bzw. auch ihre Eltern diese partizipative Teilhabe selber eine Bildungsaufgabe (im weiten Sinne), eine Lernherausforderung darstellt, weil sie bisher einerseits mit solchen biografisch häufig weitreichenden Entscheidungsnotwendigkeiten nicht konfrontiert gewesen sind und andererseits die narrative Selbstthematisierung für sie keine Selbstverständlichkeit ist. Und nur indem sie die Entwicklungsherausforderung annehmen, können sie Ziele entwickeln und Wege beschreiten, um ihre Probleme immer besser zu verstehen und sie immer besser und selbstständiger zu bearbeiten und perspektivisch zumindest teilweise zu lösen (z. B. bei Drogenabhängigkeit der Eltern und psychosomatischen Erkrankungen der Jugendlichen). Entscheidend ist für den Hilfeplanprozess also, dass die beteiligten Subjekte sich in ihren Selbst- und Mitbestimmungsansprüchen anerkannt und unterstützt fühlen und den begründeten Eindruck haben, dass es nicht nur dem Jugendamt, sondern auch dem ins Auge gefassten Träger tatsächlich um sie als Menschen geht. Damit ist schon angesprochen, dass es bei einer so verstandenen intersubjektiven Problemklärung auch um eine **anspruchsvolle Kooperation** und **Kommunikation zwischen den Fachkräften** geht (vgl. dazu auch am Beispiel der Heimerziehung die Praxisbausteine in Wolff/Hering 2013).

Nun zeigen leider die empirischen Befunde, dass die juristisch normierten und pädagogisch gut begründeten Partizipationsansprüche in der Praxis der Hilfeplanung nur sehr unzureichend berücksichtigt werden (vgl. Gadow et al. 2013, Kap. 6.2): So gab es nach Selbstauskunft der Institutionen aus dem Jahre 2009 Informationsblätter für Familien nur bei 51 % der Jugendämter, speziell für Eltern bei 47 %, für Jugendliche bei 40 % und für Kinder bei 37 % und nur bei 17 % für alle. Hinsichtlich der Beteiligung am Hilfeplanverfahren wurden nach Auskunft der Jugendämter zu 98 % und nach Auskunft der Träger zu 78 % die Wünsche der Adressat*innen beachtet; es mussten 59 % (Jugendamt) bzw. 45 % (Einrichtungen) der Adressat*innen von der Hilfe überzeugt werden; es waren 29 % (Jugendämter) bzw. 42 % (Einrichtungen) mit dem Partizipationsanspruch der Hilfeplangespräche überfordert; und standen zu 11 % (Jugendämter) bzw. 18 % (Einrichtungen) die Rahmenbedingungen dem entgegen. Schon diese faktische Selbstkritik der pädagogisch verantwortlichen Stellen macht eine weitere Dimension der Widerspruchsrelationen von Bildung und Herrschaft deutlich und belegt einen erheblichen inneren Reformbedarf, damit diese Einrichtungen ihren nötigen und möglichen Beitrag zur Identitätsarbeit der Jugendlichen tatsächlich leisten (wir werden auf das Thema bei der Darstellung der Heimerziehung, speziell den Abbrüchen der entsprechenden Maßnahmen in Kap. 3.3.4 zurückkommen).

c. Die dritte Phase ist bestimmt durch die verwirklichten Beziehungen zwischen **Planung** und „**Steuerung**", also den prozessbezogenen und widersprüchlichen, deshalb stets aufs Neue zu reflektierenden Ziel-Mittel-Relationen (z. B. zwischen dem Ziel der jungen Mutter, einen Schulabschluss zu erwerben, ihrer Verantwortung als Mutter und ihren Bedürfnissen als Teenager und ihrer Neigung zum Alkoholmissbrauch). Das geschieht vorrangig in den mindestens halbjährig stattfindenden Hilfeplangesprächen und den auf ihrer Basis stattfindenden Hilfeplankonferenzen. Gerade dabei wird einerseits immer wieder deutlich, dass die Ausgangsdiagnose fortlaufend überprüft und in den meisten Fällen auch mehr oder weniger gravierend korrigiert werden muss; dass darüber hinaus sowohl das personale Empowerment unterschätzt wie auch die Hierarchie der Belastungskonstellationen falsch bestimmt sein können (z. B. die Relationen zwischen der frühen Mutterschaft, der Trennung von der Herkunftsfamilie und den schwierigen Zukunftserwartungen); und dass es immer wieder auch glückliche Zufälle gibt (im Beispiel, dass das Mädchen sich verliebt und eine belastbare Beziehung zu einem jungen Mann aufbauen kann, die sie trägt) oder auch tragische Umstände (z. B. der schwere Unfall einer wichtigen Bezugs- bzw. Betreuungsperson), die die Falldynamik relevant verändern. Gerade hier wird deutlich, dass Hilfeplanung eben einer narrativ-dialogischen, also möglichst gleichberechtigten Koproduktion aller Beteiligten bedarf (vgl. Spiegel 2008, Kap. 1.1.4).

d. In der abschließenden vierten Phase stehen die Beziehungen zwischen dem erreichten *Ist-Stand* und dem anvisierten *Soll-Stand* im Zentrum der **Begründung der Beendigung einer Maßnahme**; oder als Zwischenergebnis, wenn sich die Zuständigkeit des Jugendamtes durch Umzug oder Trägerwechsel ändert; oder wenn die Maßnahme wegen Erreichen der Altersgrenze – das ist in den meisten Fällen das 18. Lebensjahr – und der dadurch erlöschenden Zuständigkeit des Jugendamtes beendet wird. Auch an dieser Stelle überlagern sich bürokratische Anforderungen der Rechenschaftslegung mit dem kommunikativen Bedürfnis und Wunsch, mit möglichst vielen Beteiligten ein Resümee der Zusammenarbeit und der biografischen Entwicklungen, speziell der verschiedensten Facetten der Identitätsarbeit, zu ziehen. Und wie schon in Bezug auf die Pflegefamilien dargestellt (EP1, Kap. 3.2.2), ist es sozial und pädagogisch wünschenswert, wenn gerade der Abschied von den betreuenden Fachkräften in einer Kinder- und Jugendhilfeinstitution in geeigneter Weise „zelebriert" wird. Selbstverständlich wäre es besonders schön, ermutigend und wertschätzend, wenn sich daran auch die zuständigen Mitarbeiter*innen des Jugendamtes beteiligen würden.

3.5   Übergänge IV: Bildung und Erziehung im Heimkontext

Aus der Perspektive der jugendlichen Identitätsarbeit und Kapitalbildung und deren Erforschung sowie Unterstützung stellt die Heimerziehung eine doppelte Herausforderung dar: Zunächst einmal ist sie für die Jugendlichen der zentrale pädagogische Raum und der dominierende soziale Ort ihrer *Identitätsarbeit*; anderseits haben diese Heranwachsenden in ihrem bisherigen Lebenslauf und ihrer bisherigen Biografie besonders viele Umbrüche und Einbrüche, also *Diskontinuitäten* erleben und verarbeiten müssen. Die Heimerziehung gehört zu den Hilfen zur Erziehung; sie ist nach § 34 SGB VIII mit den sonstigen Wohnformen (Wohngruppe, Betreutes Wohnen) Teil der „Einrichtungen über Tag und Nacht", die auf eine Rückkehr in die Herkunftsfamilie bzw. den Übergang in eine andere Familie zielen oder eine auf längere Zeit angelegte Lebensform mit dem Übergang in die Selbständigkeit. Damit sind folgende soziale und pädagogische Aufgaben verbunden (Gabriel/Winkler 2003; Günder 2011; Post 2002):

1. Mit Blick auf die sozialpädagogisch anzuregende und zu unterstützende **Identitätsarbeit** ist auf folgende Prozesselemente zu verweisen (vgl. dazu übergreifend Keupp et al. 2002, Kap. 4):

   a. In diesem institutionellen und interaktiven Kontext müssen sie ihre jeweils auch geschlechtsspezifischen Handlungs-, Reflexions- und Genussfähigkeiten und -bereitschaften erstmalig oder weitere entwickeln und dabei ein „Gefühl" für die verschiedenen Teil-Identitäten (z. B. als Mädchen, Hauptschülerin und junge Mutter) und deren relationale Verknüpfung zu einer eigenen Identität ausbilden, ein generalisiertes, selbstreferenzielles, emotional positives Verhältnis zu den eigenen, autonomiefördernden und zukunftsbezogenen Identitätsentwürfen finden und sie in konkrete Projekte der Kapitalbildung transformieren und diese schließlich schrittweise alltagspraktisch realisieren. Damit verschränken sich die sinnhaften, „machbaren" und „verstehbaren" (nachvollziehbaren) Prozesselemente miteinander und fördern ein personales Kohärenzgefühl. Das schließt – als „Kampf um Anerkennung" (Honneth) – die Auseinandersetzung mit interaktiven und institutionellen Widerständen und Konflikten ein und erfordert die aktive Teilhabe an psychosozialen, formellen und informellen **Konfliktbewältigungskulturen** innerhalb und außerhalb des Heimes ein.

   b. Sie stehen vor der Herausforderung, die bisherigen und aktuellen **Lebenserfahrungen** mit „sich und der Welt" zu be- und verarbeiten und sich biografisch in ein nicht nur defensives (oder gar resignatives), sondern durchaus kritisches Verhältnis zu stellen zu den institutionell angebotenen Fördermöglichkeiten und eingespielten, habitualisierten Interaktionsmustern, sie also hinsichtlich der eigenen Identitätsarbeitsziele und -methoden befragen und ggf. selektiv wahrnehmen (z. B. bei Auswahl der Vertrauenspersonen unter den anderen Jugendlichen und der Bezugsperson unter den Professionellen).

   c. Sie müssen sich fragen welche psychischen, sozialen, kulturellen und materiellen **Ressourcen**, also welches inneres und äußeres Kapital sie haben und wie sich dies niederschlägt im körperlichen Befinden (z. B. stark vs. schwach), in ihren Stimmungen (z. B. heiter vs. traurig), dem sozialen Erscheinungsbild (z. B. zugänglich vs. verschlossen), dem kognitiven Selbst- und Weltverhältnis (z. B. Einzelkämpfer vs. Gemeinschaftsmensch, unpolitisch vs. politisch) und der Bilanzierung des bisherigen Leben (z. B. „Das habe ich geschafft und das – noch – nicht."). Zu fragen ist aber immer auch, wie sie ihre verschiedenen Kapitalsorten realistischerweise „vermehren" können, um die angestrebten Identitätsprojekte auch realisieren zu können (z. B. erstmalig einen Schulabschluss zu schaffen oder eine befriedigende Liebesbeziehung aufzubauen und zu erhalten).

d. Um sich selbst und anderen die eigene Identitätsarbeit deutlich, also bewusst zu machen, müssen sie nach Gelegenheiten suchen oder selber Begegnungsformen „erfinden" (z. B. intime und ehrliche Gespräche mit anderen Jugendlichen innerhalb oder auch außerhalb des Heimes – auch in speziellen Mädchen- bzw. Jungengruppen), in denen sie von ihren Erlebnissen, Erfahrungen, Wünschen, Träumen, Ängsten, Hoffnungen usw. erzählen – und zwar in ihrer jeweils milieuspezifischen Sprache und so offen, dass sie sich selbst in ihren Narrationen tatsächlich wiedererkennen, dass sie Menschen finden, denen sie „ihr Herz ausschütten" können und von denen sie sich verstanden fühlen und die sie verstehen. Durch eine solche wechselseitige interaktive Resonanz entsteht die Chance, die verschiedenen Facetten der Selbstentfremdung und deren Selbstlegitimation (z. B. „Ich bin halt zu dumm, um so eine Ausbildung zu schaffen:" oder „Ich bin immer zu gutmütig und lasse mich von anderen Menschen ausnutzen.") schrittweise sich selbst und andern deutlich zu machen und sie sukzessive zu überwinden. Auf diese Weise kann sich eine **authentisch biografische Kernnarration** und damit ein kohärentes Selbstverständnis auch in Bezug auf ihre Geschlechtsidentität ausbilden.

e. Nicht zuletzt geht es in der Jugendphase um eine **Selbstpositionierung** in den übergreifenden, gesellschaftlich-systemischen Strukturen, die Auslotung der von ihnen gebotenen Entwicklungsoptionen und Gefahren für meine Identitätsentwürfe und -projekte, die Beantwortung der Frage, wo ich „in der Welt" objektiv „positiv" und/oder „negativ" verortet bin (z. B. im respektablen oder prekären Milieu) und welche Position ich in ihr einnehmen will und welche „Strategien" ich dafür brauche und praktizieren sollte bzw. muss – z. B. sich im eigenen Milieu wiederfinden, die dort lebensweltlich verankerten Einstellungen und Weltsichten prüfen und ggf. Versuche unternehmen, dieses Milieu zu verlassen und in einem anderen „heimisch" werden, welches den eigenen Erlebnissen, Wünschen und Fähigkeiten besser entspricht (z. B. Übergang von einem traditionell-kleinbürgerlichen Milieu zu einem der hedonistischen).

2. Die Aufgaben erschließen sich zunächst einmal aus den **soziodemografischen Besonderheiten** (vgl. 15. KJB, Kap. 7.2; 14. KJB, Kap. 10.7.5; Günder 2011, S. 38ff): Von den aktuell ca. 95.000 in Heimen lebenden Kindern/Jugendlichen sind knapp 66 % 14 Jahre und älter, nur 5 % jünger als 6 Jahre; wovon 26 % einen Migrationshintergrund haben (steigende Tendenz; vgl. auch Kap. 3.2.3). Damit wird schon deutlich, dass es sich hier vorrangig um eine Einrichtung für Jugendliche handelt (weshalb sie auch erst in diesem 2. Band der EP behandelt wird). Die Herkunftsfamilien bestanden zu 49 % aus einem alleinlebenden Elternteil, zu 27 % aus einem Elternteil mit einem neuen Partner, zu 18 % lebten die bio-

logischen Eltern zusammen, in 2 % waren sie verstorben (bei 3 % gab es keine Informationen). Bevor sie in ein Heim wechselten, lebten 72 % bei den Eltern, 11 % in einem Heim bzw. im betreuten Wohnen, 5 % in einer Pflegefamilie, 3 % in einer Verwandtenfamilie, 2 % in einer nichtverwandten Familie, 2 % in einer Psychiatrie, und jeweils 1 % in einer sozialpädagogischen Einrichtung bzw. an keinem festen Ort (bzw. es liegen keine Daten vor). Der Heimaufenthalt wurde angeregt durch Soziale Dienste (45 %), Eltern/Personensorgeberechtigte (28 %), die Jugendlichen selber (12 %), zu je 4 % von der Schule oder dem Gericht und von Ärzten 3 (Sonstige 3 %). Als Problemlagen (im Sinne einer psychosozialen Diagnose) wurden genannt Gefährdung des Kindeswohls (19 %), Einschränkung der elterlichen Erziehungskompetenz (17 %), Auffälligkeiten im sozialen Verhalten (12 %), unzureichende Förderung (11 %), Unversorgtheit der Jugendlichen (9 %), Belastung durch familiäre Konflikte bzw. Probleme der Eltern (je 7 %), Übernahme eines anderen Jugendamtes bzw. Entwicklungsauffälligkeiten (je 6 %) und schulische Probleme (4 %).

Selbst diese dürren Zahlen machen die **anomischen** Bedingungen des Aufwachsens dieser Kinder und Jugendlichen deutlich und lassen den erheblichen entwicklungspädagogischen Handlungsbedarf erkennen (wie schon der flüchtige Blick auf Eriksons Entwicklungs-„Sprossenwand" deutlich macht; Abb. 12, S. 246); und zugleich wird deutlich, dass ein relevanter Teil der Jugendlichen schon eigenständige Karrieren innerhalb des Hilfesystems absolviert hat – mit gravierenden Folgen für die Identitätsentwicklung.

3. Den Perspektiven der vertrauensbildenden Anerkennungsbeziehungen und -verhältnisse kommen zentrale Komponenten der **Reform der Heimerziehung** in den letzten 40 Jahren in der ehemaligen BRD und dann in den ostdeutschen Bundesländern seit der Wende entgegen. Erwänt seien als Trends nur (vgl. Günder 2011, Kap. 1; Hammerschmidt et al. 2019; Schleiffer 2015, S. 105ff):

   a. Die Schaffung von Wohn- und Lebensorten außerhalb des eigentlichen Heimgeländes im Rahmen der *Dezentralisierung*. Damit ist häufig auch eine deutliche Zunahme von Kleinstheimen verbunden.

   b. Die rigiden pädagogisch-sozialen Arbeitsteilungen (z. B. zwischen hauswirtschaftlichen [als Teil der Selbstversorgung], therapeutischen und pädagogischen Aufgabenstellungen) wurden zurückgenommen und so eine reflexive, *ganzheitlich-entinstitutionalisierte, habitus- und milieusensible* Betrachtungs- und Handlungsweise gefördert.

   c. Im Sinne der Milieuorientierung wurde der *Regionalisierung* der Vorzug vor zentralen Großheimen (wie z. B. der „Deutschen Blindenstudienanstalt" in Marburg/Lahn) gegeben und damit die sozialräumliche Vertrautheit als positiver Entwicklungsfaktor anerkannt (und somit die problematische Annahme überwunden, dass man die Jugendlichen den „gefährlichen" Einflüssen ihrer Herkunftsumgebung entziehen müsse).

d. Es wurde die *Professionalisierung* vorangetrieben, die allerdings das Niveau der Akademisierung bisher noch nicht erreicht hat (ca. 40 % der Beschäftigten sind vom Abschluss her Erzieher*innen).

e. Auch das Bemühen um die *Individualisierung* der Hilfsprozesse ist deutlich verstärkt worden und damit verbunden die Abkehr von stereotypen Diagnosen und Unterstützungskonzepten (dem sog. „Schubladendenken"). Damit wurden auch das Peer-Learning und die Gruppenarbeit als zentrale Medien der Identitätsentwicklung und milieugerechten (Sozial-)Pädagogik in ihrer Bedeutung anerkannt.

f. Die Geschlechterverhältnisse in der Heimerziehung waren und sind bisher allerdings leider (oder bezeichnenderweise) nur ein Randthema, obwohl sie durch die Einrichtung von *Mädchenhäusern* seit den 1980er Jahren zumindest eine gewisse praktische Aufmerksamkeit gefunden haben (dazu jetzt ausführlich Windheuser 2018, bes. Kap. 1.3, 3.4 u. 3.5).

g. Selbstverständlich sind das alles nur übergreifende Trends. In der Praxis finden wir im Rahmen des breiten Angebotsspektrums (Heimgruppen im Zentralheim, Außenwohngruppen, Kleinstheime, Lebensgemeinschaften, betreutes Wohnen und milieunahe Heimerziehung; vgl. die Übersicht bei Freigang/Wolf 2001) und der pluralen Trägerstrukturen eine große Vielfalt an Konzepten und Alltagspraktiken zwischen den Polen „sehr gute Arbeit vs. höchst problematische institutionelle und interaktive Strukturen" (wie die Untersuchungen zu den Abbrüchen zeigen; vgl. Pkt. 4).

4. Eine Heimerziehung, die sich um die entwicklungsoffene Balance zwischen vertrauensfördernder Hilfe und Kontrolle bzw. resonanz- und anerkennungsorientierter Nähe und Distanz bemüht, könnte bzw. sollte sich an folgenden Maximen orientieren (vgl. Hamberger 2008, Kap. 8 u. 10; Wolff/Hering 2013; Schleiffer 2014, Kap. 3 u. 7; Salzburger et al. 2018; einige Aspekte wie die Gestaltung der Eingewöhnungs- bzw. Abschiedsphase wurden bereits in EP1, Kap. 3.2.2 dargestellt und werden hier nicht mehr näher erläutert):

a. Der Übergang von der Herkunfts-, Verwandten- oder Pflegefamilie oder einer anderen Form der Hilfen zur Erziehung oder (in wenigen Fällen) aus einem anderen Heim stellt in dieser oder jener Weise ein **kritisches Lebensereignis** dar, dessen Bewältigung zu den vorrangigen Aufgaben der beginnenden Arbeit gehört (vgl. Zeller/Köngeter 2013, Kap. 2). Insofern ist jeder Übergang nicht nur ein *Beziehungsabbruch*, sondern immer auch ein *neuer Anfang* und dieser beginnt mit der Erarbeitung des Hilfeplans in der Dreiecksbeziehung zwischen Kind/Jugendlichem und seinen Eltern – Träger – Jugendamt. Dabei hat – wie in Kap. 3.3.3 grundsätzlich ausgeführt – das Jugendamt die stärkste Machtposition, die den verbrieften Partizipationsrechten häufig entgegensteht. Erst ihre Beachtung aber ermöglicht schrittweise eine immer genauere Kenntnis der objektiven, zwischenmenschlichen und psychischen Lebensrealitäten der Heranwachsenden (in den meisten Fällen sind es Jugendliche und viele Übergänge von den Pflegefamilien in die Heimerziehung finden in der Adoleszenz statt). Das schließt ein genaues, narrativ ermitteltes Wissen ihrer Hilfekarrieren und der damit verbundenen Identitätskrisen ein. Sehr häufig ist dieser Informationsfluss bezüglich der dokumentierten professionellen Weichenstellungen wegen mangelnder Gründlichkeit nicht nachvollziehbar und manche Erzieher*innen wollen z. T. deshalb die Akten gar nicht lesen, weil sie meinen, dann den Jugendlichen mit Vorurteilen zu begegnen. Richtiger wäre die Haltung, dass selbstverständlich Diagnosen, Entwicklungs- und Abschlussberichte stets *kritisch zu lesen* und entsprechend zu bewerten sind, man also die notwendigen und sinnvollen Daten selber herausfiltern muss.

b. Gerade in der Anfangsphase, wo zwischenmenschliches Vertrauen aufgebaut werden soll, bedarf es eines **zuverlässigen pädagogischen Settings**, welches in sensibler (die Bindungstheoretiker*innen sagen: feinfühliger) Weise die lebensgeschichtlichen Erfahrungen außerhalb und innerhalb der Sozialen Arbeit schrittweise thematisierbar und verstehbar machen. Wenn man von der Anamnese einmal absieht, beginnt an dieser Stelle die erwogene bzw. vermutete soziale Diagnose, deren hypothetischer Charakter im Laufe der Realisierung der ebenfalls zunächst hypothetischen Lösungswege dann Schritt für Schritt geprüft, verändert oder sogar verworfen und durch neue Diagnosen und Lösungsvorschläge ersetzt werden. Das meint auch, dass entsprechende Hilfe-Planungen – als Aspekte der *situativen* Identitätsarbeit – immer auch **alternative Lösungswege** beinhalten müssen (z. B. für eine junge Mutter die Alternative, zunächst einmal sich um ihr gerade geborenes Kind zu kümmern und erst nach einem Jahr wieder den Schulbesuch aufzunehmen oder beides gleichzeitig zu versuchen). Das bedeutet aber auch – gerade für das Jugendamt –, dass stets zu prüfen ist, ob die jeweiligen Träger die angemessenen Angebote vorhalten und sie sie in der notwendigen Qualität realisieren können bzw. wollen. Geschieht dieses nicht (hinreichend), dann besteht die Gefahr und Tendenz, dass die Jugendlichen ihre Identitätsarbeit möglichst unverbindlich lassen und „für alles offen" sind, also unverbindlich gegenüber sich selbst und den Mitmenschen bleiben; oder dass sie im Zustand der Identitätsdiffusion (im Sinne von Erikson) verbleiben; oder dass sie sich den erwarteten Handlungsweisen und Einstellungen gegenüber scheinbar konform, also ohne positive innere Überzeugung, verhalten, um interaktiven und institutionellen Konflikten möglichst aus dem Wege zu gehen; oder dass sie gegenüber den repressiven Strukturen beginnen, Widerstand zu leisten und die damit verbundenen Diffusionen sich rückblickend als Übergangsstadium erweisen.

c. Es muss gerade in dieser Entwicklungsphase, wo die Abgrenzung von den Erwachsenen und die konflikthafte Auseinandersetzung mit ihnen ein notwendiges Moment der Identitätsbildung ist, immer auch mit der **Eskalation von Konfliktsituationen** gerechnet werden (z. b. verbaler oder auch körperlicher Gewalt gegenüber anderen Heimbewohner*innen oder auch den Erzieher*innen oder auch Selbstmordversuchen). Auf solche Situationen muss sich das gesamte Team bereits im Vorfeld einstellen. Ein solches Frühwarn-, Interventions- und Auswertungssystem bedarf grundlegender Ablauf- und Interventionskenntnisse, verschränkt mit der professionellen psychischen Bereitschaft, sich solchen Konflikten auszusetzen, in die Auseinandersetzung einzusteigen und so schrittweise zur aktuellen Deeskalation beizutragen. Ferner gilt es, die tieferen objektiven Ursachen und subjektiven Gründe solcher Zuspitzungen zu verstehen (zu „rekonstruieren") und darüber mit den Jugendlichen eine habitus- und milieusensible narrative Verständigung herbeizuführen. Fehlt ein derartiges flexibles Interventionsrepertoire, also ein frühzeitiger, zielgerichteter und konzentrierter Einsatz von pädagogischen Mitteln (wie z. B. temporäre Entlastung von bestimmten Pflichten, erlebnispädagogische oder therapeutische Zusatzangebote, Um- bzw. Neustrukturierung der Gruppen), dann sind die Pädagog*innen situativ häufig überfordert und es besteht die deutliche Gefahr und Tendenz, dass diese Jugendlichen dann in andere offene Heime oder in eine geschlossene Unterbringung oder in eine Psychiatrie abgeschoben werden. Weil letztere für die eigentliche Problembearbeitung weder zuständig noch dazu fähig sind, werden die Jugendlichen dann zumeist wieder anderen Heimen oder sogar dem gleichen zugeführt, womit ein Drehtüreffekt eingeleitet oder fortgeführt wird. Dass die Heranwachsenden darauf mit Enttäuschung, ja Misstrauen und Abwehr gegenüber den dann manchmal durchaus sinnvollen pädagogischen Angeboten reagieren, ist gewiss nachvollziehbar. Oder anders und grundsätzlich formuliert: Die Heime müssen mit der Übernahme eines Kindes und Jugendlichen die faktische (juristisch natürlich nicht einklagbare) Verpflichtung übernehmen, dass sie diese nicht abschieben werden, dass sie sie auch nicht innerhalb der Einrichtungen ausgrenzen und isolieren, sondern dass sie zusagen auch in zugespitzten Krisensituationen zu ihnen zu stehen. Nur dann erweisen sie gerade diesen Jugendlichen den Respekt, den sie angesichts ihrer schwierigen, häufig auch dramatischen oder sogar tragischen Biografie verdient

haben. Darauf können dann – mit vielen Umwegen und Enttäuschungen
– im günstigen Fall schrittweise vertrauensfördernde und -stabilisierende
Bindungen aufgebaut werden. Und zugleich wird in solidarischer Weise das
Recht anerkannt, dass diese Heranwachsenden Schwierigkeiten machen
dürfen (das gehört auch zur *milieugerechten* Pädagogik!). Die Tatsache,
dass viele Erzieher*innen genau diese Herausforderungen beklagen, ist ein
Hinweis darauf, wieviel Qualitätsarbeit hier noch zu leisten ist. Oder schärfer
formuliert, kann die Frage gestellt werden, *wer* hier eigentlich „Probleme
macht", also die Erziehungsschwierigkeiten erzeugt und zu verantworten hat.

d. Identitätsfördernde und -stabilisierende Vertrauensbeziehungen brauchen
Kontinuität. Diese **resonante zwischenmenschliche Verlässlichkeit** ist nicht
nur eine Aufgabenstellung der Interaktionsbeziehungen, sondern auch eine
institutionelle, weil die personelle Zuverlässigkeit – wie sie gerade für das
System der Bezugsbetreuer*innen konstitutiv ist – selber organsiert werden
muss. Dazu dienen u. a. die Arbeits- und Einsatzpläne, die flexible Reaktion
auf unvorhersehbare Ereignisse, das gute Betriebsklima, die angemessene
Entlohnung, die Ausgleichsmöglichkeiten für Nachtschichten und Überstun-
den, die Implementierung von relevanten Mitbestimmungsmöglichkeiten
auf allen Ebenen und zu allen bedeutsamen Themen und institutionsinterne
und -externe Fort- und Weiterbildungen.

e. Der Trend zur Entinstitutionalisierung bedeutet selbstverständlich nicht,
dass es auch keine nicht-bornierte, also **pädagogisch gut begründete Arbeitsteilung** geben kann. Die Einbeziehung von anderen Professionen und
häufig auch anderen Institutionen (z. B. Drogenberatung, Berufsberatung)
ist immer dann sinnvoll, wenn einerseits die entsprechenden Kompetenzen
nicht in der Einrichtung vorhanden sind und wenn andererseits – und das
ist entscheidend – damit die *Gesamtverantwortung nicht abgeschoben* wird
(z. B. an eine therapeutische Einrichtung). Sonst haben die Jugendlichen
den gut begründeten Verdacht, dass man sich in dem eigenen Heim für ihre
fundamentalen, existentiellen Probleme nicht (hinreichend) interessiert, sich
nicht ernsthaft darum bemüht, sie mit ihnen zu bearbeiten und zumindest
teilweise zu lösen (z. B. die großen Motivationsprobleme beim Schulbesuch
nach einer längeren Zeit des Absentismus). Das ist manchmal oder sogar
häufig sehr schwierig? In der Tat – aber dann ist es „ein guter Anlass für
gute Pädagogik" (v. Hentig).

Bei einer solchen Arbeitsteilung ist es allerdings im Sinne des **Case-Managements**
erforderlich (vgl. dazu allgemein Galuske 2013, Kap. 16; Wendt 2017, Kap. 7), dass
im Heim sowohl die Vertrauenspersonen, die mittlere oder obere Leitungsebene
sowie das Jugendamt den Überblick behalten, wann welche Dienste wie lange

mit welchem Schwerpunkt und „Erfolg" einbezogen worden sind und aktuell einbezogen werden oder in der absehbaren Zukunft einbezogen werden sollen. Für eine so verstandene Netzwerkarbeit, die möglicherweise auch nichtprofessionelle Alltagsbegleiter oder auch Rechtsanwälte, die die Interessen der Jugendlichen vertreten, einbezieht – ist auf der konzeptionellen Ebene allerdings ein (möglichst theoriegestützter, in jedem Fall konzeptionell durchgearbeiteter) Ansatz notwendig, der das Zusammenwirken der verschiedenen Professionen in einer reflexiven ganzheitlichen Perspektive zu integrieren und mögliche Nebenfolgen zu beachten vermag (das können z. B. systemische Ansätze sein oder auch der in diesem Buch bzw. EP1 vorgestellte entwicklungspädagogische).

5. Gerade weil das Gesetz der Option „Rückkehr in die (Herkunfts-)Familie" eine hohe Priorität einräumt, deshalb ist die **Elternarbeit** eine zentrale Säule der Heimerziehung – oder realistischer formuliert: sollte es sein (vgl. Homfeldt/ Schulze-Krüdener 2007). Diese beschränkt sich nicht auf die jeweils notwendigen Absprachen und Zustimmungen, wenn die Eltern noch das Sorgerecht für ihre minderjährigen Kinder haben. Vielmehr geht es vorrangig darum, die Eltern-Kind-Beziehungen zu thematisieren, biografische und aktuelle Konflikte zu besprechen und teilweise auch aufzuarbeiten und sie besonders durch praktische Unterstützung zu entschärfen. Dazu gehört institutionsintern, dass die Eltern einen Einblick in die Heimstrukturen und den Heimalltag gewinnen können, dass sie dazu ermuntert werden, diesen (temporären) Lebensort ihrer Kinder aus eigener Anschauung kennenzulernen und zwar auch, um sich immer informierter in die Beratungs- und Entscheidungsprozesse der Hilfeplanung einbringen und ihre Rechte wahrnehmen zu können. Zum anderen ist hier eine Kooperation mit der SPFH entweder anzubahnen oder auszubauen, um die Rückkehroption realistisch prüfen zu können (vgl. dazu auch EP1, Kap. 3.2.1). Diesbezüglich ist die Alltagserfahrung wichtig, dass ein relevanter Teil der Heimkinder die Familienheimfahrten am Wochenende nutzt, dann aber sehr enttäuscht wieder ins Heim zurückkehrt. Sie „hängen" also noch an ihren Eltern bzw. an der Familie (und ggf. den Geschwistern), aber ihre Erwartung auf Geborgenheit und Unterstützung wird immer wieder enttäuscht – dennoch fahren sie bei der nächsten Gelegenheit wieder hin. Um diese fast symbiotischen, meist undurchschauten Abhängigkeitsbeziehungen schrittweise zu überwinden, bedarf es eben auch von Seiten des Heimes einer systematischen Elternarbeit als Beitrag zur Identitätsbildung der Jugendlichen.

6. Diesen Überlegungen ist zu entnehmen, dass auch und gerade die Heimerziehung ein außerordentlich komplexes Handlungsfeld ist, wo sehr viele objektive Bedingungsstrukturen und Beziehungskonstellationen eine Rolle spielen, die über Erfolg und Misslingen entscheiden. Letzteres wird deutlich, wenn nicht

nur die Häufigkeit, sondern auch die objektiven Ursachen und subjektiven Gründe der **Abbrüche von stationären Erziehungshilfen** untersucht werden. Diesbezüglich ergab die empirische Studie von Tornow/Ziegler/Sewing (2012, Teil I/II; vgl. ergänzend auch Gadow u. a., Kap. 4.6; Stork 2007, Kap. 4–6) folgende Erkenntnisse: Abgebrochen wurden in der BRD insgesamt 47,2 % der Maßnahmen; der Höhepunkt lag im Jugendalter: 12–15 Jahre: 58,1 %, 15–18 Jahre: 66,4 %. Hinsichtlich der Interaktionsmuster spielt zunächst das Alter eine zentrale Rolle: Je älter sie bei Beginn der Maßnahme sind, desto höher die Abbruchquote (bei Mädchen setzt das allerdings schon früher ein), denn dann nimmt auch die Akzeptanz der Hilfen gerade in Großstädten ab. Dies geschieht besonders dann, wenn die Problembelastung besonders hoch ist und die Partizipationsansprüche besonders wenig befriedigt werden. Umgekehrt können Abbrüche speziell dadurch verhindert werden, dass die Angebote „passgenau", Maßnahmeverlauf und Entscheidungsbegründungen transparent und die Kooperationen der verschiedenen Personen und Institutionen gut sind.

Hinsichtlich der Organisationsstrukturen ergibt sich der paradoxe Befund zur Heimreform, dass durch die sinnvolle Priorität „ambulante vor stationären Maßnahmen" es zu einer *Problemverdichtung* bei den stationären Hilfen gekommen ist, womit die psychosozialen Kompensationsmöglichkeiten des Peer-Learning gerade bezüglich der kulturellen und sozialen Kapitalbildung eingeschränkt und die Abbruchgefahr erhöht wird. Diese kann reduziert werden, wenn die narrativ-dialogisch fundierten und habitus- und milieusensibel ausgerichteten Planungen möglichst individualisiert, die internen Arbeitsabläufe wie auch die Kooperationsbeziehungen zu anderen Professionen/Institutionen auf allen Ebenen transparent und koordiniert sind und damit die repressiven Kontrollmentalitäten von Teilen der Mitarbeiter*innen bzw. der Einrichtungsleitungen bzw. des Jugendamtes reduziert werden. Oder negativ formuliert: Die Dominanz der Kontrolle über die Hilfe, der Bürokratie über die Kommunikation führt zu gravierenden interaktiven und institutionellen Vertrauens- und Anerkennungsdefiziten und erhöht entschieden die Abbruchgefahr.

Literaturnachweise

14. KJB 2013. *14. Kinder- und Jugendbericht 2013*. Berlin: Bundesministerium für Familie, Senioren, Frauen und Jugend.

15. KJB 2017: *15. Kinder- und Jugendbricht. 2017*. Berlin: Bundesministerium für Familie, Senioren, Frauen und Jugend.

Andresen, Sabine/Heitmeyer, Wilhelm. Hrsg. 2012. *Zerstörerische Vorgänge. Missachtung und sexuelle Gewalt gegen Kinder und Jugendliche in Institutionen*. Weinheim und Basel: Beltz Juventa.

Arnold, Susan. 2009. *Vertrauen als Konstrukt. Sozialarbeiter und Klient in Beziehung*. Marburg: Tectum.

Bartmann, Sylke et al. 2012. *Vertrauen in der erziehungswissenschaftlichen Forschung*. In: Zeitschrift für Pädagogik (58.Jg.), H. 6. S.772–783.

Bartmann, Sylke et al. Hrsg. 2014. *Vertrauen in der erziehungswissenschaftlichen Forschung* Opladen u. a.: Barbara Budrich.

Böhnisch, Lothar. 2012. *Sozialpädagogik der Lebensalter*. 6. überarb. Aufl. Weinheim und Basel: Beltz Juventa.

Bütow, Birgit. 2012. *Sexuelle Gewalt in der Heimerziehung*. In: Zeitschrift für Pädagogik (58. Jg.), H. 6. 824–836.

Dörr, Margret/Müller, Burkhard. 2012. *Nähe und Distanz. Ein Spannungsfeld pädagogischer Professionalität*. Weinheim und Basel: Beltz Juventa.

Freigang, Werner/Wolf, Klaus. 2001. *Heimerziehungsprofile*. Weinheim und Basel: Beltz.

Gabriel, Thomas und M. Winkler. Hrsg. 2003. *Heimerziehung*, München Basel: Reinhardt.

Gadow, Tina et al. 2013. *Wie geht's der Kinder- und Jugendhilfe*. Empirische Befunde und Analysen Weinheim und Basel: Beltz Juventa.

Galuske, Michael. 2013. *Methoden der Sozialen Arbeit*. 10. Aufl. Bearbeitet von K. Bock und J. F. Martinez. Weinheim Basel: Beltz Juventa.

Gromann, Petra. 2010. *Koordinierte Prozessbegleitung in der Sozialen Arbeit*. München Basel: Reinhardt.

Günder, Richard. 2011. *Praxis und Methoden der Heimerziehung*. Freiburg: Lambertus.

Hafeneger, Benno. 2011. *Strafen, prügeln, missbrauchen. Gewalt in der Pädagogik*. Frankfurt/M.: Brandes & Apsel.

Hafeneger, Benno. 2013. *Beschimpfen, bloßstellen, erniedrigen. Beschämung in der Pädagogik*. Frankfurt/M.: Brandes & Apsel.

Hamberger, Matthias. 2008. *Erziehungshilfekarrieren – belastete Lebensgeschichte und professionelle Weichenstellungen*. Frankfurt/M.: IGFH.

Hammerschmidt, Peter et al. 2019. *Heimerziehung in der Adenauer-Ära – Über die Heimreformdiskussionen und Reformblockaden*. In: neue praxis. 49. Jg. H. 1. 22–36.

Hartmann, Martin. 2011. *Praxis des Vertrauens*. Berlin: Suhrkamp.

Hartwig, Luise/Hensen, Gregor. 2008. *Sexueller Missbrauch und Jugendhilfe*. Weinheim und München: Juventa.

Hatschenberger, Markus. 2014. *Hilfe- und Betreuungsplanung*. Pretzfeld: Rossol.

Homfeldt, Hans Günther/Schulze-Krüdener. Hrsg. 2007. *Elternarbeit in der Heimerziehung*. München Basel: Reinhardt.

Keupp, Heiner et al. 2002. *Identitätskonstruktionen*. Reinbek: Rowohlt.

Lamp, Fabian. 2007. *Soziale Arbeit zwischen Umverteilung und Anerkennung*. Bielefeld: transcript .

Liegle, Ludwig. 2017. *Beziehungspädagogik*. Stuttgart: Kohlhammer.

Luhmann, Niklas. 2014. *Vertrauen*. Konstanz: UVK.

Macsenaere, Michael und K. Esser. 2015. *Was wirkt in der Erziehungshilfe?* München Basel: Reinhardt.

Post, Wolfgang. 2002. *Erziehung im Heim*. Weinheim und München: Juventa.

Prengel, Annedore. 2013. *Pädagogische Beziehungen zwischen Anerkennung, Verletzung und Ambivalenz*. Opladen u. a.: Barbara Budrich.

Rosa, Hartmut. 2016. *Resonanz. Eine Soziologie der Weltbeziehung*. Berlin: Suhrkamp.

Rosa, H. und W. Endres. 2016. *Resonanzpädagogik. Wenn es im Klassenzimmer knistert*. Weinheim und Basel: Beltz.

Salzburget, Veronica et al. 2018. *… und was kommt nach der stationären Unterbringung?* In: neue praxis (48. Jg.), H. 6. 503–524.

Schäfer, Alfred/Thomson, Christiane. Hrsg. 2010 Anerkennung, Paderborn u. a.: Schöningh.

Schäuble, Barbara und L. Wagner. Hrsg. 2017. *Partizipative Hilfeplanung*. Weinheim und Basel: Beltz Juventa.

Schleiffer, Roland. 2014. *Der heimliche Wunsch nach Nähe. Bindungstheorie und Heimerziehung*. Weinheim und Basel: Beltz Juventa.

Schleiffer, Roland. 2015. *Fremdplatzierung und Bindungstheorie*. Weinheim und Basel: Beltz Juventa.

Schroer, Wolfgang et al. Hrsg. 2013. *Handbuch Übergänge*. Weinheim und Basel: Beltz Juventa.

Schwabe, Mathias. 2014. *Methoden der Hilfeplanung*. Frankfurt/M.: IGfH.

Spiegel, Hiltrud v. 2008. *Methodisches Handeln in der Sozialen Arbeit*. München Basel: Reinhardt.

Stecher, Ludwig. 2001. *Die Wirkungen sozialer Beziehungen*. Weinheim und München: Juventa.

Stork, Remi. 2007. *Kann Heimerziehung demokratisch sein?* Weinheim und München: Juventa.

Thiersch, Hans. 2009. *Schwierige Balance*. Weinheim und München: Juventa.

Tiefel, Sandra/Zeller, Maren. Hrsg. 2012. *Vertrauensprozesse in der Sozialen Arbeit* Baltmannsweiler: Schneider.

Tornow, Harald/ und H. Ziegler, J. Sewing, Julia. 2012. *Abbrüche in stationären Erziehungshilfen*. Hannover: Schöneworth.

Wagenblass, Sabine. 2004. *Vertrauen in der Sozialen Arbeit*. Weinheim und München: Juventa.

Wendt, Peter-Ulrich 2017. *Lehrbuch Methoden der Sozialen Arbeit*. Weinheim und Basel: Beltz Juventa.

Wendt, Peter-Ulrich 2018. *Lehrbuch Soziale Arbeit*. Weinheim und Basel: Beltz Juventa.

Windheuser, Jeanette 2018. *Geschlecht und Heimerziehung. Eine erziehungswissenschaftliche und feministische Dekonstruktion (1900 bis heute)*. Bielefeld: transcript.

Wolff, Mechthild/Hartig, Sabine. 2013. *Gelingende Beteiligung in der Heimerziehung*. Weinheim und Basel: Beltz Juventa.

Wutzler, Michael 2018. *Sorge um Kinder und Resonanz oder die Entfaltung von Resonanzsensibilität in resonanten Sorgebeziehungen*. In: neue praxis (48. Jg.), H. 6. 525–546.

Zeller, Maren/Köngeter. 2013. *Übergänge in der Kinder- und Jugendhilfe*. In: Schroer u. a. (2013)

Literaturempfehlungen

Bartmann, Sylke et al. Hrsg. 2014. *Vertrauen in der erziehungswissenschaftlichen Forschung* Opladen u. a.: Barbara Budrich.

Dörr, Margret/Müller, Burkhard. 2012. *Nähe und Distanz. Ein Spannungsfeld pädagogischer Professionalität*. Weinheim und Basel: Beltz Juventa.

Gabriel, Thomas und M. Winkler. Hrsg. 2003. *Heimerziehung*. München Basel: Reinhardt.

Gadow, Tina et al. 2013. *Wie geht's der Kinder- und Jugendhilfe*. Empirische Befunde und Analysen Weinheim und Basel: Beltz Juventa.

Galuske, Michael. 2013. *Methoden der Sozialen Arbeit*. 10. Aufl. Bearbeitet von K. Bock und J. F. Martinez. Weinheim Basel: Beltz Juventa.

Günder, Richard. 2011. *Praxis und Methoden der Heimerziehung*. Freiburg: Lambertus

Liegle, Ludwig. 2017. *Beziehungspädagogik*. Stuttgart: Kohlhammer.

Schleiffer, Roland. 2015. *Fremdplatzierung und Bindungstheorie*. Weinheim und Basel: Beltz Juventa.

Thiersch, Hans. 2009. *Schwierige Balance*. Weinheim und München: Juventa.

Tiefel, Sandra/Zeller, Maren. Hrsg. 2012. *Vertrauensprozesse in der Sozialen Arbeit*. Baltmannsweiler: Schneider.

Wendt, Peter-Ulrich 2017. *Lehrbuch Methoden der Sozialen Arbeit*. Weinheim und Basel: Beltz Juventa.

Wendt, Peter-Ulrich 2018. *Lehrbuch Soziale Arbeit*. Weinheim und Basel: Beltz Juventa.

Windheuser, Jeanette 2018. Geschlecht und Heimerziehung. Eine erziehungswissenschaftliche und feministische Dekonstruktion (1900 bis heute). Bielefeld: transcript.

Wolff, Mechthild/Hartig, Sabine. 2013. *Gelingende Beteiligung in der Heimerziehung*. Weinheim und Basel: Beltz Juventa.

Sinnlichkeit und expansive Realitätskontrolle

4

Zusammenfassung

In diesem Kapitel werden die vielfältigen und widersprüchlichen Relationen zwischen den sinnlichen und vitalen Bedürfnissen einerseits und den auf expansive Realitätskontrolle bezogenen Bedürfnissen andererseits in ihrer entwicklungspädagogischen Theorie-, Konzept- und Methodenrelevanz rekonstruiert. Ausgehend von dem naturgeschichtlich und sozialwissenschaftlich begründeten Theorieansatz der menschlichen Bedürfnisse und psychosozialen Konflikte als Bewältigungsform der Widersprüche von Bildung und Herrschaft (Kap. 4.1) wird leitmotivisch der Frage nachgegangen, wie in den verschiedenen Milieukontexten die Herausbildung emanzipatorischer Sinnlichkeit als speziellem Aspekt der Identitätsentwicklung und pädagogischen bzw. pädagogisch relevanten Kapitalbildung sowohl ermöglicht wie auch eingeschränkt wird. Das wird zunächst untersucht hinsichtlich der Frage, in welchen multidimensionalen Relationen sich Sex und Gender entwickeln. Dazu werden die verschiedensten, dekonstruktiv beeinflussten bzw. ausgerichteten Debatten aufgenommen und mit empirischen Befunden zu den sexuellen Praktiken und Beziehungsformen der Jugendlichen verbunden (Kap. 4.2). In den Konzepten und Methoden der Erlebnispädagogik (Kap. 4.3) und beim Drogenkonsum (Kap. 4.4) steht die sinnliche Leiblichkeit im Zentrum dieser Bildungsaufgabe, wobei die pädagogische Intention bzw. das Bestreben im Vordergrund steht, die eigenen Erlebnishorizonte auszuweiten ohne verändernd in die unmittelbare und vermittelte soziale Realität einzugreifen.

© Springer Fachmedien Wiesbaden GmbH, ein Teil von Springer Nature 2020
K.-H. Braun, *Entwicklungspädagogische Theorien, Konzepte und Methoden 2*,
https://doi.org/10.1007/978-3-658-20289-7_4

Die Adoleszenz ist stets auch mit Reifeprozessen verbunden, die zwar eine *biologische* Grundlage haben, aber zugleich *soziokulturell überformt* sind (so setzt die Geschlechtsreife in den modernen Gesellschaften des Westens heute früher ein als vor 15–20 Jahren). Dies wird zumeist unter dem Begriff der **Pubertät** subsumiert. Damit verbunden ist ein neues Verhältnis zum eigenen Körper, zur eigenen Leiblichkeit – auch als einem Medium der Kommunikation mit anderen Menschen, besonders mit Gleichaltrigen und auch in Bezug auf das (andere) Geschlecht. Um die damit verbundenen Herausforderungen angemessenen zu verstehen, ist es allerdings notwendig, die **Sinnlichkeit** als **Teil der umfassenderen menschlichen Bedürfnisse** zu begreifen. Dies soll quasi durch die Fortsetzung der Darstellung des Theorieansatzes der Kritischen Psychologie geschehen (vgl. EP1, Kap. 4.1).

4.1   Bildungsthema: Menschliche Bedürfnisse, psychosoziale Konflikte und emanzipatorische Sinnlichkeit (Holzkamp-Osterkamp)

Zusammenfassung

Zur Begründung dieser Bildungsaufgabe wird das kritisch-psychologische Theoriekonzept der menschlichen Bedürfnisse aufgenommen, welches – in Verarbeitung entsprechender naturgeschichtlicher Analysen der tierischen Bedarfsentwicklung – von einer Zweiteilung bzw. Bipolarität der menschlichen Bedürfnisse ausgeht, nämlich den auf Mangel- bzw. Bedarfszuständen beruhenden sinnlich-vitalen sowie denen, die auf eine expansive, im Grundsatz nicht abschließbare Kontrolle und interessengerechte Gestaltung der unmittelbaren sozialen und systemischen Lebensbedingungen zielen; sie werden als „produktive" Bedürfnisse bezeichnet (Kap. 4.1.1). Unter den Bedingungen gesellschaftlicher Herrschaftsbeziehungen und -verhältnisse lösen die Bestrebungen der expansiven Realitätskontrolle Widerstände und dadurch psychosoziale Konflikte aus, die progressiv bewältigt oder regressiv abgewehrt werden können (zumeist ist eine Mischung aus beidem anzutreffen). Zur Entfaltung dieser Seite der Bedürfnistheorie wird die kritisch-psychologische Reinterpretation des psychoanalytischen Theoriekonzeptes der Über-Ich-Entwicklung als Implementierung eines herrschaftskonformen inneren, psychodynamischen Zwangs aufgenommen (Kap. 4.1.2). Das entwicklungspädagogische Hauptziel dieser Bildungsaufgabe besteht demnach in der Ermöglichung und Förderung der emanzipatorischen Sinnlichkeit der Jugendlichen.

Ute Holzkamp-Osterkamp (*1935; sie nannte sich später H.-Osterkamp bzw. Osterkamp) hat 1965 bis 1969 in einem Forschungsprojekt, Belastung der Bevölkerung
durch Fluglärm, gearbeitet und sich in den späten 1960er Jahren in der Berliner
Kinderladenbewegung engagiert. Sie war von 1969 bis 2000 wissenschaftliche
Mitarbeiterin und seit 1978 Privatdozentin am Psychologischen Institut der Freien
Universität Berlin und hat nach dem frühen Tod ihres Ehemanns Klaus Holzkamp
(1927–1995) die Zeitschrift Forum Kritische Psychologie und die Klaus-Holz-
kamp-Werkausgabe (bisher 7 Bände) herausgegeben. Ihr Arbeitsschwerpunkt lag
während der Begründungsphase der Kritischen Psychologie bei Fragen der Motivationstheorie (vgl. Holzkamp-Osterkamp 1975, 1976, 1978). In den 1980er/1990er Jahren
hat sie sich vorrangig mit Fragen des Rassismus beschäftigt (vgl. Osterkamp 1996).

4.1.1 Die Besonderheiten der menschlichen Bedürfnisse

Für das entwicklungspädagogische Verständnis der Sinnlichkeit sind folgende
Argumentationsstränge von besonderem Interesse:
1. So wie in der psychoanalytisch ausgerichteten Bindungsforschung (vgl. EP1, Kap.
   3.1) und der kulturhistorisch konzipierten Kommunikationstheorie von Toma-
   sello (vgl. ebd., Kap. 5.1) bezieht auch die Kritische Psychologie zur Begründung
   ihres subjektwissenschaftlichen Ansatzes ethologische Theorien und Befunde
   ein. Für die **naturevolutionäre** Rekonstruktion der menschlichen Bedürfnisse
   können grob vier Stufen unterschieden werden (vgl. Holzkamp-Osterkamp
   1975, Kap. 2 u. 3.2):
   a. Auf der elementaren Stufe des Psychischen besteht diese in der Reizbarkeit
      und dann der zielgerichtete ortsverändernde Aktivitäten ermöglichenden
      Sensibilität, die schon eine Differenzierung der Bedeutungsstrukturen und
      Orientierungsaktivitäten beinhaltet; und zwar einerseits in den Funkti-
      onskreis der *individuellen Lebenssicherung* (Selbsterhaltung), bei der die
      aktionsspezifischen Energien auf die Überwindung von Mangelzuständen
      (besonders Hunger und Durst) gerichtet sind und andererseits dem der
      Fortpflanzung (seit die Arterhaltung nicht mehr durch Zellteilung gesichert
      wird) und sich dazu die Geschlechtsunterschiede (weiblich/männlich) und
      sexuelle Bedarfszustände ausgebildet haben.
   b. Bei der nächsten Stufe kommt es bereits zur Ausbildung elementarer Formen
      der tierischen „Sozial"- und „Kommunikations"strukturen, damit auch zur
      weiteren Ausdifferenzierung der für die Selbst- bzw. Arterhaltung relevan-
      ten Bedeutungsstrukturen und deren Relevanz für die Gesamtpopulation
      einerseits und einer relationalen Entkoppelung der „inneren" (positiven bzw.

negativen) Stimmungen von den objektiven Bedeutungsstrukturen. Dadurch entstehen spezifische Aktions-*Bereitschaften* zur Verhinderung bzw. Überwindung von Mangel-, Not- und Bedrohungszuständen als Grundformen der **Emotionalität**. Diese vermittelt zwischen Orientierungsaktivitäten und Ausführungsaktivitäten und erfordern eine „Gesamtbewertung", die hier in Form linearer Stimmungs-Antriebs-Hierarchien bzw. Angeborener Auslösemechanismen (AAM's) entstehen.

c. Auf der nächsten Evolutionsstufe bilden sich als Element und Ergebnis der tierischen **Lernfähigkeit** relationale Stimmungs-Antriebs-Hierarchien bzw. Erworbene Auslösemechanismen (EAM's) aus, weshalb nun die Aktivitätsfolgen einerseits ontogenetisch erlernt werden *können*, aber auch *müssen* (dazu bedarf es bestimmter Schutzräume der Jungenaufzucht). Andererseits bildet sich als Aspekt der allgemeinen Lern-*Bereitschaft* und der optimierenden Anpassung an sich verändernde Umweltbedingungen ein gegenüber den Mangel- und Spannungszuständen verselbständigtes bedarfsgrundiertes Neugier- und Explorationsverhalten aus; dessen emotionale Kehrseite ist die Ausbildung von Angst als negative Bewertung einer Bedrohungskonstellation. Durch diese Komplexitätssteigerung und Verdichtung der „sozialen" Beziehungen werden die verschiedenen Formen der gelernten Funktionsteilung zentral, bei der bestimmte Gesamtaktivitäten (z. B. Jagd) in Einzelaktivitäten zergliedert und aufeinander abgestimmt werden und deren Übernahme durch das einzelne Tier erlernt und als Bedarf positiv bewertet werden müssen. Damit erhalten die Tiere untereinander eine je durch die übernommenen Funktionen bestimmte Bedeutung füreinander. Hierbei handelt es sich um „sozialen", über signalbestimmte „Kommunikation" vermittelten bzw. ermöglichten Werkzeuggebrauch. Da das Endziel der Aktivitäten sachlich bestimmt ist und seine Realisierung sozialer Koordination bedarf, besteht auch hier eine orientierungs- und bedarfsrelevante Einheit von sachlichen und sozialen Bedeutungen. Zugleich könnte es einen solchen signalvermittelten sozialen Werkzeuggebrauch nicht geben, wenn der Kontrollbedarf sich nicht so weit verselbständigt hätte gegenüber den vitalen und sexuellen Bedarfszuständen, dass es Tieren überhaupt möglich wird, zwischengeschaltete und damit Teile einer Gesamthandlung zu realisieren. Die emotionale Gesamtwertung ist also nicht mehr mit dem Ende der Aktivitätsfolge (besonders der Jagd, aber auch des Aufsuchens bzw. der Herstellung von Schutzräumen – z. B. in Form von Höhlen und Nestern) verbunden, sondern es ist ausreichend, dass das Tier das Gesamtziel antizipieren kann und diese Antizipation zur Grundlage seiner Bewertung wird.

d. Aus dieser **sozialen Motivation** erwächst im Tier-Mensch-Übergangsfeld (TMÜ) zunehmend die Tendenz einer **verallgemeinerten Vorsorge,** die wesentlich in der Vorbereitung auf *zukünftige* sinnlich-vitale Mängelsituationen und sexuelle Spannungszustände und die *antizipierte* Schaffung der Bedingungen zu ihrer möglichst optimalen Befriedigung besteht. Diese **Verdoppelung des Bedarfssystems** (von der übrigens auch die Bindungsforschung ausgeht) ist evolutionär rückgekoppelt mit der Mittelveränderung und Mittelbenutzung. Der erste entscheidende Schritt innerhalb des TMÜ besteht darin, dass die Fähigkeiten zur signalvermittelten und -ermöglichten Mittelveränderung und Mittelbenutzung sich verbessern und systematischeren Charakter annehmen; und dass zugleich die individuellen Sozialisierungsprozesse so zunehmen, dass diese Mittelveränderung/-benutzung nur noch im Kontext verallgemeinerter, koordinierter Vorsorge stattfindet. Damit ist eine „**Verkehrung"** **der Zweck-Mittel-Beziehung** und damit auch der Bedarfslagen verbunden: Ist bei der individuellen Mittelverwendung/-benutzung der Mitteleinsatz des einzelnen Tieres an dessen aktuelles Ziel als den Zweck verknüpft, so werden nun die Mittel nicht aufgrund aktueller Ziele hergestellt, sondern für den antizipierten und positiv bewerteten zukünftigen Einsatz. Zweck der Mittelherstellung sind die Notwendigkeiten und Bedarfslagen der Vorsorge, und da diese optimaler ist, je verallgemeinerter sie ist, so werden auch die Charakteristika der Mittel und damit auch die Bedarfslagen und -zustände an diesen verallgemeinerten Zwecken ausgerichtet. Für den Übergang von den tierischen Bedarfslagen zu den **menschlichen Bedürfnissen** ist allerdings der qualitative Umschlag von der signalvermittelten und -ermöglichten sozialen Werkzeugherstellung zur **gesellschaftlichen Arbeit** entscheidend (vgl. ebd., Kap. 3.3). Dieser Umschlag, der dann den Übergang von der Naturgeschichte zur Sozialgeschichte und damit ein völlig neues Evolutionsniveau hervorbringt, besteht wesentlich darin, dass die mittlere Evolutionsebene, die Ebene der Sozialstrukturen, dadurch zur entscheidenden Evolutionsebene wird, dass immer spezialisierten Werkzeugarten entstehen, die funktional aufeinander bezogen sind; dass ferner Werkzeuge zur Werkzeugherstellung entwickelt werden und die Lebensumwelt mehr und mehr von den Werkzeugen verändert wird und bestimmte Naturgesetze in ihrer elementarsten Form erkannt und angewendet werden. Dadurch wird die natürliche Umwelt von den Menschen immer mehr nach ihren Zwecksetzungen verändert und diese gegenständlich-zweckgerichteten und sprachvermittelten Tätigkeiten und ihre Resultate bestimmen immer mehr das Leben der Gattung. Dieser Übergang von den **tierischen Organismus-Umwelt-Relationen** zu den **gesellschaftlichen Mensch-Welt-Beziehungen** ist allerdings erst dann abgeschlossen, wenn sich die verallgemeinerte Lebensvorsorge in Gestalt **systemischer Strukturen** (ökonomischer und politisch-staatlicher Art) gegenüber dem **Alltagsleben** soweit verselbständigt hat, dass die Menschen sich um die Sicherung ihrer (Über-)Lebensbedingungen nicht permanent kümmern müssen, sondern von dieser Sorge zeitlich begrenzt, quasi „befreit" werden *können*, weil es eine zentralisierte und kommunikativ gesteuerte Produktion und Verteilung des gesellschaftlich erzeugten Mehrprodukts gibt, die die Menschen von der andauernden Teilhabe an der Reproduktion der gesellschaftlichen Lebensbedingungen bis zu einem gewissen Grade entlasten *können*. Die *aktuelle Produktion* dient also zunehmend der *zukünftigen Konsumtion*. – Dieser Prozess des Übergangs zu einer tatsächlich menschlichen, nämlich komplexen Gesellschaft vollzog sich historisch erstmals zwischen 3300 und 3000 v. u. Z. in der Region Uruk, der ersten „Großstadt" der Weltgeschichte (vgl. zu diesen realhistorischen Prozessen aus Sicht der Aneignungstheorie auch Braun 2014).

2. Diese Verselbständigung der **sozialen Beziehungen** gegenüber den **gesellschaftlichen Verhältnissen** impliziert auch ein neues Entwicklungsniveau des Bedürfnisses nach Kontrolle der Bedingungen der Bedürfnisbefriedigung und der kooperativen sozialen und systemischen Integration. Die Besonderheiten der menschlichen Emotionalität als einer Komplexqualität, die eine **Gesamtbewertung** der **Welt-** und **Selbstbeziehungen** des Subjekts enthält, besteht daher in Folgendem (vgl. Holzkamp-Osterkamp 1976, Kap. 4.2):

    a. Entsprechend der *primär* durch die Produktion (und „nur" *sekundär* durch die Kommunikation) bestimmten menschlichen Lebensweise zeichnet Ute Holzkamp-Osterkamp die **„produktiven" Bedürfnisse** als die die alltägliche Lebensführung und Biographie bestimmenden aus. Sie zielen auf eine möglichst umfassende, als solche nie abschließbare Gestaltung und Kontrolle der Bedingungen der Bedürfnisbefriedigung entsprechend den historischen Möglichkeiten und dem Grad der Erkenntnis dieser Bedingungen und der personalen Involviertheit in diese, also am Maßstab der eigenen objektiven Interessen und subjektiven Wünsche. So entsteht eine Dreiecksrelation zwischen den Beziehungen, zwischen Zielrealisierung und Bedürfnisqualität, den darauf bezogenen Denkformen und der subjektiven Fähigkeit und Bereitschaft, diese Relationen zu erkennen und zu bewerten. Dabei haben die historisch vorhandenen oder auch zu schaffenden *Mittel* der Bedürfnisbefriedigung auch Rückwirkungen auf die jeweiligen historisch bedingten und wechselnden *Inhalte* der Bedürfnisse. – Insofern korrespondiert dieser Theoriensatz weitgehend mit den in den vorangegangenen Kapiteln entfalteten **Bildungsperspektive** der selbstbestimmten Mitgestaltung der sozialen

Beziehungen und systemischen Verhältnisse sowie der solidarischen Verantwortungsübernahme für die Schaffung gerechter, demokratischer und humaner Lebensbedingungen und -formen.

b. In die Befriedigung der „produktiven" Bedürfnisse und damit in die Überwindung der unmittelbaren Bedürftigkeit ist die der sinnlich-vitalen wie auch der sexuell-familialen eingeschlossen und in sie aufgehoben – und zwar in dem Sinne, dass erstere die Bedingungen für eine optimale Befriedung der letzteren zu schaffen bemüht sind. Daraus resultiert die bedeutsame emotionale Spannung zwischen dem *Zukunftsbezug* der „produktiven" Bedürfnisse – sie wollen vorausschauend und antizipierend die Bedingungen für eine optimale Befriedigung aller Bedürfnisse schaffen – und dem *Gegenwartsbezug* der sinnlich-vitalen und sexuell-familialen. Sie „leben davon", dass man sich in sie versenkt, dass man ganz in ihrer Befriedigung aufgeht, die Welt um sich herum und sich selber „vergisst", dass man an nichts anderes mehr denken kann und muss als diesen gegenwärtigen Moment, der so schön ist, dass er nicht vergehen soll (frei nach Goethes „Faust"). Eine weitere emotionale Spannung besteht darin, dass die Befriedigung der „produktiven" Bedürfnisse prinzipiell unabschließbar ist – die Menschen können gar nicht genügend selbstbestimmte Mitbestimmung ausüben und solidarisch Verantwortung übernehmen, also nicht zu gebildet sein –, während die sinnlich-vitalen und sexuell-familialen Bedürfnisse ab einem bestimmten Entwicklungs- und Lernniveau befriedigt sind, wo es keine weiteren „Verfeinerungen" der des Essgenusses, der Wohnraumbehaglichkeit, der sexuellen Praktiken usw. mehr gibt. Sie sind also für sich, isoliert, kurzschlüssig betrachtet, relativ wenig entwicklungsfähig, bedürfen also zur vollen Entfaltung ihrer sinnlichen Qualitäten der entlastenden und entlasteten Aufgehobenheit in den „produktiven". Daraus resultiert eine weitere emotionale Spannung, nämlich die zwischen der beruhigenden, zur *inneren Ruhe* beitragenden Befriedigung dieser sinnlichen Bedürfnisse und der *beunruhigenden Unzufriedenheit* mit dem Grad der erreichten Befriedigung der „produktiven" Bedürfnisse und der Impulse, sich nun wieder und gestärkt mit den anderen Mitmenschen, mit dem Alltagsleben, mit der Welt und den eignen Weltbezügen auseinanderzusetzen. – Wenn an dieser Stelle der von Alfred Schmidt (1931-2012) als Titel seiner Feuerbachstudie verwendete Begriff der **emanzipatorischen Sinnlichkeit** aufgenommen wurde, dann deshalb, weil er diese inneren Spannungen zwischen Sinnlichkeit und Produktivität, zwischen Sinnlichkeit und Reflexivität, zwischen Selbst- und Weltbezug „auf den Punkt" bringt – und damit auch der Hoffnung bzw. Ideologie widerspricht, dass es sich hier um Ausschließungsverhältnisse handelt, dass Sinnlichkeit ohne „Produktivität",

ohne Reflexivität, ohne Weltbezüge auskommen könne. Das Gegenteil ist
der Fall: Wenn diese Gegenpole fehlen, dann „Verschleißen" sich diese Befriedigungsweisen der sinnlich-vitalen und sexuell-familialen Bedürfnisse
sehr schnell, dann sinkt das Befriedigungsniveau immer mehr (und immer
schneller), dann werden sie aus einer Quelle des *Glücks* und der *Zufriedenheit*
solche des *Leidens* und des *Unbehagens* an sich selbst und der Welt (in diese
Richtung weisen auch die Überlegungen und Erwägungen von Schmidt 1973,
S. 157-165: zur sinnlich-leibhaftigen Lebenspraxis der Menschen; S. 203-206:
zur Liebe als positivem Mensch-Weltverhältnis; und S. 219-229: zum Spannungsverhältnis von sinnlicher und reflexiver Wahrheit).

Definition: Menschliche Bedürfnisse und psychosoziale Konflikte

Das menschliche Bedürfnissystem ist zweidimensional: Es umfasst einerseits
die auf Mangel- und Spannungszuständen beruhenden sinnlichen und vitalen
Bedürfnisse und andererseits die auf expansive Realitätskontrolle zielenden
„produktiven" Bedürfnisse. Emanzipatorische Sinnlichkeit entfaltet sich im
Spannungsfeld von sinnlichem Gegenwartsgenuss und zukunftsorientierter Gestaltung interessenfundierter und bedürfnisgerechter Gestaltung der alltäglichen
und systemischen Lebensbedingungen.

Psychosoziale Konflikte entstehen, wenn es situative oder strukturelle Widerstände gegen die „ungehinderte" Bedürfnisbefriedigung gibt, womit die Subjekte
vor der Alternative stehen, ob sie sich auf die risikohafte Auseinandersetzung
um die Verbesserung ihrer Entwicklungs- und Lernmöglichkeiten einlassen oder
aber „klein beigeben" und scheinbar freiwillig darauf verzichten.

c. Man kann die vorangegangene Darstellung auch dahingehend zusammenfassen, dass die emanzipatorische Sinnlichkeit nicht zum psychosozialen „Nulltarif" zu bekommen ist (vgl. Holzkamp-Osterkamp 1976, Kap. 4.3.1/4.3.2).
   Auch unter normativen Perspektiven oder mit Blick auf eine strukturell
   von gesellschaftlichen Abhängigkeits- und Unterdrückungsverhältnissen
   „befreite" Gesellschaft sind individuelle, zwischenmenschliche, soziale und
   übergreifend-systemische Entwicklungen immer ein **Risiko**, beinhalten eine
   Spannung zwischen der *Chance* der erweiterten selbstbestimmten Mitgestaltung der gesellschaftlichen Bedingungen durch vermehrte solidarische
   Verantwortungsübernahme und die *Gefahr*, dass das aktuelle Befriedigungs-

niveau der „produktiven" wie der sinnlich-vitalen und sexuell-familialen eingeschränkt, ausgehöhlt, zerstört wird. Das bedeutet zweierlei:

I   Der Ausgangspunkt der **psychosozialen Konflikte** besteht darin, dass ich mit bestimmten Aspekten meiner alltäglichen Lebensführung unzufrieden bin, vielleicht sogar unter ihnen leide (z. B. unter dem belastendenden Familienklima, unter der aggressiven Stimmung im Wohnblock) und dass ich Vorschläge habe, **wie diese Situationen überwunden werden können** (z. B. durch eine Art von ständiger „Familienkonferenz", durch eine Verbesserung der Wohnsituation). Diese Ziele und Wege werden emotional positiv bewertet, weil ich mehr oder weniger bewusst davon ausgehe, dass auf diese Weise meine Ansprüche mehr berücksichtigt werden und ich mit der geänderten Form des Zusammenlebens und -lernens zufriedener, vielleicht sogar glücklicher bin. Zugleich muss ich damit rechnen, dass meine Ideen auf zwischenmenschliche, soziale und administrativ-politische **Widerstände** stoßen und dass ich u. U. mit **Benachteiligungen, Ausgrenzungen** und gar **Sanktionen** rechnen muss, wenn ich auf meinen (zaghaft) geäußerten Vorschlägen bestehe (mich die Eltern einfach abbügeln, ich von der Hausgemeinschaft als „Spinner" betrachtet werde, der Leiter des Jugendzentrums, mit dem ich mich vorher ganz gut verstanden habe, mich nun ignoriert oder mir aus dem Weg geht). Diese situativ begründete oder vermutete Bedrohung löst bei mir *Ängste* aus.

II   In dieser ambivalenten Gefühlslage gibt es zwei unterschiedliche Tendenzen der interpersonal, sozialräumlich und institutionell vermittelten subjektiven Konfliktbewältigung: Identitätsfördernd ist die *progressive* **Übernahme** der sozialen und psychischen Risiken im Interesse der Erweiterung meiner Handlungs-, Reflexions- und Genussfähigkeiten. Die Erarbeitung dieser identitätsfördernden Selbstsicherheit erfordert die Bereitschaft, die vermuteten oder tatsächlichen Widerstände und Gefährdungen auf mich zu nehmen und sie (zumindest versuchsweise) schrittweise zu überwinden. Diese erfordert die kognitive Durcharbeitung der eigenen Emotionalität (warum will ich bestimmte Ziele erreichen, warum ich vor bestimmten Anforderungen und Aktivitäten Angst habe und auf welche Erlebnisse ich das zurückführe), wodurch dann auch eine entwicklungsoffene argumentationsgestützte Gefühls- und Entscheidungssicherheit (ggf. bezogen auf bestimmte Tätigkeitsfelder bzw. Teil-Identitäten) entsteht, die meine kognitiven Bemühungen grundiert und „anleitet" (ich habe dann das sichere Gefühl, die Intuition, dass z. B. die Lösung eines bestimmten theoretischen Problems in der und der „Richtung" liegt). Sie entsteht auch auf dem umgekehrten Weg, nämlich durch den emotionalen Nachvollzug kognitiver Welt- und Selbstdeutungen und ist dann auch die verallgemeinerte emotionale Basis für alle **willentlichen** Anstrengungen, bestimmte Risiken im Interesse der Befriedigung meiner Bedürfnisse einzugehen, also die Ausbildung einer produktiven **Motivation**, die mit einem tendenziell angstfreien Leben „belohnt" wird.

III Gefährdet wird die Identitätsentwicklung demgegenüber von der **psychosozialen Konfliktabwehr**. In diesem Fall wird der Moment der **Bedrohung** und der **Angst** vor der Verminderung meiner bisherigen Lebensqualität gegenüber dem Moment der erweiterten Erfahrungs-, Reflexions- und Verantwortungsfähigkeit führend und für die psychische Gesamtlage bestimmend. Dieser Moment gewinnt an Schärfe, wenn zugleich antizipiert wird, dass bei einer realen Bedrohung keine oder nur unzureichende Hilfe von anderen Menschen (z. B. einem Elternteil, Geschwistern, anderen Jugendlichen im Wohnblock) zu erwarten ist. Dann wird aus der **Angst-***Bereitschaft* (als emotionale Bewertung von objektiven Bedingungen und sozialen Beziehungen, durch die ich mich bedroht fühle) *manifeste* **Angst**; d. h. ich fühle mich verunsichert, beunruhigt, ausgeliefert, alleingelassen, hilflos usw. – und ich weiß im Grundsatz auch warum. Durch diese psychodynamischen Abwehrprozesse wird auch meine Sinnlichkeit eingeschränkt und schließlich beschädigt, denn die Entfaltung des ungeschmälerten Gegenwartsgenusses (gerade in erotischen und sexuellen Begegnungen und Beziehungen) erfordert das Vertrauen und die Sicherheit, dass ich mich nur diesem Moment hingeben und ihn genießen kann, dass er also durch nichts und niemanden bedroht wird. Da die **Angst der größte Feind der Sinnlichkeit** ist, führt die Hinnahme objektiv bedrohender Lebenssituationen und die Abwehr von deren negativer Bewertung zu einer immer deutlicheren Einschränkung der Erlebnisfülle und schließlich einem massiven Verlust meiner Erlebnisfähigkeit. Eine besonders verdeckte Abwehrform ist dann die scheinbar freiwillige Reduktion auf die Befriedigung der sinnlichen und vitalen Bedürfnisse und der „Verzicht" auf Schaffung einer selbst- und mitbestimmten und damit auch sinnenfreudigen Lebensweise. Dieser lebenspraktische Reduktionismus wird dann eine Ersatzhandlung für sinnerfülltes Leben, also Teil einer sinnentleerten Lebensweise und Biografie.

4.1.2 Gesellschaftliche Herrschaftsverhältnisse und psychodynamische Über-Ich-Bildung

Diese psychosozialen Konflikte gewinnen nun unter den Bedingungen von Klassengesellschaften mit ihren strukturell verankerten Ausbeutungs-, Abhängigkeits- und Ausgrenzungsprozessen (wie sie in Kap. 1 ausführlich dargestellt worden sind) ihre besondere Schärfe und Qualität (vgl. Holzkamp-Osterkamp 1976, Kap. 4.3.3/4.3.4). Von dieser Grundeinsicht ging zumindest implizit auch der Begründer der Psychoanalyse, Sigmund Freud (1856-1939) und damit die klassische Psychoanalyse aus, den sie als grundsätzlichen Widerspruch zwischen **bedürftigem Individuum** und **versagender Gesellschaft** bzw. intrapsychisch zwischen **Es** und **Über-Ich** thematisierte (und fälschlich für allgemein-menschlich hielt, also in unhistorischer Weise universalisierte). Es ist das besondere Verdienst von Ute Holzkamp-Osterkamp und den daran anschließenden Arbeiten in der Kritischen Psychologie (vgl. Braun 1979; 1989; Braun et al. 1985; Holzkamp 1984; Kappler/Holzkamp/Holzkamp-Osterkamp 1977), die empirischen Befunde der Psychoanalyse und ihre theoretischen Verallgemeinerungen für eine marxistisch begründete bzw. dialektische (oder auch dialektisch-materialistisch sich verstehende) Psychologie kritisch aufgearbeitet und konstruktiv aufgehoben zu haben. Die Einseitigkeiten der klassischen Triebtheorie überwindend und damit auch die Weiterentwicklungen der psychoanalytischen Persönlichkeits- bzw. Subjekttheorie durch Bowlby (vgl. EP1, Kap. 3.1) und Erikson (vgl. in diesem Band Kap. 3.1) implizit aufnehmend und weiterführend, wurde dabei den psychodynamischen Abwehrprozessen und damit den Widerspruchskonstellationen von **Subjektivität** und **(Selbst-)Entfremdung** besondere Aufmerksamkeit geschenkt. Diesbezüglich sind für die Entwicklungspädagogik vier Aspekte von besonderem Interesse (vgl. Holzkamp-Osterkamp 1976, Kap. 5.3 – 5.5):

1. Diese asymmetrischen gesellschaftlichen Verhältnisse und sozialen Beziehungen werden von den davon betroffenen Subjekten durchaus zutreffend als Bedrohung der eigenen Lebensführung und Biografie, der personalen Sinnentwürfe und Identitäts- und Kapitalbildung aufgefasst und emotional negativ bewertet. Solche manifesten Ängste sind unmittelbar erfahrungs-, reflexions- und handlungseinschränkend, wirken also lähmend: ich fühle mich dann durcheinander, gestresst, überfordert, nicht ansprechbar oder sogar „fix und fertig". Zur Aufrechterhaltung oder Wiederherstellung der dann allerdings schon eingeschränkteren personalen Entscheidungs- und Verantwortungsfähigkeit ist eine **psychodynamische Abwehr** der angsterzeugenden Kenntnisse, Erfahrungen, Einsichten, Ansprüche und Ideen notwendig (mir ist dann z. B. meine Kritik am Erziehungsverhalten der Eltern nicht mehr so wichtig, ich versuche das belastende soziale Klima in

der Hausgemeinschaft einfach nicht mehr wahrzunehmen, ich relativiere meine Unterrichts- und Schulkritik ganz extrem und verlagere meine Interessen in andere soziale und institutionelle Bereiche). Genauer betrachtet versuche ich der Konfliktkonstellation dadurch *systematisch* auszuweichen, dass ich die dahinterliegenden Einschränkungen meiner Gestaltungs- und Verantwortungsmöglichkeiten und Glückserwartungen in ihren objektiven Strukturdimensionen zunehmend aktiv verleugne, sie quasi in mich hineinverlagere, meine eigenen Ideen und Ansprüche aktiv unterdrücke (in gewisser Weise „verrate") und so bei mir selbst die emotionale Bereitschaft erzeuge, mich mit den biografisch schon einmal als problematisch und veränderbar erfahrenen lebensweltlichen, sozialräumlichen und pädagogischen Situationen, Beziehungen und Strukturen zu arrangieren, sie hinzunehmen, sie für „ganz normal" zu erklären usw. Durch diese psychodynamischen Abwehrprozesse wird auch meine Sinnlichkeit eingeschränkt und schließlich beschädigt, denn die Entfaltung des ungeschmälerten Gegenwartsgenusses (gerade in erotischen und sexuellen Begegnungen und Beziehungen) erfordert das Vertrauen und die Sicherheit, dass ich mich nur diesem Moment hingeben und ihn genießen kann, dass er also durch nichts und niemanden bedroht wird. Da – wie erwähnt – die Angst der größte Feind der Sinnlichkeit ist, führt die Hinnahme objektiv bedrohender Lebenssituationen und die Abwehr von deren negativer Bewertung zu einer immer deutlicheren Einschränkung und schließlich einem massiven Verlust meiner Erlebnisfähigkeit. Eine besonders verdeckte Abwehrform ist dann die scheinbar freiwillige Reduktion auf die Befriedigung der sinnlichen und vitalen Bedürfnisse und der „Verzicht" auf Schaffung einer sozial verantwortbaren selbstbestimmten Lebensführung und Biografie. Genau diese Art von „Bescheidenheit" und „Realismus", also von Resignation, ist die höchst problematische Folge der Über-Ich-Bildung für das jeweilige Subjekt (vgl. dazu auch den Wissensbaustein 14, S. 331f.).

2. Ein wesentlicher Aspekt der psychischen Konfliktabwehr ist also die **Unklarheit** über meine **eigenen objektiven** und **subjektiven Interessen**, über die Ziele, die mir wichtig, realistisch und verfolgenswert sind bzw. erscheinen. Die Übereinstimmung zwischen meinen **Handlungen** und **Bedürfnissen** wird immer geringer, das Verhältnis nimmt immer mehr den Charakter eines Gegensatzes an. Ich empfinde noch ein Unbehagen, dass etwas nicht stimmt mit mir und meinem Leben, dass ich etwas falsch mache, aber ich weiß weder – hinreichend – was ich falsch mache, noch was ich richtiger tun sollte. Die emotionale Gesamtbewertung meiner Welt- und Selbstbezüge wird immer mehr auf die individuelle Seite beschränkt und so entsteht eine **„Innerlichkeit"** als Form der eingeschlossenen, privatistischen Selbstbeziehung mit Weltverlust. Damit unterliege ich aber auch immer mehr meinen *„spontanen"*, auf rein *unmittelbare* Anforderungen bezo-

genen Handlungsimpulsen und Eingebungen, handle immer weniger bewusst, begründet, mit dem kognitiven Wissen um die gesellschaftlich verursachte „lange Kette" von Handlungsfolgen, innerhalb derer auch meine eigenen Handlungen und subjektiven Interessen erst ihren spezifischen Stellenwert und Sinn erhalten. So erlangen kurzfristige, unmittelbare Ziele und das Erreichen eines direkten, aktuellen Wohlbefindens auch eine grundsätzliche Vorrangstellung vor der längerfristigen Orientierung meiner aktuellen Lebensentscheidungen; nach dem Motto: „Ich lebe heute, was kümmert mich das Morgen". Das ist aber kein Ausdruck von Bedürfnisorientiertheit, sondern von Bedürfnisverleugnung. Die damit verbundene subjektive Ungesichertheit (ich weiß nicht, was ich eigentlich tun soll, ob ich überhaupt was zur Verbesserung meiner Kompetenzen und Lebensbedingungen tun soll, ob ich mir das zutrauen kann und will usw.) ist dabei durch die allgemeine gesellschaftliche Labilität und Fragilität unserer Lebensbedingungen auch stets nahegelegt: Konkurrenz fördert Einzelkämpfertum und Einsamkeit, nicht solidarisches Handeln und gemeinschaftliches Glück. Eben weil die entfremdende Konkurrenz und dauerhafte Existenzbedrohung Isolation und Ängste erzeugt, sowohl für die „Betroffenen" wie die Pädagog*innen, aber auch nicht nur für sie, deshalb entsteht immer wieder die „spontane" Neigung, **zwischenmenschliche Beziehungen** als einen **reinen Selbstzweck** zu betrachten und sie nicht mehr daraufhin zu befragen, was in ihnen an verbindenden Gemeinsamkeiten, an übereinstimmenden Entwicklungsperspektiven vorhanden ist und umgesetzt werden kann. An die Stelle einer längerfristigen wechselseitigen Verbundenheit aufgrund gemeinsamer Entwicklungsinteressen und -bedürfnisse (ich habe ein Interesse, dass sich der andere entwickelt, weil ich mich dann auch besser/optimal bzw. überhaupt entwickle), tritt die *Brüchigkeit* „freischwebender" Sympathiebeziehungen, die wegen ihrer Ziellosigkeit, Undeutlichkeit, Diffusität, Vagheit stets von der realen Gefahr bedroht sind, dass sie kurzfristig und willkürlich abgebrochen werden. Und weil dieses Gefühl und diese Angst permanent vorhanden sind, deshalb klammere ich mich immer mehr an diese eigentlich grundlose, bodenlose Beziehung und lasse mich mit der Drohung von „Liebesentzug" u. ä. **manipulieren** und erpressen. An die Stelle der Befriedigung meines Bedürfnisses nach emotionaler Geborgenheit tritt jetzt die Stimmungslage permanenter Verunsicherung, das Gefühl in diesen fragilen Sozialbeziehungen unterzugehen, von ihnen erstickt zu werden, alle Ansprüche, Ideen und Ziele, die mir mal wichtig waren, zu verlieren – und trotzdem nicht auszubrechen, weil ich nicht weiß, „ob ich das packe", ob es dann wirklich besser wird, ob ich die emotionale „Durchstrecke" und diese emotionalen Anstrengungen durchstehe, wie denn dieses bessere, schönere, glücklichere Leben aussieht bzw. für mich aussehen könnte. Dieses „Klima" ist also durch und durch entwicklungsfeindlich, es dünnt die eigenen Emotionen aus, macht mich tendenziell kraftlos und „blutleer". Die darin liegende Angst vor kraftvoller Emotionalität, vor engagierten Stellungnahmen und Handlungsweisen führt auch dazu, dass ich mein Denken in jeweils gefahrlosere Bahnen lenke, ich Erkenntniswege ausschlage, an deren Ende die Einsicht stehen könnte, dass risikohaftes Engagement erlebnisreicher ist als „blutleere intrapsychische Öde" – verbunden mit **dauerhaften Versagensängsten.**

3. Quasi spiegelbildlich zur reinen Orientierung auf die Emotionen verläuft in einem anderen Abwehrmechanismus der Versuch ihrer weitgehenden Ignorierung: Emotionen sind dann irrational, unbeherrschbar, undurchschaubar, sie stören bei der „rationalen", „klaren", „zweckgebundenen" und „funktionalen" Bewältigung der Arbeits- und Lebensaufgaben. Das „Idealbild" ist hier der „Mann mit den stahlharten Nerven, der emotionslos den schwierigsten und gefährlichsten Aufgaben nachgeht und der deshalb im alltäglichen Konkurrenzkampf erfolgreich ist, weil er so selbstverständlich selbstbeherrscht" ist. Die damit in bestimmten Konstellationen verbundene Aufforderung, sich **„emotionslos"** mit etwas auseinanderzusetzen und andere Menschen nur als Instrumente zur Durchsetzung der egoistischen eigenen Interessen zu benutzen, führt zu einer tendenziellen subjektiven Beliebigkeit meiner Lebensziele. Dass die Abstimmung von subjektiven und objektiven Momenten im eigenen Leben eine widersprüchliche und konflikthafte Aufgabe ist, wird hier ausgeblendet „zugunsten" einer weitreichenden Unterwerfung unter und rationalisierenden Anpassung an die objektiven Konkurrenzanforderungen; in diesem Selbstverständnis müssen dagegen rebellierende Gefühle und Stimmungen als irrational und störend empfunden werden, sie haben dann keine Warnfunktion mehr („Vorsicht! Ich mache etwas falsch!") und verlieren so auch die Funktion als Auslöser von Umorientierungs- und Entwicklungsprozessen, als Hinweis darauf, dass die o. g. Abstimmung zwischen den objektiven Interessen, Anforderungen und den subjektiven Interessen Wünschen und Zielen neu bzw. überhaupt erst einmal hergestellt werden muss. Mögliche – grundlegende – Widersprüche zwischen Anforderungen und Wünschen können so allenfalls untergründig weiterwirken – und müssen auch aus „Selbsterhaltungsinteresse" in jenem Dunkel gehalten werden, „wo alle Katzen grau sind" – mir also keine Entscheidungen abverlangen. Dies verhindert oder untergräbt meine Gefühlssicherheit, die emotionale Seite meiner Identitätsarbeit und expansiven Kapitalbildungsprozesse, und fördert eine sich ggf. immer mehr ausweitende und verallgemeinernde Konfliktscheu und Ängstlichkeit, denn die dazu erforderliche Verschränkung von emotionalen und kognitiven Erkenntnisprozessen wird durch die Abwehrprozesse blockiert bzw. zerstört und führt in bestimmten Fallkonstellationen zu der Erlebnisspannung von *äußerem Erfolg* und *innerer Leere.*

Wissensbaustein 14:
Über-Ich-Bildung als restriktive Form der individuellen Vergesellschaftung

Die grundlegende Bedeutung der Über-Ich-Bildung für das Verständnis der Subjektentwicklung in der bürgerlich-kapitalistischen Klassengesellschaft hat Ute Holzkamp-Osterkamp (1976, S. 353–355) prägnant verallgemeinernd so bestimmt:

> „Die Erfahrung von Widerständen gegen die notwendige Expansion zum Erreichen einer neuen Ebene der Handlungsfähigkeit ist aufgrund der objektiven Behinderung der Teilhabe an bewußter gesellschaftlicher Realitätskontrolle für die Situation der erwachsenen Angehörigen der abhängigen Klasse paradigmatisch. Die per ‚introjektiver Identifikation' und ‚Überich-Bildung' sich vollziehende Konfliktabwehr durch Installierung eines inneren Zwangs zur Selbstunterdrückung der gegenüber den bestehenden Verhältnissen kritischen und auf Erweiterung individueller Einflußmöglichkeiten und damit gegen die einschränkenden Autoritäten gerichteten Tendenzen als Ausdruck des ‚freiwilligen' Verzichts auf Veränderung der objektiven Lebensbedingungen ist somit eine wesentliche Voraussetzung für die später verlangte ‚Fähigkeit', sich mit der Situation grundsätzlicher Fremdbestimmtheit in der notwendigen Willfährigkeit gegenüber den unmittelbaren Autoritäten abzufinden. – Die hier diskutierten Konflikte können ... nur dann entstehen, wenn vom Individuum bestimmte Handlungsmöglichkeiten zur prinzipiellen Verbesserung seiner Lebenslage kogniziert werden konnten und zu entsprechenden Handlungsbereitschaften führten, durch deren Realisierung es aber dann in Widerspruch zu den einschränkenden Instanzen gerät, von deren ‚Wohlwollen' als Schlüssel zu ihm sonst nicht zugänglichen Mitteln der Existenzsicherung es sich zugleich abhängig sieht. Nur unter dieser Voraussetzung stellt sich überhaupt die Alternative der Verarbeitung oder Abwehr der Entwicklungskonflikte, kann die Konfliktabwehr durch ‚Überich'-Bildung verstanden werden, mit welcher das Individuum sich quasi um scheinbarer gegenwärtiger Gesichertheit und kurzfristiger Vorteile willen hat bestechen lassen, auf an sich bestehende Entwicklungs- und Einflußmöglichkeiten im allgemeinen und längerfristigen eigenen Interesse zu verzichten bzw. entsprechende Handlungstendenzen zur Realisierung dieser Möglichkeiten aktiv zu unterdrücken. (...) Bei unserem Reinterpretationsversuch der Freudschen Überich-Konzeption sollte einmal konkret aufgewiesen werden, daß ‚Überich'-Bildung nicht mit individueller Vergesellschaftung überhaupt gleichzusetzen ist, sondern im Gegenteil eine unter restriktiven Entwicklungsbedingungen der antagonistischen Klassengesellschaft entstehende abwehrbedingte Fehlentwicklung darstellt, durch welche die *volle Vergesellschaftung des Individuums gerade behindert* wird. Aber auch nach dieser Aufhebung der Verkehrung der Freudschen Überich-Konzeption zur allgemeinen Vergesellschaftungsvoraussetzung konnten wir das Überich-Konzept Freuds wegen seiner früher aufgewiesenen Einbettung in die verfehlte psychoanalytische Trieblehre nicht einfach übernehmen, sondern mußten es im Kontext der dargelegten, u. E. wissenschaftlich haltbareren

> Auffassungen über den emotional-motivationalen Aspekt kindlicher Vergesell-
> schaftung und der Verarbeitung Verarbeitung bzw. Abwehr dabei auftretender
> Konflikte neu durchdenken."

4. Nun gibt es auch keine perfekten intrapsychischen Abwehrprozesse, immer noch „lugen" Erinnerungsspuren und aktuelle Stimmungen von einem besseren oder einem nur möglicherweise besseren Leben über meine Abwehrmauern bzw. durch ihre Risse, immer wieder erfahre ich, dass es auch anders und besser ginge, dass also auch ich es besser machen könnte. Das Erlebnis des Widerspruchs zwischen meiner „*inneren Stimme*" und meinen „*äußeren Taten*" wird damit immer auch zum Erlebnis des subjektiven Widerspruchs zwischen den „freiwillig" akzeptierten Handlungs- und Entwicklungsgrenzen und dagegen gerichteten kritischen Stimmungen und Handlungsimpulsen als personalem Ausgangspunkt zur *Überwindung* der Selbstfeindschaft durch das Finden eines eigenen Standpunktes, also der fall- bzw. individuumsspezifischen Vermittlung zwischen objektiven und subjektiven Interessen. Gefördert wird dabei der Prozess der **psychischen Konfliktverarbeitung**, der im Kern darin besteht, dass die kognitive Erkenntnis des Zieles und des Weges zur Verbesserung der eigenen Lebenssituation in der emotionalen Bewertung gegenüber den Ängsten und Verunsicherungen die „Oberhand" gewinnt, also der konstruktive Umgang mit diesen Anforderungen der pädagogisch relevanten Kapitalbildung vorrangig wird und als positive emotionale Bewertung die Risiko- und Konfliktbereitschaft entstehen lässt, die notwendig ist, um die eigenen Angelegenheiten in die Hände zu nehmen und sie – gemeinsam mit anderen – zumindest teilweise voranzubringen, – zum verallgemeinerten Nutzen aller Beteiligten. Diese Handlungs- und Entwicklungsbereitschaft entsteht selbstredend nicht von alleine, nicht im intrapsychischen Selbstlauf, sondern sie erfordert eine kognitive und emotionale Durcharbeitung der konkreten objektiven und subjektiven Interessenlagen und -widersprüche sowie der psychischen Verarbeitung der damit verbundenen Ängste, Bedenken, Schwankungen, wie auch der Hoffnungen, Wünsche und Erwartungen. Hierzu gehört immer auch eine realistische Abschätzung der objektiven Konfliktgefahren, der subjektiven Verarbeitungsfähigkeiten (wie viele Konflikte traue ich mir zu, wie werde ich mit Anfeindungen, Verleumdungen usw. fertig) sowie der „Bündnismöglichkeiten" i. w. S. d. W. (wer hilft mir, wenn es „brenzlig" wird, wenn es „hat auf hart" geht, auf wen kann ich mich verlassen, wer verlässt mich). Ziel der Selbstreflexion ist es, die je konkreten, individuellen Zusammenhänge zwischen den emotionalen Stimmungen und objektiven Lebensumständen und -interessen schrittweise

herzustellen und so zwischenmenschliche Beziehungen aufzubauen auf der Grundlage von gemeinsamen und wechselseitigen Entwicklungsinteressen, wodurch sie immer mehr einen egalitär-pluralen intersubjektiven Charakter annehmen (können). Die je individuelle, konkrete Emotionalität wird somit als Ausdruck der subjektiven Notwendigkeit verstanden, die tendenziell privatistische Abkoppelung der individuellen Lebensziele von den alltäglichen und übergreifend-historischen Entwicklungsperspektiven schrittweise rückgängig zu machen. Es gilt also, den inneren Zusammenhang zwischen emotionaler Bewertung und kognitiver Erkenntnis meiner Lebensverhältnisse dadurch herzustellen, dass die subjektiven Stimmungen wie Ängste, Befürchtungen, „rätselhaftes Niedergeschlagensein" usw. als Aufforderung betrachtet werden, sie sich selbst verständlich zu machen, ihnen „auf den Grund zu gehen", sich Rechenschaft abzulegen, wann und warum sie auftreten, welche Momente der eigenen Lebensführung hier hoffend oder bangend ins Bewusstsein drängen. Diese Stimmungen enthalten somit eine **Erkenntnisaufforderung**; dies bedeutet umgekehrt: Wenn ich dieser Erkenntnisaufforderung nicht nachgehe, dann nehme ich meine eigenen Gefühle nicht wirklich ernst, dann verweigere ich mich der psychischen Notwendigkeit, „Gefühl" und „Verstand" zu „legieren". – Aber mehr noch: In jeder emotionalen und kognitiven Erkenntnis liegt zugleich eine **Handlungsaufforderung** in dem Sinne: Wenn ich emotional diese Bedingungen als Einschränkung meiner Lebensmöglichkeiten und meiner Lebensfreude empfinde, ich unter ihnen leide, wenn ich zugleich die Ursachen dafür bis zu einem gewissen Grade kognitiv erkannt habe, dann gilt es auch, diese Bedingungen entsprechend zu *verändern*, sie umzugestalten mit der Perspektive erhöhter Selbst- und Mitbestimmung, damit auch erhöhten Lebensgenusses. Im Rahmen eines interessenbezogenen Arbeitskonzeptes will die Entwicklungspädagogik und ihr Konzept der Kapitalbildung einen Beitrag dazu leisten, dass die Abkoppelung der Emotionalität von den Kognitionen schrittweise rückgängig gemacht und überwunden wird, dass die Individuen sich selbst schrittweise (wieder) kennenlernen, ihre Fremdheit sich selbst gegenüber bis zu einem gewissen Grade, jetzt schon möglichen Grade, überwinden, so dass ihnen ihre eigenen Gefühle nicht mehr (relativ) beliebig erscheinen und damit (relativ) gleichgültig sind, sondern dass sie tendenziell eine verpflichtende, handlungsorientierende, lebenspraktische Bedeutung (wieder-)erhalten, also die „Betroffenen" schrittweise lernen, zu sich selbst, ihren Bedürfnissen, ihren subjektiven Interessen zu stehen und in dem Maße, wie sie sie aktiv durchsetzen, dabei auch objektive Interessen verwirklichen, so sich selbst und ihre subjektiven Interessenlagen verändern. In dem Maße, wie somit die Beziehungen zwischen objektiven und subjektiven Interessen sich verändern, werden auch die zwischenmenschlichen Beziehungen der Betroffenen sich umgestalten (müssen): Denn eine aktive Durchsetzung der eigenen Entwicklungsbedürfnisse erfordert immer auch die schrittweise Überwindung der unmittelbaren Abhängigkeitsbeziehungen, wobei hier zugleich jene (tendenziell) subjekthaften Beziehungen entstehen, die die Überwindung der Abhängigkeitsbeziehungen überhaupt erst möglich machen. Dagegen wird es die vielfältigsten, offenen wie verdeckten Widerstände geben (offene Drohungen, „hinterhältiges" Erzeugen von Schuldgefühlen, usw.), auf die die „Betroffenen" bis zu einem gewissen Punkt dadurch sich vorbereiten (können), dass die Berechtigung der eigenen Entwicklungsansprüche hervorgehoben und die Konsequenzen von pseudoharmonischen Abhängigkeitsbeziehungen (nämlich: intensives psychisches Leiden zu erzeugen) verdeutlicht werden. Indem auf diese Weise ein je individuell-konkreter Zusammenhang zwischen objektiven und subjektiven Interessen hergestellt wird, wird auch über die objektiven und subjektiven Widerstände gegen die Interessendurchsetzung aufgeklärt, werden somit auch die psychischen Konflikte „verobjektiviert" und damit versucht, deren Personalisierung und Individualisierung entgegenzuarbeiten. Diese Konflikte und Risiken – das dürfte schon deutlich geworden sein – werden nicht willkürlich provoziert, sondern sie entstehen aus den objektiven Interessenswidersprüchen der Herrschafts- und Machtverhältnisse in unserer kapitalistischen, sich immer mehr globalisierenden Gesellschaft. Damit dürfte auch deutlich geworden sein, dass es **für biografisch *langwirkende* und tiefsitzende Abwehrprozesse *keine kurzfristigen* Lösungen und Veränderungen** geben kann, sondern dass hierzu ein längerer entwicklungspädagogischer Atem notwendig ist, nämlich der Aufbau stabiler und befriedigender zwischenmenschlicher Beziehungen durch vertrauensfördernde und resonante Anerkennungsbeziehungen und -verhältnisse (vgl. dazu in diesem Buch Kap. 3.3.1/3.3.2) .

Hinsichtlich der generellen und besonders *aktuellen* Bewertung des kritisch-psychologischen Intersubjektivitätskonzeptes sind in EP1, Kap. 4.1.3 einige wichtige Einwände erhoben worden, an die hier nur zu erinnern ist: dass nämlich der Sprache im Verhältnis zur Arbeit allenfalls eine sekundäre Funktion zuerkannt wird, der Kapitalismus weitgehend statisch und damit sehr abstrakt gedacht wird und die normative Grundlegung kritischer psychologischer und pädagogischer Handelns abgelehnt wird. Das steht in deutlichem Kontrast dazu, dass hier weitgehend polarisierend „Abwehr" und „Verarbeitung" von psychosozialen Konflikten gegenübergestellt werden, also die verschiedensten Übergangs- und Mischformen (z. B. in Form von „fairen Kompromissen" [Rawls] oder bezogen auf durchaus vorhandene unterschiedliche Dominanzen bei der Entwicklung der jeweiligen Teilidentitäten) zwar ggf. zugestanden, aber keinesfalls systematisch und insbesondere nicht systematisch-aktualempirisch untersucht werden (das alles zeigt sich auch nochmals programmatisch in Osterkamp 2017). Diese Art von „Heroismus" hat dann starke *normativistische* Züge, weil „Sollen" und „Sein" weitgehend angenähert werden – trotz der gegenteiligen Ansprüche. Eine *normative* Handlungs- und Professionstheorie unterscheidet demgegenüber deutlich zwischen *Begründung* (Erkenntnisperspektive: Universalität) und *Anwendung* (Erkenntnisperspektive: Angemessenheit) bzw. verschiedene Begründungsdiskursen entsprechender moralischer Normen (vgl. dazu auch Kap. 5.1.4 u. 5.3.3). Damit hängt als weiteres Strukturproblem eng zusammen der mangelnde kritisch-konstruktive Praxisbezug (vgl. dazu Kap. 1.3.4.3 dieses Buches), der sich insbesondere zeigt in dem fast vollständigen Mangel an radikal-reformistischen Konzepten und Methoden zur Verbesserung der Lebenslagen der Menschen. – Mit Blick auf die späteren Arbeiten von Ute H. Osterkamp bzw. Osterkamp ist festzuhalten, dass sie mit der frühen Thematisierung von rassistischen Tendenzen in unserer Gesellschaft sich erhebliche wissenschaftliche und politisch-aufklärerische Verdienste erworben hat (vgl. den Sammelband Osterkamp 1996). Das ist auch dann anzuerkennen, wenn offen bleibt, in welchem Verhältnis Rassismus zu den *anderen* Diskriminierungstendenzen (nämlich Fremdenfeindlichkeit, Islamfeindlichkeit, Antisemitismus, Reklamierung von Etabliertenvorrechten, Homophobie, Sexismus sowie Abwertung von Behinderten, von Obdachlosen, von Sinti und Romas, von Asylbewerbern und von Langzeitarbeitslosen) und deren *spezifischen* Eigensinn und intersubjektiven Handlungsbegründungsmustern steht (vgl. dazu die differenzierten theoretischen Erwägungen und empirischen Befunde des von Heitmeyer geleiteten Forschungsprojektes „Gruppenbezogene Menschenfeindlichkeit", auf das in Kap. 5.2.2 näher eingegangen wird).

Noch ein anderer, nämlich *theoriegeschichtlicher* Aspekt sei hier angesprochen: Das „Forum Kritische Psychologie" (FKP) war – selbstverständlich neben den zentralen Buchreihen – über längere Zeit (oder besser: in der „heroischen" Zeit der Kritischen Psychologie zwischen 1973 und 1983 und ihren Nachklängen bis ca. 1993) *das* Publikationsorgan, in dem die Weiterarbeit am energischsten vorangetrieben worden ist. Diese Dynamik hat dann aber so sehr nachgelassen, dass mit Band 59 (2017) diese Reihe eingestellt worden ist. Zur Begründung verweisen Frigga Haug und Ute Osterkamp (ebd., S. 4) zutreffend auf folgendes hin: „Gegründet wurde das *Forum 1978* mit dem Anspruch, Diskussionen um Kritische Psychologie so zu organisieren und zu kommentieren, dass dabei Auseinandersetzungen mit dem Resultat wirklicher theoretisch-methodischer Fortschritte der Kritischen Psychologie zustande kommen …. Die Tatsache, dass die Kritische Psychologie kein fixierter Kanon von Kategorien und Methoden ist, sondern wesentlich als eine bestimmte Art *wissenschaftlicher Entwicklung* unter *fortwährender kritischer*

Überprüfung und Veränderung der bisherigen Prämissen begriffen werden muss, soll nicht mehr nur als naturwüchsiges Resultat der realen Forschungsarbeit … sich durchsetzen, sondern immer mehr zum *bewußten Prinzip unserer weiteren Arbeit* werden' … (…) Dass wir jetzt, nach 39 Jahren, die Zeitschrift einstellen, ist u. a. einer wachsenden Unzufriedenheit mit der Entwicklung der Zeitschrift geschuldet, die in den letzten Jahrzehnten den Gründungsanspruch mehr und mehr aus dem Blick verloren zu haben scheint (wohl schärfer und zutreffender: weitgehend verloren hat; K.-H. B.). Auseinandersetzungen um die spezifischen Erkenntnisinteressen Kritischer Psychologie sind weitgehend unterblieben, mit der Konsequenz, dass wir Selbstverständlichkeiten transportierten, wo selbstkritische Fragen am Platze gewesen wären' (Holzkamp, 1996, S. 98). Kritische Psychologie scheint demzufolge zunehmend als ein fertiges Begriffssystem genutzt/gesehen worden sein, an dem sich andere Ansätze und Vorgehensweisen zu messen haben; dies impliziert zugleich die Gefahr, die kritisch-psychologische Begrifflichkeit der eigenen Praxis anzupassen, statt zu deren Analyse zu verwenden und damit zur Entwicklung kritischer psychologischer Theorie und Methodologie beizutragen. (…) Ganz aufgegeben schien die aus der Gründungsphase starke Verankerung in der Naturgeschichte des Menschen und die damit verbundene Aufgabe, Kritische Psychologie als marxistische Subjetwissenschaft allererst zu begründen und auch methodologisch ganz neu zu erarbeiten (deshalb wurden die motivationsrelevanten Befunde eingangs ausführlicher dargestellt – nicht zuletzt auch deshalb, um die Anschlüsse an die aktuellen Debatten in einer pädagogisch bzw. pädagogisch relevanten Anthropologie deutlich zu machen; K.-H. B.), ein Entwicklungsprozess, der Generationen zu seiner Verwirklichung braucht." Diese Passage wurde länger zitiert, um einerseits *exemplarisch* deutlich zu machen, *wie* anspruchsvolle expansive Forschungsprojekte in eine Sackgasse und dann in die dogmatische Stagnation geraten können und um andererseits theorie-*geschichtlich* zu begründen, warum es nicht nur notwendig, sondern auch sinnvoll ist, den realen Erkenntnisgehalt der kritisch-psychologischen Theoriekonzepte in einen *erweiterten* Rahmen zu stellen – hier den der kritisch-konstruktiven Entwicklungspädagogik (vgl. den Wissensbaustein 15, S. 337 und ergänzend auch Braun 2012).

Wissensbaustein 15:
Pädagogische Kapitalbildung – subjektwissenschaftlich
betrachtet: Restriktive vs. verallgemeinerte Handlungsfähigkeit als
psychodynamische Seite der Habitualisierung

In den bisherigen Kapiteln dieses Buches wurde das Konzept der pädagogischen Kapitalbildung als Weiterentwicklung des Widerspruchskonzeptes „Bildung und Herrschaft" immer weiter ausdifferenziert und vertieft. Mit Hilfe des von der Kritischen Psychologie entwickelten Theorems „restriktive vs. verallgemeinerte Handlungsfähigkeit" ist eine weitere Präzisierung möglich, wie die folgenden Überlegungen von Holzkamp (1990, S. 39f) zeigen (die man auch als eine versteckte Selbstkritik am o. g. „Heroismus" in der Frühphase der Kritischen Psychologie deuten kann):

„Widerspruchsverhältnisse' bestehen unserer Konzeption nach *nicht* zwischen ‚restriktiver' und ‚verallgemeinerter Handlungsfähigkeit'. Vielmehr ist die Begründungsstruktur der ‚restriktiven Handlungsfähigkeit', da hier im restriktiven Rahmen des Arrangements mit herrschenden Kräften oder Vorstellungen der Versuch einer Konfliktbewältigung nur um den Preis der Selbstschädigung/ ‚Selbstfeindschaft' möglich ist, *in sich widersprüchlich.* Hier wird nämlich durch die Befangenheit in herrschenden Denk- und Praxisformen eine Problembewältigung auf Kosten anderer angestrebt, durch welche ich – da an der Aushöhlung unserer gemeinsamen Basis der Verfügungserweiterung aktiv beteiligt – ‚*letztlich an meiner eigenen Unterdrückung durch die Herrschenden partizipiere'* ...'Verallgemeinerte Handlungsfähigkeit' ist dabei die Alternative, die immer dann hervortritt, wenn mir der restriktiv-selbstschädigende Charakter einer Begründungsfigur deutlich wird: Meine blinde Involviertheit in solch restriktive Denkweisen und Praxen ist für mich nur soweit durchschaubar, wie die Perspektive von deren Überwindbarkeit in verallgemeinerten Bewältigungsformen für mich – wenn schon (noch) nicht realisierbar – so doch wenigstens ‚denkbar' ist ..." Dieses Begriffspaar „bildet die kategoriale Grundlage für die theoretische Konzeptualisierung typischer Denk- und Praxisfiguren, mit welchen unter bestimmten gesellschaftlich-institutionellen Bedingungen Lebensproblematiken unter dem Druck unmittelbarer Bedrohung oder Bedürftigkeit in einer Weise zu bewältigen versucht werden, durch welche die Widersprüche und Dilemmata, die man überwinden will, unbewusst selbst verstärkt und perpetuiert werden. Mit der Aufschlüsselung der Problematiken auf derartige in ihnen liegenden ‚Typen' von defensiven Begründungsmustern (nicht: von Menschen) sollen gleichzeitig gemeinsam mit den Betroffenen jene Veränderungen der eigenen Denkweise und Lebenspraxis reflektier- und umsetzbar werden, durch welche die unbewusste Selbstschädigung auf einem höheren Niveau verallgemeinerter Handlungsbegründungen aufhebbar ist." (ebd., S. 43f)

Literaturnachweise

Braun, Karl-Heinz. 1979. *Kritik des Freudo-Marxismus. Zur marxistischen Aufhebung der Psychoanalyse.* Köln: Pahl-Rugenstein (russ. 1982 Moskau: Progress).

Braun, Karl-Heinz. 1989. Marxismus – Subjektwissenschaft – Psychoanalyse. In: *Deutsche Zeitschrift für Philosophie* (37. Jg.), 834–842.

Braun, Karl-Heinz. 2012. Lebensweltorientierte Soziale Arbeit und Kritische Psychologie: Doppelseitige Herausforderungen in theoriegeschichtlicher Perspektive. In: *Soziale Arbeit.* Hrsg. U. Eichinger und K. Wolf. 122–158. Hamburg: Argument.

Braun, Karl-Heinz. 2014. Der aneigungstheoretische Blick auf die systemisch vermittelten Sozialräume. In: *Tätigkeit – Aneignung – Bildung.* Hrsg. U. Deinet und Chr. Reutlinger. 33–65. Wiesbaden: Springer VS.

Braun, K.-H. et al. 1985. *Geschichte und Kritik der Psychoanalyse.* Marburg: vag.

Holzkamp, Kalus. 1984. Die Bedeutung der Freudschen Psychoanalyse für die marxistisch fundierte Psychologie. In: *Forum Kritische Psychologie.* Bd. 13. 15–40.

Holzkamp, Klaus. 1990. Worauf bezieht sich das Begriffspaar „restriktive/verallgemeinerte Handlungsfähigkeit"? In: *Forum Kritische Psychologie.* Bd. 26. 35–45.

Holzkamp-Osterkamp, Ute. 1975. *Grundlagen der psychologischen Motivationsforschung 1.* Frankfurt/ New York: Campus.

Holzkamp-Osterkamp, Ute. 1976. *Grundlagen der psychologischen Motivationsforschung 2. Die Besonderheit menschlicher Bedürfnisse – Problematik und Erkenntnisgehalt der Psychoanalyse.* Frankfurt/ New York: Campus.

H.-Osterkamp, Ute. 1978. *Erkenntnis, Emotionalität, Handlungsfähigkeit.* In: Forum Kritische Psychologie. Bd. 3. 13–90. Berlin: Argument.

Kappeler, Manfred, K. Holzkamp und U. Holzkamp-Osterkamp. 1977. *Psychologische Therapie und politisches Handeln.* Frankfurt/New York: Campus.

Osterkamp, Ute. 1996. *Rassismus als Selbstentmächtigung.* Hamburg: Argument.

Osterkamp, Ute. 2017. Widerspruch zwischen Anspruch und Wirklichkeit in der Kritischen Psychologie. In: *Forum Kritische Psychologie.* Band 59. 27–45. Hamburg: Argument.

Schmidt, Alfred. 1973. *Emanzipatorische Sinnlichkeit. Ludwig Feuerbachs anthropologischer Materialismus.* München: Hanser.

Literaturempfehlungen

Braun, Karl-Heinz. 2006. Psychoanalyse und Soziale Arbeit. In: *neue praxis* (36. Jg.), 139–156.

Freud, Anna. 1987. *Das Ich und die Abwehrmechanismen.* In: Die Schriften der Anna Freud. Band I: 1922–1936, Frankfurt/M. Fischer Taschenbuch. 193–355 u. 362–364.

Holzkamp-Osterkamp, Ute. 1975. *Grundlagen der psychologischen Motivationsforschung 1.* Frankfurt/ New York: Campus.

Holzkamp-Osterkamp, Ute. 1976. *Grundlagen der psychologischen Motivationsforschung 2. Die Besonderheit menschlicher Bedürfnisse – Problematik und Erkenntnisgehalt der Psychoanalyse.* Frankfurt/ New York: Campus.

4.2 Intimität zwischen Sex und Gender

Zusammenfassung

Nicht zuletzt durch die dekonstruktiven und diskursanalytischen Ansätze und Debatten und dem relativen neuen Ansatz der Queer-Theorien ist erhebliche Bewegung gekommen in die Deutung der Konzepte von „Sex" und „Gender" und deren Relationen. Um sie für die Entwicklungspädagogik fruchtbar zu machen, werden zunächst – auch hier Anregungen der Kritischen Psychologie folgend – die biologischen Grundlagen der Geschlechterverhältnisse untersucht (Kap. 4.2.1). Dabei wird deutlich gemacht, dass die bisher zumeist angenommene „Ein-Gen-ein-Enzym"- Determinationskette nicht haltbar ist, sondern auch die Konstitution des biologischen Geschlechts vieldeutig und damit durch soziokulturelle Faktoren beeinflussbar ist. Auf dieser Grundlage wird auch die hegemoniale Bedeutung der Heterosexualität in den gesellschaftlichen Geschlechterbeziehungen und -verhältnissen und deren politischen Formationen grundsätzlich in Frage gestellt und durch die Legitimität vieldeutiger sexueller Orientierungen und Liebesbeziehungen ersetzt (Kap. 4.2.2), die dann in ihrer Relevanz für die Identitätsentwicklung der Jugendlichen empirisch rekonstruiert werden (Kap. 4.2.3).

Alfred Lorenzer (1922–2002) hatte seiner „Archäologie der Psychoanalyse" den schönen Titel „Intimität und soziales Leid" gegeben (Lorenzer 1984). Das bringt sehr einfühlsam eine Lebenserfahrung der Jugendlichen während ihrer geschlechtsbezogenen Identitätsarbeit auf den Begriff, denn ein wesentlicher Teil der jugendlichen Identitätssuche ist dem Bemühen um die eigene Geschlechtsidentität gewidmet. Hier verbinden sich in besonders intensiver Weise die Befriedigung sexueller Bedürfnisse mit dem Wunsch nach zwischenmenschlicher Nähe, emotionaler Geborgenheit und exklusiver Intimität mit der Geschlechtspartnerin/dem Geschlechtspartner.

4.2.1 Biologisches Geschlecht, Geschlechtsidentität und emanzipatorische Sexualpolitik

In der neueren Geschlechterforschung wurde die einseitige Bestimmtheit der geschlechtsbezogenen Identitätsentwicklung durch das biologische Geschlecht (Sex) nachhaltig in Frage gestellt und deren gesellschaftlich-kulturelle Eingebundenheit vielschichtig untersucht und aufgewiesen (vgl. die Bilanzen u. a. in Becker-Kortendiek 2010; Brunhs 2004; Faulstich-Wieland 2006). Allerdings wurde bei der Bestimmung des sozialen Geschlechts (Gender) über längere Zeit unbefragt von der Zweigeschlechtlichkeit (Frau und Mann) ausgegangen, die nicht zuletzt in Begriffen wie „Frauenbewegung" und „Männerforschung" zum Ausdruck kam und kommt. Es ist das bleibende Verdienst von Judith Butler (*1956) das kritisiert zu haben und dabei nicht nur die Bipolarität (sie plädiert für den Verzicht auf die Begriffe „Frau" bzw. „Frauenbewegung"; vgl. Butler 2003, S. 35f u. 60f), sondern auch die statisch-essentialistische Annahme über das Wesen des Sex dekonstruiert zu haben. Sie formulierte mit Blick auf den biografisch erstmaligen Bezeichnungsakt „männlich" bzw. „weiblich" zugespitzt: „Der springende Punkt ist nicht nur, dass Sprache handelt, sondern dass sie machtvoll handelt. Wie wird aus einer performativen Sprachtheorie eine performative Theorie der Geschlechter? Es beginnt damit, dass ein wimmerndes Baby nach der Geburt von medizinischen Fachleuten zum Jungen oder zum Mädchen erklärt wird; und auch wenn deren Äußerung in dem Lärm kaum hörbar ist, so ist das Kreuzchen, das sie später auf der amtlichen Bescheinigung machen, mit Sicherheit lesbar. Meine Wette ist nun, dass bei den meisten von uns das Geschlecht dadurch festgelegt worden ist, dass jemand etwas ankreuzt und das Formular dann weitergeleitet hat, auch wenn das Ankreuzen in manchen Fällen – besonders bei Menschen mit intersexuellen Merkmalen – ein wenig gedauert haben mag oder das Kreuz mehrmals ausradiert wurde oder das Formular noch eine Weile zurückgehalten wurde, bevor es abgeschickt wurde. Auf jeden Fall gab es ein grafisches Ereignis, das die große Mehrheit in ihr Geschlecht eingeführt hat, oder vielleicht hat auch einfach jemand gerufen: ‚Es ist ein Junge!' oder ‚Es ist ein Mädchen!'" (Butler 2016, S. 42). Genau das ist nun wiederum in der neuesten Forschung aus biologisch-naturwissenschaftlicher Sicht insbesondere von Heinz-Jürgen Voß (*1979) hinterfragt worden. Was bei Butler eher noch eine kulturwissenschaftliche Forderung *an die* Biologie und Medizin ist, das wurde von Voß (2010; 2011) als Problemstellung *der* biologisch-medizinischen Forschung aufgenommen. Sein *epigenetisches* entwicklungstheoretisches Konzept ist insofern an die bisherigen Überlegungen zur postnatalen Entwicklung der Kognitions- und Kommunikationsfähigkeiten (in EP 1, Kap. 2.1 u. 5.1) anschlussfähig, weil nun der Blick auf die *pränatalen* Entwicklungsprozesse gelenkt wird. Zugleich sind sie vereinbar mit den *phylogenetisch* fundierten Analysen zur Herausbildung der menschlichen Natur als der gesellschaftlichen Natur des Menschen von Seiten der Kritischen Psychologie (vgl. EP1, Kap. 4.1 und in diesem Band 4.1). Die für die Entwicklungspädagogik wesentlichen Befunde können so zusammengefasst werden:

1. Während der **Embryonalentwicklung** der Menschen kommt es zu folgenden Differenzierungen des Genitaltraktes (vgl. Voß 2010, S. 242–245; ders. 2018, S. 139–145):

   a. In den ersten drei Wochen gibt es keine Unterschiede in der Gonadenanlage (dem Gewebeabschnitt des Embyros, zu dem die Urkeimzellen wandern), sie ist somit indifferent bzw. bipotent.

   b. Ab der vierten Woche entwickelt sich aus dem mittleren Abschnitt der Gonadenanlage, der Gentalfurche, die Gonadenanlage heraus, die bis zur siebten Woche weiterhin indifferent ist. Daran beteiligt sind das somatische mesenchymale Gewebe, welches das somatische Gewebe der Keimdrüse bildet; und die Primardialzellen, die ins somatische Gewebe einwandern und dort die Keimzellen bilden.

   c. Erst ab der siebten Woche kommt es – nach dem Stand der Forschung – zu einer geschlechtsspezifischen Differenzierung; zumindest werden nunmehr die Hoden- und die Eierstockentwicklung getrennt untersucht.

   I   Bei der **Hodenentwicklung** differenzieren sich die somatischen Zellen zu Sertoli-Zellen, die sich ab der achten Woche zu Keimsträngen, also den Hodensträngen, organisieren, wobei die darin eingeschlossenen Keimzellen zu Spermatogonien werden. In diesem Stadium verbleiben sie bis zur Pubertät. Erst danach setzt die weitere Differenzierung ein. Die Hodenstränge werden durch eine Bindegewebeschicht mit Blutgefäßen abgetrennt und die Sertoli-Zellen in die Spermatogenese einbezogen. Aus den somatischen Zellen, die nicht in die Hodenentwicklung einbezogen sind, entstehen die Leydigschen Zwischenzellen, die ab der achten Woche Testosteron produzieren (das geschieht allerdings sowohl bei den später als „weiblich" bzw. „männlich" diagnostizierten Embryonen). Im Gang der weiteren Entwicklung kommt es zur Ausbildung der primären (inneren) Geschlechtsmerkmale: Hoden, Nebenhoden und Hodensack, Samenleitern, Bläschendrüsen, Penisschwellkörper, Vorhaut, Harn-Samen-Körper. Dabei kann das Testosteron zu einem wirksamen Androgen umgewandelt werden. Erst in der Pubertät bilden sich die bekannten sekundären (äußeren) Geschlechtsmerkmale aus: markanteres Kreuz, Stimmbruch, Wuchs des Bartflaums und der Körperbehaarung, Ausbildung des Adamsapfels, erster Samenerguss.

   II Bei der **Eierstockentwicklung** verbleiben die Keimzellen im Rindenbereich der sich entwickelnden Keimdrüse. Die sich bei der Hodenentwicklung herausbildenden Keimstränge werden bei der Eierstockentwicklung zurückgebildet und es bilden sich neue, sekundäre Keimstränge aus, wobei sich die im Rindenbereich liegenden Primordialkeimzellen vermehren und sich mit einer Schicht von Follikelepithelzellen umgeben, wodurch die Primordialfollikel entstehen. Die Keimzellen (Eizellen, Oozyten) treten in die erste Reifeteilung der Meiose ein. In diesen Zustand verbleiben sie bis zur Pubertät. Danach reifen die Follikelpithelzelllen zu Granuloszellen und schließlich zu Primär-, Sekundär- und Tertiärfollikel. Diese Follikel werden umschlossen von einer Schicht Thekazellen. Auf dieser Grundlage bilden sich dann als primäre Geschlechtsmerkmale aus: Eileiter, Eierstock Gebärmutter, Gebärmutterhals, Muttermund, Klitorisschenkel, kleine und große Schamlippe und Scheidengang; und als sekundäre, als „typisch weiblich" charakterisierte Merkmale: die Brust wird größer, die Hüften runder, die Stimme höher, die Monatsblutung setzt ein.

2. Die bisher dargestellten Befunde sind zum großen Teil makroskopische und zum geringeren Teil mikroskopische Beschreibungen und darauf sich stützende Theoretisierungen. Offen bleibt die Frage nach den entscheidenden Entwicklungsfaktoren. Und sie sind als solche nicht sichtbar, weil sie vorrangig bis ausschließlich auf mikroskopischen Untersuchungen beruhen. Sie ergeben aktuell folgendes Bild (vgl. Voß 2010, S. 237–242; ders. 2018, S. 145–164):

   a. Das klassische bzw. traditionelle Erklärungskonzept stellt zwei Faktoren in den Vordergrund: Zum einen die *Chromosomen*; das sind Erbkörperchen, die sich im Zellkern befinden und gefärbt werden können. Das DNA (Desoxyribonukleinsäure) tritt in den Chromosomen gemeinsam mit den Proteinen auf. Unterschieden wird zwischen Körperchromosomen und Geschlechtschromosomen. Bei letzteren wird der Chromosomensatz „XX" als „typisch weiblich" und „XY" als „typisch männlich" betrachtet. Zum anderen die *Gene*, bei denen es sich um einzelne Nukleinsäuresequenzen der DNA handelt, die in RNA(Ribonukleinsäure)-Sequenzen und schließlich in Aminosäure-Sequenzen übertragen werden können (sie übersteigen die Anzahl der Gene um ein Vielfaches). Es tun sich schon an dieser Stelle vielfältige Spannungen auf zwischen dem *Genotypus* (also der chromosomalen Struktur) und dem *Phänotypus*, also dem tatsächlich ausgebildeten, äußerlich feststellbaren Erscheinungsbild der Menschen und den darauf bezogenen Charakterisierungen als „typisch weiblich bzw. männlich" (äußere Genitalien, Körpergröße, Behaarung, Paarungsverhalten, Fertilität usw.).

   b. Die Festlegung auf die Determinationskette „Ein-Gen-ein-Enzym" kann als *präformistisch* bezeichnet werden (ein Gen codiert ein phänotypisches Merkmal) und sie wird auch – weitestgehend unabhängig von wissenschaftshistorischen und kulturkritischen Einwänden (vgl. Voß 2010, Kap. I u. II; Butler 2003, 3. Kap.; dies., 2011, Kap. 2 u. 9–11) – bereits auf der Ebene der biologischen Forschungen erschüttert. Dazu wenige Hinweise (vgl. Voß 2010, S. 283–285 und 296–307):

I   Es werden nur 4–5 % der DNA-Sequenz der Menschen tatsächlich in RNA-Sequenzen und schließlich in Aminosäure-Sequenzen übertragen. Ca. 35–40 % der nicht-codierenden DNA-Sequenzen machen transposale Elemente aus, d. h. sie können ihren Ort im Genom verändern und sich dabei u. U. replizieren. Insofern stellt das DNA keine unveränderliche Struktur, kein statisches Script dar, sondern ist selber veränderlich und es bedarf spezieller Prozesse, um in der Zelle bzw. im Organismus aus einer DNA-Sequenz überhaupt „Informationen" für eine RNA-Sequenz zu machen. Dabei sind unterschiedliche Molekülprozesse beteiligt, die Transkription zu regulieren, also sie zu initiieren, mit ihr fortzufahren und sie abzubrechen bzw. Reparaturen auszuführen. Das so entstandene Primärtranskript erfährt in der Folge auch Modifikationen, bei denen ebenfalls die o. a. Molekülprozesse beteiligt sind.

II Das auf den X-Chromosomen lokalisierte DAX1-Gen ist gleichermaßen für die Eierstock- und Hodenentwicklung relevant und Ähnliches gilt auch für das SRY-Gen auf dem Y-Chromosom. Darüber hinaus sind an der Ausprägung des Genitaltraktes auch andere Chromosomen mit beteiligt und finden sich als das weiblich qualifizierte Sexualhormon Östrogen und das männliche Testosteron jeweils auch beim anderen Geschlecht (weshalb vermutet wird, dass es sich hier eher um ein Wachstumshormon handelt). Schon auf dieser Ebene gibt es also Uneindeutigkeiten und damit Entwicklungs-*Spielräume*.

III Zu beachten ist auch, dass es einerseits über die Normalverteilung hinaus zahlenmäßige Vermehrung des Chromosomenbestandes gibt und zum anderen Rekombinationsprozesse, speziell in Gestalt von Chromosomenbruchstückaustausch und damit zur Neukombination von DNA. Insofern können kleinere oder größere Bereiche auf einem Chromosom entweder verlorengehen, vervielfältigt oder auch verlagert werden (auch von nicht-homologen Chromosomen), wodurch bestimmte Gewebe oder Zellpopulationen unterschiedliche chromosomale oder genetische Zusammensetzungen aufweisen.

IV Eine wesentliche Schlussfolgerung dieser Überlegungen und Befunde ist es, dass auch bei den biologischen Entwicklungsprozessen einzelne Elemente und Faktorenkomplexe nicht isoliert betrachtet werden dürfen. Insbesondere die Gene und Chromosomen müssen zum Verständnis ihrer (geschlechtsbezogenen) Entwicklungsrelevanz in immer komplexeren Zusammenhängen analysiert und bewertet werden. Auf diese Weise kommen dann auch die jeweiligen Entwicklungs-*Varianten* in den Blick und können differenziert bewertet werden. Bezüglich des sexuellen Geschlechts ist hier ergänzend darauf zu verweisen, dass es bei der Diagnose unmittelbar nach der Geburt in bestimmten Fallkonstellationen erhebliche Schwierigkeiten gibt, das Geschlecht zu bestimmen. In Fortsetzung der bipolaren Geschlechterzuordnung werden dann zumeist physisch und psychisch sehr folgenreiche chirurgische Eingriffe vorgenommen, um eine *Zwangsvereindeutigung* der Geschlechtszugehörigkeit zu erreichen. Im Unterschied zu solchen Geschlechtskorrekturen können *Geschlechtsumwandlungen* – dann allerdings auf freiwilliger Basis – auch in späteren Lebensphasen vorgenommen werden und verweisen auf die Bedeutung der Transsexualität für ein gelingendes und befriedigendes Leben. Die biologische Ausstattung des Menschen ist also – dies der zentrale Befund dieser *natur*-wissenschaftlichen Überlegungen – für eine große Vielfalt von Formen und Inhalten des sexuellen Begehrens offen (z. B. hetero-, homo- und bisexuelle Praktiken). Es ist das wissenschaftliche, aber auch das kultur- und sexualpolitische Verdienst des Queer-Konzeptes und darauf sich stützender zivilgesellschaftlicher Bewegungen, dies theoretisch und empirisch begründet und in der Öffentlichkeit – trotz weiterhin bestehender erheblicher Vorurteile und strukturellen Benachteiligungen – deutlich gemacht zu haben (vgl. dazu das nachfolgende Kap. 4.2.2). Das steht insofern im Einklang mit dem bisher entwickelten Identitätskonzept, als in den neueren empirischen Forschungen und theoretischen Diskursen auch nicht mehr von einem starren, quasi lebenslang stabilen Konzept ausgegangen wird, sondern dass der Akzent auch auf der transitorischen bzw. transformatorischen und situativen Entwicklung des je personalen Welt- und Selbstverständnisses liegt (wie es in Kap. 3.1.2 u. 3.2.2 begründet wurde). In diesem Sinne ist Butlers (2003, 1. Kap.) Polemik gegen die starren Vorstellungen einer bipolar-heterosexuell festgefügten sexuellen Identität voll zuzustimmen; bedauerlich ist nur, dass sie die gleichgerichteten Überlegungen der Identitätsdiskurse nicht aufgenommen hat.

3. Die vorangegangenen Überlegungen haben auch deutlich gemacht, dass die Ausweitung des in diesem Buch durchgängig verfolgten *relationalen* Wissenschaftsansatzes auf den *naturwissenschaftlichen* Bereich auch für ein erweitertes Verständnis von Sexualität und darüber hinaus auch von menschlichen Bedürfnissen von Bedeutung ist, d. h. erweiterte und vertiefte Erkenntnisse ermöglicht.

Definition: Menschliches biologisches Geschlecht

Entgegen der traditionellen, immer noch dominanten Auffassung gibt es keinen einlinig determinierenden Zusammenhang zwischen den geschlechtsrelevanten Genen und der zur Ausbildung der Geschlechtsorgane notwendigen Enzymentwicklung. Es kann somit nicht mehr von einer biologischen Fundierung der Heterosexualität ausgegangen werden, vielmehr gibt es in allen organischen Entwicklungsetappen des Embryos, der Hoden und der Eierstöcke mehrdimensionale und uneindeutige Relationen zwischen DNA- und RNA-Sequenzen sowie zwischen Genotypus und Phänotypus.

4.2.2 Liebesbeziehungen und gesellschaftliche Geschlechterverhältnisse

Eine weitere Leerstelle in den Arbeiten von Butler besteht darin, dass sie die menschlichen Bedürfnisse auf das sexuelle Begehren einschränkt und das Bedürfnis nach selbstbestimmtem Einfluss auf und solidarische Gestaltung der sozial unmittelbaren und systemisch (über Staat und Markt) vermittelten Lebensbedingungen zumindest nicht thematisiert. Damit bleiben die berechtigten Forderungen nach einer nicht nur in Sachen Sexualität, sondern auch in Bezug auf Gender emanzipatorischen Politik den „angerufenen" Subjekten in gewisser Weise äußerlich. Hier bietet die Motivationstheorie von Holzkamp-Osterkamp erweiterte Perspektiven an, weil mit ihrer Hilfe die gesellschaftliche Eingebundenheit der Liebesbeziehungen thematisiert werden kann. Diesbezüglich sind folgende Aspekte von Interesse:

1. Es geht hier gewissermaßen darum zu klären, welcher *entgegenkommenden,* „freundlichen" gesellschaftlichen Bedingungen eine befriedigende, emanzipatorische Intimität bedarf. Die Antworten darauf sind bis in die Gegenwart vielfältig und widersprüchlich. Um sie besser verstehen und verorten zu können, empfiehlt sich ein knapper Bick in die verschiedenen Stränge der älteren und neueren Frauenbewegung und ihre inhaltlichen Annahmen, Schwerpunkte und Aktivitäten (vgl. die Übersichten in Becker-Kortendieck 2010, Teil E; Karl 2011; Windheuser 2018, Kap. 1):
   c. Die frühe, heute häufig auch **„alte" Frauenbewegung** genannt, beginnt – beschränkt auf die Moderne – mit der „Erklärung der Rechte der Frau und Bürgerin" von 1791, mit der Olympe de Gouges (*1748, sie wurde 1793 hingerichtet), die die Allgemeine Menschenrechtserklärung der Französischen Revolution qualitativ erweitert hatte (vgl. zur deren Geschichte und

aktuellen Bedeutung Mesner/Steger-Mauerhofer 1994). In ihr stand die
Gleichberechtigung, also das emanzipatorische Recht auf Gleichheit und
Gerechtigkeit für Frauen im Zentrum der Begründungen und Initiativen,
also die praktische Kritik an ökonomischer Ungerechtigkeit und weitrei-
chendem politischem und kulturellem Ausschluss, wobei den Aktionsfeldern
Wahlrecht, Rechtsanspruch auf soziale Wohlfahrt, Mädchenbildung und
Frauenarbeit als Voraussetzungen für ein selbstbestimmtes Leben besondere
Aufmerksamkeit geschenkt wurde. Dabei gab es hinsichtlich der Reichweite
der Forderungen und der Infragestellungen der bürgerlich-kapitalistisch
geprägten Gesellschaftsstrukturen erhebliche Unterschiede zwischen den
bürgerlich-gemäßigten, den bürgerlich-radikalen und den sozialistischen
(einschließlich kommunistischen) Strömungen, Bewegungen und Organisationen. Sie vereinte bis zu einem gewissen Grad die Erfahrung und Einsicht,
dass nicht nur Bildungsfragen, sondern auch *Frauenfragen Machtfragen* sind.

d. Ab den 1970er Jahren bildete sich in den entwickelten kapitalistischen Ge-
    sellschaften des Westens die sog. **„Neue" Frauenbewegung** heraus, wobei
    hier nochmals folgende Phasen unterschieden werden können:

I   Im ersten Jahrzehnt galt das Hauptaugenmerk der Herausarbeitung
    der in sich sehr differenzierten *feministischen* Begründungsmuster in
    Gestalt der Womens Studies, die sich ab Mitte der 1970er Jahre in den
    USA und in den 1980er Jahren auch in der BRD zu inter- und transdis-
    ziplinären Genderstudies weiterentwickelten und dabei Traditionen aus
    der Matriarchatsforschung, den [neo-]marxistischen oder auch [neo-]
    psychoanalytischen Theoriemodellen, der Kultur- und Sprach- bzw.
    Diskursforschung aufnahmen und makro- und mikrosoziologische
    Aspekte miteinander verknüpften. Zugleich konstituierte sich eng damit
    verknüpft die *autonome* Frauenbewegung, die in speziellen Mädchenpro-
    jekten schon früh pädagogische Relevanz erfuhr (vgl. Windheuser 2018,
    Kap. 1.2). Im Vordergrund stand die sich im Alltag reproduzierende und
    habituell verankernde polare Differenz zwischen Männern und Frauen
    (Doing Gender) und die universelle Betroffenheit und Verbundenheit
    aller Frauen (innere Differenzierungen hinsichtlich der Klassen- bzw.
    Milieuzugehörigkeit und der Verortung in den globalen Ungleichheiten
    sowie der ethnischen und religiösen Zugehörigkeit spielten wie auch in-
    tersektionale Wechselwirkungen zu anderen Ungleichheitsbeziehungen
    und -verhältnissen – fast – keine Rolle). Mit der Parole „Das Private ist das
    Politische" wurde nicht nur die körperliche, sondern auch die kommuni-
    kativ-psychodynamische Gewalt in den Intimbeziehungen, insbesondere
    der Ehe, öffentlich gemacht (und praktische Hilfen in den neu gegründeten

Frauenhäusern angeboten). Ein besonders Feld der Bio-Politik war der ab 1971 (Selbstbezichtigung von Frauen „Ich habe abgetrieben" in der Illustrierten *Stern*) unter dem Motto „Mein Bauch gehört mir" geführte Kampf gegen den 1871 eingeführten *Abtreibungsparagraphen 218 StGB*; er wurde 1974 durch die Fristen- bzw. Indikationslösung abgeschwächt. Seit 1993 ist der Schwangerschaftsabbruch straffrei, obwohl er weiterhin rechtswidrig ist (es darf aber nicht für ihn geworben werden). In diesen Aktionszusammenhängen wurden u. a. Frauencafés, Frauenbuchläden, -verlage und -zeitschriften (u. a. „Emma" und „Courage") gegründet.

II   Die 1980er Jahre waren geprägt von einer gewissen Selbstkritik an wichtigen bisherigen Theoriekonzepten und einer Weiterentwicklung feministischer Grundannahmen und Praktiken. Das bezog sich besonders auf die Spannungsverhältnisse zwischen Klassen- bzw. Milieuzugehörigkeit, die Relevanz der strukturellen globalen Ungleichheiten für die Lebenslagen und Sinnentwürfe der Frauen weltweit (z. B. der weißen Mittelschichtsfrauen in Westeuropa, den Frauen in den amerikanischen Ghettos der People of Color, den Frauen in den Stammeskulturen Afrikas usw.). Darüber hinaus wurden die Frauen nicht mehr als das von den Herrschafts- und Abhängigkeitsverhältnissen unberührte Geschlecht betrachtet, sondern im Kontext der Opfer-Täter-Debatten deren nicht nur passive Einbezogenheit in die Reproduktion gesellschaftlicher Entfremdungsprozesse und deren Folgen, die Selbstentfremdung thematisiert (vgl. zur nachklingenden Aktualität dieser Debatten bes. F. Haug 2018, Kap. 3–5 u. 10). Dabei wurde im „Historikerinnen-Streit" auch die aktive Unterstützung des deutschen und internationalen Faschismus durch Frauen offengelegt und damit ein wichtiges traditionell-feministisches Tabu gebrochen (vgl. Windheuser 2018, Kap. 1.1.2/1.1.3). Im Zusammenhang damit stand auch die Preisgabe der Überlegenheitsansprüche weiblicher Lebensformen („Frauen sind die besseren Menschen") gegenüber männlichen Lebensweisen (sie seien vorrangig defizitär) und die damit verbundene Abwertung männlicher Sinnentwürfe und Lebenserfahrungen (wie das in der anti-sexistischen Jungenarbeit prägnant zum Ausdruck kam; vgl. Windheuser 20118, Kap. 1.3.4). Das erweiterte den Blick auf deren Erfahrungen mit der Gewalt von Frauen und besonders von anderen Männern – nicht nur in den Kriegen und alltäglichen Konkurrenzkämpfen, sondern auch durch sexuellen Missbrauch. Das wurde wesentlich angestoßen von der kritischen Männerforschung, die sich ab Mitte der 1980er Jahre etablierte und die hegemoniale Männlichkeit (Connell 1999) bzw. die sanfte, symbolische Gewalt der Geschlechterhierarchie

(Bourdieu 2005 [zuerst 1998]) thematisierten und damit auch ein neues Verständnis von Maskulinität anregten und z. T. auch forderten (z. B. mit geschlechterdemokratischen Ansprüchen Hollstein 2004, Kap. V. u. VI). Damals entstanden dann auch erste Konzepte und Projekte zur Jungenarbeit sowie Männergruppen, die von den Selbsterfahrungen ausgingen und deren Aufarbeitung mit politischen Perspektiven verbanden. Ein weiteres prägnantes bio-politisches Beispiel sind die Initiativen zur Abschaffung des 1872 eingeführten § 175 *StGB*, der sexuelle Handlungen zwischen Personen des männlichen Geschlechts unter Strafe stellte (bis 1969 auch die „widernatürliche Unzucht" mit Tieren). Er wurde in der BRD aufgrund einer immer mehr erstarkenden Schwulenbewegung 1969 und 1973 reformiert (es waren nur noch sexuelle Handlungen mit Jugendlichen unter 18 Jahren strafbar, bei lesbischen und heterosexuellen Handlungen lag das Schutzalter bei 14 Jahren) und wurde im Rahmen der Vereinigung der beiden deutschen Staaten 1994 in Übernahme des DDR-Rechts ersatzlos gestrichen (seit 2002 bzw. 2017 werden im deutschen Faschismus bzw. auch danach deshalb Verurteilte rehabilitiert).

Das politisch weitreichendste Reformprojekt war die Forderung nach und die bis in die Gegenwart reichende Durchsetzung des **Gender Mainstreaming** (vgl. Czolleck et al. 2009, Teil II; Klein 2013, Kap. 4 u. 5). Anschließend an Art. 2 der „Allgemeinen Erklärung der Menschenrechte" (Charta der Vereinten Nationen) von 1948 und die „Deklaration zur Beseitigung jeder Form von Diskriminierung der Frau" (CEDAW) von 1978 (in Kraft getreten 1980) und Art. 3 des Grundgesetzes (GG) der BRD wurde auf der Weltfrauenkonferenz in Beijing 1995 erstmals der Begriff „Gender Mainstreaming" eingeführt und die Gleichstellung der Geschlechter in *allen* gesellschaftlichen Bereichen (speziell auch im Gesundheits- und Bildungssystem) sowie der Schutz der Frauenrechte sowie der Schutz vor Armut und Gewalt gefordert. Das wurde im 4. Aktionsprogramm des seit 1993 reformierten EU-Sozialstrukturfonds zur Durchsetzung der Chancengleichheit für Frauen und Männer ab 1993 aufgenommen und im Amsterdamer Vertrag 1999 für alle EU-Staaten bekräftigt und verbindlich gemacht und um den Aspekt der Mehrfachdiskriminierung ergänzt. Reformschwerpunkte waren und sind wirtschaftliche Unabhängigkeit für Frauen und Männer, Vereinbarkeit von Beruf und Privatleben, ausgewogene Repräsentanz in allen Entscheidungsprozessen, Beseitigung aller Formen geschlechtsbezogener Gewalt, Überwindung der Geschlechterstereotypen und Förderung der Gleichstellung in der Außen- und Entwicklungspolitik. Verfahrenselemente waren und sind

u. a. Gleichstellungsprüfungen, Gleichstellungsverträglichkeitsprüfungen, Förderpolitik, Genderbudgetierung, Forschung, Bildungsarbeit (einschließlich Gendertraining) und Evaluierung. Im August trat in der BRD das Allgemeine Gleichbehandlungsgesetz (AGG; aktuelle Fassung vom 19.1.2018) in Kraft, welches die EG-Richtlinien zum Antirassismus, zur Beschäftigung, zur Gender-Frage und zur Gleichstellung der Geschlechter außerhalb des Erwerbslebens umsetzte und sich gegen mittelbare und unmittelbare Diskriminierung sowie Belästigung richtet.

III Zurück zu den 1990er Jahren, in denen es nicht nur zur weiteren Differenzierung und Vertiefung der verschiedenen feministischen Theoriestränge und Forschungsfelder kommt, sondern auch zum relevanten Umbau der Geschlechtertheorien und -konzepte. Dabei spielten das von Jacque Derrida (1930–2004) begründete Theorieprojekt der **Dekonstruktion** und das von Michel Foucault (1926–1984) begründete Verfahren der **Diskursanalyse** eine zentrale Rolle (vgl. Derrida 1983, 1.Teil; ders. 2016. S. 236–258, 302–350 u. 422–442; Foucault 2008, bes. Kap. 4.1; und zum philosophisch-wissenschaftlichen Kontext Engelmann 2015). Sie wurden gerade in den wissenschaftlichen Arbeiten und praktisch-politischen Initiativen von Judith Butler aufgenommen und für die Geschlechterforschung und -praxis fruchtbar gemacht. Das führte auch zu einer verschärften Kritik an bestimmten Positionen des Feminismus bezüglich der Angewiesenheit auf Andere, die Ungleichheit der Lebens- und Bildungschancen, die Ohnmachtsgefühle erzeugende Unterdrückung – nicht nur in den Geschlechterbeziehungen und -verhältnissen. Denn das betrifft nicht nur Ausgrenzungspraktiken gegenüber sexuellen Minderheiten, sondern die umfassende Rekonstruktion der intersektionalen Relationen zwischen anderen Formen der ökonomischen, sozialen, politischen und kulturellen Ungleichheit. In diesem Sinne stellt Butler (2016, 1. Kap.) Beziehungen her zwischen den faktischen, performativen sozialen Praktiken und der Prekarität der Minderheitenpositionen. Sie benennt exemplarisch die feministische bzw. feministisch gemeinte Abwertung und Ausgrenzung der öffentlich präsentierten Lebensentwürfe von muslimischen Frauen. Dazu schreibt sie (ebd., S. 69f): „Französische Feminist*innen, die sich Universalist*innen nennen, haben das Gesetz befürwortet, das die Polizei berechtigt, Frauen, die auf den Straßen Frankreichs einen Gesichtsschleier tragen, festzuhalten, zu verhaften und mit einem Bußgeld zu belegen. Was ist das für eine Politik, die die polizeilichen Aufgaben des Staates dazu benutzt, Frauen aus religiösen Minderheiten in der Öffentlichkeit zu überwachen und einzuschränken?

Warum befürworten diese Universalist*innen, die offen für die Rechte
von Trans-Menschen eintreten, frei und ohne Polizeischikanen in der
Öffentlichkeit zu erscheinen, gleichzeitig polizeiliche Maßnahmen gegen muslimische Frauen, die öffentlich religiöse Kleidung tragen? Die
Befürworter*innen des Verbots berufen sich auf einen universalistischen
Feminismus und argumentieren, der Schleier verletze das Zartgefühl des
Universalismus. Aber was ist das für ein Universalismus, der sich auf eine
ganz spezifische säkulare Tradition gründet und die Rechte religiöser
Minderheiten, Kleidercodes zu befolgen, nicht anerkennt? Selbst wenn
man den problematischen Bezugsrahmen dieses Universalismus nicht
verlassen würde, ließe sich schwerlich ein schlüssiges und widerspruchs-
freies Kriterium dafür finden, warum Trans-Menschen vor Polizeigewalt
geschützt werden und mit vollem Recht in der Öffentlichkeit escheinen
können sollten, während muslimische Frauen – nicht aber Christinnen
und Jüdinnen – das Recht aberkannt wird, in einer Weise öffentlich
zu erscheinen, die ihre Religionszugehörigkeit zum Ausdruck bringt.
Wenn Rechte nur für diejenigen universalisiert werden können, die sich
an säkulare Regeln halten oder Religionen angehören, die als rechtlich
schützenwert erachtet werden, dann ist das ‚Universelle' mindestens
bedeutungsleer, wenn nicht gar zum Instrument der Diskriminierung,
des Rassismus der Exklusion geworden. Wenn das Recht zu erscheinen
‚universell' anerkannt werden soll, könnte es einen solch offensichtlichen
und unerträglichen Widerspruch nicht überleben."

Die Arbeiten von Butler haben (wie in Kap. 4.2.1 schon angesprochen)
auch dazu beigetragen, die Beschränkung der Geschlechterbeziehungen
auf Heterosexualität zu überwinden und die Vielfaltgeschlechtlichkeit
von Menschen anzuerkennen – rechtlich, politisch und auch zwischenmenschlich. In diesem Kontext haben sich seit den 1990er Jahren die
Queer Studies und damit eng verbundene soziale Bewegungen und Vereinigungen herausgebildet und immer mehr verbreitet (z. B. auch in den
studentischen Selbstverwaltungsgremien). Das zunächst als Abwertung
verstandene Wort „queer" (im Sinne von „verquer", fragwürdig, verrückt,
krankhaft, in jedem Fall aber abweichend) wurde dabei semantisch um-
gedeutet und als positive Gegenbesetzung verwendet für den Anspruch
auf egalitäre Vielfalt der sexuellen Bedürfnisse und Befriedigungsweisen
von Schwulen, Lesben, Bisexuellen, Intersexuellen, Transgender, Pan-
sexuellen, Asexuellen, Heterosexuellen usw. (vgl. Czolleck et al. 2009;
Jagose 2001). Dabei entstanden als Hauptströmungen die (feministisch-)
lesbisch-schwule Richtung, die lesbisch-bi-schwul-transgender Richtung

und die plural-queere Richtung. Nur letztere hat – wie von Butler begründet und gefordert – die Perspektive auch auf die anderen benachteiligten/ausgegrenzten Bevölkerungsgruppen ausgedehnt zu werden, womit die intersektionalen Relationen der verschiedenen Ungleichheitsbeziehungen und -verhältnisse – auch in den pädagogisch relevanten Kapitalbildungsprozessen – immer mehr in den Blick gekommen sind. Es ist von daher nicht überraschend, dass sich ein Teil der plural-queeren Ansätze theoretisch wie auch praktisch-politisch zunehmend als **antikapitalistisch** und damit als Gegenpol zur neoliberalen Institutionalisierung der Erfolge der Frauenbewegung und generell der „Geschlechterkämpfe", welche sie in gewisser Weise „zum Verschwinden brachten" (wie das teilweise auch mit anderen sozialpolitischen Erfolgen geschehen ist) und die Chance der Vereinnahmung durch eine konservative Frauenlobby eröffnete. Die damit verbundene relative Entpolitisierung von Teilen der Frauenbewegung soll so überwunden werden (vgl. z. B. Groß/Winkler 2007; Voß/Wolter 2019, Kap. 1 u. 2; Windheuser 2018, Kap. 1.3). Damit gewinnt auch eine früh von Menschik (1971, 2.Teil. Kap. IV/V) gestellte Frage an Aktualität: Ob nämlich die Forderung nach Gleichberechtigung, so notwendig sie als Zwischenetappe ist, tatsächlich schon das ganze Befreiungsprojekt ausmacht, ob es also nicht viel umfassender um Emanzipation gehe? Und diese betrifft dann auch die emanzipatorische Sinnlichkeit in den Liebesbeziehungen.

2. Aus den bisherigen Überlegungen zur Phylogenese und Ontogenese der menschlichen Bedürfnisse ergeben sich nun auch die wesentlichen Bestimmungen über die anstrebenswerte Gestaltung der Liebesbeziehungen unter Beachtung der gesellschaftlichen Klassenverhältnisse und sozialen Milieubeziehungen. Mit Blick auf die pädagogische bzw. pädagogisch relevante leiblich-sexuelle Kapitalbildung sind folgende widersprüchliche Aspekte zu reflektieren (vgl. F. Haug et al. 2007; Holzkamp-Osterkamp 1976, Kap. 5.6; Honneth/Rössler 2008, Teil I; Reiche 2004, Teil II; Rössler 2019, Kap. 7.4/7.5; Sigusch # 37–44, 65–68, 83–85 u. 98):

   a. Zunächst dürfte schon hinreichend deutlich geworden sein, dass die (frühe) naturgeschichtliche Koppelung der sexuellen Aktivitäten an die Fortpflanzung spätestens auf menschlichem Niveau prinzipiell überwunden worden ist, dass das **sexuelle Begehren** also eine ganz eigenständige Bedürfnis- und Sinndimension in der Identitätsentwicklung darstellt, bei der die Menschen gleichzeitig Subjekt und Objekt sind, denn indem sie den eigenen Leib bzw. den ihres Partner/ihrer Partnerin – auch jenseits der Heterosexualitätsnormen – erkunden, haben sie lustvolle Erlebnisse der wechselseitigen Beglückung und Daseinsfreude, die im Orgasmus zwar einen gewissen Höhepunkt haben, aber keinesfalls auf diesen zu fixieren und beschränken sind (das wäre ein organismischer Reduktionismus, der von den Partner*innen als Enttäuschung erlebt wird). Diese sinnlich und ästhetisch immer anspruchsvollere Befriedigung und damit Erweiterung der Glücksmöglichkeiten und -gefühle ist selber ein Lernprozess – und zwar u. a. bezogen auf phantasievolle Annäherungs- und Verführungsweisen und -techniken, die zugleich mit lustvoller Unruhe verbunden sind und in eine nuancenreiche sexuelle Verbundenheit münden. Diese erfordert ein von wechselseitigem Respekt getragenes intimes Vertrauen und eine innigliche Geborgenheit in einer sozial zuverlässigen egalitären Beziehung. Dies ist die Voraussetzung für die notwendige Gelassenheit und Entspannung und nur so können mögliche Versagensängste vertrauensvoll besprochen und perspektivisch überwunden werden. Auf eine solche Weise kann der gegenwartszentrierte volle sexuelle Genuss einerseits eine Selbstverständlichkeit (aber keine Routine!) werden und andererseits entsteht so nicht das innere Drängen, das sexuelle Begehren jederzeit und sofort zu befriedigen, sondern dafür jeweils die angemessene „stimmungsvolle" Umgebung und Situation zu schaffen. Nur so kann verhindert werden, dass es über längere Zeit eine bewusstseinsfüllende Breite und schließlich Dominanz einnimmt und damit auf die Schaffung von Bedingungen ihrer optimalen Befriedigung verzichtet wird. Zugleich besteht durch das bewusste und positiv bewertete Verhältnis zu dem eigenen sexuellen Begehren und dem meiner Partner*innen die Chance, durch die Art der sexuellen Praktiken zugleich nicht nur die Intimbeziehung, sondern überhaupt das Zusammenleben mit der Partnerin/ dem Partner/den Partner*innen auf der Grundlage gemeinsamer Erlebnisse und Wünsche zu erweitern, zu vertiefen und zu stabilisieren. Damit ist auch ein Fundament gelegt für die produktive Verarbeitung psychodynamischer Konflikte innerhalb und außerhalb der Beziehung und nicht zuletzt auch für die Veröffentlichung dieser Erlebnisse und Erfahrungen – wie das in den oben geschilderten Initiativen der Frauen- und Männerbewegungen bzw. denen der Queer geschehen ist und weiterhin geschieht. Diese Überwindung der Privatisierung entsprechender Glück- und Leidenserfahrungen widerspricht nicht per se dem Schutz der Intimsphäre und bejaht keineswegs das offene und voyeurhafte zur-Schau-stellen von solchen angeblich sensationellen Erlebnis- und Erfahrungsdimension (z. B. in Talk-Shows).

b. Weil Sexualität und Liebe als Teil der pädagogischen Kapitalbildung in die Widerspruchskonstellationen von Bildung und Herrschaft eingelassen sind, deshalb werden sie auch durch die hegemonialen Ansprüche und Zwänge der herrschenden Kultur überformt, eingeschränkt, fehlgeleitet usw. (vgl. Sigusch 2013, # 2–7 u. 24–27; und zur sexuellen Diskriminierung als Teil der

umfassenden Diskriminierungspraktiken Kap. 5.2.1 u. 5.2.2). Das geschieht
u. a. durch die enge Bindung von sexuellen Aktivitäten an die Fortpflanzung,
wie sie sich in den traditionellen Konzepten der Sexualmoral und Sexualpä-
dagogik finden. Dies ist eine Form der **Sexualunterdrückung**, weil sie das
unbeschwerte und angstfreie Genießen der Sexualität jenseits von biologischen
Reproduktionsfunktionen einschränkt, unterläuft, aushöhlt und besonders
durch das „schlechte Gewissen" (als Aspekt der Über-Ich-Bildung) zwangs-
weise unterdrückt. Dass solche Auffassungen in Teilen der konservativen
Sexualpolitik – speziell der katholischen Kirche – immer noch präsent sind,
hat nicht zuletzt mit dem demografischen Wandel und den Forderungen
nach einem ausreichenden „Humankapital" in den hochentwickelten Ländern – nicht nur des Westens – zu tun und ist eine besonders rigide Form der
herrschenden Bio-Politik. Da die Unterdrückung der sexuellen Bedürfnisse
(z. B. auch durch das Verbot des „Sex" vor der Ehe oder der Volljährigkeit) und
entsprechender spontaner Impulse nie „perfekt" und total gelingt, entsteht
hier ein permanenter psychodynamischer Dauerkonflikt, bei dem die Subjekte
entsprechende lustvolle Bemühungen zugleich als „Niederlagen" erleben und
bewerten – mit negativen Folgen für das Selbstwertgefühl. Und selbst wenn
zunehmend Zweifel an dieser Sexualmoral aufkommen, wird den sexuellen
Impulsen häufig nur gebrochen und widersprüchlich nachgegangen und sie in
keinem Fall unverkürzt bejaht. Das führt dann u. a. dazu, dass die sexuellen
Bedürfnisse in eine Art von „biologischem Rohzustand" und „Triebhaftig-
keit" verbleiben und als unverarbeitete Sexualkonflikte die Intimbeziehung
belasten. Denn der so entstehende Bedürfnisdruck wird dann regelmäßig so
groß, dass er nach einer sofortigen, in gewisser Weise regressiven Befriedigung
drängt und so seine „Zivilisierung" und „Kultivierung" – auch durch vor-
und nachbereitende Gespräche über sie (was gelernt sein will) – verhindert
wird und deshalb einen fahlen Nachgeschmack oder auch Enttäuschung
hinterlässt. Diese regressive Tendenz zum Umgang mit Sexualkonflikten
wird dann noch verschärft, wenn sexuelle Aktivitäten zum *Ersatz* für eine
Liebesbeziehung werden, also quasi (angestrebte) sexuelle Befriedung jenseits
einer oder mehrerer Liebesbeziehungen angestrebt wird. Das geschieht – als
besondere Ausprägungsform der **„repressiven Entsublimierung"** (Marcuse
2004, Kap. 3) – dann, wenn sexuelle Freizügigkeit gefordert wird ohne emotionale Bindung und interpersonale Zuverlässigkeit und Offenheit (z. B. zur
Legitimierung von „Seitensprüngen"). Solche Praxen sind dann häufig auch
Ersatz für befriedigende zwischenmenschliche Beziehungen und die aktive
Teilhabe an der Gestaltung der unmittelbaren sozialen und der systemisch
vermittelten Umwelt. Es entsteht so in gewissen Fallkonstellationen eine

wenig friedvolle Koexistenz zwischen reduzierter, „triebhafter" Sexualität
und „kaltem" Konkurrenz- und Unterdrückungsverhalten. Da damit die
Abhängigkeitsbeziehungen erhalten oder sogar verschärft werden – und
das gilt für *alle* Formen von sexuellen Beziehungsmustern! –, wird eine
solche Lebenssituation als Bedrohung emotional negativ bewertet und löst
latente und manifeste Ängste aus. Auch in dieser Hinsicht bestätigt sich die
generelle Einsicht, dass die Angst der größte Feind der Sinnlichkeit ist. Und
die in Pkt. 1 dieses Unterkapitels geschilderten Initiativen, Bewegungen und
„Kämpfe" (manche hatten und haben den Charakter von „Kulturkämpfen"
angenommen) sind vor diesem psychodynamischen Hintergrund auch zu
verstehen als Überwindung der Ursachen und Erscheinungsformen dieser
Bedrohungskonstellationen und der damit verbundenen sexuellen Nöte und
Leidenserfahrungen der Menschen bzw. der Überforderung der Partner*innen
durch illusionäre Glücksansprüche (im Sinne einer „Ersatzbefriedigung" für
ein Leben in solidarischer Verantwortlichkeit).

Wissensbaustein 16:
Über Sexualität, Liebe und Herrschaft

a. Pierre Bourdieu: Liebe als anthropologische Notwendigkeit

„Die Aura des Mysteriums, von der sie (die Liebe; K.-H. B.), vor allem in der litera-
rischen Tradition umgeben ist, wird *von einem strikt anthropologischen Standpunkt*
aus leicht verständlich: Auf der Aussetzung des Kampfes um die symbolische Macht
basierend, den das Streben nach Anerkennung und die mit ihm einhergehende
Verlockung zu herrschen hervorrufen, vermag die gegenseitige Anerkennung,
durch die ein jeder sich in einem anderen wiedererkennt, den er selbst als einen
anderen anerkennt und der ihn seinerseits als einen solchen anerkennt, in ihrer
vollkommenen Reflexivität über die Alterative von Egoismus und Altruismus, ja die
Subjekt-Objekt-Differenz hinauszuführen, und zwar bis hin zu einem Zustand der
Verschmelzung und des Einseins, wie er oft in Metaphern, die denen der Mystik
nahe sind, dargestellt wird, wo zwei Wesen ‚sich eines im anderen verlieren', ohne
sich zu verlieren. Wenn es sich von der Instabilität und Unsicherheit losreißt, wie
sie für die Dialektik der Ehre kennzeichnend sind, die trotz einer postulierten
Gleichheit stets dem herrschsüchtigen Aufwallen des Sichüberbietens ausgesetzt
ist, kann das liebende Subjekt die Anerkennung nur von einem anderen Subjekt
erhalten, das sich aber, wie es selbst, der Intention zu herrschen enthält. Frei überantwortet es seine Freiheit einem Herrn, der ihm die seinige überantwortet und
mit ihm in einem (durch die redundanzfreie Wiederholung des ‚ich liebe dich')
unbegrenzt bekräftigten Akt freier Selbstentäußerung übereinstimmt. (...) Gegenseitige Anerkennung, Austausch von Rechtfertigungen und Sinngebungen des
Daseins, wechselseitige Vertrauensbekundungen sind ebenso viele Zeichen einer

vollkommenen Reziprozität. Sie ist es, die dem Kreis, in den die liebende Dyade, diese elementare soziale Einheit, unteilbar und mit einer machtvollen symbolischen Autarkie ausgestattet, sich einschließt, die Kraft verleiht, siegreich mit all den Weihen zu rivalisieren, die man gewöhnlich von den Institutionen und Riten der ‚Gesellschaft', diesem weltlichen Substitut Gottes, erwartet." (Bourdieu 2005, S. 191f)

b. Judith Butler: Zweifel an der Liebe

„Ich schreibe hier mit einiger Beklemmung über meinen eigenen Zweifel. Wenn überhaupt, so bin ich, was die Liebe angeht, eine weltliche Anhängerin Kierkegaards. Aber auch Freud ist mir Vorbild. Er schreibt: ‚Wer an seiner Liebe zweifelt, darf, muss doch auch an allem andern, geringeren, zweifeln?' (1909, GW VII, 457)" (Butler 2007, S. 13). Diesen vielschichtigen, selber ambivalenten Zweifel erläutert sie dann so: „Freuds Ziel scheint nicht zu sein, die Erfahrung des Zweifels an der eigenen Liebe zu überwinden, eine Sicherhit zu erlangen und sich in der Enteignung, die in der Liebe gegeben ist, gewissermaßen selbst zu erkennen. Ich bin die Person, die sich hier verliert auf diese Weise, unter diesen Bedingungen, die Folgendes unwiderstehlich findet, die hier- und dorthin fällt, die wünscht, die idealisiert, die verfolgt, die dieses oder jenes nicht vergessen kann, die immer wieder Wünsche hat, die nicht aufhören kann, einfach etwas zu wünschen, die ihrerseits wünscht, dass man ihr nachsetzt, dass sie unvergesslich und unersetzbar werde. Man merkt, dass Liebe kein Zustand ist, kein Gefühl, keine Disposition, sondern ein Austausch, unausgeglichen, belastet mit Vergangenheit, mit Geistern, mit Sehnsüchten, die für diejenigen, die versuchen, sich gegenseitig mit Hilfe ihrer eigenen fehlerhaften Wunschbilder zu sehen, mehr oder weniger lesbar sind. (…) Er sagt … nur, dass der Zweifel an der eigenen Liebe ein ganz grundlegender Zweifel ist, ein Infragestellen der wichtigsten Dinge und die Weigerung, Annahmen unhinterfragt zu lassen. Es bedeutet gewissermaßen, seine Leidenschaften philosophisch zu betrachten. Vielleicht bedeutet es auch, kritisch zu werden, nicht nur im negativen Sinne. Es bedeutet jedoch nicht, aufzuhören mit den Leidenschaften zu leben oder sie auszulöschen, indem man sie in Grund und Boden denkt. Im Gegenteil, man lebt sie und versucht sie zu verstehen, aber nur, indem man seine Fragen in die Liebespraxis selbst hineinträgt. Ich gebe nicht vor, mich im Moment der Liebe wirklich vollständig zu kennen, ich kann aber auch nicht vorgeben, mich selbst überhaupt nicht zu kennen. Ich darf weder mein Wissen aufgeben – das Wissen, das mich schließlich zu einer besseren Liebenden macht – noch kann ich diejenige sein, die alles im Voraus weiß – das würde mich stolz und letztendlich nicht liebenswert machen. Liebe bringt uns immer zu dem zurück, was wir wissen oder nicht wissen, zu einer Szene unlösbaren Zweifels. Es gibt keine Alternative dazu, vom Zweifel geschüttelt zu werden und mit dem zu bestehen, was wir wissen können, wenn wir es denn wissen können." (ebd., S. 23f)

4.2.3 Sexuelle Erlebnisse und Erfahrungen der Jugendlichen in ihren Liebesbeziehungen

Diese vielschichtigen übergreifenden Vorüberlegungen waren notwendig (vgl. als zuspitzende Zusammenfassung den Wissensbaustein 16, S. 354f.), um den Besonderheiten der Liebesbeziehungen und der sexuellen Identitätsentwicklung der heutigen Jugend gerecht zu werden. Im Anschluss an die Darstellungen der milieuverankerten Erfahrungen der Heranwachsenden in ihren Herkunftsfamilien und den Peerbeziehungen (in Kap. 1.4.2.2 u. 1.4.3) sollen hier fünf Aspekte angesprochen werden (vgl. 15. KJB 2017, Kap. 3.4; Albert et al. 2015, Kap. 7.5/7.6; Calmbach et al. 2016, Kap. 7; Sigusch 2016, # 82):

1. Zunächst einmal geht es um die Ausbildung der soziokulturell vermittelten **Geschlechtsreife** und damit der Möglichkeit zur *genitalen* Sexualität. Zwischen dem 9. und 12. Lebensjahr (bei den Mädchen früher als bei den Jungen) prägen sich die Geschlechtsmerkmale aus: Bei den *Mädchen* wird die Brust größer, die Hüften runder und die Monatsblutung setzt ein. Bei den Jungen wird das Kreuz markanter, sie kommen in den Stimmbruch, der Bartflaum wächst und es kommt zum ersten Samenerguss. Alles das wird nicht unbeschwert oder gar freudig aufgenommen, sondern es entstehen (auch) Schamgrenzen (wem darf ich wann welche Teile meines Körpers, besonders die Geschlechtsorgane, zeigen?). Es ändert sich also das gesamte Körpergefühl, es entsteht eine neue Art von emotionaler Unsicherheit, die eigene Sinnlichkeit wird zu einer Quelle von *Glücksgefühlen*, aber auch von *Irritationen* und nicht zuletzt *leidvollen* Erlebnissen und Erfahrungen.
2. Die **sexuellen Praktiken** werden dabei von der großen Mehrheit der Jugendlichen mit dem Aufbau von vertrauensvollen Intimbeziehungen, also **Liebesbeziehungen,** verbunden und in sie integriert. Das zeigt sich in folgender Weise (vgl. Bode/Heßling 2015, Kap. 11–13):
   a. Die *ersten sexuellen Intimerlebnisse* haben die Jugendlichen heute früher als in der vorangegangenen Generation: nämlich 5 % der 14jährigen und zwei Drittel der 17jährigen. Dabei werden die Jungen ca. 2–3 Jahre später als die Mädchen sexuell aktiv. Hier gibt es zum einen soziale Milieuunterschiede: in den unteren Milieus werden häufiger früher sexuelle Erfahrungen gemacht; zum anderen auch deutlich ethnische Milieuunterschiede: Von den Mädchen mit Migrationshintergrund haben nur 42 % der 18jährigen sexuelle Erfahrungen (das betrifft insbesondere türkische Mädchen und religiöse Musliminnen), während 63 % der Jungen mit Migrationshintergrund sie haben, wenn auch mehrheitlich nicht mit einer festen Partnerin (69 % der Jungen ohne Migra-

tionshintergrund haben sie). Sexuelle Zurückhaltung wird zumeist damit begründet, dass vertrauensvolle Partner*innen fehlen; bei ihr spielt aber auch die enge Bindung an die katholische bzw. die protestantische Religion bzw. Kirche eine Rolle und eine dementsprechende Kontrolle durch die Eltern.

b. Die sexuellen Erlebnisse und Erfahrungen sind Teil der entstehenden *Intimbeziehungen*. „Schmetterlinge im Bauch" hatten schon über 85 % der 15jährigen und etwa ein Viertel der 15–17jährigen haben eine feste Partnerin bzw. einen festen Partner. Die Beziehungsbiografien sind durch eine gewisse experimentelle Serialität bestimmt, dass sie also aufgegeben werden, wenn „die Chemie nicht stimmt", wenn die stark harmonischen („romantischen") Erwartungen nicht erfüllt werden. So gibt es bei den 17–18jährigen eine Gruppe, die schon zwei monogame Beziehungen hatte, eine andere, die noch keine oder nur sehr kurze Beziehungen hatte und schließlich eine, die schon auf längere Beziehungen zurückblicken kann. Bei der Kontaktaufnahme, der Annäherung, dem Aufbau und der Pflege dieser Beziehungen spielen die neuen Medien, also auch Online-Bekanntschaften und Freundschaften, eine zentrale Rolle. Sie ermöglichen den ortsunabhängigen ständigen kommunikativen Austausch, bei dem nicht nur Glücksgefühle mitgeteilt werden und das vertrauensfördernde „ständige-aneinander-Denken" gezeigt wird (z. B. durch die rituellen Guten-Morgen- und Gute-Nacht-Wünsche), Verabredungen getroffen oder einfach nur so mitgeteilt wird, was man gerade macht, woran man denkt, wie man sich fühlt, sondern es werden auch Konflikte ausgetragen. In nicht wenigen Fällen werden auch auf diesem Weg Beziehungen beendet.

c. Wie schon erwähnt, kann die Sinnlichkeit auch eine Quelle des Leids sein. Das gilt besonders dann, wenn Liebes- und sexuelle Erwartungen *enttäuscht* werden. Leider neigen immer noch viele Erwachsene, auch Pädagog*innen, dazu, den „Liebesschmerz" von Jugendlichen zu verharmlosen („Das ist doch ganz normal, du findest schon noch den Richtigen/die Richtige") oder sich darüber sogar lustig zu machen („Ah sieh mal einer an, unsere Tochter hat sich mal wieder unglücklich verliebt …"). Bei der diesbezüglichen Suche nach einer gelingenden Teil-Identität ist das jeweilige Verhältnis zum eigenen *Körper* und zu den herrschenden oder auch subkulturellen Schönheitsidealen ein wichtiges Thema, genauso wie das Erlernen der Fähigkeit und Bereitschaft, gehaltvolle und authentische („ehrliche") Beziehungen aufzubauen und die eigenen sexuellen Wünsche experimentierend kennenzulernen und den jeweiligen Partner*innen gegenüber auszusprechen. – Besonders gravierende psychische Verletzungen resultieren aus *Gewalterlebnissen* (vgl. Bode/ Heßling 2015, Kap. 15). Dabei geht es nicht nur um entsprechende sexuelle Gewalt durch Erwachsene (auch durch Pädagog*innen), sondern auch – und

an dieser Stelle vorrangig – durch Gleichaltrige. Damit sind nicht nur Verge-
waltigungen gemeint, sondern auch und gerade emotionale Beschimpfungen,
Drohungen, Erpressungen u. ä. Immerhin sind über die Hälfte sowohl der
Mädchen wie der Jungen Opfer von solchen Grenzüberschreitungen, die eine
schwere Hypothek für ihre weitere sexuelle Identitätsentwicklung darstellen.

d. Solche Bedrohungen erleben und erfahren gerade Jugendliche mit *nicht-he-
terosexuellen* Orientierungen. Ewa ein Zehntel der Jungen und etwas mehr
Mädchen der 14–25jähringen hatten schon gleichgeschlechtliche Erlebnisse
und 3 % der jungen Frauen und 5 % der jungen Männer betrachten sich als
homosexuell und 6 % bzw. 2 % als bisexuell. Von diesen LSBT*-Jugendlichen
(Lesben, Schwulen, Bisexuellen, Transgender und Transsexuellen) haben
knapp die Hälfte solche sprachliche, aber auch körperliche Gewalterfahrungen gemacht, und zwar ausgeübt nicht nur von Erwachsenen, sondern
auch von Gleichaltrigen (drei Viertel der Heranwachsenden halten LSBT
„nicht für normal", sind also strikt und z. T. rigide heterosexuell ausgerichtet). Deshalb ist es für sie ein großes Problem, sich zu outen und es ist eine
besondere Belastung, wenn sie gegen ihren Willen von Freund*innen oder
Bekannten geoutet werden. Dann setzt häufig ein vieldimensionaler Dis-
kriminierungs- und Ausgrenzungsprozess ein (häufig auch innerhalb der
Herkunftsfamilie), auf den ein relevanter Teil mit Rückzug aus den Szenen
oder auch Freundschaften und weitgehender Privatisierung der alltäglichen
Lebensführung reagiert. Das führt in nicht wenigen Fällen zu kollektiver
oder auch individueller Isolation und Vereinsamung, die in dramatischen
Fällen in den Freitod mündet.

3. Die Konstellation der *Pubertät* ist insofern besonders komplex, weil sie eingelagert
ist in die der *Adoleszenz*. Die Jugendlichen stehen vor der speziellen Bildungsaufgabe, die leibhaftige Erfahrung zu verarbeiten, dass Liebe und Sexualität in
die kulturellen Herrschaftsbeziehungen und -verhältnisse eingelassen und Teil
der umfassenderen Diskriminierungspraktiken sind (vgl. dazu auch Kap. 5.2.1
u. 5.2.2). Das zeigt sich besonders daran, wie die an der strikten Heterosexualität
ausgerichteten Vorurteile und Zwänge verbunden werden mit der Rechtfertigung
geschlechtsspezifischer Ungleichheiten. Das Hauptlegitimationsmuster, mit
dem sie sich auseinandersetzen müssen, lässt sich knapp so zusammenfassen
(vgl. Bourdieu 2005, S. 17ff u. 43ff): Die Menschen sind immer auch Naturwesen
und weil die Erhaltung der Gattung durch die Fortpflanzung gesichert wird, gibt
es eine angeblich eindeutige Geschlechterdifferenz zwischen „weiblichen" und
„männlichen" Körpern. Diese nur begrenzt zutreffende *anatomische* Tatsache
wird in dem Maße zu einer *sozialen* Tatsache, wie die Behauptung aufgestellt
und praktiziert wird, dass aus dem biologischen Unterschied eine gesellschaft-

liche Ungleichheit folge. Das ist auf der Ebene der realen Lebenspraxis der Menschen natürlich eine rein willkürliche Annahme eines Zusammenhanges zwischen der Notwendigkeit der *biologischen Reproduktion* der Gattung und der *sozialen Reproduktion* der Gesellschaft. Denn aus dem uneindeutigen Geschlechtsunterschied folgt überhaupt keine gesellschaftliche Ungleichheit. Die Durchsetzung und Fortsetzung der Ungleichheit der sozialen Geschlechterpositionen ist also der eigentliche Ausgangspunkt – und diese wird durch die angeblich eindeutige biologische Differenz scheinbar erklärt, in Wirklichkeit aber ideologisch gerechtfertigt. Das ist eine klassische, pseudo-wissenschaftliche **Naturalisierung gesellschaftlicher Herrschaftsverhältnisse.** Wenn man Unterschiede zwischen Jungen/Männern und Mädchen/Frauen (z.B. hinsichtlich der Freizeitinteressen, der Bildungsbeteiligungen, des Gesundheitszustandes) feststellt (und solche findet man selbstverständlich immer), dann ist es eine offene Frage, ob diese Unterschiede tatsächlich aus den Geschlechterverhältnissen und -beziehungen resultieren oder aus anderen gesellschaftlichen Ungleichheiten (z.B. Klassenlage, soziale, ethnische oder religiöse Milieuzugehörigkeit samt ihren spezifischen Traditionen). Deshalb steht für eine soziale Entwicklungspädagogik die gesellschaftliche Konstruktion der Geschlechterverhältnisse im Zentrum der pädagogischen Aufklärungs- und Unterstützungsbemühungen (z.B. bezüglich der kritischen Analyse von offiziellen Konzepten, heimlichen Lehrplänen, alltäglichen Sprachformen, aber auch bei der Bewältigung erster sexueller und intimer Erlebnisse und Erfahrungen).

4. Es geht dabei immer auch um die Erarbeitung von hetero-, bi-, a- und transsexuellen **Identitätsentwürfen,** also der kognitiven, emotionalen und lebenspraktischen Auseinandersetzung mit den gesellschaftlichen Geschlechterverhältnissen:
   a. Diese sind zunächst einmal bestimmt durch die zunehmende Erosion des traditionellen „Normalarbeitsverhältnisses" (ein Beruf für das ganze Arbeitsleben, tarif- und sozialpolitische Sicherheit sowie Vollzeitarbeitsplätze), welches in der industriellen Moderne immer ein männlich bestimmtes war (vgl. zum Umbau der Arbeitsgesellschaft Kap. 2.4.1). Damit wird der von Teilen der Jungen beanspruchte, scheinbar naturwüchsige Überlegenheitsanspruch des Mannes als (Haupt-)Ernährer der Familie und damit die traditionelle geschlechterbornierte Arbeitsteilung zwischen Produktion und Reproduktion strukturell in Frage gestellt. Die damit verbundene Erosion der Männerrolle wird verstärkt dadurch, dass Frauen zunehmend und immer selbstverständlicher auch Erwerbstätigkeiten ausüben und das für Mädchen selbstverständlicher Teil ihres Lebensentwurfs ist, in den ostdeutschen Bundesländern schon seit der Generation ihrer Mütter und z.T. Großmütter und auch in den westdeutschen mittlerweile durchgängig. Dabei sind sie allerdings

in Bezug auf Teilzeitarbeit, Arbeitslosigkeit und geringere Entlohnung weiterhin überrepräsentiert. Es ist eine offene Frage, ob die von den Mädchen/ Frauen erworbenen sozialen und sprachlichen Kompetenzvorsprünge ihnen in den neuen, stark wissensbasierten Arbeitsvollzügen Konkurrenzvorteile bieten (werden). Dann gäbe es nicht mehr nur das Phänomen der „männlichen Dividende", sondern auch der „weiblichen Dividende". Die bisher vorrangig mit den Männerrollen verbundenen Muster der Erfolgskultur werden zunehmend auch von einem bedeutenden Teil der Mädchen und Frauen z. T. passiv hingenommen, z. T. aktiv übernommen (wie z. B. deren Ausrichtung am konkurrenzbestimmten Leistungsprinzip etwa in der Schule zeigt).

b. Festzustellen ist auch, dass die Frage der Gleichberechtigung der Geschlechter heute weitgehend privatisiert und auf die **Vereinbarkeit** von **Beruf** und **Familie** *für die Frauen* reduziert wird. Der sich internationalisierende Arbeitsmarkt vermag sich den nationalen sozialstaatlichen und geschlechterdemokratischen Gleichstellungsbemühungen zunehmend zu entziehen. In den Geschlechterbeziehungen ist also eine zunehmende Ambivalenz festzustellen: Einerseits wird der öffentlich artikulierte Anspruch auf eine symmetrische Verteilung der Rechte und Pflichten immer selbstverständlicher. Und er wird auch von der großen Mehrheit der Jungen und Männer anerkannt. Hier sind auch die männlichen Anteile im weiblichen sowie die weiblichen im männlichen Lebensentwurf Thema. Gleichzeitig sind aber die faktischen Beziehungen in Partnerschaft und Familie weiterhin von deutlichen Hierarchien bestimmt.

c. Wie tief verankert diese asymmetrischen Geschlechterbeziehungen – auch bei homo- und transsexuellen Beziehungen und trotz allen kulturellen Wandels der Handlungsmuster – auch weiterhin sind, zeigt sich in **biografischen Krisensituationen**: Dann kommt es mehrheitlich zu einem **Rückgriff auf traditionelle Muster** – sowohl des „starken Mannes" wie auch der Frau, die sich angesichts der Arbeitsmarktprobleme auf die Rolle als (Geschlechts-) Partnerin und Mutter zurückzieht. Dies dominiert deutlich gegenüber den Bemühungen, gerade angesichts des Scheiterns des bisherigen personalen Entwurfes der Geschlechtsidentität biografisch Neues zu wagen.

5. Es bedarf einer sehr **feinfühligen** und **verständnisinnigen Kommunikation** nicht nur in den Familien, sondern auch und gerade zwischen den Jugendlichen in den (milieuverankerten) Peers, speziell aber in den Freundschaftsbeziehungen, alle diese positiven, ambivalenten und negativen Erlebnisse und Erfahrungen, also Wünsche, Hoffnungen, Anstrengungen, Befürchtungen, Ängste und Enttäuschungen zu be- und verarbeiten. Dazu bedarf es (auch) professionell tragfähiger, weil belastbarer resonanter Anerkennungsbeziehungen im Spannungsfeld von Nähe und Distanz (vgl. dazu Kap. 3.3.2; und themen-

und feldübergreifend Wendt 2017, Kap. 3 u. 4). Dabei haben sich speziell bei der Thematisierung von Gewalterfahrungen und krisenhaften Zuspitzungen **monoedukative** Angebote nur für Mädchen/Frauen bzw. nur für Jungen/ Männer als sinnvoll erwiesen (ähnliche Erfahrungen wurden im Schulkontext bezogen auf die naturwissenschaftlichen Fächer und die Mathematik gemacht). Allerdings ist das kein generelles Argument gegen die Koedukation, sondern ein Plädoyer für die flexible Verschränkung beider Angebotsformen. Denn eine grundlegende interaktionistische Einsicht darf nicht verloren gehen: **Ich** kann mich als einzelne(r) auch im Blick auf meine Geschlechtsidentität nicht erkennen und entwickeln, wenn ich nicht ein **Gegenüber** finde, mit dem ich mich austauschen und auseinandersetzen kann; hier also mit dem anderen, ggf. uneindeutigen Geschlecht (denn ich weiß dann z. B. nicht, ob eine bestimmte psychische Verarbeitungsweise von sozialen Konflikten allgemein-menschlich ist oder ob/bzw. inwieweit sie geschlechtsspezifische Besonderheiten oder auch Uneindeutigkeiten aufweist). Monoedukative Angebote haben also nur dann eine Berechtigung, wenn sie genau zu dieser egalitär-pluralen Verständigung zwischen den Geschlechtern beizutragen vermögen.

Literaturnachweise

15. KJB 2016 *(Kinder- und Jugendbericht)*. Berlin: Bundesministerium für Familie, Senioren, Frauen und Jugend.
Albert, Mathias et al. 2015. *Jugend 2015. 17. Shell Jugendstudie*. Frankfurt/M.: Fischer Taschenbuch.
Becker, Ruth und B. Kortendiek. Hrsg. 2010. *Handbuch Frauen- und Geschlechterforschung*. Wiesbaden: VS Verlag.
Bode, Heidrun und A. Heßling. 2015. *Jugendsexualität 2015. Die Perspektive der 14- bis 25-Jährigen*. Köln: Bundeszentrale für gesundheitliche Aufklärung.
Bourdieu, Pierre. 2005. *Die männliche Herrschaft*. Frankfurt/M.: Suhrkamp.
Bruhns, Kirsten. Hrsg. 2004. *Geschlechterforschung in der Kinder- und Jugendhilfe*. Wiesbaden: VS Verlag
Butler, Judith. 1997. *Körper von Gewicht. Die diskursiven Grenzen des Geschlechts*. Frankfurt/M.: Suhrkamp.
Butler, Judith. 2003. *Das Unbehagen der Geschlechter*. Frankfurt/M.: Suhrkamp.
Butler, Judith. 2007. *Zweifel an der Liebe*. In: Das Argument 273. 13–30.
Butler, Judith. 2011. *Die Macht der Geschlechternormen und die Grenzen des Menschlichen*. Frankfurt/M.: Suhrkamp.
Butler, Judith. 2016. *Anmerkungen zu einer performativen Theorie der Versammlung*. Berlin: Suhrkamp.

Calmbach, Marc et al. 2016. *Wie ticken Jugendliche?* Wiesbaden: Springer.

Connell, Robert W. 1987. *Der gemachte Mann. Konstruktion und Krise von Männlichkeit.* Opladen: Leske + Budrich.

Czollek, Leah Carola et al. 2009. *Lehrbuch Gender und Queer.* Weinheim und München: Juventa.

Derrida, Jacques. 1983. *Grammatologie.* Frankfurt/M.: Suhrkamp.

Derrida, Jacques. 2016. *Die Schrift und die Differenz.* Frankfurt/M.: Suhrkamp.

Dölling, Irene, und B. Krais. Hrsg. 1997. *Ein alltägliches Spiel. Geschlechterkonstruktion in der sozialen Praxis.* Frankfurt/M.: Suhrkamp.

Engelmann, Peter. Hrsg. 2015. *Postmoderne und Dekonstruktion.* Stuttgart: Reclam jun.

Faulstich-Wieland, Hannelore. 2006. *Einführung in Genderstudien.* Opladen: Leske + Budrich.

Foucault, Michel. 2008. *Sexualität und Wahrheit.* In: Hauptwerke. Frankfurt/M.: Suhrkamp.

Fraser, Nancy. 2001. Die halbierte Gerechtigkeit. Frankfurt/M.: Suhrkamp

Groß, Melanie, und G. Winkler. Hrsg. 2007. *Queer-Feministische Kritiken neoliberaler Verhältnisse.* Münster: Unrast.

Haug. Frigga. 2018. *Selbstveränderung und Veränderung der Umstände.* Hamburg: Argument.

Hollstein, Walter. 2004. Geschlechterdemokratie. Wiesbaden: VS-Verlag.

Holzkamp-Osterkamp, Ute. 1976. *Grundlagen der psychologischen Motivationsforschung 2. Die Besonderheit menschlicher Bedürfnisse – Problematik und Erkenntnisgehalt der Psychoanalyse.* Frankfurt/New York: Campus.

Honneth, Axel und B. Rössler. Hrsg. 2008. *Von Person zu Person. Zur Moralität persönlicher Beziehungen.* Frankfurt/M.: Suhrkamp.

Jagose, Annamarie. 2001. *Queer Theory.* Berlin: Querverlag.

Karl, Michaele. 2011. *Die Geschichte der Frauenbewegung.* Stuttgart: Reclam jun.

Klein, Uta. 2013. *Geschlechterverhältnisse, Geschlechterpolitik und Gleichstellungspolitik in der Europäischen Union.* Wiesbaden: Springer VS.

Kraß, Andreas. Hrsg. 2003. *Queer denken. Gegen die Ordnung der Sexualität.* Frankfurt/M.: Suhrkamp.

Marcuse, Herbert. 2004. *Der eindimensionale Mensch.* Schriften Bd. 7. Springe: zu Klampen!

Menschik, Jutta. 1971. Gleichberechtigung oder Emanzipation, Frankfurt/M.: Fischer Taschenbuch.

Mesner, Maria, und H. Steger-Mauerhofer. Hrsg. 1994. *Der Tod der Olympe de Gouges. 200 Jahre Kampf und Gleichberechtigung und Grundrechte.* Wien: Renner-Institut.

Reiche, Reimut. 2004. *Triebschicksal der Gesellschaft. Über den Strukturwandel der Psyche.* Frankfurt/New York: Campus.

Rössler, Beate. 2019. *Autonomie. Ein Versuch über das gelungene Leben.* Berlin: Suhrkamp.

Sigusch, Volkmar. 2013. *Sexualitäten.* Frankfurt/New York: Campus.

Voß, Heinz-Jürgen. 2010. *Making Sex Revisited. Dekonstruktion des Geschlechts aus biologisch-medizinischer Perspektive.* Bielefeld: transcript.

Voß, Heinz-Jürgen. 2018. *Geschlecht. Wider die Natürlichkeit.* Stuttgart: Schmetterling.

Voß, Heinz-Jürgen, und S. A. Wolter. 2019. *Queer und (Anti-)Kapitalismus.* Stuttgart: Schmetterling.

Wendt, Peter-Ulrich. 2017. *Lehrbuch Methoden der Sozialen Arbeit.* Weinheim und Basel: Beltz Juventa.

Windheuser, Jeanette, 2018. *Geschlecht und Heimerziehung. Eine erziehungswissenschaftliche und feministische Dekonstruktion (1900 bis heute).* Bielefeld: transcript.

Literaturempfehlungen

Babka, Anna, und G. Posselt. 2016. *Gender und Dekonstruktion. Begriffe und kommentierte Grundlagentexte der Gender- und Queer-Theorie*. Wien: facultas.
Bourdieu, Pierre. 2005. *Die männliche Herrschaft*. Frankfurt/M.: Suhrkamp.
Czollek, Leah Carola et al. 2009. *Lehrbuch Gender und Queer*. Weinheim und München: Juventa.
Holzkamp-Osterkamp, Ute. 1976. *Grundlagen der psychologischen Motivationsforschung 2. Die Besonderheit menschlicher Bedürfnisse – Problematik und Erkenntnisgehalt der Psychoanalyse*. Frankfurt/New York: Campus. Kap. 5.6.
Karl, Michaele. 2011. *Die Geschichte der Frauenbewegung*. Stuttgart: Reclam jun.
Klein, Uta. 2013. *Geschlechterverhältnisse, Geschlechterpolitik und Gleichstellungspolitik in der Europäischen Union*. Wiesbaden: Springer VS.
Sigusch, Volkmar. 2013. *Sexualitäten*. Frankfurt/New York: Campus.
Voß, Heinz-Jürgen. 2018. *Geschlecht. Wider die Natürlichkeit*. Stuttgart: Schmetterling.

4.3 Erlebnispädagogik zwischen körperbezogener Selbsttätigkeit und sozialer Verantwortungsübernahme

Zusammenfassung (Kap. 4.3/4.4)

In diesen beiden Unterkapiteln werden mit der Erlebnispädagogik (Kap. 4.3) und der Drogenerziehung (Kap. 4.4) Konzepte und Methoden vorgestellt, die die Ermöglichung und Förderung der sinnlichen Körperlichkeit bzw. Leiblichkeit als Teil der kulturellen pädagogischen Kapitalbildung ins Zentrum stellen in die gemeinwesenbezogenen Aspekte und damit die sozialen Kapitalbildungen im günstigen Fall peripher einbezogen werden. Während die Erlebnispädagogik die sinnliche und im günstigen Fall abenteuerliche Erprobung und Bewährung der körperlichen Ertüchtigung und manchmal auch die soziale Verantwortungsübernahme fördert, geht es der – z. T. heftig umstrittenen – Drogen-*Erziehung* um die Förderung der Drogen-*Mündigkeit,* also den selbstreflexiven Umgang mit psychotropen bzw. psychoaktiven Substanzen und der Prävention oder Überwindung tatsächlicher Drogen-*Abhängigkeit.*

Wer sich der Erlebnispädagogik mit der Frage annähert, inwieweit sie einen wichtigen, ggf. sogar unverzichtbaren Beitrag zur entwicklungspädagogischen Arbeit mit Kindern und Jugendlichen leisten kann, der wird mit drei *Unübersichtlichkeiten* konfrontiert (vgl. Becker/Braun/Schirp 2007, Teil 1; Birnthaler 2010; Fischer/Lehmann 2009, Kap. 4 u. 5; Fischer/Ziegenspeck 2008; Heckmair/Michel 2018, Kap. 3–6):

I   Es gibt eine unübersehbare Vielfalt von *Praxisansätzen* vom Segeln und Bergsteigen über Reiseprojekte und solche mit ästhetischen und sportiven Schwerpunkten bis hin zu verschiedenen Formen der psychosozialen Krisenintervention.

II   Man stößt auf eine *konzeptionelle* Vielfalt von der Betriebspädagogik über die Umwelterziehung und interkulturelle Pädagogik bis hin zur Schul-, Sozial- und Behindertenpädagogik.

III   Nicht zuletzt sind im Selbst- und Fremdverständnis die *Verallgemeinerungsansprüche* sehr unterschiedlich: Sie reichen von der zurückhaltenden Einschätzung, dass es sich um „eine ausgezeichnete Methode der handlungsorientierten Pädagogik" handele, über die, eine eigenständige Methode zu sein, bis dahin, eine Teildisziplin der allgemeinen Erziehungswissenschaft darzustellen.

Diese Unübersichtlichkeit kann Ausdruck sein einer enormen Entwicklungsdynamik oder von systematischen Unklarheiten und Vereinnahmungsversuchen (oder beides gleichzeitig). Deshalb ist es hilfreich, zunächst an die Ausgangsposition der Erlebnispädagogik zu erinnern, also ihre ursprünglichen *Ansprüche* und *Praxiskonzepte*.

1. Ihr eigentlicher Begründer war Kurt Hahn (1886–1974) und er hat diesen Ansatz unmittelbar nach dem 1.Weltkrieg entwickelt in einer epochalen Situation, die er als tiefgreifende Krise der damaligen (deutschen) Gesellschaft empfand: Dem Zusammenbruch des wilhelminischen Obrigkeitsstaates angesichts seiner militärischen Niederlage (vgl. Stübig 2007). Es ging ihm um nicht weniger als um ein „Wiedererwachen", ein „Wiedererstarken" des deutschen Volkes durch eine neue Erziehung der Kinder und Jugendlichen (vgl. Hahn 1998, z. B. Kap. 11). Seine kritische **Zeitdiagnose** konzentrierte er auf vier markante **Verfallserscheinungen** in den Lebenswelten der Heranwachsenden:
    *   Den Mangel an menschlicher Anteilnahme,
    *   den Mangel an Sorgsamkeit,
    *   den Verfall der körperlichen Leistungsfähigkeit und Tauglichkeit und
    *   den Mangel an Initiative und Spontaneität.
    Nun hatte aber Hahn für die Verfallserscheinungen nicht die einzelnen Kinder und Jugendlichen bzw. ihre Eltern verantwortlich gemacht, sondern er sah darin das Ergebnis einer grundlegend falschen Ausrichtung der öffentlichen Bildungs- und Erziehungseinrichtungen. Denn sie stellten nicht die Subjekte in den Vordergrund, sie dachten *nicht vom Kind und Jugendlichen her*. Vielmehr

waren sie bestimmt durch ihre Bürokratisierung, durch ihren Drill, durch ihren mangelnden Erfahrungsbezug und durch ihre einseitige Betonung der Sprache (besonders der des Bildungsbürgertums). Deshalb hätten primär sie diese Verfallserscheinungen zu verantworten. Diese kritische Einschätzung der staatlichen Bildungs- und Erziehungseinrichtungen teilte er mit anderen Strömungen der internationalen (demokratischen) **Reformpädagogik** (Fischer/ Ziegenspeck 2008, Kap. 3). Wie sie verstand sich auch die Erlebnistherapie (wie die Erlebnispädagogik damals noch genannt wurde) als Alternative zur **Staatspädagogik** (die damals noch weitgehend identisch war mit der Schulpädagogik; vgl. Hahn 1998, Kap. 15). Wenn man in den verschiedensten entwicklungspädagogischen Kontexten die Frage aufwirft, ob die o. a. Zeitdiagnose auch heute (noch) zutreffend sei, dann erhält man für diese viel Zustimmung. Und es ist ja auch nicht zu bestreiten, dass wir solche Tendenzen unter Teilen der Kinder und Jugendlichen in relevantem Umfang finden (vgl. dazu die Milieuanalysen in Kap. 1.4 und zu den Entwicklungstendenzen der konkreten Sittlichkeit Kap. 5.2). Was aber natürlich sofort auffällt, ist die Tatsache, dass wir es hier mit einer traditionellen **Defizitorientierung** zu tun haben: Die Heranwachsenden werden vorrangig, wenn nicht sogar ausschließlich unter dem Blickwinkel dessen betrachtet, was sie *nicht können*. Sie werden nicht auch unter dem Aspekt erfahren und betrachtet, was sie besonders gut können (z. B. Umgang mit den neuen Medien) oder wo sie besonders engagiert sind (so sind die Jugendlichen den Erwachsenen in Sachen bürgerschaftliches Engagement in fast allen Belangen überlegen.) Diese einseitige negative, potenziell autoritative bzw. autoritäre Bestimmung muss also überwunden werden zu Gunsten einer ausbalancierten, egalitären (dialogischen) Betrachtungsweise, die das **Verhältnis von Stärken und Schwächen** in den Blick nimmt und die durch die Stärkung der besonderen Kompetenzen hilft, die Schwächen schrittweise abzubauen. – Es gibt aber noch eine weitere, kompliziertere Interpretationsaufgabe: Hahn war – wie angedeutet – politisch konservativ ausgerichtet (er war im Ersten Weltkrieg nicht zufällig der politische Vertraute des letzten Reichskanzlers des Deutschen Kaiserreichs, Prinz Max von Baden [1867–1929] gewesen), aber in pädagogischer Hinsicht ein engagierter Reformer. Es gilt also, seine *erlebnispädagogischen Einsichten* von ihren *politischen Beschränkungen zu lösen*, um so ihr Potenzial für die heutige Entwicklungspädagogik voll zur Geltung bringen zu können (so argumentiert auch v. Hentig im Vorwort zu Hahn 1998; vgl. zur politischen Selbstkritik auch Hahn 1998, Kap. 35). Kurt Hahn hatte sich seinerzeit nämlich nicht auf eine kritische Zeitdiagnose beschränkt, sondern er hatte daraus praktische Schlussfolgerungen gezogen. Dabei enthielt die Krisendiagnose bereits die zentralen Bildungs- bzw. Erziehungs-**Ziele**

- „menschliche Anteilnahme"
- „Sorgsamkeit"
- „körperliche Leistungsfähigkeit und Tauglichkeit" sowie
- „Initiative und Spontaneität".

Sie sollten durch vier zentrale Bildungs- bzw. Erziehungs-**Mittel** erreicht werden (vgl. ausführlich begründend und zusammenfassend Hahn 1998, Kap. 24, 25, 30 u. 34):

a. **Dienst am Nächsten**: Die Anteilnahme sollte dabei keine rein passive sein (wie z. B. beim Mitleid), sondern eine aktive. Die Kinder und Jugendlichen sollten *praktische Verantwortung* übernehmen (können) nicht nur für sich, sondern auch für konkrete Mitmenschen (z. B. durch Unterstützung von alten Menschen) und für das soziale Gemeinwesen (z. B. durch Dienst in der freiwilligen Feuerwehr oder in verschiedenen Rettungsdiensten). Entscheidend ist dabei, dass es sich um sehr reale Aufgaben handeln sollte, also um wirkliche Rettungsaufgaben (z. B. an einer stürmischen See oder einem Wildbach) – nach dem Motto: „Wenn wir nicht helfen, dann hilft niemand". Es sollte also das Verantwortungsgefühl durch praktische Verantwortungstaten und die sorgsame Durchführung der übernommenen Aufgaben gefördert werden.

b. **Körperliches Training**: Man muss, ja man darf diesen Grundsatz nicht verwechseln mit der faschistoiden Parole „Nur in einem gesunden Körper kann es einen gesunden Geist geben". Vielmehr geht es darum, ein bewusstes Verhältnis zum eigenen Körper und dessen Entwicklungsmöglichkeiten zu gewinnen, sich zu erarbeiten und ihn so als eine neue positive Quelle des eigenen sinnlichen Selbstverständnisses zu erfahren. Der eigene Körper soll also nicht mehr als Hindernis, als Beschwernis, als Quelle von Enttäuschung erlebt werden (warum man z. B. sich nicht so leichtfüßig bewegen kann wie andere Tänzer*innen), sondern als Quelle eines positiven Selbstwertgefühls (im Beispiel: Auch ich kann es lernen, mich viel graziöser zu bewegen, aber das zu lernen ist anstrengend und erfordert einen sorgsamen Umgang mit dem eigenen Körper). Dies macht den pädagogischen Sinn aller sportlichen Tätigkeiten im weitesten Sinne aus (vom Laufen und Springen über Bergsteigen und Turmspringen bis hin zum Fallschirmspringen und Wanderungen durch Wüstenzonen). Für Hahn war es dabei besonders wichtig, dass solche Aktivitäten soweit wie möglich in der Natur stattfanden (die städtischen Sozialräume und Lebenswelten waren für ihn wesentliche Ursache der o. g. Verfallserscheinungen) und nicht in geschützten Räumen (wie z. B. Turnhallen oder Sportplätze).

c. **Expedition**: Hierbei geht es darum, die vertrauten Sozialräume und Lebenswelten zu verlassen und in mehrtägigen Projekten, die Initiative erfordern und Spontaneität erlauben, andere, neue, anregende, aufregende Erlebnisse und Erfahrungen zu machen, wobei das häufig mit der Erwartung verbunden war und auch heute noch ist, dass es einen Rücktransfer in den Alltag gibt (dass z. B. die positiven Gruppenerlebnisse und Kooperationserfahrungen einer Schulklasse auch das Lernklima in der Schule positiv verändern). Heute gibt es auch zahlreiche Angebote, die sich auf städtische Sozialräume beziehen (City-Bound), womit Hahns recht einseitige Zivilisationskritik relativiert worden ist.

d. **Projekt:** Die notwendigen Fähigkeiten, Fertigkeiten und Bereitschaften zur Anteilnahme, Achtsamkeit, Leistung und Kreativität sollen in einem *exemplarischen* Handlungsfeld erlernt und angeeignet werden (z. B. dem Rettungsdienst an einem See oder auch in einer Badeanstalt). Exemplarisch ist eine solche Aufgabenstellung aber nur, wenn sie einerseits ein grundsätzliches Kompetenzfeld erschließen hilft (im Beispiel: praktische Übernahme von Verantwortung für andere Menschen, die in Not geraten können). Andererseits muss sie den Erfahrungen, Kompetenzen und Lernbereitschaften der Kinder und Jugendlichen angemessen sein (im Beispiel: sie sollten oder müssen ein besonderes Interesse haben am Schwimmen, an Erste-Hilfe-Maßnahmen, an der Organisation des Dienstes usw.).

Diese wenigen Hinweise und Stichworte dürften schon deutlich gemacht haben, dass Erlebnispädagogik ein *sehr anspruchsvoller Ansatz* der entwicklungspädagogischen Arbeit mit Kindern und Jugendlichen ist. Er muss in jedem Arbeitsschritt, in jedem Projekt, in jeder Expedition das Spannungsverhältnis von pädagogischer Verantwortungs-*Übertragung* an die Kinder und Jugendlichen und die Verantwortungs-*Übernahme* durch die Heranwachsenden einerseits und die Förderung der körperbezogenen Handlungsfähigkeit und Selbstreflexivität andererseits beachten und entfalten. Ihr muss es grundlegend darum gehen, die **emanzipatorische Sinnlichkeit** auch dadurch zu fördern, dass die leibbezogene Sinnlichkeit systematisch verknüpft wird mit der **aktiven Ausweitung** der **sozialen** und **gemeinwesenbezogenen Realitätskontrolle** der Heranwachsenden, angeregt und unterstützt durch die Erwachsenen und in Kooperation mit ihnen; oder mit der treffenden Formulierung von Hahn (1998, S. 116) in seinem Brief an einen Schüler: „... nicht nur das Knie, sondern auch den Gemeinsinn täglich üben."

2. Betrachtet man die aktuellen Haupttrends in den Angeboten der Erlebnispädagogik (vgl. dazu das repräsentative Handbuch von Michl/Seidel 2018, Kap. 7–9), dann fällt sofort auf, dass der *verantwortungspädagogische* Aspekt weitgehend in den Hintergrund getreten ist. Es dominieren Handlungskonzepte und Praxisformen, die das mehr oder weniger intensiv reflektierte *Erleben* ins Zentrum stellen und die *Bedingungen* für Entfaltung eines möglichst freien und

unzensierten Erlebens meist außen vorlassen und damit anderen Personen und Instanzen überlassen. Auf einen aktiven gestaltenden sozialen und politischen Eingriff in die gesellschaftliche Wirklichkeit wird weitgehend verzichtet. Die Erlebnispädagogik ist heute vorrangig *Spontaneitätspädagogik*. So sehr dieser Aspekt seine Berechtigung hat, so sehr ist er eine Vereinseitigung und es geht für ein kritisch-konstruktives Verständnis der Erlebnispädagogik darum, die *neueren* Tendenzen mit den *klassischen* Ansprüchen und Konzepten zu verknüpfen. Dazu sollen nun einige Anregungen gegeben werden (vgl. Becker/Schirp 2008, Teil II; Becker/Braun/Schirp 2007, Teil II; Galuske 2013, Kap. 21; Hofer 2017, 3. u. 4; Michel 2015, Kap. 4–7), wobei übergreifend darauf hinzuweisen ist, dass erlebnispädagogische Projekte sich im Spannungsfeld von Ereignissen, Erlebnissen und Erfahrungen entwickeln:

a. Betont wird zunächst einmal der unmittelbare, direkte, ganz persönliche Bezug zu den **Ereignissen** der objektiven Sozialwelt (z. B. zur Naturschönheit und Umweltzerstörung, Bebauungsstruktur unbekannter Stadtteile oder Dörfer). Diese, an die eigene Leiblichkeit gebundenen **Erlebnisse,** bilden den sinnlichen Ausgangspunkt für eine erstmalige bzw. vertiefte Aneignung von Sozialräumen.

b. Allerdings ist diese Erlebnisfähigkeit immer schon mitbestimmt von dem **vorhandenen Wissen** (deshalb nehme ich z. B. die Veränderung der Wolkenkonstellation genauer wahr, wenn ich etwas über die klimatischen Verhältnisse im Gebirge weiß; ich beobachte zwischenmenschliche Konflikte auf einem Segelschiff differenzierter, wenn ich etwas über geschlechtsspezifische Sozialisationsprozesse und Kommunikationsformen weiß). Allerdings sind Wahrnehmung und Kognition nie deckungsgleich: So kann ich mir bestimmte Wahrnehmungen zunächst nicht erklären, sie fordern mein Denken heraus (wenn ich z. B. zum ersten Mal eine Sonnenfinsternis beobachte); und umgekehrt kann ich Wahrnehmungen in der kognitiven Phantasie antizipieren, bevor ich sie im Kontext von Ereignissen tatsächlich mache (ich stelle mir z. B. das Klangbild einer Musik vor, von der ich bisher nur das Notenbild kenne).

c. Um die eigenen Erlebnisse wie auch die anderer Menschen zu verstehen (z. B. die gemeinsame Begeisterung bei einer Radtour durch die Berge), bedürfen sie der Interpretation, und durch diesen **Deutungsprozess** werden sie zu **Erfahrungen** als dem reflektierten Welt- und Selbstbezug des Menschen, somit auch des lernenden Jugendlichen.

d. Für die damit angesprochene Überlagerung von Spontaneität und Reflexivität und die Weiterentwicklung der psychomotorischen Fähigkeiten und Bereitschaften, also der Verschränkung von **motorischen** und **mentalen** Lernprozessen, ist die **sprachliche** Anleitung und Deutung unverzichtbar. So bedarf die Herausbildung und Sicherung immer optimalerer Bewegungsfolgen stets auch der sprachlichen Selbstverständigung (so wenn ich z. B. mit meinem selbstgebauten Floß in eine unerwartete Strömung gerate und mich selber dann auffordere: „Ganz ruhig bleiben, Überblick behalten, keine hektischen Bewegungen machen!"). Über solche Formen des inneren, lautlosen Sprechens hinaus hat die Sprache auch eine zentrale Bedeutung bei der pädagogischen Unterstützung. Erst sie ermöglicht, entsprechende Bewegungserfahrungen und -schwierigkeiten gemeinsam zu thematisieren und zu analysieren sowie Wege zu ihrer Überwindung zu besprechen.

Definition: Erlebnispädagogik

Erlebnispädagogik ist ein Konzept und eine Methode, die das motorische mit dem mentalen Lernen eng verknüpft und sich in seinen klassischen Ansätzen im Spannungsverhältnis von körperlicher Ertüchtigung und sozialer sowie politischer Verantwortungsübernahme entfaltet. In seinen anspruchsvollen Formen zielt es einerseits auf Abenteuer und andererseits auf die gemeinschaftliche Schaffung sozialer Lebensbedingungen, die einen angstfreien Genuss leiblicher Selbsterfahrungen ermöglicht.

3. Nun geht es bei der verantwortungsbezogenen Erlebnispädagogik immer auch um die Schaffung **alternativer Handlungsräume**, die dann neue Dimensionen **erfahrungszentrierten Lernens** ermöglichen, nahelegen und unterstützen; hier ist besonders zu verweisen auf:
   a. Als Angebote innerhalb der SPFH bzw. der Familienbildung (vgl. EP1, Kap. 3.2.1 u. 4.2.1) können sie eine bedeutsame **psychische Entlastungsfunktion** haben. Als Teilnehmer*in schaffe ich mir so den psychischen Freiraum, aber auch die zeitlichen Spielräume, um mich solchen Fragen zuzuwenden und alternative Erlebnisse und Erfahrungen jenseits meiner sehr eingeschränkten und als mehr oder weniger unerträglich empfundenen Lebensbedingungen zu machen (z. B. Aktivurlaub, „einfache" bis extreme Sportarten, aber auch lange Wanderungen durch die Natur oder intensive Beschäftigung mit medialen Abenteuerwelten). Sie sind im günstigen Fall eine biographische Bereicherung gegenüber der Ödnis des Alltagslebens. Man kann sie dann als zyklisch wiederkehrende Aktions- und Reflexionsphasen betrachten. Aber sie können auch in eine biografische Falle führen, wenn es nämlich gar keine positiven Verbindungslinien zwischen meiner Alltagswelt und meiner

Gegenwelt gibt. Dann finde ich nach einer bestimmten Auszeit keinen Weg, meine neuen Erwartungen und Erfahrungen als Antrieb, als Motivation zur Verbesserung meiner alltäglichen Lebenssituation zu nutzen. Ich führe dann so etwas wie ein Doppelleben, als defensive Alternative zu dem als sehr unbefriedigend erfahrenen und erlebten Alltagsleben. Mir fehlt dann der Ansporn, die objektiven Ursachen und psychischen Gründe dieser Einschränkungen auch nur zu thematisieren, geschweige denn kritisch zu hinterfragen und konstruktiv zu verändern. Aber nur durch die eingreifende Veränderung je meiner unmittelbaren Lebensbedingungen und deren Gemeinwesenkontexte kann ich mir eine expansive Alternative zu meinem gegenwärtigen Alltag erarbeiten. Insofern sind solche „verführerischen Angebote" auch ein Ventil für psychische Überlastungen und insgesamt das „goldene Eintrittstor" zu einer biographischen Sackgasse, bei der die Gegenwelt die Funktion eines Zukunftsersatzes übernimmt.

b. Als biografisch bedeutsamen Entwicklungsimpuls können auch die **Zuspitzungen der Entwicklungsrisiken im Abenteuer** angesehen werden, bei der ich die gegenwärtig bestehenden Sicherheiten mehr oder weniger radikal in Frage stelle und eine aktuelle *Bewährungssituation* schaffe bzw. suche, wo mein gegenwärtiger Entwicklungsrahmen – z. T. demonstrativ – von mir überschritten wird (vgl. Einwanger 2007, Teil 2 u. 3; Lang 2006, Kap. 3). Dabei haben in „*männlichen*" Lebenskonzepten körperliche Bewährungen immer noch einen herausgehobenen Stellenwert (gerade bei Jungen/jungen Erwachsenen – und dann besonders in den unterprivilegierten Milieus), die sich allerdings – wie z. B. bei Autowettrennen mit der Polizei – verschränken können mit sozialen Abenteuerelementen. Im „*weiblichen*" Lebenszusammenhang dominieren eher soziale Abenteuer (z. B. das Ansprechen fremder Menschen). Wenn Mädchen/junge Frauen sich auf sportliche Bewährungsproben einlassen, dann steht dabei nicht der Nervenkitzel im Vordergrund und es wird zugleich eine interpersonale Absicherung – besonders durch „männliche" Vertrauenspersonen – gesucht. Durch das Risiko- und Abenteuerhandeln soll keine Zukunft schrittweise aufgebaut werden, sondern das neue, vermutlicherweise befriedigendere Alltagsleben sofort und abrupt als neue leb- und genießbare Gegenwart erreicht werden – wenn auch ggf. nur für einen biographisch begrenzten Zeitraum (insofern hat es immer auch Gegenwelt-Momente). Aus dieser Erwartungshaltung resultiert auch die z. T. sehr hohe Anstrengungsbereitschaft bei der Bewältigung der entsprechenden Strapazen.

c. Erlebnispädagogische Projekte spielen auch als **soziale Räume der personalen Krisenbearbeitung** eine Rolle. Hier ist vorrangig an Konzepte und Praxisansätze zu denken, die im Rahmen der Hilfen zur Erziehung (§§ 34–36 SGB VIII), aber auch im Rahmen der Jugendgerichtshilfe (§§ 10, 12, 71 u. 72 JGG) entwickelt und realisiert worden sind. Sie sind allerdings durchaus kritisch zu betrachten (vgl. Klawe/Bräuer 1998, Kap. E-H; Sommerfeld 1993, Kap. 3). Das bezieht sich zum einen auf die Annahme, dass durch eine intervenierende Distanzierung von den großstädtischen Milieus und die „Überführung" der Kinder und Jugendlichen in eine unterkomplexe, überschaubare und naturnahe „Gesellungsform" (z. B. als, Gruppe, als Schiffsbesatzung, als Wohngemeinschaft, als kleines „Dorf") bisher unlösbare Entwicklungskonflikte bewältigt werden können. Dabei handelt es sich hier um eine reine Negativbegründung, weil die positiven Möglichkeiten der neuen Lernumgebung (auf einer Reise, in einem Standprojekt) nur selten erfasst werden, weshalb es eine folgenreiche Diskrepanz gibt zwischen klar formulierten *Zielen* in den Hilfeplänen und nur vagen Hinweisen darauf, wie diese mit erlebnispädagogischen *Mitteln* zu erreichen sind. – Zum anderen werden die Kinder/Jugendlichen durch die Behörden, aber auch durch die Träger, häufig in eine ausweg- und alternativlose Zwangssituation gebracht, von der sich die Institutionen versprechen, dass so eine Lebenssituation geschaffen werde, wo die Heranwachsenden „endlich nicht mehr weglaufen" könnten, sich also „mit ihren Entwicklungsproblemen auseinandersetzen müssten". Dabei wird auch deutlich gemacht, dass dies für die Kinder/Jugendlichen „das letzte Angebot" sei, bevor sie – formell oder faktisch – für „unerziehbar" erklärt werden. Die „positive" Entscheidung der meisten jugendlichen TeilnehmerInnen ist also sehr häufig nicht das Resultat eines gleichberechtigten und ergebnisoffenen Dialogs (im Sinne der §§ 1, 5 u. 8 SGB VIII), sondern beruht zumeist auf einer Mischung aus Manipulation und Zwang. Ganz selten wird auch die Tatsache reflektiert, dass Jungen in solchen Maßnahmen drastisch überrepräsentiert sind. Gerade unter Bildungsaspekten ist es bedenklich, dass die Binnenstrukturen der Projekte nur ganz selten egalitär und demokratisch, sondern zumeist autoritativ bis autoritär sind und insofern viel zu selten zur verantwortungspädagogischen Ausbildung von solidarischen Selbstbestimmungs- und Mitbestimmungsfähigkeiten und -bereitschaften beitragen, weshalb der Kompetenztransfer in den „normalen" Alltag nach der Rückkehr nur sehr selten gelingt und zwar besonders deshalb, weil der Alltag in der Herkunftsfamilie und auch der in der Schule zumeist außerhalb des sozialpädagogischen Handlungsrahmens verbleibt und deshalb in der Regel nach der Rückkehr auch nicht verändert ist. Hier „rächt" sich die Vereinseitigung der Erlebnispädagogik auf den Erlebnisaspekt.

Aber selbstverständlich soll nicht verleugnet werden, dass solche Projekte eine Entlastungsfunktion (im Sinne von Pkt. a) haben können, als eine zeitlich begrenzte Alternative zum „Leben daheim". Und zwar dann, wenn ich als Jugendliche(r) in den projektinternen Lebenszusammenhängen auch tatsächlich der Konstrukteur meiner eigenen alltäglichen Lebensführung und deren interaktiven und institutionellen Bedingungen bin und mich als solchen auch erfahren, bewähren und erleben kann. Die Durcharbeitung und Überwindung psychodynamischer Abwehrprozesse ist ein schwieriger und komplexer Prozess, bei dem Ausweitung der alltäglichen Gestaltungsmöglichkeiten und Aufdecken und Überwinden der zumeist unbewussten selbstfeindschaftlichen Tendenzen im eigenen Selbst- und Weltverständnis („Ich bin für alle doch nur der letzte Arsch und eigentlich haben die wegen meines Charakters recht damit.") Hand in Hand gehen müssen. Dazu ist eine Balance zwischen *solidarischer* **Aktion** (die auch eine Form der kollektiven Intervention darstellt) und *dialogischer* **Reflexion** erforderlich, damit das Alltagsleben in dieser Übergangsphase mit allen seinen Besonderheiten für mich tatsächlich zu einer positiv erlebten Gegenwart wird. Es darf also nicht nach der hektischen und spannenden Anfangs- und Aufbauphase dieselbe routinierte Langeweile einsetzen wie zu Hause.

4. Die **Erziehung in** und **zur Gemeinschaft** gehört seit den Anfängen zu den zentralen Anliegen der Erlebnispädagogik. Sie verband sich bei Hahn mit einer **sozialräumlichen Öffnung** der Institutionen und Gruppen (vgl. Hahn 1998, Kap. 11 u. 24). Das sollte aufgenommen und vertieft werden, denn es ist auch heute sehr wichtig, den Kindern/Jugendlichen einen sozialen Kontext anzubieten, in dem sie einen emotionalen Rückhalt finden, mit dem sie kognitiv vertraut sind und der sie „ermutigt", sich möglichst offen mit anderen Menschen, sozialen Gruppen und Milieus sowie schließlich der Gesellschaft in ihrer Gesamtheit auseinanderzusetzen (vgl. dazu ausführlich Kap. 5.3).

(Literaturnachweise und -hinweise am Ende von Kap. 4.4)

4.4 Drogenkonsum als Erlebniserweiterung und Drogenabhängigkeit als psychodynamische Realitätsabwehr

Es ist gerade von Erikson (vgl. Kap. 3.1.1) eindrücklich darauf hingewiesen worden, dass die **Jugendphase** soziale und interaktive Räume des **experimentellen Umgangs mit Identitätsentwürfen** benötigt und dass dies immer auch die Überschreitung von sozialen, kulturellen und manchmal auch juristisch normierten Grenzen erforderlich macht: Nur wer eine *Grenze überschreitet,* kann ihren möglichen *sozialen* Sinn und/oder ihre *persönliche* Relevanz abschätzen und ihr dann ggf. auch *begründet zustimmen.* Bei diesen Grenzüberschreitungen spielt der Gebrauch von psychotropen bzw. psychoaktiven Substanzen (Drogen) gerade auch in Peer-kontexten eine Rolle, also solchen Genussmitteln, die die soziale und psychische Wahrnehmung und damit die Erlebnisweisen beeinflussen, die für die Befindlichkeit der konsumierenden Jugendlichen psychostimulierende und antreibende oder auch dämpfende und/oder euphorisierende Folgen haben. Dieser Konsum von Alkohol, Cannabis (Hanf), Ecstasy (dessen Substanz, Methylendioxymethaphetamin [MDMA], wurde 1912 vom Pharmakonzern Merck entwickelt und wird z. T. psychotherapeutisch eingesetzt), Heroin (ein teilsynthetisches Opiat auf der Basis von Schlafmohn, vom Pharmakonzern Bayer um 1900 als Grippemittel „für Enkel und Opa" beworben), Kokain (Blätter des Kokosstrauches) und LSD (halbsynthetische Lysergsäurediethylamid) enthält in den meisten Fallkonstellationen ein gewisses, zumeist ausbalancierbares Risiko, also Chancen zur *Erweiterung* der personalen Erlebnishorizonte und die *Gefahr,* das erreichte Niveau befriedigender, also auch sinnlicher Lebensführung auszuhöhlen, einzuschränken und in extremen Fällen weitgehend zu zerstören. Dazu nun einige entwicklungspädagogisch akzentuierte sowie gesundheitssoziologisch und -psychologisch informierte Bemerkungen:

1. Da es sich hier um ein pädagogisch und politisch recht umstrittenes Feld handelt, sollen zunächst einige zentrale **empirische Befunde** bezüglich des Drogenkonsums von Jugendlichen in Deutschland vorgestellt werden (vgl. Orth 2016, Kap. 3.2/3.3; Orth/Merkel 2019, Kap. 3.1; und die Zusammenfassungen in 15. KJB 2017, Kap. 3.3.2.4 und Laging 2018, Kap. 4.2/4.3 und 5; zum Drogenkonsum von Jugendlichen in Europa Europäischer Drogenbericht 2018, S. 40 u. 84ff).
    a. Es haben insgesamt 62,9 % der 12–17-jährigen mindestens schon einmal *Alkohol* getrunken; 9,8 % trinken ihn regelmäßig (mindestens einmal die Woche). 14,0 % haben sich in den letzten 30 Tagen mindestens einmal am Rauschtrinken beteiligt. Von den 18- bis 25-jährigen haben 95,5 % schon einmal in ihrem Leben Alkohol getrunken, 34,0 % trinken ihn regelmäßig

und 38,9 % haben sich in den letzten 30 Tagen am Rauschtrinken („Komasaufen") beteiligt. „Männliche" Jugendliche betreiben ihn intensiver als „weibliche". Jugendliche mit türkischem und asiatischem Migrationshintergrund konsumieren ihn am wenigsten. Hinsichtlich des Milieuhintergrunds sind die Befunde uneinheitlich, aber insgesamt nicht signifikant. Mit höherem formalem Bildungsstand scheint der Konsum zu steigen.

b. Illegale (illegalisierte) Drogen haben 23 % der 12–17-jährigen und 63,3 % der 18–25-jährigen mindestens einmal angeboten bekommen. Beim Konsum liegt Cannabis an der Spitze; 9,7 % der Jugendlichen und 34,5 % der jungen Erwachsenen haben damit leibhaftige Erfahrungen. Von letzteren haben 4 % schon einmal Ecstasy, Amphetamin oder psychoaktive Pflanzen konsumiert und zwischen ein und drei Prozent LSD, Kokain, Neue Psychoaktive Substanzen und Schnüffelstoffe. Weniger als ein Prozent haben konsumiert Crystal Meth, Crack oder Heroin und mehr „männliche" als „weibliche" Jugendliche haben mit ihnen Erlebnisse und Erfahrungen gehabt. Der Einfluss der Schulform ist nicht signifikant. Auszubildende und Erwerbstätige konsumieren sie seltener.

Definition: Drogen

In diesem Unterkapitel (und Buch) wird für einen *engen* Drogenbegriff plädiert, der nur solche Substanzen umfasst, die eine psychotrope bzw. psychoaktive Funktion für das Erleben ermöglichen, also die Befindlichkeit der konsumierenden Subjekte stimulieren/antreiben oder dämpfen oder euphorisieren. Davon sind andere Formen wie die sog. Spielsucht, Mediensucht, Konsumsucht ausgeschlossen.

2. Um den situativen und biografischen Stellenwert des Drogenkonsums angemessen analysieren und bewerten zu können, bedarf es zunächst einmal einer kritischen Auseinandersetzung mit den **traditionellen Vorstellungen** über den Gebrauch von psychotropen Substanzen, der durchgängig als negativ angesehen wird (vgl. dazu den Argumentations- und Darstellungsduktus im Drogen- und Suchtbericht 2018, Kap. 2.1; und die berechtigte scharfe Kritik von Quensel 2010, These 2). Hier wird allein schon dadurch von den Selbsterfahrungen und Selbstverständigungsbemühungen der Jugendlichen abstrahiert, dass diesen Drogen eine *Subjektposition* zugeschrieben wird und die Konsument*innen in einen *Objekt-* und *Opferstatus* gedrängt werden. Dies zeigt sich in Broschüren u. ä. zur Drogenproblematik in Bemerkungen wie: „Drogen machen abhängig". „Drogen

machen süchtig". „Drogen verändern den Menschen". „Drogen ruinieren das Leben eines Menschen": Oder zusammengefasst: **„Drogen sind gefährlich"**. An die Stelle einer Auseinandersetzung mit den situativen Anlässen und personalen Motiven der Einnahme psychotroper Substanzen tritt hier die globalisierende und sehr vage Darstellung von deren unausweichlichen negativen Folgen. Das schlägt sich auch im Untersuchungsdesign nieder, wo von relativ eindeutigen *„Wirkungen von"* und nicht von flexiblen, mehrdeutigen *„Erfahrungen mit"* ausgegangen wird. Damit konzentriert sich der Blick auf *äußerliche* Verhaltensweisen, welche durch die verschiedensten sozialen und politischen Maßnahmen zu *kontrollieren* sind. Im günstigsten Fall ist eine solche Drogenpolitik um *Schadensbegrenzung* bemüht. Sehr häufig legt sie eine *repressive* Drogenarbeit sowie eine *Kriminalisierung* von Konsumenten und Kleindealern illegaler Drogen nahe. Diese trifft insbesondere die jugendlichen Cannabiskonsumenten. Aktuell sind 350.000 konsumnahe Fälle anhängig, wo ein enger Zusammenhang von Erwerb, Besitz, Weitergabe und Eigenbedarf bestimmend ist. Weil aber die Strafverfolgung diese Jugendlichen häufig erst in eine kriminelle Karriere drängt, deshalb plädiert ein relevanter Teil der Staatsanwälte und Richter für einen Verzicht auf Strafverfolgung bzw. eine Legalisierung von Cannabisbesitz und -konsum. (vgl. Stöver et al. 2019, S. 9 u. Teil 4). Das ist ein kriminalpolitisch sinnvoller Schritt und er verschränkt sich mit einer gesundheitspädagogisch verantwortbaren Drogenprävention-, -beratung, -politik und -forschung, die die subjektiven Handlungsgründe ins Zentrum stellt und die Leiblichkeit der Heranwachsenden im jeweiligen sozialen und institutionellen Kontext zu fördern bemüht ist (vgl. zur subjektbezogenen Drogenarbeit Quensel 2010, These 7–10; Weber 2011; und zur reflexiven Drogenforschung Dollinger/Schmidt-Semisch 2007, Teil I). Ein wichtiger Ansatzpunkt ist dabei – wie die o. a. empirischen Befunde zeigen – das widersprüchliche Verhältnis der Menschen zu diesen psychotropen Substanzen: Es nehmen viele Personen, die Drogen nehmen könnten, diese nicht. Es gibt bei allen Stoffen, die als Drogen bezeichnet werden, immer Menschen, die sie nehmen, ohne dass dies zu relevanten Beeinträchtigungen ihrer Identitätsentwicklung führt. Zugleich sind die subjektiven Folgen der *gleichen* Drogen bei *verschiedenen* Menschen sehr *unterschiedlich* bis *gegensätzlich*. Und nicht zuletzt gibt es eine gar nicht so geringe Anzahl von Menschen, die, nachdem sie bestimmte psychotrope Substanzen über Jahre hinweg (und z. T. sogar in exzessiver Weise) genommen haben, den Gebrauch einstellen – und zwar ohne pädagogische oder therapeutische Unterstützung (vgl. als einer der ersten Selbstaufhörer*innen-Fallstudien – hier zur Heroinabhängigkeit – Braun/ Geleker 1984).

3. Diese Widersprüchlichkeiten werden verständlich, wenn zwischen Drogen-*Konsum* und Drogen-*Abhängigkeit* unterschieden wird. Beide Formen stellen spezifische, erfahrungsvermittelte Beziehungen zwischen konkreten Subjekten und den gesellschaftlichen Angeboten an psychotropen Substanzen dar. Für den entwicklungspädagogischen Umgang mit Drogen ist die Frage nach den subjektiven Gründen entscheidend, also warum je ich in einer *bestimmten biografischen Situation/Phase* und einer *bestimmten sozialen Lage* bestimmte psychotrope Substanzen „einnehme". Ähnlich wie bei der Erlebnispädagogik stehen dabei die sinnlichen Bedürfnisse im Zentrum und nicht die nach einer expansiven Realitätskontrolle durch soziale Bedingungsveränderung. Diesbezüglich gilt es zu klären („diagnostizieren"), ob die Einnahme die alltägliche Lebensführung nur *begleitet*, also in sie integriert ist, sie aber nicht bestimmt. Dann führt sie auch nicht per se zur Minderung meines Bezuges zur sozialen Wirklichkeit und zu mir selbst und zu meinen (umfassend verstandenen) Bildungsansprüchen, sondern ist Ausdruck und Element meines persönlichen Wohlbefindens (was von solchen psychotropen Substanzen, wie Alkohol, allen bekannt ist). In diesem Fall sollte von **Drogenkonsum** gesprochen werden und dieser ist im Grundsatz unproblematisch. Dabei ist es eine Frage der historisch-kulturellen Traditionen, aber auch der politischen Machtverhältnisse zwischen den verschiedenen großen und mittleren Akteuren auf dem Drogenmarkt, welche psychotropen Substanzen in welchen Regionen/Ländern/Erdteilen zu welcher Zeit und unter welchen ökonomischen Marktbedingungen verboten und welche legal sind, akzeptiert sind, also ihr Besitz und Konsum als „normal" gilt und der Umgang mit ihnen Bestandteil des Alltags ist (vgl. zum globalen und europäischen Drogenmarkt Europäischer Drogenbericht 2018, Kap. 1). Dabei muss jeder *nicht*-selbstschädigende Umgang mit diesen Substanzen selbstverständlich erlernt werden (auch das Fahren mit schnellen Motorrädern muss erlernt werden, sonst ist es lebensgefährlich). Das erfordert es allerdings, dass die (potenziellen) Konsument*innen fortlaufend über die chemische Zusammensetzung und damit über die Qualität der jeweiligen Drogen informiert werden bzw. sich niedrigschwellig informieren können, wie dies z. B. durch die Initiative „Drug Checking" geschieht (vgl. Stöver et al. 2019, S. 146ff). Alles das gilt ja auch für den Alkohol, den in unserer Kultur aktuell wohl niemand verbieten will und über den auch informiert wird.

4. Von **Drogenabhängigkeit** sollte demgegenüber dann gesprochen werden, wenn ich mein Leben weitgehend an den Erfahrungen, die sich im und mit dem Drogengebrauch erschließen, ausrichte. Die innere und äußere Wirklichkeit ist dann nicht mehr so zugänglich, wie es beim Drogenkonsum oder ohne Drogeneinnahme der Fall ist/wäre. In der Drogenabhängigkeit ziehe ich mich gleichsam von meinen expansiven, bedingungsverändernden Entwicklungs- und

Lernmöglichkeiten zurück – und diese Blockade meiner Perspektiven wird durch den Drogengebrauch gefördert bzw. verfestigt. Das ist aber kein rein individueller und willkürlicher Akt, sondern die restriktive subjektive Bewältigungsweise von sehr einschränkenden Lebensbedingungen. Das können ganz unmittelbar prekäre soziale Bedingungen sein oder auch die Betroffenheit von Arbeitslosigkeit und Armut (vgl. zum Zusammenhang zwischen Marginalisierung und hochriskantem Drogenkonsum in europäischen Kontexten den Europäischen Drogenbericht 2018, S. 51); sie können aber auch eine Reaktion auf die konkurrenzverursachte Bedrohung des eigenen sozialen Status (z. B. Gefährdung weiterführender Schulabschlüsse und Ausbildungswege) in den mittleren und oberen Milieus sein. Diese Form der Angstbewältigung ist insofern regressiv, als auf eine interessen- und bedürfnisgerechtere Veränderung der bedrohungserzeugenden interaktiven und institutionellen Konstellationen und damit die Befriedigung sozialer Gestaltungsansprüche scheinbar freiwillig verzichtet wird. Dadurch wird die Realität in relevanten Aspekten nicht mehr hinreichend erfasst. So betrachtet ist Drogenabhängigkeit als eine weitreichende, realitätsbruchfördernde Unterwerfung eines Subjekts unter den Gebrauch psychotroper Substanzen zu verstehen. Diese wird in nicht wenigen Fallkonstellationen gefördert durch die leichtfertige Verabreichung von Psychostimulanzien des Wirkstoffes Methylphenidat („Ritalin" bzw. „Medikinet") an Kinder und Jugendliche – auch und gerade auf Initiative der Eltern (diese sind – vor den Mitteln gegen Erkältungen – die am meisten verschriebenen Medikamente). Oder anders formuliert: Die Einnahme psychotroper Substanzen ist nie problem-*konstituierend*, sondern allenfalls problem-*verschärfend* (sie können z. B. zum Schulversagen beitragen). Der subjektive Grund für die Drogenabhängigkeit liegt somit in dem Versuch, das psychische Leiden an der eigenen Lebenssituation „erträglich" zu machen, wodurch die psychodynamischen Abwehrprozesse einerseits verleugnet und andererseits verfestigt werden. Damit ist sie Ausdruck eines grundlegenden und tiefsitzenden Unwohlseins und des selbstfeindschaftlichen Versuches, dieses zu überwinden.

5. Mit Hilfe dieser Differenzierung ist nun auch eine realistische Einschätzung des jugendbestimmten Umgangs mit psychotropen Substanzen möglich: So ist ihr Konsum dann im Grundsatz unproblematisch, wenn er entweder in einem **Ausprobieren** besteht, in dem Wunsch, „mal zu sehen, was dann mit mir passiert, mal gucken, wie ich mich dabei und danach fühle". Da daraus keine psychische oder physiologische Abhängigkeit entsteht, kann dieses „Experiment" jederzeit beendet werden (darauf verweist aus moralpsychologischer Sicht z. B. auch Kohlberg 2007, S. 134; vgl. zu diesem Ansatz Kap. 5.1.3). Oder aber er dient der **psychischen Entspannung** bzw. – wie die Teilnahme an bestimmten erlebnispä-

dagogischen Projekten – der zeitlich begrenzten **psychischen Entlastung** in einer bedrängenden Lebens- oder aktuellen Krisensituation. Nach einer bestimmten Phase steht dann in der Tat die Entscheidung an, ob diese Situation zwischen Konsum und Abhängigkeit beendet wird, indem zum reinen Konsum oder zum völligen Verzicht übergegangen wird. Problematisch wird es in dem Maße, wie die exzessive Drogeneinnahme als Teil der Lebensbewältigung angesehen wird, denn dann dient sie der – mehr oder weniger massiven – psychodynamischen Konfliktabwehr (vgl. Petermann/Roth 2006, Kap. 2.2.3 u. 6.2; Quenzel 2015, Kap. 6). In dieser Fallkonstellation besteht dann ein pädagogischer Unterstützungsbedarf.

Definition: Drogen-Mündigkeit

Dieser Begriff schließt bewusst an die bildungstheoretische Begründung der Mündigkeit als selbstbestimmter Mitverantwortung an und will das traditionelle Verständnis von Drogenkonsum als einer für die Subjekte und die Gemeinschaft gefährlichen Handlungsweise und damit auch seine selektive Kriminalisierung überwinden (helfen). Er plädiert für ein erfahrungsbezogenes und wissenschaftlich aufgeklärtes Verständnis des reflexiven, auf Genuss zielenden Konsums psychotroper und psychoaktiver Substanzen. Zugleich impliziert das die Perspektive und Forderung nach einer Prävention, die gesundheitsfördernde Lebensbedingungen schafft, die Drogen-Abhängigkeit als Form der psychodynamischen Realitätsabwehr verhindert bzw. überwindet.

6. Die in solchen Fällen notwendige **psychosoziale Einzelfallhilfe** sollte folgende Momente beachten (vgl. Arnold/Schille 2002, Teil VII; Braun/Gekeler 2011; Laging 2018, Kap. 8 u. 11; Quensel 2010, These 7–9; und als Anregungen aus übergreifenden Konzepten Galuske 2013, Kap. 13–16 u. 18 sowie Wendt 2017, Kap. 6 u. 7):

   a. Das Ziel der Drogenberatung oder auch Drogentherapie muss in dem Sinne *offen* bleiben, als die Jugendlichen *selber* zu entscheiden haben, ob sie clean werden oder zum nicht-riskanten Drogenkonsum übergehen wollen. Völlig abzulehnen ist die Voraussetzung, dass die Betroffenen und Hilfesuchenden einen Entzug bereits erfolgreich durchgestanden haben müssen, bevor sie in eine Beratung bzw. Therapie aufgenommen werden, denn die Phase des (teilweisen oder zeitbegrenzten) Entzuges ist ein tiefgreifender psychosozialer Konflikt, bei dem sie ggf. oder sogar besonders intensiv Unterstützung brauchen und/oder sich wünschen. Deshalb spricht Quensel (2010, These 8) mit Blick auf das Ziel der Drogen-*Erziehung* explizit und keineswegs metaphorisch von **Drogenmündigkeit** als einer Teil-Mündigkeit bzw. Teil-Identität.

b. Es muss die institutionelle Präsenz eines Angebots (z. B. in einer Schule oder in einem Gemeinwesenzentrum) so gestaltet sein, dass nicht schon das Aufsuchen diskriminierend ist. Eine **nicht stigmatisierende Zugänglichkeit** kann z. B. durch Kooperation mit Ärzt*innen oder durch eine multifunktionale Angebotsstruktur erreicht werden (z. B. wenn in einem Jugendzentrum auch die Möglichkeit besteht, entsprechende Fachkräfte anzusprechen und mit ihnen ein Treffen an einem Ort auszumachen, der unverfänglich ist).

c. Die **freiwillige Eröffnung** der Beratungsprozesse ist zu gewährleisten; d. h. die Jugendlichen dürfen nicht durch Eltern oder Lehrkräfte oder andere Pädagog*innen gezwungen werden, an diesen Prozessen teilzunehmen. Sehr häufig wird dieser Druck allerdings eher indirekt ausgeübt (z. T. durch andere Jugendliche bzw. Freund oder Freundin) und es muss auch nicht ausgeschlossen werden, dass jemand erst im Prozess der Beratung die „Tiefe" der Selbstverstrickung in die Drogenabhängigkeit erkennt. Gleichwohl ist offener und/oder verdeckter Zwang immer auch eine Belastung für die entwicklungspädagogisch-soziale Arbeit, weil er die Bedrohungsgefühle und -ängste nochmals bestätigt bzw. verschärft und das kann schließlich zum Scheitern führen (z. B. dann, wenn eine Therapie als Alternative zur Strafe von einem Gericht „angeboten" wird).

d. Die **psychosoziale Diagnose**, für die die Menge der konsumierten Drogen nur eine randständige Bedeutung hat, muss einerseits strikt zwischen Drogen-*Konsum* und Drogen-*Abhängigkeit* unterscheiden (wer nur konsumiert, der/die darf man ruhig fragen ob er/sie damit „ein Problem" hat oder nur ihr zwischenmenschliches und sozialen Umfeld). Dabei gibt es selbstverständlich komplexe Übergangsformen und gerade in solchen Fällen ist die *Selbstdeutung* der Jugendlichen von wesentlicher Bedeutung. Für die professionelle Unterstützung dieser *Selbstaufklärung* ist eine milieu- und jugendsensible Alltagsprache zu verwenden (unausweichliche Fachbegriffe müssen geduldig und ggf. mehrfach „übersetzt" und erklärt werden). Die Sammlung der objektiven Daten zur Lebenslage und -situation sowie der subjektiven zu wichtigen Erlebnissen und Erfahrungen sollte problemzentriert-pragmatisch erfolgen (auch bei komplexen Phänomen, wie etwa Schulversagen, muss man nicht alles wissen) und die Situationsdiagnostik ist empathisch-dialogisch zu gestalten und Vermutungen und Deutungen stets offenzulegen.

e. Die **Problemlösungsvarianten** als biografisch bedeutsame Handlungsalternativen sind unter Beachtung der sozialen Lage und räumlichen Kontexte zu erarbeiten und gleichberechtigt zu diskutieren und dabei die Milieu- und Geschlechtsspezifik der Problemgenese und -lösung zu reflektieren. Bei ihr steht das Spannungsverhältnis von Sinnlichkeit und expansiver Realitätskontrolle im Mittelpunkt. Es ist also zu klären, wie die als angsterzeugende Bedrohung wahrgenommenen und bewerteten interaktiven und institutionellen Konstellationen (in Familie, Schule, Ausbildung, Wohnumfeld, Peers und Vereinen usw.) schrittweise abgebaut und damit Ängste und daraus resultierende psychodynamische Abwehrhaltungen „überflüssig" und schrittweise überwunden werden können. Oder als prinzipielle Leitfrage formuliert: Wie und wodurch können die Jugendlichen als Alternative zu ihren *Opfer*-Erfahrungen Selbstwirksamkeit erleben und damit Handlungs-, Reflexions- und Genussfähigkeiten erfahren und alltäglich praktizieren?

f. Auch und gerade bei der **Beendigung** der Hilfs- und Unterstützungsprozesse muss die Freiwilligkeit sichergestellt sein; das gilt besonders dann, wenn es sich um einen Abbruch handelt. Gerade letztere bedürfen aber einer unverkürzten selbstkritischen Aufarbeitung durch die Pädagog*innen, am besten im Rahmen von Teambesprechungen und als Teil der multiperspektivischen Fallarbeit.

g. Es ist selbstverständlich eine fallbezogene und fallübergreifende **Vernetzung** mit Angeboten der Kinder- und Jugendhilfe zu entwickeln und aus der Einzelfall- und Gruppenarbeit übergreifende Konsequenzen für die sozialräumliche, lebensweltliche und institutionelle Verbesserung der Entwicklungsmöglichkeiten der Jugendlichen zu ziehen (z. B. bezogen auf die Überwindung der psychosozialen Belastungssituationen in den Familien, in der Schule und bezüglich der beruflichen Zukunft sowie das nähere und weitere Lebensumfeld). Oder anders formuliert: *Einzelfälle* sind zumeist *keine Zufälle* und deshalb erlaubt die Fallarbeit und -analyse milieu-, geschlechts- und situationsspezifische Einsichten in solche *strukturellen* Bedingungs-, Verursachungs- und Entwicklungsdynamiken, die schließlich in Drogenabhängigkeit (oder andere Formen psychischer Erkrankung, ggf. als Symptomwechsel) münden. Diese Erfahrungen und Erkenntnisse sind ein zentraler Bezugspunkt für die Begründung von tatsächlich **subjekt-** und **jugendbezogenen Präventionsprogrammen,** die das gesundheitspädagogische Ziel verfolgen, Lebensbedingungen zu schaffen und Lebensweisen zu ermöglichen, die ein angstfreies Leben erlauben und damit emanzipatorische Sinnlichkeit nahelegen (vgl. Hurrelmann/Richter 2013, Kap. 5 u. 6; Quenzel 2015, Kap. 7 u. 8); und dazu gehört als ergänzende Maßnahme auch das Drug-Checking (vgl. die Argumente in Tögel-Lins et al. 2019).

Literaturnachweise (Kap. 4.3/4.4)

15. KJB (Kinder- und Jugendbericht). 2017. Berlin: Bundesministerum für Familie, Senioren, Frauen und Jugend.

Arnold, Helmut und H.-J. Schille. Hrsg. 2002. *Praxishandbuch Drogen und Drogenprävention.* Weinheim und München: Juventa.

Becker, Peter und K.-H. Braun, J. Schirp. Hrsg. 2007. *Abenteuer, Erlebnisse und die Pädagogik,* Opladen & Farmington Hills: Barbara Budrich.

Becker, Peter und J. Schirp. Hrsg. 2008. *Other Ways of Learning.* Marburg: bsj.

Birnthaler, Michael. Hrsg. 2010. *Praxisbuch Erlebnispädagogik.* Stuttgart: Freies Geistesleben.

Braun, Karl-Heinz und G. Gekeler. 1983. *Psychische Verelendung, Heroinabhängigkeit, Subjektentwicklung.* Köln: Pahl-Rugenstein.

Braun, Karl-Heinz und G. Gekeler. 2011. *Drogenarbeit: Fallstudien, subjektive Widerspruchs-verhältnisse, Handlungsstrategien.* In: Weber. 2011. 34–84.

Dollinger, Bernd und H. Schmidt-Semisch. Hrsg. 2007. *Sozialwissenschaftliche Suchtfor-schung.* Wiesbaden: VS Verlag.

Drogen- und Suchtbericht 2018. Berlin: Die Drogenbeauftragte der Bundesregierung.

Einwanger, Jürgen. Hrsg. 2007. *Mut zum Risiko.* München Basel: Reinhardt.

Fischer, Torsten und J. Lehmann. 2009. *Studienbuch Erlebnispädagogik.* Bad Heilbrunn: Julius Klinkhardt.

*Europäischer Drogenbericht 2018.*Lissabon: Europäische Beratungsstelle für Drogen und Drogensucht.

Fischer, Torsten und J. Ziegenspeck. Hrsg. 2008. *Erlebnispädagogik: Grundlagen des Erfah-rungslernens.* Bad Heilbrunn: Julius Klinkhardt.

Galuske, Michael. 2013. *Methoden der Sozialen Arbeit.* Bearbeitet von K. Bock und J. F. Martinez. Weinheim und Basel: Beltz Juventa.

Heckmair, Bernd und W. Michl. 2018. *Erleben und Lernen.* München Basel: Reinhardt.

Hahn, Kurt. 1998. *Reform mit Augenmaß.* Stuttgart: Klett-Cotta.

Hofer, Winfried. 2017. *Life, Style, Sports und Biographie.* Saarbrücken: Südwestdeutscher Verlag für Hochschulschriften.

Homfeldt, Hans Günther. Hrsg. 1995. *Erlebnispädagogik.* Baltmannsweiler: Schneider.

Hurrelmann, Klaus und M. Richter. 2013. *Gesundheits- und Medizinsoziologie.* Weinheim und Basel: Beltz Juventa.

Klawe, Willy/Bräuer, Wolfgang. 1998. *Erlebnispädagogik zwischen Alltag und Alaska.* Weinheim und München: Juventa.

Kohlberg, Lawrence. 2007. *Die Psychologie der Lebensspanne.* Frankfurt/M.: Suhrkamp.

Laging, Marion. 2018. *Soziale Arbeit in der Suchthilfe.* Stuttgart: Kohlhammer.

Sommerfeld, Peter. 1993. *Erlebnispädagogisches Handeln.* Weinheim und München: Juventa.

Lakemann, Ulrich. 2005. *Wirkungsimpulse von Erlebnispädagogik und Outdoor-Training.* Augsburg: ZIEL.

Lang, Thomas. 2006. *Kinder brauchen Abenteuer.* München Basel: Reinhardt.

Michl, Werner. 2015. *Erlebnispädagogik.* München Basel: Reinhardt.

Michl, Werner und H. Seidel. Hrsg. 2018. *Handbuch Erlebnispädagogik.* München: Reinhardt.

Orth, B. 2016. *Die Drogenaffinität Jugendlicher in der Bundesrepublik Deutschland 2015.* Köln: BZgA.

Orth, B. und C. Merkel. 2019. *Der Alkoholkonsum Jugendlicher und junger Erwachsener in Deutschland. Ergebnisse des Alkoholsurveys 2018 und Trends.* Köln: BZgA.

Petermann, Harald und M. Roth. 2006. *Suchtprävention im Jugendalter.* Weinheim und München: Juventa.

Quensel, Stephan. 2010. *Das Elend der Suchtprävention.* Wiesbaden: VS Verlag.

Quenzel, Gudrun. 2015. *Entwicklungsaufgaben und Gesundheit im Jugendalter.* Weinheim und Basel: Beltz Juventa.

Sommerfeld, Peter (1993): Erlebnispädagogisches Handeln, Weinheim und München: Juventa.

Stöver, Heino et al. Hrsg. 2019. *Alternativer Drogen- und Suchtbericht 2019.* Lengerich: Pabst.

Stübig, Heinz. 2007. *Kurt Hahn und seine Erlebnistherapie.* In: Becker/Braun/Schirp 2007. 99–114.

Tögel-Lins, Karsten et al. Hrsg. 2019. *Checking Drug-Checking. Potentiale für Prävention, Beratung, Harm Reduction und Monitoring.* Frankfurt/M.: Fachhochschulverlag.

Weber, Klaus. Hrsg. 2011. *Sucht.* Hamburg. Argument.

Wendt, Peter-Ulrich. 2017. *Lehrbuch Methoden der Sozialen Arbeit.* Weinheim und Basel: Beltz Juventa.

Literaturempfehlungen (Kap. 4.3/4.4)

Becker, Peter und K.-H. Braun, J. Schirp. Hrsg. 2007. *Abenteuer, Erlebnisse und die Pädagogik,* Opladen & Farmington Hills: Barbara Budrich.

Braun, Karl-Heinz und G. Gekeler. 2011. *Drogenarbeit: Fallstudien, subjektive Widerspruchs-verhältnisse, Handlungsstrategien.* In: Weber. 2011. 34–84.

Dollinger, Bernd und H. Schmidt-Semisch. Hrsg. 2007. *Sozialwissenschaftliche Suchtforschung.* Wiesbaden: VS Verlag.

Fischer, Torsten und J. Ziegenspeck. Hrsg. 2008. *Erlebnispädagogik: Grundlagen des Erfahrungslernens.* Bad Heilbrunn: Julius Klinkhardt.

Laging, Marion. 2018. *Soziale Arbeit in der Suchthilfe.* Stuttgart: Kohlhammer.

Michl, Werner. 2015. *Erlebnispädagogik.* München Basel: Reinhardt.

Michl, Werner und H. Seidel. Hrsg. 2018. *Handbuch Erlebnispädagogik.* München: Reinhardt.

Quensel, Stephan. 2010. *Das Elend der Suchtprävention.* Wiesbaden: VS Verlag.

Weber, Klaus. Hrsg. 2011. *Sucht.* Hamburg. Argument.

Moralität und Sittlichkeit

5

Zusammenfassung

In diesem abschließenden Kapitel werden zunächst die theoretischen Grundlagen einer entwicklungspädagogischen Ethik der Mitverantwortung gelegt. Diese werden in einem zweiten Schritt anhand aktueller empirischer Befunde konkretisiert und spezifiziert. Und in einem dritten Schritt geht es darum zu klären, welche Konzepte und Methoden geeignet sind, demokratische Sittlichkeit zu fördern und ein ethisches Minimum der Demokratie zu implementieren. Dabei geht es insbesondere um die dialektische Vermittlung zwischen zwei Polen. Den einen bilden die normativen Ansprüche von Kohlbergs Moralpsychologie mit ihrem Stufenkonzept (präkonventionell, konventionell und postkonventionell), wie es auch von den verschiedenen Varianten der Diskursethik aufgenommen worden ist (Kap. 5.1). Den anderen bilden die gegenwärtigen, epochaltypischen Umbruchprozesse aufgrund der ökonomischen, sozialen, politischen und kulturellen Modernisierungsprozesse, die auch in Form von Diskriminierung, Gruppenbezogener Menschenfeindlichkeit und Gewaltakzeptanz und -bereitschaft massive gegenmodernistische Tendenzen und Verwerfungen hervorgebracht haben. Sie werden zudem überformt von dem Spannungsfeld zwischen Lokalisierung, Transnationalisierung und Globalisierung (Kap. 5.2). Sollen die Tendenzen, die das zivilisatorische Minimum zunehmend aushöhlen und gefährden, nicht einfach hingenommen werden (der Versuch, sie einfach „auszusitzen", hat sich schon als extrem gefährlich erwiesen), dann bedarf auch die politisch und sozial mitverantwortliche Pädagogik Konzepte, Methoden und Initiativen, um die produktiven Wechselbeziehungen zwischen sozialer, politischer und kultureller Demokratie wieder mehr zur Geltung zu bringen. Zur zivilgesellschaftlichen „Unterfütterung" des demokratischen und sozialen

© Springer Fachmedien Wiesbaden GmbH, ein Teil von Springer Nature 2020
K.-H. Braun, *Entwicklungspädagogische Theorien, Konzepte und Methoden 2*,
https://doi.org/10.1007/978-3-658-20289-7_5

Rechtsstaates können beitragen gerechte und fürsorgliche Gemeinschaften, die Demokratiebildung als interaktives und institutionelles Projekt sowie die alltagsbezogene Verankerung der Menschenrechte (Kap. 5.3) – Da in diesem Kapitel die theoretischen, empirischen, konzeptionellen und methodischen Argumentationsketten auf vielfältige Weise und fortlaufend miteinander in Beziehung gesetzt werden, deshalb wurde in diesem Fall nur *ein* Verzeichnis der nachzuweisenden und empfohlenen Literatur erstellt (und befindet sich am Ende des Kapitels).

Die in Kap. 1 dargestellten theoretischen Ansätze und empirischen Befunde der pädagogisch relevanten Milieuforschung haben immer auch die Tatsache verdeutlicht, dass die Menschen in vergemeinschafteten und vergemeinschaftenden Lebensformen denken, fühlen und handeln und dabei sich Sitten aneignen und Gewohnheiten ausbilden, die ihr Zusammenleben bestimmen und in Form des Habitus eine gewisse bis bemerkenswerte biografische Stabilität aufweisen. Daraus entstehen soziale Regeln, die eine zentrale Dimension der sozialen Integration darstellen. Dabei lassen sich diese Regeln und dahinterstehenden Positionen, Strategien und Interessen hinsichtlich ihrer *Partikularität* oder *Verallgemeinerbarkeit* und damit ihrer Geltungsansprüche unterscheiden (z. B. Gruppenregeln einer Fußballmannschaft, Verfahrensregeln bei der Wahl eines Vereinsvorstandes oder bei einer parlamentarischen Beratung und Entscheidung über ein Gesetz). Dieses Spannungsverhältnis von eingewöhnten und selbstverständlichen oder selbstverständlich gewordenen *pluralen* Alltagsnormen und **übergreifenden,** verbindenden, tendenziell *universellen* Normen wird spätestens seit der „Philosophie des Rechts" (zuerst 1821) von Georg Wilhelm Friedrich Hegel (1770–1831) als Relation zwischen *Moralität* und *Sittlichkeit* thematisiert (vgl. Hegel 1986, insbes. § 141). Dabei stellt sich vom „moral point of view" die Frage, wie das in seiner Integrität immer wieder verwundbare Subjekt vor Verletzungen aller Art (z. B. Beleidigung, Diskriminierung, Benachteiligung, Ausschluss, Vergewaltigung, Nötigung usw.) geschützt werden kann, welche institutionellen und soziomoralischen Bedingungen und Verfahren notwendig sind, seine Menschenwürde zu bewahren oder wieder herzustellen. **Moralität** ist somit eine Art von intersubjektiver „Schutzvorrichtung" **für die versehrbaren und schonungsbedürftigen** Subjekte, auf die *alle* Menschen Anspruch haben. Die **Sittlichkeit** ist einerseits die lebensweltliche Basis solcher Fragestellungen, in ihr entstehen aufgrund alltäglicher Verletzungserlebnisse und -erfahrungen, Gefühle des Mitleids und der Empörung und damit Fragen nach dem Hintergrund solcher Missachtungen; und andererseits werden dialogisch und diskursiv gewonnene moralische Einsichten in die Gestaltung der Sitten und

Gebräuche rückvermittelt und legen die Erwartung und Notwendigkeit nahe, diese entsprechend den konsensuell gewonnenen Einsichten zu verändern (z. B. als Minderheitenschutz, als soziale Hilfe in bedrängten Lebenslagen, als Zuwendung in Situationen existenzieller Verzweiflung). Damit wird schon deutlich, dass diese vielschichtigen und immer komplexer werdenden Relationen zwischen Moralität und Sittlichkeit (vgl. dazu als diskursethischer Blick auf Hegel Kuhlmann 1986) zugleich einen relevanten Aspekt der Identitätsentwicklung ausmachen, also eine weitere Teil-Identität darstellen. Sie ist zwar mit den anderen Teil-Identitäten verwoben (z. b. sexuellen Bedürfnissen, sozialen Anerkennungswünschen, beruflichen Erfolgsanstrengungen), stellt aber dennoch einen eigensinnigen Aspekt der Gesamtpersönlichkeit dar, weshalb das Verhältnis von Moral und Person (vgl. z. B. Edelstein et al. 1993, S. 107–199) bzw. die moralische Identität (vgl. z. B. Blasi 1993; Oser et al. 1986a, II. Teil) relevante Fragestellungen für die Entwicklungspädagogik darstellen. Entsprechende Befunde und Reformoptionen können dann auch rückvermittelt werden zur Milieuforschung (insbesondere zu den aktuellen empirischen Befunden über die Familien- und Jugendmilieus), denn diese stellen immer auch – mit Lepsius (1993, Teil I) gesprochen – sozialmoralische Milieus dar.

5.1 Bildungsthema: Ontogenese der moralischen Urteils- und Handlungsfähigkeit (Kohlberg)

Zusammenfassung

In diesem Unterkapitel werden zunächst die psychologischen und philosophischen Grundlagen der entwicklungstheoretisch ausgerichteten Moraltheorie von Kohlberg erläutert (Kap. 5.1.1/5.1.2). Auf Grundlage dieses Stufenkonzeptes (präkonventionelle, konventionelle und postkonventionelle Moralbegründungen) werden die Besonderheiten der moralisch-sittlichen Entwicklung in der Adoleszenz bestimmt sowie auch einige aktuelle empirische Befunde bezüglich der Gerechtigkeitsvorstellungen und Autonomie-Partizipationserfahrungen dargestellt (Kap. 5.1.3). Den Abschluss bilden die meta-theoretischen Überlegungen von Kohlberg, deren Postulate (z. B. Universalismus, Kognitivismus, Formalismus, Konstruktivismus) aus bildungstheoretischer Sicht kritisch interpretiert und konstruktiv erweitert werden (Kap. 5.1.4). Damit sind zugleich einige wichtige Aspekte einer entwicklungspädagogischen Verantwortungsethik umrissen.

Ein bedeutender Ansatz der Moraltheorie, der bis in die Gegenwart auch die pädagogischen Debatten und Reformprojekte stark mitbestimmt, ist der von Lawrence Kohlberg. Er wurde 1927 als Kind wohlhabender assimilierter jüdischer Eltern in New York geboren und verbrachte seine gesamte Schulzeit in einem Internat, wo er als „widerspenstig" und abenteuerlustig galt. Die Folgen der Barbarei des deutschen und internationalen Faschismus erlebte er als Soldat der amerikanischen Handelsmarine Ende 1945 in Europa (vgl. zu seiner Biografie Garz 2015, Kap. 1 und ergänzend ders. 2008, Kap. 5.1; und zur Selbstinterpretation Kohlberg 1996b). Auch aufgrund dieser Erfahrungen beteiligte er sich als unbezahlter Maschinist an illegalen Aktionen, die jüdische Mitbürger*innen nach Palästina „schleusten". Nachdem das Schiff 1948 vom britischen Militär aufgebracht, er verhaftet und schließlich befreit wurde, verbrachte er einige Zeit in einem Kibbuz in Palästina, bevor er mit falschen Papieren in die USA zurückkehrte. Er selbst hat diese Zeit als „moralische Lehre" und sich als „moralischen Aktivisten" bezeichnet und die damit aufgeworfenen Fragen der moralischen und sittlichen Fundamente des sozialen und politischen Handelns wurden nochmals durch das praktische Erlebnis während seines 1948 begonnenen Psychologiestudiums in Chicago (u. a. bei Bruno Bettelheim, Carl Rogers, Anselm Strauss und dem Begründer des Entwicklungsaufgaben-Ansatzes, Robert Havighurst; vgl. EP1, Kap. 1.2) verschärft, als ein Psychiater eine Patientin wegen ihrer „Aufsässigkeit" mit Elektroschocks bestrafte. In seiner von 1955 bis 1958 verfassten Dissertation „Die moralische Entwicklung des Menschen" klingen bereits alle zentralen Themen seiner lebenslangen Forschungen und praktisch-pädagogischen Initiativen an, zunächst (1959–1961) als Assistenzprofessor in Yale und als „Fellow" in Palo Alter und dann von 1962 bis 1968 als Assistenzprofessor und später als Associate Professor in Chicago. Schließlich erhielt er 1968 eine ordentliche Professur für Erziehungswissenschaft und Sozialpsychologie an der Harvard-Universität in Cambridge, wo er an der „Graduate School of Education" das „Zentrum für moralische Entwicklung und Erziehung" gründete und das Just-Community-Konzept in Gefängnissen erprobte. 1974 gründete er das „Center of Moral Education and Development" und entwickelte dort das Just-Community-Konzept für Schulen. Auf einer Forschungsreise in Britisch-Honduras (heute Belize) in Mittelamerika zog er sich eine Virusinfektion zu, die zu schweren Krankheitsschüben, körperlichen Schädigungen, Beeinträchtigungen seiner Arbeitsfähigkeit und Einschränkungen des psychischen Wohlbefindens führte, die schließlich 1987 in seinen Freitod mündete.

5.1.1 Die ontogenetische Rekonstruktion von Moralität

Die interdisziplinäre Arbeitsweise von Kohlberg wird nicht nur durch die angedeutete enge Beziehung zwischen psychologischer Theoriebildung und pädagogischen Innovationen (mit Schwerpunkt bei der Förderung „Gerechter Gemeinschaften" in den Schulen; vgl. Kap. 5.3.1) deutlich (die auch zur Weiterentwicklung der Pädagogischen Psychologie beigetragen haben), sondern auch darin, dass er – die soziokulturellen und politischen Impulse seiner Jugendzeit sowie der amerikanischen Bürgerrechtsbewegung und der Protestbewegung gegen den Vietnamkrieg in den 1960er und 1970er Jahren aufnehmend – immer wieder auch übergreifende philosophische und soziologische Theorien in seine Forschungen integriert hat (informative Übersichten zu den verschiedenen Strömungen und Ansätzen bieten Adorno 2018, Bayertz 2006, Höffe 2013 und Steinvorth 1990). Mit *Immanuel Kant* (1724–1804) ging er davon aus, dass das selbstverantwortliche autonome Subjekt der Ausgangs- und Endpunkt aller vernunftgeleiteten moralischen Reflexionen und Entscheidungen sei (vgl. Kohlberg 1996a, S. 279ff u. 287ff). Mit *Emilè Durkheim* (1858-1917) teilte er die Auffassung, dass die moralische Sozialisation ein zentrales Element der individuellen Vergesellschaftung sei und die Verbindlichkeit sozialer Regelungen in Gruppen (wie z. B. Schulklassen) erlernt würde und so Anomietendenzen verhindert bzw. überwunden werden können (vgl. Kohlberg 1996a, S. 18ff; Kap. 1.2.1 dieses Buches). Mit *John Rawls* (1921–2002) war er der Überzeugung, dass moralische Normen auf keiner wie immer gearteten Naturgrundlage entstünden, sondern dass es vertragsmäßig konstruierte Verbindlichkeiten seien, bei denen die Gerechtigkeit, also die Fairness das Zentrum der Moraltheorie ausmache (vgl. Kohlberg 1996, S. 346ff; Kap. 2.2.1 in diesem Buch). Und er stimmte dem hermeneutischen Rekonstruktionismus von *Jürgen Habermas* (*1929) zu, dass Moralität und Sittlichkeit das innere Spannungsverhältnis ethischer Begründungs- und Anwendungsdiskurse ausmache, in denen sich die Menschen – sofern sie frei sind von Zwängen und die kommunikativen Geltungsansprüche beachten – auf universell gültige Normen einigen können (vgl. Kohlberg 1996a, S. 233ff u. 371f; ders. 2007, S. 22f; sowie – als Quellennachweis – Habermas 1983a, S. 42ff; ders. 1983b, Kap. I u. V). Bezüge hatte er auch immer wieder hergestellt zur psychoanalytischen Theorie der Lebenszyklen und damit auch der Identitätsbildung von *Erik H. Erikson* (1902–1994), wobei er dessen Stufenkonzept als „**weiches**" charakterisierte, weil es die jeweiligen Stufen aus den unterschiedlichen Ich-Funktionen herleitet, mit deren Hilfe Krisen überwunden werden und aus den funktionalen Anforderungen auch die Schritte zur stark kulturell (mit-)bestimmten „Weisheit" zu erschließen sind. Die Abfolge der Stufen folgt nicht einer notwendigen Logik der Höherentwicklung, sondern die jeweiligen Stufen enthalten immer auch für das Ich Wahl- bzw. Verwendungsmöglichkeiten (vgl. Kohlberg 1996a, S. 109ff u. 259ff; Kap. 3.1.1 in diesem Buch). Dieses Konzept der Lebenszyklen ergänzt seinen eigenen kognitivistischen Ansatz, der sich von Anfang an auf die kognitive Entwicklungstheorie von *Jean Piaget* (1896–1980; vgl. EP1, Kap. 2.1) und seine ontogenetische Rekonstruktion der moralischen Urteilsfähigkeit von Kindern (und Jugendlichen) bezog (vgl. Kohlberg 2007, S. 27ff), die er unter Vorbehalt bzw. einschränkend auch als Bewältigung von Entwicklungsaufgaben beschrieb (vgl. Kohlberg 1996a, z. B. S. 73, 80 u. 83). Ähnlich wie Piaget (1983, 1. u. 3. Kap.; EP1, Kap. 2.1) und im expliziten Unterschied zu Erikson, ging er von einem „harten" Stufenkonzept aus, wonach jede Stufe eine in sich strukturierte und geschlossene Gesamtheit bildet, die von anderen Stufen deutlich abgegrenzt werden kann; wo die nächsthöhere Stufe die Ergebnisse der vorangegangenen in sich aufnimmt („aufhebt") und die Entwicklung insgesamt invariant ist (vgl. Kohlberg 1974; ders. 2007, S. 32ff u. 60ff). Dabei konzentrierte er sich zunächst auf die Spanne von der Geburt bis zum Abschluss der Jugendzeit (vgl. die Arbeiten in Kohlberg 1996a); erst in späteren Arbeiten hat er das Konzept auf die gesamte Lebensspanne ausgedehnt (vgl. die Zusammenstellung der entsprechenden Arbeiten in Kohlberg 2007 sowie ders. 1980). In den entsprechenden empirischen Längsschnittuntersuchungen (vgl. die Übersicht bei Garz 2015, Kap. 3.3) machte er *hypothetische Dilemmata* zur Grundlage von dialogisch-mäeutisch verfahrenden *strukturalen Interviews*, die sich an den Grundsätzen der Aufrichtigkeit, der Klarheit, der Präskriptivität (dazu Kap. 5.1.4) und der maximalen Kompetenzausschöpfung ausrichteten. Das bekannteste ist das „Heinz-Dilemma": Soll der Mann einer sterbenskranken Frau das notwendige Medikament stehlen, durch das er das Leben seiner Frau retten kann, weil der Apotheker es ihm nur zu einem sehr überhöhten Preis verkaufen will, den der Mann trotz intensiver Bemühungen nicht bezahlen kann? Diese wurden dann hinsichtlich der *Argumentationsmuster* und logischen Entscheidungsrichtung (und nicht der Inhalte) mit Hilfe hermeneutischer Rekonstruktionsverfahren in Bezug auf die Themen, die Normen und die Elemente (verstanden als Rechtfertigungsgründe – wie z. B. Aufrechterhaltung der sozialen oder moralischen Ordnung oder Fairness) *interpretiert* und theorieorientiert verallgemeinert und dabei auch Brücken zu den *philosophischen* Debatten geschlagen (weshalb er sich und auch Piaget als „Philosophen-Psychologen" bezeichnete; zu dieser Selbstdeutung Kohlberg 2007, S. 21; zum Verfahren ebd., S. 32ff u. 169ff).

5.1.2 Die rekonstruktiven Stufen moralischer Lernprozesse

Diesbezüglich sind theoretisch und empirisch drei Ebenen und sechs Stufen der Geltungsgründe und -reichweiten sozialer Regeln herausgearbeitet worden (vgl.

Kohlberg 1996a, S. 126–132, ders. 2007, S. 78–93; und die prägnante Zusammenfassung in Garz 2015, Kap. 3.1/3.2); dabei ergaben sich auch zahlreiche Übereinstimmungen mit den Lebenszyklenanalysen von Erikson, die auch deutlich machen die Relationen zwischen moralischer und Identitätsentwicklung:

1. Die **präkonventionelle**, im strengen Sinne noch vormoralische **Ebene** enthält die folgenden Unterebenen (und dauert bis ca. zum 9. Lebensjahr):
   a. Sie wird eröffnet mit der **Stufe 1**, die sich um die Einhaltung von sozialen Regeln des unmittelbaren Zusammenlebens (z. B. „Du sollst nicht stehlen." „Du sollst nicht lügen.") bemüht und in der **Gehorsam** ein Selbstzweck darstellt (z. B. keinen Gegenständen und Personen Schaden zufügen). Autoritäten (wie Eltern oder Lehrer*innen) werden unbefragt anerkannt („Die wollen das nicht." „Das gehört sich nicht."). Zugleich wollen die Kinder **Sanktionen** von mächtigen Personen und Instanzen (z. B. Kindergarten oder Schule) vermeiden, wobei die Mächtigen bestimmen, was „gut" und „richtig" ist. Die Kinder richten sich strikt nach dem Wortlaut eines Gebotes (z. B. „Du sollst Vater und Mutter ehren."), befragen noch nicht den dahinterstehenden verallgemeinerten Sinn bzw. die dem Verhalten zu Grunde liegenden (verallgemeinerten) Intentionen (oder auch Strategien) und kennen die dafür möglichen bzw. vorhandenen Begründungen auch ansatzweise nicht. Sie erwarten für eine „gute" Tat eine angemessene Belohnung (z. B. ein Lächeln oder die Erfüllung eines Wunsches). Die Absichten anderer Menschen werden ebenfalls noch nicht einbezogen, insofern sind diese Vorstellungen nicht nur *heteronom* (im Gegensatz zu autonom), sondern auch in hohem Maße *ich-eingeschlossen* („egozentrisch") und die Normen starr.
   b. Auf der **Stufe 2** wird diese privatistische Grundhaltung insofern erstmals relativiert und durchbrochen, als nun nicht nur die Legitimität der eigenen Interessen und Ziele, sondern auch die der anderen anerkannt wird, ohne sie allerdings in eine Wechselbeziehung zu stellen. Der unmittelbare, in gewisser Weise „naive" **instrumentell** verallgemeinerte, zweckorientierte Bezug auf andere Menschen („Mit wem kann ich welchen ,Deal' machen – wer kann mir z. B. helfen, das Fahrrad aus dem Keller zu holen und wobei sollte ich ihm dann helfen?") bestimmt nun das Verhältnis zu den sozialen Regeln und erweitert den *primären* Individualismus um die austauschorientierte *sekundäre* Einbeziehung anderer Menschen. Deren ebenfalls individualistisch verstandenen Bedürfnisse und Interessen werden gegenseitig zweckrational anerkannt und berücksichtigt („Wie du mir, so ich dir."). Für diese kollektiven Normen gelten Beziehungen dann als gerecht und Konflikte als (zumindest) fair gelöst, wenn es zu einem gleichwertigen Austausch von Gegenständen (z. B.

Geschenken) und/oder Leistungen (z. B. Unterstützung beim Erlernen eines neuen Spiels) kommt. Das ermöglicht allerdings auch *Rache*-Motive („Wenn mir jemand was Schlechtes antut, dann darf ich es ihm dafür heimzahlen.").

2. Die **konventionelle**, regelkonforme **Ebene** stellt so etwas wie die Alltagsmoral von Jugendlichen und Erwachsenen in entwickelten modernen Gesellschaften (des Westens) dar.

   a. Sie wird (ab ca. dem 10. Lebensjahr) eröffnet mit der **Stufe 3,** durch die Einsicht in die und bewusste Beachtung der **Gegenseitigkeit** auch je meiner Lebensführung und die sie leitenden Handlungsmotive und Begründungsmuster. Mit dieser Perspektivenkoordination bildet sich erstmals ein bewusstes Verhältnis zu den – durch die jeweilige Rolle (z. B. gutes Kind, gute Mutter bzw. Freundin, guter Pädagoge) festgelegten – *wechselseitigen interaktiven Erwartungen,* die immer auch von *zwischenmenschlichen Konformitätserwartungen* bestimmt sind und den guten bzw. schlechten Ruf der Personen begründen. Diese frühe Form der *Inter*-Subjektivitätsbeziehung wird getragen von dem Wunsch nach unmittelbarer sozialer Harmonie, konsensueller Konfliktlösung und emotionaler Geborgenheit in einer moralisch-sittlichen Gemeinschaft, die sich dann und dadurch erfüllt, wenn alle allen was Gutes tun oder es zumindest gut meinen. Auch für die wechselseitige Sorge (z. B. bei Krankheit oder Liebesschmerz) ist man dankbar. Dabei wird das Mehrheitsverhalten bzw. das, was als „natürlich", also selbstverständlich rechtens angesehen wird, zum wesentlichen Orientierungspunkt. Das Wohlergehen der anderen Menschen hat ggf. sogar Priorität gegenüber denen eigenen Wünschen, Bedürfnissen und spontanen Handlungsimpulsen (z. B. sofortige Hilfe nach einem Unfall, obwohl man sich gerade mal entspannen wollte). Die einbezogenen Personen gehören der unmittelbaren Primärgruppe – Familie, engerer Freundeskreis, Peergroup u. ä. – an. Der auf gegenseitiger Unterstützung fußende Zusammenhalt dieser *unmittelbaren* Gesellungseinheit erfordert die unhinterfragte Zustimmung zu den jeweiligen Familien- bzw. Gruppennormen (z. B. Verschwiegenheit, wenn einem ein „Geheimnis" erzählt worden ist oder Solidarität und Schutz, wenn man von einer anderen Clique bedroht wird). Gelingt diese Verschränkung von Rollenerwartungen und Entwicklungsperspektiven (z. B. ein „Good boy" bzw. ein „Nice girl" zu sein), dann entstehen als Voraussetzung und Folge der Gruppenzugehörigkeit einfache, präreflexive Formen des aktiven Vertrauens, des emphatischen Respekts, der gerechten Anerkennung, der fairen Wertschätzung, des begründeten Lobs sowie der aufrichtigen Dankbarkeit und ehrlichen Zufriedenheit. Sie beinhalten aber auch die Gefahr eines großen Anpassungsdrucks nach *innen* und „Bestrafung" von Abweichungen aller

Arten („Rache für den Bösewicht") sowie Abwertungspotenzials nach *außen* (etwa bei ethnischen und religiösen Konflikten).

b. Auf der **Stufe 4** wird diese soziale Unmittelbarkeit der individualistischen bzw. zwischenmenschlichen Subjekt-Subjekt-Beziehungen und Gruppenbildungen qualitativ überschritten. Zum vorrangigen Bezugspunkt werden nun die übergreifenden gesellschaftlichen Anforderungen und Systemstrukturen, also die Perspektiven der Subjekt-System-Relationen und damit auch die Beziehungen zwischen sozialen Regeln und systeminduzierten Strategien sowie die gesellschaftserhaltenden **normativen Verbindlichkeiten** als zentrale Dimensionen der alltagsentlastenden verallgemeinerten Lebensvorsorge. Das beinhaltet nicht nur die Befolgung von staatlich hervorgebrachten Gesetzen (z. B. Gewaltmonopol des Staates) und Akzeptanz ihrer moralischen Hintergrundannahmen (z. B. „Du darfst nicht töten!"), sondern auch von „ungeschriebenen" Gesetzen, also den moralischen Normen, etwa von religiösen Vereinigungen (z. B. der christliche Glaube an die unendliche Liebe Gottes) oder politischen Organisationen (z. B. der Solidaritätsgrundsatz in den Gewerkschaften oder das Verbot zum Kriegsdienst in pazifistischen). Dem liegt die Annahme und Einstellung zu Grunde, dass eine legitime gesellschaftliche, insbesondere staatliche *Ordnung* nur dann Bestand haben und soziale und systemische Anomien nur dann verhindert oder überwunden werden können, wenn *alle* (insbesondere auch die großen und mächtigen Marktakteure!) den entsprechenden Gesetzen und Normen *gehorchen* und die legitimierten Autoritäten anerkennen, wofür auch ich als einzelner Mensch mit-*verantwortlich* bin. Insofern werden die Maßstäbe der gesellschaftlichen und institutionellen Autoritären (z. B. Gericht oder Schule) verinnerlicht und nicht nur aus Angst vor Bestrafung befolgt, sondern weil man bei Nichtbeachtung ein schlechtes Gewissen hat und Scham empfindet und ggf. sogar die Selbstachtung verliert. Zugleich werden die Normen der (z. B. deutschen) Mehrheitsgesellschaft absolut gesetzt und (z. B. afrikanische oder vorderasiatische) Minderheiten diskriminiert.

3. Die bisherigen Entwicklungsstufen gingen von einem weitgehend *naturalisierten* Gesellschaftsverständnis und darauf fußenden normativen Verbindlichkeiten aus. Dabei werden die bestehende Sozialordnung und ihre verallgemeinerten unmittelbaren und systemischen Handlungserwartungen und -begründungen so genommen, wie sie den Menschen alltäglich in ihrer systemischen Vermitteltheit begegnen. Sie werden als immer schon so beschaffen angesehen und relevante Veränderungen in der näheren und weiteren Zukunft werden ausgeschlossen (nach dem Motto: „Das war schon immer so – etwa die Kluft zwischen Oben und Unten bzw. Arm und Reich – daran wird sich nie was ändern"). Erst auf

der **postkonventionellen**, von Prinzipien geleiteten **Ebene** ändert sich das ab ca. dem 20. Lebensjahr grundlegend, denn jetzt wird die Kluft zwischen *faktisch vorherrschendenden* und *moralisch berechtigten* Normen bemerkt und damit auch die Tatsache, dass die Gesellschaft nicht nur als *Voraussetzung*, sondern auch als *Resultat* menschlichen Handelns ist. Nunmehr wird ihre *Historizität* und damit auch *wünschenswerte Veränderbarkeit* anerkannt und daran auch das nunmehr **autonome**, also das selbstverantwortliche moralische Handeln ausgerichtet. Zugleich ruft die Verletzung dieser Normen durch Mitmenschen oder Institutionen Ärger und Empörung und bei eigenem Fehlverhalten Scham- und Schuldgefühle hervor. Diese können durch Rechtfertigungen bzw. Entschuldigungen be- bzw. verarbeitet werden.

a. Das geschieht zunächst auf der **Stufe 5** durch die legalistische Ausrichtung am **Sozialvertrag** bzw. der gesamtgesellschaftlichen Nützlichkeit. Die pluralistischen Familien- bzw. Gruppennormen sowie die politisch-staatlichen Normen, also die sozialen und systemischen *Binnennormen,* werden nun nicht mehr fraglos hingenommen, sondern sie werden als das *vorgeordnete* Ergebnis des im Prinzip *freiwilligen* Zusammenschlusses der autonomen bzw. autonomiefähigen Menschen zu einer Gemeinschaft bzw. Gesellschaft verstanden. Aus diesem Vorrang der *Freiheitsnormen* ergibt sich die Schlussfolgerung, dass man nur einem „Gesetz" gehorchen muss, dem man freiwillig zugestimmt hat bzw. hätte, wenn man also nicht nur sein *Adressat*, sondern auch sein *Autor* ist bzw. sein könnte. Die damit verbundene übergeordnete und politisch veränderbare Symmetrie der Pflichten und Rechte (z. B. Steuern zu bezahlen und als Moment der Verfahrensgerechtigkeit, an kommunalpolitischen Entscheidungen direkt beteiligt zu werden) ermöglicht die personale, rationale und motivationale Verpflichtung zur freiwilligen Gesetzestreue. Dieser innere Zusammenhang von moralischer und politischer Identitäts- und Kapitalentwicklung in einem sozial und demokratisch strukturierten Gemeinwesen wird aber nur dann möglich, wenn die gesetzlichen Normen inhaltlich der *Gerechtigkeit* dienen oder doch zumindest *allen nützlich* sind, weil sie dem allgemeinen Wohlergehen dienen und deshalb die Achtung des unvoreingenommenen „Zuschauers" verdienen. Auf diese Weise schützen sie die individuellen Rechte bzw. bringen sie zur Geltung (z. B. das Recht auf Bildung und soziale Unterstützung für eine menschenwürdige Lebensführung). Das berechtigt bzw. verpflichtet zum Widerstand, wenn nationalstaatliche Gesetze (welcher Art auch immer) nicht den Prinzipien der **Moral**, also der Gerechtigkeit und Solidarität entsprechen, sondern dem Erhalt der **Macht** oder den Interessen mächtiger Akteure des **Marktes** (z. B. in der aktuellen Debatte um Mietpreisbremsen und Enteignung großer Immobilienkonzerne).

b. Nun ist die Stufe 5 und die sich dort konstituierende Ich-Autonomie noch nicht frei von ethnozentrischen (meist nationalstaatlichen oder „westlichen") Beschränkungen. Deshalb ist die höchste, die **6.Stufe** an **universellen** Normen und ethischen Prinzipien ausgerichtet. Sie befragt vorfindliche Normen und bestehende Gesetze (z. B. Schutz von Minderheiten) daraufhin, ob sie diesen moralischen Kriterien entsprechen. Wenn sie das nicht tun, dann ist ziviler Ungehorsam zur Weiterentwicklung rechtsstaatlicher Verhältnisse und Normen legitim (vgl. Habermas 1985). Die moralischen Handlungspflichten stehen insofern über der Gesetzestreue und ihre Nichtbeachtung führt zu Gewissensbissen. Diese Bewertung der verschiedenen Normen in einer Konfliktlage obliegt der vernünftigen, also rationalen und motivierten Entscheidung des sprachfähigen Subjekts. Das zentrale kommunikative Medium, welches auch Reversibilität und Reziprozität ermöglicht, ist die „grenzenlose", also alle Menschen anonym einschließende „ideale" Rollenübernahme. Selbstverständlich ist das, was als universell gilt, auch immer wieder in den gesellschaftlichen Verständigungsprozessen zu hinterfragen (wie dies bei den Menschenrechtsdiskursen auch laufend geschieht; vgl. Kap. 5.3.3) und sind auch solche Erörterungen nicht grundsätzlich abschließbar, aber der Anspruch kann nicht mehr ohne erhebliche Legitimations- und Glaubwürdigkeitsverluste unterschritten werden. Dabei gibt es *relative* Werte (z. B. Schutz vor Armut) und *absolute* (z. B. Recht auf Leben, Freiheit, gesellschaftliches, kollektives und privates Eigentum), die unterschiedliche Grade des zeitgemäßen Universalismus der Rechte der Menschen bzw. der Menschheit darstellen. Insofern müssen entsprechende Verträge, Vereinbarungen und Praktiken universellen Charakter haben bzw. dürfen diesem zumindest nicht widersprechen. Das hat auf sehr prägnante und bekannte Weise der kategorische Imperativ von Kants Moralphilosophie zur Geltung gebracht (vgl. Wissensbaustein 17, S. 394). Wie schwierig seine Verwirklichung ist, das zeigt aktuell nicht nur die Flüchtlingsdebatte, sondern auch die Tatsache, dass die Globalisierung in großen Teilen der Weltgesellschaft zum Abbau der elementarsten Menschenrechte (z. B. Unversehrtheit des Körpers) geführt hat. Das impliziert allerdings auch – zum Teil drastische – Einbußen an sozialer und politischer *Rationalität*.

Wissensbaustein 17:
Der „kategorische Imperativ" und seine autonomietheoretische
Voraussetzung und Folge in der Moraltheorie von Immanuel Kant

Der kategorische Imperativ ist gewiss die bekannteste Normierung moralischen Handelns. Er hatte bei Kant eine Hauptform und drei ergänzende, erläuternde Nebenformen; sie lauten:

- *Hauptform:* „Der kategorische Imperativ ist also nur ein einziger, und zwar dieser: *handle nur nach derjenigen Maxime, durch die du zugleich wollen kannst, daß sie ein allgemeines Gesetz werde.*" (Kant 1974, S. 51)
- *Nebenformel I:* „… so könnte der allgemeine Imperativ der Pflicht auch so lauten: *handle so, als ob die Maxime deiner Handlung durch deinen Willen zum allgemeinen Naturgesetz werden sollte.*" (ebd.)
- *Nebenformel II:* „Der praktische Imperativ wird also folgender sein: *Handle so, daß du die Menschheit, sowohl in deiner Person, als in der Person eines jeden andern, jederzeit zugleich als Zweck, niemals bloß als Mittel brauchst.*" (ebd., S. 61)
- *Nebenformel III:* „… dass alle Maximen *aus* eigener Gesetzgebung zu einem möglichen Reiche der Zwecke, als einem Reiche der Natur, zusammenstimmen sollen." (ebd., S. 70)

Zum Verhältnis von Moralität und Autonomie heißt es dann an späterer Stelle:

„*Moralität* ist also das Verhältnis der Handlungen zur Autonomie des Willens, das ist, zur möglichen allgemeinen Gesetzgebung durch die Maximen desselben. Die Handlung, die mit der Autonomie des Willens zusammen bestehen kann, ist *erlaubt*; die nicht damit stimmt, ist *unerlaubt*. Der Wille, dessen Maximen notwendig mit den Gesetzen der Autonomie zusammenstimmen, ist ein *heiliger*, schlechterdings guter Wille. Die Abhängigkeit eines nicht schlechterdings guten Willens vom Prinzip der Autonomie (die moralische Nötigung) ist *Verbindlichkeit*. Diese kann also auf ein heiliges Wesen nicht gezogen werden. Die objektive Notwendigkeit einer Handlung aus Verbindlichkeit heißt *Pflicht*. (…) Das Prinzip der Autonomie ist also: nicht anders zu wählen, als so, dass die Maximen seiner Wahl in demselben wollen zugleich als allgemeines Gesetz mit begriffen sein. (…) Wenn der Wille irgend *worin anders*, als in der Tauglichkeit seiner Maximen zu seiner eigenen allgemeinen Gesetzgebung, mithin, wenn er, *indem er* über sich selbst hinausgeht, in der Beschaffenheit irgend eines seiner Objekte das Gesetz sucht, das ihn bestimmen soll, so kommt jederzeit *Heteronomie* heraus. Der Wille gibt alsdann sich nicht selbst, sondern das Objekt durch sein Verhältnis zum Willen gibt diesem das Gesetz." (ebd., S. 73-75)

5.1.3 Zu den Besonderheiten der Moralentwicklung in der Jugend und einigen aktuellen empirischen Befunden

Ähnlich wie Erikson hat auch Kohlberg im Fortgang seiner Forschungen die Untersuchungen auf die gesamte Biografie ausgedehnt und dabei die zunächst in seinem Forschungsansatz dominierende scharfe Differenz zwischen „weichen" und „harten" Stufen deutlich relativiert (vgl. dazu Kohlberg 2007, S. 117ff u. 169ff). Das gab ihm auch die Möglichkeit, die Adoleszenz als Phase der Identitätskonstitution und die in ihr stattfindenden moralisch-sittlichen Prozesse als eine besondere Periode innerhalb der Lebensspanne zwischen Geburt und Tod zu verorten. Dabei stellte er folgende Charakteristika heraus (vgl. dazu ergänzend/erläuternd auch die Merkmale der Identitätskonstitution in Kap. 3.1 dieses Buches):

1. In der frühen Adoleszenz kommt es zunächst zur Ausbildung der **konventionellen**, gruppenbezogenen **Moral** und dadurch zur Integration einer sozialen Interaktionskomponente in die je individuellen Selbst-Definitionen (Stufe 3; vgl. Kohlberg 2007, Kap. 3). So wenn junge Jugendliche z. B. hilfsbereit und freundlich sein wollen und beginnen, sich für politische, ethische und ggf. auch religiöse Sichtweisen zu interessieren und auf rudimentäre Weise in ihre Handlungsbegründungen und -motive zu integrieren (z. B. „Wenn Gott alle Menschen liebt, dann sollte auch ich meine Mitmenschen von nah und fern lieben [lernen]."). Es bildet sich die soziomoralische Perspektive einer „dritten Person" aus, die als vermittelnde bzw. geteilte Perspektive die Beziehungen auf ein neues Verbindlichkeitsniveau heben. Dazu dienen Werte wie Liebe, Respekt, Vertrauen, Glaubwürdigkeit, Fürsorge usw., welche jenseits von Zweck- und Vorteilserwägungen die moralische Atmosphäre der familiären, freundschaftlichen und kameradschaftlichen Interaktionsmuster bestimmen, wobei diese noch ganz stark an die gruppenbezogenen Binnenstrukturen, die soziale Unmittelbarkeit des jeweiligen Milieus gebunden sind.
2. Ab der mittleren Adoleszenz kommt es zu einer grundlegenden Infragestellung der bisher naturwüchsig anerkannten Normen, Maximen und Werte, also zu einem **ausgeprägten Relativismus** (Stufe 4; vgl. ebd., Kap. 4). Er ist Teil der *psychosozialen Krise* (im Sinne von Erikson) und eröffnet neue Frage- und Handlungsperspektiven mit Blick auf die gesellschaftlichen Systemstrukturen und der eigenen Verortung in ihnen, die mit den bisher erworbenen Kognitionen und Emotionen, Einstellungen und Fähigkeiten nicht zu beantworten und zu bewältigen sind. Diese personale Unmittelbarkeitsüberschreitung eröffnet zugleich die Perspektive der Gestaltbarkeit und Veränderbarkeit der gesellschaftlichen Verhältnisse und damit auch der unterschiedlichen Beziehungsformen

und intersubjektiv geteilten Lebenswelten und der darin vorherrschenden (oder auch untergründig wirksamen) Strukturen und Inhalte. Damit wird auch die Differenz relevant zwischen dem, was konventionell als „richtig" und gut" gilt (z. B. seinen Freunden die Treue zu halten, also ihnen gegenüber loyal zu sein, auch wenn sie „mal Scheiße bauen") und dem, was rechtmäßig, und d. h. zumeist, was gesetzlich erlaubt und geboten ist (z. B. Hilfe für mich persönlich unbekannte Verletzte nach einem Unfall). Damit wird der eigene Erfahrungs-, Handlungs- und Verantwortungshorizont qualitativ ausgeweitet (im Beispiel: bezogen auf die Fürsorge). Das erweitert auch den Rahmen, in dem sich die Jugendlichen ihre Autonomie vor sich selbst und anderen rechtfertigen wollen und in gewisser Weise – als kommunikative Notwendigkeit – müssen und zugleich diesen expandierenden Kontext als Bedingung ihrer Autonomie zu erkennen und positiv zu bewerten vermögen. Der subjektive Relativismus ist zunächst eine notwendige Zwischenstufe auf dem Weg zu einer Neubestimmung des eigenen Selbst- und Weltverständnisses und -verhältnisses. D. h., die *bisher bewährten* und in relevantem Umfang *habitualisierten* Einstellungen, Gewohnheiten, kognitiven und emotionalen Kompetenzen müssen *in Frage* gestellt werden, *ohne* dass die für das *neue* Selbst-Welt-Verhältnis notwendigen Bewältigungsweisen schon vorhanden sind. Für die Jugendphase ist zentral, dass die Subjekte sich erstmals tatsächlich als Konstrukteure und Akteure ihres Alltagslebens und ihrer Biografie erleben und erfahren, dass sie die milieuverankerten und sittlich präsenten Vorgaben nicht mehr als gegeben und zu befolgen hinnehmen (z. B. am Wochenende zu einer bestimmten Zeit nach der Disco zu Hause zu sein oder nur mit bestimmten Mädchen/Jungen aus einem bestimmten Milieu Freundschaft zu schließen bzw. Intimbeziehungen einzugehen), sondern dass *sie selbst* die Perspektive ihres Zusammenlebens wie auch ihren Standort in der Welt bestimmen wollen. Für diese Suche nach dem Sinn *ihres* Lebens benötigen die Heranwachsenden sowohl Anerkennung wie auch Spielräume. Das ist nicht nur die psychodynamische, sondern auch die moralisch-sittliche Funktion des *Moratoriums*, in dem die Jugendlichen in *halb-ernster* Lebenspraxis ihr Verhältnis zu den übergreifenden Systemstrukturen und den milieu(mit)bestimmten und alltagsverankerten Beziehungen und Bindungen experimentierend neu bestimmen. D. h., sie müssen nur für einen Teil der Folgen ihrer Handlungen einstehen (z. B. für die Verschuldung wegen zu hoher Handykosten oder für moralische oder sittliche oder juristische Grenzüberschreitungen).

3. Dieser moralisch-sittliche Relativismus und der damit verbundene Subjektivismus ist eine typische Übergangskonstellation, weil sie – wie jede Weiterentwicklung – Chancen und Gefahren beinhaltet:

a. Zu den *Gefahren* gehört, dass die Jugendlichen sich versuchen, diesen neuartigen Herausforderungen zu entziehen und auf die konventionelle Stufe 3 mit ihren Routinen, Gewohnheiten und Autoritäten zurückkehren, also die kontextuelle Autonomie fördernden Bemühungen einstellen, zwischen der eigenen alltäglichen Lebensführung und Biografie, den unmittelbaren Lebensbedingungen und -formen der Milieus und den Systemstrukturen von Staat/Politik und Markt/Ökonomie Relationen herzustellen. Eine wesentliche Ursache und ein wesentlicher Grund dafür sind die gesellschaftlichen Verhältnisse, die weder (hinreichend) gerecht noch demokratisch sind. Die Jugendlichen wollen sich diesen Entfremdungsprozessen nicht aussetzen und die sonst notwendigen psychodynamischen Konflikte bei den Versuchen ihrer progressiven Veränderung nicht eingehen und ziehen sich im „günstigen" Fall deshalb auf die privaten und halböffentlichen Beziehungen zurück (im ungünstigen Fall wenden sie sich rechtspopulistischen Ideologien und Bewegungen zu; vgl. Kap. 5.2.2 – 5.2.4). Auf Grund der gleichen Enttäuschungsprozesse kann es auch zu einer Verfestigung des moralischen Skeptizismus bzw. zur Radikalisierung des Relativismus bis hin zur Beliebigkeit kommen. Dann sind die Jugendlichen der Überzeugung, dass jeder seine Privatmoral habe, dass jeder sich um sich selbst und seine ganz unmittelbaren Mitmenschen kümmern soll und nur sich selbst und ihnen gegenüber Verantwortung habe und dass es völlig sinnlos sei, Gerechtigkeit und Solidarität gegen Staat und Markt einzufordern. Deren (sehr realer) Amoralismus wird einfach hingenommen („das war schon immer so und wird sich niemals ändern") und dient in extremen Fällen auch als Rechtfertigung für eigene Skrupellosigkeit. Als (temporärer) Sinn-*Ersatz* dient dann z. B. die Konzentration auf das Hier-und-Jetzt, den möglichst ungeschmälerten Genuss der Gegenwart – ohne die Voraussetzung für eine solche befreite Sinnlichkeit selber zu schaffen.

b. Die *Chance*, welche aber nur ein (kleinerer) Teil der Jugendlichen ergreift, besteht darin, dass die Einschränkungen der konventionellen Moral, Sittlichkeit und Lebensführung nun überwunden und überschritten wird zu einem *posttraditionellen, prinzipiengeleiteten* moralisch-sittlichen Erfahrungs-, Handlungs- und Verantwortungszusammenhang (Stufe 4 ½ und dann 5), der in die übergreifende und zusammenfassend-bilanzierende Identitätskonstitution und Kapitalentwicklung eingelassen ist. Hier wird das eigene Selbst systematisch und situativ in immer größeren und komplexeren Gerechtigkeits-Solidaritäts-(Projekt-)Zusammenhängen verortet und eigene Aktivtäten daran ausgerichtet (z. B. Unterstützung bzw. Initiierung von Bewegungen zum Klimaschutz, wie wir sie – von vielen Politiker*innen belächelt, blockiert und im Namen eines „höheren Realismus" abgewehrt – gerade weltweit erleben).

Solche moralitätsgeleiteten und über Dialoge, manchmal auch schon Diskurse, vermittelte Verantwortungsübernahmen finden in den moralischen Argumenten, Überzeugungen und Gefühlen eine Art intrapsychische Verankerung, die ihnen eine besondere biografische Stabilität verleihen, die sich dann auch zu einem reflexiven moralisch-sittlichen Habitus verdichten (können). Dieser selbst darf sich aber nicht verfestigen und gegenüber dem sozialen Wandel der Gesellschaft abschotten, sondern die darin enthaltenen sozialen, politischen und ggf. auch religiösen Überzeugungen müssen die entwicklungsfördernde und -herausfordernde Spannung von *Gewissheit* und *Zweifel* aushalten und immer wieder neue Gewissheiten finden und neue Zweifel zulassen (zu dieser moralischen Identitätsbildung finden sich bei Köbel [2018, Kap. 6] interessante Beispiele, die auch die Bedeutung der *narrativen* Konstitution von Identität für die ethischen Lebensorientierungen belegen).

4. Fragen der Gerechtigkeit, als eigensinnige Untersuchungsdimension, sind in der Kindheits- und Jugendforschung bisher meist nur randständig behandelt worden. Das war gewiss auch ein *wissenschaftsimmanenter* Grund, warum die 3. World Vision Kinderstudie von 2013 sich dieser Frage systematisch angenommen und dabei auch explizit an Piaget und Kohlberg (kritisch) angeschlossen hatte (vgl. Andresen et al. 2013, Kap. 1.5 u. S. 48f). Gravierender dürfte aber die *soziale* Ursache sein, dass sich die psychosozialen Krisenkonstellationen aufgrund der drastischen, politisch weitgehend geförderten oder doch zumindest geduldeten Zunahme kommunaler, regionaler, nationaler, europäischer und globaler ökonomischer und sozialer Ungleichheiten immer mehr ausweiten und vertiefen und zugleich eine expandierende Stabilität aufweisen. In diesem Projekt wurden 2.535 Kinder im Alter von 6–11 Jahren mittels standardisierter Fragebögen befragt und mit ihnen ausgewählte vertiefende Interviews geführt (vgl. zu diesen Porträts ebd. Kap. 8; und zu Forschungskonzept und -instrumente ebd., Kap. 10). Soweit möglich, werden bei der Darstellung der ausgewählten Ergebnisse die Befunde zu den 10–11Jährigen referiert. Wenn das nicht möglich ist, dann sollten diese Ergebnisse als weiterer Beleg dafür gelesen werden, dass auch schon die 6–9Jährigen Gerechtigkeit- und Solidaritätsvorstellungen ausbilden, die deutlich über das entwicklungslogische Niveau der präkonventionellen Stufe hinausgehen. Zugleich enthalten sie indirekte Hinweise auf die biografische Genese der moralisch-sittlichen Verantwortungs- und Handlungsfähigkeiten.

   a. Hinsichtlich des Gerechtigkeits- und Solidaritätsverständnisses der 10–11-Jährigen (bzw. der Gesamtgruppe der Befragten) können vier „Modelle" bzw. Dimensionen unterschieden werden. Für die jeweiligen Normen wurden besondere Items entwickelt und gefragt, ob die Kinder diese problematischen Situationen sehr oder eher gerecht finden (vgl. ebd., Kap. 2.3).

I   *Egalitäre Gerechtigkeitsvorstellungen*: Den Sachverhalt „Manche Familien haben wenig Geld, manche sehr viel Geld" bewerteten 25 % als gerecht. In der Gesamtgruppe hielten 23 % das für sehr ungerecht und 43 % für eher ungerecht (die Mädchen waren etwas kritischer als die Jungen), was den bekannten Befund einer Ungleichheitsaversion im kindlichen Selbst- und Weltverständnis belegt. Dabei gibt es allerdings deutliche Milieuunterschiede: Als sehr bzw. eher ungerecht finden den Sachverhalt in der Unterschicht 81 %, in der unteren Mittelschicht 66 %, in der Mittelschicht und in der oberen Mittelschicht 63 % und in der Oberschicht 69 %.

II   *Bedarfsgerechtigkeit*: Die Aufforderung „Eine Hortgruppe möchte verreisen. Hierfür sollen reiche Eltern mehr Geld zahlen als die Eltern ärmerer Kinder" bejahen 64 % der 10–11Jährigen (Gesamtgruppe: 61 %), womit sie auch Elemente der *Teilhabegerechtigkeit* zum Ausdruck bringen, also selber was zu teilen, um anderen etwas Gemeinsames zu ermöglichen (Milieuverteilung: Unterschicht: 69 %; untere bzw. Mittelschicht: 58 % bzw. 56 %; obere Mittelschicht und Oberschicht: 64 %).

III *Interaktionsgerechtigkeit* (Fairness und Gleichbehandlung im persönlichen Umgang): Die kommunikative soziale Regel „Wie fändest du es, wenn in der Schule ausländische Kinder auch in den Pausen nur noch Deutsch miteinander sprechen dürften", hielten 43 % für sehr bzw. eher gerecht. In der Gesamtgruppe fanden das 49 % als ungerecht. Dabei gibt es hier die größten Milieuunterschiede (Unterschicht: 37 %; untere Mittelschicht: 41 %; Mittelschicht: 46 %, obere Mittelschicht: 55 %, Oberschicht: 62 %). Mit steigendem Milieu gab es also eine größere Toleranz.

IV   *Verfahrensgerechtigkeit*: Die Tatsache, „Meistens entscheiden Erwachsene – und nicht Kinder – über den Bau von Kinderspielplätzen, weil sie sagen, sie kennen sich am besten mit solchen Dingen aus", war für 31 % in Ordnung. In der Gesamtgruppe fanden weitgehend milieuübergreifend das 62 % als sehr bzw. eher ungerecht, die Jungen noch etwas mehr als die Mädchen.

b. Unter dezidiert pädagogischen Perspektiven weist die Verfahrensgerechtigkeit schon auf die Bedeutung der die **Autonomie** fördernde und fordernde **Partizipation** hin. Hier sind zwei Kontexte zu unterscheiden (vgl. ebd., Kap. 7.1):

I   Hinsichtlich der Mitbestimmung im *familiären* Alltagsleben wurden folgende acht Themen abgefragt: Treffen mit Freunden bzw. wie viele man nach Hause mitbringen darf; Freizeitbeschäftigung – eigene und in/mit der Familie; Kleidungsvorlieben; Taschengeldverwendung; Berücksichtigung von Essensvorlieben; Hausaufgabenerledigung. Danach berichteten

27 % der Kinder/Jungen Adoleszenten von durchgängigen Selbstbestimmungsmöglichkeiten (9 % durften in allen 8, 18 % in 7 der genannten
Bereiche mitbestimmen und die Mädchen etwas mehr als die Jungen).
Bei 58 % gab es häufigere Selbstbestimmungsmöglichkeiten (6 Bereiche:
25 %; 5 Bereiche: 20 %; 4 Bereiche: 13 %). Und in 15 % der Fälle gab es nur
geringe Selbstbestimmungsmöglichkeiten (3 Bereiche: 9 %; 2 Bereiche:
4 %; 1 Bereich: 2 %). Dabei wurden die Möglichkeiten mit den höheren
Altersstufen durchgängig größer. Sie bringen den überwältigenden Trend
des Übergangs vom familiären *Befehls-* zum *Verhandlungshaushalt* zum
Ausdruck. Aber auch dieser Trend ist – wie in den Sinus-Studien schon
aufgezeigt (vgl. Kap. 1.4.2) – milieuspezifisch gebrochen: Es finden sich
in den Milieus häufige/durchgängige/wenige Möglichkeiten wie folgt:
Unterschicht: 50 %/13 %/37 %; untere Mittelschicht: 56 %/25 %/19 %;
Mittelschicht: 63 %/25 %/12 %; obere Mittelschicht: 29 %/57 %/14 %;
Oberschicht: 36 %/56 %/8 %. – Die 4. World Vision Studie zeigt einen
leichten Anstieg der Selbstbestimmungsmöglichkeiten (vgl. Andresen
et al., 2018, Kap. 6.1).

II   Zu einem bedeutsamen Bruch mit der selbstbestimmten Mitbestimmung kommt es bei Eintritt in das *Schulwesen*, also die Grundschule
(vgl. Andresen et al., 2013, Kap. 4.3; EP1, Kap. 6.6 sowie Kap. 2.1 in
diesem Buch). Bei den sieben Aktions- und Kommunikationsfeldern
(allgemeine Klassenzimmergestaltung; Banknachbar; Anordnung der
Tische im Klassenraum; Gestaltung der Klassenregeln bzw. der Schul-
ausflüge bzw. der Schulfeste bzw. der Themenmitgestaltungsvorschläge
für Projekte bzw. Projektwochen) sehen insgesamt 40 % der Kinder keine
Mitgestaltungsmöglichkeiten; bei den 10–11Jährigen sind es immer noch
26 % (23 %: 1 Bereich; 21 %: 2 Bereiche, 16 %: 3 Bereiche; 14 %: mehr als
3 Bereiche). Markant ist auch, dass in der Gesamtgruppe die Jungen die
mangelnden Selbstbestimmungsmöglichkeiten insgesamt mehr beklagen
als die Mädchen (44 % zu 35 %), was wohl (auch) daran liegt, dass sie
diese weniger wahrnehmen. Insgesamt unterstreichen diese Befunde die
Bedeutung von Kohlbergs „Just Community"-Konzept für die Förderung
der moralisch-sittlichen Urteils- und Handlungsfähigkeit (vgl. dazu Kap.
5.3.2). – Diese Ergebnisse werden durch die aktuelle Studie weitgehend
bestätigt (vgl. Andresen et al., 2018, Kap. 3.5).

c.   Aus dem Zusammenhang der verschiedenen Einzelurteile ergibt sich ein
synthetisches Bild der **bereichsspezifischen Gerechtigkeitsurteile** (vgl.
Andresen et al., 2013, Kap. 2.5). Der Anteil der Bewertungen sehr gerecht/
eher gerecht beträgt:

- Bei der *Familie* 92 %: sie wird also als Ort der zwischenmenschlichen Stabilität und emotionalen Geborgenheit hoch geschätzt.
- Beim *Freundeskreis* 90 %: er ist ein befriedigendes neues Erfahrungs- und Aktionsfeld mit experimentellem Charakter; Familie und Freundeskreis sind unmittelbare Felder der Interaktions- und Verfahrensgerechtigkeit, die für das Wohlbefinden der Kinder und Jugendlichen einen (sehr) hohen Stellenwert haben.
- Bei der *Schule* 78 %: trotz der gravierenden Mängel bei der Mitbestimmung wird sie insgesamt von einer deutlichen Mehrheit recht positiv bewertet; allerdings darf nicht übersehen werden, dass etwa ein Fünftel sie für (sehr) ungerecht hält – was auf gravierende Brüche in den schulbezogenen Bildungsbiografien verweist (darauf wurde in Kap. 2.2.4 schon näher eingegangen).
- Bezüglich der *deutschen Gesellschaft* 47 %: Hier wird deutlich erkennbar, wie durchlässig das Moratorium Kindheit/Jugend ist. Auch wenn die Kinder und jungen Jugendlichen noch nicht unmittelbar in die ökonomischen und politischen Prozesse der Systemreproduktion einbezogen sind, werden sie doch mit relevanten Folgen in ihrem Alltagsleben konfrontiert. Das gilt insbesondere für die Armut – und zwar nicht die objektive Betroffenheit davon, sondern die darauf bezogene Befindlichkeit (vgl. ebd., Kap. 3.4). Erlebte Armut findet sich bei 13 % (nicht genügend Geld) bzw. 21 % (Geld wird öfter knapp); bei 12 % kein Frühstück, bei 11 % keine Urlaubsreise, bei 8 % nicht genügend Geld für Kino oder Freibad bzw. für kulturelle oder Vereinsaktivitäten und selten Kindergeburtstagsfeiern (6 %). – Hier zeigt die aktuelle Studie eine leicht ansteigende Tendenz (vgl. Andresen et al., 2018, Kap. 7.1).
- Bezogen auf die *Welt* 16 %: Hier setzt sich der Trend fort, dass je umfassender und globaler die Systemstrukturen in den Blick kommen, desto kritischer werden sie unter Gerechtigkeitsaspekten von den Kindern und jungen Adoleszenten beurteilt. Das macht deutlich, wie sehr das Konzept der epochaltypischen Schlüsselprobleme bzw. der epochaltypischen pädagogischen Kapitalbildung den Erlebnis- und Erfahrungsraum und in gewisser Weise auch die Erwartungshorizonte bestimmt (vgl. dazu ausführlich Kap. 1.3.4.2 u. 2.1.1), in die die moralisch-sittliche Identitätsbildung eingelassen ist.

5. Im ebenfalls modifizierten Anschluss an das Stufenkonzept von Kohlberg haben Nunner-Winkler et al. (2006; zur Kohlberg-Rezeption ebd., Kap. 2) in der empirischen Studie zur **Anerkennung moralischer Normen** die moralische Motivation und sich darauf stützende Ziviltugenden (im Sinne innerer Über-

zeugungen) von Jugendlichen untersucht. Sie sind dabei u. a. davon ausgegangen, dass es Strukturaffinitäten zwischen dem Vertragsmodell der (Minimal-)Moral, den daran ausgerichteten zivilen Tugenden, also intrinsischen Normenbefolgungsbereitschaften und der rechtsstaatlichen Demokratie gibt (vgl. ebd., Kap. 1; zur Frage der entgegenkommenden Bedingungen für die Entwicklung der Verantwortungsethik Kap. 5.1.4, Pkt. 10). Dazu wurden in je zwei westdeutschen (Köln und München) und zwei ostdeutschen (Halle/S. und Leipzig) Städten in je zwei Gymnasien und Haupt- bzw. Sekundarschulen 54 männliche und 57 weibliche Gymnasiast*innen und 53 männliche und 39 weibliche Haupt- bzw. Sekundarschüler*innen zwischen 15 und 16 Jahren, also dem „Zentrum" der Adoleszenz, befragt, insgesamt also 203 (vgl. ebd., Kap. 3). Dazu wurden standardisierte Fragebögen verwendet wie auch offene Verfahren eingesetzt, welche insbesondere narrative Sequenzen ermöglichten. An dieser Stelle sollen die Ergebnisse zu zwei Untersuchungsbereichen knapp vorgestellt werden:

a. Zur Untersuchung der **Gerechtigkeitsorientierungen** (vgl. ebd., Kap. 8) wurden die *Prinzipien* bzw. *Kriterien* der Verteilungsgerechtigkeit thematisiert, nämlich *Leistung* bzw. In- und Output-Faktoren, *Chancengleichheit* bzw. Nichtbeachtung askriptiver Merkmale/Herstellung gleicher Startbedingungen, *Bedürfnis* bzw. objektiver Bedarf/gesellschaftlich festgelegter Mindeststandard/individuell bestimmtes Bedürfnis und *Gleichheit* bzw. Gleichverteilung materieller Güter (Ergebnisgleichheit)/Gleichverteilung basaler Rechte und Pflichten (Gleichachtung). Die Ergebnisse zeigen:

I   Zwar wird das *Leistungsprinzip* im ökonomischen Sektor durchaus bejaht, aber es wird durch die Bedürfnisorientierung zugleich deutlich relativiert. Es dominiert also die Zustimmung zu einer tatsächlich *sozialen* Marktwirtschaft. Dabei gibt es allerdings deutliche innere Differenzierungen: Die Gymnasiast*innen betonen es mit Blick auf Ausbildungsgrad und Umfang der Verantwortung, die Haupt- bzw. Sekundarschüler*innen mehr hinsichtlich der körperlichen Leistungsfähigkeit.

II   Die *bestehenden gesellschaftlichen Verhältnisse* werden eher von den Gymnasiast*innen, den Westdeutschen und den Jungen als gerecht eingeschätzt; die sozial eher Benachteiligten (Haupt- bzw. Sekundarschüler*innen, Ostdeutsche und Mädchen) schätzen die Lage kritischer ein.

III Bei den Westdeutschen und den Gymnasiast*innen bezieht sich die Befürwortung des Leistungsprinzips vorrangig auf die Wertschätzung der leistungswilligen Personen (damit wird die vorhandene Ungleichheit als gerecht legitimiert), während die Ostdeutschen und Haupt- bzw. Sekundarschüler*innen sich auf diese Weise vorrangig von „leistungsunwilligen" Mitmenschen der negativ privilegierten Milieus abgrenzen (im Osten

wenig empathisch als „Assis" bezeichnet). Für sie ist Anstrengungsbereitschaft somit ein Ungleichheit legitimierendes Kriterium; was zugleich
bedeutet, dass darüber hinausgehende Ungleichheiten (insbesondere
hinsichtlich der Start- und Erfolgsbedingungen) abgelehnt werden. Als
gerecht wird also nur eine begrenzte Ungleichheit empfunden.

IV Ein hohes moralisches Niveau (im Sinne der in Kap. 5.1.2/5.1.3 erläu-
ternden Kriterien) ist nicht zuletzt gekennzeichnet durch ein komplexes
Verständnis von Gerechtigkeit, also die Einbeziehung und Relationierung
mehrerer der dargestellten Prinzipien. Hier nähern sich die moralischen
Lernprozesse den Voraussetzungen der mehr oder weniger kontinuierlichen Teilhabe und Mitgestaltung demokratischer Prozesse, besonders
der zivilgesellschaftlichen Netzwerke und Basisöffentlichkeiten, an. Von
den Befragten wurden 22 % einem hohen, 43 % einem mittleren und
35 % einem niedrigen moralischen Motivationsniveau zugerechnet;
dabei sind die Jungen im unteren Segment überrepräsentiert – und in
ihm findet auch das auf die ökonomische Funktionstüchtigkeit reduzierte Menschenbild erheblichen Anklang. Das bedeutet auch, dass die
einseitige Betonung des Leistungsprinzips (wie es sich nicht nur in den
bildungspolitischen Programmen und Praktiken, sondern gerade auch
in der beruflichen Ausbildung – speziell für „Benachteiligte" – findet)
tendenziell *desintegrative* Folgen hat. – Nur am Rande sei erwähnt, dass
die Übereinstimmungen zwischen den Geschlechtern, deren Unterschiede
deutlich überwiegen.

b. Hinsichtlich der **reflexiven Toleranz**, beruhend auf **demokratischen Basis-
werten** (vgl. ebd., Kap. 9) geht die Studie davon aus, dass eine reine *Erlaub-
nistoleranz* (der Mehrheit gegenüber der Minderheit) zwar notwendig, aber
viel zu wenig ist. Sie muss im ersten Schritt ausgeweitet werden zu einem
achtungsbasierten Toleranzverständnis, welches auf dem moralischen Prinzip
der Gleichachtung aller Menschen beruht. Das ist aber immer noch ein eher
privatistisches Verständnis, bedarf also noch der intersubjektiven Öffnung
hin zur *affirmativen* Toleranz, die auf wechselseitiger Anerkennung, also
Perspektivenverschränkung und Empathie, beruht. Diesbezüglich kommt
die Untersuchung zu folgenden Befunden:

I   Die große Mehrheit, nämlich zwei Drittel der Befragten, bejaht die für
eine reflexive Toleranz notwendigen demokratischen Basiswerte. Dabei
gibt es übergreifend keinen bemerkenswerten Unterschied zwischen Ost-
und Westdeutschland. Festzustellen ist aber, dass sie von mehr als einem
Viertel nicht universell, sondern kulturrelativistisch gedeutet werden und
drei Viertel Situationen kennen, wo Recht und Unrecht für sie nicht klar

zu unterscheiden sind. Weit verbreitet ist auch die Auffassung, dass man selbst, aber nicht die anderen, die moralischen Basisnormen akzeptieren. Solche und ähnliche Formen der Relativierung sind überproportional zu finden bei Mädchen, Ostdeutschen und Haupt- bzw. Sekundarschüler*innen. Die Gymnasiast*innen argumentieren diesbezüglich insgesamt etwas differenzierter als die Haupt- bzw. Sekundarschüler*innen. Das kann aber allein darauf zurückzuführen sein, dass sie in der schulischen und ggf. auch außerschulischen Bildungsarbeit sich intensiver mit komplexen Begründungsfragen auseinandergesetzt haben (vgl. dazu weiter unten Kap. 5.2.2).

II   Die Untersuchung belegt zwar, dass die Jugendlichen sich nicht vollständig durch die gesellschaftlichen Bedingungen determiniert sehen, also eine gewisse, begrenzte Autonomie beanspruchen und damit auch zu ihrer personalen Verantwortlichkeit stehen, aber sie sagt für sich genommen noch nichts über die *faktische* moralische Handlungsbereitschaft. Diese *gesinnungsethische* Begrenzung macht die Befunde selbstverständlich nicht wertlos, weil sie eine subjektive Bereitschaft für die Zustimmung zu demokratischen Werten, Normen, Maximen und Verfahren signalisieren. Selbstverständlich bedürfen diese dann der konflikthaften Durchsetzung angesichts sehr umfangsreicher un- bis antidemokratischer Strukturen in der deutschen, der europäischen und der zumindest teilweise globalisierten Weltgesellschaft. Hier zeigen entsprechende Befunde (vgl. Helsper et al. 2006, Teil II), dass die Jugendlichen in den demokratischen zivilgesellschaftlichen Initiativen und Bewegungen sowie beim bürgerschaftlichen Engagement immer noch deutlich überrepräsentiert sind, also erheblich mehr Engagement zeigen als die Erwachsenen. Die aktuelle, am 20.8.2018 gegründete Jugend- bzw. Schülerbewegung „Fridays for Future" von Greta Thunberg zum Klimaschutz ist dafür „nur" ein besonders prägnantes und beeindruckendes Beispiel. Zugleich zeigt sich die kultusministerielle „Arroganz der Macht" (um den legendären Buchtitel von J. W. Fulbright aus dem Jahre 1968 aufzunehmen) darin, dass der amtierende Präsident der Kultusministerkonferenz, Alexander Lorz (CDU), die Teilnahme an dieser zivilgesellschaftlichen Bewegung während der Unterrichtszeit unter Strafe stellen will, obwohl es sich hier doch um das Aufsuchen eines pädagogisch bedeutsamen außerschulischen Lernortes handelt.

5.1.4 Bildungstheoretische Reflexionen zu Kohlbergs Meta-Ethik

Dieses Konzept wird weiterhin und sehr kontrovers diskutiert (vgl. Döbert 1986; Edelstein et. al 1986, Teil II; Garz et al. 1999; Heidbrink 1991, Kap. 3 u. 4; Oser/Althof 1992, Kap. 6 und die aktuelle bilanzierende Übersicht von Becker 2011). Dabei kommen auch viele Probleme zur Sprache, auf die Kohlberg (1996a, S. 311–350) in einem seiner letzten Beiträge bereits eingegangen war, wo er sich zu 9 Themenfeldern der von ihm vertretenen Meta-Ethik (verstanden als Theorie der Ethik, also der Relationen zwischen Moralität und Sittlichkeit) geäußert hat. Die Auseinandersetzung damit ermöglicht es auch, bildungstheoretische Implikationen seines Ansatzes deutlich zu machen. Dazu werden ergänzend auch Argumentationsstränge aufgenommen aus der Diskursethik von Apel (2017a) und Habermas (1983, 1991) und deren subjekttheoretische Erweiterung (Braun 1992) sowie aus der pädagogischen Ethik von Klafki (vgl. Klafki 2019, 4. Abhandlung; Klafki/Braun 2007, Kap. 7.2.5).

1. Zunächst einmal geht es um die **Wertrelevanz** und die Abgrenzung der moralischen Werte (z. B. guter Ruf, harmonisches Gruppenklima, Selbstachtung, soziale Ideale, Menschenwürde) von nicht-moralischen Werten (z. B. Konkurrenzfähigkeit, materieller Wohlstand, politische Macht) und die Verwendung moralischer Definitionen und Urteile in der Alltagssprache, den Sitten und Gebräuchen. Solche Analysen können selber nicht „neutral" sein, sondern ihnen liegen bestimmte Auffassungen zu Grunde, die selber auf deren rationale Begründungsqualität, d. h. ihre argumentative Reichweite und Vernünftigkeit zu prüfen sind. Solche normativen Auffassungen sind nicht nur für die Auswahl der Untersuchungsgegenstände und -personen von Bedeutung, sondern auch für die Ausrichtung der Forschungen selber. – Das gilt im Kontext der Pädagogik auch für die Analyse von Erziehungseinstellungen (z. B. dialogisch vs. autoritär), die Schwerpunkte der Entwicklungsförderung (kognitiv vs. emotional), die Bewertungen von erbrachten Leistungen (individualistisch vs. kollektiv), die Komplexität der Wirkungsfaktoren (z. B. der öffentlichen vs. der „heimlichen" Lehrpläne) usw. Auch sie müssen dokumentiert und befragt werden hinsichtlich ihrer Bewertungen von Informationen, Gründen und Terminologien, damit ihrer Bildungsperspektiven und Erziehungsqualitäten. Das verweist systematisch auf die Begründung von Erziehungszielen (z. B. Mündigkeit, Emanzipation, Verantwortung für sich selbst und seine Mitmenschen). Sie können nicht dogmatisch gesetzt oder durch Verweis auf Traditionen als legitim anerkannt gelten oder aus der rationalen Begründung ausgeschlossen werden, sondern müssen

in einem möglichst unverkürzten Diskurs der vernunftgeleiteten Bewährung
ausgesetzt werden.

2. Von einem **Phänomenologie-Postulat** spricht Kohlberg – ganz in der sokratisch-mäeutischen Tradition stehend – in dem Sinne, dass die moralische Alltagssprache den Ausgangspunkt und die empirische Grundlage der Untersuchung
ausmacht, dass also stets zu fragen ist, was bestimmte hypothetische und/oder
reale Handlungsweisen und Begründungsmuster, Sitten und Gewohnheiten,
Motive und Stimmungen für die jeweiligen moralischen Entscheidungen bedeuten (z. B. Diebstahl wegen sozialer Ungerechtigkeit, Verschweigen einer
Straftat im Namen „höherer Gerechtigkeit"), welchen Sinn sie personal im
Selbstverständnis der Handelnden, intersubjektiv hinsichtlich der Folgen für die
Menschen im näheren und weiteren Umfeld haben und objektiv übergreifend,
für das Gesellschaftssystem und inwieweit das in die Entscheidungen eingeht
(z. B. Umgang mit Freunden vs. mit „Fremden"). – Auch die Erziehungswissenschaft nimmt die lebensweltlich verankerten, moralisch-sittlich relevanten
Einstellungen im Alltagshandeln der pädagogisch Tätigen (seien es nun Eltern,
Jugendgruppenleiter*innen oder „Profis") auf und fragt nach den Hintergründen
bestimmter Auffassungen und Einstellungen (warum z. B. bestimmte Kinder
bevorzugt vs. benachteiligt werden, warum Gruppenleiter*innen sich für die
Kinderrechte engagieren, warum Heimerzieher*innen „verhaltensoriginellen"
Jugendlichen mit Verständnis und Geduld, aber auch Widerständigkeit begegnen)
und den interaktiven und institutionellen Folgen (z. B. für das pädagogische
Klima). Solche und vergleichbare Problemstellungen werden dann durch die
verschiedenen Stufen der Theoriebildung hindurch verfolgt bis hin zu universellen
Annahmen (z. B. über die grundsätzliche Entwicklungsoffenheit und Bildungsfähigkeit aller Menschen). Insofern ist die Entwicklung des moralisch-sittlichen
Selbstverständnisses und die darauf fußenden Handlungsweisen in die Stufen
der pädagogischen Reflexion eingelassen (vgl. Klafki 2019, 1. Abhandlung).

3. Besonders intensiv diskutiert worden ist das **Universalismus-Postulat**, welches besagt, dass die Theoriebildung darauf ausgerichtet ist, jene Merkmale
des moralischen Argumentierens, Entscheidens und Handelns herauszuarbeiten, die *allen* Menschen gemeinsam sind, also relativ unabhängig von den
Besonderheiten der untersuchten Kulturen (z. B. in den USA, in der Türkei, in
Israel, in Afrika oder dem Fernen Osten). Zwar setzen diese Untersuchungen
an den konkret-historischen Ausformungen der Sittlichkeit (z. B. in Form von
Konventionen wie „Das tut man nicht", „Das ist bei uns nicht üblich") an, aber
sie verbleiben nicht in deren Horizont, sondern überschreiten, transzendieren
ihn mit Blick auf die Menschheit insgesamt und fragen danach, was für alle
Menschen gleichermaßen gut ist. Das impliziert eine stufenweise raum-zeitli

che *Entgrenzung* der immer komplexeren Intersubjektivitätsbeziehungen und führt schließlich zu einer universellen Austauschbarkeit bzw. Verschränkung der Teilnehmerperspektiven. Für diesen Universalismus steht paradigmatisch der kategorische Imperativ von Kant (vgl. Wissensbaustein 17, S. 394). Dabei ist Universalismus – wie gerade die Menschenrechte zeigen (vgl. Kap. 5.3.3) – selber Teil des historischen Prozesses, hat also keinen Absolutheitsanspruch, sondern verändert sich mit dem Fortgang der Ideen- und Sozialgeschichte der Menschheit selber – ohne dabei aber seinen Universalismus-*Anspruch* zu verlieren. Der moralische Universalismus ist wie die Menschrechte und das übergreifende „Projekt Moderne" ein unabschließbarer, gleichwohl gerichteter Prozess. Und er erlaubt es, gegenläufige Prozesse entsprechend rational zu bewerten (z. B. Verbrechen gegen die Menschlichkeit). Oder anders ausgedrückt: Die vorfindlichen Formen der Sittlichkeit, einschließlich ihrer soziokulturellen Wurzeln, werden auf ihre jeweiligen Geltungsansprüche hin befragt (z. B. die Zehn Gebote) und so der vernunftgeleitete Erkenntnisweg vom partikular bestimmten *Ist-Zustand* zum *Sollen*, zum Wünschenswerten, zum im Interesse aller Menschen liegenden beschritten. Auf diese Weise gelangt man von den soziokulturell bedingten und von daher *partikularen Tatsachenfeststellungen* (welche sehr verschiedenartige moralische und sittliche Auffassungen die Menschen haben – z. B. bezogen auf die Bestrafung von Morden oder den Umgang mit Tyrannen) zu den *universalistischen Wertaussagen* (z. B. bezogen auf die weltweit gerechte Verteilung von Gütern und Entwicklungschancen oder die Abschaffung der Todesstrafe). – Solche Fragestellungen finden sich auch vielfältig in der Pädagogik und sie schlagen sich übergreifend nieder in den Prämissen der *Allgemeinbildung*, verstanden als Bildung *für alle*, im Medium des *Allgemeinen* und *aller* Fähigkeiten, Fertigkeiten usw. (vgl. Kap. 1.1 u. 2.1.1).

4. Damit ist schon indirekt das **Präskriptivismus-Postulat** angesprochen, welches darauf hinweist, dass zwar am Anfang der moralischen Erkenntnisprozesse die *deskriptive* Erfassung und Dokumentation des Ist-Zustandes der Tatsachen steht (z. B. des Sexualverhaltens), dass darüber aber hinausgegangen werden muss, um zu einem begründeten „Sollen", einem Werturteil zu gelangen (z. B. hinsichtlich eines egalitären Pluralismus der Sexualpraktiken und Geschlechterverhältnisse). Dieser transzendierende Anspruch ist gerade hinsichtlich der Stufe 6 – auch von Kohlberg selbst (z. B. 1996, S. 301ff) – kontrovers erörtert worden, weil sie empirisch nicht nachgewiesen werden konnte (vgl. die Beiträge in Edelstein/Nunner-Winkler 1986, Teil II). Deskriptiv ist das ein triftiger Einwand; präskriptiv aber nicht, weil jede Entwicklungstheorie eine unabschließbare Perspektive, ein soziales Ideal, in gewisser Weise eine positive Utopie benötigt, der sie sich annähert, ohne sie aber jemals vollständig zu erreichen. Denn jeder Verwirkli-

chungsschritt eröffnet neue Möglichkeiten und Perspektiven. Dabei enthalten
solche moralischen Urteile immer auch deskriptive Elemente, also Tatsachenbe-
züge, aber sie sind eben nicht darauf reduzierbar und überschreiten von daher
auch den kulturellen Relativismus des Pluralismus. Als solche enthalten sie nicht
nur Gebote und Pflichten zur Ausführung bestimmter Handlungen (z. B. Hilfe
für die „Mühseligen und Beladenen"), sondern sie beinhalten auch bestimmte
„innere", habitualisierte Einstellungen, also eine Bejahung dieser Gebote im
Sinne einer freiwilligen Selbstverpflichtung. – Präskriptive Fragestellungen finden sich besonders in der Bildungstheorie selber, denn sie betrachtet die Kinder,
Jugendlichen und lernenden Erwachsenen *nie nur* unter der Perspektive, wie
sie *geworden* sind und wie sie aktuell *sind* (welche Kompetenzen, Einstellungen,
Erfahrungen, Wünsche usw. sie haben), sondern immer auch und in gewisser
Weise sogar vorrangig unter der Perspektive, was sie *werden* können, welche
wünschenswerten Möglichkeiten sie verwirklichen möchten und können und
wie ihnen das gelingen kann (in ihrem Intimleben, in ihrem Beruf, in ihrem
politischen Engagement usw.). Dazu gibt es in den Erziehungswissenschaften
historisch und aktuell eine Vielzahl von Förderungsansätzen, die jeweils hinsichtlich ihrer Verallgemeinerungsfähigkeit zu prüfen sind (so z. B. die in diesem
Buch erläuterte Perspektive der Symmetrie des Rechts auf selbstbestimmte
Mitbestimmung und der Pflicht zur solidarischen Verantwortungsübernahme).

5. Ganz im Einklang mit Piaget, aber auch mit Habermas, verteidigt Kohlberg
   das **Kognitivismus-Postulat** und wendet sich damit gegen alle Bemühungen,
   moralisches Handeln in Gefühlen (z. B. von Ungerechtigkeit) zu fundieren
   und auf ihrer Grundlage richtige von falschen Handlungen zu unterscheiden.
   Dabei richtet er sich nicht grundsätzlich gegen den Einfluss der Gefühle auf
   die moralische Urteilsbildung (z. B. das Engagement für die solidarische Anerkennung einer verfolgten Minderheit oder die Freude bei der Durchsetzung
   einer fairen Kompromisslösung in einem Schulnotenkonflikt), sondern gegen
   die vorrangige oder sogar ausschließliche Ausrichtung an der emotionalen
   Befindlichkeit. Allerdings liegt seinen Bestimmungen der Relationen zwischen
   Kognitionen und Emotionen eine gewisse Asymmetrie zu Grunde, welche die
   Gefühle einseitig durch die Kognitionen strukturiert sieht. Daraus resultiert
   die Hypothese, dass es einen stufenbezogenen Gleichklang von kognitiver und
   emotionaler moralischer Urteilsfähigkeit gibt. Dies ist aber gerade in Bezug auf
   Kinder und die präkonventionelle Stufe empirisch widerlegt worden: Sie sind
   einerseits schon in der Lage, nicht an Gehorsam und/oder Vorteil orientierte,
   sondern echt moralische Urteile zu fällen; aber erst später und in einem zweiten
   Lernprozess verfügen sie auch über die moralische Motivation, entsprechende
   kognitive Urteile auch emotional positiv zu bewerten und praktisch umzusetzen

und in diesem Sinne verantwortlich zu handeln (vgl. die Befunde in Keller/ Edelstein 1993, S. 327ff; Nunner-Winkler 2007, S. 69ff). Zugleich vertreten sie Formen eines moralischen „Rigorismus", also die Bereitschaft, für ihre moralischen Überzeugungen einzustehen, sie lebenspraktisch zu „beglaubigen", ohne dass sie über das entsprechende komplexe moralische Wissen verfügen (z. B. mit Blick auf die Begründung des eigenen Friedens- und Umweltschutzengagements). Kohlbergs kognitiv-affektiver Parallelismus verdeckt die Tatsache, dass er – wie Piaget – über keine eigenständige Bedürfnistheorie verfügt. Wie in Kap. 4.1 näher ausgeführt, sind die spezifisch menschlichen Bedürfnisse auf die verallgemeinerte Kontrolle und expansive Gestaltung der Lebensbedingungen ausgerichtet. Motivation auf tatsächlich humanem Niveau ist immer schon *verallgemeinerte*, die soziale Unmittelbarkeit und Partikularität der Lebensformen und Milieus überschreitende Emotionalität, ist verallgemeinerte, also am Allgemeininteresse ausgerichtete Gesamtbewertung je meiner Beziehungen zu meinen Mitmenschen und zur Welt. Das bedeutet auch: nur wenn je ich über eine solche verallgemeinerte Emotionalität als motivationale Handlungsgrundlage verfüge, nur dann kann ich die Folgen meines Handelns für andere, für *alle* anderen überhaupt subjektiv umfassend berücksichtigen. Solche Bewertungen stellen sich aber nicht spontan her, sondern sie müssen biografisch, also im Kontext der Identitäts- und Kapitalentwicklungentwicklung erarbeitet werden. Dabei leitet die so verstandene Emotionalität die kognitiven moralischen Lernprozesse zugleich auch an. Insofern treten die Emotionen nicht zu den Kognitionen hinzu bzw. werden von diesen bestimmt und „geleitet" – wie Kohlberg wohl anzunehmen scheint – sondern sie „stecken" schon immer „mittendrin". Verallgemeinerte Emotionalität beinhaltet somit die subjektive Seite der verallgemeinerten Lebensvorsorge in gattungsgeschichtlichem Maßstab und ist die strukturelle Alternative zum Leiden in der Isolation und Einsamkeit und zur Angst vor Abhängigkeit, Unterdrückung, Zwang und Erniedrigung. *Motiviertheit* und *Moralität* verweisen somit unmittelbar aufeinander. – Sehr ähnliche Probleme, wie in den Theorien von Piaget, Kohlberg und Habermas, lassen sich diesbezüglich in den Erziehungswissenschaften ausmachen, wo die Gleichberechtigung von Kognitionen und Emotionen nur von einer Minderheit anerkannt wird – und das gilt nicht nur für die Schul- und Unterrichtspädagogik, sondern auch die Sozialpädagogik. Auch ist hier in bestimmten, an der Psychoanalyse ausgerichteten Strömungen der Pädagogischen Ethik, die Tendenz zu erkennen, moralische Entwicklung mit Über-Ich-Bildung gleichzusetzen und dabei zu übersehen, dass es sich dabei um die intrapsychische Reproduktion gesellschaftlicher Zwangsbeziehungen und -verhältnisse handelt (vgl. dazu den Wissensbaustein 14, S. 311f.).

6. Mit dem **Formalismus-Postulat** schließt Kohlberg ganz unmittelbar an Kants Unterscheidung von *formaler* und *materialer* Vernunft an (an diesem Postulat hat sehr scharfe Kritik geübt Döbert 1986, S. 87–95). Das richtet sich gegen die Annahme einer ontologischen oder naturalistischen Verankerung moralischer Urteile und Handlungsweisen und eröffnet zugleich die Perspektive einer vernünftigen Formulierung universeller, nicht zeit- und raumgebundener Normen und Maximen. Dabei bedeutet „formal" ja nicht inhaltsleer, denn die Subjektivität der Menschen hat ja inhaltliche Qualitäten, verfügt über spezifische *humane* Entwicklungs-*Möglichkeiten*, die auch im *humanen* Evolutionsniveau der sprachlichen Kommunikation als Grundlage der moralischen Urteilsbildung zur Geltung kommen (hier wird die Bedeutung *naturgeschichtlicher* Forschungen auch für die Moralentwicklung deutlich; vgl. dazu EP1, Kap. 4.1 u. 5.1; sowie Kap. 4.1 in diesem Band). Die moralische Standpunktfindung erlaubt dann eine normative Bewertung von Handlungsweisen, Werturteilen, emotionalen Befindlichkeiten, die verallgemeinerbar sind (z. B. Freude über die Freilassung eines inhaftierten kritischen Journalisten nach einer weltweiten Solidaritätskampagne oder moralische Empörung über die Ermordung zahlreicher investigativer Journalist*innen) und sich gleichermaßen auf die personalen Entscheidungsbegründungen wie auch auf deren Folgen für die Mitmenschen, oder ganz abstrakt: die Menschheit beziehen.

In der Pädagogik ist Kants Unterscheidung als Differenz von formaler und materialer Bildung aufgenommen worden. Klafkis Vorschlag, *kategoriale* Bildung als Vermittlungsmedium zwischen beidem zu konzipieren (vgl. Wissensbaustein 10, S. 163–165), kann dann auch als Plädoyer verstanden werden, die universellen Begründungs- und konkret-historischen Anwendungsdiskurse systematisch miteinander zu verschränken und damit den konkreten Inhalten eine gleichrangige Funktion zuzuerkennen, wie den formalen Prinzipien. Dann verschränken sich auch die universellen und die konkret-historischen Strukturen und Inhalte der Identitätsentwicklung, wovon ein Teil die soziomoralischen Wissensformen und interpersonalen moralischen Verantwortungsübernahmen darstellen. Die ethische Seite der Identität verwirklicht die moralischen Prinzipien und Maximen *kontextsensibel* und *situativ angemessen* in spezifischen historisch-sozialen Konstellationen (z. B. in einer Gesamtschule, in einem Kinder- und Jugendverband, in einer Bürgerinitiative). Dabei handelt es sich um einen nach vorne unabschließbaren Prozess, bei dem sich Strukturen und Inhalte *gleichermaßen* in Richtung immer größerer Komplexität verändern und im günstigen Fall eine entwicklungsoffene Balance (mit temporären Vereinseitigungen) bilden. Insofern verschränken sich hier das Phänomenologie- und das Präskriptivismus-Postulat mit dem Formalismus-Postulat und erhalten die vermittelnden *Dialoge* zunehmend eine *dialektische* Qualität (vgl. Klafki 2019, 2. Abhandlung).

7. Das **Postulat der Prinzipienorientiertheit** will den Fallstricken des kontextuellen Relativismus entgehen, wie er sich gerade in den auf die Lösung sozialer Probleme ausgerichteten pragmatischen Akttheorien bzw. Aktionstheorien findet, die davon ausgehen, dass es für die ethische Begründung singulärer Handlungen keiner universellen moralischen Normen (Nützlichkeits- oder Gerechtigkeitsregeln) bedarf, sondern nur einer situativen Problemlösungsbegründung (z. B. für eine Rentenerhöhung oder eine Steuersenkung für mittlere und untere Einkommen). Solche Fragen der Sozialmoral stellen allerdings die *Tatsachenurteile* in den Vordergrund (z. B. ungleiche Einkommensverhältnisse) und diese dürfen nicht mit *prinzipiengeleitetem* Denken (z. B. Grundsätzen der Verteilungsgerechtigkeit) in einen Topf geworfen werden. Und genau dieses entwicklungsoffene Denken verhindert eine Verabsolutierung und Dogmatisierung der universellen Regeln und ermöglicht nichtbeliebige, kontextsensible Anwendungsdiskurse. – Das hat auch Konsequenzen für die Pädagogik, die die eben o. a. Bildungsperspektiven nicht dogmatisieren darf, sondern sie immer mehr in die (globalen) Diskursarenen einbringen und damit der universellen Bewährung aussetzen kann, ja muss. Und die auf diese Weise auch die jeweiligen Lösungsansätze (z. B. bezogen auf gerechtere Schulstrukturen sowie Unterrichtsinhalte und -formen) in einer qualitativ erweiterten Community zu erörtern hat.

8. Das **Konstruktivismus-Postulat** betont die in historisch sich verändernde kulturelle Kontexte eingebundenen und sie zugleich transzendierenden Verständigungsprozesse und Verfahrensweisen, mit deren Hilfe moralische Normen entwickelt, erprobt und verändert werden. Sie sind eben keine naturalistischen oder apriorischen Axiome oder bloße Induktionen aus vorgängigen Erfahrungen, sondern erfahrungsgesättigte und handlungsorientierte Urteile, die in unverkürzten („idealen") Intersubjektivitätsbeziehungen und kommunikativen Austauschprozessen (Dialogen und Diskursen) gewonnen worden sind. Und sie zeigen Wege auf, wie belastende gesellschaftliche Verhältnisse, die moralische Empörung auslösen (z. B. ungerechte Verteilung von Bildungschancen – schon im Kindergarten), schrittweise überwunden werden können. – Auch bei der Formulierung von pädagogischen Zielen und Inhalten und dafür angemessene Interaktionsmuster, technischen Medieneinsatz und Rückmeldeverfahren ist diese konstruktive Seite zu betonen und damit die Verantwortlichkeit der institutionellen und personalen Entscheidungsträger hervorzuheben. Auch hier gibt es keine naturwüchsige Tradierung oder Rückbezogenheit auf unhinterfragbare Normen (was z. B. guter Unterricht ist). Zugleich ist zu bedenken, dass die ethische Seite der Identitätsentwicklung eine Konstruktionsleistung des Subjekts ist,

ihm kognitive und emotionale-motivationale Steigerungen in der Bewältigung immer komplexerer Selbst- und Weltbezüge abverlangt.

9. Das **Gerechtigkeits-Postulat**, als Kern des präskriptiven und verallgemeinerungsfähigen, also moralischen Denkens, Fühlens, Entscheidens und Handelns, beinhaltet die gleichmäßige Achtung und die gleichen Rechte für jedes Individuum, dessen subjektive Freiheitsansprüche universell sind. Es wird realisiert durch die **Solidarität**, also die Empathie für das Wohlergehen der Mitmenschen in den intersubjektiv geteilten engeren oder weiteren Lebensformen. Beide Elemente bilden die Basis für die zwischenmenschliche und soziale Anteilnahme und Verantwortlichkeit sowie Gemeinschaftsbildung. Die damit verbundenen Vorstellungen vom *guten*, glücklichen, zufriedenstellenden Leben kann es also – sowohl historisch wie auch aktuell und in der absehbaren Zukunft – nur im *Plural* geben („Jede/r hat das Recht, nach seiner Fasson selig zu werden."). Damit dieser Pluralismus aber nicht zur Reproduktion von sozialen und gesellschaftlichen Ungleichheitsverhältnissen und -beziehungen beiträgt und sie verfestigt, muss er von einer allgemeinen sozialen *Gerechtigkeit* getragen werden, die es trotz aller historischen Dynamik nur im *Singular* geben kann. Moralität und Sittlichkeit müssen somit getragen werden von einem durch demokratische Sozial- und Bildungspolitik gestützten **egalitären Pluralismus** der sozialen und kulturellen Lebensformen (das ist eine der tragenden Grundprämissen der hier vorgelegten Entwicklungspädagogik).

10. Das **Postulat** der **entgegenkommenden gesellschaftlichen Bedingungen** (Interaktionsmuster, Institutionen, politische und ökonomische Systemstrukturen) stammt nicht von Kohlberg (obwohl er ihm nicht widersprochen hätte), sondern von Habermas (z. B. 1991, S. 161ff u. 171ff) und kann in der europäischen Sozial- und Moralphilosophie auf eine lange Tradition zurückblicken, die bis zu Aristoteles (384–322 v. u. Z.) reicht, der in seiner Nikomachischen Ethik von *freundlichen* Bedingungen sprach als Voraussetzung für eine glückliche Lebensführung (vgl. Aristoteles. Nik. Ethik 1099a-b; 1987, S. 21f). Damit ist festgestellt, dass kommunikativ-intersubjektiv vermitteltes moralisches Denken, Fühlen und Handeln die Bedingungen seiner Wirksamkeit, seiner angestrebten Folgen zunächst einmal nicht vorrangig selber schaffen kann (z. B. die angemessenen Strukturen der Verteilungs- und Verfahrensgerechtigkeit), sondern in gewisser Weise voraussetzen muss, damit entsprechende Verständigungsprozesse möglich werden und zu einer vernünftigen Übereinstimmung kommen können. Zugleich leisten diese intersubjektiven Klärungsprozesse (wie z. B. Menschenrechtsverletzungen entgegengetreten werden kann und sie schrittweise überwunden werden können) einen Beitrag dazu, dass die dazu notwendigen sozial- und rechtspolitischen Bedingungen geschaffen werden. Die

Verantwortungsethik fragt nicht nur nach den personalen Handlungsgründen (das wäre dann eine reine *Gesinnungs*-Ethik) und auch nicht nur nach den Folgen für die Mitmenschen und die objektiven sozialräumlichen und systemischen Lebensbedingungen (das wäre eine reine *Funktions*- bzw. *Werk*-Ethik), sondern nach den inneren Relationen zwischen vertretbaren Begründungen und wünschenswerten und faktischen Folgen. Daraus resultiert im Ansatz von Karl-Otto Apel (1922–2017) ein spannungsreiches Verhältnis von *Diskurs*- und *Institutionsethik* und damit auch zwischen *kommunikativen* und *funktionalen* Rationalitätsformen bzw. Diskurs Teil A und Teil B (vgl. Apel 1990, 2017b); in eine ähnliche Richtung wird von Charles Taylor (*1931) argumentiert (vgl. Taylor 1995, Kap. 9 u. 10.). Oder anders formuliert: Das Verhältnis von *Anforderungen an* den ökologisch verantwortungsfähigen, ökonomisch und sozial gerechten, politisch demokratischen und kulturell egalitär-pluralistischen Rechtsstaat einerseits und von *Beiträgen zu* seiner zivilgesellschaftlich unterfütterten Durchsetzung, Sicherung und fortlaufenden Modernisierung andererseits kennzeichnen eine *Binnen*-Relation der Verantwortungsethik (vgl. zum Ansatz von Apel den Wissensbaustein 19, S. 453–455). Das unterscheidet sie von Habermas' Diskursethik, die nicht *als Ethik* die Bedingungen ihrer Verwirklichung mitschaffen will (vgl. Habermas 1986b, S. 32f; 1991, S. 176ff; 2019, S. 16). Gleichwohl kann auch aus dieser Perspektive den wesentlichen Bestimmungen des Verhältnisses von Moral, Recht und Politik zugestimmt werden (vgl. Habermas 1998, Kap. IV u. VI – VIII sowie – als Replik auf Einwände – S. 669ff; vgl. zur Verortung dieser Debatten im neueren Diskurs der politischen Philosophie Reese-Schäfer, 1997.) – Diese beiden Spannungsverhältnisse sind auch für die Pädagogische Ethik konstitutiv und durchziehen alle Argumentationsbereiche, die in diesem Buch und in EP1 erörtert wurden. Sie lassen sich mit Blick auf das grundlegende Widerspruchsverhältnis von *Bildung* und *Herrschaft* dahingehend spezifizieren und konkretisieren, dass Moralität und Sittlichkeit zentrale Dimensionen identitätsstiftender Bildungsprozesse sind, die in der interaktiven und institutionellen Strukturierung der Erziehungsprozesse samt deren politisch-staatlicher Förderung und ökonomischen Ermöglichung ihre Voraussetzung und Folge haben. Dem stehen die ökonomische und soziale Ungleichheit erweiternd reproduzierenden Herrschaftsverhältnisse und deren Absicherung durch gleichgerichtete politisch-staatliche Machtverhältnisse entgegen. Die verschiedenen Dimensionen der pädagogischen Kapitalbildung sind somit auch solche, in denen um die angemessene widerständige Verwirklichung der Bildungsperspektiven in konkret-historischen Erziehungsbeziehungen und -verhältnissen tagtäglich gerungen wird. Indem die Erfolgsvoraussetzungen für das moralisch-sittliche Handeln geschaffen werden, verwirklicht es sich zugleich

bis zu einem gewissen Grade, die immer noch erweitert werden können. Das
wurde in Kap. 5.1.2 bereits angedeutet und soll in den weiteren Unterkapiteln
anhand exemplarischer Projektbereiche näher ausgeführt werden.

Wissensbaustein 18:
Basisdefinitionen der entwicklungspädagogischen
Verantwortungsethik

Sollen Definitionen nicht willkürlich sein oder nur ein Vorverständnis zum
Ausdruck bringen, dann können sie nur als zugespitzte Zusammenfassungen
der vorgängigen Argumentationsstränge positioniert werden. Das soll an dieser
Stelle geschehen. Anschließend werden sie für verschiedene Themenfelder und
Handlungsbereiche der Entwicklungspädagogik konkretisiert und spezifiziert.

1. **Ethik** befasst sich im Wesentlichen mit vier grundlegenden Relationen:
   a. Dem Verhältnis von *Sittlichkeit* (verstanden als Gesamtheit der intersub-
      jektiv-alltagspraktisch verankerten und lebensweltlich tradierten/habi-
      tualisierten sozialen Handlungsregeln, Gewohnheiten, Überzeugungen,
      Bräuche usw., die insgesamt als gut und damit legitim gelten, also sittlich gut
      sind) und *Moralität* (verstanden als das autonome diskursive Hinterfragen
      der sittlich verankerten Regeln hinsichtlich ihrer Übereinstimmung mit
      den Grundsätzen des Guten, Gerechten und Vernünftigen bzw. mit den
      objektiven Interessen und subjektiv bewusst gewordenen Bedürfnissen
      aller Menschen);
   b. den Beziehungen zwischen den personalen kognitiven und emotional-mo-
      tivationalen *Handlungsbegründungsmustern* und deren intersubjektiven
      und objektiven *Voraussetzungen* und *Folgen,* also von subjektiver Bestim-
      mung und objektiver Bestimmtheit der kollektiv vermittelten personalen
      Lebenspraxis; und
   c. den Relationen zwischen der *Begründung* universeller Normen (insbe-
      sondere der Gerechtigkeit) und deren konkret-historisch angemessenen
      Anwendung in unterschiedlichen intersubjektiven, institutionellen und
      systemischen Kontexten zur Durchsetzung und zum Erhalt egalitär-pluraler
      Lebensbedingungen und -formen;
   d. den Relationen zwischen subjektiven *Begründungsmodi* moralischen Han-
      delns (in der Tradition der Gesinnungsethik) und der Schaffung angemes-
      sener Verwirklichungsbedingungen (in der Tradition der funktionalen
      bzw. Güter oder auch Institutionsethik).

e. Als *dialektische* pädagogische Ethik überwindet sie die statischen Polaritäten von Moralität und Sittlichkeit, von subjektzentrierter Gesinnungs- und objektzentrierter Folge- bzw. Werkethik und von Sollen und Sein. Diese Pole betrachtet sie als sich in kommunikativ vermittelten Entwicklungsstufen entfaltende und immer mehr erweiternde intersubjektiv verankerte und aktiv eingreifende Verantwortungsbeziehungen und -verhältnisse. Als solche sind sie Teil der pädagogischen Interaktionsbeziehungen und deren institutionellen und milieuspezifischen Eingebundenheiten. Die Moralität verwirklicht sich somit in der konkret-historischen Sittlichkeit – und übersteigt (transzendiert) diese zugleich immer.

2. **Normen** sind verbindliche Maßstäbe, Regeln und Vorschriften mit unterschiedlichem Verallgemeinerungsgrad. Sie haben eine *regulative*, präskriptive Funktion hinsichtlich der Handlungsregeln und Zielsetzungen sowohl von Personen(gruppen) wie auch von Institutionen. Sie können von daher auch *deskriptiv* als faktisch in den milieuspezifischen bzw. von den Milieus überformten Sitten bzw. deren konkreter Sittlichkeit (oder auch in Gesetzen) wirksame Regeln und Ziele erfasst und dokumentiert werden. Nicht zuletzt kommt ihnen eine *moraltheoretische*, also prinzipielle und unbeschränkt allgemeine Bedeutung im Sinne eines moralischen Werturteils zu (z. B. in der negativen Fassung der „Goldenen Regel": „Was du nicht willst, dass man dir tut, das füg' auch keinem anderen zu."), welches die uneingeschränkte Reziprozität des Zusammenlebens von zurechnungsfähigen Subjekten reguliert. Die Gesamtheit der gerechtfertigten oder der Argumentation zugänglichen Normen bilden in ihrer synthetisierten Systematik die *normativen* Voraussetzungen der *sittlichen* Verantwortungsübernahme(n).

3. **Werte** sind eng verwandt mit den Normen, sofern sie die *Gründe* bzw. *Hintergrundannahmen* für die je subjektiven, alltäglichen und biografischen positiven Bewertungen im Sinne von bevorzugten Handlungsweisen, Gegenständen oder Sachverhalten offenlegen und auf ihre Geltungsansprüche hin befragen (universelle vs. partikulare, relative vs. absolute, subjektive vs. objektive/transsubjektive/intersubjektive Werte). In ihnen entfaltet sich insbesondere das erfahrungsgesättigte bewertende Spannungsverhältnis von konkret-historisch verankerten milieu- und situationsübergreifenden Handlungsorientierungen und -begründungen und immer mehr verallgemeinerbaren Handlungs- und Verantwortungsperspektiven.

4. **Maximen** sind biografisch bedeutsame themen- und feldübergreifende Einstellungen, Lebensgrundsätze und Vorsätze, die einerseits mit den Normen und Werten vereinbar sind und sich zugleich in bestimmten Bewältigungsweisen

sozialer und pädagogischer Konflikte, Krisen und kritischen Einsprüchen
niederschlagen und sie (mit-)bestimmen.

5. Normen, Werte und Maximen haben ihr dialogisch vermitteltes lebensprak-
   tisches Fundament in den *reflexiv* immer wieder einzuholenden und ggf. zu
   korrigierenden *habitualisierten* Wahrnehmungs-, Denk-, Bewertungs- und
   Handlungsweisen der Subjekte. Diese sind Medium und Ergebnis der psychosozialen Konfliktverarbeitungen, werden als moralische „Stärken" betrachtet
   und klassisch als **Tugenden** bezeichnet. Sie stellen wissentliche, um ihrer
   selbst Willen und ohne „Zaudern" ausgeführte Handlungsweisen dar. Sie sind
   diejenige Teil-Identität, die Komponenten des guten, gelingenden Lebens,
   der befriedigenden Lebensführungen (Plural) enthält. Dazu gehören u. a.
   die Tugenden (wiederum klassisch ausgedrückt), die auf das *Selbstverhältnis*
   (Besonnenheit, Freigiebigkeit, Gelassenheit, Heiterkeit, „Selbstvergessenheit",
   „Tapferkeit") und die *personale Urteilsfähigkeit* und *-bereitschaft* (lebenspraktische Klugheit, autonome ethische Urteilskraft, „Weisheit") bezogen sind.

6. Die ethische **Entwicklungslogik** rekonstruiert die logisch, also *präskriptiv*
   notwendig anzunehmenden Stufen und Übergänge, die die Herausbildung der
   voll entfalteten, *diskursiv* vermittelten personalen Verantwortungsfähigkeit
   und -bereitschaft verständlich machen. Diese genetische Verknüpfung von
   Vernunftsprinzipien und Lebensformen geht quasi von der höchsten Stufe
   aus und untersucht im „Rückwärtsgang" bis zum „Nullpunkt" die Strukturen und Inhalte, die jeweils zwingend vorausgesetzt werden müssen, um die
   nachfolgende Qualität verständlich zu machen. Diese Logik ist in keinem
   Fall identisch mit der *dialogisch* vermittelten *realbiografischen* Realisierung
   dieser Notwendigkeiten in bestimmten Phasen und sie impliziert auch nicht
   die Annahme, dass es keine *„Einbrüche"* und *„Rückschritte"* geben könne.

7. Die Pädagogische Verantwortungsethik ist eine besondere Ausprägungsform
   der **angewandten Ethik**, weil sie nach den konkret-historischen, milieuspezifischen und situativen Bedingungen und Prämissen pädagogisch verantwortbaren Sehens, Denkens, Fühlens und Handelns in den unterschiedlichsten
   Handlungsfeldern und Institutionen der öffentlichen und privaten Erziehung
   und deren Beziehungen zu Bildungstheorien und -konzepten fragt. Insofern
   gibt es eine Strukturähnlichkeit (Isomorphie) der Relationen zwischen Moralität und Sittlichkeit und zwischen *Bildung* und *Erziehung*. Zugleich erweitern
   und vertiefen ethische Fragestellungen, besonders die nach moralisch vertretbaren pädagogischen Entscheidungen, die *Kritik* an den durch politische
   Machtstrukturen hervorgebrachten bzw. stabilisierten ökonomischen Herrschaftsverhältnissen und deren einschränkenden Folgen für die Erziehungs-

> verhältnisse und den durch die soziomoralischen Milieustrukturen mitbe-
> stimmten pädagogischen Begegnungsweisen.

5.2 Die Bedrohung und Zerstörung demokratischer Sittlichkeit und Ziviltugenden durch regressive Bewältigungsformen psychosozialer Konflikte – ein epochaltypisches Schlüsselproblem

Zusammenfassung

In diesem Unterkapitel werden einige der grundlegenden lebensweltlichen und sozialräumlichen Probleme einschließlich deren systemischen Ursachen darge-stellt, die die Ausbildung einer einfachen bzw. demokratischen Sittlichkeit, also das ethische Minimum der Demokratie als Lebensform, als Gesellschaftsform und als Staatsform einschränken, gefährden, bedrohen, fragmentieren. Das ist zurückzuführen auf nicht bewältigte Anerkennungskonflikte, die in Alltags-diskriminierungen umschlagen (Kap. 5.2.1). Diese verschärfen sich, wenn sie zum Syndrom der Gruppenbezogenen Menschenfeindlichkeit werden (Kap. 5.2.2), welches soweit führen kann, dass damit Gewalthandlungen legitimiert und angeregt werden (Kap. 5.2.3). Alle diese auf intersektionale Weise mitein-ander verbundenen Ausgrenzungs-, Diskriminierungs- und Gewaltpraktiken können verstanden werden als restriktive bzw. regressive Bewältigungsformen psychosozialer Ängste (Kap. 5.2.4).

Bereits in den späten 1950er Jahren hatte der Bildungsphilosoph Otto Friedrich Bollnow (1903–1991) auf die Bedeutung der *einfachen Sittlichkeit* für das Zusam-menleben der Menschen hingewiesen (vgl. Bollnow 1962, Erste und Dritte Reihe); und ein Viertel Jahrhundert später hat sich Helmuth Dubiel (1946–2015) Gedanken über das *ethische Minimum der Demokratie* gemacht (vgl. Dubiel 1994, S. 106–118); an sie hatte Axel Honneth (*1949) kürzlich angeschlossen in seinen Reflexionen zur demokratischen Sittlichkeit als Kern gerade der sozialen Freiheit und damit auch der politischen Kultur (vgl. Honneth 2011, Teil III). Diese Warnungen vor der Zerstörung der zivilisatorischen Kultur- und Zivilgesellschaft in den westlichen Demokratien haben an Relevanz in den letzten 20 Jahren deutlich zugenommen (worauf in Kap. 5.1.3 schon hingewiesen wurde). Auf diese Tendenzen soll nun anhand ausgewählter empirischer Befunde eingegangen werden.

5.2.1   Anerkennungskonflikte und Alltagsdiskriminierungen

Generell ist daran zu erinnern, dass die berechtigten Versuche, die eigenen Interessen, Bedürfnisse und Wünsche zu verwirklichen, immer auch zu Konflikten mit anderen Menschen und Gruppen bzw. Milieus führen. Insofern ist der **soziale Konflikt der „Normalfall"** des Zusammenlebens; und das **friedliche** und **harmonische Zusammenleben** ist den Menschen **nicht gegeben**, sondern als ständige politische, soziale und sittlich-moralische Herausforderung **aufgegeben** (vgl. dazu die instruktiven exemplarischen Mikroanalysen von Krappmann 1993 und Krappmann/Oswald 1995). Dabei können drei Problembereiche unterschieden werden:

1. Die milieuintegrierte pädagogische Kapitalbildung als Widerspruchsrelation von Bildung und Herrschaft beinhaltet grob drei Konfliktarten:

   a. Bei den **positionalen Anerkennungskonflikten** geht es um die Verteilung knapper Güter (besonders Arbeitsplätze, Wohnungen, Steuermittel, Bildungsgänge) und ihr Ausgang bestimmt die jeweiligen Chancen der individuellen Systemintegration und damit den Grad der positionalen Anerkennung. Dabei können durch die Art der staatlichen Regulierung solcher Konflikte soziale Positionen in Frage gestellt werden – z. B. durch die Zusammenlegung von Arbeitslosenhilfe und Sozialhilfe (Hartz IV). – Eine besondere Form davon sind *Rangordnungskonflikte*, bei denen die Auseinandersetzung zwischen benachbarten Positionen im Zentrum steht (z. B. zwischen verschiedenen Gruppen der Facharbeiter*innen, der Beamt*innen oder der Arbeitslosen mit oder ohne Migrationshintergrund).

   b. Die **moralisch-sittlichen Anerkennungskonflikte** beinhalten den gerechten Ausgleich zwischen unterschiedlichen Interessenlagen (z. B. zwischen Arbeitsplatzinhaber*innen und Arbeitslosen, zwischen jungen und älteren Beschäftigten) und damit den unterschiedlich verteilten Einfluss auf die institutionalisierten Konfliktregulierungen und deren solidaritätsfördernde Ausgestaltung (z. B. in Form von Tarifverhandlungen und unterstützenden „wilden" Streiks) sowie die personale Fähigkeit und Bereitschaft, sich daran zustimmend oder aktiv zu beteiligen. In dem Maße, wie diese normative Ausrichtung realisiert werden kann, in dem Maße steigt auch das Niveau der kommunikativen und interaktiven Sozialintegration und damit die Chancen für ein harmonisches und friedliches Zusammenleben.

   c. Bei den **emotionalen Anerkennungskonflikten** handelt es sich um die Auseinandersetzung mit unterschiedlichen Mustern der alltäglichen Lebensführung sowie des Sinnentwurfes der verschiedenen sozialen, ethnischen und religiösen Gruppen und Milieus. Je eher zwischen den verschiedensten

Formen des Selbst- und Weltbezuges sowie des Selbst- und Weltentwurfes und seinen symbolischen Ausdrucksformen (z. B. in Form von religiösen Bauten und Praktiken) eine egalitäre Vielfalt zur Geltung gebracht werden kann, desto größer sind die Chancen der kulturell-expressiven Sozialintegration. Auch das hat eine große Bedeutung für den sozialen Frieden im jeweiligen Sozialraum.

2. Zu **krisenhaften Zuspitzungen** – wie wir sie aktuell vorrangig erleben – kommt es, wenn diese Konflikte nicht solidarisch bearbeitet werden, sondern durch Ausgrenzung und Ausschluss bestimmter, meist der schwächeren Gruppen (z. B. bestimmter sozialer und ethnischer Milieus), nicht gelöst werden. Das führt dann u. a. zu folgenden konfliktverschärfenden sozialen Problemen:

   a. Es kommt zu **Deprivationsprozessen**, weil die Verteilung der gesellschaftlichen Güter nicht mehr dem Prinzip der Fairness gerecht wird, denn das verschärft die soziale Polarisierung bzw. Segmentierung und vertieft die *Strukturkrise*.

   b. Es kommt ferner zu einem **Mangel an Normenakzeptanz**, weil der Ausgleich konfligierender Interessen nicht gelingt, also Solidarität und Gerechtigkeit nicht mehr handlungs- und entscheidungsleitend sind. Eine solche Entsolidarisierung hat Momente einer sozialen und politischen *Regulationskrise* zu ihrer Voraussetzung und Folge.

   c. Und es kommt nicht zuletzt zu **Verunsicherungen**, weil die sozialen Beziehungen nicht (mehr) hinreichend Rückhalt gewähren und Identität stiften, also Liebe, Zuwendung und Aufmerksamkeit nur unzureichend erfahren und praktiziert werden. Finden solche Tendenzen „massenhafte" Ausbreitung, dann führen sie zu einer sozialen *Kohäsionskrise* – wie sie sich in den Tendenzen zur Verbreitung der Gruppenbezogenen Menschenfeindlichkeit und des Rechtspopulismus zeigen (dazu Kap. 5.2.2).

   d. Solche krisenhaften Zuspitzungen gibt es nie nur bei den jeweiligen **gesellschaftlichen Minderheiten** (z. B. den in prekären oder deklassierten Lebenslagen oder bei Asylbewerber*innen), sondern auch bei den **gesellschaftlichen Mehrheiten**, weshalb stets das Wechselverhältnis der jeweiligen Mehrheiten und Minderheiten zu beachten ist. Das betrifft insgesamt die Erosion des demokratischen Konsenses in der „Mitte der Gesellschaft".

3. Diese global charakterisierten Konfliktlagen und deren **regressive Bewältigungsdynamiken** sind mit dem Konzept der „Social Justice" (ohne expliziten Bezug auf Kohlberg) weiter ausdifferenziert worden. Dieser Ansatz wurde in den USA entwickelt und für die Arbeit im deutschsprachigen Raum weiter spezifiziert (vgl. Czolleck et al. 2012, Kap. 2–4); dabei wurden folgende demokratiegefährdenden, antisozialen und unsolidarischen Konfliktbewältigungsweisen herausgearbeitet (vgl. ebd., Kap. 5; ergänzend auch Kemper/Weinbach 2016, Kap. 1–3):

a. Als *Ableismus* wird die symbolische Abwertung und Ausgrenzung von Menschen mit besonderen Interessen und Bedürfnissen bezeichnet, die als „Behinderte", „Verhaltensauffällige" „Unnormale" in ihren öffentlichen, halb-öffentlichen und privaten Selbst- und Mitbestimmungsmöglichkeiten eingeschränkt werden.

b. *Adultismus* thematisiert die Tatsache, dass Kinder und Jugendliche wegen ihres Alters diskriminiert werden, ihnen also Fähigkeiten nicht zugetraut, Lebenswelten verschlossen und sozialräumliche Präsenz verweigert werden. Dazu gehören auch die ständigen Klagen über die „verdorbene", „unengagierte", unsittliche" usw. Jugend (eine Klage, die schon in der griechischen Antike zu hören war).

c. Das Gegenstück zum Adultismus ist der *Ageismus*, die Abwertung und Ausgrenzung von älteren und alten Menschen, eben wegen ihres „zu hohen" Alters. Ihnen werden bestimmte kognitive Fähigkeiten, politische Einsichten und emotional-motivationale Entwicklungsfähigkeiten nicht mehr zugestanden, sie gelten als „vergreist", „zurückgeblieben", „schon seit langem nicht mehr auf dem Laufenden", werden der „Krampfaderfraktion" zugeordnet usw.

d. Von direkt politischer Brisanz ist der *Antisemitismus* (auch Antijudaismus genannt), also die Feindschaft gegenüber und der Hass auf jüdische Mitbürger*innen und ihre Milieus und Vereinigungen. Als „typisch jüdisch" wird postuliert z. B. das „Geschäftemachen" und die dazu dienenden internationalen Beziehungen im Sinne der „jüdisch-bolschewistischen Weltverschwörung", „die Raffgier", auch als ökonomische „Schlauheit" angesehen, verbunden mit der Abwertung des jüdischen Glaubens gegenüber dem christlichen („Ihr habt unseren Jesus ermordet") und die starke Relativierung bis hin zur Leugnung des Holocaust. – Ein Teil der Israelkritik verwendet auch solche Ideologeme. Davon muss allerdings deutlich unterschieden werden eine auf den Menschenrechten beruhende Kritik an der Politik der israelischen Regierung, wie sie auch in verschiedenen UN-Resolutionen zum Ausdruck kommt!

e. Der *Antiziganismus* erfasst die soziale, kulturelle und symbolische Ausgrenzung von Mitmenschen, die der Volksgruppe der Sinti und Roma angehören. Sie wurden traditionell abwertend als „Zigeuner" bezeichnet (deren Leben in manchen Operetten romantisiert wurde) und sie galten immer schon als besonders „trickreich-betrügerische", „hinterlistige", „kulturlos-archaische" Menschen, die nirgends wirklich sesshaft sind bzw. sein wollen. Ähnlich wie die jüdische Bevölkerung waren sie Opfer der Massenmorde im deutschen und internationalen Faschismus.

f. Der *Klassismus* greift bestimmte Aspekte der Milieuzugehörigkeit auf (vgl. dazu ausführlich Kap. 1, bes. Kap. 1.3 u. 1.5) und begründet mit ihnen ausgrenzende Über- und Unterbewertungen (z. B. reiche vs. arme Menschen, geistige vs. körperliche Arbeit, flexible vs. starre Lebensführung, hohe Kunst vs. Massenkultur, gediegene vs. vulgäre Sprache).

g. Bis zu einem gewissen Grade ist mit dem Klassismus auch ein *Lookismus* verbunden, der das Aussehen eines Menschen ablehnt (z. B. seine körperliche Statur, seine Kleidung, seine Frisur und Schminke, seine Gestik und Mimik), ihm deshalb weniger oder gar nicht wertschätzend gegenübertritt, ihn eklig findet, ihm aus dem Weg geht, sich über ihn – (halb-)öffentlich lustig und ihn lächerlich macht.

h. Eine spezifisch historische Dynamik weist die wechselseitige Abwertung der *Ost-* vs. *Westzugehörigkeit* in Deutschland auf, verdichtet zum typischen „Ossi" bzw. „Wessi" (vergleichbare Tendenzen gibt es z. B. zwischen Nord- und Süditaliener*innen). Dabei lehnt die eine Gruppe die andere ab und erhöht zugleich sich selber: z. B. ist „der Wessi" kalt, berechnend, nur auf Geld und Karriere aus vs. „der Ossi" ist sozial aufgeschlossen, ehrlich, bescheiden, kulturell interessiert, arbeitseifrig usw. – oder genau umgekehrt: „der Wessi" ist flexibel, dem Neuen gegenüber beruflich und privat aufgeschlossen, zivilgesellschaftlich verantwortungsvoll, politisch demokratisch vs. „der Ossi" ist neidisch, fühlt sich immer nur als Opfer („Jammer-Ossi"), hat sehr viele Ressentiments gegenüber Andersdenkenden, ist politisch entweder nostalgisch oder rechts(populistisch).

i. Der *Rassismus* bezeichnete ursprünglich die Überlegenheit einer Menschengruppe gegenüber einem anderen Volk bzw. einer anderen Volksgruppe aufgrund der Annahme biologisch begründeter strukturell ungleicher Entwicklungs-, Vergesellschaftungs- und Kultivierungsmöglichkeiten. Er hat sich aber in den letzten Jahrzehnten ausgeweitet zu einer allgemeinen Ausgrenzungs- und Abwertungsdynamik, die alle Ethnien, Kulturen, Lebensweisen, sittlich-normativen Vorstellungen usw. betrifft, die nicht der eigenen zugerechnet werden und zugleich als mit ihr nicht gleichwertig betrachtet werden (z. B. die islamische gegenüber der christlichen Tradition und Lebensweise, die Deutschen gegenüber den Südeuropäern, die Europäer gegenüber den Afrikanern usw.).

j. Der *Sexismus* bzw. *Heterosexismus* beinhaltet (wie in Kap. 4.2 schon erläutert) zum einen eine Abwertung der Frauen aufgrund der angeblichen Höherwertigkeit der Männer (Stichwort: Frauen sind für die Kindererziehung zuständig und die Männer verdienen das Geld durch eine erfolgreiche Berufskarriere und ermöglichen so der Familie ein angenehmes bis anspruchsvolles Leben); zum anderen wird damit die Heterosexualität zur einzig legitimen sexuellen

Orientierung und Praxis erklärt (und in ganz verschärfter Form – siehe katholische Kirche – dient die Sexualität nur der Fortpflanzung). Wie in der Art der Darstellung schon angedeutet, existieren die verschiedenen Diskriminierungs-, Ausgrenzungs- und Vereinnahmungsdynamiken nicht vollständig getrennt voneinander, sondern es gibt vielfältige Wechselbeziehungen. Dabei muss aber auch weiterhin der regressive Eigensinn der jeweiligen Dynamik beachtet werden (Warnung: „Was zusammenhängt fällt deshalb nicht schon zusammen."). Auf diese *Intersektionalität* wird nun näher eingegangen.

5.2.2 Das Syndrom der Gruppenbezogenen Menschenfeindlichkeit (GMF)

Die von Wilhelm Heitmeyer (*1945) geleitete Forschergruppe hat – in (impliziter) Übereinstimmung mit dem Social Justice-Ansatz – seit 2002 die Einstellungen der deutschen Bevölkerung zu wichtigen sozialen Entwicklungsproblemen untersucht. Sie hat dies unter dem Aspekt getan, welche kollektiven Deutungsmuster vorherrschen und inwieweit in ihnen Ausgrenzungspraktiken impliziert bzw. gerechtfertigt werden (die Befunde sind in der 10bändigen Buchreihe „Deutsche Zustände" veröffentlicht; vgl. Heitmeyer 2002–2012; und zur Gesamtbilanz und den weiteren Perspektiven Heitmeyer 2018, Kap. 5–8). Sie hat auf dieser empirischen Grundlage das Syndrom der „Gruppenbezogenen Menschenfeindlichkeit" entwickelt, weil sie gruppenbezogene und nicht individuelle offene oder verdeckte Stereotypisierungen, Ressentiments, Feindseligkeiten, Abwertungen, Ausgrenzungspraktiken und -vorstellungen und ggf. auch geschlossene legitimatorische Weltbilder ins Zentrum gestellt hat. Sie spricht hier – im Anschluss an Adorno (1973, Kap. VI) – von einem Syndrom. Dieser Forschungsansatz ist dann fortgeführt worden in den sog. „Mitte"-Studien von Zick et al. (2016; 2019) und er bildet einen der Forschungshintergründe, auf deren Grundlage die Bundesregierung den „Nationalen Aktionsplan gegen Rassismus" entwickelt hat (vgl. Bundesregierung 2017, Anlage III). Die Befunde korrespondieren stark mit den Rechtsradikalismus- bzw. Rechtspopulismus-Studien von Decker et al. (2016) bzw. Decker/Brähler (2018).

1. Die verschiedenen Elemente dieses Syndroms (vgl. Abb. 14, S. 423) haben aktuell folgende quantitative Bedeutung bzw. Verbreitung (vgl. Zick et al. 2019, Kap. 3.2 u. 3.4). – Hinweise: Es werden zum einen nur die Elemente knapp erläutert, die in Kap. 5.2.1 nicht erwähnt oder anders konzeptualisiert worden sind (es wurden auch nicht alle der o. a. Faktoten in dieser Studie berücksichtigt); und zum anderen beziehen sich die Doppelangaben darauf, dass sowohl eine 4- wie

auch eine 5-stufige Antwortskala verwendet worden ist (genannt wird an 1. Stelle das Ergebnis der 4-stufigen Skala, an 2. das der 5-stufigen).

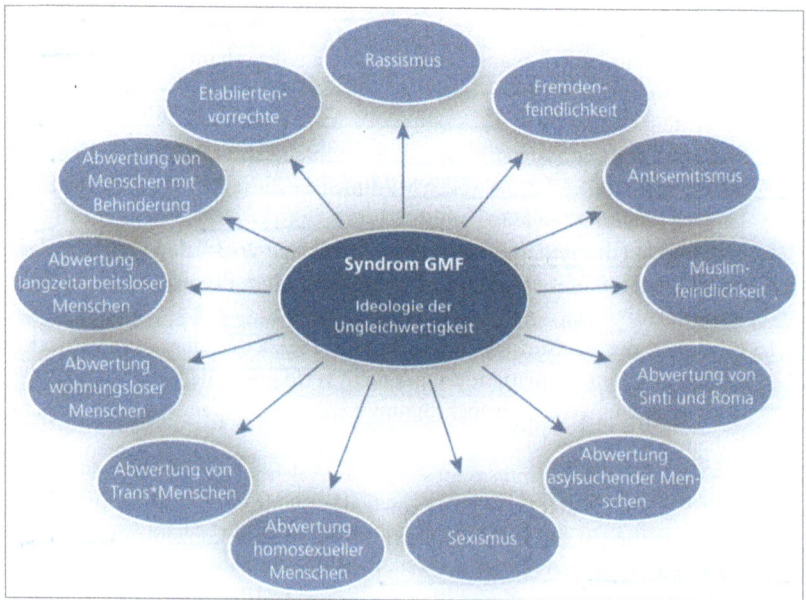

Abb. 14 Das Syndrom der Gruppenbezogenen Menschenfeindlichkeit
Quelle: Zick et al. 2019, S. 58

a. *Rassistische* Einstellungen werden von 20,9–15 % der Befragten eher oder voll und ganz geteilt; Die Überlegenheit der „weißen" Menschen bejahen 10,6–9,7 %. Die Tendenz ist leicht sinkend.

b. *Fremdenfeindlichkeit* als wahrgenommene Bedrohung der eigenen Kultur durch die kulturellen Differenzen und der eigenen sozialen Position aufgrund der Konkurrenz um knappe materielle Güter (wenn z. B. Deutsche grundsätzlich mehr Arbeitsmoral haben sollen und ihnen deshalb auch bei gleichen Qualifikationen eines „Ausländers" der umworbene Arbeitsplatz gegeben werden soll); 18,7–10,5 % plädieren dafür, dass Ausländer in ihre Heimat zurückgeschickt werden sollen, wenn die Arbeitsplätze knapp werden; und 35–24,9 % finden, dass es zu viele Ausländer in Deutschland gibt. Die Tendenz ist gleichbleibend.

c. *Antisemitismus* als feindselige Einstellung gegenüber Menschen jüdischen Glaubens zeigt sich u.a. darin, dass 8,1–4,3 % der Auffassung sind, dass die „Juden" in Deutschland zu viel Einfluss haben; und 21,6–12,5 %, dass die „Juden" die Vergangenheit (den Holocaust) zu ihrem Vorteil nutzen und 39,4–27,3 % setzen die Verbrechen des deutschen Faschismus mit dem (zum Teil tatsächlich menschenrechtswidrigen) Verhalten der israelischen Regierung im israelisch-palästinensischen Konflikt gleich. Auch hier sind die Anteile stabil.

d. Aufgrund der Anwesenheit von *Muslimen* fühlen sich 34,9–30,3 % in Deutschland fremd und 17,6–11,2 % wollen Muslimen die Zuwanderung nach Deutschland verweigern (Tendenz: stabil).

e. Mit Blick auf die *Sinti* und *Roma* hegen stabil 36,7–26,3 % den Verdacht, dass sie zur Kriminalität neigen und 28,6–16,5 % hätten Probleme, sich in ihrer Nähe aufzuhalten.

f. Bezüglich der *Asylsuchenden* hegen 44,2–28,2 % den massiven Verdacht, dass sie in ihren Heimatländern gar nicht verfolgt würden und 74,5–62,4 % lehnen großzügigere Asylgenehmigungsverfahren ab (Tendenz: Stabilität auf hohem Niveau bzw. leicht ansteigend).

g. Der traditionelle *Sexismus* zeigt sich in der Ablehnung einer eigenständigen Karriere von Frauen (8,5–5,3 %) sowie der Meinung, dass die Frauen sich wieder mehr auf die Rolle als Ehefrau und Mutter konzentrieren sollten (12,1–9,6 %). Hier ist die Tendenz eher rückläufig.

h. *Homophobische* Einstellungen werden daran deutlich, dass 14,8–16 % Ekel gegenüber diesen Menschen verspüren und 6,6–8,5 % dieses Verhalten unmoralisch finden (Tendenz: rückläufig).

i. Bezüglich der *Trans-Menschen* (die also ihre Sexualität wechseln) finden 20–16,2 %, dass sie nicht so auffallen sollten und 12,6–11,9 %, dass das albern sei. Auch hier ist die Tendenz eher rückläufig.

j. Die *Obdachlosen* bzw. *Wohnungslosen* halten 11,7–9,2 % für arbeitsscheu und 24,4–21,3 % wollen sie aus den Fußgängerzonen vertreiben. Hier gibt es einen deutlichen Rückgang der Zustimmungen.

k. In vergleichbarer Weise unterstellen 50,6–38,1 % der Deutschen den *Langzeitarbeitslosen*, dass sie gar kein Interesse hätten, einen Job zu finden und 63,8–50 % empören sich über sie. Diese Einstellungen haben sich verfestigt und steigen sogar noch an.

l. Die Abwertung von *Behinderten* zeigt sich bei 3,2–2,2 % darin, dass sie meinen, dass sie zu viele Vergünstigungen erhielten und 3,3–2,0" sich gegen die Inklusion aussprechen. Hier ist die Zustimmung stabil extrem gering.

m. Für die *Etabliertenvorrechte* sprechen sich 37,5–27,5 % aus, wenn sie meinen, dass hinzugekommene Menschen weniger Rechte zustehen bzw. sich mit weniger zufriedengeben sollten (65,3–49,9 %). Tendenz: gleichbleibend.

2. Hinsichtlich der **Intersektionalität** dieser GMF-Facetten wird dann festgestellt: „Besonders enge Korrelationen bestehen zwischen Rassismus und Fremdenfeindlichkeit sowie der Abwertung homosexueller Menschen. Auch Fremdenfeindlichkeit und Muslimfeindlichkeit sowie die Etabliertenvorrechte sind relativ hoch korreliert: Wer rassistisch eingestellt ist, wertet mit höherer Wahrscheinlichkeit auch als fremd markierte sowie homosexuelle Menschen ab und umgekehrt. Wer fremdenfeindlich eingestellt ist, hat zudem Vorurteile gegenüber Muslimen oder allgemein neuhinzugekommenen Menschen. Wenig überraschend sind auch die relativ hohen Korrelationen zwischen der Abwertung von Homosexuellen und Trans*Menschen. Weniger enge, aber dennoch signifikante Korrelationen bestehen beispielsweise zwischen der Abwertung von Asylsuchenden und Antisemitismus oder der Abwertung von Menschen mit Behinderung sowie zwischen der Abwertung von Landzeitarbeitslosen und Menschen mit Behinderung." (ebd., S. 78)

3. Während es fast keine *geschlechtsbezogenen* Unterschiede gibt, kommt die Studie hinsichtlich der **regionalen Verbreitung** zu folgenden Ergebnissen: „In Ostdeutschland aufgewachsen zu sein, äußert sich signifikant in vermehrter Feindseligkeit gegenüber ‚Fremden'. Ostdeutsche versagen den Gruppen der Ausländer (22 %), Muslime (25 %) und Asylsuchenden (63 %) das Recht, in Deutschland zu leben … Ostdeutsche Befragte (43 %) betonen stärker als westdeutsche Befragte (35 %) Etabliertenvorrechte. Tendenziell sind darüber hinaus Rassismus und klassischer Antisemitismus mehr unter Ostdeutschen verbreitet, wohingegen dem israelbezogenen Antisemitismus etwas mehr von Befragten aus West (24 %) als aus Ost (22 %) zugestimmt wird. Ostdeutsche äußern insgesamt etwas mehr Ressentiments, Westdeutsche sind aber keineswegs frei davon. Vielmehr ist eine Entwicklung der Angleichung in der Zustimmung zu Vorurteilen seit den letzten Mitte-Studien zu erkennen." (ebd., S. 85)

4. Gerade mit Blick auf die Herausforderungen für eine milieusensible und -gerechte Verantwortungspädagogik ist die **Verortung der GMF** im Kontext der **sozialen Ungleichheiten** und damit der Milieuzugehörigkeit von besonderem Interesse. Diesbezüglich macht Abb. 15 (S. 426) deutlich:

Einkommens... →	schwächere (n = 259)	mitte (n = 947)	stärkere (n = 299)
Rassismus ***	11,4	11,6	3,3
Fremdenfeindlichkeit ***	21,8	20,8	9,7
Antisemitismus – klassisch	4,1	5,8	3,7
Antisemitismus – israelbezogen	26,4	24,7	20,6
Muslimfeindlichkeit **	17,1	21,6	13,5
Abwertung von Sinti und Roma **	19,4	28,2	22,4
Abwertung asylsuchender Menschen **	49,2	55,8	44,6
Sexismus **	11,7	7,9	4,2
Abwertung homosexueller Menschen *	7,4	10,9	5,6
Abwertung von Trans*Menschen *	11,4	15,5	9,1
Abwertung wohnungsloser Menschen **	11,0	14,4	7,9
Abwertung langzeitarbeitsloser Menschen ***	39,6	55,4	48,2
Abwertung von Menschen mit Behinderung	2,3	1,2	0,2
Etabliertenvorrechte *	36,7	37,3	28,7

Abb. 15 Zustimmung zu den Facetten der GMF nach Einkommensgruppen

Quelle: Zick et al. 2019, S. 90; Erläuterung Einkommensschwächere: weniger als 70 %, Einkommensmitte: zwischen 70 und 150 % und Einkommensstärkere: über 150 % des Äquivalenzeinkommens, gemessen am Einkommensmedian in der Stichprobe.

a. Zunächst einmal ist bemerkenswert, dass in den unteren Milieus gegenüber 2016 alle Elemente der GMF abgenommen haben.
b. Demgegenüber finden sich in den mittleren Milieus besonders ausgeprägte Vorurteilsstrukturen, speziell in Form von Muslimfeindlichkeit, Abwertung von Sinti und Roma, Homosexuellen, Wohnungs- und Langzeitarbeitslosen.
c. Bei Rassismus, Fremdenfeindlichkeit und Reklamierung von Etabliertenvorrechten liegen die Werte bei beiden Milieus gleich auf.
d. Insofern geht die Hauptgefahr für das sozialverträgliche, friedlich-solidarische Zusammenleben zunehmend von der gesellschaftlichen „Mitte" aus, ist also das Theorem vom „Arme-Leute-Rassismus" bzw. vom „Rassismus der Abgehängten" empirisch nicht mehr durchgängig haltbar.
e. Bei den oberen Milieus zeigt sich in besonderer Weise die Verschränkung von kultureller und sozialer Kapitalbildung und politischen Präferenzen, denn mit dem höheren Bildungsniveau ist eine geringere Zustimmung zu vielen

Facetten der GMF verbunden. Wobei hier relativierend hinzuzufügen ist, dass dieses Ergebnis auch beeinflusst wird durch die soziale Erwünschtheit bestimmter Antworten in den „gehobenen Kreisen" und dadurch die „eigentliche" Einstellung und Lebenspraxis teilweise verdeckt wird.

5.2.3 Gewalt (von Jugendlichen) als existentielle Grenzerfahrung

Die bisher dargestellten regressiven Bewältigungsversuche sozialer Konflikte finden ihre Zuspitzung in der Gewalt gegen einzelne Personen und Personengruppen. Das ist das exakte Gegenteil von moralitätsgeleiteten sittlichen Handlungsweisen. Denn Gewalt wird von betroffenen Menschen als Form der Missachtung, der Erniedrigung, der Demütigung, als Ausgeliefertsein an andere, stärkere Menschen und überlegene Menschengruppen, an Institutionen, an anonyme Mächte empfunden, als tiefe Verletzung der eigenen Integrität, als Zerstörung der psychischen Immunität, als grundlegende Infragestellung der eigenen Persönlichkeit und Lebenspläne. In den *unmittelbaren* Sozialräumen und Lebenswelten kann Gewalt direkt körperlich oder psychisch, auch als sprachlich vermittelte psychische Gewalt sowie in ritualisierter Form (z. B. „Mutproben") ausgeübt werden. Sie wird als *strukturelle* Gewalt ausgeübt von Institutionen (z. B. Schule, Sozial- bzw. Jugendamt, Polizei) oder auch anonym (Markt und Staat, die z. B. für die Arbeitslosigkeit und Armut [mit-]verantwortlich sind). Gewalt kann ausgeübt werden von einzelnen Menschen, von Personengruppen (z. B. Gangs oder rechtsradikalen Vereinigungen) und von politischen und ökonomischen Mächten (z. B. in der Einwanderungspolitik). Insofern ist analytisch zu unterscheiden, ob bei den jeweiligen Analysen im Vordergrund steht die *Mikro-, Meso-* oder *Makro*-Ebene oder das *Chronosystem* als zeitliche Strukturierung der Gewaltprozesse und -handlungen (vgl. dazu mit Blick auf die Lebenswelten und Sozialräume der Schule Bilz et al. 2017, Kap. 2; Wachs et al. 2016, Kap. 2).

Nun ist Gewalt eine Form der Austragung der in Kap. 5.2.1 – 5.2.3 dargestellten Konflikte und wird im Grundsatz von *allen* Altersgruppen ausgeübt (das gilt auch für den Kontext der Schule; vgl. Bilz et al. 2017, Kap. 4). Dabei zeigt sich empirisch, dass mit einer höheren Zustimmung zur GMF auch eine stärkere Gewaltbilligung und Gewaltbereitschaft korreliert (vgl. Zick et al. 2019, Kap. 3.6); sie wird besonders deutlich bei der starken Gewaltbilligung gegenüber asylsuchenden Menschen (76,1 %), Langzeitarbeitslosen (73,1 %), Durchsetzung von Etabliertenvorrechten (62,9 %) und der Muslimfeindlichkeit (61,2 %). Bei der Gruppe der 16–30Jährigen (vgl. ebd., S. 88f) finden folgende Items folgende Zustimmungswerte (in Klammer zum Vergleich die Altersgruppen 31–60/über 60): Rassismus: 11,0 % (8,1/12.2 %); Fremdenfeindlichkeit: 15,2 % (19,4/20,1 %); klassischer Antisemitismus: 2,6 % (4,1/7,8 %); israelbezogener Antisemitismus: 17,2 % (21,1/30,4 %); Muslimfeindlichkeit: 17,8 % (17,4/25,3 %); Abwertung von Sinti und Roma: 15,4 % (26,6/26,5 %); Abwertung asylsuchender Menschen: 46,1 % (50,7/59,4 %); Sexismus: 3,1 % (7,0/11,7 %); Abwertung Homosexueller: 13,0 % (6,0/13,2 %); Abwertung von Trans*Menschen: 11,6 % (9,2/19,8 %); Abwertung von Wohnungslosen: 14,2 % (10,1/15,0 %); Abwertung von Langzeitarbeitslosen: 53,3 % (53,9/47,2 %); Abwertung von Behinderten: 0,8 % (1,1/1,6 %); Reklamierung von Etabliertenvorrechten: 23,3 % (39,3/40,2 %).

Wenn *Jugendliche* an Gewaltakten beteiligt sind, dann wird diese allgemeine Gewaltbereitschaft überlagert von der mehr oder weniger bewussten und gewollten *Grenzüberschreitung* als notwendiges Element der Identitätsbildung und zugleich als Aspekt der Relativierung der bisher erworbenen und anerkannten moralisch-sittlichen Normen, die in bestimmten Fallverläufen es attraktiv erscheinen lassen, eine gewaltgrundierte *kriminelle Karriere* zu verfolgen. In einer Fallstudie hat Sitzer (2009, Kap. 5–7) diesbezüglich folgende psychosoziale Dynamiken herausgearbeitet (sie differenzieren und vertiefen die Analysen von Kap. 5.2.1):

1. Hinsichtlich der **jugendspezifischen** Gewalttätigkeiten können unterschieden werden:
   a. Zunächst einmal die **defensiv-motivierten** Gewalthandlungen, bei denen die Verteidigungs- und Vergeltungsabsichten bestimmend sind. Sie werden zumeist ausgelöst durch Gewaltattacken anderer oder Ehrabschneidungen und die Gewaltreaktion ist Teil eines mehrstufigen Eskalationsprozesses (räuberische Erpressungen sind dabei relativ selten). Wird den Täter*innen nicht der notwendige Respekt gezeigt, dann geht es vorrangig um die Wiederherstellung ihrer Respektwürdigkeit.
   b. Das vorrangige Ziel der **offensiv-sozial motivierten** Gewalthandlungen ist die Erhöhung des eigenen sozialen Status und Ansehens – wobei zu beachten ist, dass ein sozialer Status (im Unterschied zum Ansehen) keine gemeinsamen, geteilten Wert- und Normvorstellungen erfordert (wer gefürchtet wird, muss noch längst nicht geschätzt werden). Diese Art der Status- und Ansehensverbesserung setzt allerdings voraus, dass Gewalt gebilligt und als Wert anerkannt ist (oder dies von den Täter*innen zumindest vermutet wird), weshalb diese Art der „Anerkennung" zumeist auf eine relativ kleine Gruppe beschränkt ist. In ihr spielen Rang- und Zweikämpfe und andere Formen von asymmetrischen Interaktionsbeziehungen eine Rolle, die zugleich eingelagert sind in eine deutliche und z. T. krasse Machthierarchie, bei der der Anführer geschätzt wird und einzelne Gruppenmitglieder ein „Plus" haben, wenn sie

vom Anführer geschätzt werden (z. B. für ihren besonderen „Mut", für ihre besondere „Kaltschnäuzigkeit", für ihre besondere Brutalität). In diesem Zusammenhang spielen zelebrierte Gewaltrituale eine besondere Rolle (z. B. in der Hooliganszene, aber auch bei Teilen der Burschenschaften, den „schlagenden Verbindungen"), wobei hier das Einhalten von Regeln als Ausdruck von Fairness verstanden wird. Eine spezielle Ausprägungsform erhält diese Gewaltart, wenn sie als eine Art von „Schutzgewalt" auftritt (die Täter*innen verstehen sich dann als eine Art „Schutzbeamte" (z. B. auf Schulhöfen und Schulwegen), wodurch die Gefahr einer Gewaltspirale entsteht.

c. Die Konstellation ändert sich nochmals bei den **offensiv-materiell motivierten** Gewalthandlungen, denn hier stehen die Beschaffung von Geld und anderen wertvollen Gegenständen und/oder der Handel mit Drogen und Diebesgut im Vordergrund. Entsprechende Raubzüge sind immer auch Machtaktionen, wobei Gewalt besonders dann angewendet wird, wenn die Opfer sich wehren – gerade diesbezüglich gibt es allerdings erhebliche Unterschiede. Es gilt generell das Recht des Stärkeren, denn anders können die eigenen Interessen nicht durchgesetzt werden (öffentliche Proteste, Anzeigen bei der Polizei u. ä. sind grundsätzlich ausgeschlossen). „Fairness" ist überhaupt kein Thema. Plötzliche Eskalationen resultieren dabei besonders aus realen oder vermeintlichen Vertragsverletzungen (und zwar auf beiden Seiten).

2. Untersucht man nun die sozialräumlich eingebundenen lebensweltlichen Bedingungen und biografischen Situationen der Täter*innen, dann sind **Anerkennungsdefizite** der bedeutsamste gemeinsame Hintergrund. Insofern zeigen sich hier Dynamiken, die schon in sehr unterschiedlichen Zusammenhängen thematisiert worden sind. Neben der **Familie** (vgl. EP1, Kap. 3) und der **Schule** (vgl. Kap. 2.2.1/2.2.4 in diesem Buch) spielen auch die **Peers** eine zentrale Rolle. Zu letzteren einige ergänzende Bemerkungen: Mit der häufig anzutreffenden emotionalen Distanzierung von den Eltern und der schrittweisen sozialen Ablösung vom Elternhaus gewinnt die Gleichaltrigengruppe als alternativer Sozialisationsraum eine besondere Bedeutung für die eigene psychische Stabilität, weil hier die Anerkennung gesucht wird, die bisher verweigert wurde. Werden diese Erwartungen enttäuscht, kann sich die Gewaltbereitschaft verdichten. Dies geschieht häufig dadurch, dass Jugendliche von anderen Jugendlichen bzw. Jugendgruppen ausgegrenzt werden, weil sie keine Markenklamotten haben, weil sie sich kommerzielle Freizeitangebote nicht leisten können, weil sie eine bestimmte ethnische Herkunft haben (z. B. „Russlanddeutsche" vs. „normale Deutsche" vs. türkische Jugendliche vs. asiatische oder afrikanische Jugendliche) usw. Zur Gewaltbereitschaft trägt bei, wenn die Eltern ihre Kinder auffordern bzw. aufgefordert haben, „sich zu wehren, wenn sie angegriffen werden". Das

ist besonders dann nahegelegt, wenn die jeweiligen subkulturellen Gruppennormen Gewalt als legitimes Mittel der Durchsetzung von Gruppeninteressen
betrachten (und nicht die Durchsetzung von Rechten, z. B. der Kinderrechte)
und aktive Gewaltausübung erwarten (durch eigene Gewalthandlungen soll
dann der Gruppenanschluss erreicht bzw. der Gruppenausschluss verhindert
werden). Hier wird strikte „Loyalität" eingefordert (und zwar auch dann, wenn
die Jugendlichen aus diesen Gruppen aussteigen wollen bzw. ausgestiegen sind).
Der mit Gruppengewalt verbundene Wechsel von der Opfer- in die Täterrolle
findet sich besonders bei Jugendlichen aus (intensiv) betreuten Wohngruppen
(hier ist zu fragen, wie viel professionelle Missachtung Kinder und Jugendliche
dort erfahren haben [vgl. Kap. 3.3.4] und sozialräumlich in den sog. „sozialen
Brennpunkten" bzw. „Stadtteilen mit besonderem Entwicklungsbedarf") als Folge
einer Stadtpolitik, die sich vorrangig auf bestimmte, wohlhabende bzw. sozial
stabile Stadtteile konzentriert (z. B. Konsumräume, privilegierte Wohngebiete)
und andere vernachlässigt.

5.2.4 Menschenfeindliche Vorurteile und Gewalthandlungen als regressive Bewältigungsformen von psychosozialen Ängsten

Wie in Kap. 4.1 näher erläutert, haben die Menschen das „unersättliche" Bedürfnis nach Vergemeinschaftung und Vergesellschaftung und nach kollektiver und
individueller Kontrolle und Gestaltung ihrer unmittelbaren und systemischen
Lebensbedingungen entsprechend ihren erkannten und artikulierten Interessen,
Bedürfnissen und Wünschen. Werden sie von der kollektiven und individuellen
innovativen Realitätskontrolle mehr oder weniger massiv ausgeschlossen (z. B.
durch Arbeitslosigkeit, Verarmung, Einschränkung ihres Lebensstandards), dann
fühlen sie sich **bedroht** und bewerten diese Lage und Situation negativ mit laten-
ter oder manifester **Angst** (z. B. vor dem nächsten Schultag, vor der anstehenden
Entscheidung über die Ausbildung, vor Beziehungskonflikten). Sehen sie keine
oder nur (sehr) unzureichende Möglichkeiten, diese strukturelle oder situative Bedrohungskonstellation (schrittweise) zu überwinden, dann kommt es zur
intrapsychischen Konfliktverleugnung und -abwehr, die den Subjekten selber
zunehmend unbewusst wird (vgl. Nussbaum 2019, Kap. 1-3). *Eine* Abwehrform ist
die Verinnerlichung von Vorurteilen, die dann in bestimmten Fallkonstellationen
auch (wie die o. a. empirischen Befunde zeigen) zur Gewaltbereitschaft und zu
manifesten Gewalthandlungen führen. Von *pädagogischer* Bedeutung sind hier
folgende *psychodynamische* Prozesse:

1. Zunächst einmal werden die **Vorurteile** zu einer **soziokulturellen Dimension des Unbewussten**. Dabei nehme ich als konkretes Subjekt die äußeren, gesellschaftlichen, sozialen, zwischenmenschlichen Zwänge (z. B. in der Schule, im Wohnumfeld, im Verein) in mich hinein, ich verinnerliche sie, sie werden durch mein *aktives* Zutun zu intrapsychischen Zwängen. Die aktuelle Angstfreiheit wird also durch verminderten Realitätsbezug und verstärkte intrapsychische Zwänge erkauft, also – wie die Psychoanalyse sagt – durch die Installierung eines Über-Ichs, einer unterdrückenden Instanz dritter Person in mir selbst (vgl. dazu Wissensbaustein Nr. 14, S. 331). Da sich auf diese Weise meine Abhängigkeiten verschärfen, damit auch neue latente und manifeste Ängste entstehen, die mich wieder handlungsunfähig zu machen drohen, deshalb bedarf ein derartiger „Lösungsweg" nicht nur dauerhafter intrapsychischer Abwehrleistungen gegenüber bestimmten Aspekten sowohl der objektiven Interessen wie auch meiner eigenen Subjektivität und milieuverankerten Lebensweise, sondern auch einer Vertiefung und Ausweitung dieser Abwehrprozesse. Diese *Dauerhaftigkeit* und Ausweitungstendenz der Vorurteilsproduktion macht die Beseitigung ihres Gewahrwerdens aus dem Bewusstsein zur subjektiven Notwendigkeit, weil ja das Bewusstsein darüber zugleich das Wissen um die angsterzeugenden sozialen und individuellen Realitätsaspekte bedeutet, die zur regressiven Bewältigung der Konflikte gerade zu verleugnen sind. Diese Abwehr ist kein einmaliger Akt, weil sich die private und (halb-)öffentliche soziale Realität immer wieder ändert, immer wieder neue Aspekte in ihr auftauchen, die stets von mir daraufhin befragt werden müssen, ob sie mir nicht gefährlich werden können. Deshalb „verbrauchen" diese Abwehrprozesse – psychoanalytisch-bildhaft gesprochen – so viele „Energien". Und weil zwischen „gefährlichen" und „ungefährlichen" Realitätsaspekten nicht trennscharf unterschieden werden kann (z. B. zwischen Muslimen und anderen Asylbewerbern oder Ausländern), entsteht die spontane Tendenz zu immer erweiterter Aufschaukelung von Angstbereitschaft/manifester Angst und erweiterter Abwehr. Darin liegt die regressive Entwicklungslogik solcher psychischen Abwehrprozesse. Aus diesem Grund geht es bei der GMF nicht nur um *einzelne* Vorurteils- und Ausgrenzungspraktiken, sondern um deren Kern, also um ein *Syndrom,* welches sich fortlaufend in seiner Dynamik verändert (wie die referierten empirischen Befunde zeigen).

2. Diese psychischen Konfliktabwehrprozesse beziehen sich nun nicht nur auf aktuelle Wahrnehmungen, sondern auch auf die „Erinnerung" an jene Realitätsaspekte, die angstauslösend waren bzw. sind (z. B. kindliche Konflikterfahrungen mit Sintis und Romas). Das so entstehende und bestehende **„*dynamische Unbewusste*" als Kern des Vorurteils-Syndroms** ist also ein Aspekt, ein Funktionselement der individuellen Gedächtnistätigkeit, in der diese angstauslösenden

Realitätsbereiche und -momente „gespeichert" sind, deren Erinnerung für mich subjektiv nicht verfügbar ist, weil das zugleich eine Wiederbelebung der nicht verarbeiteten Konflikte bedeuten würde, an der ich vordergründig gerade kein subjektives Interesse habe (in diese Richtung argumentieren auch Adorno 2019, S. 41ff, Bude 2014, S. 39ff, 60–100 und Nussbaum 2016, Kap. 7 u. 10; dies. 2019, Kap. 4-6). Da die soziale Wahrnehmung, wie die Selbstwahrnehmung, durch das gespeicherte Wissen „hindurch" stattfindet, ist dieses Unbewusste zugleich ein bedeutsamer Wahrnehmungsregulator (z. B. bezogen auf eine neu im Stadtteil lebende Gruppe von deutsch-rumänischen Sinti und Roma), d. h. er blendet aktiv die psychische Wahrnehmung der angsterzeugenden objektiven Interessenmomente systematisch aus. Diese systematische Ausblendung impliziert eine Zerstörung der Erkenntnis von Zusammenhängen in der sozialen und personalen Wirklichkeit, damit auch die Einsichten in objektive und subjektive Interessenbeziehungen und -widersprüche: Man könnte also sagen, dass je systematischer das Unbewusste „arbeitet", desto unsystematischer und unstrukturierter ist die Welt- und Selbstwahrnehmung und das entsprechende objektive und subjektive Interessenverständnis. In bestimmten Konfliktabwehrverläufen wird diese primäre Unstrukturiertheit des Selbst- und Weltbezuges durch eine **sekundäre, „aufgesetzte" Strukturierung** – hier: **in Gestalt von Vorurteilen** – scheinbar kompensiert (z. B. als allgemeine Fremdenfeindlichkeit). Das äußert sich dann in einer besonderen Rigidität bei der Interpretation sozialer Tatsachen und beim Umgang mit anderen Menschen wie mit sich selbst. Die Qualität der Abwehrprozesse und der Handlungsfähigkeit stehen in einem reziproken Verhältnis zueinander. Dadurch wird auch die biografische Verdichtung von Erfahrungs-, Erkenntnis- und Gestaltungsprozessen, also der verschiedenen Dimensionen der Kapitalbildung erheblich eingeschränkt bis verunmöglicht und zugleich – das ist pädagogisch sehr wichtig! – die personalen Argumentationsfähigkeiten und -bereitschaften blockiert und schließlich zerstört (so stößt ggf. der Hinweis, dass die Sinti und Roma das Recht haben, in Deutschland zu leben und Hartz IV zu beziehen, auf taube Ohren). Je „ausgedehnter" daher mein Unbewusstes ist, desto weniger bin ich zu einer angemessenen Verarbeitung meiner Lebenserfahrungen in der Lage (z. B. gegenteilige, positive Erlebnisse mit den diskriminierten Gruppen), desto mehr sind mir meine Gefühle meiner Kontrolle entzogen, werden sie auch und gerade für mich selbst undurchschaubar, unverständlich, fühle ich mich auf „geheimnisvolle" Weise von ihnen bestimmt, ohne auf sie Einfluss ausüben zu können. Die damit verbundene *Verselbständigung* der psychosozialen Ängste in Form einer allgemeinen Ängstlichkeit und damit des Gefühl, „von allem und jedem" bedroht zu werden (und dazu eignen sich alle Vorurteilsmuster und GMF-Facetten), führt auch dazu, dass ich mir bestimmte Bedrohungskonstellationen und -situationen nur noch *vorstelle* und darauf quasi antizipatorisch mit Abwehr bzw. widerständigen Gewaltfantasien reagiere. Das hatte Adorno (2019, S. 19f) präzise herausgearbeitet: „Mit diesem Wort des Antizipierens des Schreckens glaube ich nun wirklich etwas sehr Zentrales berührt zu haben, das, soweit ich sehen kann, in den üblichen Ansichten über den Rechtsradikalismus viel zu wenig berücksichtigt wird, nämlich die sehr komplexe und schwierige Beziehung, die hier herrscht, zu dem Gefühl der sozialen Katastrophe. (...) Auf der einen Seite wird nach der rationalen Dimension hin gefragt: ‚Wie soll das weitergehen, wenn es etwa einmal eine große Krise gibt?‘- und für diesen Fall empfehlen sich diese Bewegungen. Aber sie haben auf der anderen Seite etwas gemeinsam mit jener Art von manipulierter Astrologie von heute, die ich für ein sozialpsychologisch außerordentlich wichtiges und charakteristisches Symptom halte, dass sie nämlich in gewisser Weise die Katastrophe wollen, dass sie den Weltuntergangsphantasien sich nähern ...“ So entsteht eine sich verschärfende Regressionsspirale aus Ängstlichkeit und verallgemeinerter bzw. verselbständigter Abwehr- bzw. Aggressionsbereitschaft.

3. Vorurteilsstrukturen sind immer auch das **Ergebnis sozialer Desintegrationsprozesse**. Die mit der Selbstentfremdung verbundenen Trennungen von *Emotionen* und *Kognitionen* und damit ihre jeweilige bzw. wechselseitige Entwertung für die eigene Lebenspraxis sind immer auch als subjektive Reaktion auf die objektive Situation mangender sozialer Integration, unzureichender Vergesellschaftung der eigenen Lebensinteressen und -bedürfnisse zu begreifen. Darauf gibt es zwei, ggf. miteinander verknüpfte, Reaktionsmuster:

   a. Sie bringt die „spontane“ subjektive Tendenz zur Ziellosigkeit und Orientierungslosigkeit mit sich, durch die Menschen weitgehend *manipulierbar* werden (z. B. unbesehen bestimmten Gerüchten über das Zusammenleben von Trans*Menschen Glauben schenken). D. h., wenn ich nicht weiß, was ich will (und nur ich selber kann es ja wissen, dies allerdings nicht „einfach so“, sondern in bewusster Abarbeitung an den Zielen anderer bzw. an gesellschaftlichen Zielen und Interessen), dann bin ich „dankbar“ dafür, dass andere mir sagen, was ich will und tun soll. Ich trete dann meine Interessenfindung „freiwillig“ an andere ab, ich will dann etwas für mich tun, indem ich andere für mich Entscheidungen treffen lasse, ich will mich dann dadurch von meiner Entscheidungszwangslage befreien, dass ich mich den Entscheidungen anderer unterwerfe (ob z. B. die Kinder von Asylbewerber*innen in einer Sonderklasse und nicht gemeinsam mit den Deutschen unterrichtet werden oder ein Heim für Asylbewerber*innen im eigenen Wohngebiet eingerichtet wird). Und wenn ich das tue bzw. getan habe, dann erwarte ich „selbstverständlich“ von den anderen dafür soziale Anerkennung und emotionale Zuwendung/Resonanz.

b. Die andere Tendenz besteht in einer verdeckten oder offenen, passiven oder aggressiven Abschottung gegenüber anderen, speziell „fremden", mir aber eigentlich nur unbekannten Menschen, in deren Nähe ich mich unwohl fühle und denen ich versuche, möglichst aus dem Weg zu gehen (z. B. in einer Klasse nicht neben ihnen sitzen will, weil sie so „abstoßend" aussehen oder ein Kopftuch tragen). Oder aber ich reagiere noch „radikaler" und verlange, dass mir diese Menschen gar nicht mehr begegnen *können*, dass sie also aus meinem Alltagsleben und möglichst auch aus der Region oder sogar dem Staatsgebiet „entfernt" werden. Das äußert sich dann besonders im Rassismus, in der Ausländer- und Muslimfeindlichkeit, aber auch in der Ausgrenzung von Menschen aus deklassierten Milieus (die dann „umgesiedelt" oder in eine andere Schule geschickt werden sollen).

4. Vorurteile (wie z. B. „*Alle* Politiker*innen sind korrupt" oder „Die wollen *nur* die Macht, die Inhalte sind ihnen egal") sind immer auch Ausdruck und Element je meiner Entfremdung von den demokratischen politischen und sozialen Verhältnissen, Institutionen und Prozessen und damit auch von mir selber als Staatsbürger*in und verantwortungsfähigem und -bereitem Jugendlichen. Daraus resultiert die **Unklarheit** über meine eigenen objektiven und subjektiven Interessen (z. B. wo und wie ich in Zukunft leben möchte), über die politischen und sozialen **Ziele** (z. B. in welche Richtung sich meine Region, mein Bundesland, Deutschland entwickeln soll), die mir wichtig, realistisch und verfolgenswert sind bzw. erscheinen. Die Übereinstimmung zwischen meinen *Handlungen* und *Bedürfnissen* wird immer geringer, das Verhältnis nimmt immer mehr den Charakter eines Gegensatzes an. Ich empfinde noch ein Unbehagen, dass etwas nicht stimmt mit mir und meinem Leben, dass ich etwas falsch mache (warum ich z. B. Homosexuelle prinzipiell „unsympathisch" und „eklig" finde, obwohl ich keinerlei negative Erlebnisse mit ihnen hatte), aber ich weiß weder – hinreichend – was ich falsch mache, noch was ich richtiger tun sollte. Damit unterliege ich aber auch immer mehr meinen „*spontanen*", auf rein *unmittelbare* Anforderungen bezogenen Handlungsimpulsen und Eingebungen, handle immer weniger bewusst, begründet, mit dem Wissen um die gesellschaftlich verursachte „lange Kette" von Handlungsfolgen (z. B. bezogen auf den Abbau der Ursachen der weltweiten Fluchtbewegungen, nämlich Krieg, Armut und Umweltzerstörung), innerhalb derer auch meine eigenen Handlungen und subjektiven Interessen erst ihren spezifischen Stellenwert und Sinn erhalten. So erlangen kurzfristige, unmittelbare Ziele und das Erreichen eines direkten, aktuellen Wohlbefindens (z. B. „My home is my castle!") auch eine grundsätzliche Vorrangstellung vor der längerfristigen Orientierung meiner aktuellen Lebensentscheidungen. Mehr noch: Durch die epochalen Umbruchprozesse, durch die ökonomische

und politische Transnationalisierung und Globalisierung bei gleichzeitiger Selbstentmächtigung der staatlichen Politik gegenüber der Wirtschaft und der weitgehenden Ignoranz der politischen und Wirtschaftseliten gegenüber den sozialen Folgen der Globalisierung (auf die die kritische Sozialwissenschaft schon sehr früh hingewiesen hat; vgl. z. B. Loch/Heitmeyer 2001) haben die Menschen den durchaus begründeten Eindruck, dass über ihre Köpfe hinweg entschieden wird, dass ihre Interessen und Bedürfnisse (fast) keine Rolle (mehr) spielen (vgl. das Zitat zum Wirtschaftsgipfel in Davos in der Einleitung zu diesem Buch), dass anonyme Instanzen über ihre Zukunft entscheiden und die ökonomischen und politischen Eliten (international) keine Zukunftskonzepte haben (z. B. hinsichtlich der EU oder einer [gerechten] Weltweltwirtschaftsordnung oder der radikalen Eindämmung der Kriegsursachen bzw. der Umweltzerstörungen – Stichwort: Erderwärmung). Deshalb ist für relevante Teile der Bevölkerung die **Zukunft angstbesetzt** und wird mit „Reformen" zunehmend der Abbau von sozialen und politischen Teilhaberechten verbunden. Das löst **moralische Empörung** aus, weil so die Autonomieansprüche der Subjekte entschieden in Frage gestellt werden und die *Heteronomie* als gesellschaftliche Normalität ausgegeben wird. Das löst emotional Wut und Zorn aus und in gewisser Weise auch Aggressionen, deren Ursachen die Subjekte noch genau kennen (z. B. ungerechte Benotung als Form der sozialen Benachteiligung in der Schule oder Managementfehler als Ursache für die Arbeitslosigkeit der Eltern). Wenn die Subjekte angesichts der ökonomischen und politischen Widerstände gegen eine Ausweitung und Vertiefung des Sozialstaates (damit auch für ein gerechteres Schulsystem) und Erweiterung der politischen Teilhabemöglichkeiten (auch für die Kinder und Jugendlichen) sowie einer Wiederermächtigung des Staates gegenüber der Ökonomie keine *progressiven* Veränderungschancen sehen (im normativen, auf Gerechtigkeit zielenden Sinne), dann wird nach dominant *regressiven* Varianten gesucht. Die Vorurteile bis zu Gewaltbereitschaft und Gewalttätigkeit sowie die Unterstützung rechtspopulistischer Bewegungen und Parteien ist dann der scheinbar plausiblere Weg, um der moralischen Empörung politischen bzw. politisch relevanten Ausdruck zu verleihen (vgl. dazu die aktuellen Analysen von Koppetsch 2019, Kap. 5 u. S. 249ff). Dann kann aus zunächst verständlicher Wut eine *verselbständigte Aggressivität* werden, die sich nicht mehr vorrangig gegen die tatsächlichen Ursachen bzw. Verursacher richtet, sondern sich „Ersatzwege" und „Sündenböcke" sucht (z. B. Arbeitslose oder Asylbewerber bzw. unbegleitete Flüchtlingskinder, die den Sozialstaat angeblich ausnutzen). Dass dabei (wie erwähnt) zunehmend die Mittelschichten dominieren, hat u. a. damit zu tun, dass sie noch mehr zu verlieren haben als „nur ihre Ketten". Und diese Rechtswendung ist gerade angesichts der Wahlerfolge in ganz Europa auch deshalb plausibel, weil die liberalen politischen und ökonomischen Eliten erst durch diese Tendenzen und Bewegungen (ein wenig) „aufgewacht" sind und meinen, nun der sozialen Frage eine gewisse, wenn auch immer noch halbherzige, Aufmerksamkeit schenken zu müssen (z. B. dem Auseinanderdriften zwischen ländlichen und städtischen Regionen, zwischen ost- und westdeutschen Bundesländern, zwischen süd- und mittel- bzw. nordeuropäischen Ländern).

5.3   Gemeinschaftliche Sozialraumaneignung als zivilgesellschaftliche „Unterfütterung" des sozialen und demokratischen Rechtsstaates

Zusammenfassung

In diesem abschließenden Unterkapitel werden Konzepte und Methoden vorgestellt, die unter günstigen Bedingungen und bei angemessener Professionalität aller beteiligten Akteur*innen einen wichtigen jugendpädagogischen und jugendpolitischen Beitrag leisten können zum Abbau und zur perspektivischen Überwindung der Gefährdungen der verschiedenen Ausprägungsformen demokratischer Sittlichkeit in der Gegenwart und absehbaren Zukunft. Ausgehend vom zivilgesellschaftlichen Konzept der lebensweltlich unterfütterten Sozialraumaneignung wird zunächst erläutert, welchen Stellenwert gerechte und fürsorgliche Gemeinschaften haben bei der Etablierung von psychosozialen Bewältigungskulturen (Kap. 5.3.1). Sodann wird deutlich gemacht, wie jene demokratischen Bedingungen des Aufwachsens zu gestalten sind, damit die Demokratie als befriedigende Lebensform und als anerkennendes Verfahren der politischen und sozialen Konfliktbewältigung von den Heranwachsenden (aber auch von den Erwachsenen) erlebt und erfahren werden kann. Demokratiebildung braucht überzeugende demokratische Verfahren und Institutionen als „freundliche", entgegenkommende Bedingung (Kap. 5.3.2). Ein wichtiger Schritt dorthin und zugleich ein Stabilisator für die politische Moral und Kultur stellen die Menschenrechte dar, die zugleich die lokalen mit globalen Gerechtigkeits- und Solidaritätsperspektiven verschränken (Kap. 5.3.3).

Nach diesem zeitdiagnostischen Einschub, der zugleich die pädagogisch-politische Größenordnung der zu bewältigenden Entwicklungs- bzw. Bildungsaufgaben deutlich macht, soll nun zu Kohlberg zurückgekehrt werden. Er hatte sich nicht darauf beschränkt, jeweilige moralitätsrelevante Argumentationsmuster zu rekonstruieren, sondern er hatte auch die jeweiligen interaktiven und institutionellen Rahmenbedingungen untersucht, also die jeweiligen **soziomoralischen Atmosphären** und die in diesem Kontext stattfindenden kollektiven Normbildungen (vgl. Kohlberg 1996a, S. 292ff). Darüber hinaus hatte er mit der **„Just Community"** ein pädagogisches Konzept vorgeschlagen, wie nicht nur in der Schule, sondern auch in den Handlungsfeldern und Institutionen der sozialen Arbeit moralisches Denken und verantwortliches Handeln gefördert werden können (vgl. Kohlberg 1986, 1987). Dieses Konzept ist im mitteleuropäischen Raum besonders in zwei Kontexten erprobt und erweitert worden: Zum einen in dem vom damaligen nordrhein-westfälischen Kultusminister Hans Schwiers angeregten und geförderten Projekt „Demokratie und Erziehung in der Schule (DES)", an dem Kohlberg (1987) unmittelbar beteiligt war (vgl. Lind/Raschert 1987); zum anderen in verschiedenen Schweizer Schulen, angeregt, durchgeführt und dokumentarisch ausgewertet durch die Forschergruppe um Fritz Oser (vgl. Oser 1981, Kap. 3; ders. et al. 1986a; ders. et al. 1986b, Teil IV/V; Oser/Althof 1992, 1, 3 u. 4. Teil). Diese Konzepte und Erfahrungen (vgl. dazu auch die Übersichten bei Baader 2001; Kuhmerker et al. 1996, Teil II; Lind 2015, Kap. 6–12) sollen nun verknüpft werden mit den Ansätzen der **Sozialraumaneignung**, die sich als dezidiert sozialpädagogisches Bildungskonzept verstehen (vgl. Coelen et al. 2017; Deinet/Reutlinger 2008 u. 2014; Kessl/Reutlinger 2008). Damit kommen insgesamt die für die pädagogische Kapitalentwicklung relevanten politischen, sozialen und moralisch-sittlichen **Gemeinschaftsbildungen** in den Blick, in denen die unterschiedlichsten sozialen und kulturellen Konflikte ausgetragen werden (vgl. zur Unterscheidung zwischen Gemeinschaft und Gesellschaft Kap. 1.2.2). In dieser Alltagsdimension entscheidet sich wesentlich, ob die Zivilgesellschaft den demokratischen Rechtsstaat unterfüttert, also erweitert und vertieft, oder ob sie ihn unterläuft, fragmentiert und tendenziell zerstört („Zivilgesellschaft" ist also keineswegs von Hause aus ein demokratisches Projekt!). Dabei können die nachfolgenden Reform- und Projektvorschläge auch verstanden werden als Beiträge zur Verwirklichung zentraler gesetzlicher Vorgaben des Kinder- und Jugendhilfegesetzes, nämlich §§ 1, 8 und 11–13 SGB VIII (vgl. dazu auch die einschlägigen Kommentare in Münder et al. 2013) und ergänzen die entsprechenden Analysen des 15. KJB (2017, Kap. 6.4–6.6).

5.3.1 Gerechte und fürsorgliche Gemeinschaften als kommunikative Arenen der interaktiven und psychodynamischen Konfliktbewältigung

Es gibt keine perfekten intrapsychischen Abwehrprozesse, immer noch „lugen" Erinnerungsspuren und aktuelle Stimmungen von einem besseren oder einem nur möglicherweise besseren Leben über meine Abwehrmauern bzw. durch ihre Risse, immer wieder erfahre ich, dass es auch anders und besser ginge, dass also auch ich es besser machen könnte (darauf verweist auch Nussbaum 2016, Kap. Kap. 6 u. 11; dies. 2019, Kap. 7). Das gilt insbesondere für die jugendliche Identitätsbildung zwischen eingewohnten Lebensformen und Grenzüberschreitungen sowie festgefügter und stark relativierter moralisch-sittlicher Normenanerkennung, wo die Abwehrmechanismen (der „Charakterpanzer"; W. Reich) sich noch nicht so verfestigt haben wie bei einem relevanten Teil der Erwachsenen. Das Erlebnis des Widerspruchs zwischen meiner „*inneren Stimme*" und meinen „äußeren Taten" wird damit immer auch zum Erlebnis des subjektiven Widerspruchs zwischen den „freiwillig" akzeptierten Handlungs- und Entwicklungsgrenzen und dagegen gerichteten kritischen Stimmungen und Handlungsimpulsen als personalem Ausgangspunkt zur Überwindung der Selbstfeindschaft durch das Finden eines eigenen Standpunktes, also der fall- bzw. individuumsspezifischen Vermittlung zwischen objektiven und subjektiven Interessen. Gefördert wird dabei der Prozess der **psychischen Konfliktverarbeitung**, der im Kern darin besteht, dass die kognitive Erkenntnis des Zieles und des Weges zur Verbesserung der eigenen Lebenssituation durch schrittweise Reduktion und Überwindung der verschiedenartigen Bedrohungskonstellationen in der emotionalen Bewertung gegenüber den Ängsten und Verunsicherungen die „Oberhand" gewinnt, also der konstruktive Umgang mit diesen Anforderungen vorrangig wird und als positive emotionale Bewertung die Risiko- und Konfliktbereitschaft entstehen lässt, die notwendig ist, um die eigenen Angelegenheiten in die eigenen Hände zu nehmen und sie – gemeinsam mit anderen – zumindest teilweise voranzubringen, – zum verallgemeinerten Nutzen aller Beteiligten. Diese Handlungs- und Entwicklungsbereitschaft entsteht selbstredend nicht von alleine, nicht im intrapsychischen Selbstlauf, sondern sie erfordert eine pädagogisch zu unterstützende kognitive und emotionale Durcharbeitung der konkreten objektiven und subjektiven Interessenlagen und -widersprüche sowie der psychischen Verarbeitung der damit verbundenen Ängste, Bedenken, Schwankungen, wie auch der Hoffnungen, Wünsche und Erwartungen. Hierzu gehört immer auch eine realistische Abschätzung der objektiven Konfliktgefahren, der subjektiven Verarbeitungsfähigkeiten (wie viele Konflikte traue ich mir zu, wie werde ich mit Anfeindungen, Verleumdungen usw. fertig) sowie der „Bündnismöglichkeiten" i. w. S. d. W. (wer hilft mir, wenn es „brenzlig" wird, wenn es „hart auf hart" geht, auf wen kann ich mich verlassen, wer verlässt mich). Für diese kommunikativen Klärungsprozesse in den verschiedensten sozialräumlich verankerten Institutionen, Gruppenbildungen, Begegnungsformen, Basisöffentlichkeiten, Netzwerken, Initiativen und Bewegungen sind folgende Aufgabenfelder und Methoden von Bedeutung:

1. Es sollte zunächst und immer wieder eine **Verständigung** darüber stattfinden, welche **Bedürfnisse** und **Wünsche** die Menschen, hier speziell die (Kinder und) Jugendlichen in einem Dorf, in einem Stadtteil, in einem Wohngebiet usw., aber auch in einer Schulklasse, in einem Verein, in einer Freizeiteinrichtung usw. haben, in welchem Maße diese befriedigt werden, wo es interaktive und institutionelle **Unzulänglichkeiten** und **Widerstände** gibt (z. B. Öffnungszeiten des Jugendzentrums oder Busfahrzeiten zu den Discos am Wochenende), aber auch angstverursachende strukturelle Blockaden (z. B. verfeindete Jugendgruppen oder „nervige" Erwachsene, die immer die Polizei rufen, wenn sich Gruppen am Rande eines Spielplatzes bilden), wie diese zu erklären und schrittweise zu überwinden sind. Notwendig ist also eine zunehmende Offenheit der (Kinder und) Jugendlichen, aber auch der Erwachsenen für die Erfahrungen und Sinnentwürfe ihrer Mitmenschen und das Bemühen um eine interpersonale Verschränkung der jeweiligen Selbstverständigungsbemühungen – und zwar über die verschiedenen Milieus und Kulturen hinweg. Hier könnten und sollten – ggf. angeregt und unterstützt durch professionelle Sozial- und Gemeinwesenarbeiter*innen, Lehrer*innen und andere Pädagog*innen der verschiedenen, entwicklungsmäßig abgestuften Institutionen (Kindergarten, Schule, offene und verbandliche Kinder- und Jugendarbeit), aber auch durch Mitglieder der Community, der Zivil- und Bürgergesellschaft (und ihrer Initiativen, Basisöffentlichkeiten und Netzwerke sowie kulturellen Vereinigungen) – formelle und informelle Gesprächsgruppen und -kreise eingerichtet werden, in denen die verschiedenen Personengruppen aus den unterschiedlichen sozialen, ethnischen und religiösen Milieus sowie Altersgruppen sich mehr oder weniger regelmäßig treffen, ihre Befindlichkeiten, Ideen und Gestaltungsvorschläge austauschen und so sich wechselseitig besser verstehen lernen.

2. In diesem Zusammenhang sollen auch Ausgrenzungserlebnisse und -praktiken (bis hin zur Gewalt) thematisiert werden und zwar ohne die entsprechenden Taten und Handlungsweisen anzuprangern und zu skandalisieren und entsprechende Jugendliche (oder auch Kinder und Erwachsene) zu brandmarken und damit auszuschließen. Vielmehr ist – so schwer das häufig fällt! – stets zwischen *Person* und *Tat* zu unterscheiden, sind deren Motive und objektiven Ursachen (z. B. Konkurrenz um Schulnoten und Abschlüsse, um Anerkennung in den Peers, um

angemessenen und bezahlbaren Wohnraum, um die Freizeitmöglichkeiten im wohnortnahen Sozialraum) aufzudecken und mit den Täter*innen gemeinsam Wege der *Entschuldigung* und *Wiedergutmachung* zu besprechen und zu verwirklichen. Nur so kann die Integrität *aller* Beteiligten wiederhergestellt werden. Für diese sozialräumliche Verankerung von psychosozialen Konfliktbewältigungskulturen im Gemeinwesen und damit speziell von lebensweltlich verankerten Mediationsprozessen sind zwei Ansätze besonders hilfreich:

a. Zunächst einmal ist der gegen gesellschaftliche, soziale, kulturelle und interaktive Schieflagen („bias") gerichtete **Anti-Bias-Ansatz** zu nennen, der ab den 1980er Jahren in den USA erarbeitet und dann in Südafrika weiterentwickelt worden ist und heute auch in Deutschland vielfältig in Kindergarten, Schule und Erwachsenenbildung praktiziert wird (vgl. anti-bias-netz 2016; Gramelt 2010, Kap. 4–6; Trisch 2013, Kap. 5./6.; und mit explizitem Anschluss an die Kohlberg-Diskurse Wagner 2008, Kap. 2–5). Er will vorrangig *präventiv* gemeinsam mit Betroffenen und Interessierten habitualisierte vorurteilsbestimmte Haltungen (Vorannahmen, Stereotypen, Gruppenmeinungen usw.) in ihrer Alltagsrelevanz und ihren zwischenmenschlichen Gründen sowie individuellen und gesellschaftlichen Ursachen offenlegen und nach Veränderungsmöglichkeiten suchen. Das erfordert eine *Selbstreflexion* (sowohl der Opfer wie auch der Täter*innen), also die pädagogisch geförderte Bewusstwerdung der eigenen sozialen und kulturellen Situation und der verschiedenen stereotypen und abwertenden Einstellungen als Ausdruck und Element verinnerlichter *Dominanzen* und/oder *(Selbst-)Unterdrückungen*. Diese werden immer auch durch die verschiedenen Sprachspiele, also alltagsverankerte Sprechweisen, transportiert und (z. T. unmerklich) tradiert und verfestigt. Das können die Leser*innen an sich selber testen, wenn sie sich fragen, was sie mit den Polen der jeweiligen Wortgruppen verbinden: gebildet vs. bildungsfern; Arbeitsloser vs. Manager; Prostituierte vs. Chefin; arm vs. reich; Einheimischer vs. Migrant; Christ vs. Moslem; weiß vs. schwarz; psychisch Behinderter vs. körperlich Geschädigter. Und das ist dann auch mit der Frage verbunden, welchen Menschen, die so bezeichnet werden, man selber gerne begegnen möchte und welchen man lieber aus dem Weg geht – und warum und wann man mit ihnen gezielt den Kontakt vermieden hat (z. B. im Bus, in einem Café, auf dem Fußballplatz). Auch in diesem Fall ist – gerade weil solche (halb-)öffentlichen „Geständnisse" emotional bewegend und schmerzhaft sind – von Skandalisierungen *aller* Arten Abstand zu nehmen, denn solche sich kritisch verstehende Formen der „political correctness" führen unweigerlich zu einem „semantischen Bürgerkrieg" (Habermas) als neuer Diskriminierungsform und zerstören nachhaltig entsprechende

Aufklärungs- und Verständigungsbemühungen. Vielmehr geht es darum, *allen* Beteiligten durch Mut zur „Selbstoffenbarung" und damit auch zur Selbstkritik *neue* Erlebnis- und Erfahrungsräume zu eröffnen und immer wieder neue Verständigungsmöglichkeiten zu suchen. Dieser langwierige Weg ist gewiss der kürzeste, denn der Weg der kommunikativen Repression ist der unendliche, weil erfolglose. Ein zweiter Ansatz kann zusätzlich helfen, sich individuell und kollektiv nicht in diese Sackgasse zu begeben.

b. Hierbei handelt es sich um den schon erwähnten **„Social-Justice"-Ansatz,** der die *dialogische* Verständigung ins Zentrum stellt. In Fortsetzung der Überlegungen zur sokratischen Lern-Lehrmethode (vgl. Kap. 2.1.2) sind hier folgende Elemente und Verfahrensschritte von Interesse (vgl. Czollek et. 2009, 2. Lehreinheit; dies. 2012, Kap. 5; und ergänzend Kemper/Weinbach 2016, Kap. 2.4):

I   *Einführung* in die milieu- und diskriminierungssensible dialogische Gesprächsführung als kommunikativem Medium zur Erörterung ethischer Alltagsprobleme und Grundsatzfragen (dazu können z. B. die obigen polaren Wortgruppen dienen).

II *Brainstorming* zu Alltagserfahrungen und -einschätzungen mit unterschiedlichen Diskriminierungsformen – als „Opfer" wie auch als „Täter*in". Diese können dann in ein *Soziogramm* überführt werden.

III Die *Biografiearbeit* dient der lebensgeschichtlichen Verortung der eigenen Einstellungen, Bewertungen, Konflikterfahrungen und -bewältigungsversuche – ggf. konzentriert auf bestimmte, persönlich besonders schmerzhafte bzw. belastende Vorfälle und Taten und die Schlussfolgerungen daraus. Diese Befunde können dann in eine realhistorische und ideengeschichtliche *Zeitleiste* integriert und so in den epochalen Zusammenhang eingeordnet werden (wann z. B. hat man vom Bürgerkrieg im ehemaligen Jugoslawien erfahren und wie hat man sich selbst oder haben sich die Eltern zu den damaligen Flüchtlingen verhalten; oder – im historischen, visuell unterstützten Vergleich – was haben die Großeltern über ihre Flucht am Ende des letzten Weltkrieges erzählt und wie sie als „Vertriebene" in der west- bzw. ostdeutschen Nachkriegsgeschichte behandelt worden sind und wie die Flüchtlinge heute betrachtet und behandelt werden; oder aus welchen Motiven viele DDR-Bürger*innen vor 1961 und kurz vor der Wende die DDR verlassen haben).

IV Die jeweils getrennt behandelten Abwertungsformen stehen aber nicht isoliert da, sondern zumindest einige stehen in einer mehr oder weniger engen Wechselbeziehung. Diese *Intersektionalität* kann auf sehr unterschiedliche Weise dargestellt werden (z. B. in dokumentarischen

Filmen über bestimmte Volksgruppen und Ethnien und exemplarischen
Biografien; oder auch in Sketchen und kleinen Theaterstücken).

V   Nicht zuletzt ist nach problementschärfenden und -lösenden *Handlungsoptionen* zu suchen, wie den Betroffenen geholfen werden kann,
wie Schadensbegrenzung erreicht werden kann, wie materielle, soziale,
zwischenmenschlich-emotionale Wiedergutmachung stattfinden kann
und wie die sozialräumlichen, lebensweltlichen und systemischen Ursachen (z. B. von sozialen und ethnischen Ghettobildungen) schrittweise
abgebaut werden können. Diese praktischen Lösungsperspektiven sind
die elementare Voraussetzung dafür, dass die Beteiligten ihre Bedrohungsgefühle schrittweise mindern, ihr Abwehrsystem lockern und sich
auch für kognitive Einsichten und rationale Argumentationen sukzessive
öffnen können (dazu näher Kap. 5.3.2).

VI Es sollte in jedem Fall auch eine *Abschlussreflexion* stattfinden oder bei
längeren Projekten auch eine oder mehrere Zwischenbilanzen gezogen
werden, aus denen sich dann auch weitere thematische und praktische
Schwerpunkte ergeben (können).

3. In solchen **soziomoralischen** Verständigungsbemühungen lernen die Beteilig-
ten sensibel gegenüber den Mitteilungen anderer zu werden, ihre Interpretationen zu achten und trotzdem begründete Einwände gegenüber bestimmten
Erfahrungsinterpretationen und Auffassungen zu formulieren (was z. B. die
Lärmbelästigungen oder Versorgungsmängel betrifft). Dazu gehören auch die
nonverbale Kommunikationsebenen (z. B. ethnisch bestimmte Mimik, Gestik,
Körpersprache). Dazu gehört auch, die eigenen Erfahrungen, Deutungen und
Überlegungen sowohl verbal als auch nonverbal zu vermitteln, die eigenen (ggf.
alternativen) Lebensentwürfe in einem bestimmten Aussehen (z. B. Peercings),
einer bestimmten Kleidung (z. B. Markenklamotten) und in authentischen
Umgangsformen (z. B. Abklatschen) auszudrücken und die entsprechenden
Ausdrucksweisen der anderen Gruppenmitglieder zu verstehen. Dazu gehört
auch das Verständnis für die schon thematisierten **belastenden Lebenslagen**
und **-situationen** und daraus resultierendes Mitleid sowie einfühlende Hilfs-
bereitschaft. *Fürsorglichkeit* und *Freundlichkeit* sind wichtige Quellen der
Anerkennung und Lebenszufriedenheit und helfen, aus Beziehungskonflikten
resultierende Enttäuschungen zu verarbeiten. Das beinhaltet auch die Fähigkeit
und Bereitschaft, anderen aktives Vertrauen entgegenzubringen und sich nicht
der spontanen Tendenz zum Rückzug, zur sozialen und ethnischen Einkapselung,
zum Sich-den-anderen-Verschließen usw. hinzugeben.

4. Dabei kommt es ganz besonders darauf an, die Entwicklung der interpersonalen Beziehungen nicht auf die eigene Gruppe bzw. Institution zu beschränken,

sondern die Verständigungsbemühungen zwischen den Generationen, zwischen den Geschlechtern, zwischen den Milieus, zwischen den Kulturen (und Religionen), zwischen den Heranwachsenden und den Eltern, den Erzieher*innen, den Lehrer*innen, den Sozialarbeiter*innen und den anderen Pädagog*innen, den Leitungen der verschiedenen pädagogischen und sozialen Einrichtungen, den Mitarbeiter*innen der Sozial- und Arbeitsmarktverwaltung sowie den Mitgliedern der verschiedenen Bürgerinitiativen, subkulturellen Netzwerken usw. zu fördern. Das wäre dann so etwas wie ein lebenswelt- und sozialraumverankerter öffentlicher Bürgerdialog – oder anspruchsvoller formuliert: ein **kommunaler** und **regionaler Sozialdiskurs**. Indem dies geschieht und gelingt, werden einerseits bestimmte intergenerative, geschlechtsspezifische, soziokulturelle und ethnische Unterschiede und Spannungen deutlich (so haben z. B. die Jugendlichen eine spezifische Sprache, um ihre Gefühle gemäß ihrem Milieu und ihrer Kultur auszudrücken, die von den Erwachsenen bzw. Mitgliedern anderer Milieus und/oder Kulturen häufig nicht verstanden wird und umgekehrt). Andererseits wird dann auch deutlich, dass „hinter" bestimmten Verständigungsschwierigkeiten ungleiche soziale, manchmal ethnisch mitbestimmte Machtverteilungen stehen und dass diese eine strukturelle Verzerrung der Kommunikation zur Folge haben. Aus ihr resultieren nämlich Phänomene und Tendenzen wie die Dominanz einzelner Personen(gruppen), die Ausblendung bestimmter Bereiche der Selbsterfahrungen, angstverursachte und manipulierte Zustimmung zu bestimmten Deutungen und Entscheidungen sowie soziale Kälte und kulturelle Verständnislosigkeit im wechselseitigen Umgang. Insofern erfordert die Ausweitung der intersubjektiven Verständigungsbemühungen eine gerechtere, entwicklungsangemessenere und lernfördernderere Verteilung der sozialen Macht in den Lebenswelten, Sozialräumen und pädagogischen Verbänden und Institutionen (mehr dazu in Kap. 5.3.2).

Gegen diese Überlegungen und Vorschläge könnte nun von (sehr bzw. traditionellen) gesellschaftskritischen Leser*innen der Einwand erhoben werden, dass damit die *sozialen* Hauptprobleme auf *kulturalistische* Weise verkürzt und verharmlost werden. Auf diese Frage ist Jürgen Habermas auch in seiner Abschiedsvorlesung aus Anlass seines 90. Geburtstages (indirekt) eingegangen (ich zitiere etwas ausführlicher, weil er auch den Milieubezug von Moralität und Sittlichkeit angesprochen hat):

„Die Sozialstaaten, die sich während der zweiten Hälfte des 20. Jahrhunderts herausgebildet haben, müssen einerseits unter Gesichtspunkten der politischen und der sozialen Gerechtigkeit das Interesse breiter Schichten an den rechtlichen und materiellen Voraussetzungen ihrer politischen und persönlichen Autonomie befriedigen; andererseits sind sie ihrerseits auf die Solidarität ihrer Bürger angewiesen, damit einerseits Mehrheitsentscheidungen von der jeweils unterlegenen Minderheit akzeptiert werden und andererseits Wahlentscheidungen nicht ausschließlich im kurzfristigen Eigeninteresse getroffen werden. (…) Aber heute kommt ein weiterer Aspekt ins Spiel: Heute hängt der soziale Zusammenhalt zwar auch, aber nicht nur von einer Inklusion im Sinne *sozialer* Gerechtigkeit ab; inzwischen erstreckt sich die politische Inklusion auch auf die Unterschiede zwischen *kulturellen* Lebensformen und subkulturellen Milieus. (…) Gewiss, schon die *soziale* Einbindung ausgeschlossener oder unterprivilegierter Klassen und Schichten hatte und hat zur Folge, dass sich fremde *kulturelle* Milieus füreinander öffnen müssen, um im Rahmen einer entsprechend erweiterten nationalen Kultur eine gemeinsame Willensbildung der 'Wir' sagenden Staatsbürger zu ermöglichen. Aber erst im Zuge der Nationalstaatsbildung sind die Voraussetzungen für jene regionalen Unabhängigkeitsbewegungen und allgemein für jene Kämpfe religiöser, sprachlicher und kultureller Minderheiten entstanden, die Ansprüche auf die *politische Anerkennung* des Eigensinns ihrer kulturellen Identität erheben. Und diese Konflikte stellen den Zusammenhalt eines Gemeinwesens und die Solidarität ihrer Bürger auf eine andere Art auf die Probe als sozialökonomisch verursachte Konflikte. Auch sie verlangen nach sozialer und politischer Gleichberechtigung, aber damit allein sind sie nicht zu befriedigen. Das Konfliktpotential von Lebensformen, die füreinander ihre Integrität wahren wollen, kann letztlich nur durch das Band einer *gemeinsamen politischen Kultur* entschärft werden. Die Überbrückung normativ geschützter kultureller Abstände erfordert die *kreative Erweiterung* der historisch gewachsenen Mehrheitskultur, die die politische Kultur des Landes bisher bestimmt hat. Andersfalls könnten sich darin nicht alle Bürger gleichermaßen wiedererkennen. Wo der gemeinsame kulturelle Hintergrund fehlt, verlangt die Gleichstellung der Staatsbürger, also die 'Moral' der rechtlichen Inklusion, die Ergänzung um die 'Sittlichkeit' der politisch-kulturellen Einbeziehung, d. h. *die Erzeugung* eines entsprechend erweiterten politisch-kulturellen Selbstverständnisses, das alle teilen können. Mit dieser *Wendung zur Konstruktion* verändert sich jedoch der Begriff der 'Sittlichkeit' selber. Eine politische Kultur, die sich informell um formal schon gewährleistete grundrechtliche Ansprüche auf politische Inklusion herausbilden muss, ist nicht länger in der Art eines historisch *gewachsenen* Milieus gegeben; sie muss sich vielmehr – das ist das Neue – *herauskristallisieren*, ohne mit rechtlichen und administrativen Mitteln *erzeugt* werden zu können. (…) Eine liberale politische Kultur, die für ein hinreichendes Maß an staatsbürgerlicher Solidarität sorgt, muss sich ihrerseits schon aus Erfahrungen speisen, die die Bürger im demokratischen Streit über eine produktive Lösung ihrer gemeinsamen Probleme machen. Dabei kann die moralische Empörung über soziale und politische Ungerechtigkeiten als Schrittmacher für die Ausdehnung jener neuen Art politischer Sittlichkeit dienen, die über soziale und kulturelle Abstände hinweg Solidarität zwischen Bürgern *stiften*. In kulturell pluralistischen Gesellschaften beschreibt dieses Dynamik ein Verhältnis von Moralität und Sittlichkeit, bei dem die kritische Stimme der verletzten Grundrechte die Führung übernimmt." (Habermas 2019, S. 13–15)

5.3.2 Demokratiebildung als Beitrag zur pädagogischen Verantwortungsethik

Die **moralische Empörung** gegen situative und strukturelle Verletzungen der (elementaren, einfachen) Formen der Verteilungs-, Bedarfs-, Interaktions-, Anerkennungs-, Teilhabe- und Verfahrensgerechtigkeit, die von den Heranwachsenden sehr *intensiv* und *realistisch* wahrgenommen und bewertet werden (vgl. die Befunde in Kap. 5.1.3), äußert sich in sehr verschiedenen sozialen und politischen Protestformen. Sie war auch historisch immer schon ein Ausgangspunkt für soziale und politische Demokratisierungsprozesse (vgl. Moore 1987, Teil I) und bildete und bildet damit auch einen systematischen Bezugspunkt für ethische Theorien und Konzepte (vgl. mit direktem Bezug auf Moore Honneth 1990). Um den rechtspopulistischen Stimmungslagen und Bewegungen nicht weiterhin die diesbezügliche Dominanz zu überlassen, bedarf es, über die geschilderten neuen Formen und Ansätze der kulturellen Verständigung hinaus, der nachhaltigen Stärkung der *sozialen* und *politischen* Demokratie auch im unmittelbaren sozialräumlichen und lebensweltlichen Umfeld der Kinder und Jugendlichen und damit auch der pädagogischen und sozialen Einrichtungen und Institutionen, die sie – häufig tagtäglich – besuchen. Hier sind folgende Maximen und Methoden von Bedeutung:

1. Es geht zunächst einmal um eine **Pädagogik der Teilhabe** (vgl. Liebau 1999, Kap. III, V, VIII u. IX; ders., 2001, Teil III; Wendt 2017, Kap. 13). Sie beinhaltet zunächst einmal die *entwicklungsfördernde* und *entwicklungsangemessene Verantwortungsübertragung* an die Kinder und Jugendlichen. Es sollte den Kindern und Jugendlichen, als der „schwächsten" Gruppe, die Verantwortung für bestimmte Aufgabenbereiche des Zusammenlebens in den Sozialräumen und pädagogischen Einrichtungen und darauf bezogene Entscheidungsbefugnisse übertragen werden, die bisher bei anderen Personengruppen, Institutionen, Behörden und Instanzen lagen (z. B. bezüglich der Gestaltung der Spielplätze, der Öffnungszeiten und Aufsicht in Sportstätten, der Essens- und Spielzeiten im Kindergarten, der Angebote des Schullebens und bestimmter Unterrichtssequenzen, der Ausweitung jugendkultureller Begegnungsräume usw.). Gewiss gibt es eine Reihe von Aufgaben, bei denen die formale Verantwortung bei den hauptamtlich in dem Bereich Tätigen verbleibt (z. B. in einem Kindergarten, in einer Schule, in einem Jugendzentrum); sie kann aber faktisch bis zu einem gewissen Grade delegiert werden, indem diese Personengruppen bzw. Instanzen sich verbindlich bereit erklären, die eigenständig von den Heranwachsenden gefällten Entscheidungen so weit wie juristisch und politisch möglich zu tragen (manchmal gewiss auch: zu ertragen). Das erfordert von den entsprechenden

Personen neben sozialer und juristischer Phantasie auch eine gewisse Risikobereitschaft, aber ohne die ist solidarisches Lernen eben nicht zu fördern. Eine
solche Umgestaltung der lebensweltlichen, sozialräumlichen und pädagogischen
Verantwortungsräume beinhaltet nicht nur bestimmte fachliche, *„sachlich-tech-
nische"* Kompetenzentwicklungen (wie man z. B. eine Disco organisiert, welche
Bauvorschriften einzuhalten sind, wie ein Finanzierungsplan zu erstellen
und seine Einhaltung zu kontrollieren ist), sondern auch – und gerade – eine
soziale Kompetenzentwicklung einschließlich zwischenmenschlicher und sozialer Phantasie (z. b. welche religiösen Traditionen bei welchen Stadtteil- und
Schulfesten zu welchem Zeitpunkt zu beachten sind). Die *kommunikativ-soziale*
Kompetenz bezieht sich darauf, wie die verschiedenen Bedürfnisse, Interessen,
Wünsche und Ideen aufeinander abgestimmt werden können, wie Dominanzen
(z. B. von Jungen gegenüber Mädchen, von älteren gegenüber jüngeren Jugendlichen, der Erwachsenen gegenüber den Heranwachsenden) abzubauen sind,
wie die Konflikte zwischen verschiedenen Altersstufen, zwischen den Kindern/
Jugendlichen aus verschiedenen Gemeinden bzw. Stadtteilen, zwischen den
unterschiedlichen Ethnien und ihren kulturellen Orientierungen, zwischen
den Heranwachsenden aus sozial privilegierten und deklassierten Familien und
zwischen verschiedenen subkulturellen und politischen Orientierungen erkannt,
thematisiert, schrittweise zivilisiert und in bestimmten Bereichen durch faire
Kompromisse teilweise gelöst werden können. In solchen selbstverantworteten
Verständigungs- und Entscheidungsprozessen haben die Kinder/Jugendlichen
die reale Chance, ihre *eigenen* Handlungs- und Entscheidungsgründe sich und
anderen zu vergegenwärtigen, zu reflektieren, deren Folgen für andere und für
sich selber gemeinsam zu bedenken, und so in alltagspraktischer Absicht der
Frage nachzugehen, wie das Zusammenleben für alle Mitglieder der Lebenswelten,
Sozialräume und pädagogischen Einrichtungen entspannender und friedlicher,
anregungsreicher und herausfordernder, also insgesamt befriedigender gestaltet
werden kann und sollte. Indem sie so die Bedingungen und Formen des Zusammenlebens lernen selbst zu gestalten, entwickeln sie auch schrittweise die
Fähigkeit und Bereitschaft, die eigenen Auffassungen und Entscheidungen an
bestimmten Maßstäben auszurichten. Solche Kriterien, die die noch weitgehend
interaktiv ausgerichteten und auf die eigene Gruppe beschränkte Entwicklung
der Selbstbestimmungskompetenzen zu leiten in der Lage sind, können sich
in flexibler Weise an Kohlbergs Stufenkonzept ausrichten. Sie finden sich in
ihrer einfachsten Form in der Frage, ob eine bestimmte Handlung „gut" oder
„böse" und deshalb zu belohnen oder zu bestrafen ist (wenn z. B. ein Kind einem anderen etwas wegnimmt oder ein anderes einem Kind mit körperlicher
Beeinträchtigung hilft). Sie kommt auch in dem Bemühen zum Ausdruck, die

eigenen elementaren Bedürfnisse und die (einiger) anderer Personen aufeinander abzustimmen (z. B. bei den Öffnungszeiten des Internet-Cafés). Von diesen noch häufig an Äußerlichkeiten gebundenen Kriterien (wie lange man z. b. in der Schule bleiben will) sind auf einer entwickelteren Stufe jene Leit- und Idealbilder zu unterscheiden, die situationsübergreifend sind (z. b. die Vorstellung von „dem konfliktschlichtenden Mädchen" oder „der guten Pädagogin oder „dem verständnisvollen Sozialarbeiter") und deren Anwendung in der Bewertung einer bestimmten Situation erfolgt (z. B. einem Konflikt zwischen zwei Mädchen in einer Jugendgruppe oder der unterrichtlichen Gesprächsführung einer Lehrerin). Diese Verallgemeinerungstendenz wird nochmals prägnanter/ bestimmter, wenn den Maßstäben ein verpflichtender Charakter zuerkannt wird (z. b. die grundsätzlich friedliche Austragung von Konflikten innerhalb der Familie, der Nachbarschaft, in der Schule, im selbstverwalteten Jugendzentrum). Diese Universalisierungstendenz erreicht ein neues Niveau, wenn die sozial erwarteten Handlungsweisen in ein Verhältnis gesetzt werden zu den eigenen Autonomieansprüchen, sei es dadurch, dass entsprechende Verträge geschlossen werden (z. B. zwischen der Schulleitung und der Schülerschaft, zwischen der Stadtverwaltung und einer Skatergruppe) oder noch grundlegender diese Maßstäbe Prinzipien enthalten, in denen Sozialität und Autonomie strukturell miteinander verschränkt und aufeinander abgestimmt werden (z. B. durch bestimmte Regeln der Verständigung und Entscheidungsfindung über die gemeinsam betreffenden und interessicrenden Angelegenheiten – etwa dem Bau eines Asylbewerberheims oder der nachhaltigen Begrünung des Stadtteils nach dem energischen Protest gegen den von der Stadtverwaltung rechtswidrig angeordneten Kahlschlag).

2. Wenn die Sozialräume zu **Verantwortungsräumen** werden sollen, dann bedarf es der nachhaltigen **Umgestaltung der sozialen Machtbeziehungen** in den sozialen Milieus sowie den pädagogischen Verbänden und Institutionen. Wenn man – in einem sehr weiten Sinne – unter Macht die Möglichkeit von einzelnen Personen, Gruppen, Institutionen, Instanzen und Strukturen versteht, andere Menschen bis zu einem gewissen Grade zu Handlungen zu **zwingen**, die sie nicht wollen und die möglicherweise gegen ihre Interessen und Wünsche verstoßen, also ihre Befriedigung gefährden oder unmöglich machen, dann bedarf die Förderung des solidarischen Lernens einer entsprechenden Umgestaltung der sozialen Machtbeziehungen und -verhältnisse. Oder anders formuliert: Nur durch einen Abbau von Machtstrukturen in den Lebenswelten, Sozialräumen und pädagogischen Verbänden und Institutionen kann jene Verantwortungsübertragung stattfinden, die die Grundlage des Abbaus der Ursachen von Abwertungen und Diskriminierungen bis hin zu Gewalthandlungen, -beziehungen und -struktu-

ren bilden. Das sittlich-moralische Lernen findet also im Spannungsverhältnis von *Verantwortungsraum* und *Machtraum* statt und ist insofern stets von den Widersprüchen der pädagogischen bzw. pädagogisch relevanten Kapitalbildung mitbestimmt. Daraus erklären sich die vielfältigen offenen und verdeckten interpersonalen und institutionellen Konflikte, deren Verarbeitung und produktive Lösung den eigentlichen Inhalt des bildenden solidarischen Lernens ausmacht. Das impliziert zugleich, dass die im Zusammenleben auftretenden Konflikte gerade deshalb einer systematischen Bearbeitung bedürfen, weil sie Teil einer Umgestaltung der pädagogischen und sozialen Ordnung innerhalb und außerhalb der Erziehungsinstitutionen insgesamt darstellen. Erst nach dem Erreichen dieses neuen Niveaus der Sozialbeziehungen und Konfliktbewältigungen können die dabei gewonnenen Einsichten, Prinzipien, Bereitschaften und Gewohnheiten in die alltägliche Lebensführung innerhalb und außerhalb der Erziehungseinrichtungen zurückfließen und in diese integriert werden und somit Teil der Identitätsfindung werden.

3. Die entscheidenden moralischen Lernprozesse sind also bewusst gestaltete, also *intentionale* Lernprozesse und eben nicht solche, die in andere Entwicklungsprozesse eingelassen sind, sie sind also keine beiläufigen Lernprozesse. Nur wenn man dies in der pädagogischen Alltagspraxis hinreichend beachtet, kann die soziale Inklusionsfähigkeit der Erziehungseinrichtungen und pädagogischen Verbände usw. und des sie umgebenden Gemeinwesens (Lebenswelten und Sozialräume) tatsächlich erhöht werden. Dabei stellt die **Demokratiepädagogik** besonders folgende Kompetenzen ins Zentrum ihrer Anregung und Unterstützung (vgl. Edelstein 2014, Kap. 4. 6–8 u. 10–12; Edelstein et al. 2009, Edelstein/Fauser 2001, Kap. 8 u. 9; Becker 2008, Kap. 3–7; diese beziehen sich vorrangig auf die Ergebnisse des Bundesprojektes „Demokratie lernen und leben"; vgl. ergänzend auch Galuske 2013, Kap. 27 und Wendt 2017, Kap. 10):

   a. Es geht nicht um Kompetenzen an sich, sondern *für etwas*. In diesem Fall sollen Kompetenzen gefördert werden, die die demokratische Zivilgesellschaft personal und intersubjektiv verankern helfen. Sie sind als solche auf die (absehbare) Zukunft gerichtet, woraus sich der Anspruch und die Perspektive ergibt, dass es sich dabei um *zukunftsfeste* und gleichwohl *entwicklungsoffene* Kompetenzen handelt. Sie beziehen sich somit auf die *wirtschaftliche*, die *soziale*, die *politische* und die *kulturelle* Teilhabe.

   b. Zur aktiven Gestaltung sowohl der pädagogischen Institutionen wie auch des näheren und weiteren Umfeldes bedarf es analytischen und anwendungsbezogenen (operativen) *Orientierungswissens* (z. B. bezogen auf Fragen: Wozu ist die Schule gesellschaftlich da? Wozu brauchen wir Jugendclubs? Wie laufen Entscheidungsprozesse im Stadtteil und im Stadtrat ab? Welche Wünsche haben die verschiedenen Altersgruppen bezüglich der Sanierungsmaßnahmen im Stadtteil und welche Konflikte gibt es bei deren Artikulation und Durchsetzung?). Dazu bedarf es der erfahrungs- und problembezogenen Aufbereitung und Verarbeitung entsprechender Sach- und Sozialinformationen und daraus resultierender Handlungsanforderungen durch ein verständnisintensives („fruchtbares") Lernen.

c. Wesentlicher Motor des eigenen und kollektiven Engagements ist die antizipierte und dann auch real erfahrende *Selbstwirksamkeit,* dass es also „was bringt", sich für eine bestimmte Sache (z. B. den Bau einer Skaterbahn oder die Umgestaltung des Schulhofes) einzusetzen, dafür auch die Freizeit „zu opfern" oder in der Schule an freiwilligen AG's teilzunehmen (die z. B. die notwendigen Verhandlungen mit dem Schulträger vorbereiten und dann auch führen). Die Erfolge bei solchen Unternehmungen sind dann auch die Grundlage für die inhaltlich begründete *Anerkennung* der Einzelpersonen und Gruppen innerhalb der Institutionen, aber auch im außerinstitutionellen Lebensumfeld. Dazu bedarf es auch der analogen und digitalen *(halb-) öffentlichen Präsentation* der Abläufe und Ergebnisse entsprechender Aktivitäten und der daran Beteiligten.

d. Wichtig ist es auch, einen *Perspektivenwechsel* vorzunehmen und sich nicht nur auf die Binnenbeziehungen in der eigenen Gruppe oder dem eigenen sozialen, ethnischen und religiösen Milieu zu beschränken, sondern die Erfahrungsräume und Erwartungshorizonte der anderen Gruppen innerhalb der pädagogischen und kulturellen Institutionen und deren Umfeld wie auch im Wohngebiet, im Dorf, im Stadtteil usw. einzubeziehen (z. B. die Pächter von Schrebergärten bei ihrem Widerstand gegen die Umwidmung ihres Geländes zum Wohngebiet zu unterstützen). Das erfordert auch neue deliberative und milieusensible Koordinationsleistungen nicht nur auf der Ebene der Verständigung, sondern auch der dimensionalen und medialen Vernetzung der verschiedensten Projekte und Handlungsstrategien (z. B. Öffnung der Schulhöfe und ggf. des ganzen Schulgebäudes für Stadtteilinitiativen [Stichwort: Stadtteilschule], Abstimmung der Öffnungszeiten und der Projekte in den verschiedenen Jugendzentren, Koordination der Ferienfreizeiten).

e. Zu alledem werden *institutionalisierte Verfahren* der Bedürfnisartikulation, der Problemaufdeckung und -analyse, der Problemlösungssuche und der begleiteten Umsetzung benötigt. Dazu dienen in den schulischen Just-Community-Projekten der Klassenrat, die Schulversammlung (Voll- und Teilversammlungen), Vorbereitungsgruppe, Schülervertretung, Vermittlungs- bzw. Konfliktausschuss/Fairness-Komitee, im Lehrplan verankerte Dilemma-Diskussionen und Supervision/Schulinterne Fortbildung. Dem entsprechen in

der Gemeinwesenarbeit u. a. Stadtteil- bzw. Quartiersmanagement, Bürger-
und Vereins- bzw. Verbandsversammlungen, Netzwerkkoordinationsstellen,
Mediationsprojekte, die verbindliche Lösungen für alle Konfliktparteien
erarbeiten, Jugendparlamente mit echter Beschlusskompetenz, Jugendhilfeplanung (vgl. Lindner/Pletzer 2017,Teil II).

f. Alle diese Aktivtäten und Lernangebote zielen auf eine personale Verankerung (Verinnerlichung) *demokratischer Tugenden* im Sinne der *reflexiven Habitualisierung* demokratischer Einstellungen, Wahrnehmungs- und
   Bewertungsweisen, Aktions- und Reflexionsformen, Zivilcourage, also die
   Veralltäglichung der Demokratie als Lebensform, welche in kritischer Loyalität
   die Demokratie als Regierungsform und als Gesellschaftsform unterfüttert
   und so mit alltagsnahem Leben erfüllt.

4. Es dürfte schon hinreichend deutlich geworden sein, dass es angesichts der realen
   pädagogischen Beziehungen innerhalb und außerhalb der Institutionen einer
   erheblichen **Erweiterung der pädagogischen Professionalität** bedarf, um diese
   verantwortungsethischen Projekte durchzuführen und in diesen Prozessen die
   interaktiven und institutionellen Bedingungen für eine stabile Implementierung
   verantwortungspädagogischer Konzepte zu sichern. Diesbezüglich sind die
   Erfahrungen und Erkenntnisse aus den verschiedenen Just-Community-Projekten von großer Hilfe. Was dort zu den Anforderungen an das Handeln der
   Lehrer*innen formuliert worden ist, lässt sich im Wesentlichen auch auf die
   Handlungsfelder der Sozialarbeiter*innen bzw. Sozialpädagog*innen übertragen (vgl. Oser 2001; Oser/Althof 2001; Oser/Sapienza 2010; ergänzend Bilz et al.
   2017, Kap. 5 u. 6; und erweiternd für die soziale Arbeit und Erziehung Galuske
   2013, Kap. 8–11; Wendt 2017, Kap. 1; 2018, Kap. 9; einige Kompetenzen wurden
   schon in Kap. 5.3.1 angesprochen):

   a. Zunächst einmal bedürfen die Pädagog*innen einer hohen *moralischen Sen-
      sibilität*, um ungerechte, fürsorglose und unglaubwürdige Handlungsweisen
      sowohl von Heranwachsenden wie auch von (professionellen) Erwachsenen
      zu bemerken und in verschiedenen pädagogischen Arrangements zu thema-
      tisieren (im Vier-Augen-Gespräch, in Kleingruppen, in einer Schulklasse,
      in einer Jugendgruppe, in der Projektgruppe eines Jugendzentrums usw.).

   b. Solche erfahrungsverankerten, milieusensiblen Dialoge sollten dann schritt-
      weise auch *kognitives ethisches Wissen* (verschiedene Normen- und Wertetypen
      sowie differenzielle moralische, soziale, politische, religiöse und persönliche
      Präferenzen) integrieren, mit dessen Hilfe die Heranwachsenden – und bis
      zu einem gewissen Grade auch (weiterführend/vertiefend) die Pädagog*in-
      nen – es lernen, als belastend und empörend empfundene Situationen (z. B.
      Diskriminierungen aufgrund von Geschlecht, Sprachvermögen, Hautfarbe

oder religiöser Überzeugung) rational zu kritisieren und auf deren Ursachen zurückführen. Dies ist dann auch ein wichtiger pragmatischer und biografischer Schritt, um solche Ungerechtigkeiten durch eigenes und kollektives Handeln (als Schulklasse, als Projektgruppe, als Teil einer Bürgerinitiative usw.) und schützende und unterstützende soziale Regeln und Gewohnheiten (Tugenden) schrittweise zu überwinden. – Hier haben dann die Erörterungen *realistischer Dilemmata* ihren Stellenwert (z. B. zwischen dem Grundsatz der *Gleichbehandlung* und der Orientierung an der *ausgleichenden* Gerechtigkeit bei der schulischen Notengebung oder der Beteiligung an Entscheidungsprozessen in einem Kinder- und Jugendverband).

c. Bei schwerwiegenden Missachtungen der Integrität (z. B. durch öffentliche Beleidigungen oder kommunikative bzw. körperliche Gewalt) benötigen die „Profis" die *fürsorgliche* Fähigkeit und Bereitschaft, die Betroffenen situativ zu schützen, sie emotional aufzufangen, ihnen Trost zu spenden und den Mut zuzusprechen, über die Ereignisse zu reden (und entsprechende Lernprozesse bei den Kindern und Jugendlichen anzuregen). Und zugleich benötigen sie – viel schwieriger – die Kompetenz, die Täter*innen in klärende Gespräche einzubeziehen – auch hier häufig zunächst im Vier-Augen-Gespräch und dann in sich erweiternde Gruppen, die – im Stil eines „Runden Tisches" – alle Betroffenen und Beteiligten einbeziehen. Dabei geht es zunächst um persönliche und ggf. auch (halb-)öffentliche Entschuldigungen. Aber die sind gerade für die Betroffenen nur dann redlich und glaubwürdig, wenn soweit wie möglich Wiedergutmachung geleistet wird und wenn die objektiven Ursachen und intersubjektiv geteilten Gründe aufgedeckt werden (vgl. dazu Kap. 5.2) und an deren Abbau zuverlässig individuell und kollektiv gearbeitet wird. Hier kommt die prozedurale verantwortungspädagogische Maxime zum Tragen, dass es nicht nur darum geht, die subjektiven Handlungsbegründungen in Richtung Solidarität zu verändern, sondern auch interaktiv und institutionell, sozialräumlich und lebensweltlich die Voraussetzungen zu schaffen, dass solidarische und friedliche Einstellungen auch lebenspraktisch *wirksam* werden können und so die Lebensqualität und Lebenszufriedenheit *aller* erhöhen (u. a. durch Abbau der Angstursachen und Angstbereitschaften).

d. Zur Erweiterung und Vertiefung der ethischen Überzeugungen bedarf es einer sich stufenweise entfaltenden *diskursethischen Relationierung* von moralischer Empörung, Aufdecken der intuitiven Gerechtigkeitsansprüche, die diesen Empörungen zugrunde liegen (z. B. ungerechte, weil an den Mittelschichtsnormen orientierte Bewertung von Schulleistungen oder Zutrittsverbot in einer Gaststätte, weil man „mit dem Aussehen – z. B. Kopftuch – unerwünscht ist"), Sensibilität für verdeckte Formen der Ausgrenzung, Diskriminierung usw., Aufklärung über die Verankerung solcher un- bis anti-moralischer Handlungsweisen und Einstellungen in den Meso- und Makrostrukturen der Gegenwartsgesellschaft (und ggf. deren epochalen und historischen Hintergründe – z. B. beim Antisemitismus). – Oser/Althof (1992, Kap. 3.4) fassen die vorgenannten Aspekte als *Diskurspädagogik* zusammen; im hier entwickelten Theoriekonzept von Moralität und Sittlichkeit bilden sie die *diskursethische* Komponente der *Verantwortungspädagogik*.

e. Darüber hinaus sind die Pädagog*innen auf- und herausgefordert, an der Erarbeitung von *innovativen moralitätsaffinen sittlichen Regeln* und *Institutionsstrukturen* mitzuarbeiten, die die Autonomie jedes Einzelnen respektieren, dialogische Konfliktbearbeitungen und -lösungen verankern, quasi-parlamentarische Mehrheitsentscheidungen in Gremien der unterschiedlichsten Art nicht auf Kosten der unterlegenen Minderheit fällen und durchsetzen, also stets nach für alle Beteiligten *fairen* Entscheidungen und Kompromissen suchen, und so die prädemokratische Lebensform bzw. die Demokratie als Lebensform im Alltag aller Beteiligten verankern (helfen).

f. Nicht zuletzt sind nicht nur die Pädagog*innen, sondern auch die Kinder und Jugendlichen mit der Aufgabe konfrontiert, die Grenzen des eigenen Erfahrungsraumes und Handlungsfeldes, der eigenen Institution, des eigenen Wohnumfeldes, des eigenen sozialen, ethnischen und religiösen Milieus zu überschreiten und die *demokratischen Netzwerke* und *Basisöffentlichkeiten* in der Gemeinde zu verankern (und dazu gehören selbstverständlich auch die unterschiedlichsten digitalen Kommunikationsweisen) und so Einfluss auf die *kommunale Jugendpolitik* bzw. umfassender auf die Kommunalpolitik insgesamt zu nehmen und dadurch individuell und gemeinschaftlich moralische, soziale und politische Selbstwirksamkeit zu erfahren. Auf diese Weise können auch neue, gerechtere soziale und politische Machtbeziehungen und -verhältnisse implementiert werden: z. B. zwischen Stadtteilbewohner*innen und Stadtplanungsamt, zwischen Arbeitslosen und der Agentur für Arbeit, zwischen einer Bürgerinitiative und den etablierten Parteien sowie innerhalb der pädagogischen Institutionen (z. B. zwischen der Schulleitung, den Lehrer*innen, den anderen Pädagog*innen und Mitarbeiter*innen sowie den Eltern und deren vielschichtige, offene und verdeckte, formelle und informelle Wechselbeziehungen).

Nun wird eine ganze Reihe von Leser*innen wahrscheinlich sagen, dass dies ja alles gut und schön sei, aber „leider idealistisch" oder „utopisch". Diesem Konzept des sozialen, solidarischen, auf Gerechtigkeit zielenden Lernens und damit der inneren Verschränkung von selbstbestimmter Mitbestimmung und solidarischer

Verantwortungsübernahme stünden zum einen die professionellen, aber z. T. auch die privaten Einstellungen eines relevanten Teil der „Profis" und ggf. auch der Ehrenamtlichen und Eltern entgegen sowie die soziale und politische Vermachtung und Verbürokratisierung der staatlichen Institutionen und der sie tragenden Parteien, Verbände und Öffentlichkeiten. Dagegen kann man nun einwenden, dass es eine ganze Reihe von beeindruckenden und ermutigenden Beispielen gibt, dass es eben doch geht, dass z. B. die Schulgemeinde etwas erreichen kann, wenn sie sich auf den Weg macht; dass auch Stadtverwaltungen sich für die Erlebnis- und Freizeitinteressen der Jugendlichen öffnen; dass Stadtteilbewohner (etwa in Rahmen des Bundesprojektes „Soziale Stadt") an Entscheidungsprozessen tatsächlich beteiligt werden (vgl. die ermutigenden Beispiele in Lindner/Pletzer 2017, Teil III/IV). Allerdings muss man stets bedenken, dass gelungene Beispiele nur von den Einzelpersonen, Kollegien und Verbänden bzw. Institutionen als Anregungen empfunden und dann auch aufgenommen werden, die *problembewusst* und *reformbereit* sind und bereits nach Lösungen suchen. *Reformwiderständige* Personen und Instanzen erfahren diese vielmehr als Kritik an ihrer gegenwärtigen sozialen, pädagogischen, administrativen und politischen Arbeit und als Infragestellung von deren Rechtfertigung und reagieren deshalb häufig abwehrend bis aggressiv. Damit muss man rechnen und sich mit diesen Personengruppen, Institutionen und Organisationen dementsprechend auseinandersetzen (vgl. zu dieser *verantwortungsethischen* Herausforderung auch des *pädagogischen* Handelns Wissensbaustein 19, S. 453–455).

Wissensbaustein 19:
Karl-Otto Apels Entwurf der Diskursethik als Ethik der geschichtsbezogenen Mit-Verantwortung

Die diskursethischen Entwürfe von Apel und Habermas weisen zahlreiche Übereinstimmungen, aber auch einige bemerkenswerte Differenzen auf. Der für die kritisch-konstruktive Erziehungswissenschaft wohl zentrale ist, dass Apel die Schaffung diskursfreundlicher Bedingungen für eine immanente Aufgabe der Ethik hält. Diese Auffassung ist auch der Hintergrund der in Kap. 5.3.1/5.3.2 dargestellten pädagogischen Reformoptionen und -projekte. Deshalb seien die zentralen diesbezüglichen Argumentationen mittels einer Zitatmontage rekonstruiert und dokumentiert.

Die Ausgangslage stellt sich so dar: „Der *erste* Punkt ... betrifft das Verhältnis der *Begründung* der Diskursethik und ihrer *Anwendung*. (...) Die Differenz ergibt sich daraus ..., dass die Diskursethik *idealiter reale Diskurse* (der Betroffenen bzw. ihrer

Vertreter) für die Lösung moralischer Probleme, das heißt für die *Begründung konkreter, materialer, situationsbezogener moralischer Normen* postuliert. Aufgrund dieser *idealen* Abhängigkeit von *realen* Diskursen tritt in der *Diskursethik* in doppelter Hinsicht ein spezifisches Problem auf ...:

1. Der *erste* Aspekt der *Anwendungsprobleme* resultiert daraus, dass die *Möglichkeit*, bei dringenden moralischen Problemen, etwa im Fall von Interessenkonflikten, in *reale* Diskurse einzutreten, keineswegs selbstverständlich ist, da dies nicht bloß vom guten Willen der Akteure abhängt, die dazu bereit sind, den Diskurs zu führen, sondern ebenso vom guten Willen (sowie den Fähigkeiten bzw. Kompetenzen) der hierfür notwendigen Diskurspartner. (...)

2. Der *zweite* Aspekt der *Anwendungsprobleme* ist durch die Tatsache bedingt, dass selbst dann, wenn *reale praktische Diskurse* geführt werden *können*, eine weitere zentrale Anforderung der Diskursethik nicht notwendigerweise erfüllt ist: dass sich nämlich – mit Hilfe von Experten – ermitteln lässt, *welche Interessen der Betroffenen* berücksichtigt werden müssen, und darüber hinaus: *welche Konsequenzen* (Folgen und Nebenfolgen) im Fall einer allgemeinen Befolgung der vorgeschlagenen moralischen Normen zu erwarten sind." (Apel 2017a, S. 141f)

Um dieser Problematik gerecht zu werden, bedarf es für „diejenigen Fälle, in denen die verlangte Anwendung unmöglich ist ... einer *Ergänzung* der *idealen* Forderungen der Diskursethik, damit die gut gewillten Personen in solchen Situationen wissen, was sie tun *sollten*. Es gehört noch zu den Aufgaben der *Letztbegründung* der Diskursethik, ein *Ergänzungsprinzip* anzugeben; denn die Mitverantwortlichkeit jedes möglichen Diskurspartners für die Anwendung der Diskursethik, das heißt für die Etablierung (bzw. Durchführung) *realer praktischer Diskurse*, mit denen moralische Probleme gelöst werden können, gehört ... zu den fundamentalen Normen der Diskursethik. Daher zählt es zur idealen *Mitverantwortung* aller Diskurspartner, für eine Ergänzung der *Verfahrensnormen* idealer praktischer Diskurse in jenen Fällen Sorge zu tragen, wo solche Diskurse aus Gründen *mangelnder beidseitiger Verantwortung* nicht durchführbar sind. (...) Als Antwort auf dieses Problem habe ich vor Jahren die Unterscheidung zwischen *Teil A* und *Teil B* der Diskursethik eingeführt. Ein *Abgrenzungskriterium* könnte durch eine *idealtyische* Unterscheidung zweier Gruppen möglicher Interaktionspartner angegeben werden: solcher, *mit denen* man sich ohne strategische Vorbehalte argumentativ verständigen kann, und der anderen, *mit denen* man nicht auf diese Weise kommunizieren kann, wohl aber *über sie* ..." (ebd., S. 160f)

Dieser Teil B enthält auch „eine Art *moralischer Kompensation* für die erzwungene Abweichung von den idealen Normen durch begleitende Anstrengungen, die schlichten Bedingungen menschlicher Interaktion zu verändern." (ebd., S. 162) Dabei ist zu beachten, „dass die Begegnung mit dem Anderen und ihre implizite moralische Pflicht in den meisten Fällen ... *durch Regeln vermittelt* ist, gewöhnlich durch die konventionellen Regeln *sozialer Institutionen*, eventuell aber auch durch postkonventionelle Normen der Gerechtigkeit und Mitverantwortung." (ebd., S. 166) Dabei ist diese hemmende Rolle „nicht nur eine Konsequenz der archaischen

Kontingenz und der inkommensurablen Vielfalt zahlreicher Institutionen, sondern zum Teil auch eine Implikation der sogenannten ‚Sachzwänge‘, die mit den
wichtigsten umfassenden Institutionen verknüpft sind, das heißt den sogenannten
funktionalen gesellschaftlichen Subsystemen, wie zum Beispiel der *Politik*, dem *Recht*
und der *Ökonomie*. Diese *Sachzwänge* ... müssen einerseits von der *Diskursethik* in
ihrem *Teil B* akzeptiert werden, andererseits muss die Diskursethik als eine Ethik
der *geschichtsbezogenen Mitverantwortung* die von den sozialen Institutionen oder
Systemen auferlegten Zwänge aber auch als einen Gegenstand der *Kritik* und von
Verbesserungsversuchen behandeln." (ebd., S. 167)

Dieser Punkt markiert „eine typische Schwierigkeit beim Übergang von der *konventionellen* zur *postkonventionellen* Moral (Kohlbergs Stufe 41/2 der Entwicklungslogik
der Moral) ..." (ebd., S. 175), denn erforderlich ist eine *zweifache Orientierung*,
nämlich „die Anerkennung der Notwendigkeit, moralische Normen vermittels der
Sachzwänge einer Institution bzw. eines funktionalen sozialen Systems *Geltung zu
verschaffen*, und zugleich die moralische *Rechtfertigung* der systemischen Zwänge
oder ihre *Kritik* mit dem Ziel, sie nach Maßgabe der Moral zu verändern." (ebd.,
S. 187; vgl. zu den Anwendungsfeldern und -problemen auch Apel/Kettner 1992)).

5.3.3 Menschenrechtsbildung als universelle Solidaritätsperspektive

Die vorangestellten Befunde und Konzepte dürften nochmals deutlich gemacht
haben, wie sehr die Globalisierungsprozesse auch den Alltag der Pädagogik schon
mitbestimmen. Die damit schlaglichtartig umrissenen transnationalen und weltweiten Entwicklungsprobleme der menschlichen Gesellschaft werfen also die
zentrale Frage auf, wie Maßstäbe begründet werden können, die der Größe der
Herausforderungen gerecht werden. Es geht also um die aktive Aneignung und
reflexive Vermittlung eines Orientierungsrahmens und zwar nicht nur für die
Kinder und Jugendlichen, die Erwachsenen, die älteren und alten Menschen, sondern auch – nicht zu vergessen! – die professionellen Pädagog*innen, der ihnen
verantwortungsvolles individuelles, gemeinschaftliches und gesamtgesellschaftliches
Handeln ermöglicht und nahelegt. Eine Antwort sind die Menschenrechte und ist
damit die Menschenrechtsbildung. Dazu einige abschließende Überlegungen, die
Kohlbergs Ansatz nunmehr in den aktuellen globalen Kontexten verorten und
eine Brücke schlagen zwischen der moralisch-sittlichen Entwicklung in den unmittelbaren Lebenswelten, Sozialräumen und den pädagogischen und kulturellen
Institutionen einerseits und den übergreifenden nationalen, transnationalen und
globalisierten Strukturen, Institutionen und Bewegungen andererseits.

1. Der innere Zusammenhang zwischen **Bildung** und **Menschrechten** wird schon an deren Entwicklung deutlich (vgl. Galtung 2000; Deutsches Institut für Menschenrechte 2005, Kap. I): Gewiss gab es schon in der Antike und im Mittelalter Ansätze für universalistische Rechtsnormen (gerade im römischen Rechtssystem). Aber erst mit der Moderne (besonders in der amerikanischen und der französischen Revolutionsverfassung) sind die Menschenrechte zu einem zentralen und einheitlichen Bezugspunkt des politischen Handelns und seiner juristischen Kodifizierung geworden. Als angeborene Rechte sind die Menschenrechte zunächst einmal vorstaatlich, d. h. sie existieren auch dann, wenn sie nicht in Gesetzgebungsverfahren anerkannt wurden und deshalb staatliches Handeln unmittelbar binden. Weil sie das nicht tun, deshalb werden sie auch als „schwache" Rechte bezeichnet. Das bedeutet nun aber nicht, dass sie deshalb für das Zusammenleben der Menschen bedeutungslos wären. Denn in ihnen artikuliert sich der Anspruch, Verletzungen des Leibes (durch Hunger, Erschöpfung und Krankheit) zu überwinden durch die Gewährleistung von Wohlstand und Sicherheit; Kränkungen der Person (durch Erniedrigung, Knechtschaft und Angst) durch die Garantie von Freiheit und Würde; und die Verzweiflung der Seele (durch Einsamkeit und Leere) durch die Ermöglichung von Glück und Erfüllung.

Erst wenn sie zu positivem, „hartem" Recht werden, können sie in entsprechenden und garantierten Verfahren einklagt werden. Wobei die entsprechenden Urteile – unter den Voraussetzungen der Rechtstaatlichkeit – dann auch bindend sind. Diese Entwicklung der Rechtsgarantien findet ihren Höhepunkt und Abschluss dann, wenn auch Individuen gegen Menschenrechtsverletzungen klagen können. – Man kann die Entwicklung der Menschenrechte deshalb auch unter dem Aspekt betrachten, wie aus moralischen Rechten, die in der Zivilgesellschaft ausgebildet und artikuliert worden sind (z. B. von einer Nichtregierungsorganisation wie amnesty international) durch politische Klärungs- und Verständigungsprozesse (z. B. in der UNO und ihren Ausschüssen) und unter Einbeziehung von Experten (z. B. in den UN-Ausschüssen) internationale Vereinbarungen geschlossen werden, die dann im Rahmen der nationalen Gesetzgebung (und in Zukunft zumindest teilweise auch der europäischen) in bindendes, positiviertes Recht gegossen werden, dessen Umsetzung in Form der Rechtsprechung dann auch international beobachtet und ggf. bei Verstößen kritisiert wird (aber nur in wenigen Fällen unmittelbar sanktioniert werden kann).

Nun ist es ist weder sinnvoll noch möglich, dass Menschenrechte alle Rechtsbelange normierend klären. Vielmehr sollen sie sich auf die zentralen Fragen des Zusammenlebens der Individuen, der Menschengruppen, der Völker, der Staaten und der Staatengemeinschaften beschränken. Was dabei universell fundamen-

tal ist, kann wiederum nur dialogisch und diskursiv geklärt werden – und die
Geschichte der Menschenrechte ist unter diesem Aspekt eine Geschichte ihrer
thematischen Ausweitung. Diese vollzog sich in drei Etappen (vgl. Fritzsche
2004, Kap. 2, 8 und Dokumentenanhang; Watzal 2004):

a. In der ersten Generation standen die bürgerlichen und politischen Abwehr-
und Gestaltungsrechte im Vordergrund. Sie enthielten bereits die Erkenntnis,
dass das gute Leben nicht auf das nackte reduziert werden kann, dass dazu
also auch der Schutz vor staatlicher Willkür und das Recht auf politische
Betätigung gehört.

b. In der zweiten Generation wurde den wirtschaftlichen, sozialen und kulturellen
Rechten besondere Aufmerksamkeit geschenkt (z. B. in der „Europäischen
Sozialcharta" von 1961 oder im „Internationalen Pakt über wirtschaftliche,
soziale und kulturelle Rechte" (UN-Sozialpakt) von 1966. Dem lag die gerade von der (sozialistischen) Arbeiterbewegung artikulierte Erfahrung und
Einsicht zu Grunde, dass die Teilhaberechte der 1. Genration nur dann eine
Verwirklichungschance haben, wenn sie durch die Sicherung von entgegenkommenden staatlichen, gesellschaftlichen und alltäglichen Bedingungen
gestützt und gefördert werden. So war der Ausbau des Sozialstaates nach 1945
auch eine Antwort auf die Erfahrungen mit dem internationalen Faschismus
und dass seine Wiederholung nur dadurch verhindert werden kann, dass
die *politische* Demokratie durch die *soziale* Demokratie gestützt wird. Die
aktuellen Entwicklungen in Europa und den USA bestätigen diese Einsicht.

c. In der dritten Generation stehen nun – besonders durch politische Bewegungen der südlichen Hemisphäre, speziell in Afrika – kollektive Rechte im
Vordergrund (wie sie insbesondere zum Ausdruck kommt in der UN-Reso-
lution „Erklärung zum Recht auf Entwicklung" von 1986).

d. Quasi parallel hat sich die Tendenz durchgesetzt, nicht nur allgemeine Menschenrechte zu formulieren, sondern auch besondere. Dem liegt die Einsicht
zu Grunde, dass es besondere Ausschlussprozesse gibt, die der besonderen
Aufmerksamkeit bedürfen. Hier seien nur genannt die „Genfer Flüchtlingskonvention (von 1954), das „Übereinkommen zur Beseitigung jeder Form der
Diskriminierung der Frau (von 1979), das „Übereinkommen über die Rechte
des Kindes" (von 1989), die „Erklärung über die Rechte von Angehörigen
nationaler oder ethnischer, religiöser und sprachlicher Minderheiten" (von
1992) sowie die „Allgemeine Erklärung zur kulturellen Vielfalt" der UNESCO
von 2001 (vgl. dazu auch Fritzsche 2004, Kap. 14–18).

Diese Generationenfolge macht schon deutlich, dass die Menschenrechte wie
das „Projekt Moderne", dem sie entstammen, grundsätzlich nicht abschließbar

sind, also der dritten Generation gewiss noch andere folgen werden. Aktuell
deutet sich das an in den Debatten um ein Menschrecht auf Migration.

2. Es gibt einen *internen* Zusammenhang zwischen Menschenrechten und Bildungsprozessen. **Bildung als Menschenrecht** durchzieht viele der oben erwähnten
übergreifenden Vereinbarungen und Konventionen; und es gibt zugleich eine
ganze Reihe von Dokumenten, die sich explizit den Bildungsfragen zuwenden
und die so etwas wie Entwürfe zu einer Weltbildungspolitik darstellen (vgl. Lenhart 2003, Kap. 3; Liebel 2010). Hier ist besonders zu nennen der „World Plan of
Action" von 1993, welcher besonders den Zusammenhang von Menschenrechts-,
Demokratie- und Friedenserziehung betont; die „Declaration and Integrated
Framework" von 1994/95, welche den Gedanken der sozialen, moralischen und
politischen Bildung entfaltet und einen sehr ausdifferenzierten Maßnahmekatalog entwirft; der „International Plan of Action" von 1998 knüpft daran an,
indem er von einem recht weiten Begriff der Menschenrechtsbildung ausgeht
und die dazu notwendigen Lernzielbereiche und -inhalte ausformuliert sowie
den Maßnahmekatalog weiterentwickelt; und nicht zuletzt sind die Vorschläge
zur Übersetzung dieser universalistischen, in regionale Handlungspläne für
den europäischen, den afrikanischen, den arabischen und asiatisch-pazifischen
Raum bzw. in nationale Reformpläne aus den Jahren 1997 bis 2000 zu erwähnen.
Dabei beinhaltet das Menschenrecht auf *allgemeine Bildung* – nochmals knapp
zusammengefasst – die Perspektive, dass *alle* Menschen sich bilden können,
dass sie sich dabei über alle sie gemeinsam betreffenden Angelegenheiten
sachverständig auseinandersetzen können (klassisch ausgedrückt geht es dabei
um die „Bildung im *Medium des Allgemeinen*") und dass sie nicht zuletzt *alle*
ihre Fähigkeiten, Fertigkeiten, Neigungen und Bedürfnisse entfalten können.
Dafür schaffen die Allgemeinen Menschenrechte die Voraussetzung. Dabei
waren die zentralen Menschenrechtselemente der Französischen Revolution
bekanntlich: Freiheit, Gleichheit, Brüderlichkeit (feministisch erweitert oder
ersetzt durch: Schwesterlichkeit). Die neueren internationalen Menschenrechts-
und Verfassungsdebatten haben hier – wie skizziert – zu neuen Akzenten und
Schwerpunktsetzungen geführt, ohne dass damit die alten Forderungen einfach
als überholt anzusehen wären. Die neue, problem- und zeitgemäße Trias lautet
(vgl. Mührel/Birgmeier 2013, Teil II):

a. Das Menschenrecht auf *freiheitsermöglichende Sicherheit* ist auch eine Antwort
auf die gegenwärtigen Erfahrungen mit Rechtsradikalismus/Rechtspopu-
lismus und Gewalt, denn sie bestätigen auf gewisse Weise die Erkenntnis
über den historischen Faschismus, dass nämlich soziale Unsicherheiten und
Existenzängste (z. B. die Angst vor Arbeitslosigkeit, vor sozialem Abstieg
im Beruf, vor Überschuldung, davor, die Aufstiegskämpfe im mittleren und

oberen Drittel nicht bewältigen zu können) die Demokratie, ihre Institutionen und die darin ausgerichteten und im Alltag verankerten Einstellungen und Handlungsweisen aushöhlen und gefährden. Die Zunahme der individuellen Wahlmöglichkeiten („Optionsspielräume") ist nur dann freiheitsfördernd, wenn die Kinder und Jugendlichen, die Erwachsenen sowie die älteren und alten Menschen die Sicherheit ihrer Existenz nicht grundsätzlich gefährdet sehen. Das bedeutet umgekehrt aber auch, dass die sozialen Sicherungssysteme und -maßnahmen ihren bürokratischen Charakter abbauen und überwinden müssen, damit sie tatsächlich die Autonomiemöglichkeiten der Staatsbürger*innen fördern, und diese nicht weiterhin als Klient*innen behandeln.

b. Das Menschenrecht auf *egalitäre Vielfalt* will die individuellen Wahlmöglichkeiten sichern und erweitern, weil sich die Lebensweisen und Lebensformen kulturell *pluralisiert* haben. Allerdings ist diese Tendenz überlagert von sozialen und kulturellen *Polarisierungsprozessen*, die auf die Zunahme gesellschaftlicher Ungleichheiten zurückzuführen sind. Die Heranwachsenden und die Erwachsenen haben also nicht die gleichen Chancen, ihre jeweils unterschiedlichen Interessen zu realisieren und Bedürfnisse zu befriedigen (z. B. bestimmte Reisen zu machen, bestimmte Mode-Labels zu tragen, bestimmte schulische Bildungsanschlüsse zu erreichen oder auch im Alter noch selbständig zu wohnen). Die Vielfalt der Lebenseinstellungen und Lebensperspektiven kann die Freiheitsspielräume nur dann erweitern und die Demokratie nur dann fördern, wenn die jeweiligen Lebensweisen und Lebensstile gleichberechtigte Realisierungschancen haben. Zugleich macht diese Vielfalt einen *dialogischen* Umgang miteinander notwendig, also zwischenmenschliche Verständigungsbemühungen, die die Menschen als (tendenziell) autonome Subjekte ihrer Lebens- und Lernpraxis anerkennen, sie also weder offen noch verdeckt ausgrenzen (wenn sie z. B. sexuelle Auffassungen vertreten, die unseren grundlegenden Werte-Orientierungen nicht entsprechen) oder vereinnahmen (indem wir sie z. B. überreden, an einer bestimmten Solidaritätsaktion teilzunehmen, statt sie von deren Inhalt zu überzeugen). Oder anders ausgedrückt: Alle Menschen haben das Recht, nach einem Diskussionsprozess anderer Meinung, also Andere zu bleiben bzw. zu sein, ohne dass sie deshalb (u. U. auch von „es gut meinenden" Pädagog*innen) als uneinsichtig, halsstarrig o. ä., somit als Fremde betrachtet zu werden.

c. Das Menschenrecht auf *entwicklungsfördernde Solidarität* (oder klassisch formuliert: Brüderlichkeit/Schwesterlichkeit) bleibt eine zentrale Gestaltungsperspektive des respektvollen, authentischen und friedlichen Umgangs der Menschen miteinander und das zentrale „Gegenprinzip" zur marktverursachten Konkurrenz. – In ihrer traditionellen Form, wie sie die Arbeiterbewegung begründet hat, ist sie allerdings auf diejenigen beschränkt worden, die in gleicher oder ähnlicher sozialer Lage bzw. gesellschaftlicher Stellung sind (also auf die Arbeiter*innen bzw. die Arbeiterklasse). Oder sie bezog sich auf diejenigen, mit denen man eine politische und/oder kulturelle Gemeinschaft bildete (Gewerkschaften, Parteien der Arbeiterbewegung und ihre verschiedenen Kultur- und Sportorganisationen). Diese Art der Solidarität hat heute wegen der erwähnten neuen Formen der gesellschaftlichen Abhängigkeit und Ungleichheit sowie der kulturellen Pluralisierungen erheblich an Bedeutung verloren. Sie ist aber deshalb nicht schon bedeutungslos (wie man z. b. an Streiks oder dem Widerstand gegen den Sozialabbau erkennen kann). Deshalb muss sich ein zeitgemäßes Verständnis von Solidarität darauf konzentrieren, egalitäre Vielfalt zu ermöglichen und zu fördern. Ihm geht es also darum, solidarisch zu sein mit denen, die von Ausgrenzung bedroht bzw. betroffen sind (z. B. Asylbewerber*innen, Zugereiste, Behinderte, Verarmte) und denjenigen, die in Abhängigkeit gehalten werden (z. B. Mädchen bzw. Frauen in den verschiedenen sozialen und ethnischen Milieus). Solidarität bedeutet heute, für die Durchsetzung der universellen Menschenrechte einzutreten, ja dafür zu kämpfen – und damit zugleich Minderheitenschutz, Pluralismusgarantie und aktives Toleranzgebot zu verwirklichen. Solidarität ist individuelle und gemeinschaftliche Verantwortungsübernahme für die Gestaltung gerechterer, sozialerer und humanerer gesellschaftlicher Verhältnisse im Interesse aller. Auf diese Weise wird die *klassische Arbeitersolidarität* zur *modernen Menschenrechtssolidarität* (vgl. Bayertz 1996, S. 299–329; ders. 1998, Teil I u. VI). Und so wird auch die Kluft zwischen der Zunahme individueller Wahlmöglichkeiten und dem begründeten Gefühl der gesellschaftlichen Ohnmacht angesichts der ökonomischen Globalisierung, die politisch fast nicht reguliert wird (wie die Bankenkrise zeigt), kritisch bewusst gemacht und in praktischen Aktionen schrittweise überwunden.

Literaturnachweise

15. KJB *(Kinder- und Jugendbericht).* 2017. Berlin: Bundesministerium für Familie, Senioren, Frauen und Jugend.
Adorno, Theodor W. 1973. *Studien zum autoritären Charakter.* Frankfurt/M.: Suhrkamp.
Adorno, Theodor W. 2018. *Probleme der Moralphilosophie.* Frankfurt/M.: Suhrkamp.
Adorno, Theodor W. 2019. *Aspekte des neuen Rechtsradikalismus.* Berlin: Suhrkamp.

Andresen, Sabine et al. 2013. *Kinder in Deutschland 2013*. 3. World Vision Kinderstudie. Weinheim und Basel: Beltz.

Andresen, Sabine et al. 2018. *Kinder in Deutschland 2018*. 4. World Vision Studie. Weinheim Basel: Beltz.

anti-bias-netz. Hrsg. 2016. *Vorurteilsbewusste Veränderungen mit dem Anti-Bias-Ansatz.* Freiburg: Lambertus.

Apel, Karl-Otto. 1990. Diskursethik als Verantwortungsethik und das Problem der ökonomischen Rationalität. In: Ders. *Diskurs und Verantwortung.* Frankfurt/M.: Suhrkamp. 270–305.

Apel, Karl-Otto. 2017. *Transzendentale Reflexion und Geschichte.* Berlin: Suhrkamp (darin 2017a: Die Antwort der Diskursethik auf die moralischen Herausforderungen der Gegenwart. 51–192; 2017b: Institutionsethik oder Diskursethik als Verantwortungsethik. 385–310).

Apel, Karl-Otto und M. Kettner. Hrsg. 1992. *Zur Anwendung der Diskursethik in Politik, Recht und Wissenschaft.* Frankfurt/M.: Suhrkamp.

Aristoteles. 1969. *Nikomachische Ethik.* Stuttgart: Reclam jun.

Baader, Meike. 2001. *Zur Theorie und Praxis des just community-Ansatzes in der Moralerziehung.* In: Liebau. 2001. 159–193.

Bayertz, Kurt. Hrsg. 1996. *Politik und Ethik.* Stuttgart: Reclam jun.

Bayertz, Kurt. Hrsg. 1998. *Solidarität.* Frankfurt/M.: Suhrkamp.

Bayertz, Kurt. 2006. *Warum überhaupt moralisch sein?* München: C.H. Beck.

Becker, Günter. 2008. *Soziale, moralische und demokratische Kompetenzen fördern.* Weinheim und Basel: Beltz.

Becker, Günter. 2011. *Kohlberg und seine Kritiker. Die Aktualität von Kohlbergs Moralpsychologie.* Wiesbaden: VS Verlag.

Bilz, Ludwig et al. Hrsg. 2017. *Gewalt und Mobbing an Schulen. Wie sich Gewalt und Mobbing entwickelt haben, wie Lehrer intervenieren und welche Kompetenzen sie brauchen.* Bad Heilbrunn: Julius Klinkhardt.

Blasi. Augusto. 1993. *Die Entwicklung der Identität und ihre Folgen für moralisches Handeln.* In: Edelstein et al. 119–147.

Bollnow, Otto Friedrich. 1962. *Einfache Sittlichkeit.* Göttingen: Vandenhoeck & Ruprecht.

Braun, Karl-Heinz. 1992. *Diskursethik und Subjektwissenschaft. Vorschläge zur subjekttheoretischen Erweiterung der diskursethischen Konzeption von Jürgen Habermas.* In: Forum Kritische Psychologie. Band. 29, 56–88. Hamburg: Argument. Bude, Heinz. 2014. *Gesellschaft der Angst.* Hamburg: Hamburger Edition.

Bundesregierung, Die. 2017. *Nationaler Aktionsplan gegen Rassismus. Positionen und Maßnahmen zum Umgang mit Ideologien der Ungleichwertigkeit und den darauf bezogenen Diskriminierungen.* Berlin. Bundesministerium des Inneren.

Coelen, Thomas et al. 2017. *Gebaute Bildungslandschaften.* Berlin: jovis.

Czollek, Leah Carola. 2009. *Lehrbuch Gender und Queer.* Weinheim und München: Juventa.

Czollek, Leah Carola et al. 2012. *Praxishandbuch Social Justice and Diversity.* Weinheim und Basel: Beltz Juventa.

Decker, Oliver et al. Hrsg. 2016. *Die enthemmte Mitte. Autoritäre und rechtsextreme Einstellung in Deutschland.* Die Leipziger „Mitte"-Studie 2016. Gießen: Psychosozial.

Decker, Oliver und E. Brähler. Hrsg. 2018. *Flucht ins Autoritäre. Rechtsextreme Dynamiken in der Mitte der Gesellschaft.* Die Leipziger Autoritarismus-Studie 2018. Gießen: Psychosozial.

Deinet, Ulrich und Chr. Reutlinger. Hrsg. 2004. *„Aneignung" als Bildungskonzept der Sozialpädagogik*. Wiesbaden VS Verlag.

Deinet, Ulrich und Chr. Reutlinger. Hrsg. 2014. *Tätigkeit – Aneignung – Bildung*. Wiesbaden: Springer VS.

Deutsches Institut für Menschenrechte. Hrsg. 2006. *Kompass. Handbuch zur Menschenrechtsbildung für die schulische und außerschulische Bildungsarbeit*. Bonn: Bundezentrale für politische Bildung.

Döbert, Rainer. 1986. *Wider die Vernachlässigung des ‚Inhalts' in den Moraltheorien von Kohlberg und Habermas. Implikationen für die Relativismus/Universalismus-Kontroverse*. In: Edelstein et al. 1986. 86–125.

Döbert, Rainer et al. Hrsg. 1980. *Entwicklung des Ichs*. Köln: Kiepenheuer u. Witsch.

Dubiel, Helmut. 1994. *Ungewißheit und Politik*. Frankfurt/M.: Suhrkamp.

Edelstein, Wolfgang. 2014. *Demokratiepädagogik und Schulreform*. Schwalbach/T.: Wochenschau.

Edelstein, Wolfgang. 2010. *Werte und Kompetenzen für eine Schule der Demokratie*. In: Latzko/Malti. 2010. 323–334.

Edelstein, Wolfgang et al. Hrsg. 1986. *Zur Bestimmung der Moral*. Frankfurt/M.: Suhrkamp.

Edelstein, Wolfgang et al. Hrsg. 1993. *Moral und Person*. Frankfurt/M.: Suhrkamp.

Edelstein, Wolfgang et al. 2000. *Moral im sozialen Kontext*. Frankfurt/M.: Suhrkamp.

Edelstein, Wolfgang et al. Hrsg. 2001. *Moralische Erziehung in der Schule. Entwicklungspsychologie und pädagogische Praxis*. Weinheim und Basel: Beltz.

Edelstein, Wolfgang et al. Hrsg. 2009. *Praxisbuch Demokratiepädagogik*. Weinheim und Basel: Beltz.

Edelstein, Wolfgang und P. Fauser. 2001. *Demokratie lernen und leben. Materialien zur Bildungsplanung und zur Forschungsförderung*. Heft 96. Bonn: Bund-Länder-Kommission für Bildungsplanung und Forschungsförderung (BLK).

Fritzsche, K. Peter. 2004. *Menschenrechte*. Paderborn et al.: Schöningh.

Fritzsche, K. Peter et al. 2017. *Grundlagen der Menschenrechtsbildung*. Schwalbach/Ts.: Wochenschau.

Galtung, Johan. 2000. *Die Zukunft der Menschenrechte. Vision: Verständigung zwischen den Kulturen*. Frankfurt/New York: Campus.

Galuske, Michael. 2013. *Methoden der Sozialen Arbeit*. Bearbeitet von K. Bock und J.F Martinez. Weinheim und Basel: Beltz Juventa.

Garz, Detlef. 2008. *Sozialpsychologische Entwicklungstheorien*. Wiesbaden: VS Verlag.

Garz, Detlef. 2015. *Lawrence Kohlberg zur Einführung*. Hamburg: Junius.

Garz, Detlef et al. 1999. *Moralisches Urteil und Handeln*. Frankfurt/M.: Suhrkamp.

Gramelt, Katja. 2010. *Der Anti-Bias-Ansatz. Zu Konzept und Praxis einer Pädagogik für den Umgang mit (kultureller) Vielfalt*, Wiesbaden: VS Verlag.

Habermas, Jürgen. 1985. Ziviler Ungehorsam – Testfall für den demokratischen Rechtsstaat. In: Ders. *Die Neue Unübersichtlichkeit*. Frankfurt/M.: Suhrkamp. 79–99.

Habermas, Jürgen. 1983. *Moralbewußtsein und kommunikatives Handeln*. Frankfurt/M.: Suhrkamp (darin 1983a: Rekonstruktive vs. verstehende Sozialwissenschaften. 29–52; 1983b: Moralbewußtsein und kommunikatives Handeln. 127–206)

Habermas, Jürgen. 1986a. *Gerechtigkeit und Solidarität. Eine Stellungnahme zur Diskussion über „Stufe 6"*. In: Edelstein et al. 1986. 291–318.

Habermas, Jürgen. 1986b. *Moralität und Sittlichkeit. Treffen Hegels Einwände gegen Kant auch auf die Diskursethik zu?* In: Kuhlmann. 1986. 16–37.

Habermas, Jürgen. 1991. Erläuterungen zur Diskursethik. In: ders.: *Erläuterungen zur Diskursethik*. Frankfurt/M.: Suhrkamp. 119–226.

Habermas, Jürgen. 1998. *Faktizität und Geltung. Beiträge zur Diskurstheorie des Rechts und des demokratischen Rechtsstaates*. 4. Aufl. mit einem Nachwort. Frankfurt/M.: Suhrkamp.

Habermas, Jürgen. 2019. *Noch einmal: Zum Verhältnis von Moralität und Sittlichkeit*. Vortrag an der Universität Frankfurt. 19. Juni 2019 (unveröff.)

Hegel, Georg Wilhelm Friedrich. 1986. *Grundlinien der Philosophie des Rechts oder Naturrecht und Staatswissenschaft im Grundriss*. Werke Band 7. Frankfurt/M.: Suhrkamp.

Heidbrink, Horst. 1991. *Stufen der Moral. Zur Gültigkeit der kognitiven Entwicklungstheorie Lawrence Kohlbergs*. München: Quintessenz.

Heitmeyer, Wilhelm. 2018. *Autoritäre Versuchungen*. Signaturen der Bedrohung 1, Berlin: Suhrkamp.

Heitmeyer, Wilhelm. Hrsg. 2002–2012. *Deutsche Zustände*. Frankfurt/M. bzw. Berlin: Suhrkamp.

Helsper, Werner et al. 2006. *Unpolitische Jugend?* Eine Studie zum Verhältnis von Schule, Anerkennung und Politik. Wiesbaden: VS Verlag.

Höffe, Otfried. 2018. *Ethik*. München C.H. Beck.

Honneth, Axel. 1990. Moralbewußtsein und soziale Klassenherrschaft. In: Ders.: *Die zerrissene Welt des Sozialen*. Frankfurt/M.: Suhrkamp. 182–201.

Honneth, Axel. 2011. *Das Recht der Freiheit. Grundriß einer demokratischen Sittlichkeit*. Berlin: Suhrkamp.

Horster, Detlef. Hrsg. 2007. *Moralentwicklung von Kindern und Jugendlichen* Wiesbaden: VS Verlag.

Kant, Immanuel. 1974. *Grundlegung zur Metaphysik der Sitten*. Werkausgabe Band VII. Frankfurt/M.: Suhrkamp.

Keller, Monika. 2007. *Moralentwicklung und moralische Sozialisation*. In: Horster. 2007. 17–49.

Keller, Monika und W. Edelstein. 1993. *Die Entwicklung eines moralischen Selbst von der Kindheit zur Adoleszenz*. In: Edelstein et al. 1993. 307–334.

Kemper, Andreas und H. Weinbach. 2016. *Klassismus*. Münster: Unrast.

Kessl, Fabian und Chr. Reutlinger. Hrsg. 2008. *Schlüsselwerke der Sozialraumforschung*. Wiesbaden: VS Verlag.

Klafki, Wolfgang. 2019. *Allgemeine Erziehungswissenschaft*. Systematische und historische Abhandlungen. Herausgegeben und eingeleitet von K.-H. Braun, F. Stübig u. H. Stübig. Wiesbaden: Springer VS.

Klafki, Wolfgang u. K.H. Braun. 2007. *Wege pädagogischen Denkens*. München Basel: Reinhardt.

Köbel, Nils. 2018. *Identität – Werte – Weltdeutung. Zur biografischen Genese ethischer Lebensorientierungen*. Weinheim Basel: Beltz Juventa.

Kohlberg, Lawrence. 1974. Stufe und Sequenz. In: Ders.: *Zur kognitiven Entwicklung des Kindes*. 7–255.

Kohlberg, Lawrence. 1980. *Eine Neuinterpretation der Zusammenhänge zwischen Moralentwicklung in der Kindheit und im Erwachsenenalter*. In: Döbert et al. 1980. 225–252.

Kohlberg, Lawrence. 1986. *Der „Just Community"-Ansatz der Moralerziehung in Theorie und Praxis*. In: Oser et al. 1986. 21–55.

Kohlberg, Lawrence. 1987. *Moralische Entwicklung und demokratische Erziehung*. In: Lind/Raschert. 1987. 25–43.

Kohlberg, Lawrence. 1996a. *Die Psychologie der Moralentwicklung*. Frankfurt/M.: Suhrkamp.

Kohlberg, Lawrence. 1996b *Meine persönliche Suche nach universeller Moral.* In: Kuhmerker et al. 1996. 31–30.

Kohlberg, Lawrence et al. 1986. *Die Wiederkehr der sechsten Stufe: Gerechtigkeit, Wohlwollen und der Standpunkt der Moral.* In: Edelstein et al. 1986. 205–240.

Kohlberg, Lawrence und D. Candee. 1996. *Die Beziehungen zwischen moralischem Urteilen und moralischem Handeln.* In: Garz et al. 1996. 13–46.

Kohlberg, Lawrence. 2007. *Die Psychologie der Lebensspanne.* Frankfurt/M.: Suhrkamp.

Koppetsch, Cornelia. 2019. *Die Gesellschaft des Zorns. Rechtspopulismus im globalen Zeitalter.* Bielefeld: transcript.

Krappmann, Lothar. 1993. *Bedrohung des kindlichen Selbst in der Sozialwelt der Gleichaltrigen. Beobachtungen zwölfjähriger Kinder in natürlicher Umgebung.* In: Edelstein et al. 1993. 335–362.

Krappmann, Lothar und H. Oswald. 1995. *Alltag der Schulkinder. Beobachtungen und Analysen von Interaktionen und Sozialbeziehungen.* Weinheim und München: Juventa.

Kuhlmann, Wolfgang. Hrsg. 1986. *Moralität und Sittlichkeit. Das Problem Hegels und die Diskursethik.* Frankfurt/M.: Suhrkamp.

Kuhmerker, Lisa et al. 1996. *Lawrence Kohlberg. Seine Bedeutung für die pädagogische und psychologische Praxis.* München: Kindt.

Latzko, Brigitte und T. Malti. Hrsg. 2010. *Moralische Entwicklung und Erziehung in Kindheit und Adoleszenz.* Göttingen et al.: Hofgrefe.

Lenhart, Volker. 2003. *Pädagogik der Kinderrechte.* Opladen: Leske + Budrich.

Lepsius, M. Rainer. 1993. *Demokratie in Deutschland. Soziologisch-historische Konstellationsanalysen.* Göttingen: Vandenhoeck & Ruprecht.

Liebau, Eckart. 1999. *Erfahrung und Verantwortung. Werteerziehung als Pädagogik der Teilhabe.* Weinheim und München: Juventa.

Liebau. Eckart. Hrsg. 2001. *Die Bildung des Subjekts. Beiträge zur Pädagogik der Teilhabe.* Weinheim und München: Juventa

Liebel, Manfred. 2007. *Wozu Kinderrechte.* Weinheim und München: Juventa.

Lind, Georg. 2015. *Moral ist lehrbar!* Wie man moralisch-demokratische Fähigkeiten fördern und damit Gewalt, Betrug und Macht mindern kann. Berlin: Logos.

Lind, Georg und J. Raschert. Hrsg. 1987. *Moralische Urteilsfähigkeit. Eine Auseinandersetzung mit Lawrence Kohlberg über Moral, Erziehung und Demokratie.* Weinheim und Basel: Beltz.

Lindner, Werner und W. Pletzer. Hrsg. 2017. *Kommunale Jugendpolitik.* Weinheim und Basel: Beltz Juventa.

Loch, Dietmar und W. Heitmeyer. Hrsg. 2001. *Schattenseiten der Globalisierung. Rechtsradikalismus, Rechtspopulismus und separatistischer Regionalismus in westlichen Demokratien.* Frankfurt/M.: Suhrkamp.

Minnameier, Gerhard. 2010. *Entwicklung moralischen Lernens aus einer neo-kohlbergschen Perspektive.* In: Latzko/Malti. 2010. 47–67.

Moore, Barrington. 1987. *Ungerechtigkeit. Die sozialen Ursachen von Unterordnung und Widerstand.* Frankfurt/M.: Suhrkamp.

Mührel, Eric und B. Birgmeier. Hrsg. 2013. *Menschenrechte und Demokratie.* Wiesbaden: Springer VS.

Münder, Johannes et al. Hrsg. 2013. *Frankfurter Kommentar SGB VIII.* Baden-Baden: Nomos.

Nunner-Winkler. 2007. *Zum Verständnis von Moral – Entwicklungen in der Kindheit.* In: Horster. 2007. 51–76.

Nunner-Winkler, Gertrud et al. 2006. *Integration durch Moral. Moralische Motivation und Ziviltugenden Jugendlicher.* Wiesbaden: VS Verlag.

Nussbaum, Martha C. 2016. *Politische Emotionen.* Berlin: Suhrkamp.

Nussbaum, Martha C. 2019. *Königreich Angst. Gedanken zur aktuellen politischen Krise.* Darmstadt: wbg Theiss.

Oser, Fritz. 1981. *Moralisches Urteil in Gruppen. Soziales Handeln. Verteilungsgerechtigkeit.* Stufen der interaktiven Entwicklung und ihre erzieherische Stimulation. Frankfurt/M.: Suhrkamp.

Oser, Fritz. 2001. *Acht Strategien der Wert- und Moralerziehung.* In: Edelstein et al. 2001. 63–110.

Oser, Fritz et al. Hrsg. 1986a. *Moralische Zugänge zum Menschen. Zugänge zum moralischen Menschen.* Beiträge zur Entstehung moralischer Identität. München: Kindt.

Oser, Fritz et al. Hrsg. 1986b. *Transformation und Entwicklung. Grundlagen der Moralerziehung.* Frankfurt/M.: Suhrkamp.

Oser, Fritz und W. Althof. 1992. *Moralische Selbstbestimmung.* Modelle der Entwicklung und Erziehung im Wertebereich. Stuttgart: Klett-Cotta.

Oser, Fritz und W. Althof. 2001. *Die Gerechte Schulgemeinschaft: Lernen durch Gestaltung des Schullebens.* In: Edelstein et al. 2001. 233–268.

Oser, Fritz und St. Sapienza. 2010. *Zur Entwicklung einer Theorie des moralischen Lernens in der Schule – 10 Kompetenzprofile für Lehrpersonen.* In: Latzko/Malti. 2010. 303–322.

Piaget, Jean. 1983. *Das moralische Urteil beim Kinde.* Stuttgart: Klett-Cotta.

Reese-Schäfer. Walter. 1997. *Grenzgötter der Moral. Der neuere europäisch-amerikanische Diskurs zur politischen Ethik.* Frankfurt/M.: Suhrkamp.

Scherling, Josefine. 2019. *Zukunftsdimensionen der Menschenrechtsbildung.* Weinheim und Basel: Beltz Juventa.

Steinvorth, Ulrich. 1990. *Klassische und moderne Ethik. Grundlinien einer materialen Moraltheorie.* Reinbek: Rowohlt.

Taylor, Charles. 1995. *Das Unbehagen an der Moderne.* Frankfurt/M.: Suhrkamp.

Trisch, Oliver. 2013. *Der Anti-Bias-Ansatz.* Stuttgart: idim.

Wachs, Sebastian et al. 2016. *Mobbing an Schulen.* Stuttgart: Kohlhammer.

Wagner, Petra. Hrsg. 2008. *Handbuch Kinderwelten.* Vielfalt als Chance. Grundlagen einer vorurteilsbewussten Bildung und Erziehung. Freiburg et al.: Herder.

Watzal, Ludwig Red. 2004. *Menschenrechte.* Dokumente und Deklarationen. Bonn: Bundeszentrale für politische Bildung.

Wendt, Peter-Ulrich. 2017. *Lehrbuch Methoden der Sozialen Arbeit.* Weinheim und Basel: Beltz Juventa.

Wendt, Peter-Ulrich. 2018. *Lehrbuch Soziale Arbeit.* Weinheim und Basel: Beltz Juventa.

Zick, Andreas et al. 2016. *Gespaltene Mitte – Feindseige Zustände. Rechtsextreme Einstellungen in Deutschland 2016.* Bonn: Dietz Nachf.

Zick, Andreas et al. 2019. *Verlorene Mitte – Feindselige Einstellungen. Rechtsextreme Einstellungen in Deutschland 2018/19.* Bonn: Dietz Nachf.

Literaturempfehlungen

Adorno, Theodor W. 2019. *Aspekte des neuen Rechtsradikalismus*. Berlin: Suhrkamp.

Andresen, Sabine et al. 2013. *Kinder in Deutschland 2013*. 3. World Vision Kinderstudie. Weinheim und Basel: Beltz.

Andresen, Sabine et al. 2018. *Kinder in Deutschland 2018*. 4. World Vision Studie. Weinheim Basel: Beltz.

anti-bias-netz. Hrsg. 2016. *Vorurteilsbewusste Veränderungen mit dem Anti-Bias-Ansatz*. Freiburg: Lambertus.

Apel, Karl-Otto. 2017. *Transzendentale Reflexion und Geschichte*. Berlin: Suhrkamp (darin besonders: Die Antwort der Diskursethik auf die moralischen Herausforderungen der Gegenwart. 51–192; und: Institutionsethik oder Diskursethik als Verantwortungsethik. 385–310).

Becker, Günter. 2011. *Kohlberg und seine Kritiker. Die Aktualität von Kohlbergs Moralpsychologie*. Wiesbaden: VS Verlag.

Bude, Heinz. 2014. *Gesellschaft der Angst*. Hamburg: Hamburger Edition.

Czollek, Leah Carola et al. 2012. *Praxishandbuch Social Justice and Diversity*. Weinheim und Basel: Beltz Juventa.

Decker, Oliver und E. Brähler. Hrsg. 2018. *Flucht ins Autoritäre. Rechtsextreme Dynamiken in der Mitte der Gesellschaft*. Die Leipziger Autoritarismus-Studie 2018. Gießen: Psychosozial.

Edelstein, Wolfgang. 2014. *Demokratiepädagogik und Schulreform*. Schwalbach/T.: Wochenschau.

Fritzsche, K. Peter et al. 2017. *Grundlagen der Menschenrechtsbildung*. Schwalbach/Ts.: Wochenschau.

Garz, Detlef. 2015. *Lawrence Kohlberg zur Einführung*. Hamburg: Junius.

Habermas, Jürgen. 1991. Erläuterungen zur Diskuksethik. In: ders.: *Erläuterungen zur Diskursethik*. Frankfurt/M.: Suhrkamp. 119–226.

Heitmeyer, Wilhelm. 2018. *Autoritäre Versuchungen*. Signaturen der Bedrohung 1, Berlin: Suhrkamp.

Honneth, Axel. 2011. *Das Recht der Freiheit. Grundriß einer demokratischen Sittlichkeit*. Berlin: Suhrkamp.

Kohlberg. Lawrence. 1996. *Die Psychologie der Moralentwicklung*. Frankfurt/M.: Suhrkamp.

Kohlberg, Lawrence. 2007. *Die Psychologie der Lebensspanne*. Frankfurt/M.: Suhrkamp.

Koppetsch, Cornelia. 2019. *Die Gesellschaft des Zorns. Rechtspopulismus im globalen Zeitalter*. Bielefeld: transcript.

Latzko, Brigitte und T. Malti. Hrsg. 2010. *Moralische Entwicklung und Erziehung in Kindheit und Adoleszenz*. Göttingen et al.: Hofgrefe.

Lind, Georg. 2015. *Moral ist lehrbar!* Wie man moralisch-demokratische Fähigkeiten fördern und damit Gewalt, Betrug und Macht mindern kann. Berlin: Logos.

Mührel, Eric und B. Birgmeier. Hrsg. 2013. *Menschenrechte und Demokratie*. Wiesbaden: Springer VS.

Nussbaum, Martha C. 2019. *Königreich Angst. Gedanken zur aktuellen politischen Krise*. Darmstadt: wbg Theiss.

Zick, Andreas et al. 2019. *Verlorene Mitte – Feindselige Einstellungen. Rechtsextreme Einstellungen in Deutschland 2018/19*. Bonn: Dietz Nachf.

The manufacturer's authorised representative in the EU is Springer
Nature Customer Service Centre GmbH, Europaplatz 3, 69115 Heidelberg,
Germany. If you have any concerns regarding our products, please
contact ProductSafety@springernature.com

Printed and bound by CPI Group (UK) Ltd, Croydon, CR0 4YY
23/04/2026
02095594-0005